# 上虞年鉴 2023

SHANGYU NIANJIAN

绍兴市上虞区史志工作委员会　编

方志出版社
Publishing House of Local Records

图书在版编目（CIP）数据

上虞年鉴. 2023 / 绍兴市上虞区史志工作委员会编.
北京：方志出版社，2023.12
ISBN 978-7-5144-6077-3

Ⅰ. ①上… Ⅱ. ①绍… Ⅲ. ①上虞—2023—年鉴
Ⅳ. ①Z525.54

中国国家版本馆CIP数据核字(2023)第252733号

责任编辑：丛　珺
责任校对：张玉霞
责任印制：梅中英
出 版 者：方志出版社
地　　址：北京市朝阳区潘家园东里 9 号（国家方志馆4层）
邮　　编：100021
网　　址：http://www.zgfzcb.cn
发　　行：方志出版社图书营销中心（010-67110500）
印　　刷：绍兴市上虞环球印务有限公司
开　　本：889毫米 × 1194毫米 1/16
印　　张：27.5
字　　数：910千字
版　　次：2023年12月第1版
印　　次：2023年12月第1次印刷
定　　价：250.00元

# 绍兴市上虞区史志工作委员会

# 《上虞年鉴（2023）》编纂委员会

主　　审：罗黎明

主　　任：朱迪江

副 主 任：阮永兴　罗兰芬

委　　员：屠月玲　沈瑶圆

# 《上虞年鉴（2023）》编辑部

主　　编：罗兰芬

执行主编：沈瑶圆

编务人员：屠月玲

彩页提供：刘　盼　魏新宇

# 编 辑 说 明

一、《上虞年鉴（2023）》以马克思列宁主义、毛泽东思想、邓小平理论、“三个代表”重要思想、科学发展观、习近平新时代中国特色社会主义思想为指导，坚持辩证唯物主义和历史唯物主义的立场、观点和方法，是集地方性、时效性、综合性于一体的大型资料性工具书。

二、《上虞年鉴（2023）》记载时限为2022年1月1日至12月31日，反映上虞区2022年度自然、政治、经济、文化和社会生活的基本面貌及发展状况，尤其是突出2022年上虞区“勇当推进‘两个先行’奋进‘五个率先’排头兵”的目标，全面展现“锻造上虞高质量发展金名片，奋力谱写现代化共同富裕美好社会新篇章”的形象风采，重点反映当年事关全局的大事、要事、新事、特事，着力体现时代特征、年度特点和地域特色，为各级领导提供决策依据，为区内外人士了解上虞提供参考资料，为研究区情及编修志书积累史料。

三、《上虞年鉴（2023）》遵循年鉴通例分类编排、设条记述，全书主要分3个层次，即类目、分目、条目。卷首有彩页，后有附录、索引。

四、《上虞年鉴（2023）》资料由区级各有关部门和单位组织专人撰写，并经各撰稿单位负责人审阅。图片资料由各供稿单位、区融媒体中心等提供。统计资料由区统计局提供。

五、《上虞年鉴（2023）》采用记述体，数字用法、标点符号用法分别采用国家标准《出版物上数字用法》（GB/T 15835—2011）、《标点符号用法》（GB/T 15834—2011），计量单位采用国家技术监督局1993年12月发布的《量和单位》系列国家标准。鉴于使用习惯及专业需要，土地面积“亩”在个别地方仍保留。所载全年主要经济指标等数据原则上以区统计部门提供为准，统计部门未提供的则以相关主管部门提供的为准；各业产值等均指当年产值。

1月8日，杭绍台高速铁路正式通车，上虞南站同步启用（上虞交通运输局 提供）

1月21—23日，中国共产党绍兴市上虞区第二次代表大会召开

2月9日，区委经济工作会议召开

2月20—22日，绍兴市上虞区第二届人民代表大会第一次会议召开

3月11日，区四套班子领导在东山路绿植带，带头参加义务植树活动

4月2日，谢晋电影艺术馆开馆

4月14日，纪念当代茶圣吴觉农先生诞辰125周年座谈会举行（区农业农村局 提供）

4月18日，绍兴市上虞中医医院搬迁至城南新院（区卫生健康局 提供）

5月1日，曹娥江“一江两岸”三期建成开放

5月10日，上虞区与浙江小百花越剧院联合推出的原创现代越剧《祝家庄里的年轻人》在浙江音乐学院大剧院首演

6月17日，全国首座35千伏中压直挂式储能电站并网投运（史家民 摄）

6月24日，上虞风情街夜市重启

7月6日，绍兴市公安局上虞区分局巡特警大队与下管派出所，在丁宅乡开展防溺水联合演练

7月31日，“诗画曹娥江 心动皂李湖”2022皂李湖1314环湖跑活动举行

8月11日，区委召开二届二次全体（扩大）会议

9月17日，绍兴文理学院白马春晖研究院成立仪式暨“共富驿亭”研讨会举行

9月30日，区四套班子领导到上虞烈士陵园向烈士敬献花篮

9月30日，“一江两岸”沿岸楼宇亮起灯光，一派喜庆

9月，杭州湾上虞经济技术开发区产业协同创新中心二期完成建设（杭州湾上虞经济技术开发区管委会 提供）

10月27日，岭南乡获评第二批全国乡村旅游重点镇（乡）（岭南乡 提供）

11月13日，2022中国·上虞第十六届攀浪节在岭南乡举行

11月18日，“人才引领 创新制胜”2022上虞人才发展大会暨人才科技周开幕式举行

11月22日，上虞博物馆新馆对外开放

11月22日，梦华录——宋代宫廷金银器窖藏展在上虞博物馆开展（区文广旅游局 提供）

11月28日，上虞区党政代表团赴丽水市景宁畲族自治县开展“山海协作”工作

11月，上虞区综合交通信息指挥中心建成并投入试运行（上虞区交通运输局 提供）

12月3日，“千年虞城 盛世绽放”上虞复县建城（丰惠）1200周年纪念活动暨第三届乡贤大会举行

12月14日，市民在超市使用第十四届浙东新商都（上虞）金秋购物节消费券

12月16日，白马春晖景区创建国家AAA级旅游景区接受验收（驿亭镇 提供）

12月24日，南北中心大道（人民大道西段至五甲渡大桥段）快速路工程建成通车

# 绍兴市上虞

钱塘区
海宁市
萧山区
柯桥区
钱塘江
嘉绍大桥
曹娥江
九七丘
九三丘
九一丘
九四丘
九一丘
八四丘
八一丘
七七丘
七六丘
七五丘
七六丘
七0丘
东三区
东二区
东一区
杭州湾上虞经济
杭州湾上虞经济技术开发区管委会
浙江理工大学科技与艺术学院
浙江邮电职业技术学院
绍兴滨海新区管委会
沥海街道
马鞍街道
马山街道
孙端街道
东湖街道
道墟街道
崧厦街道
曹娥街道
杭州湾上虞经济技术开发区（南片）
浙江建设职业技术学院上虞分院
杭州湾环线高速
杭甬铁路
杭台高铁
称山 194
越
上虞区

# 区政区图

海盐县
嘉兴市
宁波市
江
慈
溪
市
余
杭南高速（在建）
天灯舍
小安
建五
双潭
建民
滨海
三江口
人和
小曹娥镇
镇海
万圣
相公潭
新潮
新缪路
下吴家路
曹一
谢家路
榛树下
夹塘
湖北
小路下
镇北
泗门
海南
双乐
梅园
临浦
泗北
兰海
临山镇
泗门镇
大庙周
新新
部家丘
湖堤
十六户
横塘
赵家
熊家街
镇南
天中
黄家埠
天华
韩夏
东蒲
黄家埠镇
全佳桥
高桥
大将桥
上塘
阳明
梁堰
沿山
回龙
下沙畈
开元
杏山
方桥
华家
芝山
五车堰
长泠江
杭深铁路
青港
渚北
丰乐
旗山
潘巷
新东吴
魏家
马渚
牟山镇
马渚镇
大施巷
畈周
渚山
马漕头
康山
牟山湖
群立
联桥
五夫
长坝
乐安湖
瑶街弄
斗门
杭州湾环线高速
湖山
云楼
余姚西
夏巷
丰杨河
郭相桥
兰江街道
庵东
广港区
新区
技术开发区（北片）
周巷镇
盖北镇
谢塘镇
谢塘镇
小越街道
驿亭镇
白马湖
驿
街
小
越

# 总 目

# Contents

# 目 录

## 特 载



## 大事记



## 地 情

## 中共绍兴市上虞区委员会

## 绍兴市上虞区人民代表大会

## 绍兴市上虞区人民政府

## 政协绍兴市上虞区委员会



## 纪检监察



## 民主党派·工商联

## 人民团体

# 法　治



# 军　事

## 国土资源管理



## 生态环境



## 水 利

## 交通运输

## 城乡建设与管理

## 通　信



## 农业 农村

## 制造业

## 建筑业



## 房地产业

## 商贸服务业



## 中介服务业

## 旅游业



## 金融业

## 财政·税务



## 对外及对港澳台经济贸易



## 人力资源管理

## 经济管理与监督

## 科学技术

# 教 育

## 文 化

## 卫生健康

## 体　育



## 社会事务

## 开发区建设



## 特色小镇

## 乡镇·街道

## 人物和荣誉



## 附　录



## 索　引

# 特 载

## 深入学习贯彻党的二十大精神 对标“两个先行”“五个率先”全面建设“青春之城” 走好中国式现代化上虞高质量发展之路

——在区委二届三次全体（扩大）会议暨区委经济工作会议上的报告

（2023年1月3日）

绍兴市上虞区委书记 鲁霞光

同志们：

这次会议的主要任务是：坚持以习近平新时代中国特色社会主义思想为指导，深入学习贯彻党的二十大、中央经济工作会议和省委十五届二次全会暨省委经济工作会议、市委九届三次全会暨市委经济工作会议精神，总结区第二次党代会以来工作，部署2023年任务，审议通过《中共绍兴市上虞区委关于全面学习贯彻党的二十大精神，坚定捍卫“两个确立”，坚决做到“两个维护”，对标“两个先行”“五个率先”全面建设“青春之城”，走好中国式现代化上虞高质量发展之路的决定》和《中共绍兴市上虞区委关于深入学习贯彻党的二十大精神，全面建设“青春之城”的行动方案》，推动全区上下更加深刻领悟“两个确立”的决定性意义，更加坚决做到“两个维护”，坚定不移沿着习近平总书记指引的道路勇毅前行，全面建设朝气蓬勃、近悦远来的“青春之城”，勇当推进“两个先行”奋进“五个率先”排头兵，奋力走好中国式现代化上虞高质量发展之路。

下面，我受区委常委会委托，向大会作工作报告。

### 一、逆势奋进、实干争先，勇当推进“两个先行”奋进“五个率先”排头兵实现良好开局

2022年极不寻常、极为不易。面对错综复杂的外部环境、交织叠加的风险挑战和艰巨繁重的改革发展稳定任务，区委常委会团结带领全区上下深学笃行习近平新时代中国特色社会主义思想，坚决贯彻中央和省委、市委决策部署，以迎接党的二十大、学习宣传贯彻党的二十大精神为主线，全面落实“疫情要防住、经济要稳住、发展要安全”要求，部署推进数字化改革“一号工程”和项目攻坚突破年、共同富裕提质年、基层党建跃升年“三个年”活动，以超常规力度和举措打好稳进提质、塑造变革、除险保安组合拳，推动上虞各项工作取得新进展，经济运行企稳向好，社会保持和谐稳定，在党的二十大召开之年交出了一份高质量发展的高分答卷。预计全年地区生产总值增长5.5%，一般公共预算收入同口径增长1.2%，城乡居民收入分别增长6.3%和8%。综合实力居全国百强区第33位，比上一年上升2位。

**我们聚焦大事要事谋全局，推动上级部署全面落地落实。**把学习宣传贯彻党的二十大精神作为当前和今后一个时期的首要政治任务，先后召开区委常委会会议、全区领导干部会议、区委理论学习中心组专题学习会，研究制定“六学六进六争先”学习实践活动工作方案，部署开展精神大学习、基层大宣讲、理论大研讨、全民大宣传、工作大落实、效能大提升“六大行动”，打出了学习宣传贯彻的组合拳。健全落实“第一议题”制度，重温习近平总书记对上虞工作重要指示批示精神，开展专题传达学习21次，举办区委理论学习中心组专题学习会18次，闭环抓好习近平总书记

对绍兴对上虞50项重要指示批示的落实工作。扎实推动省第十五次党代会、市第九次党代会精神落实落细，在区委二届二次全会上提出“勇当推进‘两个先行’奋进‘五个率先’排头兵”的总体要求，研究建立每月区党政联席会议、镇街部门书记季度工作交流会、招商引资季度例会和项目推进“八大机制”，形成了上下协同、大抓落实的工作格局。集思广益凝练“明德尚贤、创变笃行”新时代“上虞精神”、“今在上虞、遇见未来”城市品牌口号，打造“上虞吉象”城市IP，并系统抓好发布推介、传播运营、全域践行工作。

**我们聚焦稳进提质抓项目，推动高质量发展迈出坚实步伐。**全面落实上级稳住经济大盘部署要求，专班推进稳进提质十大攻坚行动，打好政企同心、化危为机主动仗，率先出台稳经济一揽子政策47条，创新开展“政企服务直通车”，兑现各类资金22.98亿元，为企业减负31.1亿元，新增市场主体14233家、总量首破10万家，消费旅游复苏系列政策撬动消费12.18亿元，外贸出口总额占全国比重上升到17.3‰。紧紧扭住项目建设“牛鼻子”，实施双月“赛马晾晒”、跨区域利益共享、项目谋划擂台赛，新引进10亿元以上项目13个，其中50亿元以上4个、100亿元以上1个；省“4+1”等重大项目全部提前开工入库，新增省重点项目10个、用地指标2688.9亩、用能109万吨标煤、专项债39.24亿元，盘活“四未一低”土地12842亩。杭州湾经开区经济总量突破2150亿元，规上产值、工业税收占全区比重达76%、77%，成功创建国家生态文明建设示范区、省制造业高质量发展“五星级示范园区”，跻身全国化工园区前十强。启动全域旅游体制机制调整，曹娥江旅游度假区“一江一湖一山两镇”建设有序推进，研学游、疗休养、夜间经济等新业态培育取得积极成效，列入国家级旅游度假区创建意向名单。曹娥江经开区实体化运行，预计实现规上工业总产值510亿元、同比增长12%，泛百官、泛道墟两大区块城市设计和控规编制完成，实现工业全域治理企业2217家。e游小镇谋划启动三期建设，新引进企业51家，税收超6亿元。实施先进制造业强区“1215”专项行动，化工产业改造提升2.0版圆满收官，18个化工跨域集聚提升项目扎实推进，创成省制造业高质量发展示范区，有望夺得首批“浙江制造天工鼎”。举行“一江两岸”总部楼宇推介会，新材料科技服务业入选省级现代服务业创新发展区。连续3年获评“省产粮大县”，农林渔牧业增速保持全市第一。建筑业产值、税收预计分别增长8%和12%。

**我们聚焦塑造变革强创新，推动动力活力持续加快释放。**着力提升数字化改革实战实效，126个省重大应用贯通落地，新增省级以上试点4个，2项改革获省改革突破奖，电机产业大脑入选《数字化改革概论》、3.0版在世界互联网大会上发布并得到省政府主要领导点赞推广。“县乡一体、条抓块统”“大综合一体化”行政执法等11项重大改革纵深推进，入选青年发展型县域国家级试点。统筹教育、科技、人才工作，引导支持区内3所高校深化校地合作、双向赋能，高规格举办人才发展大会暨人才科技周、浙大百名硕博士上虞行等活动，曹娥江新材料实验室挂牌成立，杭州湾产业协同创新中心二期、天津大学绍兴研究院、高层次人才创业园等一批重大科创平台加快推进，R&D经费支出占比达3.25%，勇夺省“科技创新鼎”。迭代升级人才新政4.0版，实施“金蓝领”倍增计划，新增就业大学生2.3万人，申报入选国家级“引才计划”人才24名、居全省第3，近两年省级以上“引才计划”人才全职落地率居全市前列，前谷达男获评中国政府友谊奖，“鲲鹏计划”人才引进持续取得新突破。

**我们聚焦开放融合提品质，推动城乡面貌全域整体提升。**全面融入长三角一体化和高水平网络大城市建设，谋划启动“一江两岸三城多片区”开发，杭绍甬智慧高速等重大项目加快推进，海塘安澜、104国道绍兴东湖至蒿坝段、南北中心大道全线高架等工程顺利开工，上浦船闸、舜江大桥拼宽工程建成投用，新博物馆开馆运营，邵逸夫医院绍兴院区主体结顶，曹娥江“一江两岸”入选省首批城乡风貌样板区。科学精准划定“三区三线”，统筹保障重点区块、重大项目用地需求。加快城市有机更新，完成城市征迁180万平方米、老旧小区改造42万平方米，梁湖三个村征收工作第一轮集中签约率超98%，体现了“上虞铁军”风采。高质量通过全国文明城市创建省级复评。房地产市场保持平稳发展。从严抓好中央和省委生态环保督察问题整改，坚决打好大气污染防治攻坚战，捧回省首批“清源杯”。创新实施区内山海协作，章镇小城市培育扎实推进，岭南乡创成第二批全国乡村旅游重点乡镇，5个村社命名为省未来乡村、未来社区，成功创建“四好农村路”全国示范县。新一轮东西部协作、对口支援等工作扎实推进。

**我们聚焦除险保安优治理，推动民生幸福更加普及普惠。**高质量办好省市区民生实事，财政民生支出达104.64亿元、增长9.3%，城镇登记失业率控制在2%以内，基本养老保险、医疗保险参保率居全市前列。“民转公”政策平稳落地，全国义务教育优质均衡发展区创建完成省级评估。深化基层卫生健康综合改革，中医医院城南新院建成启用，医疗健康信息互联互通通过国家4级甲等测评，“健康浙江”考核优秀实现“四连冠”。研究出台优化生育政策实施细则。康养中心开工建设。坚决有力贯彻中共中央、国务院关于疫情防控政策和要求，常态化疫情防控平稳有序，全省首创重点行业人员核酸预警系统、“无疫村社”创建，高效处置输入性疫情48起55例，以最小代价取得最大防控效果；防控政策优化调整后，着力推动从“防传染”向“保健康、防重症”有序转换，加强医疗救治能力建设和医疗物资储备供应，加快疫苗接种，在全市率先完成定点医院、亚定点医院改造建设，扩容发热诊间82间，对基层群众开展暖心服务，确保了机关正常履职、企业正常经营、社会正常运行、群众正常生活。扎实推进现代社区建设，调整优化社区规模、村社网格体系，率先破题融合型大社区大单元治理难题，“上统下分、强街优社”“强社惠民”集成改革入选省级试点，无物业小区全面清零，每万名城镇常住人口配备社区专职工作者19.6人。聚焦平安护航党的二十大，着力构建“大安全、大应急、大减灾”工作体系，集中开展矛盾纠纷大排查大起底大化解，推进常态化扫黑除恶斗争，有力开展信访积案“百日攻坚”，坚决打好安全生产专项整治三年行动“收官战”，刑事治安警情下降12.12%，生产安全事故起数和死亡人数同比前三年平均值分别下降21.74%和43.75%，食品安全“双创”工作扎实推进，打赢了防御台风“轩岚诺”“梅花”硬仗，重点时段维稳安保实现“六个零发生”。

**我们聚焦党的建设固根本，推动党风政风不断向上向好。**区委常委会以上率下加强自身建设，充分发挥总揽全局、协调各方作用，专门听取区人大常委会、区政府、区政协、区法院、区检察院五个党组工作汇报，支持和保证人大及其常委会依法履职，充分发挥代表主体作用，打造全省领先的全过程人民民主基层单元，“虞事e督”应用获全省人大数字化改革系统与时俱进优秀奖；支持政协发挥专门协商机构作用，民生议事堂、协商驿站等基层协商平台实现全覆盖，乡贤文化委员会客厅获评省“五星级”，委员队伍建设做法在全省推广；扎实做好群团组织换届，巩固团结奋进、奋发有为的良好局面。认真落实全面从严治党政治责任，一体推进省委巡视“回头看”和意识形态专项检查反馈问题整改，联动开展二届区委巡察工作，首创整改质效评估体系，“七张问题清单”管控力指数持续位列全省第一方阵。高质量完成意识形态省级综合试点，媒体深度融合实质性推进，省级孝德文化传承生态保护区创建取得积极成效。成功举办上虞复县建城（丰惠）1200周年纪念活动暨第三届乡贤大会，徐光宪纪念馆成为民盟中央传统教育基地。完成区委区政府决策咨询委员会换届，积极发挥咨询委资政参谋作用。深化国防动员体制改革，党管武装考核实现“四连冠”。扎实推进“红色根脉强基示范区”创建，开展村社组织换届“回头看”，举办村社书记经验分享会、8090书记领雁争先赛，选聘10名“兴村治社导师”，推动基层党组织政治功能和组织功能不断增强、党员先锋作用更加彰显。部署开展“六比六争先、勇当排头兵”作风建设专项行动，严惩严治作风顽疾，在招商引智、城市征迁、维稳安保等一线考察识别干部，深化“两个担当”良性互动，高质量完成乡镇领导班子换届“回头看”，干部队伍加快系统性重塑。进

步做深做实政治监督，加强“一把手”和领导班子监督，落实“五张责任清单”和二十二项配套制度，推动“四责协同”与风险防控有机结合。深入挖掘王充清廉思想，用好大东山清风馆，打造3条清廉线路，承办“清白泉·娥江颂”清廉主题文化活动，全域建设清廉上虞。

看似寻常最奇崛，成如容易却艰辛。一年来的发展历程深刻启示我们：目标是前进的灯塔，必须高点定位，放大格局创一流。自觉把上虞置于全市全省乃至长三角一体化和全国大局中比拼考量，咬定勇当推进“两个先行”奋进“五个率先”排头兵目标不动摇，在“争第一创唯一”中不断推动各项工作取得新突破。实干是最美的语言，必须担当作为，聚焦项目抓落实。始终坚持项目为王，坚持工作项目化、项目清单化、清单责任化，坚持“闭环思维”，切实把各项工作抓紧

抓实抓细抓到位。民心是最大的政治，必须共建共享，以人为本惠民生。自觉践行人民至上的价值理念，坚持问政于民、问需于民、问计于民，把工作做到群众心坎上，凝聚起“团结所有人、干好上虞事”的磅礴伟力。党建是最强的保障，必须从严治党，优化作风提效能。把加强党的建设作为战胜一切困难险阻的“定海神针”，驰而不息深化作风建设，打造一支奋斗的团队、奔跑的团队、温暖的团队，带动形成心齐气顺、风正劲足的干事创业良好氛围。

在肯定成绩的同时，我们也清醒地看到存在的问题和不足：外部环境不稳定不确定性上升，经济持续向上向好的基础尚不稳固；科创与产业的融合还不够紧密，创新转化速度还不够快，产业层次提升、新动能培育仍需持续发力；城市活力魅力有待激发，引留青年的青春社区、青春街区、青春服务等场景建设相对滞后，在提升城市能级品质、高水平融入区域一体化发展上还需下更大功夫；教育医疗、养老托幼等优质公共服务供给还难以满足群众需求，安全生产、生态环保等领域还有不少短板要补；各类风险防范化解机制仍不完善，基层治理现代化任重道远；各级干部能力作风素质与“两个先行”要求仍有差距，争先的干劲拼劲、抓工作的韧劲狠劲还需进一步强化，落实全面从严治党要求仍需持续努力。对这些问题，我们一定高度重视，认真研究，切实加以解决。

## 二、深刻领悟党的二十大精神的核心要义，坚决把思想和行动统一到党中央决策部署上来

党的二十大立足新时代新征程，系统阐述了新时代坚持和发展中国特色社会主义的重大理论和实践问题，全面部署了未来5年乃至更长时期党和国家事业发展的目标任务和大政方针，是全面建设社会主义现代化国家、全面推进中华民族伟大复兴的纲领性文件和行动指南。学习贯彻党的二十大精神，是当前和今后一个时期的首要政治任务，全区上下要在前期推进的基础上，按照“全面学习、全面把握、全面落实”的要求，体系化长效化抓好学习宣传贯彻，高质量开展主题教育，推动党的二十大精神不断走深走实、见行见效，全面落实在上虞大地上。

**深刻领悟“两个确立”的决定性意义，筑牢坚决做到“两个维护”的思想政治根基。**党的二十大取得的所有成果中最重要最根本的是，再次宣示了“两个确立”的决定性意义，明确了最大的政治、最大的大局、最大的原则。我们深刻认识到，新时代10年伟大变革，最根本的原因在于有习近平总书记作为党中央的核心、全党的核心掌舵领航，在于有习近平新时代中国特色社会主义思想科学指引。“两个确立”是党在新时代取得的重大政治成果，是新时代引领党和国家事业从胜利走向新的胜利的最根本政治保证，是战胜一切艰难险阻、应对一切不确定性的最大确定性、最大底气、最大保证，是历史和人民的必然选择。坚定捍卫“两个确立”，全党就有了“顶梁柱”，14亿多中国人民就有了“主心骨”，我们就有了思想上的“定盘星”、行动上的“指南针”。奋进新征程，我们要深刻领悟“两个确立”的决定性意义，不断提高政治判断力政治领悟力政治执行力，始终在思想上政治上行动上同以习近平同志为核心的党中央保持高度一致，以守好“红色根脉”的高度自觉，坚决做到“两个维护”，确保“总书记有号令、中央和上级有部署、上虞见行动走在前”。

**深刻领悟习近平新时代中国特色社会主义思想的世界观和方法论，增强深学笃行中国化时代化马克思主义的理论自觉。**党的二十大赋予当代中国共产党人不断谱写马克思主义中国化时代化新篇章的庄严历史责任。我们深刻认识到，习近平新时代中国特色社会主义思想是当代中国马克思主义，二十一世纪马克思主义，是中华文化和中国精神的时代精华，实现了马克思主义中国化时代化新的飞跃。“两个结合”是我们党百年来思想建党、理论强党历史经验的深刻总结，为深化对共产党执政规律、社会主义建设规律、人类社会发展规律的认识打开了全新的视野。“六个必须坚持”从世界观和方法论的高度深刻阐述了推进理论创新的科学方法、正确路径，集中展现了习近平新时代中国特色社会主义思想根本的政治立场、彻底的理论品格、独有的精神气质、科学的思想方法。奋进新征程，我们要自觉把习近平新时代中国特色社会主义思想作为最大法宝、最强武器、最根本遵循，紧密结合省第十五次党代会明确的“5大战略指引”“11方面重要遵循”，紧密联系习近平总书记在浙江工作期间对绍

兴对上虞工作重要指示批示精神，坚持好运用好贯穿其中的立场观点方法，坚定不移沿着“八八战略”指引的道路奋勇前进，持续放大上虞面向未来、面向现代化的制胜新优势，让党的创新理论在上虞大地彰显出强大真理力量和实践伟力。

**深刻领悟以中国式现代化全面推进中华民族伟大复兴的使命任务，树牢守正创新、示范先行的担当追求。**党的二十大系统阐述了中国式现代化的中国特色、本质要求、重大原则，把我们党对中国式现代化的认识提升到了一个新高度，把中国式现代化的战略地位提升到了一个新高度。我们深刻认识到，中国式现代化的“5个中国特色”“9条本质要求”“5项重大原则”，是对我国和世界其他国家现代化建设历史经验的深刻总结，是对世界现代化理论的重大丰富和发展，打破了现代化就是西方化的话语体系。中国式现代化为新时代新征程的伟大探索提供了理论创新、实践创新、制度创新更为广阔的舞台，为世界上其他发展中国家推进现代化提供了全新选择、为世界社会主义发展注入了新动力、为全球和平与发展贡献了中国智慧。奋进新征程，我们要深刻理解中国式现代化理论和全面建设社会主义现代化国家战略布局的关系，坚持以高质量发展为主题，把新发展理念作为行动先导，把融入新发展格局作为重要牵引，深入研究上虞推进现代化建设的目标、路径和抓手，更好地服务和融入全国大局，推动中国式现代化在上虞的生动实践。

**深刻领悟全面建设社会主义现代化国家的战略布局，牢牢把握育新机、开新局的战略主动。**党的二十大科学把握我国发展面临的新的战略机遇、战略任务、战略阶段、战略要求、战略环境，充实完善了社会主义现代化国家战略布局，明确了中华民族从站起来、富起来到强起来的清晰思路和战略抓手。我们深刻认识到，这些部署安排贯通了理论和实践、国内和国际、中央和地方、战略和策略，彰显了全局性谋划、战略性布局、整体性推进。在战略目标上，明确了全面建成社会主义现代化强国的时间表、路线图，体现了战略目标的一贯性、整体性、系统性。在战略布局上，明确了经济建设、民主政治建设、文化建设、保障和改善民生、生态文明建设等方面目标任务，充实完善了全面建设社会主义现代化国家战略布局。在战略考量上，对教育科技人才、全面依法治国、国家安全等三个方面工作进行重点部署，充分体现了抓关键、补短板、防风险的战略考量。奋进新征程，我们要坚持系统观念，对标落实全面建设社会主义现代化国家系统部署，谋划实施一系列牵一发动全身的战略性举措，着力补短板、强弱项、固底板、扬优势，推动各项工作取得突破性进展、实现整体性跃升。

**深刻领悟以自我革命引领社会革命的赶考动员，永葆自我净化、自我完善、自我革新、自我提高的坚定清醒。**党的二十大深刻分析党所处的历史方位、党情发展变化，明确了坚定不移全面从严治党、深入推进新时代党的建设新的伟大工程的形势任务。我们深刻认识到，勇于自我革命是我们党最鲜明的品格，是我们党最大的优势，也是我们党区别于其他政党的显著标志。新时代新征程，党面临的“四大考验”将长期存在、“四种危险”将长期存在，全面从严治党永远在路上，党的自我革命永远在路上，要在坚持和发展中国特色社会主义的历史进程中始终成为坚强领导核心，必须时刻保持解决大党独有难题的清醒和坚定。奋进新征程，我们要大力弘扬伟大建党精神，以党的政治建设统领党建各项工作，以更高标准、更严要求推进自我革命，确保党始终成为上虞现代化建设的坚强领导核心。

**深刻领悟发扬斗争精神、增强斗争本领、坚持团结奋斗的时代要求，汇聚同舟共进、克难奋进的强大力量。**党的二十大强调发扬斗争精神、增强斗争本领、坚持团结奋斗，是从新时代伟大斗争实践中总结出来的重要经验，也是胜利实现第二个百年奋斗目标的重要保证。我们深刻认识到，发扬斗争精神、增强斗争本领是形势和任务的需要，团结奋斗是中国共产党和中国人民最显著的精神标识。新时代新征程，必然会遇到各种可以预见的和难以预见的风险挑战甚至惊涛骇浪，只有始终保持斗争的精神、团结的状态、奋进的姿态，才能打赢各种遭遇战、攻坚战。奋进新征程，我们要牢记“三个务必”，始终坚持“五个必由之路”，在党的旗帜下团结成“一块坚硬的钢铁”，步调一致向前进；增强防风险、迎挑战、抗打压能力，主动识变应变求变，主动防范化解风险，依靠顽强斗争打开事业发展新天地；传承弘扬“胆剑精神”和新时代上虞精神，动员全体上虞人一起来想、一起来干、一起来拼，依靠团结奋斗不断开辟干在实处、走在前列、勇立潮头的新境界。

## 三、以建设“青春之城”推进“两个先行”奋进“五个率先”，走好中国式现代化上虞高质量发展之路

全面贯彻落实党的二十大精神，根本要求是要把上虞各项工作放到以中国式现代化全面推进中华民族伟大复兴的宏大场景中谋划推进，与时俱进优化完善新战略新路径新举措，走稳走好中国式现代化上虞高质量发展之路。区委常委会在综合研判大局大势的基础上，提出了建设“青春之城”的主战略，以此引领推动高质量发展、竞争力提升、现代化先行。

**从政治的逻辑看，建设“青春之城”是贯彻落实党的二十大精神和省市决策部署的战略之举。**党的二十大鲜明提出“科技是第一生产力、人才是第一资源、创新是第一动力，教育、科技、人才是全面建设社会主义现代化国家的基础性、战略性支撑”。“三个第一”三位一体，相辅相成，协同发力，进一步凸显了创新在现代化建设全局中的核心地位。对标党的二十大精神，省委提出以创新发展、转型升级和改革攻坚、开放提升为基本路径，以“两个先行”打造“重要窗口”奋力谱写中国式现代化浙江篇章；市委提出在建设高水平网络大城市中奋力推进中国式现代化市域实践。“青春之城”，从内涵看，核心是年轻化青春化，全面彰显城市“创新、活力、有为、品质、开放、有爱”的独特气质；从外延看，是在推进以人为核心的现代化中实现全体人民全面发展和社会全面进步。这与“两个先行”“五个率先”使命要求、与高水平网络大城市建设要求是一致的。我们要进一步提高政治站位，牢牢把握创新制胜工作导向，以“青春之城”建设为主战略，超常规、系统化抓好产业、科技、人才、教育工作，不断开辟高质量发展的新领域新赛道，主动塑造面向未来、制胜未来的新动能新优势，勇当推进“两个先行”奋进“五个率先”排头兵。

**从历史的逻辑看，建设“青春之城”是遵循城市演进规律拓展锻造上虞高质量发展金名片新路径的内在要求。**一座城市有一座城市的气质和风骨。上虞历史悠久、人文荟萃、千年富庶，在漫长的历史长河中，曾出现舜会百官、东山雅聚、白马春晖三次名人大聚会，书写了一大批影响时代的青春华章。改革开放以来，一代又一代上虞儿女在这片土地上拼搏奋斗，从借力上海的“星期天工程师”到造就资本市场“上虞板块”的“小型巨人”企业培育，从体现“最多跑一次”理念的全国首创便民服务中心到开拓“万亩千亿”大平台新空间的大围涂，上虞产业结构从传统农业为主向现代工业主导转型进而向先进制造业、现代服务业“双轮驱动”蝶变，上虞城市发展从龙山时代走向曹娥江时代进而迈向杭州湾大湾区时代，所有这一切无不源于我们这座城市敢于造梦追梦圆梦的青春气息、通江达海勇立时代潮头的奋斗基因。区委提出建设“青春之城”，与历届党委作出的建设“四个上虞”“创新之区、品质之城”等重大战略一脉相承、迭代升华，也是区第二次党代会提出的锻造上虞高质量发展金名片的战略深化和策略细化，两者在目标任务、时间安排、根本要求上是一致同向、一以贯之的。2023年恰逢上虞撤市设区十周年，奋进新征程，建功新时代，我们要坚持一张蓝图绘到底，以排头兵姿态全面开启“青春之城”建设，持续拓展锻造上虞高质量发展金名片新路径，使上虞成为人们心生向往、人生出彩、情感归属的梦想之城、奋斗之城、温暖之城。

**从实践的逻辑看，建设“青春之城”是走好中国式现代化上虞高质量发展之路的必由之路。**未来城市的竞争是人口的竞争，是人才的竞争，更是产业活力和科技实力的竞争。近年来，上虞综合竞争能力显著提升，高质量发展走在省市前列，全区上下干事创业的劲头更足、氛围更浓，这些都将成为上虞未来发展的有力支撑和信心来源。同时，我们也要清醒地认识到，当前上虞正处于“爬坡过坎、赶超跃升”的关键时期，人口红利、用地能耗、环境容量等核心资源对发展的制约日益凸显，区域竞争也日趋激烈，不进则退。现代化的核心是人的现代化，高质量发展的核心是创新，我们要通过“青春之城”建设，进一步打开思想空间、认知空间、发展空间，突出人才赋能、教育赋能、创新赋能，加快转变发展方式、破除发展瓶颈，把蕴藏在这座城市中的青春力量焕发出来，全面提升城市能级品质和活力魅力，着力锻造以创新驱动为内核的发展主动能，形成产业与科创深度融合、互为促进的发展新格局，在走好中国式现代化上虞高质量发展之路的新征程中争先领跑、行稳致远。

“青春之城”建设是一项承前启后、统揽全局、引领未来的系统工程、战略工程。我们要以系统化的

思维、现代化的视野、高品质的追求、先行者的担当谋划推进各项工作。

**牢牢把握总体要求。**一要突出战略背景。以党的二十大精神为指引，认真践行“人民城市”理念，遵循城市发展规律，立足中国式现代化大场景，在高质量发展中建设朝气蓬勃、近悦远来的“青春之城”。二要突出基本路径。坚持以全生命周期、全年龄段的人的年轻化青春化为导向，以激发青年群体创新创业活力为重点，以“科创+产业”为主抓手，以“一江两岸三城多片区”为主平台，加快融入高水平网络大城市建设，大力推进年轻化、时尚化、运动化、国际化、便捷化、品质化、数字化、组织化发展，着力建设青年发展型城市、全龄友好型城市、生态宜居型城市、文化包容型城市，打造中国最具幸福感城市。三要突出使命担当。塑造形成具有强大吸引力、创新力、竞争力、扩张力、影响力的未来城市发展新形态，推动发展方式根本性转变、城乡面貌整体性跃升、瓶颈制约实质性化解，为全省全国提供区县高质量发展的“上虞样板”。

**牢牢把握战略重点。**一要突出兴产业、强平台，打造创业创新的“青春之城”。坚持“以产兴城、以业留人”，全面做优做强适宜青年和创新创业人群发展的科创平台体系、产业平台体系，营造敬业、精益、专注、宽容失败的创新创业文化，构建大众创业万众创新生态圈。二要突出低成本、高便捷，打造宜居乐居的“青春之城”。低成本的城市、高便捷的城市必然是一个吸引人的城市。要进一步解放思想，持续迭代完善覆盖全年龄段、全生命周期的人才政策，以最大力度、最优条件解决好新市民、青年人等群体的住房、交友、婚恋、育儿、赡养等问题，系统性提升城市对青年人群、创业人群的吸引力。三要突出造场景、育文化，打造时尚活力的“青春之城”。以未来城市理念建设“青春之城”，加快生活、创业、消费、文化、休闲、爱情、生态等场景建设，引进培育一批年轻态、活力范、时尚感的新项目新业态，打造一批展示青春、焕发青春、引留青春、乐动青春、服务青春的重大标志性成果。四要突出扬新风、优治理，打造大爱有为的“青春之城”。坚持“城市对青年更友好、青年在城市更有为”，推进全域党组织、社会组织年轻化，把虞商乡贤、各类新阶层人士、新青年群体有效组织起来，充分激发全社会工作生活热情，塑造城市文明新风尚，促进城市治理体系和治理能力现代化。

**牢牢把握时序安排。**围绕区第二次党代会总体部署，按照“一年出成效，两年大变样，四年成典范”的要求，到2023年，全面融入绍兴高水平网络大城市建设，搭建形成“青春之城”的“四梁八柱”，启动建设一批示范性功能载体和项目，重要核心区块“青春气质”初步彰显。到2024年，对标“两个先行”“五个率先”，高质量完成一批“青春之城”重大标志性项目，以科技创新为“主引擎”的经济体系和发展模式加快塑造，城市能级品质全面提升，综合竞争力和现代化水平显著提高。到2026年，城市气质、城市活力、城市温度、城市颜值在长三角区县市中脱颖而出，对青年的吸引力、凝聚力、承载力有效增强，创业创新、宜居乐居、时尚活力、大爱有为的“青春之城”基本建成，在对标“两个先行”、奋进“五个率先”中取得更多突破性进展、标志性成果，成为走好中国式现代化高质量发展之路的区县典范。

**牢牢把握空间格局。**坚持“拥江而立、向湾而兴”，加快构建“一江两岸三城多片区”的“青春之城”空间布局。积极推动“一江做活”，坚持“唐诗之河、幸福之河”定位，高质量推进曹娥江科创、文创走廊建设，做深做活“水上、岸上、晚上、山上”文章，打造曹娥江悦动青春活力带，成为上虞引留新青年的城市封面、亮丽名片。积极推动“两岸做优”，优化曹娥江东西两岸城市功能布局和产业发展布局，树立市场化运营理念，引进国内一流团队和新型业态，统筹经营“一江两岸”闲置资源，建成具有国际范、上虞味、时尚潮的新时代生态人文画廊。坚持“三城驱动”，“未来城”要聚焦“产城人文景”深度融合发展，按照“一湾、一谷、一湖、一站、两区”格局，加快引育和建设一批面向未来的高端智造、未来科教、文化展览、商业商务、智慧交通、青春社区等新项目新业态新场景，以更多“第一唯一”打造“青春之城”样板区、产城融合示范区。“活力城”要以滨江提质扩容、产业转型升级、社区有机更新为重点，扎实推进总部楼宇集聚提升，加快建设现代服务业集聚区和高品质智造园区，打造城市活力集聚地、市民公共活动中心。“文旅城”要依托丰富的山水文旅资源，联动中华孝德园、龙山城南组团和皂李湖片区开发，打造串联城乡资源、辐射虞南山区的综合文旅枢纽、生态幸福家园。坚持“多片区提升”，结合网络大城市节点培育要求，有序推进“14+X”个片区建设，明确功能定位，优化空间布局，充分利用政策驱动、资本驱动、产业驱动，推动基础设施片区化、产业发展协同化，全面提升城市的枢纽带动力和网络连通性，整体性增强城市吸引力竞争力。

**牢牢把握载体抓手。**一要实施青春产业蝶变提档工程。产业是“青春之城”建设的动力之源。要坚定不移实施制造业强区、服务业兴区“双轮驱动”战略，坚持传统产业改造提升和新兴产业未来产业培育发展“两手齐抓”、大平台重塑与特色化专业化平台重构“两翼齐飞”，推进创新链产业链深度融合，着力打造研发带动、数字赋能的现代产业新标杆。二要实施青春人才赋能提级工程。人才集聚是“青春之城”的鲜明标志。要深入实施人才强区首位战略，不惜代价、不拘一格、不遗余力招才引才用才留才，以世界级科学家、国内外领军人才、各类专业人才和优秀大学生的近悦远来，实现上虞创新发展“花开满园”。三要实施青春社会强基提效工程。聚焦“人的一天、人的一生”公共服务优质共享，着力构建全周期、全天候的社会服务体系，有力度、有温度的社会保障体系，网格化、现代化的社会治理体系，切实把“青春之城”的美好生活向往照进现实。四要实施青春文化激活提能工程。文化是“青春之城”的灵魂。要坚持守正创新、活化转化，深入挖掘、传承和弘扬上虞地域特色文化基因，更高层次提升传统文化青春感、文化产业青春度、文化事业青春力，以文化软实力赋能“青春之城”“硬支撑”。五要实施青春环境优化提升工程。坚持开放融合，以人的城镇化为核心，统筹推进乡村振兴，推动老城与新城相得益彰、城市与乡村融合互补、建设与管理互促并进、人文与自然交相辉映，构建全域功能与风景共融的城乡发展新格局。六要实施青春党建聚势提质工程。聚焦铸魂夯基育人，有效激发基层党组织和广大党员干部的青春和活力，以高质量的青春党建全面护航“青春之城”建设。

区委深入学习贯彻党的二十大精神，对标省委十五届二次全会和市委九届三次全会决策部署，准确把握中国式现代化内涵要求，深入研究探讨，广泛征求意见，制定了《关于全面学习贯彻党的二十大精神，坚定捍卫“两个确立”，坚决做到“两个维护”，对标“两个先行”“五个率先”全面建设“青春之城”，走好中国式现代化上虞高质量发展之路的决定（讨论稿）》和《关于深入学习贯彻党的二十大精神，全面建设“青春之城”的行动方案（讨论稿）》，提交大会审议。请大家在讨论时充分发表意见，共同把决定和行动方案修改好、完善好。全区广大党员干部要保持永不懈怠的精神状态和一往无前的奋斗姿态，以扎实有力的举措把决定和行动方案描绘的美好蓝图逐步铺展开来，让中国式现代化在上虞大地充分展现可观可感的现实图景，努力在新时代“创造更大辉煌”、为全国全省全市发展作出新的更大贡献。

## 四、奔跑拼抢、创变笃行，奋力实现新一年各项工作新突破

2023 年是全面贯彻落实党的二十大精神的开局之年，是“八八战略”实施 20 周年，是杭州亚运会举办之年，也是我区全面开启 “青春之城”建设的起步之年，做好新一年工作意义重大、影响深远。

2023 年工作的总体要求是：坚持以习近平新时代中国特色社会主义思想为指导，全面贯彻落实党的二十大和中央经济工作会议精神，按照省委、省政府、市委、市政府决策部署，坚持稳字当头、稳中求进工作总基调，完整、准确、全面贯彻新发展理念，服务构建新发展格局，着力推动高质量发展，更好统筹疫情防控和经济社会发展，更好统筹发展和安全，全面推进“青春之城”建设，大力实施数字经济“一号发展工程”、营商环境“一号改革工程”，深入开展项目攻坚提速年、科创赋能提质年、全域党建提升年“三个年”活动，推动经济运行持续向上向好、走在省市前列，实现质的有效提升和量的合理增长，勇当推进“两个先行”奋进“五个率先”排头兵，在走好中国式现代化上虞高质量发展之路的新征程上开好局起好步。

**实施“青春之城”建设主战略：**要以“科创+产业”为主抓手全面推进“青春之城”建设，着力激发城市发展创新力、竞争力，以城市发展方式转变带动经济发展方式转变。

**实施“双一号工程”：**

**数字经济“一号发展工程”，**要积极呼应省委省

政府数字经济“一号发展工程”决策部署，坚持“传统产业+数字化变革就是新兴产业”理念，持续深化数字化改革，联动推进产业数字化、数字产业化，全力发展数字经济，打造全省数字经济创新发展示范区。

**营商环境“一号改革工程”，**要积极呼应省委、省政府营商环境“一号改革工程”决策部署，更高水平、更大力度推进营商环境集成改革，扎扎实实为企业减负降本、解决问题，持续激发市场主体活力和社会创造力，打造“政策最优、服务最好、审批最快、成本最低”的长三角营商环境最优区，让干部敢为、地方敢闯、企业敢干、群众敢首创在上虞成为一种自觉、一份特质、一道风景。

实施“三个年”活动：

**项目攻坚提速年，**要坚持以项目看发展论英雄，着力推进一批招大引强、产业提升、城市功能、科技人才、共同富裕、民生实事“六个一批”重大项目，健全落实项目推进“八大机制”，构建项目开工“123”、项目建设“456”、项目谋划“789”全链条闭环，形成“谋划储备、开工建设、投产达效”压茬推进的良好格局。

**科创赋能提质年，**要坚持科技是第一生产力、人才是第一资源、创新是第一动力，超常规、体系化落实人才引领创新、创新驱动发展战略，加快构建协同高效的现代教育体系、科创体系、产业体系，打造更具竞争力的先进制造业基地和现代服务业高地。

**全域党建提升年，**要深入贯彻新时代党的建设总要求，树牢大抓基层鲜明导向，以“红色根脉强基示范区”创建为引领，全面推进村社、机关、国企、学校、医院、“两新”组织等各领域党建全面进步、全面过硬，以党建“最大政绩”引领保障发展“第一要务”。

围绕上述工作要求，2023年工作的主要预期目标是：地区生产总值增长7.5%、力争8.5%；一般公共预算收入增长10%；规上工业增加值增长10%；固定资产投资增长12%；社会消费品零售总额增长10%；外贸出口增长20%；城乡居民人均可支配收入与经济增长基本同步。

确定这个目标，综合考虑了宏观环境和条件，突出了高质量导向、排头兵担当、争一流作风，体现了勇于争先、勇挑大梁的积极态度。全区上下要统一思想，保持定力，狠抓落实，坚定向高质量发展迈进。

重点实施“六大行动”：

**（一）实施市场信心提振行动，推动经济运行整体好转。**着力稳预期、强信心、增动能、优环境，最大限度激发市场主体活力。一要精准高效出政策、快兑现。精准承接省“8+4+1”、市“1+9”政策体系有效落地，配套制订一揽子稳经济政策，推动政策顶格兑现、直达快享，确保能早则早、应出尽出、应享尽享，为市场主体减负25亿元以上、兑现各类惠企资金20亿元以上。全力争取政府专项债、政策性开发性金融工具，争取更多项目纳入国家用地保障范围、能耗单列清单。实施融资畅通工程，加大金融支持实体经济力度，推动企业综合融资成本稳中有降。二要千方百计拓市场、抢订单。开展“百企百团拓市场抢订单”行动，主动对接绍兴三大国家级开放平台，鼓励支持企业巩固传统出口优势、拓展新兴市场份额，完成市场采购贸易出口3.5亿美元、实现自营出口500亿元，争创照明产业国家级外贸转型升级基地。健全完善以外引外、以民引外机制，优化外商投资服务，力争实到外资2亿美元。实施跨国公司培育成长计划，支持优势企业跨国并购、境外投资、经贸合作，提升全球资源配置能力。三要不遗余力促消费、激活力。把恢复和扩大消费摆在优先位置，面向长三角地区实施“美好消费在上虞”计划，举办“浙东新商都”系列活动，着力促进消费回补和潜力释放。创新消费方式场景，促进新能源汽车、智能设备等新型消费，培育文化体育、医疗健康、养老托幼等消费热点，加快建设智慧商圈、特色街区和风情夜市，满足居民多样化、高品质消费需求。支持刚性和改善性住房需求，促进房地产市场平稳健康发展。抢抓户外、露营、亲子等后疫情时代旅游风口，整合区域核心文旅资源，推动文旅消费提档升级。四要多措并举稳企业、增信心。市场主体特别是民营经济对上虞发展功不可没，地位不容置疑，作用不可替代。要不折不扣落实上级关于支持民营企业发展的意见，完善营商环境工作体系和评价体系，设立“爱企日”，在降低市场准入门槛、规范涉企收费、优化涉企服务、强化公正监管等方面精准施策，迭代深化政企服务直通车、驻企指导员和营商环境观察员制度，开展“千企评部门评镇街评站所”活动，弘扬企业家精神，保护民营企业合法权益，关心关爱企业家健康成长和代际传承，把构建亲清政商关系落到实处。推动企业“上市上云上规上牌”，加快市场主体升级，实施“凤凰行动·凤舞娥江版”，新增上市企业3家、报会及辅导企业6家次，完成股改25家；新增市场主体1.2万家以上、省级以上专精特新企业10家、销售超亿元以上企业10家。

**（二）实施扩大有效投资行动，掀起重大项目建设高潮。**进一步扩大有效投资、优化投资结构、提高投资效益，更好发挥投资对优化供给结构、产业结构的关键作用。一要跑出项目建设加速度。坚持一二三产同招、内资外资齐抓、引智引技并举、招商留商联动，建设专业化招商队伍，着力推进头部招商、乡贤招商、基金招商，力争引进10亿元以上项目10个，其中50亿元以上2个、100亿元以上2个。大力推进191个总投资超2000亿元的“六个一批”项目，力争产业投资、基础设施投资、房地产投资“3个120亿元”。瞄准中央和省市重大政策跑道，谋划推进更多战略性、支撑性、引领性项目“进盘子”，争取省重点项目3个，新增土地指标1800亩、能耗20万吨标煤，消化“四未一低”土地6400亩。二要提升平台体系竞争力。杭州湾经开区聚焦“3+2”产业链群培育，大力推进“五大特色产业园”建设，全面做强孵化器、创业园、科技服务、中试转化等功能，力争在引进百亿级链主型项目上取得新突破，经济总量达2500亿元，先进高分子材料“万亩千亿”新产业平台跻身全省前10，致力打造更高质量、更有品质、更具影响力的国家级开发区。曹娥江旅游度假区强化“落地是真英雄、引流是真本事”理念，聚焦“一江一湖一山两镇” 建设进一步集聚人气、打响品牌，加快启动皂李湖“休闲之湖、科创之湖”核心区块项目建设，积极争创国家级旅游度假区。曹娥江经开区深化工业全域治理，重点攻坚推进泛百官、泛道墟两大片区“腾笼换鸟”、整体建设取得实效，力争再造一个千亿级产业大平台。e游小镇启动三期开发，推动游戏、动漫、影视、数字经济等全产业链发展，打造长三角数字文创产业中心。三要塑造产业集群新优势。扎实推进先进制造业强区“1215”专项行动，集中资源、集成政策、集聚力量，加快卧龙智慧新能源装备产业化、晶盛产业园等重大项目建设，推动制造业高端化、智能化、绿色化、融合化发展，打造全省精细化工核心区、集成电路协同区，奋力夺取“浙江制造天工鼎”。加快以“产业大脑+未来工厂”为核心的产业数字化、数字产业化，实施智能化、数字化改造项目100个以上，力争数字经济核心产业增加值增长15%以上。迭代推进化工行业改造提升3.0版“5610”行动，抓实化工产业跨区域集聚提升，打造全国绿色化工园区上虞样板。实施服务业“1855”高质量发展行动，推动现代服务业与先进制造业、现代农业深度融合发展，构建以信息、科技、金融、现代物流和商贸、文创、健康、休闲为主的优质高效现代服务业新体系。坚决遏制耕地“非农化”“非粮化”，确保粮食种植面积稳定在47万亩以上。深化“农业双强+标准地改革”省级试点，强化“四季仙果”全链条建设，打响“1+N”区域农业公用品牌，争创国家级农业现代化示范区。大力推进建筑工业化，持续擦亮“建筑之乡”金名片。

**（三）实施改革创新赋能行动，激发创新创造澎湃活力。**坚持创新在现代化建设全局中的战略核心地位，以更高站位抓好科技创新“栽树工程”，以更大力度抓好教育、科技、人才工作，加快提升区域创新发展水平。一要更深层次推动改革攻坚。放大数字化改革“乘数效应”，推动省市重大应用全面贯通、地方特色应用集成见效，加快打造一批具有省市影响力、上虞辨识度、基层获得感的最佳应用，提升服务实体经济、社会治理、民生实事水平。统筹推进各领域重大改革，全面深化农村宅基地制度、“三位一体”农合联、国资国企等改革，推动“大综合一体化”行政执法改革监管全覆盖、执法全闭环，力争新增省级以上改革试点20项以上、全省推广重点改革成果3项以上。二要更大力度激活科创引擎。建强以曹娥江科创走廊为牵引的高能级科创平台体系，实体化运作曹娥江新材料实验室，加快推进杭州湾产业协同创新中心二期等平台建设，建成天津大学绍兴研究院。加强与复旦大学、浙江大学等大院名校全方位战略合作，探索“院士+链主企业+特色产业园+产业基金”模式，力争在引进“两院”院士及重大科技成果转化项目上取得重大突破。实施科技企业“双倍增”计划、科技“小巨人”培育计划，积极申报“尖兵”“领雁”项目，加强关键核心技术攻关，新认定高新技术企业60家、科技型中小企业150家，再夺省“科技创新鼎”。实施教育高质量发展行动，统筹优化城乡教育资源布局，推进学前教育优质普惠、义务教育优质均衡、高中教育优质多元、职业教育高等教育融合创新，建设全民终身学习的学习型社会。三要更实举措集聚各类人才。成立人才公司，探索“城市合伙人”计划，打好人才“引育留用”组合拳，既要引进人，更要成就人，在引育“鲲鹏计划”人才、国家和省级人才、青年大学生、卓越工程师上持续取得新突破。大力推进全国青年发展型城市试点，高水平举办人才发展大会、之江科创大会等系列活动，构建“才来上虞、马上服务”生态链。四要更高水平营造创新生态。发挥政府产业并购引导基金、产业转型升级基金作用，撬动社会资本参与重大人才项目、创新项目，完善金融支持创新体系。迭代深化人才新政 5.0 版，落实人才创业、科技创新全生命周期闭环服务，探索建立激励创新宽容失败机制，大力弘扬科学家精神、工匠精神，营造“如鱼得水、如鸟归林、如虎添翼”创新生态。

**（四）实施城市能级提升行动，彰显“青春之城”品质品位。**坚持高起点规划、集约化建设、精细化管理，构建功能完备、品质一流、宜居宜业、令人向往的美好家园。一要全面融入长三角一体化。大力推进“接轨大上海、融入长三角”2.0 版，全面加强以复旦大学为龙头的产学研合作，以张江高科技园区、G60 科创大走廊、杭州城西科创大走廊为重点的产业合作科创合作，以虞籍乡贤和虞商为重要资源的全方位合作，加快打造规划衔接、产业协同、设施互通、生态联治、民生共享、文化交融的一体化样板。以交通互联为突破口，加快推进杭绍甬智慧高速、329 国道上虞盖北至道墟段、104 国道绍兴东湖至蒿坝段、南北中心大道全线高架等重大项目建设，开建轨道交通 2 号线二期上虞段、新章镇大桥及连接线、杭州湾油气码头，致力构建“外联内畅、互联互通”现代化综合立体交通体系。二要加快片区化组团式发展。结合绍兴网络大城市建设要求和项目安排，编制各片区控制性详细规划方案，加快构建“一江两岸三城多片区”城市空间布局。“未来城”创新开发建设体制机制和投融资模式，谋划启动建设曹娥江文化艺术中心、e 游 PARK 创意产业园、竺可桢未来学校等项目，通盘研究推进智慧交通体系，挖掘用好历史文化资源，致力打造“产城人文景”深度融合发展的“青春之城”样板区。“活力城”加快“一江两岸”总部楼宇建设和总部经济招商，按照社会资本招商一批、国资建设运营一批、财政投资改造一批的思路，实施“老城焕新”行动，有序推进老旧小区、安置小区等改造提升。“文旅城”突出“慢活休闲”导向，重点聚焦皂李湖文旅项目开发建设，加快周边村落征迁改造，推动顶级 IP 主题乐园、顶奢度假酒店等项目落地，联动推动城南、祝家庄等区块开发。完善“14+X”重点片区规划，着力构建多层次、多节点、多元化网络大城市空间体系。支持各乡镇街道立足自身禀赋优势，推动差异化融合化高质量发展，大力发展美丽经济、边界经济、特色经济，提升担当力和贡献度。三要推进全域“和美虞村”建设。对标“千村未来、万村共富、全域和美”，统筹推进“两未来一风貌”建设，串珠成链打造省级未来乡村精品环线，争创省新时代美丽乡村示范区。实施村级集体经济新三年增收行动计划，完善强村公司、飞地抱团、片区组团经营机制，确保消除村集体经济年经营性收入 80 万元以下村，村均年经营性收入达 100 万元以上。

**（五）实施人文生态促进行动，塑造现代城市品格气质。**坚持“人文为魂、生态塑韵”城市发展之路，厚植文化气质、提升生态颜值，进一步彰显城市特质。一要弘扬新时代上虞精神。系统推进新时代上虞精神、城市品牌口号和城市 IP 全域联动、全链运营、全民践行工作，打造最具上虞辨识度的城市金名片。高质量举办纪念谢晋诞辰 100 周年、马一浮诞辰 140 周年活动。持续推进媒体深度融合，擦亮“虞声嘹亮”宣讲品牌。提档升级区级文明实践中心，实施“浙里新风・虞尚十礼”文明实践专项行动，深化全域文明创建，加强城市精细化管理，打造“席地可坐”的最清洁城市。二要推进文旅融合发展。优化调整旅游工作体制机制，推动曹娥江旅游度假区回归主责主业，突出重点区块、重点项目开发建设，文广旅游局履行旅游管理职能，文旅集团保障文旅项目建设。加快曹娥庙历史街区开发建设，全面开园运营瓷源文化小镇，推动大东山、白马春晖等景区资源串联、破圈，办好“诗画曹娥江”系列文旅活动，整体性提升上虞旅游知名度，打响“上虞文旅”新品牌。高水平推进曹娥江文创走廊和浙东运河文化带、浙东唐诗之路文化带建设，以项目为抓手推动物化利用，以科技为手段推动活化呈现，大力引进培育一批专业文体运营机构和高端文体赛事，发展数字文化产业，加快把文化资源厚度转化为产业发展高度。坚持以文惠民，打造城乡新型文化空间、文化场景、文化群落，构建更高水平“15分钟品质文化生活圈”。三要厚植城市生态本底。建立健全中央和省委生态环保督察整改长效机制，深入打好治水治气治土治废治塑攻坚战，巩固国家级生态文明示范区创建成果，争创全国“两山”实践创新基地。全面落实“河湖长制”“林长制”“田长制”，深化“山水林田湖草”生态修复试点，争创全省幸福河湖试点县。扎实开展“双碳”行动，严格落实能耗“双控”，推进工业、建筑、交通等领域清洁低碳转型，全面提升产业发展含金量、含新量、含绿量。

**（六）实施民生福祉增进行动，建设平安和美幸福家园。**坚持尽力而为、量力而行，用心用情用力解决群众急难愁盼，让共同富裕和现代化美好生活更加真实可感。一要打造区内山海协作的共富家园。大力实施区内山海协作“6510”行动，迭代升级共富工坊建设，推动更多镇镇结对、村村结对、村企结对，以片区化、联盟化的思路推动800平方公里虞南山区绿色高质量发展，争创全省共同富裕创新实践和典型案例。实施“扩中”“提低”行动，完善高质量就业创业体系，多渠道增加中低收入群体收入和城乡居民财产性收入，确保城乡居民收入倍差缩小到1.73以内。二要打造服务优质共享的幸福家园。深化医疗资源“上引下沉”，加快邵逸夫医院绍兴院区建设，推动乡镇卫生院提档升级、村社卫生室优化提升，巩固提升国家卫生城市创建成果，确保“健康浙江”考核“五连冠”。聚焦“一老一小”探索整体解决方案，加快建设区康养中心，推进高品质养老社区、养老机构、托幼机构建设，落实优化生育系列政策，建设5A级婚姻登记中心。三要打造社会和谐稳定的平安家园。健全完善平安创建“三色”预警机制，迭代深化平安共同体建设，确保95%以上矛盾纠纷化解在基层、95%以上涉稳事件处置在基层，争创全国信访工作示范区。参与做好毛泽东同志批示学习推广“枫桥经验”60周年暨习近平总书记指示坚持发展“枫桥经验”20周年纪念活动，创新推进“枫桥式”单元创建，打造一批新时代“枫桥经验”上虞样板。常态化开展扫黑除恶斗争，强化安全生产、自然灾害、道路交通、食品药品等重点领域的智慧感知、监测预警，全力遏较大、减总量、保安全，巩固食品安全“双创”成果，确保夺取平安一星金鼎。优化疫情防控举措，最大限度保障人民群众生命安全和身体健康。

## 五、一以贯之推进全面从严治党，以高质量党建引领保障现代化先行

走好中国式现代化上虞高质量发展之路，关键在加强党的领导，重点在党员干部。要全面贯彻落实新时代党的建设总要求和党的组织路线，成体系地推进全面从严治党向纵深发展，不断把各级党组织建设得更加坚强有力。

**1. 要凝聚团结奋进的磅礴力量投身发展。**坚持把政治建设摆在首位，深化落实“第一议题”制度，持续抓好党的二十大精神党员干部全员轮训工作，不断增强“四个意识”、坚定“四个自信”、做到“两个维护”。巩固壮大主流思想舆论阵地，讲好新时代“上虞故事”，牢牢掌握意识形态工作主导权。全面加强区委常委会自身建设，支持保障人大、政府、政协和审判、检察机关依法依章程履行职能，加快构建大统战工作格局，着力深化党管武装工作质效，加强群团组织政治性先进性群众性建设，进一步巩固形成全区上下同心协力、同向发力的良好局面。

**2. 要树牢大抓基层的鲜明导向保障发展。**深化“上统下分、强街优社”“强社惠民”两项省级改革试点，持续推进街道“大工委”、社区“大党委”建设，加快形成一批现代社区建设标志性成果。推进“红色根脉强基”示范三级联创，加强各级党群服务中心规范化建设，启动实施村级后备干部梯队培养三年行动计划，推动机关党建“双建争先”、两新党建“蝶变跃升”，探索新业态、新就业群体党建工作新路径，促进领导力、组织力、执行力整体跃升。提高发展党员工作质量，增强基层党组织肌体活力。

**3. 要锻造堪当重任的干部队伍推动发展。**更加突出政治标准和实干实绩导向，加大一线考察和差异化考核，在重点工作、重大项目、重要平台中发现和选拔优秀干部，持续选优配强各级领导班子。深化“上挂下派中交流”模式，加大干部专业培训力度，加强优秀年轻干部提级管理、递进培养，持续激发各年龄段干部活力。坚持严管厚爱结合、激励约束并重，强化赛场赛马、晾晒比拼，健全“两个担当”良性互动机制，着力消除妨碍干部担当作为的各种机制障碍和

制约因素，让敢担当、善创变、勇笃行成为上虞干部队伍最鲜明的印记。

**4. 要涵养风清气正的政治生态护航发展**。完善和落实自我革命制度规范体系，推动政治监督具体化、精准化、常态化，增强对“一把手”和领导班子监督实效。高质量做好省委巡视整改“后半篇文章”，聚焦政治监督有序推进二届区委巡察工作。坚持纠“四风”树新风并举，深化作风建设专项行动，持之以恒加固中央八项规定堤坝，重点纠治形式主义、官僚主义，推动党风政风社风民风持续向上向好。坚持“一案七必须”，做实身边典型案例警示教育，一体推动不敢腐、不能腐、不想腐。加强廉洁文化建设，深入研究王充“清白廉洁”思想，全域推进清廉单元建设，持续擦亮“中国廉德文化之乡”金名片。

**5. 要营造唯实唯先的干事氛围引领发展**。各级领导干部要以身许党、夙夜在公，以时时放心不下的责任感、积极担当作为的精气神为党和人民履好职、尽好责。大力弘扬“四气境界”，永葆“想就想明白、干就干最好、做就做极致”的拼劲闯劲，凡事对标最高、聚焦最好、锚定最优，去“油腻”、不“躺平”，努力干出新时代“第一等的工作”。激扬“事事马上办、人人钉钉子、个个敢担当”的尽责精神，只要有利于党和人民的事、认准了的事，就要事不避难、义不逃责，主动迎难而上、迎考而进、迎战而胜。强化“分秒等不起、时刻坐不住、处处慢不得”的效率意识，抓紧时间往前赶、抓住机遇加快干，确保各项工作推进速度快、执行效率高、实际成效好。

同志们，新征程，新使命，唯有创变求新，方能破茧成蝶，唯有勇毅笃行，方可满载荣光。让我们更加紧密地团结在以习近平同志为核心的党中央周围，在省委市委的坚强领导下，图更强、争一流、敢首创，以建设“青春之城”的生动实践，书写走好中国式现代化上虞高质量发展之路的精彩华章，为绍兴勇闯中国式现代化市域实践新路子贡献上虞力量！

# 绍兴市上虞区人民代表大会常务委员会工作报告

（2023年1月9日在绍兴市上虞区第二届人民代表大会第二次会议上）

绍兴市上虞区人大常委会主任　陈　坚

各位代表：

我受绍兴市上虞区第二届人民代表大会常务委员会的委托，向大会报告工作，请予审议，并请区政协委员和其他列席人员提出意见。

## 一、2022年工作回顾

2022年，是党的二十大胜利召开之年，是深入贯彻中央人大工作会议精神的重要一年，也是区二届人大常委会履职开局之年。一年来，常委会在中共上虞区委的坚强领导下，坚持以习近平新时代中国特色社会主义思想为指导，深入学习领会党的二十大精神、习近平总书记关于坚持和完善人民代表大会制度的重要思想，认真贯彻落实区第二次党代会精神，紧跟锻造上虞高质量发展金名片履职行权，紧贴全区人民美好生活需要发展全过程人民民主，为上虞融入高水平网络大城市建设，勇当推进“两个先行”奋进“五个率先”排头兵作出积极贡献。

一年来，共召开常委会会议7次、主任会议11次，听取和审议工作报告49个，开展执法检查31次、代表约见活动4次，组织代表视察10次，提出审议、视察意见22件，督促问题清单整改落实18件，圆满完成了区二届人大一次会议确定的各项任务。

### （一）坚持党的创新理论武装，全面展示根本政治制度优越性

常委会高站位谋划新一届人大工作思路举措，高质量抓好学习宣传教育，不断丰富和发展人民代表大会制度在上虞的生动实践。

**深入开展党史学习教育。**把学习宣传贯彻党的二十大、十九届六中全会精神作为深化党史学习教育的重要内容，认真领悟党的二十大提出的新思想新论断、作出的新部署新要求，把握内涵外延，吃透精髓要义。深刻认识把握“两个确立”的决定性意义，不断增强忠诚核心、拥戴核心、维护核心、紧跟核心的高度自觉，坚定不移做“两个确立”忠诚拥护者、“两个维护”示范引领者。深入开展“三服务”“助企纾困”等活动，开展民生大走访，梳理交办意见建议，推动解决群众烦心事、企业期盼事、基层困难事。

**学习贯彻中央人大工作会议精神。**把习近平总书记的重要讲话精神作为做好新时代人大工作的强大思想武器，自觉把党中央决策部署贯彻落实到人大工作各方面、各环节、全过程。深化对人大制度科学内涵、优势功效的理解和把握，深刻认识人民代表大会制度是实现我国全过程人民民主的重要制度载体，不断增强根本政治制度自信。进一步明确推进新时代人大工作高质量发展、打造践行全过程人民民主的目标任务和工作举措，筹建并成立区人大工作研究会，建立区领导常态化联系人大代表联络站等制度，不断完善人大的民主民意表达平台和载体。

**积极开创人大宣传工作新局面。**严格落实意识形态工作责任制，积极发挥“上虞人大”微信公众号、网站、杂志、媒体专栏和代表联络站“五个一”宣传平台阵地作用，制作人大工作宣传片，积极推动人大制度进党校、进课堂，讲好上虞人大故事，推动人民代表大会制度深入人心。及时推送反映区镇两级人大工作的微信公众号消息700余条，推出“助力稳进提质”“热议党的二十大报告·人大代表说”等专栏共三十余期，全年省市人大录用信息85条，继续名列省市前茅。获评市人大好新闻一等奖一项、三等奖一项。

**（二）坚持围绕区委重大决策部署，合力锻造上虞高质量发展金名片**

常委会充分发挥职能优势，持续注重跟踪监督，在服务大局中展现担当作为。

**推动经济高质量发展。**紧紧围绕“一号工程”“三个年”活动，听取和审议全区数字化改革及公共数据管理工作情况、先进制造业与现代服务业两业融合情况报告，视察杭州湾经开区万亩千亿先进高分子材料产业平台建设，加强对推进工业节能增效、制造业数字化转型的监督调研，支持政府推动招商引资、科技进步、项目建设，促进经济高质量发展。视察“奋战一季稳 夺取开门红”工作，围绕疫情防控工作开展代表约见活动，助力统筹经济社会发展和疫情防控工作，奋力补齐疫情造成的损失。

**强化公共财政管理监督。**推进预决算全口径、全过程实时监督，优化财政预算国资联网监督工作，听取和审议财政预算、决算工作报告，中期财政规划，提升财政资源配置效率。听取和审议地方政府债务管理情况报告，批准地方政府债务限额，视察债券项目建设情况，助力地方政府专项债券发行使用工作，听取和审议国有资产管理工作情况综合报告，国有资产的监督力度得到加强。听取和审议预算执行和其他财政收支审计查出问题整改情况报告，开展对开发区预算的重点审查监督，支持审计部门依法履行审计监督职能，推动审计发现问题的整改落实。

**助力项目攻坚落地。**围绕“五个一批”重大项目建设，明确政府投资（国有建设）项目监督专家组，修订民生实事项目和重点监督投资项目监督办法。作出半年度政府投资（国有建设）项目投资计划调整的决定，出台人大代表全过程监督民生实事项目实施意见，加强项目执行进度监督，围绕民生实事项目、政府重大投资项目和重点上会部门项目，实行“回头看”、半年视察、定期通报，督促加快项目建设进程。

**促进城乡协调发展。**视察全区文旅融合工作情况，听取和审议区政府关于食品安全工作情况报告，不断优化区域人文环境和食品安全工作良好氛围。视察章镇小城市培育和丰惠“千年古城”复兴工作，持续优化区域发展环境。听取和审议全区水利工程防洪排涝能力建设情况报告，视察高层民用建筑消防安全隐患整治工作，助力推动海塘安澜工程和消防安全隐患整治。聚焦生态环境报告制度贯彻落实，听取和审议生态环境保护工作情况报告，促进城乡人居环境质量不断优化。听取和审议农业双强工作情况报告，视察乡村振兴先行村创建工作，视察并审议促进共同富裕打通农村公路断头路建设工作，助力推动乡村振兴。视察医养结合、康养一体养老服务工作，开展“联动监督码上行，五级代表评养老”满意度测评活动，助力应对人口老龄化问题。听取和审议进一步减轻义务教育阶段学生作业负担和校外培训负担情况报告，巩固“双减”成果。听取和审议退役军人服务保障体系建设情况报告，积极维护退役军人合法权益。

**（三）坚持依法治区，持续推动高水平区域治理现代化**

常委会深入贯彻习近平法治思想，扎实推进法治上虞建设，维护社会公平正义。

**不断加强司法监察工作监督。**听取和审议区人民法院环境资源审判工作情况报告。实行人大代表列席区人民法院审委会会议机制，专题调研公益诉讼检察，精心谋划人大监督与检察监督联动工作机制。在区人民法院、人民检察院设立人大代表联络室。加强规范性文件备案审查工作，全年审查 25 件。视察全区廉政教育工作并听取区监委相关工作开展情况报告。受理群众线上线下来信来访 62 件，及时转办督办重要信访件，努力回应群众关切。

**切实推进依法行政。**制定《浙江省综合行政执法条例》执法检查实施方案，听取和审议全区综合行政执法改革推进情况报告，上下联动开展工作监督。视察《浙江省生活垃圾管理条例》执行情况，持续提升垃圾分类和资源化利用工作。省、市、区三级联动开展乡村振兴“一法一条例”、《中华人民共和国就业促进法》、《中华人民共和国节约能源法》执法检查。组织开展《浙江省土地管理条例》《中华人民共和国预算法》及其相关配套条例培训。对区应急管理局、综合行政执法局开展工作评议，肯定两局工作成绩，促进两局进一步改进工作作风，提升工作效能。

**依法行使重大事项决定权和人事任免权。**依法依规讨论决定重大事项，全年作出重大决议决定 11 个。依法行使好人事任免权，确保区委推荐的人选经过法定程序成为国家机关领导人员。及时做好重要人事任免工作，认真组织开展任前法律知识考试、拟任职人员代表表态发言、颁发任命书、宪法宣誓等工作，全年共任免国家机关工作人员140人次。依法补选市人大代表1名、区人大代表1名。

**（四）坚持民有所呼、我有所应，充分发挥人大在发展全过程人民民主中的重要作用**

常委会认真贯彻落实践行和发展全过程人民民主的要求，保障代表依法行使职权，丰富拓展民主渠道。

**扎实推进基层单元建设。**按照省、市人大统一部署，以数字化改革推动代表联络站迭代升级，培育打造人大践行全过程人民民主基层单元建设。着力抓好代表联络站软硬件建设，全省一流、全市领先的区级代表联络总站建成投用，省人大常委会党组副书记陈金彪到站视察指导并高度肯定，27批次外地人大学习考察团（组）进站交流。全区各乡镇街道和经开区代表联络站全部配备"一屏两码"并开放六大应用场景。精心指导小越街道完成全省首批基层单元试点单位创建工作，全面推进全区各乡镇街道（经开区）基层单元建设，通过广泛发动，强化业务培训，加强督查通报，全区各级人大代表、议政会成员和选民群众积极参与基层单元的建设。自去年9月以来，全区各级代表的注册率、激活率达100%，开展各类活动线上登记110次、线上收集意见建议4000余条，回复处理问题3700余个。代表依托基层单元履职的意识不断提高，代表"亮码"、群众"扫码"、线上解难成为代表履职、服务群众的"新常态"。

**不断丰富闭会期间代表履职活动。**向全区各级人大代表发出倡议，组织全区各级人大代表开展"助力锻造上虞高质量发展金名片、奋力谱写现代化共同富裕美好社会新篇章""九访九促"主题走访服务和助力十大攻坚行动、"局长·代表面对面"专题活动，全年共开展主题活动320次，参与代表2700余人次，收到意见建议800余条，解决问题600余个。组织代表参加和谐劳动关系、反电信诈骗、国土空间规划编制等约见活动，充分听取民意，及时回应群众期待。组织300余人次区代表参加视察、执法检查、列席区人大常委会、区政府常务会议等相关会议、活动，做好区代表履职的相关保障工作。积极保障全国人大代表履职，支持省十三届人大代表绍兴中心组第三小组、市九届人大上虞代表团各小组开展好闭会期间小组活动。

**高质量开展建议督办。**坚持办理和督办人大代表建议意见"十步工作法"，督促政府部门在规定时间内反馈区二届人大一次会议期间代表提出的151件口头建议。着力抓好214件代表书面建议交办工作，做好建议上虞日报公示，确定12件建议作为人大常委会重点联系督办件。集中组织开展专项督办活动，听取和审议代表建议办理情况报告，对区教体局、公安分局建议办理工作进行绩效评估。对代表优秀建议和建议办理先进单位开展双评选工作，214件书面建议中问题已经解决和基本解决占总数的66.4%，代表对办理工作满意和基本满意率达100%。

**（五）坚持以政治建设为统领，不断提升塑造变革能力和履职水平**

常委会始终坚持党的全面领导这一最高政治原则，立足"四个机关"的定位要求，加强自身建设，提高塑造变革能力。

**加强党的建设。**常委会党组全面履行领导责任，充分发挥把方向、管大局、保落实的领导作用。坚持把政治学习、党史学习作为第一议题，召开党组会议12次，贯彻中央和省、市、区委决策部署，切实做到区委工作重心在哪里，人大工作就跟进到哪里，作用就发挥到哪里。严格执行请示报告制度，向区委请示报告重大问题和重要事项8件，按照区委部署扎实开展课题调研4个，确保人大工作始终在区委的领导下进行。深化打造"亮'徽'路上"党建品牌，注重发挥工青妇等群团组织和人大离退休老干部作用，推动人大常委会机关党建工作质量整体跃升。积极参与疫情防控、文明城市创建、防汛抗台等工作，开展"六比六争先、勇当排头兵"作风建设深化提升专项行动，提升人大机关干部精气神。驰而不息纠"四风"、正作风，压紧压实全面从严治党主体责任，扎实推进清廉机关建设。

**推进人大数字化改革。**围绕省委数字化改革总体部署，加强顶层设计，构建人大数字化改革框架体系，全面融入党政机关整体智治系统。打造"虞事e督"民生实事项目多跨场景监督系统、预算国资监督系统、代表联络站数字运营系统、跟踪监督系统等特色应用和场景，实现了数字技术与人大履职的深入融合，人大数字化改革特色鲜明、亮点纷呈、成效明显。通过"虞事e督"应用场景征集到2023年民生实事项目建议107条，并全面展示2022年"民生实事在身边"系列活动，该应用场景在省市相关会议上作典型介绍，荣获“全省人大数字化改革创新暨第三届浙江人大工作与时俱进通报表扬”项目优秀奖。

**强化履职能力和制度建设。**明确常委会组成人员工作分工，通过党史学习教育、专题培训、集中轮训、“一季一学法”“周一夜学”等形式，快速适应新的工作岗位，打造一支政治坚定、服务人民、尊崇法治、发扬民主、勤勉尽责的人大工作队伍，为新一届人大工作良好开局打好基础、提供保障。全面梳理工作特色亮点，整理印发《常委会工作制度汇编》，规范制度建设和工作开展，提升工作效能，形成规范有序、务实高效的工作运行机制。

**增强人大工作整体实效。**坚持系统观念、系统方法，密切与上下级人大之间的工作联系和协作配合，加强与“一府一委两院”之间的沟通协调，增强工作合力。组织召开法制（监察司法）、财政经济、社会建设三个专门委员会集中会议，修改完善各专门委员会工作制度和议事制度，推进专门委员会工作的程序化、规范化和科学化。完善对乡镇街道（经开区）和部门人大工作绩效考核评价机制，更好发挥考核激励作用。深入贯彻落实《浙江省乡镇人民代表大会工作条例》《浙江省街道人大工作条例》，支持丰惠镇“全方位、全时空、全周期”助推民生实事落实落地、长塘镇“代表在身边”、丁宅乡代表“亮码入网”等特色做法，夯实人大工作基层基础。深化开发区人大工作试点，试点做法和成效获省人大常委会党组书记梁黎明充分肯定。

各位代表，一年来，常委会各项工作取得的成绩，根本在于习近平新时代中国特色社会主义思想的科学指引，是中共上虞区委坚强领导的结果，是上级人大常委会正确指导的结果，是常委会组成人员和全体代表共同努力的结果，是区人民政府、监察委员会、人民法院、人民检察院和各级人大、社会各界支持配合的结果。在此，我谨代表区人大常委会，表示衷心的感谢！

在看到成绩的同时，也要清醒认识到存在的问题和不足，主要是：综合运用监督方式有待深化，监督的精准性和实效性需要进一步增强；人民群众、人大代表参与人大工作的渠道有待拓展，人大在践行和发展全过程人民民主中的优势需要进一步放大；代表建议办理质效有待提高，部分建议“重答复、轻落实”的问题需要进一步解决；人大系统数字化改革的协同联动有待强化，人大干部服务现代化先行和塑造变革的能力需要进一步提升。对于这些问题，在今后工作中要高度重视，切实推动解决。

## 二、2023年的主要任务

2023年是全面贯彻落实党的二十大精神的开局之年，也是我区全面开启“青春之城”建设的起步之年。区人大常委会工作的总体要求是：**坚持以习近平新时代中国特色社会主义思想为指导，全面贯彻落实党的二十大和中央人大工作会议精神，按照区委二届三次全体（扩大）会议确定的“1236”决策部署要求，聚焦中心工作、聚情民生关切、聚力依法履职、聚合代表力量，加强“四个机关”建设，放大制度优势，发挥职能作用，发展和完善全过程人民民主，为上虞对标“两个先行”“五个率先”全面建设“青春之城”作出新的贡献。**

**（一）深学笃行党的二十大精神，自觉把党的全面领导贯穿于人大工作各方面全过程。**人大及其常委会是坚持共产党领导的政治机关。常委会坚持把学习贯彻党的二十大精神和习近平新时代中国特色社会主义思想作为首要政治任务，切实筑牢信仰之基、补足精神之钙、把稳思想之舵。以党的二十大精神统领、谋划和推进人大各项工作，做到学用结合、融会贯通，牢牢把握民主法治建设和发展全过程人民民主新要求，增强党员干部、全体代表坚持和完善根本政治制度的自觉性坚定性，全面准确地将党的二十大精神落实到人大监督、代表工作等履职实践中。始终坚持党对人大工作的全面领导，发挥常委会党组的政治保障作用，人大工作的重大问题、重要事项及时向区委请示报告。坚持围绕中心、服务大局，自觉把人大工作放到“青春之城”建设的大场景中谋划，推动人大工作整体提升，把人大制度优势更好转化为发展优势和治理效能。

**（二）扎实开展正确监督有效监督依法监督，推动重大决策部署落地落实。**监督权是宪法和法律赋予人大及其常委会的重要职权。常委会坚持统筹运用法定监督方式，强化联动监督、跟踪监督，创新实施“云监督”“微监督”，进一步增强跟踪监督的科学性、精准性、实效性。重点围绕经济高质量发展，扎实助推招商引资各项工作，专项督查惠企政策绩效，听取和审议“十四五”规划中期实施情况、深化实施“凤凰行动”助推经济高质量发展报告，视察深化推进“工业全域治理”工作情况，全过程监督民生实事项目及重点监督投资项目建设，助推重大改革项目，加强项目宣传，注重项目绩效。常态化做好财政预算国资联网监督和“虞事 e 督”全过程监督工作，听取和审议财政预算、决算、债务管理、国有资产管理工作报告，加强对审计发现问题整改情况的监督，不断提高财政资金使用绩效。视察科技成果转化及大学研究院建设工作情况。听取和审议2022年度法治政府建设情况报告，组织开展区人民法院法官和区人民检察院检察官的履职评议活动，探索“共享法庭”走进代表联络站，视察公安机关规范化执法工作情况，扎实开展部门工作评议，跟踪监督评议意见和问题清单落实。组织开展交通强区建设情况、养老服务等代表约见活动。根据上级人大统一部署，上下联动开展好执法检查等各项监督工作。

**（三）始终坚持人民至上，增强人民群众获得感、幸福感、安全感。**江山就是人民，人民就是江山。常委会坚持以人民为中心的发展思想，积极回应人民群众新要求新期待。视察海塘安澜工程建设情况、章镇小城市培育和丰惠“千年古城”复兴、助残扶残促进共同富裕工作，跟踪监督农村断头路建设情况。听取和审议未来社区建设情况、全区村级集体经济增收工作情况、气象防灾减灾能力提升情况报告。持续关注生态文明建设，聚焦生态环境报告制度贯彻落实。听取和审议《医疗保障基金使用监督管理条例》、《浙江省医疗保障条例》、知识产权保护“一法一条例”贯彻执行情况报告，加强劳动纠纷多元化解工作情况的报告。紧紧围绕民生改善，扎实开展调研，助推解决新阶段疫情防控、教育、社保、物业管理、消防安全等领域群众急难愁盼的问题。

**（四）充分发挥代表主体作用，打造践行全过程人民民主区域典范。**人民代表大会制度是实现全过程人民民主的重要制度载体。常委会坚持拓宽人民群众利益诉求的表达途径和渠道，把人民当家作主具体地现实地落实到人大工作各方面。深化基层单元建设，迭代升级代表联络站，规范丰富基层单元驾驶舱内容，充分发挥人大代表联络站“联”“商”“督”“促”“智”功能，深化应用场景建设，建立健全“局长·代表面对面”“一月一主题”“选民接待日”等接待活动机制。探索区代表联络总站规范化运行机制，加强区镇两级联动，确保基层单元常态化规范化运行，扎实推动具体问题解决，不断提升代表认可度、群众满意度。丰富拓展代表建议办理“十步工作法”内涵，组织代表约见办理B类、C类建议的承办部门领导，加强对建议落实情况的跟踪监督和“回头看”，进一步提升代表建议办理质效。强化代表工作能力建设，加强代表培训工作的系统化建设，组建全区各级代表专业小组，切实提高代表开展工作监督的精准性和有效性。完善代表履职评价考核体系，开展区代表述职评议，探索市代表向选区选民述职活动。

**（五）牢牢把握“四个机关”定位要求，促进自身建设全面进步、全面过硬。**加强自身建设是常委会高质量履职行权的重要保障。常委会坚持整体推进政治机关、国家权力机关、工作机关、代表机关建设，强化政治、思想、组织、作风、纪律、制度建设高效衔接融合，努力打造让党放心、让人民满意的模范机关。强化党建统领，把政治建设摆在首位，忠诚拥护“两个确立”，自觉践行“两个维护”，不断提高人大干部的政治判断力、政治领悟力、政治执行力，落实全面从严治党主体责任，进一步健全意识形态、党建工作责任体系和工作链条，推进机关党总支升格为机关党委。强化塑造变革，紧跟改革进展，巩固完善数字化改革标志性成果，加快完善数字赋能、整体智治的框架体系，推动人大数字化改革规范化、制度化、体系化。坚持唯实唯先、争先创优导向，加强思想淬炼、政治历练、实践锻炼、专业训练，不断提升人大干部履职能力。强化工作宣传，提高工作站位，拓展宣传渠道，提升宣传质效，展示人大作为，传递人大声音。强化上下联动，深化杭州湾经开区人大工作，探索曹娥江经开区人大工作，支持乡镇街道（经开区）人大打造“一镇一品”特色工作，加强与上下级人大的工作协同，形成合力，不断提升人大工作整体水平。

各位代表，全面建设社会主义现代化国家的新征程赋予我们新的使命责任，全力打造共同富裕美好社会的新图景激励我们接续奋斗。让我们更加紧密地团结在以习近平同志为核心的党中央周围，在中共上虞区委的坚强领导下，锐意进取、开拓创新、勇毅前行，为我区以建设“青春之城”推进“两个先行”奋进“五个率先”，走好中国式现代化上虞高质量发展之路展现新担当、作出新的更大贡献！

# 政府工作报告

（2023年1月8日在绍兴市上虞区第二届人民代表大会第二次会议上）

绍兴市上虞区人民政府区长　金进富

各位代表：

现在，我代表区人民政府向大会报告工作，请予审议，并请区政协委员和其他列席人员提出意见。

## 一、攻坚克难 承压奋进的2022年

过去一年，面对“三重压力”“两大变量”交织叠加的严峻考验，我们坚持以习近平新时代中国特色社会主义思想为指导，全面贯彻党的二十大精神，认真落实中央、省市和区委各项决策部署，按照“疫情要防住、经济要稳住、发展要安全”要求，团结带领全区人民咬紧牙关、果敢抉择、日夜奋战，以超常规的力度和举措全力推动经济企稳回升向好，打赢了上虞发展的形象战、荣誉战、争先战，继续巩固和保持了上虞高质量发展态势，圆满完成区二届人大一次会议确定的目标任务。预计2022年全区地区生产总值超1200亿元、增长5%；一般公共预算收入91.01亿元、同口径增长1.2%；城乡常住居民人均可支配收入分别达到79288元和45308元，分别增长6.3%和8%，综合实力跃居全国百强区第33位。

**（一）聚焦经济稳进提质，拼出了承压奋进的良好态势。**主动应对经济运行趋势，打好稳进提质组合拳，区镇（街）协同按季抓、当月算、专班干，预期管控、闭环落实，4项稳进提质晾晒指标位居全省前10%，预计7项GDP核算指标居全市前2。坚持“全面顶格、能出尽早、精准高效”，第一时间谋划出台稳经济一揽子政策47条，实施“容缺受理+直达快享”，兑现惠企资金22.98亿元，累计为企业减负31.1亿元，发放留虞助企稳岗红包2900余万元，全力帮助市场主体渡过难关、恢复元气，市场主体首次突破10万家。始终坚持制造业当家，创成全省制造业高质量发展示范区，预计规上工业总产值达到2180亿元，税收1000万元以上企业达169家，其中亿元以上达28家，新增国家级专精特新“小巨人”企业14家，列入全省新一轮制造业“腾笼换鸟、凤凰涅槃”攻坚行动考评激励名单，有望夺取省首批“浙江制造天工鼎”。数字文娱、新材料科技服务业入选省级现代服务业创新发展区。连续三年获“全省产粮大县”。开展促消费稳外贸专项行动，消费旅游复苏八大举措拉动消费12.18亿元，列入商务部内贸政策直报点，出口总额增速位列全省第一方阵。紧紧围绕产业链厚植创新链人才链，挂牌运营曹娥江实验室，新增高新技术企业83家、省科技型中小企业181家、省“尖兵”“领雁”项目8个，获省科技奖一等奖2项，居全省县（市、区）第2，勇夺省“科技创新鼎”。全国青年发展型县域试点启动实施，举办百校联百企对接会、浙江大学百名博士上虞行等系列活动，申报入选国家“引才计划”人才24名,居全省县（市、区）第3，“鲲鹏计划”人才引育数连续突破、总数居全市第1。实现126个省数字化重大应用贯通落地，列入省级以上改革试点4个，“电机产业大脑+未来工厂”获省共同富裕示范区最佳实践。

**（二）聚焦项目大干快上，打下了支撑发展的厚实基础。**坚持一切围着项目转、一切盯着项目干，实体化运作七大产业链和四大驻外招商攻坚小组，引进10亿元以上项目13个，其中50亿元以上项目4个、100亿元以上项目1个。抢抓政策窗口期、机遇期，建立区领导联系重大项目推进等八大机制，定期组织“政企服务直通车”协调解难，开展双月“赛马晾晒”，累计评选红旗项目231个、黄旗项目55个、蜗牛项目

27个，168个“五个一批”重大项目完成固定资产投资235亿元、新释放产能144亿元，18个化工跨区域集聚提升项目落地建设，南北中心大道（人民西路至五甲渡大桥段）顺利通车，曹娥江上浦船闸建成通航，杭绍甬智慧高速上虞段加快推进，104国道南移、南北中心大道全线高架、江东路扩容提质、曹娥江人行景观桥等工程顺利开工建设，绍兴轨道交通2号线上虞段、新章镇大桥、四环东南环线等项目全面启动。防灾减灾能力提升“五十百”工程深入实施，海塘安澜、曹娥江主城区防洪堤百年一遇除险加固等重点工程启动建设。强化重大项目要素保障，争取专项债和金融资本金48亿元、占全市17.2%，争取省重点项目10个、能耗指标109万吨标煤、土地“戴帽”指标2689亩，盘活“四未一低”土地1.28万亩。重大平台承载力持续提升，杭州湾上虞经济技术开发区位列全国化工园区10强，创成国家生态文明建设示范区，氟精细化工产业集群列入工信部2022年度中小企业特色产业集群名单，曹娥江旅游度假区列入国家级旅游度假区意向名单，曹娥江上虞经济开发区完成工业全域治理企业2217家，e游小镇连续三年获省级特色小镇考核优秀。

**（三）聚焦城乡品质提升，绘就了整体大美的上虞气质。**抢抓“三区三线”划定契机，提前谋划今后一个时期重大基础设施项目，列入省保障项目16个，获省专项保障土地指标6431亩，争取省自然资源厅单列扩容指标800亩，为全区今后发展拓展了空间。围绕融入高水平网络大城市建设，谋划布局14个重点片区开发建设，开展“一江两岸三城多片区”定位研究、布局优化和规划编制。区域性布局重大配套，总投资超500亿元的40个城市功能性项目加快推进，舜江大桥拼宽工程顺利通车，新博物馆开馆启用，邵逸夫医院绍兴院区主体结顶，鸿雁未来社区一期基本完工。分批分类开展城市精细管理，全面启动“510”行动，完成老旧小区改造42万平方米、房屋征收180万平方米，新增停车泊位1620个，加装电梯55台，创成省级高标准垃圾分类示范小区20个，“一江两岸”新出让总部楼宇项目全面开建，南丰社区入选省第二批未来社区，曹娥江“一江两岸”特色产业风貌区入选省首批城乡风貌样板区。全面推进“大综合一体化”行政执法改革，城乡排水设施实现一体化管理，无物业小区全面清零，整合提升12家瓶装燃气储配站，启动建设全区瓶装燃气储配中心。创新实施区内山海协作，出台“五帮一”推进机制和十大配套政策，共富驿站实现村村全覆盖，全面消除年经营性收入40万元以下行政村。岭南入选第二批全国乡村旅游重点镇（乡），崧厦等3个镇街创成省美丽乡村示范乡镇，盖北等3个乡镇创成省4A级景区镇，丁宅村等4个村入选省未来乡村，再获省深化“千万工程”建设新时代美丽乡村工作优胜县，创成“四好农村路”全国示范县。高质量通过全国文明城市创建省级复评。凝练“明德尚贤、创变笃行”新时代上虞精神，打造“今在上虞、遇见未来”城市品牌、“上虞吉象”城市IP，成功举办上虞复县建城（丰惠）1200周年纪念活动暨第三届乡贤大会。

**（四）聚焦民生福祉共享，书写了幸福可感的初心答卷。**全年民生支出104.64亿元、占一般公共预算支出76.3%，全面完成105项省市区三级民生实事，其中投资10.47亿元的高层住宅小区消防缺水隐患整治、重点路段交通治堵、城区积涝点改造、老年免费健康体检等十方面21项区级民生实事高质量完成。新增城镇就业3.51万人，基本养老保险、医疗保险参保率居全市前列，低保标准提升至每人每月1050元，低边准入标准扩大至低保标准的2倍，总投资2.67亿元的区康养中心开工建设，形成“1+7+X”机构养老和“1+20+N”居家养老的多元化养老服务体系。“虞快办”政务服务品牌持续打响，“后事智办”相关经验做法获司法部点赞。投入4.93亿元新建改建中小学和幼儿园11所，新增优质学位4345个，建成区青少年综合活动中心，全国义务教育优质均衡发展区创建完成省级评估，创成省首批体育现代化县（市、区）。总投资5.19亿元的城南医用综合中心二期、疾控中心实验大楼、妇幼保健院改造提升等项目启动建设，新建乡镇卫生院1家，规范化建设改造村卫生室（站）17家，选派49人到浙江中医药大学委培，充实村社卫生室后备力量，实施“名医名科名院”工程，下沉各类专家8638人次，获“健康浙江”考核优秀四连冠。首创减污降碳协同增效数字化改革场景，美丽浙江建设连续两年考核优秀，荣获省首批“清源杯”。投入5000万元标准化改造提升31家农贸市场、56家商场超市，创成省放心市场、星级市场19家。东西部协作、山海协作任务圆满完成。

**（五）聚焦大局稳定稳实，实现了多维目标的动态均衡。**全面统筹高水平安全和高质量发展，全力以赴打好安全生产专项整治三年行动“收官战”，深入开展除险保安“百日攻坚”“奋战60天，实现全年稳”、出租房消防专项整治等系列行动，生产安全事故起数和死亡人数较前三年平均分别下降21.7%和43.7%。科学有效做好防汛防台抗旱工作，转移群众2.95万人，成功应对“轩岚诺”“梅花”台风侵袭，有效保障虞南山区3万人供水安全。构建食品安全包保责任体系，成功创建省食品安全示范县（市、区）。圆满完成党的二十大维稳安保任务，“平安共同体”建设实现核心区域全覆盖，刑事治安警情下降12.1%，电信网络诈骗发案率、案损数分别下降10.4%和25.4%，391件市级以上信访积案在全市率先动态清零，连续三年获省无信访积案县（市、区），有望实现平安创建“十四连冠”。

**（六）聚焦管得住放得开，筑牢了疫情防控的坚固防线。**坚持人民至上、生命至上，科学精准决策，因时因势调整优化防控措施，首创模块化编组防控体系、重点行业人员核酸检测预警系统、“无疫村社”建设和“场所码”扫码抽奖等系列做法，全面推行企业“白名单”制度和“三区”企业闭环生产管理模式，高效处置48起55例输入性疫情，以最快速度、最小范围、最低代价打赢每一场疫情防控遭遇战，有效统筹实现“生产不停、物流不断、产能不减、秩序不乱”，牢牢守住不发生疫情规模性反弹底线。坚决落实上级防控政策，提前研究优化防控战术打法，医疗救治能力建设、医疗物资储备供应、疫苗接种率等走在全市前列，推动疫情防控从“防传染”向“保健康、防重症”平稳转换。

支持工商联、工青妇、科协、文联、红十字会等开展工作。国防、民族、宗教、审计、统计、对台、侨务、外事、邮政、档案、融媒体、史志等工作取得新成绩。老龄、慈善、残疾人、关心下一代等事业健康发展。

各位代表，面对严峻复杂形势和艰巨繁重任务，我们攻坚克难、砥砺奋进，成绩来之不易，这是上级党委政府正确领导、科学决策的结果，是区委团结带领全区人民勠力同心、奋勇争先的结果，是区人大依法监督、区政协民主监督和社会各界监督支持的结果。在此，我代表区人民政府，向全区人民、广大建设者，向人大代表、政协委员，向各民主党派、工商联、人民团体、无党派人士和离退休老同志，向在虞直属单位和驻虞部队、武警官兵、公安干警、消防救援队伍，向所有关心支持上虞发展的各界人士、海内外朋友，表示衷心的感谢和崇高的敬意！

在肯定成绩的同时，我们也清醒地看到，发展中仍有不少问题和挑战。一是稳进提质面临较大压力，外部环境持续变化，“三重压力”依然存在，经济发展还存在诸多不确定因素；二是动能转换仍需加快，科创引领产业重构和优势重塑还未有效形成，拼抢招引旗舰型重大项目还需加码发力；三是对标共同富裕先行要求，统筹城乡公共服务还需加强，文商旅融合有待创新，民生领域存在不少短板；四是除险保安面临挑战，安全生产、社会治理等领域仍有风险隐患；五是部分干部素质与发展需要还不够匹配，责任担当、创新笃行有待强化，需要进一步加强能力作风建设。对此，我们一定高度重视，采取更加有力措施加以解决。

## 二、以党的二十大精神为指引　奋力走好中国式现代化上虞高质量发展之路

党的二十大，是在全党全国各族人民迈上全面建设社会主义现代化国家新征程、向第二个百年奋斗目标进军的关键时刻召开的一次十分重要的大会。大会吹响了以高质量发展推进中国式现代化的号角，指引我们向着更高的目标迈进。区委审时度势提出建设“青春之城”主战略的谋篇布局，政府工作要自觉对标站位、奋勇争先、拼抢进位，以建设“青春之城”的实干实效，奋力推进中国式现代化上虞区域实践。

**全力拼经济，在加快高质量发展上争一流。**党的二十大报告指出：发展是党执政兴国的第一要务，高质量发展是全面建设社会主义现代化国家的首要任务。我们必须牢牢把握稳中求进目标导向，持续强化“实体经济”当家地位，大力提振市场信心，以“科创+产业”为主攻方向，以“产业龙头+专精特新”为育群路径，加快推进产业链、人才链、创新链、价值链深度融合，推动区域经济逆境突围、蝶变跃升，跻身全省第一方阵。

**奋力创品质，在打造高能级城市上作示范。**党的二十大报告强调：推进以县城为重要载体的新型城镇

化，打造宜居、韧性、智慧城市。我们必须以网络大城市和“青春之城”建设为引领，始终坚持融杭联甬接沪不动摇，抓紧谋划推进立体式综合交通体系，区域化布局建设重大配套，全面推进“一江做活”“两岸做优”“三城驱动”，实现“人”与“城”的“双向奔赴”，打造朝气蓬勃、近悦远来的梦想之城、奋斗之城、温暖之城。

**竭力惠民生，在推进高品质共享上当标杆。**党的二十大报告指出：江山就是人民，人民就是江山。我们必须始终牢记人民幸福是“国之大者”，积极回应新时代人民群众对品质生活的新期盼，致力提供更为公平优质均衡的教育、医疗、出行、养老、生态等公共服务，加快推进更高质量的共同富裕，努力打造“民生优享”之城，用干部的苦日子、政府的紧日子，换取群众的好日子。

**致力防风险，在实现高水平安全上强韧劲。**党的二十大报告强调：当前世界变革动荡、复苏乏力，“黑天鹅”“灰犀牛”事件随时可能发生。我们必须保持高度敏锐，沉着应对各种传统和非传统风险，既要树立“没有走在前列也是一种风险”的忧患意识，也要确立“抓不住机遇也是一种风险”的责任意识，善于前瞻把控，于危机中育先机、于变局中开新局，以工作的确定性应对发展的不确定性，推动区域发展争先领跑、行稳致远。

## 三、创变笃行 扛旗争先 全面谱写“青春之城”建设崭新篇章

2023 年是全面贯彻落实党的二十大精神的开局之年，是“八八战略”实施 20 周年，是杭州亚运会举办之年，也是我区全面开启“青春之城”建设的起步之年，做好政府工作意义重大。

今年政府工作的**总体要求**是：以习近平新时代中国特色社会主义思想为指导，深入学习贯彻党的二十大和中央经济工作会议精神，按照上级党委政府和区委决策部署，坚持稳中求进工作总基调，更好统筹疫情防控和经济社会发展，更好统筹发展和安全，全面推进“青春之城”建设，大力实施数字经济“一号发展工程”、营商环境“一号改革工程”，深入开展项目攻坚提速年、科创赋能提质年、全域党建提升年“三个年”活动，推动经济运行持续向上向好、走在省市前列，实现质的有效提升和量的合理增长，勇当推进“两个先行”奋进“五个率先”排头兵，在走好中国式现代化上虞高质量发展之路的新征程上开好局起好步。

综合考虑各方面因素，2023 年全区经济社会发展**主要预期目标**为：地区生产总值增长 7.5%以上；研发投入强度达到 3.4%；一般公共预算收入增长 10%；规上工业增加值增长 10%以上；社会消费品零售总额增长 10%；外贸出口增长 20%；固定资产投资增长 12%以上；城乡居民人均可支配收入与经济增长基本同步；完成上级下达的能源和环境指标计划目标。

为实现上述目标，围绕“青春之城”建设的各项任务，重点做好八方面工作。

### （一）全力拼经济增信心，持续激发市场主体新活力

**着力稳增长稳预期。**全面落实省“8+4+1”、市“1+9”政策体系，按照能早则早、能延就延、能出尽出原则，更加突出重点、注重绩效，科学精准配套出台扩投资、先进制造业、稳外贸促消费等方面 20 项政策，推动政策最快速度顶格精准直达，力争全年为企业减负 25 亿元以上、兑现各类惠企资金 20 亿元以上，持续激发提升市场主体发展预期和信心。部署开展“抢开局、拼经济、稳增长”专项行动，组织实施“大走访大调研大服务大解题”活动，为企业送温暖、送政策、送服务，一线协调解决、现场服务落实。政企同心实施融资畅通工程，推动企业综合融资成本稳中有降，新引进银行、证券等金融机构 2 家以上，新增企业中长期贷款 50 亿元。

**全面激活消费市场。**抢抓消费复苏机遇，打好促消费一揽子组合拳，实施“美好消费在上虞”计划，办好“浙东新商都”系列活动，发放消费券 2000 万元，以节兴商聚势，促进新能源汽车、智能家居、绿色家电等大宗商品消费。培育文化旅游、医疗健康、养老托幼等消费热点和 5G、智能设备等新型消费。加快建设“一刻钟便民生活圈”，提升居民日常生活便利度。积极组织外贸企业走出去、请进来，开展“百企百团拓市场抢订单行动”，大力培育外贸综合服务企业，完成市场采购贸易出口 3.5 亿美元，实现自营出口 500 亿元，照明产业争创国家级外贸转型升级基地。持续加大房地产市场培育和调控力度，进一步出台政策稳地价、稳房价、稳预期，确保房地产业稳健发展。

**充分释放投资效能。**更好发挥投资对优化供给结构的关键作用，抢抓“十四五”规划中期调整机遇，坚持适度超前、接续有力，按照谋划一批、开工一批、加快一批、竣工一批的要求，大力推进“六个一批”双百双千重大投资项目，力争完成产业投资、基础设施投资、房地产投资“3个120亿元”，确保五个投资结构性指标均增长12%以上，新释放产能150亿元以上，实现进度与时序要求相一致、投入与产出效益相匹配。

**持续优化营商环境。**坚持把“企业办事无忧，政府无事不扰”服务理念贯穿始终，迭代升级政企服务直通车机制，开展“千企评部门评镇街评站所”活动，有效破除“肠梗阻”现象，构建亲清政商关系。深化“减证便民”，推进市场监管、税务、经信、商务等企业年报“多报合一”，积极打造国际化市场化法治化营商环境。扩面推进“结顶预验收”“拿地即开工”，创新探索“工业零地价”投产奖励政策，推进要素政策资源与产业项目的最优匹配。深化综合执法改革，推行“综合查一次”联合执法机制，慎用查封、扣押、冻结等措施，完善“枫桥式”护企优商模式，坚决防止将经济纠纷当作刑事犯罪处理，让市场主体放心投资、安心经营、专心创业。大力弘扬企业家精神，推动新生代虞商传承奋斗再出发。统筹推进各领域重大改革，加快数字化改革成果集成贯通、共享落地，全面深化农村宅基地制度、国资国企等改革，力争新增省级以上改革试点20项以上、全省推广重点改革成果3项以上。

（二）全力优产业强创新，加快打造先进制造业基地

**加大创新要素集聚融合。**实施“科创+产业”战略，建强以曹娥江科创走廊为牵引的高能级科创平台体系，实体化运行曹娥江实验室，加快与浙江大学合作共建半导体材料联合创新中心，推进高层次人才创业园、协同创新中心二期等平台建设，建成投用天津大学绍兴研究院。大力支持“名校名院名所”与上市公司、产业龙头、链主企业合作，建设一批有影响力的创新研究院，壮大创新领军企业群体。积极申报“尖兵”“领雁”“揭榜挂帅”等重点研发项目，深入实施科技企业“双倍增”计划、科技“小巨人”培育计划，新认定高新技术企业60家、科技型中小企业150家，举办之江科创大会，再夺省“科技创新鼎”。实施青年人才集聚行动，深入推进“百企千人”创新创业人才引育计划，新建院士专家工作站5家，力争引育市级以上领军人才120名、高技能人才5000名，新增就业大学生2万名。

**全面推进先进制造业“1215”计划。**推动“链主带动+集群培育”“产业龙头+专精特新”，新材料、高端装备制造两大主导产业产值分别达到1100亿元和600亿元以上，争取精细化工、半导体装备分别纳入全省先进制造业集群核心区、协同区。推动企业“上市上规上云上牌”，深化与浙江证监局、财通证券战略合作，大力实施“凤凰行动·凤舞娥江版”，新增上市企业3家、报会及辅导企业6家次，完成股改25家。滚动推进超亿元制造业产业项目50个以上，新增省级以上专精特新企业10家。实施“一业一企一策”，给予更多要素保障，有计划培育壮大一批销售达10亿元、20亿元、50亿元、100亿—200亿元规模的骨干企业梯队。新增“品字标”企业6家、“浙江制造”标准6项，夺取“浙江制造天工鼎”，力争省政府质量奖再突破。

**做优做强数字经济。**推进数字产业化和产业数字化，开展企业技改和自动化改造，实施智能化改造项目100个以上，加快“产业大脑+未来工厂”制造业数字化，建设一批电机风机行业数字化改造“学样仿样”示范样板，力争数字经济核心产业增加值增长15%以上。抢抓规范发展平台经济机遇，重点推进e游小镇数美产教融合基地建设，加快“文漫影游”联动发展，培育MCN机构，瞄准沪杭深等数字经济高地，举办中国游戏产业创新发展论坛等活动，积极盯引大数据、物联网、云计算等信息技术企业，确保全年引进优质企业30家以上。

**加快发展现代服务业。**深入实施服务业“1855”行动，加快“4+4”现代服务业与“2+5”先进制造业深度融合，推进总投资超90亿元的22个重点服务业项目建设，生产性服务业增加值增长5%以上。高起点打造“一江两岸”总部经济新标杆，立足“北制造、城总部”，有序推进总投资57亿元的17幢总部楼宇建设，建成投用卧龙中央研究院、万顺大厦、舜德大厦等总部楼宇5幢。按照“一楼一总部”“一楼一特色”，引进培育信息服务、科技金融、研发设计等生产性服

务业企业10家。持续保持建筑业高质量发展，力争产值超1500亿元。

（三）全力扩投资优结构，跑出重大项目建设加速度

**科学精准做好重大项目谋划。**坚持以项目看发展论英雄，瞄准中央省市重大政策跑道，紧扣高质量发展赛道，主攻产业链延展频道，谋早谋深谋实一批围绕网络大城市、“青春之城”建设的战略性、支撑性、引领性重大项目，构建项目开工“123”、项目建设“456”、项目谋划“789”全链条闭环，形成“谋划储备、开工建设、投产达效”压茬推进的良好格局。要千方百计推动更多项目进入国家、省盘子，尽最大努力争取更多金融、土地、能耗等要素支持。争取省重点项目3个、专项债40亿元，新增土地指标1800亩、能耗指标20万吨标煤以上，消化利用“四未一低”土地6400亩。

**狠抓产业项目招引建设。**构建全域全员大招商工作新格局，健全落实“1447”招商工作体系，绘好新材料、半导体、高端装备制造等主导产业链“鱼骨图”，瞄准国内外发达地区推进海外招商、基金招商、链条招商、圈层招商，全力招引一批根植性、控制力强的链主型企业，力争全年引进10亿元以上项目10个，其中50亿元以上2个、100亿元以上2个，实到外资2亿美元以上。实施总投资超千亿元的制造业重大项目62个，重点推进总投资近400亿元的圆锦新材料、卧龙智慧新能源装备、晶盛产业园、新和成尼龙新材料、皇马高端功能新材料等一批重大产业项目建设，推动制造业高端化智能化绿色化发展。

**强化项目督导解难服务。**完善重大项目推进八大机制，深化双月“赛马晾晒”，全面落实区领导挂联督导服务，及时有效解决重大项目建设中各种难题，形成抓大项目、大抓项目的浓厚氛围和强大合力，确保新建项目开工率一季度达到40%、二季度达到70%、三季度达到90%以上，实现省“4+1”重大项目、省市县长项目、省集中开工项目、省重大产业项目、地方政府专项债项目开工率“5个100%”。

**做强平台能级承载力。**杭州湾上虞经济技术开发区聚焦“3+2”产业链群培育，大力推进“五大特色产业园”建设，全面做强孵化器、创业园、科技服务、中试转化等功能，经济总量达2500亿元，争取先进高分子材料“万亩千亿”新产业平台跻身全省前10。曹娥江旅游度假区聚焦“一江一湖一山三镇”，积极争创国家级旅游度假区。曹娥江上虞经济开发区加快泛百官区块工业有机更新，推进泛道墟和章镇化工退出地块二次开发，积极开展工业上楼3.0版，招引一批专精特新企业。每年切块安排土地指标，打造一批未来工业社区，为乡镇培育发展新动能拓展承载空间。

（四）全力拓开放畅通道，争当融杭联甬接沪排头兵

**高起点规划重大交通。**围绕构建“外联内畅、互联互通”的现代化立体综合交通体系，抢抓省中期调整综合交通运输发展“十四五”规划契机，实施总投资超700亿元的30个重大交通项目，到2027年完成投资400亿元，启动建设一体衔接的铁路轨道网、广覆深达的现代公路网、通江达海的海河联运网、高效衔接的客运枢纽网、品质共享的美丽通道网，全力提高交通的能级度、互联度、便捷度和舒享度。重点谋划杭甬高速崧厦互通、诸嵊高速东延上虞段、区内交通枢纽快速互联、五星西路西延等项目落地，形成“三快四铁五高”综合交通骨干网络体系，实现“10分钟上高架、15分钟上高速、30分钟联杭甬”。

**高质量建设基础设施。**加快实施一批优结构、补短板的重大基础设施项目，保持基础设施投资合理增长。全年完成交通投资35亿元以上，建成杭绍甬智慧高速上虞段并通车，推进绍兴轨道交通2号线上虞段、104国道南移、329国道北移、南北中心大道全线高架、四环东南环线、江东路扩容提质、新章镇大桥及连接线、公交城南枢纽站等工程建设。加快海塘安澜、曹娥江主城区防洪堤百年一遇除险加固等项目建设。推进杭州湾热电联产、工业用水置换、油气化工码头等重大基础配套建设。构筑清洁低碳能源供给体系，全年光伏并网达到50兆瓦。

**高效率协同内外融通。**畅通接轨大上海、融入杭甬都市圈发展通道，推进与上海静安区、杭州余杭区、余姚市等重点城市合作，用好虞籍乡贤资源和商会组织优势，扩大融入长三角一体化“朋友圈”联盟。加强与上海金桥开发区、张江高科技园区、杭州钱塘新区、宁波前湾新区在汽车及零部件、新能源、生物医药等方面的合作交流，主动承接外溢项目，力争招引长三角地区亿元以上项目10个。积极融入G60、杭州

城西、宁波甬江等科创大走廊，加强与浙江大学、复旦大学等高校科研院所的产学研协同创新，做深做实“沪杭甬研发孵化+上虞产业转化”文章，每年争取科研、人才合作项目20个以上。

**（五）全力塑品质提能级，开局破题推动多片区发展**

**以全域视野编制城市规划。**落实“三区三线”划定要求，优化区域和城乡功能布局、用地结构和要素配置，完成国土空间总体规划方案。扎实推进“一江两岸三城多片区”规划制定，重点抓好“未来城、活力城、文旅城”的控规修编和城市设计。编制虞东联甬片区、虞南山居片区、上浦双旅片区等规划，支持各乡镇街道立足自身禀赋优势，打破行政藩篱和区域界线，推动差异化、融合化高质量发展，大力发展美丽经济、边界经济、特色经济。

**以匠心精神打造重点片区。**放远眼光、放大格局，高水平推进“未来城、活力城、文旅城”建设。“未来城”突出开发建设体制机制创新，谋划启动曹娥江文化艺术中心、e游PARK创意产业园、竺可桢未来学校等项目，致力打造“产城人文景”深度融合的“青春之城”样板区。“活力城”突出“一江两岸”总部经济招商，按照社会资本招商一批、国资建设运营一批、财政投资改造一批的思路，实施“老城焕新”行动，分类有序推进安置小区、老旧小区改造提升。“文旅城”突出“慢活休闲”导向，加快启动皂李湖“休闲之湖、科创之湖”核心区块开发建设，推动顶级IP主题乐园、英台·高端度假古建筑酒店等项目落地，联动推动城南、祝家庄等区块开发。

**以绣花功夫推进城市治理。**围绕打造“最清洁城市”，全面实施城市精细管理“510”行动，扎实推进“优化、洁化、美化、彩化、序化”工程，建设口袋公园10个，建成高标准示范区1个。动态更新完善城市功能布局，因地制宜编制街道一体化设计导则，按照“小街区、窄马路、宽路网”理念，改善空间连通性和交通可达性。扎实做好背街小巷、“三边”环境、货车停靠、户外广告等专项治理，积极打造“一网统管”智慧城管平台，实现城市有序高效运行。加快城市有机更新，征收改造70万平方米以上，新增停车位2100个，建成投用虞东资源再生利用绿色综合体，全力推进“双创鸿雁”“活力高铁”城市风貌区建设，争创省级风貌样板区。

**（六）全力强统筹促共富，久久为功打造和美大花园**

**勾勒区内山海协作共富图景。**深入实施区内山海协作促进城乡统筹协调发展三年行动，落实“五帮一”推进机制和十大配套政策。专项安排100亩土地指标，统筹谋划布局一批促进集体经济增收共富项目，确保村集体经济年经营性收入持续稳定增长，低收入农户人均可支配收入同比增长12%以上，城乡居民收入倍差缩小到1.73以内。打通跨乡镇虞南断头路3条、新建改建农村道路40公里，实施农村饮用水共富提质三年行动，投入7700万元改造单村供水站30座，争取列入省自然资源厅跨域土地综合整治项目试点，竞争性实施高山村移民项目，有效拓展虞南发展空间。健全区镇两级财政体制，优先保障绩效高、受益面广、群众急需的民生项目，加大力度支持市场化程度高的招商项目，设立共同富裕专项基金，实施跨区域招商共赢共享，争创全省第三批共同富裕示范区试点。

**绘就宜居宜业和美乡村画卷。**谋划曹娥江共富示范区，统筹推进章镇小城市培育、丰惠千年古城复兴，强化功能配套，优化产业布局，加大基础设施投入，加快虞南片区人口集聚、产业培育、城乡建设。投入3.2亿元有序推进全域未来乡村创建，重点建设一批示范村，迭代升级打造一批乡村共富工坊，探索农村建筑垃圾定期收集集中处置机制，片区化、特色化、景观化构建“一环三带N点”美丽乡村格局，争创省新时代美丽乡村示范县。全面推进农业高质量发展，抓实抓好“林长制”“田长制”工作，完成“农业双强+标准地改革”省级试点，整合提升“四季仙果”“觉农翠茗”“虞香大米”等品牌优势，建立“1+N”农产品区域公用品牌体系，启用区现代化农事服务中心，确保粮食种植面积稳定在47.86万亩、产量2.135亿千克，争创国家级农业现代化示范区。深入实施蓝天碧水行动，确保$PM_{2.5}$平均浓度、AQI优良率等考核全市领先，县控以上断面水质达标率100%，力争列入第一批省级“全域幸福河湖”创建区。

**彰显“文旅+城市”魅力气质。**调整完善旅游工作体制机制，厘清优化曹娥江旅游度假区、文广旅游局、文旅集团职责边界，更好发挥职能优势。实施“文化润景”计划和文旅融合“五百五千”工程，争创省市“微改造、精提升”示范点 20 个。加快建设“黄金一号”水道项目，完成曹娥庙历史文化街区主体工程，全面开园运营瓷源文化小镇，推动大东山、白马春晖、桃花源等景区资源串联、破圈。办好“诗画曹娥江”生态休闲旅游节、谢晋诞辰 100 周年、“上海 ·上虞周”等系列文旅活动，整体性提升上虞旅游知名度，实现文化产业增加值增长 7.5%以上。高水平推进曹娥江文创走廊和浙东运河文化带、浙东唐诗之路文化带建设，大力引进培育一批专业文体运营机构，积极承办国家级体育赛事，争创国家体育产业示范基地。

**（七）全力增福祉惠民生，共建共享最具幸福感城市**

**扩大社会保障普惠度。**强化就业优先政策，加强困难群体就业兜底帮扶，新增城镇就业 1.5 万人。持续推进社保扩面提质，落实跨省异地就医直接结算，65 岁及以上参加城乡居民医保的“两慢病”患者实行门诊免费。补好“一老一小”服务短板，推进区康养中心项目建设，新建老年食堂 10 家，实现重点镇街老年学校全覆盖，落实优化三孩系列政策，探索学龄前儿童幼儿园托幼模式，稳步增加婴幼儿照护托位。促进低保低边提标、临时救助扩面，改造农村四类困难家庭危房 100 户，发放各类慈善救助资金 1.4 亿元，新增保障性租赁住房 600 套。

**提升公共服务优享度。**实施教育高质量发展行动，优化教育网点布局调整，加快康居路小学等 9 所中小学、幼儿园新建改建，调整合并学校 8 所以上，有序推进偏远山区有需要的义教段学生寄宿服务，新增优质学位 4200 个。深化名校集团化办学，统筹主城区名校分区布局，推进“名校长名班主任名师”培养计划，面向全国招聘 985、211 高校和重点师范类毕业生 50 名以上，选树“三名”教师 100 名以上，创成全国学前教育普及普惠县（市、区），努力让每个孩子在家门口享受优质均衡教育。加大职业教育支持力度，推动学校布局、专业设置、人才培养与经济社会发展需求相匹配。推动优质医疗资源扩容和区域均衡布局，协同推进邵逸夫医院绍兴院区重点学科规划、人才储备培养等工作，积极申报国家区域医疗中心，深化医共体建设，推动更多医疗资源下沉基层，村级医疗卫生室（站）覆盖率达 95%以上，新增公共场所 AED35 台，确保“健康浙江”考核五连冠。

**丰富群众文化可及度。**开展新时代上虞精神弘扬践行活动和城市品牌、IP 推广行动，打响“浙里新风 · 虞尚十礼”等文明实践特色品牌，举办第四届乡贤大会。高质量建设“魅力文化共同体”，扩面文化馆、图书馆、博物馆、非遗馆和曹娥江文化客厅服务场景，完成曹娥庙、何云故居、竺可桢故居等文保单位修缮，新增省级乡村博物馆 3 家，每万人拥有标准公共文化设施面积达到 4200 平方米。办好第 27 个全民健身节活动，开展“文艺星火赋美”活动 150 场，送戏送电影下乡 4800 场，推动“15 分钟品质文化生活圈”全覆盖，争创省级公共文化服务现代化先行区。

**（八）全力防风险保平安，全面高效统筹发展和安全**

**扎实做好疫情防控工作。**落实新冠病毒感染“乙类乙管”措施，编组化完善“1+9”工作指挥体系，平稳有序推进防控措施优化调整，努力做到“尽量延峰、有效削峰、平稳渡峰”。强化医疗救治体系建设，加大救治力量和医疗物资统筹调配，完成疾控中心实验大楼主体结顶。加强农村疫情防控网格化服务和保障，开展“敲门行动”，突出做好养老院、福利院等重点场所和重点群体健康服务，筑牢免疫屏障，坚决“保健康、防重症”。

**严密防范各类传统和非传统风险。**健全完善“1+16”安全生产组织体系，充分发挥专委会作用，推进安全生产标准化建设。聚焦危化品、消防安全、道路交通、自然灾害、食品安全等重点领域，开展新一轮安全生产综合治理行动，深入实施化工产业改造提升 3.0 版，确保生产安全事故起数和死亡人数“双下降”。坚决遏制政府隐性债务增量，稳妥有序化解存量，确保债务率保持在绿色安全区间。高度关注经济运行态势变化，防范化解企业供应链资金链“两链”风险，及时回应涉众型利益群体诉求，最大限度保障企业和人民群众合法权益。

**切实维护社会和谐稳定。**坚持和发展新时代“枫桥经验”，深入开展“枫桥经验”60 周年纪念活动，创新推进“枫桥式”单元创建。健全完善平安创建“三色”预警机制，迭代深化平安共同体建设，确保 95%以上矛盾纠纷化解在基层、95%以上涉稳事件处置在基层，争创全国信访工作示范区。全力打好杭州亚运会等重点时段维稳安保硬仗，常态化推进扫黑除恶，加大养老诈骗、电信网络诈骗整治打击力度，争取国家级城乡治理和服务创新实验区试点，确保夺取一星平安金鼎。

发挥工会、共青团、妇联、工商联、科协、残联、红十字会等作用，做好双拥、退役军人、民族、宗教、对台、侨务、审计、统计、档案、史志、气象、邮政、融媒体、外事、老龄等工作。

各位代表，办好民生实事是推进共同富裕、让群众幸福可感的重要内容。今年我们将继续按照“群众提、委员议、代表定、政府办”的方式，从前期系统谋划的城乡交通畅行、饮水食品安全、卫生健康服务、优学善教强基、农村污水管网养护、城市精细管理等12方面总投资22.05亿元的民生实事中，投票选定今年实施的10方面民生实事。对代表票选确定的10方面民生实事，我们将用心用情用力办实办好，其余2方面也将同样抓好落实，实打实解决一批民生热点难点问题，努力提升全区人民的安全感获得感幸福感。

## 四、以“奔跑者”姿态推动政府各项工作再上新台阶

各位代表，站在“青春之城”建设的奋进起点，必须始终保持昂扬奋发状态，以“奔跑者”的姿态，坚持党领导一切，把党的领导贯穿到政府工作全过程各方面，带头落实“干部敢为、地方敢闯、企业敢干、群众敢首创”要求，谋在深处、干在实处，依法行政、高效服务，努力在新时代新征程上续写新的时代荣光。

**坚定“奔跑”方向。**始终坚持以习近平新时代中国特色社会主义思想定向领航，深刻认识“两个确立”的决定性意义，树牢“四个意识”、坚定“四个自信”、做到“两个维护”。始终胸怀“两个大局”，牢记“国之大者”，把执行重大决策和上虞实际有机结合起来，确保政府各项工作始终对准跑道、瞄准赛道、调准频道，团结奋斗、埋头苦干，奋力交出高分报表。

**永葆“奔跑”激情。**咬定“保二争一”目标不动摇，图更强、争一流、敢首创，拼力度、拼效率、拼担当，抢要素、抢项目、抢荣誉。按照“不把说了当做了、不把做了当做好”的要求，提升专业素养，健全工作闭环，努力做到“干就干最好、做就做极致”。健全容错免责机制，旗帜鲜明鼓励创新探索、支持干事创业，把“不为不办找理由、只为办好想办法”践之于行。

**锤炼“奔跑”耐力。**保持足够的历史耐心，对事关发展的长远事、紧要事，紧盯看牢不言弃、攻坚克难不言败，久久为功、日日精进，确保政府工作“说一件、干一件、成一件”。勇于负重奋进前行，事不避难、义不逃责，主动迎难而上、迎考而进、迎战而胜，确保各项工作推进速度快、执行效率高、实际成效好，把时间的效益最大化、把工作的效率最优化。

**保持“奔跑”清醒。**始终坚持严的主基调不动摇，认真履行全面从严治党主体责任，做到把纪律和规矩挺在前面，知重负重、履职尽责。坚持法治思维，带头依法履职，加强府院府检联动，依法接受人大监督，自觉接受政协民主监督，主动接受社会各界监督，让权力在法治轨道上运行。严格落实中央八项规定及其实施细则精神，做到“干事”与“干净”于一身，“勤政”与“廉政”于一体，让干部与事业一起相互成就、行稳致远。

各位代表！昂首奋进新征程，接续奋斗再出发。让我们更加紧密地团结在以习近平同志为核心的党中央周围，在区委的坚强领导下，踔厉奋发、勇毅前行，奋力开创“青春之城”建设新局面，以上虞的“稳”和“进”为全省、全市大局作出新的更大贡献！

# 中国人民政治协商会议
# 第二届绍兴市上虞区委员会常务委员会工作报告

（2023年1月7日在政协第二届绍兴市上虞区委员会第二次会议上）

绍兴市上虞区政协主席　赵文中

各位委员、同志们：

我代表政协第二届绍兴市上虞区委员会常务委员会，向大会报告工作，请予审议，并请列席会议的同志提出意见。

## 一、2022年工作回顾

2022年，是党和国家历史上具有里程碑意义的一年。中共二十大胜利召开，以中国式现代化全面推进中华民族伟大复兴迈上新征程。中共上虞区委主动融入高水平网络大城市建设，勇当推进“两个先行”奋进“五个率先”排头兵实现良好开局。一年来，区政协常委会在区委的坚强领导下，全面贯彻落实中央和省、市、区委决策部署，紧紧围绕年初确定的各项目标任务，坚持发扬民主和增进团结相互贯通、建言资政和凝聚共识双向发力，以传承优良传统为基石，以创新制度机制为先导，突出协商质效，畅通社情民意，推动政协工作不断取得新进展新成效。省政协黄莉新主席莅临上虞调研指导，乡贤文化委员会客厅成功获评省“五星级”，政协宣传工作荣获省级先进，委员队伍建设经验做法在全省政协读书会上作典型交流，区委、区政府主要领导对政协履职成果作出批示肯定17次，社情民意信息工作位居绍兴市第一。

### （一）加强党的领导，政协的“政治底色”更加鲜明

始终坚持党对人民政协工作的领导，旗帜鲜明讲政治，在忠诚拥护“两个确立”、坚决做到“两个维护”上彰显新担当。

**党的理论常学常新。**把学习宣传贯彻中共二十大精神作为首要政治任务，深入开展“矢志不渝跟党走、同心奋进新征程”系列活动。认真落实习近平新时代中国特色社会主义思想学习座谈会制度和“第一议题”制度，全年举办党组理论学习中心组、主席会议、常委会会议等各类专题学习50余次，委员线上读书活动19次，有效促进学思用贯通、知信行合一。高规格举办区政协读书会，邀请专家学者定期授课，实行一月一讲坛、一季一交流，不断擦亮“书香政协”品牌。

**党建引领落实落细。**自觉把政协工作置于区委坚强领导之下，把加强政协党的建设作为基础工程，一体推进意识形态、党风廉政建设工作，确保党的领导在政协政令畅通、执行到位、落地有声。迭代项目化抓党建优势，开展机关党建特色项目创建，着力打响“同心向党”党建品牌。优化政协党组织设置，成立党员委员履职临时党委和7个履职临时党支部，做深做实党的组织、党的工作“两个全覆盖”。

**党委部署见行见效。**坚持区委有部署、政协见行动，以一线的担当快响激活、助力攻坚。聚焦“疫情要防住、经济要稳住、发展要安全”三件大事，嵌入式开展“一季稳开门红”、道路交通安全等专项视察活动，全系统动员参与疫情防控、防汛防台、文明城市创建等工作，为经济社会发展大局加油添力。发挥政协系统智力密集优势，围绕新时代上虞精神和城市品牌凝练、轨道交通建设等开展调研座谈、意见征集，高质量提供政协方案。

### （二）聚焦协商主业，政协的“履职特色”更加彰显

自觉把服务助推“两个先行”“五个率先”作为履

职主线，“议”有方向，“干”有动力，在发挥专门协商机构作用上展现新作为。

**高站位谋划协商议题。**着眼党政所需、群众所盼、政协所能，紧盯事关全区经济社会发展的热点堵点难点，精准谋划实施重点议题18项，精心组织协商活动21场次。聚焦区第二次党代会提出的共同富裕示范区建设、曹娥江经开区高质量发展等战略性谋划，就具体的路径选择、政策保障、机制创新等开展前瞻调研和常委会专题协商，提出建设性意见建议56条，在助推发展上主动作为。“上虞政协精准履职，让共同富裕之花绽放虞舜大地”相关做法在《联谊报》头版头条刊发。围绕数字化改革、大学研究院建设、中小企业培育等突破性抓手，就项目建设、平台运行、成果绩效等开展主席会议协商和专项民主监督，在攻坚克难中献计出力。积极关注委员和界别群众反映的高频事项，就社会养老服务、无废城市创建、无障碍设施改造、未来社区建设等开展专题视察和“请你来协商”活动，在推动解决民生关切上凝心聚智。

**高标准组织协商活动。**制定《区政协重要活动工作规范》，构建方案制定、调查研究、专题协商、成果运用的全流程工作闭环。坚持不调研不协商，针对5项重点课题分别组建主席会议成员领衔的调研组，深入基层、掌握实情、直面矛盾，完整、准确、全面地“解剖麻雀”。“社区物业管理”调研组历时4个月，走访单位20余家，座谈110余人次，高质量建言融合型大社区大单元治理，相关建议获省委组织部关注。发挥委员履职主体作用，提高活动参与率，增强议政参与感，引导委员精心准备每一次协商，确保说得早、说得准、说得好。全年共有271位政协委员参加各类协商活动，提出意见建议2105条。

**高效能利用协商成果。**扎实做好协商议政“后半篇”文章，及时梳理重点议题协商意见，向区委、区政府报送课题报告5份、协商纪要8份。“实施区内山海协作”部分建议被区委二届二次全会报告采纳，有效助推了全区共同富裕“6510”专项行动。打造“瓷之源”品牌的课题成果获区委主要领导批示肯定和持续关注，为瓷源小镇迭代建设提供了有益参考。“社会组织参与基层治理”的调研成果在区委读书会上交流汇报，为打造红色堡垒增加了力量选项。“引导社会资源助力‘双减’政策落地”“提升公众健康意识和救护能力”等协商意见得到区委、区政府主要领导批示肯定，被吸收转化为民生实事项目。通过协商的“船”和“桥”，委员们的金点子逐步成为新举措，群众的热切期盼正在成为现实图景。

### （三）坚守初心使命，政协的“为民本色”更加生动

坚持以人民为中心的发展思想，协商于民，协商为民，在提升群众获得感、幸福感、安全感上发挥新作用。

**拓展为民协商新平台。**明确“六有六提”标准，倡导融入嫁接、开放共享，组织召开现场推进会，依托各镇街村社现有的党群服务中心、文化礼堂，因地制宜建立民生议事堂、协商驿站，实现协商阵地全覆盖。各镇街民生议事堂共计开展互动协商167场次，提出意见建议842条，有力助推了党政决策和民生改善。“以协商助推葡萄产业发展，促进农民增收致富”相关案例在《人民政协报》头版头条报道，“承‘求是’精神，助力浇灌共富先行之花”案例入选省政协《民生议事堂协商议事典型案例集》，“打造老年暖心食堂”“一把小雨伞，撑起共富梦”等10个案例获评全市政协系统协商活动优秀案例。

**做实为民建言基本功。**一以贯之重视提案工作，以区党政领导领办督办重点提案、百名政协委员促进提案办理集中督查为抓手，高水平办理提案建议281件，教育医疗、城市建设、乡村振兴等一批群众关切的社会问题得到有效解决，委员满意和基本满意率达到100%。巩固社情民意信息工作延续性累加优势，发挥省级直报点牵引性作用，完善特邀信息员、季度工作例会等机制，委员参与率、建言采纳率显著上升，全年共收到社情民意信息566篇，编发《社情民意反映》124期，被全国和省政协录用数量创历史新高。“关于在谢晋诞辰100周年之际塑立谢晋铜像的建议”被省政协作为社情民意成果转化典型事例，在全国政协工作会议上交流。

**展现为民服务好样子。**坚持人民政协来自人民，持之以恒加强政协委员与界别群众的密切联系，以“我为企业送服务”“我为共富献良策”“我为防疫办件事”为主题，集中开展“界别活动月”“委员活动日”活动47场次，走访企业68家，服务群众492人。根据界别特色、委员专长，个性化打造委员工作室36个，开

展学习、协商、服务等活动 207 场次，在“浙里办”面向群众开展经济、法律、教育、医疗等咨询服务，帮助解决群众身边的“关键小事”326 件，政协离群众更近，委员跟群众更亲。

**（四）汇聚共识合力，政协的“同心音色”更加和谐**

注重发挥统一战线组织功能，凝聚人心，汇聚力量，在寻求最大公约数、画出最大同心圆上取得新成效。

**在联谊交流中增进团结。**创新开展主席委员“同心会”活动，主席会议成员每周走访看望政协委员，带头开展助企纾困等暖心服务。建立“五联”工作制度，党员委员联系党外委员实现全覆盖。支持鼓励民主党派、工商联、无党派人士以集体名义发声，全年共提交大会发言 13 份、集体提案 28 件、社情民意信息 268 篇。密切与各界人士联络联谊，就佛教中国化方向与宗教界人士座谈交流，组织三胞眷属委员视察侨联工作。

**在协商交流中凝聚共识。**积极拓展乡贤文化委员会客厅内涵外延，高质量举办“凝聚新乡贤，共绘新发展”等主题协商活动，有效增进与新乡贤、在外虞商的感情联络。扩面提质委员调解工作室，参与调解各类矛盾纠纷 107 件，成功率达到 94.4%，有效协助党委政府做好解疑释惑、理顺情绪、协调关系工作。加强宣传引导，凝聚思想共识，上虞人、上虞协商故事在新华网、《人民政协报》、“学习强国”、浙江卫视等重量级媒体“露脸”“发声”，在《联谊报》、浙江政协同心苑刊发报道 44 次，跻身“Top10”热文榜 8 次。上虞政协公众号活跃度居全市政协系统首位，有效扩大了共识传播覆盖面。

**在文化交流中提振信心。**编纂完成《虞舜书画》《上虞茶文化》《回眸》等文史书刊，积极组织《浙江省城市名片》《绍兴红色根脉》上虞部分的史料征集，充分展示上虞历史文脉，更好彰显地域文化厚重感。茶文化研究会、虞舜书画院分别获评 5A 级、4A 级社会组织，东山谢安文化研究会挂牌成立，徐光宪故居入选市政协新一批“同心教育基地”，存史资政的载体更加丰富。隆重举行纪念吴觉农诞辰 125 周年系列活动，举办首届倪元璐杯书法大赛，赋能提升城市文化自信。

**（五）突出变革重塑，政协的“队伍成色”更加靓丽**

以改革创新精神推进政协履职能力建设，破解“两个薄弱”，建强“两支队伍”，在建功立业中展现新气象。

**强化对标争先意识。**认真落实中央和省委政协工作会议精神“回头看”要求，修订完善制度办法 20 余项，工作运行机制更加规范。围绕区委“六比六争先·勇当排头兵”作风建设部署，谋划开展政协“对标争先”专项行动，冲破思想舒适区，提升干部竞争力。创新实施专委会、界别、委员“三位一体”履职考核，出台《政协委员“立足岗位建功立业当示范做样子”实施意见》，在上虞电视台、《上虞日报》设置“委员风采”专栏，激励担当作为好委员，营造履职竞跑新风尚。

**锻造履职协商能力。**在区委关心支持下，政协工作力量得到加强，政协机关服务保障功能不断完善。深入贯彻《关于加强和改进新时代市县政协工作的实施意见》，结合省市机构设置和基层履职需要，调整优化专委会组织结构，全面消除“一人委”现象。加强线上线下全员培训，赴浙江大学举办政协委员和政协机关干部履职能力提升班，进一步提高协商本领。

**健全多跨协同机制。**完善政协工作组织体系，首创“专委会主建、界别主抓”工作模式，发挥专委会建框架、建平台、建机制、建渠道“四建”职能和界别抓组织、抓联络、抓落实、抓现场“四抓”作用，找准定位角色，最大限度激发了组织活力。积极拥抱数字文明新时代，贯通运用数字政协“六大在线”，开展线上活动 23 场次，委员、群众参与 2600 余人次。开发上线政协委员“履职建功双指数”应用场景，实现委员工作在线晾晒，委员形象专栏展示，推动履职方式变革性重塑。

各位委员、同志们，收获来自耕耘，成绩源于实干！过去一年，上虞政协事业之所以能够接续传承、守正创新，是中共上虞区委坚强领导的结果，是区人大常委会、区政府大力支持的结果，是各乡镇街道、部门和社会各界人士密切配合的结果，是历届区政协老领导、老同志热情关心的结果，也是政协各参加单位、广大委员和政协工作者共同努力的结果。在此，我代表区政协常委会，向所有关心支持政协工作的同志们、朋友们，致以崇高的敬意和诚挚的感谢！

我们也清醒地认识到，工作中还有一些需要加强和改进的方面，主要是：思想政治引领的针对性需要进一步增强，全过程人民民主的实现途径需要进一步探索，凝聚共识的广度深度需要进一步拓展，委员联系服务界别群众需要进一步广泛，等等。我们将高度重视，切实加以解决。

## 二、2023 年工作任务

2023 年是全面贯彻落实中共二十大精神的开局之年，也是全面建设朝气蓬勃、近悦远来的“青春之城”的起步之年，做好政协工作意义重大。区政协工作的总体要求是：坚持以习近平新时代中国特色社会主义思想为指导，深入学习贯彻中共二十大精神，认真贯彻落实习近平总书记关于加强和改进人民政协工作的重要思想，全面落实区委各项决策部署，瞄准走在前列目标，加强协商平台、模式、力量建设，营造阵地、活动、机制特色，积极践行全过程人民民主，促进政协工作影响力明显提升、服务中心推动力明显提升，为推进“两个先行”奋进“五个率先”、奋力走好中国式现代化上虞高质量发展之路贡献政协力量。

### （一）以更高站位学习谋划，把牢政协履职方向盘

高举中国特色社会主义伟大旗帜，坚决落实党对政协工作的全面领导，确保政协事业沿着正确政治方向前进。

**深入学习贯彻中共二十大精神。**健全以党组理论学习中心组为引领的常态化学习体系，运用区政协读书会、委员读书活动、书香政协“学习在线”等载体，持续抓好党的二十大精神的学习贯彻，以新思想指导政协工作实践。加强思想政治引领，把各党派团体、各界人士和广大政协委员的思想凝聚到全面推进中华民族伟大复兴的宏伟目标上来。

**全面落实党对政协工作的领导。**深入贯彻《中国共产党政治协商工作条例》，持续加强党的全面领导，坚持重大事项主动向区委请示报告，自觉把区委工作部署作为政协履职重点，推动区委重大决策落地生根。全面加强党的建设，扎实履行全面从严治党、意识形态、党风廉政建设主体责任，支持派驻纪检监察组履行监督职能。

**持续强化政协党组织的政治功能。**健全党建工作责任制，发挥政协党组把方向、管大局、保落实作用，定期听取机关党组、履职临时党委党建工作汇报。培育“同心向党”党建品牌，擦亮项目化抓党建特色，发挥履职临时党支部战斗堡垒功能和党员委员先锋模范作用，推动政协党建从“有形覆盖”向“有效覆盖”跃升转变。

### （二）以更强担当服务大局，融入“青春之城”大场景

围绕全区中心大局，一体推进调研、协商、监督工作，努力做到商在需要时、督在关键处、议到点子上。

**把协商的方向聚焦到重大谋划上。**围绕区委“青春之城”建设主战略和“双一号工程”“三个年”活动，主动找题选题，在共同富裕、文化解码、乡贤治理等领域打出组合拳，形成深度协商成果，打造经典协商品牌。聚焦“一江两岸三城多片区”主平台，就现代服务业发展、乡村共富、托育服务体系完善、东山文化挖掘提升等课题开展深入调研。紧扣“科创+产业”主抓手，就未来城建设、“专精特新”企业培育、研学产业发展等方面深入建言。

**把监督的重心聚焦到重点难点上。**完善政协民主监督机制，综合运用各种履职手段，发挥好协商式监督作用。坚持每半年听取政府工作通报，定期听取监委和法院、检察院工作通报，完善政协委员列席区政府常务会议、参与民生实事项目监督等制度。聚焦特色小镇数字产业发展、上市企业培育、教育网点布局优化、交通快速互联体系建设、千年古城复兴计划等组织专项视察，围绕营商环境优化、电信网络新型犯罪打击治理、城市防洪减灾、特种设备安全监管等开展民主监督，不断增强服务助推实效。

**把议政的主题聚焦到民生关切上。**坚持将提案和社情民意信息作为反映民生难点堵点痛点的重要抓手，摸透实情、找准问题、提好建议。探索常态化提案规范，制订实施《闭会期间提案工作办法（试行）》。完善党政领导领办、政协领导协办、百名委员督办等举措，构建“提、办、督”一体化工作新机制。拓宽线上线下民意收集渠道，发挥 20 个社情民意“基层哨点”和 1 个省级直报点优势，让更多的“下情”更好地“上传”。

### （三）以更宽视野凝聚共识，汇聚团结奋斗正能量

坚持建言资政和凝聚共识双向发力，增强包容性，

扩大团结面，广泛凝聚起“上虞的事大家一起干，上虞的未来我们一起创”的共识力量。

**画好团结联谊“同心圆”。**支持和保障各民主党派、工商联、无党派人士在政协履职。拓展同党外知识分子、非公有制经济人士、新的社会阶层人士的联络渠道。加强与港澳台侨委员的联络联谊，主动联系民族和宗教界知名人士。打响乡贤文化委员会客厅品牌，组织青春乡贤、科技乡贤、乡村乡贤开展主题论坛等活动，积极推介“今在上虞，遇见未来”城市品牌。

**唱好文史宣传“同心曲”。**推进《百村赋》《上虞文史资料选粹（五）》等编纂工作，加强孝德、青瓷、东山、春晖、梁祝等特色文化研究，厚植上虞城市的人文底蕴。指导虞舜书画院、茶文化研究会、东山谢安文化研究会等社会团体广泛开展交流联谊活动，发挥文化传播纽带作用。做精做细政协宣传工作，用心用情讲好协商故事，让政协声音更能打动人、凝聚人、团结人。

**架好联系服务“同心桥”。**探索委员联系界别群众和身边群众工作机制，创新谋划“界别+社会组织”联系制度，推动界别与社会组织、委员与界别群众联系更加紧密、服务更加高效。用好民生议事堂、委员工作室等履职平台，组织开展“界别活动月”“委员活动日”等专题活动，为委员参与招商引智、除险保安等中心工作提供更多有效渠道。

**（四）以更优标准固本强基，干出人民政协新样子**

紧扣现代化能力建设新要求，深入开展政协系统“对标争先”专项活动，展现政协工作提质增效新气象。

**塑造上下贯通的履职架构。**健全完善主席委员“同心会”“五联”等工作制度，优化调整专委会设置，推动委员全员纳入专委会，不断丰富委员履职渠道。深化完善“专委会主建、界别主抓”工作模式，创新打造“一委一品”“一界一品”，组织先进界别、优秀委员、创新案例展评，不断放大政协履职整体效应。

**打造专业高效的履职规程。**加强政协工作规范化建设，健全委员学习培训、协商履职、服务管理机制，不断完善覆盖全流程的制度体系。优化专委会、界别、委员“三位一体”履职考核，把“协商话语权”作为衡量委员履职水平的重要指标，制定个性化“履职清单”，让委员履职更加生动活泼。

**营造和衷共济的履职环境。**加快建设适应时代要求的变革型组织，以排头兵的担当和奋进者的姿态，着力打造“五型”模范机关。增强政协机关活力，培育唯实唯先、善作善成的团队文化，健全干部正向激励和关心关爱机制，认真做好退休干部工作，定期开展各类文体活动，不断增强机关队伍凝聚力。

## 三、奋力当好新时代协商民主排头兵

风起扬帆正当时，砥砺奋进谱新篇。中共二十大对全面发展协商民主作出战略部署，人民政协肩负的使命责任更加重大。我们要胸怀“国之大者”、牢记“两个先行”，以一流标准一流作风一流业绩，奋力当好协商民主排头兵，不断开创政协工作新局面。

**牢牢把握协商民主的使命任务。**全过程人民民主是最广泛、最真实、最管用的民主。协商民主是实践全过程人民民主的重要形式，是实现党的领导的重要方式。在中国特色社会主义制度下，有事好商量，众人的事情由众人商量，找到全社会意愿和要求的最大公约数，是人民民主的真谛。我们要发挥人民政协社会主义协商民主重要渠道和专门协商机构作用，把协商民主贯穿履行职能全过程，提高政治协商、民主监督、参政议政水平，更好凝聚全社会共识。

**加快推进协商民主的基层实践。**中国式现代化为全面发展协商民主指明了前进方向，提供了广阔舞台。我们要对准中心跑道，发挥县级政协面向基层、贴近群众的天然优势，组织起更为广泛多层的协商实践，推动政协制度优势转化为治理效能。要开展协商平台“规范提升建设年”活动，构建“请你来协商”、民生议事堂、协商驿站、委员调解工作室等平台融合联动的协商矩阵，打造具有辨识度的政协协商风景线。要探索“枫桥式”民主协商，拓宽群众有序政治参与渠道，不断丰富中国式现代化的上虞实践。

**全面拓宽协商民主的发展路径。**共同富裕是推进“两个先行”奋进“五个率先”的核心要求。我们要从共同富裕的“大场景”中找准履职“小切口”，加强专门协商机构制度化、规范化、程序化建设，从制度上保障协商成果落地。要完善协商议题提出机制，面向更广泛主体公开征集议题，推动协商议政更加精准聚焦。要建立协商议题常委领衔、界别协办、委员领办制度，拓展民主监督的广度和参政议政的深度。要探索协商成果采纳落实和反馈机制，将区委、区政府主要领导对协商成果批示的落实情况纳入督考体系，推动协商工作系统闭环。

**坚决扛起协商民主的责任担当。**“青春之城”建设是区委承前启后、统揽全局、引领未来的战略工程。我们要增强历史主动，完善协商体系，致力做“青春之城”建设的协商推动者。要以“青春之心”守履职初心，加快打造政协履职综合载体，放大协商民主优势，努力协出团结、商出合力。要以“青春之念”扬履职激情，强化数字政协思维，迭代优化“履职建功双指数”应用场景，赋能助力委员思想在线、智慧连线、联系不断线。要以“青春之力”展履职风采，执着于为国履职、为民尽责，推进委员参与协商、界别活动、列席决策会议、走进民生议事堂“四个全覆盖”，在践行协商民主的新征程中交出委员“高分作业”，争做“青春之城”建设的最美政协人。

各位委员、同志们！奋进新征程，人民政协大有可为；建功新时代，人民政协责无旁贷。让我们更加紧密地团结在以习近平同志为核心的中共中央周围，在中共上虞区委的坚强领导下，同心同德，群策群力，为推进“两个先行”奋进“五个率先”、奋力走好中国式现代化上虞高质量发展之路作出新的更大贡献！

# 关于绍兴市上虞区2022年国民经济和社会发展计划执行情况及2023年国民经济和社会发展计划草案的情况汇报

（2023年1月8日在绍兴市上虞区第二届人民代表大会第二次会议上）

绍兴市上虞区发展和改革局

各位代表：

受区人民政府委托，现将上虞区2022年国民经济和社会发展计划执行情况及2023年国民经济和社会发展计划草案提请各位代表审议，并请区政协委员和其他列席人员提出意见。

## 一、2022年全区国民经济和社会发展计划执行情况

2022年，在区委的坚强领导下，在区人大、区政协的监督支持下，全区上下认真贯彻落实习近平总书记“疫情要防住、经济要稳住、发展要安全”重要指示精神和国家、省、市决策部署，坚持稳字当头、稳中求进，认真落实区二届人大一次会议通过的国民经济和社会发展计划各项部署要求，以党的二十大精神为指引，完整、准确、全面贯彻新发展理念，忠实践行“八八战略”，勇当推进“两个先行”奋进“五个率先”排头兵，主动融入高水平网络大城市建设，大力开展共同富裕提质年、项目攻坚突破年、基层党建跃升年“三个年”活动，全力落实稳进提质攻坚行动，全国百强区排名提升至33位，经济社会保持和谐稳定。预计全年地区生产总值增长5.5%；社会消费品零售总额增长3.0%；外贸出口总额增长35.0%，占全国比重17.3‰；城镇、农村常住居民人均可支配收入分别增长4.4%、7.1%；城镇登记失业率控制在2%预期目标内。实现一般公共预算收入91.0亿元，同口径增长1.2%。

2022年全区国民经济和社会发展主要呈现五个特点。

### （一）聚力聚焦产业强基固本，经济发展稳进提质

**1.产业结构效力持续增强。**三次产业协调并进，高质量发展基础坚实稳固。现代农业高效发展。预计实现农林牧渔业总产值增长3.5%，保持全市第1。严格落实粮食安全，全年粮食播种面积预计47.9万亩、产量20.3万吨，保持全省领先；能繁母猪存栏达9379头。获2021年度粮食安全区长责任制考核优秀单位，入选省级化肥减量增效“三新”试点县、省农业“双强”攻坚试点。工业经济坚韧增长。预计规上工业增加值增长11.3%，总量居全市第1。创成省制造业高质量发展示范区，深入推进工业全域治理，列入全省新一轮制造业“腾笼换鸟、凤凰涅槃”攻坚行动考评激励名单。建筑业保持优势，预计实现总产值1330亿元，增长8%，其中省内产值增长20%。现代服务业高效聚集。预计实现其他营利性服务业营收（LMOR）增长19.8%；互联网、软件和信息技术营收增长11.5%。“全国游戏产业发展大数据平台”移动端上线，新材料科技服务业入选省级现代服务业创新发展区，提质推进总部经济，举行“一江两岸”总部楼宇推介会。

**2.企业竞争能力持续提升。**谋划实施先进制造业强区“1215”专项行动，奋力打造先进制造业基地。新兴产业企业蓬勃发展。预计实现规上高新技术产业增加值、战略性新兴产业增加值、数字经济核心产业制造业增加值均居全市前2位，规上工业企业新产品产值增速保持全市第一。每万人发明专利拥有量14.7件，新增“品字标”企业11家；伞件产业成功入选国家级小微企业质量管理体系认证提升行动区域试点。智能化改造深化推进。鼓励企业数字化转型，实施106

个省“千亿技改”项目，皇马尚宜列入省级未来工厂试点，新增省级智能工厂、数字化车间各 1 家；电机产业大脑入选省级重点工业互联网平台，舜云等 3 个平台入选省级工业互联网平台创建名单。企业梯队建设提速增效。着力推进“雄鹰行动”，新培育企业 1 家。深入开展“雏鹰行动”，新增国家制造业单项冠军示范企业（产品）1 个，国家级专精特新“小巨人”企业 14 家。大力实施“凤凰行动”，获批区域性股权市场省级创新试点，与省证监局签订全面战略合作协议。

**3.内外市场实力持续提高。**有效激活消费热情，商贸市场实现有力复苏。预计限上批发业销售额、限上零售业销售额、限上住宿业营业额、限上餐饮业营业额分别增长 30%、20%、15%、20%。精心组织举办第十四届浙东新商都金秋购物节、第十九届浙东新商都汽车文化博览会等活动。积极参与开展各类消费券活动，拉动消费 5.9 亿元。实施汽车“以旧换新”“购新车享补贴”等活动，拉动汽车消费约 6.5 亿元；区商务局被列入商务部内贸政策直报点。积极推进市场采购贸易形式出口，推进公共海外仓建设，卧龙集团越南海外仓获评第 7 批省级公共海外仓。鼓励境外投资，4 家本土跨国公司列入全省本土民营跨国公司“领航企业”培育名单。

**（二）积极推进投资发力攻坚，内生动力不断加强**

**1.招商引资成效显著。**深入推进产业链精准招商，重大项目招引成效显著。新签约项目 59 个，签约投资额 525.6 亿元，增长 19.0%，其中 100 亿元以上项目 1 个，50 亿～100 亿元项目 4 个，10 亿～50 亿元项目 8 个。借助虞商乡贤资源优势，区领导带队赴北京、上海、深圳、南京等地举办专场投资推介活动。积极开展小分队招商，累计获取有效项目信息 365 条，其中转化成签约项目 31 个。举行上虞复县建城(丰惠)1200 周年纪念活动暨第三届乡贤大会。全区新增外资企业 21 家，预计实到外资 2.29 亿美元。

**2.项目建设全面攻坚。**坚持“抓项目就是抓发展”理念，建立健全重大项目推进八大机制，强化项目全生命周期管理。全面推行招大引强项目投资“赛马”晾晒机制，全力推动重大项目建设提档加速。固定资产总投资预计完成 300 亿元，增速 12%。安排“五个一批”重大项目共 168 个及十方面民生实事项目，总投资 1887.6 亿元，已开工 121 个，开工率 96%。列入 2022 年省市县长项目 6 个，在全市率先完成落地率 100% 的年度目标。列入省集中开工清单项目 9 个，按时开工率 100%，统计入库率 100%。列入省“4+1”重大项目 11 个，总投资 511.4 亿元，年度计划投资 34.4 万元，全年完成投资超 42.5 亿元，年度任务完成率 123.6%以上。

**3.资源要素保障有力。**坚持“项目跟着规划走，资金、要素跟着项目走”，推动投资尽快形成实物工作量。积极争取资金保障。发行专项债项目 29 个，争取债券资金额度 39.2 亿元，居全市第 2；到位中央资金 121 笔，共计 9.5 亿元；争取政策性、开发性金融工具项目共 3 个，累计获投放资金 8.8 亿元，数量、资金均居全市第 1；积极申报制造业中长期贷款、设备更新改造贴息贷款项目，授信 11.9 亿元，核准项目 38 个，数量居全市第 1。积极争取用地指标。新增省重点实施类项目 5 个、省重大产业项目 3 个。共争取用地指标 4915.8 亩，其中新增建设用地指标 2226.9 亩、重点项目“戴帽”指标 2688.9 亩。21 个项目纳入“三区三线项目”保障清单，涉及稳耕 8455 亩，永农 4929 亩，其中省级保障 16 个，地方保障 5 个。积极争取能耗指标。深入实施“节能问诊”“一企一策”服务机制，163 个项目共计新增用能 109 万吨标煤。

**（三）着力提升平台聚合赋能，发展支撑更加扎实**

**1.产业平台优势巩固提升。**加快推动重点产业平台建设，提高带动大产业、大项目集聚能力。杭州湾经开区创成国家级生态文明建设示范区，位列全国化工园区 10 强，获评省制造业高质量发展“五星级示范园区”、省高质量发展示范园区和省现代服务业创新发展区；聚焦“3+2”产业发展方向，着力壮大“万亩千亿”平台产业集群，入选省级“新星”产业群。曹娥江旅游度假区列入国家级旅游度假区创建意向名单，创成省一级旅游驿站 1 家、省银宿 1 家、省非遗主题民宿 1 家；中华孝德园获评“浙江省智慧景区”。聚力提升旅游市场能级，我区被认定为全省首批疗休养基地之一；策划并发布精品旅游路线 4 条；开通首条双层旅游巴士线路。曹娥江经开区着力打造以装备制造、都市产业和新材料应用为主导的“3+1”现代产业体系和“一核、一区、两谷”的产业空间新格局，工业发展合力进一步凝聚。

**2.科技创新实力聚集强化。**深入实施“125”创新驱动行动，创新指数居全省第12位，全社会R&D经费投入达36.9亿元，居全省第13位；占地区生产总值比重达3.25%，居全省第19位，勇夺省“科技创新鼎”。加固创新平台建设。曹娥江实验室揭牌，杭电研究院获评全市唯一省级现代产业学院，天大绍兴研究院获评全市首家省级新型研发机构，新增省级众创空间4家，国家级2家。区域产业创新服务综合体基本实现全覆盖，其中精细化工和数字文娱列入省级创建名单。加强企业自主创新。全区规上工业企业研发机构设置高于全省平均；建成半导体装备、染料产业基础再造、高分子聚醚新材料创新联合体3家。入选省“尖兵”“领雁”项目8个，数量居绍兴之最。龙盛集团、晶盛机电入选省创新型领军企业。集聚科创资源要素。全面落实人才强区、创新强区首位战略，举办人才发展大会、“万亩千亿”新产业人才全球创业大赛等活动，入选“鲲鹏行动”计划人才1名；1名国家级领军人才获中国政府友谊奖，是全市近15年唯一。申报入选国家“引才计划”人才24名、居全省县（市、区）第3；入选国家级特支计划2名，居全市第1。加速推进高层次人才创业园平台建设，新增省级博士后工作站、院士工作站各4家。开通招才引智“春秋季专列”，实施“金蓝领”倍增计划，新增就业大学生26534人。

**3.政策服务保障合力增劲。**着力加强政策谋划落地和纾困解难，政策服务同频共振、合力攻坚。全面贯彻落实稳经济一揽子政策，构建区“5+4”稳进提质政策体系，创新开展“1+6”政策宣讲月活动，累计兑现各类奖补资金23亿元，减负降本31.1亿元。深化“三驻三服务”，畅通政企联系渠道，建立政企常态化、面对面交流解难机制，开启“政企服务直通车”。金融供给扩量提质降费，预计存贷款余额达3960亿元；新增普惠型小微企业贷款58亿元，增长17.4%，小微企业贷款加权平均利率下降34个BP。引导银行支持困难领域和行业，通过“连续贷+灵活贷”模式，缓解企业转贷压力；发放“保就业保市场主体”助力贷款28亿元；推动政府性融资担保扩面增量，区政策性融资担保公司业务余额较年初增加1.9亿元。

**（四）全面推动区域协调发展，共富之路越走越宽**

**1.纵深推进重大战略落地见效。**扎实深入落实高质量发展建设共同富裕美好社会各项工作。探索推动共同富裕实践与制度创新。围绕打造“曹娥江”共富带，实施促进共同富裕“188”行动，开展共同富裕示范场景“揭榜挂帅”。入选共同富裕省最佳实践1个，市级试点1个、最佳实践2个。聚焦“一老一小”“扩中提低”等关键领域，出台优化生育政策；深化区内山海协作并制定配套政策，出台城乡互助“五帮一”机制；与浙大共享发展研究院深入合作收入分配理论与实践研究。积极拓展强村富民共富路径，探索落实共富党建联盟、村企合作运营、多村共富联盟等新模式，大力发展“四季仙果”农旅经济，拓宽“两山”转化通道。扎实推进长三角一体化发展。统筹全方位战略协同，开展融入长三角体制机制谋划研究。长三角地区便民服务进一步融合贯通，实现开办企业全流程“一件事、两天办结”；共享电子证照，实现市场主体身份在线“一次验证、全网通用”；居民社保卡公共图书馆实现办证借阅零门槛。入选全国青年发展型县域试点。

**2.有序推动城乡建设一体均衡。**统筹城乡资源特色，强化城乡均衡发展，新型城镇化建设加速推进。全面提升交通通达能力。南北中心大道提前完工；329国道盖北至道墟段完成形象进度45%；曹娥江上浦船闸及航道工程建成试通航。江东路互通、104国道绍兴东湖至蒿坝段、虞北地区基础设施提升工程开工建设。出台全区新能源汽车充电基础设施“十四五”规划，新建公（专）用充电桩151个，完成市定任务的193.6%。大力提高城市风貌品质。曹娥江“一江两岸”创成省首批城市风貌样板区，13个村社入选省未来乡村（未来社区）创建名单，创成省级高标准垃圾分类示范小区20个。有序推进全区征迁工作，共征收建筑面积180万平方米；完成3336户老旧小区改造任务；新增停车位1620个。深入推进乡村振兴战略。推动“五星3A”创建迭代升级，新改建农村公路40千米、供水管网30千米、污水管网10千米。东澄村创成首批省级未来乡村，岭南乡创成全国乡村旅游重点镇（乡），创成国家AAAA级景区镇3个、省级乡村旅游重点镇3个、重点村2个。充分发挥民主党派、虞商会等资源优势，引导两新组织党组织参与“共富工坊”建设，实现工坊“一镇一品”全覆盖。有序推进各项宅改工作，激活闲置农房面积近30万平方米。获2021年度浙江省实施乡村振兴战略实绩考核优秀单位。全区 87 个行政村经营性收入均达 80 万元以上；预计低收入农户人均可支配收入 24646.6 元，增长 21.4%。

**3.扎实提升公共服务保障水平。**以数字化改革为牵引，教育、医疗、养老等公共服务高效均衡发展。全面提升文教体事业发展。新建、改（扩）建 11 所中小学（幼儿园），新增优质学位 4345 个；新增教共体 28 对，实现结对帮扶全覆盖。2 个案例获省城乡义务教育共同体典型案例，入选教育部区域创新案例。实施城区“户房一致”招生政策，“民转公”政策平稳落地。列入省深化新时代教育评价改革综合试点区；成为全国首批“史馆虚拟实验”规模化应用唯一试点区。承办全国围棋甲级联赛等高规格体育赛事 12 场次。新博物馆建成开馆，入选浙江省科普教育基地名单；新增 8 家省级五星级文化礼堂。上虞青现代国际陶艺中心入选省级公共文化国际交流基地；发布新时代上虞精神、城市品牌口号和城市 IP。打造全民全程健康服务体系。提升区级医院医疗质效，4 家区级医院与 28 家城市大医院在 55 个专科领域开展医疗合作。推进县域医共体建设，县域就诊率、基层就诊率分别达 90%、66%以上。强化医共体全专科联合门诊，实施“名医名科名院”工程，下沉各类专家 8638 人次。深化基层卫生健康综合改革，调整优化村级医疗卫生服务网点至 159 个。推进全民应急救护能力提升，在公共场所投放 AED 42 台。推进养老服务提质扩面。区康养中心开工建设，新建 1 家智慧养老院，实现 20 个镇街级居家养老服务中心无感智能服务全覆盖，每万名老年人持证护理员人数达 25 人以上；精准发放居家养老补贴 1815.7 万元。“智慧养老院”应用场景，获评省厅路演最佳应用案例，实施精准照护 24.8 万余次。

（五）防范化解重点领域风险，民生保障稳步提高

**1.社会保障体系不断健全。**围绕共富目标，社会保障网进一步织密织牢。健全社保体系。引导区内新业态从业人员、外地户籍人员按灵活就业参保企业职工基本养老保险。加大养老基金征缴力度，企业职工基本养老保险费收入 30.2 亿元，实现退休人员基本养老金“18 连涨”。强化医疗保障。医保参保率持续高位运行，全区户籍人口基本医保参保率 99.6%，保持全市第 1。全力推进“越惠保”宣传推广、参保缴费等工作，2022 年全区参保率 71.6%，较大程度减轻参保人重特大疾病负担。深化困难群众救助。低保标准提升至每月 1050 元/人，低边准入标准扩大至低保标准的 2 倍。累计为低保低边、在册特困供养、困境儿童、孤儿等群体发放救助金 7787.7 万元。强化扶贫兜底，取消困难人员大病保险最高支付限额和救助起付线。开展医疗救助 16.7 万人次，发放金额 1668.6 万元。

**2.基层治理效能不断提升。**强化党建引领，基层社会治理根基不断夯实。抓好疫情防控。因时因势调整优化防控措施，在全省率先开展“无疫村社”创建，建立重点行业人员核酸预警系统。有序落实从“防传染”向“保健康、防重症”的转换，强化医疗救治能力建设，抓实医疗救治能力建设、医疗物资储备供应，加紧疫苗接种。有力捍卫社会稳定。全区刑事治安警情下降 12.1%，未发生重大案事件。扎实推进“雷霆”行动，破获各类刑事案件 973 起，抓获犯罪嫌疑人 2013 人，居全市前列。初次信访全流程办理获全国社会管理和公共服务综合标准化试点。及时落地房地产优化松绑政策，加强预售资金监管、风险摸排处置。扎实有序推进根治欠薪工作，保障农民工工资支付工作成效等级 A 级。深化除险保安行动。交通事故警情、全口径亡人数分别同比下降 9.0%、31.8%。高质量完成自然灾害综合风险普查，开展 363 个村社防汛防台标准化建设；扎实推动高危细分领域安全风险、危化品生产使用等专项治理，通过化工园区安全整治提升验收。

**3.生态文明建设不断深化。**深入打好污染防治攻坚战，做好碳达峰碳中和工作，绿色生产生活方式加快形成。生态文明成果更加丰实。创新设立上虞区生态文明建设委员会，“绿水青山就是金山银山”实践创新基地创建列入省级储备库，省级“山水林田湖草”生态保护修复试点工作全面完成。碳达峰碳中和工作有序推进。深入推进低碳试点县建设，在 2022 年全省低碳试点县建设工作推进会作典型发言；园区层面试点推进减污降碳协同增效，首创减污降碳评价指数和排污权指标租赁等制度。大力推进整县光伏规模化开发，新增光伏装机容量 94.1 兆瓦。污染防治攻坚战持续深化。常态化开展“五水共治”“找巡查控”行动，启动虞北平原河网水污染本底调查，22 个县控以上断面Ⅰ—Ⅲ类比例和达标率均为 100%。实施涂装、家具、制伞等行业大气专项治理，20 家重点涉气企业完

成“科学治废气”行动，涉气信访量同比下降28.5%，预计全区$PM_{2.5}$浓度26微克/立方米，AQI优良天数比例84%。启动国家地下水环境质量考核点位水质提升工程建设。持续深化“无废城市”建设，创建“无废细胞”120个，全域“无废城市”建设通过省级评估，获得首批“清源杯”。

## 二、2023年全区国民经济和社会发展主要预期目标

为深入贯彻落实中央、省、市决策部署，全面学习贯彻党的二十大精神，坚持“稳字当头、稳中求进”的工作总基调，提出年度指标安排建议。

**（一）主要考虑**

**一是应对全球宏观环境“高波动”预期的需要。**当前供应链扰动、劳动力市场紧张、国际地缘政治冲突等仍限制供给恢复，主要发达国家通胀远高于政策目标，经济数据波动幅度加大，全球宏观环境或步入“高波动时代”。预计2023年全球通胀或将较2022年回落，但回落幅度有限，世界经济步入新一轮深度衰退、欧洲可能爆发全面经济金融危机，扩大内需、稳住国内经济基本盘的重要性日益凸显。

**二是落实中国式现代化“稳增长”目标的需要。**党的二十大报告指出高质量发展是全面建设社会主义现代化的首要任务，并首次提出推动经济实现质的有效提升和量的合理增长。国内宏观环境仍面临需求收缩、供给冲击、预期需求转弱三重压力，稳住经济增速，特别是需要释放民间活力、挖掘增长潜力，才能实现经济合理增长。

**三是确保重大战略任务“高标准”推进的需要。**2023年是我区撤市设区十周年，我区将以奋进者姿态全面开启“青春之城”建设；聚力“科创+产业”，大力实施先进制造业强区“1215”专项行动；主动融入高水平网络大城市建设，全方位接轨大上海、融入长三角；全面推进数字化改革，提高基本公共服务水平和均等化程度。按照“用力跳、够得着”要求，强优势、补短板、破难点，确保2023年主要指标不低于“十四五”规划分解目标，实现正增长和稳增长。

**（二）重点说明**

**1.关于地区生产总值增速保7.5%，争8.5%。**国际形势上，美国通胀缓和，地缘政治风险逐步降低。国内疫情防控“松绑”，宏观环境边际改善，经济复苏回稳向好基础不断巩固。12月15日，中央经济会议指出，要坚持稳字当头、稳中求进，加大宏观政策调控力度，形成共促高质量发展合力。2023年我国经济有望总体回升，预计全省GDP增速5.0%以上，全市GDP增速7.5%。我区2022年经济稳中有进，特别是三季度强势反弹，经济韧劲强、发展信心足，综合国际国内大环境影响，提出地区生产总值增速保7.5%，争8.5%目标。

**2.关于一般公共预算收入增长10%。**多元财政政策的合力将进一步释放，政策效能拉动投资的作用将更加明显。我区经济效益韧性不断提高，财政收支运行总体保持平稳，为全年财政稳定增收奠定坚实基础。综合考虑税收和非税收入预计以及收入结构，提出一般公共财政预算收入增长10%。

**3.关于固定资产总投资增速12%以上。**扩大有效投资是引导和重塑产业结构，形成有效供给和先进生产力的必然支撑。我区着力以“六个一批”重大项目为主抓手，大力推进191个总投资超2000亿元的“六个一批”项目，全面落实投资八大机制，推动投资快速增长。提出我区固定资产总投资增速目标12%以上，为经济高质量发展积蓄强劲动能。

**4.关于规上工业增加值增速10%以上。**全省开展“415X”先进制造业产业集群建设，全市实施“4151”行动，我区全面对标省市并实施先进制造业强区“1215”专项行动，围绕稳进提质、群链双育、招大引强、全域治理、企业培育等方面靠前谋划、提早发力。新能源、新材料等新兴产业潜能将进一步释放，提出规上工业增加值增速目标10%以上。

**5.关于社会消费品零售总额增速10%。**中央经济工作会议明确提出要把恢复和扩大消费摆在优先位置，预计政策支撑将进一步强化，消费信心将进一步提振。我区深化传统批发零售业数字化改造提升，培育壮大新型消费模式，持续开展浙东新商都购物节、消费促进月等活动，深入挖掘消费增长点，激发居民消费潜力。提出社会消费品零售总额目标10%。

**6.关于外贸出口增速20%，出口占全国比重保持稳定。**国家部署一系列稳外贸举措，围绕物流保通保畅、加大财税金融支持力度、加快出口退税和通关效率等方面落实落细助企纾困政策，有效助力稳住外贸

基本盘。我区持续推进跨境电商产业园、外贸精品馆建设，培育市场采购贸易新业态新模式，拓宽抢抓订单渠道，将有效推动外贸出口增长，提出外贸出口增速目标 20%，出口占全国比重保持稳定。

**7.关于研究与试验发展经费支出占 GDP 比重达 3.4%。**以“科创+产业”为主抓手，推进产业链创新链人才链深度融合，进一步完善区域创新体系建设，提升企业主体地位，加大科技开放合作，推进成果转移转化，快速集聚创新要素，聚力推进科技创新赋能。2021 年 R&D 经费支出占地区生产总值为 3.25%，预计 2022 年为 3.33%，提出 2023 年研究与试验发展经费支出占 GDP 比重目标 3.4%。

**8.关于新增城镇就业人数达 1.5 万人。**国家持续加大稳岗促就业政策力度，继续把保市场主体特别是中小微企业、个体工商户作为政策着力点，强化重点群体就业帮扶，充分发挥公益性岗位兜底保障作用，优化稳岗服务，注重解决结构性就业矛盾。提出新增城镇就业人数目标达 1.5 万人。

**9.关于城镇、农村常住居民人均可支配收入与 GDP 基本同步增长，农村居民收入增幅略高于城镇居民收入增幅，城乡收入比小于 1.73。**持续推进共同富裕，深入实施乡村振兴战略，城乡差距、收入差距进一步减小，人民将享有更充分的就业、更丰厚的收入、更完善的社会服务，切实提升人民群众的获得感和幸福感，提出城乡收入比小于 1.73。

**10.关于节能减排完成上级下达任务。**完整准确全面贯彻新发展理念做好碳达峰碳中和工作，把碳达峰、碳中和纳入经济社会发展全局，以经济社会发展全面绿色转型为引领，以改善生态环境质量为核心，以减污降碳协同增效为抓手，加快形成节约资源和保护环境的产业结构、生产方式、生活方式、空间格局，扎实推动节能减排，促进生态环境质量持续改善，不折不扣完成节能减排是约束性指标。

## 三、2023 年全区经济社会发展的主要工作措施

2023 年是贯彻党的二十大精神的开局之年，是“十四五”规划承上启下之年，是浙江高质量发展建设共同富裕示范区的深入推进之年，也是区委、区政府加快融入高水平网络大城市建设，勇当推进“两个先行”奋进“五个率先”排头兵，全面开启“青春之城”建设的重要一年。全区上下将聚力聚焦实施“青春之城”建设主战略，数字经济、营商环境“双一号工程”和项目攻坚提速年、科创赋能提质年、全域党建提升年“三个年”活动，开拓创新、全速奔跑，在走好中国式现代化上虞高质量发展之路的新征程上开好局起好步。

### （一）坚持内生驱动，激发发展新活力

**1.持续推动重大平台提档升级。**持续发挥大平台带动作用，提升平台体系竞争力。杭州湾经开区紧抓“迭代环杭州湾产业带、构筑高质量平台体系、优化经济发展软环境”三大抓手，全年实现经济总量2500亿元，先进高分子材料“万亩千亿”新产业平台跻身全省前10。曹娥江旅游度假区围绕“双创”目标，突出“一江一湖一山两镇”主体区块建设，紧盯皂李湖重大文旅综合体项目，推动全域旅游高质量发展。曹娥江经开区深入开展工业有机更新，启动上虞智创青春谷和智能装备生态园两个重点地块开发，不断提升平台综合实力和竞争力，向千亿级制造业大平台进军。进一步推进e游小镇2.0版建设，打造长三角数字文创产业中心；加快伞艺小镇创建步伐。

**2.持续推动产业发展提质增效。**以数字化改革为引领，聚焦产业链优化提升，培育壮大新产业新业态新模式。持续优化产业结构。大力实施“1215”专项行动，打造全省精细化工核心区、集成电路协同区。深入实施化工产业改造提升 3.0 版，提升绿色化工产业核心竞争力。持续抓好服务业市场主体培育，突出“一江两岸”建设，集聚发展总部经济。围绕“1366”工作体系，以公用品牌创建为引领，着力实现乡村产业转型升级。持续强化主体培育。多措并举激发市场主体活力，力争全年新增市场主体 1.2 万家，新增“品字标”企业 6 家以上。加快推进企业上市倍增计划，加强北交所上市后备企业挖掘、培育和报会，新增上市企业 3 家。持续优化服务解难。扎实推动落实营商环境优化提升“一号改革工程”，深化开展“三服务”、政企服务直通车活动。优化多层次普惠金融服务，畅通银企沟通交流渠道。精准承接省“8+4+1”政策体系，加强政策储备及谋划研究，推动政策落地，力争全年完成减负降本 25 亿元、兑现各类惠企资金 20 亿元以上。

**3.持续推动科技创新提标加速。**坚持创新驱动首位战略，推动产业链创新链人才链深度融合。推进创新平台提升。进一步构筑完善以曹娥江科创走廊为统领，“曹娥江实验室+在虞高校及大学研究院+企业研究院+创新联合体”为主体的区域创新体系。推进高层次人才创业园平台体系建设，启动高创园总园工程建设。提升企业创新能力。实施新一轮科技型企业“倍增”计划，推进创新主体扩容提质，构筑形成“链主型企业+专精特新+产业链配套”的发展格局。全年新增高新技术企业60家以上。集聚创新资源要素。紧抓“人才第一资源”，打好专班引才、揭榜引才、以才引才“组合拳”，全年力争引育各类市级以上领军人才120名以上。实施人才安居工程，探索打造“零元入住”人才公寓，营造惜才爱才良好环境。

（二）突出项目引领，积蓄发展新动能

**1.全域开展精准招商。**坚持全域招商“一盘棋”，重点瞄准“3+2”新产业体系，持续推进产业链精准招商。完善招商工作机制。建立完善“1447”招商工作体系，优化招商考核机制，落实规范招商引资工作流程管理实施意见。创新招商活动形式。拓展多层次招引渠道，实施产业推介、深挖上市资源、加强驻外招商、探索基金招商、深化乡情招引，做大优质项目储备库。力争全年引进投资10亿元以上重大招商项目10个，其中50亿元以上项目2个，100亿元2个。强化招商工作保障。加强招商专业培训，组织招商干部队伍专题培训班，多形式开展招商产业知识研学，提升招商干部专业能力素养。

**2.加速推进项目建设。**坚持“项目为王”理念，把大项目、好项目作为经济社会发展的压舱石和助推器。落实项目推进机制。建立健全重大项目推进八大机制，强化项目全生命周期管理。构建项目开工“123”、项目建设“456”、项目谋划“789”全链条闭环，形成“谋划一批、储备一批、开工一批、建设一批、达效一批”的良好格局。推动项目建设提速。大力推进191个总投资超2000亿元的“六个一批”项目，力争产业投资、基础设施投资、房地产投资“3个120亿元”，确保重大产业项目投资完成率、项目开工率达95%以上。加强项目督考管理。坚持实行投资项目“赛马”晾晒机制，实施节点化督考，加大督查力度、强化成果应用，营造浓厚“比学赶超”氛围。

**3.全面强化要素保障。**坚持“要素跟着项目走”，加强向上对接，着力破解要素瓶颈制约。全力加大要素争取。全力争取政府专项债、政策性开发性金融工具，争取更多项目纳入国家用地保障范围、能耗单列清单。全力挖掘要素资源。大力开展全域土地综合整治，消化处置“四未一低”；全面落实新增可再生能源和原料用能抵扣政策，推动节能技改，挖掘节能潜力。全力优化资源配置。综合考虑新增用地产业项目规模、产出效益等因素，推动资源要素向优质项目集中；实施工业用水置换，投用5万吨工业污水异地扩建项目；加大金融支持实体经济力度，推动企业综合融资成本稳中有降。

（三）强化战略引领，抢抓发展新机遇

**1.全面落实重大战略决策。**以推进全国青年发展型城市县域试点工作为契机，找准城市发展结合点、着力点。加快融入长三角一体化发展。主动融入高水平网络大城市建设，深入推进长三角一体化发展体制机制，持续谋划研究一批有对接基础、合作意向的重大项目。积极发挥政府主导、企业主体、社会组织桥梁纽带作用，以更高水平接轨大上海、融入长三角。全面建设“青春之城”。推动“青春产业”“青春社会”“青春文化”“青春环境”“青春人才”和“青春党建”发展，启动建设一批示范性功能载体和项目，搭建形成“青春之城”的“四梁八柱”。加快构建“一江两岸三城多片区”城市空间格局。积极推动“一江做活”“两岸做优”“三城驱动”“多片区提升”。实质性启动“未来城”建设，尽早启动e游PAPK项目，谋划设立竺可桢未来学校。

**2.全面推进共同富裕建设。**坚持“系统观念”，不断提升战略思维，扎实推进共同富裕各项工作。实施区内山海协作“6510”行动。进一步落实村企结对、飞地抱团、片区组团、共富工坊等机制模式，支持虞南乡镇因地制宜壮大产业，引导科技、人才、资金等先进要素“上山下乡”，促进城乡统筹协调发展。坚持试点示范先行。聚焦“扩中提低”“一老一小”“共建共富”等重点领域，打造更多可复制、可推广的标志性成果，积极争取省市试点和最佳实践。加快共富单元建设。以鸿雁、南丰社区为引领，进一步推动全域未来社区建设。打造一批有生机活力、独特魅力和内生动力的未来乡村，争创省未来乡村5个，创成省级美丽乡村示范县。

**3.全面畅通经济内外循环。**以数字经济为引领，把握扩大内需战略基点，着力扩大消费需求，巩固拓展国际市场。全力释放消费潜力。把恢复和扩大消费摆在优先位置，增强消费能力，改善消费条件，创新消费场景，精心组织举办浙东新商都购物节等促销活动，开展商圈智慧化改造、夜间经济促进等系列举措，深化培育新型消费业态，加大消费促进力度。全力推动外贸稳定。大力拓市场抢订单引外资，进一步扩大开放型经济发展优势，争创2023年度国家级外贸转型升级基地（照明），完善我区出口品牌培育体系，鼓励引导企业积极开展境内外商标注册，鼓励企业积极参加进博会等展会展销活动。全力促进数字经济。扎实推进数字经济“一号工程”升级版，发挥数字产业化和产业数字化政策，培育壮大数字经济核心产业。扎实推进电机产业大脑试点建设，争创国家级工业互联网平台试点示范。

（四）深化城乡统筹，构建发展新格局

**1.着力优化城市功能布局。**聚焦网络大城市建设，进一步提升城市发展能级和综合承载能力。畅联通达交通网络。加快推进杭绍甬智慧高速、329国道上虞盖北至道墟段、104国道绍兴东湖至蒿坝段、南北中心大道全线高架等项目建设；持续开发曹娥江黄金水道，分期推进江东路拓宽工程；推动轨道交通2号线上虞段、新章镇大桥及连接线、杭州湾港区液体化工码头等项目开工建设。有机更新城市建设。坚持新发展理念，实施土地征收成片开发，推进梁湖街道征迁项目，加强与国土空间规划的衔接。持续推进危房整治改造，全覆盖推进无物业小区全清零提升工作，大力发展保障性租赁住房。围绕城北核心区、高铁新城区域实施城市精细管理示范区建设，重点开展口袋公园、城市驿站等改造建设项目。全域提升城乡风貌。持续开展“一江两岸扩容提质”城市设计工作，打造我区城市高质量发展标杆核心。聚焦风貌样板区提质升档，力争成功创建至少一个省级风貌样板区。持续抓好丰惠镇千年古城复兴及章镇镇省级小城市培育试点工作。

**2.着力推进乡村振兴战略。**聚焦农业双强、乡村建设、农民共富三大跑道，高水平推进乡村振兴。深化农业“双强”行动。与高校院所强化联合攻关，打造农业科创高地，推动舜达种业良种繁育基地面积扩建翻倍。推进省级农业“双强”重点突破试点项目建设和省级现代化农事服务中心培育。力促农村改革富民。持续深化农村宅基地改革试点，全力探索“标准地改革”实践，进一步推进农村闲置资源全域激活，带动农民共富。制订实施村级集体经济新三年增收行动计划，消除村集体经济年经营性收入80万元以下村，村均年经营性收入达100万元以上。推动文旅融合发展。加快曹娥庙历史街区开发建设，争创省市“微改造、精提升”示范点32个，助力乡村休闲旅游高品质发展；立足乡村本真，大力引育乡村休闲、文旅消费集聚区和露营、研学新业态场所。

**3.着力增强全域文化繁荣。**坚定不移弘扬社会主义核心价值观，推进文明典范城市创建。加强特色文化传承创新。加强孝德、青瓷、东山、春晖等特色文化和红色文化的传承创新转化，大力弘扬新时代上虞精神，推广城市IP形象，持续打响“虞声嘹亮”宣讲品牌。推动公共文化引领先行。加快启动曹娥江文化艺术中心建设，创新打造“孝德里”社区文化综合体项目，提档升级区级文明实践中心，构建更高水平“15分钟品质文化生活圈”。促进体育事业蓬勃发展。持续打响曹娥江半程马拉松等曹娥江系列赛事品牌和覆卮山攀浪节等乡土特色明显的体育赛事，鼓励开展一镇一品、一镇多品体育赛事。

（五）聚焦民生实事，增进发展新福祉

**1.健全多层次社会保障。**持续提高社会保障制度的层次性和丰富度，兼顾不同群体保障需求。兜牢兜实基本民生。构建常态化援企稳岗帮扶机制，充分发挥公益性岗位兜底保障作用，全年新增就业大学生2万人。完成区级助联体建设，全面提升困难群众救助标准。提质扩面社保医保。进一步落实“社银通”试点工作，持续推进社保扩面提质。健全社保基本公共服务系统，深化医保经办“15分钟服务圈”2.0版建设。办好办细全民慈善。进一步抓好区级慈善基地建设，谋划基层慈善服务平台，发展社区基金会。设立区级慈善褒奖制度，选树一批慈善先进集体和个人。

**2.提质高标准公共服务。**以人民为中心，力求居民获得感更实在、幸福感可持续、安全感有保障。推动教育资源优质均衡。大力营造“教在上虞”氛围，着力打响“学在上虞”品牌，力争通过全国义务教育优质均衡发展区创建省级评估。推动医疗资源优质均衡。加快邵逸夫医院绍兴院区建设，推进丰惠、上浦分院紧密型医共体试点工作。推进基层卫生健康综合改革，实现乡镇卫生院提档升级。推进全民应急救护能力提升。推动养老托育优质均衡。深入推进实施老年健康与医养结合服务项目，持续提升“娥江晚晴”养老品牌，加快康养中心建设。宣传落实优化生育政策，稳妥有序实施一对夫妻可以生育三个子女政策及配套积极生育支持措施。

**3.提升现代化社会建设。**坚持智治理念、强化系统观念、深化法治思维，努力建设平安上虞、法治上虞、美丽上虞。持续提升基层治理。全面启动党建统领网格智治标准化试点项目，健全完善“1+12”制度体系，持续做好“枫桥经验”60周年纪念活动。谋划培育全省县乡法治政府建设“最佳实践”，积极争创法治浙江（法治政府）建设示范区。防范化解重大风险。做好安全生产、粮食保供、公共卫生、食品药品监管、常态化疫情防控等工作，提升自然灾害防灾减灾救灾与突发事件应急处置能力。深化金融风险整治及其他非法金融活动打击。持续改善生态环境。积极稳妥推进碳达峰碳中和，持续打好治水治气治土治废治塑攻坚战，全面推进生态文明示范创建工作，强化森林、湿地和动植物资源保护管理，全力争创国家“两山”理论实践创新基地。

# 大事记

## 1月

2 日 中共绍兴市上虞区委作出关于向崔煜忠学习的决定。

3 日 援虞车队欢送仪式在上虞区客运中心举行。

4—31 日 开展提信心优服务促发展“助企开门红”活动。包括四套班子领导调研走访、百名局长挂联百强企业、千名驻企干部专项服务、镇街分片指导帮扶等一系列活动。

6 日 上虞先进高分子新材料产业群入选第一批省级“新星”产业培育名单。

8 日 杭台高速铁路正式通车，上虞南站启用。

10 日 杭州湾上虞经开区获 2021 年度浙江省开发区产业链“链长制”优秀示范单位称号。

是日 区委书记陶关锋带队深入小微企业园、卫生院和学校，对安全生产和疫情防控工作进行专项督查。

12 日 2022 年上虞区扩大有效投资重大项目系列集中活动举行。

13 日 全区基层党建工作会议召开。

是日 杭州湾上虞经开区异味评价体系入选全国十大智慧环保创新案例。

21—23 日 中国共产党绍兴市上虞区第二次代表大会召开。1 月 22 日上午，中国共产党绍兴市上虞区第二次代表大会开幕。陶关锋代表中共绍兴市上虞区第一届委员会向大会作题为《锻造上虞高质量发展金名片，奋力谱写现代化共同富裕美好社会新篇章》的报告。大会正式代表 385 名，代表全区 53779 名党员，列席代表 32 名。大会选举产生中共绍兴市上虞区第一届委员会委员 35 名，候补委员 7 名，以及区纪律检查委员会委员 23 名。

23 日 中共绍兴市上虞区第二届委员会举行第一次全体会议。会议选举产生中国共产党绍兴市上虞区第二届委员会常务委员会委员 11 名，选举产生书记、副书记，陶关锋当选为书记，金进富、许建超当选为副书记。

29 日 上虞区党史学习教育总结会议召开。

是日 中共上虞区委社会建设委员会成立。

## 2月

1 日 区委书记陶关锋深入基层检查指导常态化疫情防控和春节保供工作。

8 日 上虞区安全生产和消防安全工作紧急会议召开。

是日 绍兴市上虞区新型冠状病毒肺炎疫情防控工作领导小组办公室印发全力促复工复产稳经济发展若干意见等实施细则的通知。具体包含：《关于全力促复工复产稳经济发展若干意见实施细则》《关于全力促复工复产稳经济发展的补充意见实施细则》《关于留工稳岗人力资源保障服务八条措施实施细则》。

9 日 区委经济工作会议召开。

是日 浙江省省长王浩到上虞区调研企业生产经营情况，开展“助企开门红”活动。重在了解企业的所需所盼所想，听取他们的意见建议，更好发挥有效市场和有为政府的作用，促进经济平稳运行，确保一季度“开门稳、开门好”。

10 日 盛阅春等市四套班子领导调研上虞区重点项目建设情况，开展“助企开门红”活动。

是日 绍兴市“浙里治社共富”应用场景试点工作会议在上虞区召开。会议部署落实“浙里治社共富”应用场景试点各项工作。改革试点工作将在百官街道、曹娥街道进行。

13 日 区委决定，建立中共上虞曹娥江经济开发区工作委员会。

**15—17 日** 区委副书记、区长金进富带队，结合开展“助企开门红”活动，集中督查上虞区重大项目建设情况。

**18 日** 上虞区获 2021 年度全省生活垃圾分类工作优秀单位。

**19—21 日** 中国人民政治协商会议第二届绍兴市上虞区委员会第一次会议召开。

**20—22 日** 绍兴市上虞区第二届人民代表大会第一次会议召开。

**23 日** 上虞区上榜“2021 年度浙江省产粮大县”。

**23—24 日** 省政协主席黄莉新率队围绕高质量发展建设共同富裕示范区开展专题调研。

**24 日** 撤销浙江省上虞经济开发区管理委员会。

## 3 月

**1 日** 绍兴市进入禁渔期。

**7 日** 二届区政府一次全体会议召开。部署 2022 年区政府重点工作目标任务。

**是日** 上虞区发布《关于进一步加强上虞区社会面防控工作的通告》。应对上海市、杭州市、嘉兴市等周边地区疫情。

**8 日** 全区 162 家定点医药机构全部接入省“智慧医保”平台。

**9 日** 区委改革办印发《“浙里兴村(治社)共富”场景应用推广实施方案》

**11 日** 永康市党政代表团到上虞学习考察传统产业改造提升等方面工作。

**是日** 区四套班子领导在东山路绿植带，带头参加义务植树活动。

**17 日** 区委书记陶关锋专题督查重大产业项目建设。他强调，项目是发展的动力源，要大力开展项目攻坚突破年活动，强化“项目为王”理念，高举高打，落细落实，突出抓好一批重大产业项目、重大交通工程、重大基础设施和重要民生项目，稳进提质，踔厉奋发，为锻造上虞高质量发展金名片注入新的动力。

**21 日** 上虞入选首批浙江省体育现代化县（市、区）。

**24 日** 区委书记陶关锋专题调研“一区一镇”开发建设情况。

**26 日** 共同富裕重点工作推进会暨“一号工程”“三个年”“五张金名片”动员部署会召开。区委书记陶关锋讲话，区长金进富部署工作。

**27 日** 上虞区旅游民宿产业联合会成立。

**28 日** 区委、区政府联合印发《关于促进共同富裕“188”专项行动实施方案》。具体内容为：聚力打造“曹娥江”共富带，深化八大美丽行动，构建八大共富场景。

**是日** 上虞区列入 2021 年度浙江省新一轮制造业“腾笼换鸟、凤凰涅槃”攻坚行动考核评价激励名单。

**31 日** 上虞区综合行政执法疑难案件研究室成立。

## 4 月

**1 日** 上虞入选全国青年发展型县域试点名单。

**2 日** 《关于建立区委巡察监督机制的实施办法》的通知印发。

**6 日** 上虞获评“首批浙江省体育现代化县（市、区）”称号。

**13 日** 浙江省科技厅厅长高鹰忠到上虞调研科技创新工作。

**14 日** 纪念当代茶圣吴觉农诞辰 125 周年座谈会举行。

**15 日** 全区防汛防台抗旱和安全生产工作会议召开。

**16 日** 上虞区首宗“整村流转”土地承包经营权签约，标志着“英台故里”祝家庄村千亩农业示范区启动。

**18 日** 上虞中医医院搬迁至城南新院，并投入使用。

**19 日** 上虞区获制造业高质量发展示范县（市、区）优秀单位。

**21 日** 浙江省人大常委会副主任李学忠一行到上虞调研 e 游小镇发展情况。

**22 日** 全区“大综合一体化”行政执法改革推进会召开。

**是日** 总投资 2000 余万元的上虞中医医院核酸检测基地启用。

27 日 舜江大桥完成拱肋整体提升合龙。

29 日 上虞 35 千伏岭南变电站投入运行。

**是日** 上虞区出台《“曹娥江杯”优秀文艺作品扶持激励实施办法（试行）》。

30 日 全区党建统领网格智治工作交流会召开。会议强调，网格是城乡基层社会治理的最小单元，要以“大党建小切口微网格精治理”的理念加快推进党建统领网格智治，推动基层服务品质、治理水平、战斗能力整体性跃升，打造城乡居民现代化生活幸福共同体。

4 月 位于杭州湾上虞经开区的中国科学院控股有限公司新材料创新基地正式投入运行。

**是月** 上虞首个国有企业总审计师——区国建评审咨询有限公司总审计师上任。

## 5 月

1 日 曹娥江“一江两岸”三期开放。

7 日 全省首单高粱种植保险落地上虞。

**是日** 全区乡镇街道医疗保障暨“医保专员”派驻工作会议召开。

8 日 上虞区召开外贸企业座谈会。分析研判外贸形势，了解企业经营状况，面对面听取意见建议。

10 日 上虞区与绍兴文理学院举行校地合作活动，洽谈签订引才联络点合作协议。

12 日 绍兴市全国文明城市常态化创建工作现场推进会在上虞区召开。总结交流创建工作经验做法，对高质量推进常态化创建工作进行动员部署。

**是日** 重点拟上市企业座谈会在区召开。

14 日 区委农村工作会议暨强村富民行动、农业高质量发展大会召开。

18 日 区人大“虞事 e 督”民生实事项目多跨场景监督系统应用上线仪式举行。

20 日 上虞中学被团中央授牌“小平科技创新实验室”。

24 日 曹娥江经济开发区产业发展规划评审会召开。评审通过《浙江上虞曹娥江经济开发区产业发展规划（2021—2025 年）》。

25 日 区公安分局民警顾刚均、陈瑛分别获“全国优秀人民警察”“全国公安机关爱民模范”称号。

25—28 日 上虞区第五十届中小学生田径运动会举办。全区 66 所学校的 681 名中小学生参加。

27 日 上虞区以“云签约”方式集中促成 4 家专家工作站落地。至此，全区院士（专家）工作站累计建站达 43 家，建站数量全市前列。

**是日** 上虞曹娥江“一江两岸”特色产业风貌样板区上榜浙江省首批 17 个城乡风貌样板区名单。

31 日 上浦船闸通航。

## 6 月

2 日 区“一江两岸”总部楼宇推介会召开。

**是日** 全国人大常委会副委员长、民盟中央主席丁仲礼率队到上虞开展“矢志不渝跟党走、携手奋进新时代”政治交接主题教育现场活动。

6 日 舜江西路延伸段道路通车。

10 日 全区“一支队伍管执法 千名干部下网格”暨乡镇（街道）综合行政执法队集中授牌仪式举行。

11 日 全区经济稳进提质攻坚行动暨制造业高质量发展大会召开。

13 日 “低碳货运 绿色驾行”——浙江省重货行业绿色低碳推进会暨“碳效码”金融产品发布会在上虞举行。

17 日 全区基层智治系统建设暨城乡社区工作会议召开。

**是日** 全国首个 35 千伏中压直挂式储能电站在上虞正式并网运行。

22 日 “弘扬科学家精神”主题活动暨“科学家精神教育基地”授牌仪式在东关街道竺可桢故居举行。

23 日 2022 年数字化改革场景应用集中上线仪式举行。

24 日 上虞区 2022 年“仲夏之梦”风情街夜市重启暨双层巴士开通仪式在中华孝德园景区举行。

29 日 区举行“五个一批”重大项目大会战暨重大项目集中签约投产投用仪式。

6 月 全国青年发展型城市（县域）建设试点名单发布，上虞成为绍兴市唯一入选的试点县域。

## 7月

**4日** 《绍兴市上虞区行政区域内推行房地产交易税款财政补贴实施细则》发布，明确即日起至 2022 年 12 月 31 日，在上虞区行政区域内购买商品住房可享受契税补贴。

**8日** 上虞创建全省首批全域“无废城市”。

**11日** 上虞乡贤文化委员会客厅举行“凝聚新乡贤 共绘新发展”协商活动。

**是日** 上虞区被评为市县党政领导科技进步目标责任制考核优秀单位。并被授予“科技创新鼎”。

**14日** 区举办“春晖大讲堂”——省第十五次党代会精神专题宣讲报告会。浙江省委党校副校长徐明华作题为“感恩新时代 奋进新征程——省第十五次党代会精神解读”的专题讲座。

**20日** 区成立乡村旅游共富联合体。

**21日** 2022 中国游戏产业创新发展论坛系列活动在上虞区举行。论坛由中国音像与数字出版协会指导，中国音数协游戏工委、中国音数协电竞工委、e 游小镇主办。

**25日** 绍兴市政协在徐光宪纪念馆举行“同心教育基地”揭牌仪式。

**是日** 上虞区率先在绍兴市范围推行燃气表强制检定“二检合一”改革试点工作。

**30日** 副市长、区委书记鲁霞光履新首站专题到杭州湾上虞经济技术开发区、曹娥江旅游度假区调研。

## 8月

**5日** 第 29 届舜杰奖教奖学基金颁奖大会举行。

**8日** 副市长、区委书记鲁霞光到曹娥江经开区、e 游小镇调研。

**11日** 区委召开二届二次全体（扩大）会议。出席该全会的区委委员 33 名，候补委员 7 名。区委常委会主持会议。副市长、区委书记鲁霞光代表区委常委会作报告，并在全会结束时讲话。区委副书记金进富、许建超出席。全会高举习近平新时代中国特色社会主义思想伟大旗帜，全面贯彻省第十五次党代会、市第九次党代会和市委九届二次全会精神，总结本年度工作，部署下阶段工作任务，审议通过《中共绍兴市上虞区委关于忠实践行“八八战略”坚决做到“两个维护”勇当推进“两个先行”奋进“五个率先”排头兵的决议》。

**是日** 讲述上虞乡村振兴故事的原创现代越剧《祝家庄里的年轻人》亮相第五届中国越剧艺术节。

**12日** 第六届“青蓝工程”暨思政一体化建设联盟成立仪式举行。

**是日** 全区深化创建全国文明城市工作推进会召开。会议通报全国文明城市创建最新要求和上虞区文明城市创建工作情况，部署近期创建工作安排。

**16日** 区政府召开高温抗旱保群众供水工作专题会议，分析研判当前形势，研究部署下阶段工作。

**19日** 2022“百日千万网络招聘专项行动”暨浙江省新材料行业网络专场招聘会在上虞举行。

**22日** 副市长、区委书记鲁霞光专题调研社会事业和民生实事项目。

**是日** 区委书记、区总林长鲁霞光，区长、区总林长金进富共同签发上虞区 2022 年第 1 号总林长令——《关于加强全区森林防灭火工作的紧急令》。

**26日** 上虞区举行“双碳”司法保护实践基地签约揭牌仪式暨研讨会。

**是日** 区委副书记、区长金进富出席“京虞同心乡贤招商”北京虞商联谊会交流座谈会，与在京虞籍乡贤恳谈交流，介绍家乡经济社会发展情况。

**27日** 全区高质量发展推动共同富裕现场推进会在章镇镇召开。市人大常委会主任谭志桂出席，副市长、区委书记鲁霞光讲话。浙江大学共享与发展研究院副院长郭继强；海亮集团董事长王黎红出席。区领导许建超、周晓国、朱江桥、黄俊毅参加。

## 9月

**2日** 岭南乡上榜第二批全国乡村旅游重点镇（乡）公示名单。

**是日** 上虞区召开“上统下分、强街优社”改革专项试点工作推进会。

**3日** 区委书记鲁霞光深入一线检查指导防汛防台

工作。

5日 全区经济稳进提质攻坚行动工作例会召开。

7日 市委书记盛阅春到浙江新和成特种材料有限公司和控制中心和新材料研究院调研科技创新工作。

13日 上虞区召开全区第12号台风“梅花”防御应对工作会议。

14日 市委书记盛阅春深入上虞有关防汛防台重点区域、部位、场所，实地检查指导防汛防台工作，督查防御措施落实情况。

17日 区委书记鲁霞光专题到杭州湾上虞经济技术开发区调研，现场服务解难，赋能经开区高质量发展。

是日 绍兴文理学院白马春晖研究院成立仪式暨“共富驿亭”研讨会在白马湖畔举行。

21日 由开化县委书记夏盛民带队的党政代表团到上虞区考察，共商深化两地合作，共谋山海发展思路，共促高质量一体化发展。

22日 绍兴市委常委、组织部部长王琴英率有关部门负责人到上虞开展“除险保安”专项督查。

是日 上虞区举行新时代美丽乡村建设工作推进会。

23日 市委副书记、市长施惠芳到上虞专题调研农村饮用水工程建设情况。

26日 区委书记鲁霞光带队赴上海开展招商活动。

27—28日 由吉林辽源市东丰县委书记曾海洋带队的党政代表团到上虞区考察。

28日 应急管理部副部长孙广宇带队到上虞调研安全生产工作，要求进一步探索创新，持续推进安全生产风险管控数字化、网络化、智能化迭代升级，全面提升企业本质安全水平。

29日 全市新一轮制造业“腾笼换鸟、凤凰涅槃”攻坚行动现场会暨“4151”计划部署会在上虞区召开，市委副书记、市长施惠芳出席会议并讲话。

是日 全市人大践行全过程人民民主基层单元建设现场推进会在上虞召开。市人大常委会主任谭志桂出席会议并讲话。市人大常委会副主任邵全卯主持会议。

9月 上虞区首个耕地质量地球化学监测点建成。

## 10月

9日 省委常委、秘书长陈奕君在上虞走访调研浙江新和成特种材料有限公司、新和成新材料研究院，并开展“三服务”活动。

12日 省生态环境厅厅长郎文荣到上虞调研指导工作。

13日 省纪委副书记、省监委副主任陈澄带队到上虞调研监督除险保安工作。

20日 全省民主党派基层组织规范化标准化建设现场交流活动在上虞区举行。

## 11月

6日 上虞区举行第二届中国·绍兴“万亩千亿”新产业平台人才全球创业大赛装备制造专场暨2022上虞“海创人才”国际创新创业大赛总决赛。

8日 “中国上虞——孝德文化之乡”专用邮资封正式发行。

9日 上虞区举行勇当推进“两个先行”奋进“五个率先”排头兵三四季度系列集中活动。

11日 2022年世界互联网大会“互联网之光”博览中心3号馆，由区经信局牵头，链主企业卧龙控股联合产业生态企业参与建设的电机产业大脑3.0正式发布。

15日 岭南乡上榜第四批200个全国乡村旅游重点村和第二批98个全国乡村旅游重点镇（乡）名单。

18日 上虞区举办2022曹娥江绿色医药创新论坛。

是日 “人才引领·创新制胜”2022上虞人才发展大会暨人才科技周开幕。

19日 诗画曹娥江·2022年全国拳击锦标赛在上虞收官。

20日 诗画曹娥江·2022年长三角单车山地速降赛暨第五届绍兴（上虞）祝家庄国际单车山地速降赛在丰惠祝家庄村举行。

22日 位于中华孝德园东侧的上虞博物馆新馆正式面向公众开放。

28日 绍兴市公安局上虞区分局联合区财政局、区总工会、区医保局等部门，出台《关于明确市级以上见义勇为人员享受同级劳动模范医疗补助待遇的工作意见》。

## 12 月

**1 日** 上虞公安监管网上服务大厅平台启用。

**2 日** 上虞区人大工作研究会成立。

**3 日** 上虞区举行“千年虞城·盛世绽放”上虞复县建城（丰惠）1200 周年纪念活动暨第三届乡贤大会。会推介上虞城市投资发展环境，发布新时代上虞精神、城市品牌口号和城市 IP。

**16 日** 第七批区级非遗代表性项目名录公布，共有 8 个项目入选，分别是上虞盆景技艺、传拓技艺、佛像修复技艺、传统糕点制作技艺、西湖年糕制作技艺、竹扫帚制作技艺、叶雕、小坞土地庙庙会。

**21 日** 上虞区谢塘镇晋生村、丁宅乡丁宅片区、崧厦街道祝温村获评浙江省第二批未来乡村。

**24 日** 上虞区举行重大交通项目集中开工、投用系列活动，4 个重大交通项目集中开工、投用，总投资超 66 亿元。

**是日** 南北中心大道人民西路到五甲渡大桥快速路工程建成通车。主线全长 3.57 千米，是上虞区第一条城市高架快速路。

**27 日** 上虞区成为绍兴市唯一一个五星达标全域覆盖创建区（县、市）。

**30 日** 上虞区入选 2022 年度“四好农村路”全国示范县创建单位名单。

# 地 情

## 自然环境

**【地理位置和面积】** 上虞区地处浙江省中北部、杭州湾南岸，东临余姚，南接嵊州，西连绍兴，北濒钱塘江口，隔江与海宁市、海盐县相望。位于北纬29° 44′ 00″ 至 30° 13′ 29″，东经 120° 38′ 25″ 至 121° 06′ 12″。全境南北走向，轮廓呈长方形；南北跨度 60 千米，东西跨度 46 千米。总面积 1362 平方千米。城区中心地理坐标为北纬 30° 01′，东经 120° 51′，面积 36.5 平方千米。

**【地形地貌】** 全境处在浙东丘陵山地与浙北平原地貌的交接地带，地形南高北低，南部山地丘陵分属两支：东南系四明山余脉，山势高峻，主峰覆卮山海拔 861.37 米，是全区最高点；西南属会稽山脉，略为平缓，最高点罗村山，海拔 390.7 米。市域内有章镇和丰惠两大盆地，其中章镇盆地东起丁宅庙湾，南至章镇新三联，西至章镇花坎，北至上浦鲍岙，海拔 10～25 米，总面积 80 平方千米；丰惠盆地东起丰惠镇单家岙，西至外梁湖，南起丰惠镇百西，北至丰惠镇东光村，海拔 7.88 米左右，总面积 89 平方千米。两处盆地土质肥沃，是全区主要产粮处。北部为水网地带，属宁绍平原，地势低平，平均海拔 10 米，总面积 672.1 平方千米，盛产粮、棉及葡萄、黄花梨等经济作物。南部山地丘陵与北部水网平原面积基本参半，俗称“五山一水四分田”。境域面积构成中，按性质分：陆地面积 1334 平方千米，杭州湾海域面积 69 平方千米。陆地面积按类型分：山地丘陵面积 598 平方千米，占土地面积的 44.8%；平原面积 567 平方千米，占 42.5%；盆地面积 169 平方千米，占 12.7%。

**【河流湖泊】** 上虞城区内江河纵横交错，湖泊星罗棋布，素以水资源充沛享誉浙东。浙江省第三大河——曹娥江自南而北纵贯全境（境内长 70 千米），境内主要支流有小舜江、下管溪、隐潭溪。浙东运河（萧曹运河与虞甬运河两段）越境而过；其他还有四十里河、十八里河、百沥河及海涂中心河等人工河。平均年入境水量约 27.95 亿立方米，是全市水资源总量的 3.33 倍。主要湖泊有小越河、破冈湖、白马湖、铲还湖、皂李湖、西溪湖、谢憩湖、康家湖、贺家池（部分属绍兴市越城区）9 个，以皂李湖面积最大，水域面积 117 公顷。

**【土壤】** 区域内土壤类型众多，分布复杂，性态各异，质地良好，宜植宜种。从类型看，除地带性红壤、黄壤外，还广布隐域性的水稻土、岩性幼年土、潮土、盐土等 6 个土类、15 个亚类、46 个土属、84 个土种。其中红壤土占 3 个亚类、9 个土属、14 个土种，面积 4.65 万公顷，占土壤总面积的 41.6%；黄壤土占 2 个亚类，面积 480 公顷，占土壤总面积的 0.4%；水稻土占 4 个亚类、24 个土属、46 个土种，面积 3.86 万公顷，占土壤总面积的 31.76%；岩性幼年土占 2 个亚类，面积 3261 公顷，占土壤总面积的 2.8%；潮土占 2 个亚类，面积 12333.3 公顷，占土壤总面积的 10.4%；盐土仅占 1 个亚类，面积 17140 公顷，占土壤总面积的 13%。

**【土地资源】** 全区土地总面积 210.87 万亩（1405.79 平方千米），农用地 149.61 万亩，建设用地 33.82 万亩，未利用地 27.43 万亩。（以上数据根据国土调查范围，包括沥海和绍兴滨海。）共划定永久基本农田 33.6960 万亩（上虞 31.3970 万亩，滨海海涂 2.2990 万亩）。现有耕地和基本农田保护面积均超过上级规定面积（耕地保有量不低于 37.7621 万亩，其中上虞不低于 34.5912 万亩，滨海海涂不低于 3.1709 万亩；基本农田保护面积不低于 33.6960 万亩，其中上虞不低于 31.3970 万亩，滨海海涂不低于 2.2990 万亩）。

【森林资源】 全区林地面积 63.8825 万亩，全区活立木总蓄积量 283.4897 万立方米。上虞区森林植被属亚热带常绿阔叶林区，在长期自然演替、人为活动和自然灾害的影响下，全区境内基本无原始植被，天然植被以次生常绿阔叶林、针叶林、针阔混交林和竹林为主；人工栽培以杉类和经济林树种为主。全区共有木本植物 81 科 527 种，其中国家级保护植物有榧树、香樟、鹅掌楸、厚朴、榉树及黄山木兰、蓝果树、紫荆、短穗竹等。山地木本植物常见有马尾松、杉木等针叶树种，壳斗科、樟科、榆科、山茶科、冬青科、金缕梅科、杜英科等阔叶树种及毛竹等；经济林树种有茶叶、桑、板栗、杨梅、青梅、樱桃、猕猴桃、柿、梨、桃、李、枇杷、柑橘、早竹、油茶等；平原地区主要有樟树、女贞、水杉、池杉、落羽杉、柏木等；滨海地区以樟树、女贞、柏木、水杉、意杨、黑杨、刺槐、芦苇等植物为主；苗木、花卉资源主要有香樟、杜英、雪松、桂花、广玉兰、月季、龙柏等上百种。上虞区境内有古树名木 406 株，主要树种有樟树、榧树、银杏、圆柏、重阳木、苦槠、枫香、马尾松、枫杨、朴树、三角槭、黄檀、黄连木、金桂、南天竹、雀舌黄杨等，分布在全区范围。

【矿产资源】 全区已查明矿种为 14 种（不包括花岗岩），共有矿床（点）32 处，其中金属矿种有铁、锰、铜、铅锌和银矿共 5 种，非金属矿种有叶蜡石、萤石、高岭土、明矾石、饰面石材、石英岩、白云质大理岩、黄砂和矿泉水共 9 种。非金属矿产叶蜡石矿为本区特色矿种，叶蜡石保有矿石量 3391070 吨，铅锌保有矿石量 324440 吨。泥炭矿、金属矿、金银矿、萤石矿、高岭土、石英矿、白云石矿和黄铁矿等为小储量矿产。全区设有采矿权 5 家，分别为建筑石料 1 家（工程性开采），铅锌矿、叶蜡石矿各 1 家，矿泉水 2 家；探矿权 5 家，分别为丁宅银矿、章镇铜钼多金属矿、丁宅任溪矿泉水、汤浦地热资源和梁湖叶蜡石矿。

【野生动物资源】 全区境内分布的野生动物种类繁多，约有 450 种。其中，两栖类 30 余种，如黑斑蛙、中华大蟾蜍等；爬行类 50 多种，如五步蛇、眼镜蛇、黑眉锦蛇、乌梢蛇等；鸟类 290 种，如鹈鹕、鸳鸯、小天鹅、猛禽类等；兽类近 80 种，如穿山甲、野猪、野兔、小麂等。被列入国家重点保护的野生动物有 69 种，如黑麂、鹈鹕、小天鹅等；浙江省重点保护的野生动物有 73 种，如寿带鸟、松鸦、大白鹭、五步蛇等。特别是沿海地区为迁徙候鸟栖息的重要区域，在境内停留栖息的候鸟有 28 种，如鹈鹕、白鹭、鸳鸯、鹬鸻类、雁鸭科等。

## 气象特征及水文

【气候概况】 2022 年全区平均气温 18.3℃，较常年（17.4℃）平均偏高 0.9℃，为历史第二高，仅次于上年；总降水量 1499.6 毫米，与常年（1526.1 毫米）持平，但降水时空分布极不均匀，灾害性天气气候事件频发。年初 1 月中上旬多晴少雨，下旬至 2 月持续阴雨（雪）冰冻天气，山区降雪多；春夏强对流频发，风雨致灾性强，如 3 月 14 日，4 月 25 日，7 月 17 日、21 日、24 至 27 日连续出现强对流天气，其中 7 月 25 日飑线造成上虞国家站风力达 12 级；梅雨不典型，入梅时间正常、出梅偏早、梅期明显偏短 14 天（6 月 10 日至 7 月 10 日），4 轮降雨过程强度不大，梅雨量偏少，仅为常年一半左右；夏季罕见极端高温造成全区大范围干旱，高温日数创历史最多纪录，降水量较常年偏少 5 成，8 月全区大部中旱，局部重旱；9 月秋台风“轩岚诺”和“梅花”造成严重影响，总降水量占汛期近三分之一，对旱情有缓解；但之后又持续近两月长晴少雨，降水为近 20 年第 4 少，旱情发展，气温偏高；11 月下半月至 12 月上旬阴雨寡照，降水量为近 20 年第四多，旱情有所缓解，其中 11 月末至 12 月初出现强寒潮和降雪。年内主要气象灾害有强对流（强雷暴、冰雹、大风、短时强降水等）、暴雨、连阴雨、高温、台风、大雾和霾等。

年平均气温 18.3℃，比常年同期偏高 0.9℃，比上年（18.6℃）偏低 0.3℃，是有气象记录以来第二高，年极端最高气温为 40.5℃，出现在 8 月 15 日，年极端最低气温为-3.8℃，出现在 12 月 25 日。极端最高气温≥35.0℃的高温天数为 54 天，日最高气温≥38.0℃的高温天数为 24 天。日最低气温低于 0℃的冰冻天数为 15 天。2022 年终霜日期出现在 2 月 27 日，比常年（3 月 24 日）早 25 天；初霜日期出现在 11 月 30 日，比常年（11 月 23 日）晚 7 天。2022 年各月平均气温，1 月、3 月、4 月、6 月、7 月、8 月和 11 月比常年偏低，其余月份平均气温比常年同期偏高，其中 3 月、7 月、8 月和 11 月较常年异常偏高 2℃以上。

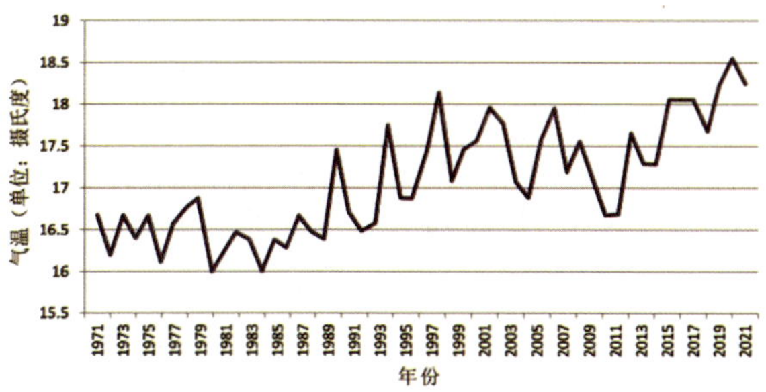


1971—2022 年上虞区历年平均气温

年降水量为 1499.6 毫米，较常年（1526.1 毫米）偏少 26.5 毫米，比上年（1744.2 毫米）偏少 244.6 毫米。总体呈现南多北少分布，全年最大月降水量出现在 9 月，月降水量达 322.2 毫米。年雨日为 146 天，比常年（154.9 天）偏少 15.6 天，年暴雨天数为 8.9 天。

全区平均年总日照时数为 1692.2 小时，较常年偏多 0.92%。其中 3 月、6 月、7 月、8 月、12 月较常年偏多，其余月份较常年偏少。

全区年平均风速 2.4 米/秒。全区极大风速为 32.9 米/秒，出现在国家站 7 月 25 日。最多盛行风向为东北风。

全区年平均霾日数为 32 天，比上年（19 天）增多 13 天。从时间分布上看，第一季度霾日数最多，达 27 天，第三、四季度霾日数最少，只有 1 天，第二季度霾日为 3 天。

**【主要天气气候事件】** 年均气温为次高，年总降水略偏少。2022 年平均气温 18.3℃，较常年偏高 0.9℃，仅次于 2021 年。全年除 2 月、5 月、9 月、10 月和 12 月气温较常年偏低外，其他月份均较常年偏高，其中 3 月、8 月较常年偏高 3℃以上。全年降水 1499.6 毫米，较常年略偏少，其中 1—3 月、9 月降水偏多，其他月份降水偏少。

年初频现阴雨雪。1 月 22 日至 2 月 23 日，上虞区出现持续连阴雨（雪）天气，其中 1 月 28—30 日、2 月 1—3 日、2 月 17—18 日和 2 月 22—23 日部分地区出现降雪，后两次降雪过程雪量明显，部分高海拔山区积雪深度达 10 ~ 20 厘米，局部 20 ~ 30 厘米。降水量 227.6 毫米，居历史同期第二；降水日数 24 天，比常年同期偏多 9.4 天，居历史同期第二；日照时数仅 19.4 小时，较常年同期偏少 83%，创历史同期新低。

春夏频发强对流。2022 年春夏季强对流天气频发，带来短时暴雨、雷雨大风和局地冰雹等灾害性天气，其中风灾最严重，4 月 25 日、7 月 17 日、7 月 21 日、7 月 24—25 日以及 7 月 27 日上虞区均出现较大范围雷雨大风天气，4—8 月区气象台共发布各级大风预警 33 次，其中大风红色预警二次、橙色预警 8 次。

梅期偏短。上虞区 6 月 10 日入梅，与常年基本持平，6 月 26 日出梅，较常年偏早近半个月，梅雨期仅 16 天，较常年异常偏短。梅汛期上虞国家气象站梅雨量 92.8 毫米，比常年历史同期（274 毫米）偏少 66%，几近空梅。梅雨期间有 3 轮强降雨过程，分别为 9 日夜里至 10 日上午、12—13 日、19—20 日。另外，22 日起多强对流天气，其中 24 日下午到夜里上虞区出现强雷电、6 ~ 9 级雷雨大风、短时强降水等强对流天气。

高温强度创纪录，高温日数亦最多。2022 年夏季（6—8 月）上虞区高温综合强度为有气象记录以来最强，35℃以上的高温日数达 52 天，38℃以上的高温日数 24 天，均创历史最多，40℃以上的酷热日数 4 天，为历史第一，其中 8 月高温日数多达 24 天，居历史第一。极端最高气温均 40.5℃，居历史第二。

人工增雨缓解久旱缺水火险。2022 年梅雨期降水异常偏少，出梅后副高强度强，多为酷热高温天气，6 月 26 日至 8 月 31 日降水量 197.4 毫米，较常年偏少 50.6%。降水偏少和持续高温热浪导致蒸发加剧，气象干旱持续发展，出现轻到中度气象干旱。8 月至 9 月初，气象部门维持重大气象灾害（气象干旱）业务服务Ⅳ级响应，组织开展火箭和地面烟炉增雨协同作业 11 次，发射火箭弹 30 枚、燃烧烟条 20 根。

秋季台风影响大。出梅后副高稳定维持，距离浙江较近的 2204 号台风“艾利”和 2205 号台风“桑达”均在东海北上，对上虞区无明显影响，但进入 9 月以后，副高减弱，2211 号台风“轩岚诺”和 2212 号台风“梅花”相继影响上虞区。“轩岚诺”具有强度强、路径复杂罕见、海上影响时间长等特点，对上虞区的主要影响时间集中在 9 月 3 至 5 日，给上虞区带来暴雨局部大暴雨。“梅花”登陆浙江时为强台风级别，是 1949 年以来登陆舟山最强台风，登陆前后与冷空气相互作用，9 月 12 至 14 日上虞区出现大暴雨局部特大暴雨，且台风暴雨受四明山地形影响增幅明显，累计雨量最大为陈溪乡夏家岙站 702.6 毫米，风雨影响致灾强度等级为特重。

国庆高温随后急剧降温。10 月 1—3 日上虞区出现罕见晴热高温，其中 10 月 3 日大部分地区最高气温达 35℃，国家站均突破 10 月最高气温纪录。10 月 4 日起较强冷空气来袭，上虞区出现大范围剧烈降温，10 月 7 日最高气温仅 17℃，于 10 月 5 日入秋。

秋冬多伴冰雪。11 月 28 日至 12 月 2 日，强寒潮影响，上虞区出现剧烈降温、大风和雨（雪）过程，其中 28 日出现雷电天气，72 小时日平均气温过程降温幅度达 15℃左右，12 月 1—2 日早晨最低气温降至 0℃，山区普遍-1℃～-3℃，部分地区出现雨夹雪或雪，山区植被积雪 1～3 厘米，道路积雪 1 厘米左右，并伴有道路结冰，于 11 月 30 日入冬。

年末寒潮雨雪多。年末冷空气活动频繁，常伴随低温雨雪冰冻天气。12 月 16 日夜里至 18 日受寒潮影响，出现明显降温、大风和小雨（雪）天气，日平均气温过程降温幅度 8℃～10℃，部分山区屋顶、植被 1～2 厘米积雪，19 日早晨大部分地区最低气温-2℃～-5℃，山区-5℃～-7℃，有冰冻或严重冰冻；22—25 日受强冷空气影响，出现 8℃左右降温，24—25 日早晨最低气温-2℃～-4℃，山区-5℃～-7℃，有冰冻或严重冰冻。（黄颖杰）

**【水雨情概况】** 2022 年降水量主要变化范围在 1113.5～1909.0 毫米，上虞区平均降水量 1525.2 毫米，较常年 1427.1 毫米偏多 6.8%。

上虞区 6 月 10 日入梅，较常年偏早 5 天，6 月 26 日出梅，较常年偏早 13 天，梅雨期共 16 天。梅汛期，最大日降水量天打石水库 39.5 毫米，东关 39.5 毫米，小越 37.0 毫米。梅汛期全区平均降水量为 91.7 毫米，与多年平均 241.2 毫米相比，偏少 62.0%。

2022 年影响上虞区台风有 11 号“轩岚诺”和 12 号“梅花”。其中“梅花”台风于 9 月 14 日 20 时 30 分前后在舟山普陀沿海登陆，15 日凌晨 0 时 30 分前后在上海奉贤沿海再次登陆，台风期间全区平均面雨量达到 229.9 毫米，对上虞区造成较大影响。

以下是主要站点 2022 年的最高和最低水位：

曹娥江：东沙埠 9 月 15 日最高水位 9.23 米，9 月 4 日最低水位 3.17 米。上虞东山 9 月 15 日最高水位 8.53 米，超警戒水位 0.03 米，实测最大流量 2430 米$^3$/秒，9 月 13 日最低水位 3.02 米。

虞北平原：小越（上）9 月 15 日最高水位 3.42 米，超警戒水位 0.22 米，6 月 20 日最低水位 2.59 米。小越（下）9 月 15 日最高水位 3.51 米，9 月 13 日最低水位 2.27 米。

四十里河平原：通明（上）9 月 15 日最高水位 4.33 米，超警戒水位 0.23 米，9 月 13 日最低水位 3.14 米。

东关平原：东关 9 月 15 日最高水位 4.17 米，6 月 21 日最低水位 3.74 米。

**【聚焦水文测验预报，提供防汛技术支持】** 贯彻落实省市区各级汛前检查要求精神，紧紧围绕“测得到、报得出、报得准、报得及时”这个目标，优化测洪方案，提升测报能力，为迎战可能发生的大洪水做好人、财、物和技术方案的充分准备。台风期间主动开展市、区、上游县市洪水预报会商，利用曹娥江洪水预报系统开展洪水滚动预报 18 站次，发布洪水估报、预报 6 期，发布水雨情简报 6 次，充分发挥水文情报预报在防汛抗台工作中的耳目和参谋作用。

**【抓好重点项目建设，提高水文测报能力】** 2022 年完成了水文防汛“5+1”工程建设、水文站管理房屋顶渗漏维修工程以及水文站网维护工程 3 个项目，另外全年有序开展东沙埠流量率定工作，为春汛和梅汛对中小流量的监测打下坚实基础；扎实开展上浦大桥流量应急监测断面建设，进一步完善上虞东山站流量应急测验方案，落实超标准洪水测验。

**【做好水文本职工作，提升业务技能水平】** 为确保水雨情信息及时准确传送，强化日常遥测站网管理，提升水文数据的监控处理预警能力。为解决洪水期测流困难问题，优化多普勒定线测流、高清视频追踪辅助测流等措施。为提高水文资料整编质量，严格按“一算二校三把关”和“四随”制度，采用在线整编模式，做到“日清旬结”，提高资料的时效性。为加强地下水监测站运行管理维护工作，每月定期开展水功能区水质监测断面和地下水的水质检测。推进水文管理模式改革，完善测站标准化建设和提升信息自动化水平。

**【落实安全生产管理，加大隐患排查力度】** 安全生产是完成全年水文测验任务的基础，对水文测报站网严格要求按照各类安全规章制度运行，并通过早检查、勤检查及时发现和消除安全隐患。全年累计开展各类安全生产检查 30 次，消除整改安全隐患 9 处，有力保障水文测站的安全运行。（金建良）

## 人文历史

**【建置沿革】** 上虞历史悠久，史籍记载和出土文物证明，早在 4000 多年前的新石器时代，就有人类在这里生活。上虞又是传说中虞舜的出生地及其后裔的封地，有许多与虞舜相关的古迹。《水经注》引晋《太康地记》云：“舜避丹朱于此，故以名县。百官从之，故县北有百官桥。亦云禹与诸侯会事讫，因相虞乐，故曰上虞。”

夏帝少康时，属越国。战国时楚灭越，属楚。秦王嬴政二十五年（公元前 222），置上虞县，县治百官，隶属会稽郡。新王莽始建国元年（9），废上虞入会稽县，属会稽郡。东汉建武年间（25—56），恢复上虞县，属会稽郡。永建四年（129），分上虞南乡入始宁县，属会稽郡，历三国、两晋、南北朝不变。隋开皇九年（589），废上虞、始宁入会稽县，先后属吴州、越州、会稽郡。唐初，上虞境仍为会稽县的一部分，属越州。唐武德四年（621），以剡县与故始宁地为嵊州，武德八年（625）州废。唐天宝、至德年间（742—758），属会稽郡。乾元元年（758）后，仍属越州。贞元元年（785），分会稽复置上虞。长庆元年（821）并入余姚，次年复置，县治设今丰惠，属越州。五代，属吴越国东府。北宋仍属越州。南宋绍兴元年（1131）改越州为绍兴府，元至元十三年（1276）改绍兴府为绍兴路，元至正二十六年（1366）复为绍兴府，上虞皆为其属县。清承明制。民国元年（1912）改府制为道制，上虞属会稽道。民国 16 年（1927），废道制，直属浙江省。民国 21 年（1932），属浙江省第七行政督察区。民国 24 年（1935），属浙江省第三行政督察区。民国 37 年（1948），属浙江省第二行政督察区。中华人民共和国成立初，属绍兴专区。1952 年 2 月起，属宁波专区。1964 年 9 月，复归绍兴专区。1968 年 6 月起，属绍兴地区。1983 年 8 月起，属绍兴市。

中华人民共和国成立后，上虞与绍兴县、余姚县相邻乡（镇）有些许变动。1954 年秋，绍兴县东关区及汤浦区的四峰、渔浦、汤霞、四村、胜江 5 个乡和富盛区的长东、保山、长塘、会胡 4 个乡划入上虞。1956 年 11 月，丰惠区永兴乡和下管区王家庄、大岭顶村划入余姚县，绍兴县川下村划入汤浦乡。1960 年 8 月和 1966 年 1 月，下管公社的大山、隐地、黑龙潭、悬岩、溪山 5 个村以及陈溪公社戴王、糜家 2 个村划入余姚县。1954 年 9 月，县治迁至百官镇。1992 年 4 月撤区扩镇并乡，撤销百官、下管、章镇、丰惠、东关、小越、崧厦、海滨 8 个区公所，原 57 个乡镇调整为百官、蒿坝、东关、沥东、谢桥、道墟、上浦、汤浦、梁湖、下管、驿亭、小越、永和、谢塘、崧厦、沥海、丰惠、章镇 18 个镇和陈溪、丁宅、岭南、龙浦、大勤、盖北 6 个乡。8 月 24 日，国务院批准上虞撤县建市。10 月 18 日上虞举行撤县设市庆祝活动。2001 年 10 月，撤销百官镇、蒿坝镇和东关镇，设立百官、曹娥、东关 3 个街道，将蒿坝镇全部和东关镇局部划入城区，单独设立长塘镇；撤销沥东镇，崧厦镇和沥东镇的局部合并设立新的崧厦镇，沥海镇和沥东镇的局部合并设立新的沥海镇；撤销谢桥镇和丰惠镇，合并设立新的丰惠镇；撤销龙浦、大勤乡和章镇镇，合并设立新的章镇镇；盖北乡撤乡设镇，道墟镇、上浦镇、汤浦镇、梁湖镇、下管镇、驿亭镇、小越镇、永和镇、谢塘镇、陈溪乡、丁宅乡、岭南乡 12 个乡镇保持不变。调整后，辖百官、曹娥、东关 3 个街道，道墟、上浦、汤浦、梁湖、下管、驿亭、小越、永和、谢塘、崧厦、沥海、丰惠、章镇、长塘、盖北 15 个镇，陈溪、丁宅、岭南 3 个乡。2005 年 10 月 1 日，上虞市人民政府由百官街道市府路 5 号迁入市民大道 987 号。2013 年 11 月 18 日，上虞在区行政中心举行撤市设区挂牌仪式，为绍兴市上虞区。2017 年 10 月，撤销道墟镇、梁湖镇、小越镇，设立道墟、梁湖、小越3个街道。2019年11月，撤销崧厦镇、沥海镇，设立崧厦、沥海2个街道。

**【历史文化】** 上虞不仅是浙江建县最早的县份之一，也是古越文化的核心区域之一，境内有属于河姆渡文化的五星村遗址和牛头山遗址。至春秋时期，上虞即以酿酒、烧瓷、制茶、冶炼著称，东关牛山为当时越国冶炼铸造基地。上虞更是中国青瓷的发源地，以全国重点文物保护单位——汉代上浦四峰山小仙坛窑址为代表，其古窑址已发现的达300余处，构成了早自商周延续到宋代的庞大窑系，而且时代特征明显，青瓷器皿种类有几百种。

除了青瓷文化，上虞更以虞舜文化、东山文化、白马湖文化闻名海内外。作为虞舜故地，上虞历史上有许多与舜相关的地名，以及有关舜的传说记载与祭祀活动。上虞既是以孝文化为核心的虞舜文化的传承地，亦是谢安"东山再起"之处。东晋的谢安与谢氏家族中的谢道韫、谢灵运、谢惠连、谢朓以及王羲之、孙绰、支遁等，构成了东山文化的高雅品位，使东山成为浙东唐诗之路上的圣地。上虞又是传播五四新文化的重要阵地。20世纪20年代初，经亨颐、夏丏尊、丰子恺、朱自清、朱光潜等一大批文化精英集聚上虞白马湖畔，白马湖流派文人荟萃，对中国现代文化的推动具有重要意义。

上虞被誉为"达人杰士、史不绝书"的地方。东汉的王充、魏伯阳和孝女曹娥，魏晋时期的嵇康、谢安，南宋李光，明代"上虞四谏"——叶经、陈绍、谢瑜、徐学诗，清代的章学诚，直至近现代的罗振玉、陈春澜、杜亚泉、王一飞、叶天底、徐懋庸、马一浮、胡愈之、竺可桢、经叔平等，都是上虞历史上的杰出乡贤。

**【名胜古迹】** 上虞江海环带，山川盘郁，历史悠久，人文荟萃，历代为浙江望邑，自然人文景观甚多。

**大舜庙** 原在百官龙山脚下，始建于夏朝，时与绍兴禹庙为浙江两大祀庙。现大舜庙移建于曹娥景区舜耕公园，投资2.5亿元，按两汉建筑风格设计，以天然石材砌筑，融原始风格与当代技术为一体，成为国内罕有的大气、古朴、庄严的庙宇建筑。庙前为舜耕群雕，以花岗岩为主材料的象队群雕长68米、高27米，与大舜庙同为奇观。

**曹娥庙** 位于曹娥江西岸孝女庙村，距城区3千米，为纪念孝女曹娥而立。曹娥庙始建于东汉元嘉元年（151），距今已有1800余年历史，几经迁徙、扩建、修葺，奠定了现有庙宇布局严谨、错落有致、气势恢宏的建筑基调，占地面积6000平方米，建筑面积达3840平方米。曹娥庙文化积淀深厚，艺术品位高雅，尤以庙内雕刻、壁画、楹联和书法"四绝"而饮誉海内外，被誉为"江南第一庙"。庙内现存的曹娥碑系王安石女婿蔡卞重书，已历千年，弥足珍贵。曹娥庙为省级文物保护单位。

**英台故里** 祝家庄位于上虞区东南，距城区7.3千米。三面环山，庄前的玉水河与开凿于西晋的四十里河贯通。尚存有祝氏祖堂、玉水河、井孔泉、药师寺等与英台文化相关的古迹。

**凤鸣山风景区** 坐落于丰惠镇东南4千米，距上虞城区17千米。景区面积2.4平方千米，以山陡谷深、急流叠瀑、苍山翠绿、小桥流水的自然美而闻名，其中"悬石飞瀑""千年古藤"堪称奇观。凤鸣山是道教"第九小洞天"所在地，有东汉道教祖师魏伯阳炼丹遗址。景区内凤鸣真人祠始建于汉初，至今已有2000余年历史。

**白马湖春晖名人园** 位于距城区4千米的春晖中学内，为省级文物保护单位。20世纪20年代，夏丏尊、朱自清、丰子恺等到春晖执教，何香凝、蔡元培、叶圣陶、李叔同、胡愈之等到春晖讲学，享有"北南开、南春晖"之美誉。春晖名人园是当初这些文化名家的暂住生活之处，其中有夏丏尊的"平屋"、丰子恺的"小杨柳屋"、弘一法师李叔同的"晚晴山房"、经亨颐的"长松山房"等。

**东山景区** 距城区10千米，有200公顷自然水域与生态林地。东山是东晋政治家谢安的隐居地，也是成语"东山再起"的出典处，景区内有谢安墓、国庆寺及指石等遗迹。唐代李白、贺知章、刘长卿等，宋代苏东坡、陆游等，都曾盘桓东山留下著名诗篇。

**称山风景区** 位于上虞区西北，离城区7千米。相传春秋末期，越王句践为复国雪耻，卧薪尝胆，奋发图强，曾在此山称炭铸剑、锻造兵器，称山由此而得名。景区成立后，为弘扬越王爱国精神，在铸剑遗迹处设立爱国主义教育基地——越王史迹陈列室。景区内还有明代石亭等建筑。

**桃花源景区** 地处上虞区西南，离城区 13 千米，距离绍兴市约 25 千米。面积为 2.6 平方千米，景区内除满目青山和 330 余公顷的桃李竹林外，还有桃源湖、龙潭湖（共 26 公顷水域面积），山清水秀，寺院清净。建有马一浮纪念室。

**秀峰寺** 位于章镇堆高山景区，距城区 35 千米，南邻嵊州。堆高山上有建于明代的秀峰庵，现扩建为秀峰寺，建筑面积 3.8 万平方米，内有一尊高达 2.8 米的缅甸玉佛。景区苍山翠岭之中多有飞瀑，其中雨娘瀑高 60 米。

**普净寺** 位于蒿坝卧龙山景区，距城区 7 千米。普净寺始称普净莲社，建于南宋，屡经废兴，清乾嘉年间重新修复。20 世纪 80 年代起陆续扩建。寺庙现占地面积 3 万余平方米，建筑门类齐全，成为佛教活动场所。

**峰山道场** 位于今曹娥街道，距城区 5 千米。唐初，日本宗教界的鼻祖最澄法师来华学法，在峰山灌顶授法，后回国创立日本第一大教派——日本天台宗，峰山道场由此成为中日文化交流的重要见证，为日本宗教朝拜圣地。

**覆卮山冰川** 覆卮山位于上虞、嵊州、余姚 3 地交界处，在上虞区的最南端，主峰海拔 861.37 米，为上虞最高峰，因南朝山水诗人谢灵运“登此山饮酒赋诗，饮罢覆卮”而得名。山峰南坡无数巨石顺坡而下，气势壮观，为国内外罕见的第四纪古冰川遗迹。

**同兴里** 同兴里位于上虞区小越镇衡山徐村，是上虞著名乡贤陈春澜和其侄子出资建造的一处中西合璧的清末民国初江南代表性民居，寓意“兄弟同心，共同兴旺”。主体建筑坐北朝南，分三纵三横轴线布局，占地 10 亩，建筑面积近 4000 平方米。建筑布局严谨、气势恢宏，中西合璧、外雄内秀，为上虞单体独院规模最大的台门式建筑。2010 年，在中轴线布置有陈春澜生平事迹陈列馆，展览面积近 2000 平方米，以情景再现的方式生动形象地展示陈春澜一生的奋斗历程。2011 年 1 月，同兴里被列为浙江省文物保护单位。

**中华孝德园** 坐落于上虞城区西南凤凰山麓，面积 37.5 公顷，是曹娥江省级风景名胜区的核心区块。景区以“孝文化”为主题，以“孝感动天”的远古圣君虞舜和“投江救父”的东汉孝女曹娥为依托，通过对虞舜文化、孝德文化、佛教文化以及民俗文化的挖掘，集中展现上虞悠久的人文历史，传承和弘扬千百年来激励着中华民族不断前进的孝德精神。中华孝德园主要景点包括大舜庙、虞舜宗祠、般若寺、中国孝德文化馆、舜耕群雕、神州舜迹等，以“大象无形”的理念，力求古朴、厚重、大气，完整体现虞舜的孝德品质。景区一期和二期项目分别于 2011 年 6 月 18 日和 2015 年 5 月 22 日相继建成开放。2015 年 11 月 27 日，景区通过 AAAA 级景区验收，成为上虞区首家国家 AAAA 级旅游景区。

**【人口】** 2022 年末，全区总户数 26.66 万户，比上年增加 374 户，户籍人口 71.42 万人，比上年减少 2903 人。其中男性人口 35.11 万人，女性人口 36.31 万人，分别占总人口的 49.16%和 50.84%。全年出生 3243 人，人口出生率为 4.53‰；死亡 5788 人，人口死亡率为 8.09‰，人口自然增长率为-3.56‰。2022 年全区流动人口 25.73 万人。 （黄 瑛）

## 行政区划

**【概况】** 2022 年上虞区共有 7 个街道，分别为百官、曹娥、东关、道墟、小越、梁湖、崧厦；9 个镇，分别为章镇、丰惠、上浦、汤浦、永和、驿亭、谢塘、盖北、长塘；4 个乡分别为岭南、陈溪、下管、丁宅。

**【群众自治组织】** 上虞区共有建制村 279 个，社区 66 个，居委会 18 个。

**百官街道**

建制村 9 个：百官一村村、外严村、金家岙村、联新村、南一村、南二村、南三村、路东村、新叶家埭村。

居委会 7 个：二村居委、四村居委、五村居委、大坝居委、后村居委、新建居委、三村居委。

社区 33 个：龙山社区、恒利社区、上源闸社区、万和社区、城南社区、西横河社区、文化社区、上棉社区、九浸畈社区、阳光社区、平阳山社区、胜利路社区、高丰社区、半山社区、大通社区、卧龙山庄社区、绿城社区、金渔湾社区、星光社区、头甲社区、二甲社区、四甲社区、岭光社区、盛丰社区、星宇社区、梁江社区、星丰社区、后郭社区、悬沙社区、前江社区、三棚桥社区、南丰社区、盛丰社区。

**曹娥街道**

建制村 7 个：蒿坝村、丽樟村、金村村、朱山头村、漳汀村、蒿东村、董村村。

居委会 4 个：里睦桥居委、白米堰居委、新沙居委、狮子居委。

社区 14 个：大三角社区、舜杰社区、曹娥社区、德济苑社区、金桂苑社区、银河社区、聚英社区、振兴社区、鸿雁社区、和城社区、民丰社区、万祥社区、兴业社区、博文社区。

**东关街道**

建制村 16 个：马家桥村、大西庄村、东塘村、保驾山村、凌江村、三丰村、金鸡山村、红星村（托管）、马山村、前村村（托管）、担山村、彭家堰村、新丰村、联星村、高泾村、东风村。

社区 2 个：越泉社区、南阳社区。

**道墟街道**

建制村 24 个：中联村、新民主村、庙桥村、国庆村（托管）、茅家村（托管）、积山村、长浃村、云里村、沥泗村（托管）、杜浦村、新里港村、江协村、称海村、联江村、汇联村、肖金村、联浦村、东桑村、大湖村、五四村、韩浜村、新屯南村、钱上村、沽渚村。

社区 1 个：道墟社区。

**小越街道**

建制村 14 个：越北村、胜桥村、横山徐村、冯柯山村、新宅村、倪梁村、小越湖村、罗家村、越中村、双堰村、越东村、小越村、田家村、建越村。

社区 1 个：越兴社区。

**梁湖街道**

建制村 11 个：外梁湖村、潘家陡村、古里巷村、拗花山村、皂李湖村、倪家堡村、任庄村、南穴村、西华瑶村、玩石梁岙村、新花浦村。

居委会 6 个：大厍居委、禄泽居委、华山居委、洪山湖居委、华光居委、华东居委。

社区 1 个：天香华庭社区。

**崧厦街道**

建制村 38 个：时华村、丁泽村、潘韩村、联胜村、东上湖村、双埠村、新光村、共何村、杭郭村、东凌湖村、前庄村、三华村、金中村、庙川村、舜源村、严巷头村、陆家村、任谢村、祝温村、章黎村、万湖村、黄家堰村、港联村、杨凌湖村、章家村、吕家埠村、雀嘴村、蔡林村、西华村、三友村、内五甲村、福海村、新下湖村、外五甲村（托管）、联海村、联塘村、勤联村、寺前村。

社区 5 个：祝家街社区、顾家弄社区、跃进桥社区、高铁新城社区（托管）、崧城社区。

**章镇镇**

建制村 27 个：笕桥村、花坎村、中兴村、越星村、章家埠村、新南村、龙浦村、龙江村、大钱村、湾头村、清潭村、新魏家庄村、新三联村、大勤村、任叶村、河浮村、张村村、建设村、陈埠村、龙马村、镇南村、新区村、灵运村、新江村、泰山村、秀峰村、陈墩村。

社区 2 个：章镇社区、滨笕社区。

**丰惠镇**

建制村 26 个：夹塘村、虞东村、西郊村、东光村、永庆村、西南门村、南门村、渔门村、南源村、西溪湖村、三溪村、双溪村、丰南村、凤鸣村、后山村、东门村、西湖村、孟尝村、通明村、祝家庄村、盛茂村、夏王村、谢桥村、虞光村、五云村、陈夏谢村。

居委会 1 个：北门居委。

社区 2 个：庙弄社区、启文门社区。

**上浦镇**

建制村 13 个：上浦村、九连村、渔家渡村、戚山村、舜江村、东山村、王湖村、冯浦村、四峰村、夏家埠村、大善小坞村、梅坞村、昆岙村。

社区 1 个：上浦社区。

**汤浦镇**

建制村 8 个：汤浦村、霞越村、舜岸村、蒋村村、霞里村、鹤湖村、长山新村、达郭村。

社区 1 个：舜水社区。

**永和镇**

建制村 8 个：永和村、安家渡村、青峰村、大墩村、新岙村、项家桥村、朱巷村、三桥村。

**驿亭镇**

建制村 14 个：新驿亭村、联桥村、五夫村、西陡门村、春晖村、鲁溪闸村、贾家村、五洲村、新横塘村、二都村、白马湖村、杨溪村、五好村、新杨梅村。

**谢塘镇**

建制村 14 个：晋生村、铲还湖村、谢家塘村、新戴家村、东联村、丰园村、新章村、东闸村、建塘村、星明村、联民村、东升村、禹峰村、岑仓村。

社区 1 个：晋润社区。

**盖北镇**

建制村 10 个：兴海村、珠海村、夏盖山村、丰富村、新河村、丰棉村、联合村、镇东村、世海村、镇海村。

社区 2 个：盖北社区、澜海社区。

**长塘镇**

建制村 8 个：长塘村、桃园村、何家溇村、罗村村、谢憩村、会篁村、湖田村、广陵村。

**岭南乡**

建制村 8 个：龙山村、丰树坪村、泰岳村、青山村、覆卮村、许岙村、立功村、东澄村。

**陈溪乡**

建制村 8 个：小陈岙村、虹溪村、夏家岙村、干溪村、陈家岙村、太平山村、陈溪村、塔溪村。

**下管镇**

建制村 9 个：东里村、新庄村、联新桥村、兴南村、新民村、振新村、洙凤村、芦山村、前溪岙村。

社区 1 个：檀燕山社区。

**丁宅乡**

建制村 7 个：上宅村、缸岙村、下宅村、丁宅村、新任溪村、双桥村、华湾村。

（王维诺）

# 中共绍兴市上虞区委员会

## 综 述

【概况】 2022年，中共绍兴市上虞区委员会团结带领全区上下深学笃行习近平新时代中国特色社会主义思想，坚决贯彻中央和省委、市委决策部署，以迎接中共二十大、学习宣传贯彻中共二十大精神为主线，全面落实“疫情要防住、经济要稳住、发展要安全”要求，部署推进数字化改革“一号工程”和项目攻坚突破年、共同富裕提质年、基层党建跃升年“三个年”活动，以超常规力度和举措打好稳进提质、塑造变革、除险保安组合拳，推动经济运行持续向上向好，社会保持和谐稳定。全区地区生产总值增长4.7%、居全市第二；一般公共预算收入同口径增长1.2%；城乡居民收入分别增长 4.4%和 7.1%；综合实力居全国百强区第33位，比上一年上升2位。

【落地落实上级部署】 把学习宣传贯彻中共二十大精神作为首要政治任务，先后召开区委常委会会议、全区领导干部会议、区委理论学习中心组专题学习会，研究制定“六学六进六争先”学习实践活动工作方案，部署开展精神大学习、基层大宣讲、理论大研讨、全民大宣传、工作大落实、效能大提升“六大行动”，打出学习宣传贯彻的组合拳。健全落实“第一议题”制度，重温习近平总书记对上虞工作重要指示批示精神，开展专题传达学习21次，举办区委理论学习中心组专题学习会18次，闭环抓好习近平总书记对绍兴对上虞50项重要指示批示的落实工作。组织党员干部认真学习研讨《习近平谈治国理政（第四卷）》等系列重要讲话、重要文章，分层分类抓好专题学习、集中宣讲、集中轮训，推动理论武装走深走心走实。高质量召开区第二次党代会，选举产生二届区委和区纪委，在区委二届一次全会上选举产生二届区委常委、书记、副书记，完成区委换届工作。扎实推动省第十五次党代会、市第九次党代会精神落实落细，在区委二届二次全会上提出“勇当推进‘两个先行’奋进‘五个率先’排头兵”的具体要求，研究建立每月区党政联席会议、镇街部门书记季度工作交流会、招商引资季度例会和项目推进“八大机制”，形成了上下协同、大抓落实的工作格局。集思广益凝练“明德尚贤、创变笃行”新时代“上虞精神”“今在上虞、遇见未来”城市品牌口号，打造“上虞吉象”城市IP，并系统抓好发布推介、传播运营、全域践行工作。

【经济发展】 全面落实上级稳住经济大盘部署要求，专班推进稳进提质十大攻坚行动，打好政企同心、化危为机主动仗，率先出台稳经济一揽子政策47条，创新开展“政企服务直通车”，兑现各类资金22.98亿元，为企业减负31.1亿元，新增市场主体14233家、总量首破 10 万家，消费旅游复苏系列政策撬动消费12.18亿元，外贸出口总额占全国比重上升到17.3‱。紧紧扭住项目建设“牛鼻子”，实施双月“赛马晾晒”、跨区域利益共享、项目谋划擂台赛，新引进10亿元以上项目13个，其中50亿元以上4个、100亿元以上1个；省“4+1”等重大项目全部提前开工入库，新增省重点项目10个、用地指标2688.9亩、用能109万吨标煤、专项债39.24亿元，盘活“四未一低”土地12842 亩。持续赋能高质量平台建设，杭州湾经开区经济总量突破2150亿元，创建国家生态文明建设示范区、省制造业高质量发展“五星级示范园区”，跻身中国化工园区前十强；曹娥江旅游度假区有序推进“一江一湖一山两镇”建设，列入国家级旅游度假区创建意向名单；曹娥江经开区实体化运行，完成泛百官、泛道墟两大区块城市设计和控规编制，实现工业全域治理企业 2217 家；e 游小镇谋划启动三期建设，新引进企业 51 家，税收超 6 亿元。实施先进制造业强区“1215”专项行动，化工产业改造提升 2.0 版圆满收官，18 个化工跨域集聚提升项目扎实推进，创成省制造业高质量发展示范区。举行“一江两岸”总部楼宇推介会，新材料科技服务业入选省级现代服务业创新发展区。连续 3 年获评“省产粮大县”，农林渔牧业增速保持全市第一。建筑业税收增长 12.8%。

**【创新举措】** 着力提升数字化改革实战实效，126 个省重大应用贯通落地，新增省级以上试点 4 个，2 项改革获省改革突破奖，电机产业大脑入选《数字化改革概论》、3.0 版在世界互联网大会上发布并得到省政府主要领导点赞推广。纵深推进“县乡一体、条抓块统”“大综合一体化”行政执法等 11 项重大改革，入选青年发展型县域国家级试点。统筹教育、科技、人才工作，引导支持区内 3 所高校深化校地合作、双向赋能，高规格举办人才发展大会暨人才科技周、浙大百名硕博士上虞行等活动，曹娥江新材料实验室挂牌成立，杭州湾产业协同创新中心二期、天津大学绍兴研究院、高层次人才创业园等一批重大科创平台加快推进，R&D 经费支出占比达 3.25%，勇夺省“科技创新鼎”。迭代升级人才新政 4.0 版，高规格举办人才发展大会暨人才科技周、浙大百名硕博士上虞行等活动，实施“金蓝领”倍增计划，新增就业大学生 2.3 万人，申报入选国家级“引才计划”人才 24 名、居全省第三，近两年省级以上“引才计划”人才全职落地居全市前列，前谷达男获评中国政府友谊奖，“鲲鹏计划”人才引进持续取得新突破。

**【城乡面貌】** 全面融入长三角一体化和高水平网络大城市建设，谋划启动“一江两岸三城多片区”开发，杭绍甬智慧高速等重大项目加快推进，海塘安澜、104 国道绍兴东湖至蒿坝段、南北中心大道全线高架等工程顺利开工，上浦船闸、舜江大桥拼宽等工程建成投用，新博物馆开馆运营，邵逸夫医院绍兴院区主体结顶，曹娥江“一江两岸”特色产业风貌样板区入选省首批城乡风貌样板区。科学精准划定“三区三线”，统筹保障重点区块、重大项目用地需求。加快城市有机更新，完成城市征迁 180 万平方米、老旧小区改造 42 万平方米，梁湖三个村征收工作第一轮集中签约率达 99.69%，房地产市场保持平稳发展。高质量通过全国文明城市创建省级复评。从严抓好中央和省委生态环保督察问题整改，坚决打好大气污染防治攻坚战，获省首批“清源杯”奖。创新实施区内山海协作，章镇小城市培育扎实推进，岭南乡创成第二批全国乡村旅游重点乡镇，5 个村社被命名为省未来乡村、未来社区，全市唯一创成全域“五星达标”，创建“四好农村路”全国示范县。新一轮东西部协作、对口支援等工作扎实推进。

**【民生福祉】** 高质量办好省市区民生实事，财政民生支出达 104.64 亿元、增长 9.3%，城镇登记失业率控制在 2%以内，基本养老保险、医疗保险参保率居全市前列。“民转公”政策平稳落地，全国义务教育优质均衡发展区创建完成省级评估。深化基层卫生健康综合改革，中医医院城南新院建成启用，医疗健康信息互联互通通过国家 4 级甲等测评，“健康浙江”考核优秀实现“四连冠”。探索“一老一小”整体解决方案，率先研究出台优化生育政策实施细则，区康养中心开工建设。坚决贯彻中共中央、国务院关于疫情防控政策和要求，全省首创重点行业人员核酸预警系统、“无疫村社”创建，高效处置输入性疫情 48 起 55 例，确保了常态化疫情防控平稳有序；防控政策优化调整后，着力推动从“防传染”向“保健康、防重症”有序转换，加强医疗救治能力建设和医疗物资储备供应，加快疫苗接种，在全市率先完成定点医院、亚定点医院改造建设，扩容发热诊间 82 间，对基层群众开展暖心服务，确保机关正常履职、企业正常经营、社会正常运行、群众正常生活。聚焦平安护航中共二十大，集中开展矛盾纠纷大排查大起底大化解，推进常态化扫黑除恶斗争，有力开展信访积案“百日攻坚”，坚决打好安全生产专项整治三年行动“收官战”，刑事治安警情、火灾起数、生产安全事故起数和死亡人数持续下降，食品安全“双创”工作扎实推进，打赢防御台风“轩岚诺”“梅花”两场攻坚硬仗，重点时段维稳安保实现“六个零发生”。

**【党的建设】** 认真落实全面从严治党政治责任，一体推进省委巡视“回头看”和意识形态专项检查反馈问题整改，联动开展二届区委巡察工作，首创整改质效评估体系，“七张问题清单”管控力指数持续位列全省第一方阵。高质量完成意识形态省级综合试点，开展区委意识形态巡察和网络意识形态领域系列专项整治行动，实质性推进媒体深度融合，牢牢掌握意识形态工作领导权、主动权。扎实推进“红色根脉强基示范区”创建，开展村社组织换届“回头看”，举办村社书记经验分享会、“8090”书记领雁争先赛，选聘10名“兴村治社导师”，推动基层党组织政治功能和组织功能不断增强、党员先锋作用更加彰显。扎实推进党建统领网格智治和现代社区建设，调整优化社区规模、村社网格体系，率先破题融合型大社区大单元治理难题，“上统下分、强街优社”“强社惠民”集成改革入选省级试点，无物业小区全面清零，每万名城镇常住人口配备社区专职工作者19.6人。部署开展“六比六争先、勇当排头兵”作风建设专项行动，严惩严治作风顽疾，在招商引智、城市征迁、维稳安保等一线考察识别干部，深化“两个担当”良性互动，高质量完成乡镇领导班子换届“回头看”，干部队伍加快系统性重塑。进一步做深做实政治监督，加强“一把手”和领导班子监督，落实“五张责任清单”和二十二项配套制度，推动“四责协同”与风险防控有机结合。深入挖掘王充清廉思想，打造3条清廉线路，承办“清白泉·娥江颂”清廉主题文化活动，全域建设清廉上虞。充分发挥区委总揽全局、协调各方作用，专门听取“五个党组”工作汇报，支持保障人大、政府、政协和审判、检察机关依法依章程履行职能。进一步完善大统战工作格局，扎实做好群团组织换届和民主党派、工商联、无党派人士及民族、宗教、侨务、港澳台、老干部、残疾人、关心下一代等各项工作，举办上虞复县建城（丰惠）1200周年纪念活动暨第三届乡贤大会，徐光宪纪念馆成为民盟中央传统教育基地。完成区委、区政府决策咨询委员会换届，发挥咨询委资政参谋作用。深化国防动员体制改革，党管武装考核实现“四连冠”。（许中天）

## 重要会议

**【区委全体会议】** 8月11日，召开区委二届二次全体（扩大）会议。区委常委会主持会议。区委书记鲁霞光讲话。区委副书记金进富、许建超出席。全会以习近平新时代中国特色社会主义思想为指导，听取和讨论鲁霞光受区委常委会委托作的工作报告，审议并原则通过《中共绍兴市上虞区委关于忠实践行“八八战略” 坚决做到“两个维护”勇当推进“两个先行”奋进“五个率先”排头兵的决议（草案）》。

**【其他重要会议】** 1月13日，召开全区基层党建工作会议。

1月14日，召开全区领导干部会议。

1月18日，召开中国共产党绍兴市上虞区第二次代表大会。

2月8日，召开2022年区委经济工作会议。

3月8日，召开全区党建工作会议暨2021年度党（工）委书记述职评议会。

3月26日，召开全区共同富裕重点工作推进会暨“一号工程”“三个年”“五张金名片”动员部署会。

4月26日，召开全区党建统领网格智治工作部署会议暨融合型大社区大单元党建工作推进会。

4月27日，召开“奋战二季度、夺取半年红”经济形势分析会。

5月14日，召开区委农村工作会议暨强村富民行动、农业高质量发展大会。

5月16日，召开区委人才工作领导小组会议。

6月11日，召开全区经济稳进提质攻坚行动暨制造业高质量发展大会。

7月15日，举办区委理论学习中心组“学习贯彻省第十五次党代会精神”专题学习交流会。

7月27日，召开全区领导干部会议。

8月17日，召开二届区委全面深化改革委员会第二次会议暨区数字化改革领导小组第五次会议。

8月31日，召开全区干部作风建设大会。

9月22日，组织召开“六比六争先·勇当排头兵”全区镇街部门书记工作交流会。

10月11日，召开全区村社党组织书记兴村治社经验分享会暨“8090”村社书记领雁争先赛。

11月4日，召开区委常委（扩大）会议。分析全区社会稳定形势。

11月9日，举办2022年上虞区勇当推进“两个先行”奋进“五个率先”排头兵三四季度系列集中活动。

11月10日，召开区委理论学习中心组“学习贯彻党的二十大精神”专题学习会。

11月22日，举办学习贯彻党的二十大精神专题宣讲报告会。

12月7日，全区镇街部门书记工作交流会暨区领导听取乡镇（街道）2023年思路。

12月20日，召开区委常委扩大会议。传达中央、省、市级经济工作会议精神，部署上虞区贯彻落实工作。（朱倩男）

## 政策调研和督查、信息工作

**【加强课题调研】** 围绕区委、区政府的重大决策，做好调查研究、加快工作推进。起草发布《忠实践行“八八战略” 坚决做到“两个维护”勇当推进“两个先行”奋进“五个率先”排头兵的决议》《中共绍兴市上虞区委关于深入学习贯彻党的二十大精神 全面建设“青春之城”的行动方案（2023—2026年）》等重要文稿，牵头撰写《以排头兵姿态奋力打造具有上虞辨识度的新时代清廉建设高地样板区》书记署名文章1篇，调研撰写《上虞区加快推进碳达峰碳中和变革的实践路径》《虞南山区农村饮用水保供现状及对策建议》等重点课题6个并纳入《政研参阅》刊发。充分发挥决策咨询委作用，调研撰写《关于加快道墟化工退出地块二次开发 打造专精特新示范区的建议》《关于加快推进我区产业链招商的对策建议》等课题5篇，提交《科学高效合理利用乡村溪流河道资源 高质量打造乡村生态溪流河道景观带》等建议提案6篇。（徐佳荣）

**【信息工作】** 2022年，共向上报送各类信息330余条（篇），其中被省委办采用每日动态12篇，工作交流和增刊6篇、专报11篇（含综合），获省领导批示8篇（含综合），其中《上虞区建设初次信访全流程标准化省级试点提升化解质效》《绍兴市上虞区开展“无疫小区”创建推进社会面清零的经验与启示》获《浙江信息（专报）》综合录用，并获省委主要领导批示；被绍兴市委办录用100余条（篇），刊发《工作情况交流》《专报》《决策参考》等11篇（综合），获市领导批示3篇；编发本级每日信息204期，专报3期，获区委主要领导批示2篇。（金梁锋）

## 改革与发展工作

**【概况】** 2022年，区委改革办认真贯彻落实中央和省市区委各项决策部署，忠实践行“八八战略”，坚决做到“两个维护”，始终咬定“全面争先、全域领先”目标定位，以数字化改革作为全面深化改革的总抓手，坚持突出重点、注重系统集成，通过深入实施数字化改革“一号工程”，引领撬动各领域改革向纵深推进，以实际行动助力打好塑造变革争先战。新增30个省（厅）级以上改革试点（含国家部委试点4个），数字化改革试点21个；电机产业大脑应用在省《数字化改革（领跑者）》刊发并获省委书记袁家军圈赞；链主型企业数智转型推动大中小企业融通发展获2022年度浙江省改革突破奖之提名奖；获得中央部委或省领导批示7次，在中央电视台、《人民日报》等国家级媒体报道10次；在10月份的全省数字化改革综合评价中获五星好评。

电机产业大脑+未来工厂获省改革突破奖银奖，获2022“直通乌镇”全球互联网大赛一等奖，入选数字经济系统产业大脑优秀案例；参建的基层公权力大数据监督应用获2021年度省改革突破奖金奖；参加智慧助残应用人选浙江省最佳应用；“虞事e督”获评省人大工作与时俱进通报表扬，“智慧养老院”获评省民政厅最佳应用案例；“减污降碳协同增效数智平台”在省数字政府建设专班第二十次例会汇报演示；涉警风险智治应用（民情智访）在省数字法治专班例会上演示汇报；“搬家一件事”两次上省数字社会系统路演，获得浙江数据开放创新应用大赛优胜奖；工业园区全域治理“一码管地、双码治企”应用、工程项目大数据监督平台在市数改例会汇报演示。

《浙江绍兴:“后事智办”助力遗产继承零跑腿》《数字赋能城市管理 多地智慧城市建设初显成效》《数字赋能 推动制造业降本增效转型升级》在中央电视台《中国新闻》宣传报道。编发《数字化改革半月报》24期，推送数字化改革微信公众号88期。（陈钧琰）

【数字化改革工作体系建设】 超前谋划统筹推。区委、区政府抢抓数字化变革大浪潮，根据省委总体部署，全面整合全面深化改革“1+7+N”（以“1”套评价指标为指挥，从“7”个重点领域着手，分别是经济高质量发展、收入分配制度改革、公共服务优质共享、城乡区域协调发展、社会主义先进文化发展、生态文明建设、社会治理等，重点推进N项具体工作）、共同富裕示范区重大改革“1+5+N”（以“扩中提低”重大改革为统领，统筹推进共同富裕“5”大改革领域：经济高质量发展、公共服务优质共享、缩小城乡差距、缩小地区差距、文化生态和社会治理，开展一系列具有引领示范作用和普遍意义的基层改革探索）体系构架，形成数字化改革、全面深化改革、共同富裕示范区三大改革任务整体贯通、一体推进的改革工作大格局。领导领衔重点推。区委、区政府坚持将数字化改革作为全面深化改革的总抓手，多次召开区委常委会、区政府常务会议研究部署全区数字化改革工作，建立健全“区领导领衔抓、牵头部门统筹抓、责任单位具体抓”工作机制，区委、区政府主要领导以上率下，切实担负起“一把手”主抓职责，亲自研究推动面上数字化改革工作，多次赴省市沟通、汇报，并俯下身研究推动电机产业大脑、减污降碳协同增效数智平台等重点应用场景建设。分管区领导分别挂联10个重点攻坚项目，协调解难、跑部进厅，有力推动项目建设。广泛发动全面推。改革办及“6+1”系统牵头部门，充分发挥“谋、调、宣、督”工作职责，指导相关责任单位各司其职做好应用场景建设，全区上下形成全面推进、全员上阵、全力以赴的工作格局。 （陈钧琰）

【数字化改革制度规范】 起草《上虞区数字化改革场景应用贯通管理办法》，印发《数字化改革“一号工程”的实施意见》《“县乡一体、条抓块统”改革推进基层治理系统建设的实施方案》《“强网壮格”行动实施意见》《区属国有企业房产管理办法（试行）》《政府投资（国有建设）项目监督管理办法（试行）》《工程项目大数据监督平台操作细则（试行）》《数字政府系统建设工作机制和综合评价方案》等文件，制定数字化改革工作推进“晾晒约谈”“向上对接”“项目攻坚”“评先评优”等一批制度规范。 （陈钧琰）

【数字化改革上虞元素】 对标“创新强区”总体定位，在省定要求基础上加入上虞特色元素。其中，党政机关整体智治系统添加图说上虞、五争等特色应用；数字政府系统添加上虞区河湖长制智慧监管应用、一码管地综合应用、水利工程领域公权力数据监督（双查双保）等特色应用；数字经济系统打造电机产业链图谱、行业知识库等特色应用子场景；数字社会系统添加i上虞、搬家“一件事”、“教育码”等特色应用；数字法治系统添加平安创建“一单一码”（重点场所网格管理平台）、“民情智访”、“全域执行智治平台”、“检察数字笔录系统”、“宠物（犬类）监管一件事”等特色应用。 （陈钧琰）

【数字化改革共同参与】 坚持“开门搞改革”，通过组织“两代表一委员”数字化改革专题调研视察活动、数字化改革场景应用金点子征集大赛、常态化需求征集等举措，征集意见建议150余条，同步做好建议吸收转化工作。 （陈钧琰）

## 组织工作

【基层治理】 率先开展党建统领网格智治工作，三遍过筛优化调整网格，突出实战导向建立网格管理十条标准，探索推行全省首个党建统领网格智治评价指数，切实提升网格运行质效，网格工作五步法得到时任省委主要领导肯定，两次在全省专题会议上作典型发言，并被《新华每日电讯》点赞。 （孙琪铨）

【现代社区建设】 以“上统下分、强街优社”“强社惠民”集成等两项省级改革试点任务为突破口，致力建设“六大幸福图景”，扎实推进现代社区建设。做实街道“大工委”社区“大党委”，建立社区功能场所准入机制，全覆盖选派驻社党建指导员，南丰社区党群服务中心做法在全省“组织工作助跑共富行动”例会上作经验交流。全面推行“社账街管”，指导成立“强社公司”，探索公建社营、闲置激活、基金扶持等路径，提高社区发展内生力。创新推行“社区+国企”共管模式，成立社区党组织牵头的物业管理委员会，以保安、保洁、保绿、保修、客服等“四保一服”的一星标准进行覆盖提升，解决老旧小区物业清零难

题。推进社会组织发展体系改革、社区应急体系改革、党建统领“浙里康养”等其他现代社区建设改革试点任务。（孙琪铨）

**【“红色根脉”强基示范区创建】** 全面启动“红色根脉”强基示范区创建，召开争创大会，制定争创“一方案一图三清单”，深入抓好5方面18项重点工作，形成联动争创的良好氛围。抓实“浙里兴村治社”“红色根脉”强基平台应用，对20个乡镇（街道）、363个村社进行全覆盖赋分排名，开展28个重点争创项目“揭榜挂帅”。开展村社组织换届“回头看”，调整村社党组织书记23名，举办村社书记经验分享会、“8090”书记领雁争先赛、村社书记知识能力更新培训班，选聘10名“兴村治社导师”，持续激发村社干部工作干劲。举办全区抓党建促乡村振兴推进会，发布“十大先行项目”助力共富。制定细化党建联建“五联五促”规范指引以及“共富工坊”“四富五有”20条标准，募集8000万元资金成立“凤凰领航·共富同行”基金，建成“共富工坊”100家，吸引农村闲置劳动力9606人，带动低收入农户平均年增收3.9万元。（孙琪铨）

**【党员教育管理】** 平稳有序完成排查整顿农村发展党员违规违纪问题工作。建立发展党员全周期管理机制，制定落实关心关爱流动党员“十个一”举措。创新党员教育形式，摄制《烟消云开》等“共产主义的上虞回答”系列电影党课3部、党员教育短视频15则，在新华网、央视新闻、浙江组工等平台推广，平均播放量超20万点击量，获得中国文联“新时代小康纪实”视频赛好作品奖、中国梦（浙江）视频大赛优秀奖等近10个奖项，被省委组织部评为电教片制播先进单位。（陈梅芳）

## 干部工作

**【概况】** 完成乡镇领导班子换届“回头看”专项调研。实施稳进提质、除险保安、常态化疫情防控等重点工作专项考核，加强及时性奖励，推荐获评省担当作为好干部1名、省人民满意的公务员集体1个和个人1名、市担当作为好干部4名，评选表彰区担当作为好干部14名，对一批中心工作表现突出干部予以职级晋升激励。

注重在服务保障中心大局中彰显组工作为，聚焦中心工作调兵遣将，组建千余支村社暖心服务小分队解决疫情防控新形势下群众急难愁盼，实行重点工作专班化运作、城市征迁大兵团作战，设立乡镇中层职数和编制周转池，先后抽调300多名干部参与招商引智、网络大城市建设、梁湖征迁等中心工作。开展组织工作服务保障稳进提质“十大行动”，强化人员力量保障，举办数字化改革、产业链双招双引等专题培训班，提升党员干部推动经济稳进提质的能力水平。“五化协同”打造安全环保智慧监督体系入选浙江干部学习培训教材《攻坚克难案例选》。（陈　坤）

**【干部作风建设】** 区委专题召开干部作风建设大会，部署开展“六比六争先、勇当排头兵”作风建设专项行动，设计突出问题大检视、争先进位大比拼等八大载体30项具体任务，以作风大转变效能大提升推动经济社会大发展。搭建镇街部门书记工作交流会、重大项目赛马晾晒、村社书记领雁争先赛等多形式比拼平台。（陈　坤）

**【干部培养选拔】** 将年轻干部培养选拔工作融入日常、抓在经常，区委召开优秀年轻干部座谈会和培养选拔工作推进会，新引进“双一流”高校硕博士党政储备人才、选调生33名，36个中层职位开展跨单位竞职交流，举办90后源头干部“青苗成长”训练营、中青年干部培训班，选调137名年轻干部参加多形式实践锻炼。（陈　坤）

**【干部监督】** 落实换届后领导班子政治建设“第一课”任务清单，严把政治首关。深入推进干部监督“耳聪目明”工程，出台领导干部“八小时外”监督管理办法，建立廉洁从政从业行为负面清单38条，深化实施干部“微问题”三色预警。建立区委组织部履行区委巡察整改监督责任清单，出台涉组涉若干问题整改监督检查工作办法，向被巡察单位集中交办涉组涉若干问题。（谢　鹏）

## 宣传工作

**【概况】** 2022年，上虞区出台《关于进一步加强新时代宣传思想文化队伍建设的实施意见》，从干部管理体制、干部监督管理机制、学习交流制度、人才招引培训等方面进一步加强和完善全区宣传思想文化队伍建设。（李 瑶）

**【理论学习中心组学习】** 制定下发《上虞区委理论学习中心组2022年学习安排》等通知文件，全年组织区委理论学习中心组开展学习19次。加强对各乡镇（街道）、区直各部门单位开展中心组理论学习的指导，全年共下发《理论学习中心组学习要点提示》共4期；组建5个巡听旁听工作组，开展巡听旁听26次。（章 鑫）

**【省级及以上主流媒体刊发报道】** 2022年，上虞区在《人民日报》、《新华每日电讯》、《经济日报》、中央电视台等中央级媒体播发涉虞重要报道100多篇（条），其中《人民日报》18篇，央视新闻29条；在省级媒体如《浙江日报》、浙江卫视新闻联播、浙江之声等主流媒体上刊发各类重要报道250多篇（条），其中《浙江日报》头版21篇。（袁伟江）

**【“共同富裕·青虞说”青年理论宣讲大赛决赛】** 5月11日，“共同富裕·青虞说”上虞区青年理论宣讲大赛在崧厦街道潘韩村举行决赛。该次比赛由区委宣传部、团区委、社科联联合举办。经过前期视频海选、初赛选拔，21名优秀青年宣讲员进入决赛。比赛全程线上同步直播。该日，获得2021年度“学习强国”学习平台中“学习之星”先进组织、先进个人的代表在现场受到表彰。（章 鑫）

**【上虞区第六届“青蓝工程”暨思政一体化建设联盟成立】** 8月12日，上虞区举办第六届“青蓝工程”暨思政一体化建设联盟成立仪式，百名优秀高中毕业学子与杰出乡贤面对面交流座谈。会上，上虞区成立大中小学思政一体化建设联盟，区委党校、浙江理工大学科艺学院、春晖中学、上虞中学、实验中学、上虞外国语学校、实验小学等7家单位成为首批联盟单位。（章 鑫）

**【第十批区级爱国主义教育基地申报验收】** 10月，区委宣传部印发《关于开展第十批区级爱国主义教育基地申报工作的通知》，推荐申报基础工作扎实、展陈内容丰富、教育意义突出、社会效益显著的爱国主义教育基地，并成立由党史室、文广旅游局、消防大队、财政局等相关部门单位组成的验收小组，最终确定谢晋故里·良仓、上虞区城市规划展览馆、上虞区章镇红色研学实践营地、上虞区大东山清风馆、经叔平生平事迹陈列馆、王阳明先祖居住地陈列馆为第十批区级爱国主义教育基地。（章 鑫）

**【锻造文化赋能金名片工作启动】** 2022年，上虞区组建文化赋能金名片工作专班，制定《上虞区锻造文化赋能“金名片”三年行动方案》，设置文化涵养精神行动、文化传承弘扬行动、文化产业创新行动、文旅融合深化行动、文化强基惠民行动五大行动、15项工作任务，排定18个重点指标体系和45个重点项目清单，确定年度工作目标、分阶段任务和责任单位，精准发力，抓好项目落地。（王浙炜）

**【上虞复县建城1200周年纪念活动】** 12月3日，“盛世虞城·千年绽放”上虞复县建城（丰惠）1200周年纪念活动暨第三届乡贤大会举办。会上推介上虞城市投资发展环境，发布新时代上虞精神、城市品牌口号和城市IP，全省首批千年古城复兴试点单位签署浙江省千年古城保护“上虞宣言”，举行“擘画共富 虞你同行”项目签约、“上虞城市发展顾问”授聘、“最美新上虞人”表彰等活动。（王浙炜）

**【文化礼堂阵地建设】** 2022年是农村文化礼堂建设的第十年。上虞区组织开展星级评定，申报五星级文化礼堂7家、四星级文化礼堂9家。加快“智慧礼堂”建设，通过示范先行，在小越街道倪梁村、道墟街道钱上村试点基础上，总结完善经验，继而在首批75家五星、四星级礼堂指导推开。（王浙炜）

**【文化惠民活动】** 全年共安排文艺下乡演出360场，送电影下乡4500场、送展览讲座到乡镇70余场，掀起“后疫情”时代群众文化新高潮。举办上虞区第六届青年歌手大奖赛、“喜迎二十大·奋进新时代”摄影比赛等群众文化活动，大力开展青少年艺术美育工作，组织开展上虞区青少年艺术大赛、浙江省乡村青少年美育课堂等活动，不断厚植新时代文艺之花，浓厚群众文艺氛围。丰富线上文化供给，开设文雅慕课、大师讲堂，累计时长超过10000小时，举办云展览云讲座等，全年组织完成60余场。（王浙炜）

【文艺精品创作】 出台《绍兴市上虞区“曹娥江杯”优秀文艺作品扶持激励实施办法（试行）》。组织《品格的力量》《乡村女支书杭兰英》《上虞特藏》《小神驾到》等8部作品申报省“五个一”精神文明建设奖。联合浙江小百花越剧院创排的原创越剧现代戏《祝家庄里的年轻人》入选第五届中国越剧艺术节展演节目（全国共15台剧目），女主演李燕获评绍兴戏剧“兰花奖”和浙江戏剧“金桂奖”的参评资格。紧扣中共二十大等重大主题，创作《后永兴 11 号》《全家福》《宋韵小调》一批原创文艺作品，累计获省级奖项 8个、市级奖项20余个。（王浙炜）

【文化产业发展】 修改完善《促进文化产业发展的若干政策意见》，出台实施细则等政策及配套文件，开展政策宣讲并录制视频，进一步优化上虞区文化产业发展环境。2021 年度文化企业增加值位居全市第三。强化服务保障力度，高质量落实文化产业奖补、文化企业纾困解难、文旅市场稳健复苏各项举措，全年兑付疫情政策104.3万元，文化产业政策奖补774.95万元。高质量推进曹娥江文创走廊建设，10个项目列入绍兴市文创走廊建设库，全年完成投资额20.07亿元，完成率109.75%。（王浙炜）

【“虞苗优护”品牌打造】 谋划推进区级“护苗”中心建设，中心总体围绕“扫黄打非”、网络游戏防沉迷，以及法律保护、安全自护、身心健康等内容，努力打造深受全区未成年人和家长喜爱的综合性宣教阵地。同时，部署开展“护苗·绿书签”系列活动，结合全民阅读日、开学季等节点，在区级层面组织开展“护苗2022”亲子阅读暨“绿书签”制作倡议活动；在部门乡镇和学校层面广泛组织开展法治大礼包进校园、主题班会、“绿书签”制作和歌曲编创、手抄报比赛等形式多样的活动。（王浙炜）

【“扫黄打非”“揭榜挂帅”项目】 作为绍兴市申报的“揭榜挂帅”项目，网络游戏和网络文学有害内容专项整治行动在市“扫黄打非”办的组织和指导下，制定以“开展五大行动，建立五项机制”为主要内容的具体方案。完成所有运营游戏的备案审核，制定出台上虞区网络游戏行业公约，举办网游企业专题培训会，落实第三方技术公司开展定期巡查，启动实施每月晾晒机制，完成视频制作，专题调研报告。2022年全面对网络游戏更换名称、未显示版权信息等违法违规行为行政处罚3起、取缔关闭色情动漫网站1个。（王浙炜）

【“扫黄打非”主题宣教】 开展版权保护宣传周活动，录制《中华人民共和国著作权法》云课堂，组织出版物经营单位、印刷企业、网游企业、童装企业、制伞企业等530余家市场主体集中收看；在百观App举办版权知识有奖问答活动，累计吸引4000余人次参与。持续推进示范站点培育，用好各地特色文化、特色阵地、特色队伍，打造基层“扫黄打非”亮点和品牌，小越街道被评为省级“扫黄打非”示范点。将“扫黄打非”纳入全区全科网格员培训课程，20个乡镇（街道）组织开展“扫黄打非”主题宣教活动，基层综治平台上传“扫黄打非”类问题线索125条。（王浙炜）

【意识形态工作】 3月25日，组织召开全区高质量全面落实意识形态工作责任制综合试点推进会，主攻试点单位创新，推进重点方向突破，对6家综合试点单位开展调研督导，对工作职能进行优化、对制度进行探索创新、对责任落实进行量化考评，推动形成具有上虞特色的意识形态综合试点成果，7月，通过浙江省宣试点调研指导，完成成果提炼，其中网络新业态管理上榜省级经验推广。（董　丹）

## 新时代“上虞精神”和城市品牌提炼

【概况】 新时代“上虞精神”和城市品牌提炼由区委宣传部牵头，通过提炼讨论、专家征询、媒体采风、网络征集等多种形式，不断汇聚民智，推动形成共同精神价值追求，最终确定“明德尚贤、创变笃行”新时代上虞精神、“今在上虞 遇见未来”城市品牌口号和“上虞吉象”（虞小娥、吉象）IP形象，共同组成独属于上虞的城市IP。活动征集期间，累计收到58个部门单位、17个乡镇（街道）讨论提炼的“上虞精神”表述语96条，个人和社会组织提交的表述语141条，国内外网民、虞籍乡贤提出的品牌口号表述语2118条、IP形象方案169个。各级媒体累计登刊相关报道100余篇条，最大推文点击量超10万。（王浙炜）

**【新时代“上虞精神”和城市品牌提炼实施方案】** 9月16日，区委、区政府印发《新时代“上虞精神”凝练实践和城市IP打造活动实施方案》，并组建工作办公室统筹协调推进，面向广大干部群众开展新时代“上虞精神”征集，面向社会公众同步开展城市IP和城市品牌口号有奖征集。主要有发动征集、凝练选树、传扬践行三个活动阶段，并在12月举办的上虞复县建城（丰惠）1200周年纪念活动暨第三届乡贤大会上，正式发布征选结果。结合文明城市、全域旅游等创建，将城市IP和城市品牌口号渗透到城市各个方面，推动城市IP不断融入党员干部、市民群众日常生产生活，做到抬头可见、入脑入心。（王浙炜）

## 精神文明建设

**【概况】** 2022年，全区开展春泥计划、第十四届“社区邻里月”、“我们的节日”、“五星3A”村文明星、“五星和美”社区文明星创建、“浙里新风 虞尚十礼”区域文明新实践、“公筷公勺 文明用餐”等群众性精神文明建设主题系列活动。高水平通过全国文明城市复评，2022年绍兴市文明城市测评全市排名第二。高质量完成新时代文明实践工作，2022年绍兴市文明实践测评全市排名第一，新创市级新时代文明实践示范所、站9个、市级志愿服务最美典型5个。推荐入选中国好人1例、浙江好人2例、绍兴好人5例。中国好人崔煜忠事迹被拍成纪录短片在省政府办公厅官方视频号“美丽浙江”上广泛宣传。

**【文明创建工作】** 高质量承办全市全国文明城市常态化创建工作现场推进会，建立健全文明创建体制机制，区创建工作专班实行实体化运作，建立督查督改、每日通报、定期会商、舆论监督等工作机制；培育打造30个示范点位，优化提升国测点位，创新实施测评点位“点位长”制度，组建国测点位迎检工作团队和应急处置队伍，开展常态化培训指导，有力提升基层一线的创建工作能力和水平；深入开展文明创建八大攻坚行动和万名志愿者攻坚行动，常态化开展问题督查工作，专项整治顽瘴痼疾，全年累计下发整改单168张，整改各类问题6979个。

**【新时代文明实践中心工作】** 2022年实现新时代文明实践所、站全覆盖，提档升级文明实践区级中心，打造文明实践指挥管理系统“孝德志愿在线”驾驶舱。为了将文明实践工作引向深入，通过每年2次的“文明实践”指数专项测评，针对阵地建设、活动开展、特色培育情况开展定向指导。以志愿服务实现文明实践，开展最美志愿者、最美志愿服务组织评比活动，评选出10个区级最美志愿者、6个最美志愿服务组织。承接“志愿浙江”省级平台，平台注册志愿者147423人，志愿团队2694个，志愿活动73435场，全市排名第一，全省前十。

**【推进“浙江有礼”省域文明新实践】** 根据《关于推进“浙江有礼”省域文明新实践的实施意见》《关于推进“浙江有礼·德润越地”市域文明新实践的实施意见》文件精神，制定下发《“浙里新风·虞尚十礼”文明实践专项行动实施意见》《关于推进“浙里新风·虞尚十礼”文明新实践的实施方案》，形成区、镇、村三级书记抓“浙江有礼”文明新实践的良好工作格局。组织各类宣讲团开展“省党代会精神”“共同富裕”等主题宣讲活动，举办“共同富裕青虞说”青年理论宣讲比赛、“共富路上青春逐梦”青年联学沙龙等活动，创新推出《动漫青虞说》系列宣讲短视频，全年开展各类基层宣讲5200余场次。选聘10名“浙江有礼·上虞文明代言人”，身边好人、外卖骑手、机关干部等齐上阵，推出系列代言短视频48期。按照“一月一礼”推进“虞尚十礼”文明实践专项行动，全年开展“十礼”实践活动3400余场，在媒体开设“浙里新风·虞尚十礼”专栏，对“十礼”实践活动进行报道。开展有礼街区、有礼小区、有礼楼幢、有礼小巷等特色有礼创建活动，累计打造有礼地标5个、有礼单元 2 个、有礼楼道 10 个、有礼窗口 30 个。在文明实践中心（站所）、各公交站、自行车亭、商业街区、广场公园，设置灯箱、道旗、电子屏、景观小品等 200 余处，广泛宣传“虞尚十礼”，推动“虞尚十礼”形成全民共识。

**【邻居里特色品牌打造】** 上虞邻居里围绕建立上虞文化新阵地，打通服务百姓“最后一公里”为目标的中心思想，着力开展文化建设和文明实践两项工作。上虞邻居里响应城市品牌口号，以打造上虞独具魅力的城市品牌，建设近悦远来的品质之城、幸福之城、青春之城、未来之城为内容，以品牌宣传、资源导入辐射带动周边区域联动发展，共享共建；以行政接待、日常运维等其他支持服务助力邻居里文化服务综合体精益求精。截至年末，已执行各类活动 280 余场，居民参与量 35000 余人次。建立起具有影响力的传播推广自媒体矩阵，累计粉丝数超 17000 人，累计阅读量超 30 万+。深化创新社区服务模式，提供多样服务。“上虞邻居里”还不断深化社区服务管理模式，通过数字化手段，提供多维度的服务，为社区居民构建起幸福家园，每月开展六大系列主题活动，让居民在家门口就能享受高品质美好生活服务，同时成立“孝老爱亲志愿服务队”，组织招募社区居民加入志愿者队伍开展志愿服务活动，继承和发扬“敬老、爱老、助老”的传统美德，持续关注一老一小社会问题。

**【第十四届“社区邻里月”活动】** 9 月，以“虞尚十礼焕新风 邻里同行向未来”为主题，百官、曹娥、东关、道墟、小越、梁湖、崧厦 7 个街道 51 个社区围绕“敬有礼、网有礼，学有礼、信有礼，亲有礼、帮有礼，行有礼、乐有礼，仪有礼、餐有礼”开展各类活动 484 余场，构建相识相知、互助团结的新型邻里关系。截至年末，各社区共计开展活动项目 530 余个，参与居民人数达到 7.8 万人左右。 （陈梦瑶）

## 机构编制

**【概况】** 2022 年，区委编办牵头召开编委会 2 次，审议 46 件部门单位机构编制请示事项。办理事业单位设立登记 11 家、变更登记 210 家、注销登记 7 家，对 356 家事业单位年度报告进行审核、公示。办理出编手续 1739 人、入编手续 1707 人，完成区级及乡镇机关事业单位 1306 名用编计划和 639 个中层职数使用的审核工作。

**【执法机构“大综合一体化”行政执法改革】** 制定专业执法机构精简方案，撤销能源监察等 3 支专业执法队伍，形成“1+8”执法队伍体系。制定出台部门派驻乡镇（街道）机构和人员管理办法、部门执法人员和编制“县属乡用”的实施意见，对派驻机构编制进行重新核定明确，共锁定执法编制人员数 701 名，实际下沉乡镇（街道）565 名，占比 80.6%，确保部门监管和执法力量重心下移、一沉到底。优化完善监管事项库，推动相关部门做好执法事项的认领维护工作，确保事项动态认领率保持 100%。同步配合综合执法部门梳理形成 5 类乡镇（街道）赋权事项清单，召开专题会议部署落实，为推进乡镇（街道）“一支队伍管执法”做好配套保障。

**【乡镇（街道）管理体制改革】** 制定出台“1+5”乡镇（街道）管理体制改革政策文件体系，夯实基层智治基础。构建乡镇（街道）差异化管理体制，明确“5+X”的内设机构设置模式。推动乡镇（街道）综合信息指挥室实体化运行，重塑形成乡镇（街道）党建统领、经济生态、平安法治、公共服务四大功能性平台。迭代升级乡镇（街道）“三定一评”履职体系，建立岗位目录落实机制、岗位运行履职综合评价体系，全面制订乡镇（街道）岗位职责规定。

**【县乡协同治理体系健全完善】** 按照上级进度要求，完善社会治理机构建设，推动区社会治理中心更名、升格、重建。持续推进多部门“一件事”协同管理，基于前期梳理的 99 项协同监管“一件事”事项清单的基础上，2022 年相继梳理形成第二批、第三批“一件事”协同监管责任清单，形成较完备的“一件事”协同管理体系架构，助力机构职责上下贯通、一体联动。

**【理顺部分机构职责管理】** 做细做实机构改革“后半篇”文章，完成群团机关“三定”规定制定工作，做到“三定”规定全覆盖。深入老干部、卫健、教体、民政等部门单位，对区老龄工作、关心下一代工作体系职能进行重新调整明确，理顺区网信办等挂牌机构与主牌机构的关系，进一步健全机构组织体系，推进机构职能高效履行。

【基层编制资源保障】 推进编制资源向基层一线倾斜，统筹区级部门20名事业编制下沉乡镇（街道）。健全编制职数周转制度，建立了包括30名行政编制、39名事业编制、20个中层职数在内的乡镇（街道）编制职数周转池，专项用于保障重点乡镇（街道）和重点领域需求，支持乡镇（街道）人员力量下沉大型村社。核减收回37名空编用于配强基层卫生健康力量，同时创新“平战结合、上下贯通”的编制使用方式，将疾控编制数的30%及镇街卫生院（社区卫生服务中心）核编数统筹用于基层一线，进一步发挥编制资源使用绩效。

【事业单位数字化改革】 按照全省数字化改革扩面提质的要求，谋划推进事业单位数字化改革工作，拟定《上虞区事业单位数字化改革工作方案》等系列文件。抓好改革需求摸排，聚焦事业单位数字化改革行政服务、产业服务、民生服务3条跑道，共采集区事业单位数字化改革重大应用场景22项。

【机构编制综合监管】 实施“日常监管+重点核查+立体惩处”的三位一体综合监管体系，发现并整改机构编制问题33个，对19个部门单位发出机构编制问题整改通知单。高质量通过省委巡视机构编制反馈问题整改情况“回头看”检查。严格事业单位登记管理，全面完成169家事业单位章程制定，对10家事业单位年度公示信息开展“双随机”专项检查，发现并督促整改问题2项。

【编外用工岗位分类规范】 对全区138个部门单位的编外用工岗位进行系统梳理、科学分类、重新核定，并明确动态调整政策。部署实施编外聘用人员“一件事”应用平台，以数字化手段精简办事流程、提升管理效能。

（陈亚杰）

## 机关党建

【机关党建队伍建设】 坚持区委把关定向，区委常委牵头召开党的建设工作推进会，明确年度重点任务，组织签订“三级书记”抓机关党建责任清单，推进机关党建联述联评联考，实行党建工作联席会议制度，通过“一季一会”分建制、轮庄式推进机关党组织业务、党务双提升。持续优化落实新时代机关党务干部队伍建设8条意见，配齐配强专职副书记37名，其中新任15名、90后5名，大力推进机关党组织书记“专职专干”，赴浙江大学举办机关党组织书记专题培训班，着力提升党务干部队伍素质。全年发展党员70名、转正99名。

【党建服务大局】 以走在前列的定位，做好疫情防控工作，有效建立快响激活、平战转换考赛体系，先后组建并激活机关核酸检测、应急流调等志愿队伍10余支，累计建立疫情防控临时党支部20个，增援管控人员2000余人次、流调人员400余人次，相关做法被《浙江日报》报道。深入开展“两地报到、组团回归”活动，推动机关党员干部下沉入网格、贴心优服务，累计认领服务项目超2000个，在省直机关工委“我为基层办实事”数字化改革场景应用工作中，有效承接、快速响应，获得省直机关工委书面表扬。

【党建示范引领】 深入实施“双建争先”工程，组织开展机关党组织第四轮机关党建特色项目比赛，评选十佳机关党建特色项目10个、优秀机关党建特色项目9个，推动党建与业务深度融合。深入开展清廉机关示范点打造，区委党校、区交通运输综合行政执法队2家单位创成市级清廉单元建设示范单位。结合“六比六争先、勇当排头兵”活动，在机关党员干部中选树“共产党员先锋岗、服务群众标兵”，开展“争先率先领先”比拼活动，创新推出支部书记“实战实效”业务赛比，评选金牌书记17名，银牌书记15名。

（田　瑶）

## 统战工作

【概况】 2022年，上虞区委统战部扎实推进各项重点任务，坚决扛起统一战线政治担当，全面贯彻落实中央和省委市委关于统一战线工作决策部署。制定出台《关于开展“擘画共富、‘虞’你同行”全区统一战线助力锻造高质量发展金名片奋力谱写共同富裕美好社会新篇章活动方案》，充分发挥全区统一战线资源优势，全领域助推全区5个生态型乡镇谱写共同富裕美好社会新篇章，开展活动10余次，收集需求清单50个。

**【大走访大调研活动】** 按照省委统战部在全省统战系统开展“同心聚力共同富裕”新春大走访大调研专题实践活动的要求，结合“助企开门红”和“三访三谈”活动，共走访、联络统战成员1400余位，搜集反馈问题50余个，招引乡贤项目15个，总投资超30亿元。

**【民主党派统战工作】** 着力推进民主党派统战工作实践教育基地建设，其中“徐光宪故居”成为上虞区第三个“民盟中央传统教育基地”。

**【非公有制经济领域统战工作】** 落实“亲清直通车政企恳谈会”长效举办机制，拟定《上虞区践行亲清新型政商关系的实施意见》，进一步落实省级亲清政商关系示范乡镇建设举措。在此基础上，《关于开展绍兴市上虞区“政企服务直通车”工作的实施方案》，实现上级精神直通、惠企政策直通、企业需求直通、纾困解难直通。联合16部门单位印发《关于开展涉案企业合规第三方监督评估工作机制的实施细则（试行）》，纵深推进清廉民企单元建设。

**【民族、宗教工作】** 组织力量进行宗教场所出版物联合检查整治行动，进一步净化宗教场所文化环境。加强《互联网宗教信息服务管理办法》的学习宣传，牢牢掌握网络意识形态主导权。推进盖北镇中心小学民族馆建设，全力支持盖北镇小争创全国民族团结进步示范单位，选取崧厦街道、盖北镇、龙山学校作为市级民族团结进步创建单位，打造具有上虞辨识度的“石榴籽家园”工作品牌。

**【侨务工作】** 开展“虞侨同心·与爱同行”走访慰问工作，共计走访重点、困难侨眷9人，发放慰问金10800元、“虞侨同心”暖心包100余份。举办“共筑海创梦·同叙中秋情”中秋晚会，组织侨界代表人士参加“同心共富”圆桌论坛。以《归侨侨眷权益保护法》及其实施办法为依据，完善维权机制，建立“涉侨法律援助站”。俄乌冲突发生后，第一时间为撤离乌克兰虞籍留学生提供帮助，确保2名虞籍留学生安全回国。努力搭建侨界交流联络平台，e游小镇成功创建省级侨界创业创新基地。8月28日，与民革上虞基层委共建“上虞区涉侨法律服务站”，定期或不定期举办送法下乡、模拟法庭等活动。10月28日，与法院联合设立“上虞区涉侨纠纷调解工作室”，出台《上虞区涉侨纠纷多元解决机制》，为侨界群众提供便捷高效、专业可信的纠纷调解服务。

**【虞商、乡贤工作】** 坚持把区领导联系虞商联谊会和在外乡贤纳入区领导“八个一”联系制度，加强与14个在外虞商联谊会联络，已走访上海、杭州、宁波、温州、安徽、江苏等地虞商联谊会。完成江苏虞商联谊会换届。编印《虞商联谊报》4期，播出《天南地北上虞人》24期。高规格举办第三届乡贤大会，聘请10位乡贤担任“上虞城市发展顾问”。 （万国通）

## 对台事务

**【推进台企稳进提质】** 2022年，上虞区落细落实各项惠企政策和帮扶举措，减少疫情对台企影响，提振台商台企发展信心，实现稳台企安台商。省台办副主任章启忠到上虞开展“助企开门红”活动，听取台企复工复产面临的困难和问题，督促台企抓好安全生产和疫情防控工作。组织台商参加绍兴台商大讲堂活动，深入台企开展“5+4”等助企纾困政策宣传、解读和辅导，帮助台企用足用好外贸、减费、退税等相关纾困扶持措施，收集台企在贷款、货运物资保障、供应链、产业链等方面需求，帮助台企办理“重点物资运输车辆通行证”6张，协调台资项目地块收储、资金转贷、卫生行政执法处罚等相关事宜。全年深入台企走访调研52家次，帮助台企解决生产发展中的实际问题15个，有10家台企享受减费退税缓税等政策，累计800余万元。鼓励台商台企强化品牌培育，走“专精特新”道路，浙江瑞昶实业有限公司被列入2022年度浙江省专精特新中小企业名单，浙江瑞昶实业有限公司、浙江正裕化学工业有限公司被列入第一批省级创新型中小企业名单。浙江大东树脂有限公司和绍兴市上虞美琪玛化学有限公司、浙江正裕化学工业有限公司分别被列入上虞区化工产业改造提升 2.0 版对标提升验收通过第一批、第三批企业名单。

**【保障台胞合法权益】** 年内，做好涉台风险预防，开展在虞台商台企台胞防范电信网络诈骗违法犯罪宣传工作，防范化解涉台矛盾纠纷，开展对台工作领域风险隐患安全排查月活动，成功化解一起中央台办挂牌督办案件。针对 2 起台胞意外死亡事件，及时启动应急预案，提前介入、妥善应对。全年化解涉台信访投诉6起，跟踪督办涉台诉讼案件6起，化解率100%。

**【虞台青年交流】** 年内，吸引 5 位台湾青年艺人在虞就业创业，举办 2022 绍台乡旅文化对话与研学交流活动、“孝德文化、两岸同行”影像采风活动。组织在虞台生参加绍台两岸越窑青瓷青年文化体验活动和台生教育交流沙龙活动暨暑假研学游活动。组织在虞台商台青参加市台协会棒垒队比赛，培养台青骨干，推荐台青参加省委统战部举办的港澳台青年“伙伴”国情培训班，摸排青年台商人才情况，做好台湾地区部分技能证书采认宣传工作。

**【虞台基层交流】** 年内，多渠道开展基层交流，组织在虞台胞台属参加绍台两岸青年参访活动。加强与台北上虞同乡会和基层代表的线上沟通联络，做到在疫情期间交流不中断，组织上虞台北同乡会会员赴南投县参加“绍台摄影作品联展”。做好新媒体宣传内容的收集报送工作，加大新媒体入岛宣传力度，接待全国台企联青年青委会一行考察 e 游小镇，组织区台联会与民革上虞总支开展“共植同心树，齐盼早团圆”义务植树活动，组织上虞台商联谊会开展“两岸一家亲、重阳敬老行”公益行动。加强涉台示范点建设和基层交流能手培养，推荐基层对台交流能手参加海峡两岸乡村发展论坛。对台示范交流点 e 游小镇涉台交流做法经验在《两岸关系》杂志上刊载。（贾意美）

## 老干部工作

**【概况】** 2022 年底，全区有离休干部 42 人：属行政事业单位离休的 22 人，企业单位离休的 20 人；享受县处级待遇 18 人，科局级 24 人；抗战时期参加革命工作 7 人，解放战争时期 35 人。

**【离退休干部党组织规范化建设实现 100%】** 贯彻落实中央《关于加强新时代离退休干部党的建设工作的意见》，在对上虞区离退休干部党组织进行走访调研基础上，持续推进离退休干部党支部规范化建设，实现全覆盖。

**【“银辉驿站”党建综合体建设】** 搭建离退休干部作用发挥平台，在南丰社区探索开展“银辉驿站”党建综合体建设，引导老干部发挥自身优势，就近参加志愿服务，参与社区治理。组建共富政策宣讲团、产业升级帮扶团、文化艺术服务团 3 个，培育老干部助力共同富裕品牌团队和品牌工作室各 1 个。

**【区级“银色人才库”建立】** 在对全区“银色人才”调查摸底的基础上，建立区级“银色人才库”，入库银色人才 42 人。培育选拔银色人才领军人物，开展优秀事迹宣传，营造正向激励氛围。

**【老年大学“智慧校园”2.0 版】** 深度对接浙江省老年大学智慧校园系统，推进“智慧校园”2.0 建设，打造“智慧教室”，开发智慧校园服务场景“一键式”应用。在实现教育教学智能精细管理的基础上，不断优化“云上老年大学”，大力推进网络直播课堂，年内开放 300 余个学习视频，累计观看人数超 2 万人次。

**【全区老年教育联盟成立】** 8 月，上虞区组建成立上虞老年教育联盟，由区委常委、组织部部长和分管副区长分别担任联盟指导委员会主任、副主任，12 家区级部门为联盟指导委员会成员单位，负责推进全区老年教育资源整合工作。上虞老年教育联盟指导委员会办公室设在区委老干部局。（王菊芳）

## 信访工作

**【概况】** 2022 年，上虞区共受理信访事项 63891 件次，其中群众来信 392 件次，来访 560 批 2413 人次，受理政务热线44493件次，受理网上信访18446件次，信访事项复查申请68件，全年区领导累计下访约访群众657批1265人次。

**【《信访工作条例》宣传】** 成立“青春+信访”宣讲团、开设线上有奖知识竞答活动，持续学习热潮；通过打造一批法治信访宣传阵地、创新制作一期《以人民为中心》莲花落宣讲视频等。5月集中宣传月期间在全区广泛开展学习宣传贯彻活动，全区各级共开展《信访工作条例》宣讲40余次，发放宣传资料2万余份，覆盖“两代表一委员”956人次、机关干部1万余人次、社会群众5.7万余人。

**【人民建议征集制度】** 畅通渠道完善人民建议征集工作，完成专题培训，明确承办机构及科室分工、人员职责等，信访局办公室挂人民建议征集办公室牌子，建立人民建议征集制度，开展人民建议日常征集和主题、专题征集工作；分析研判社情民意，从群众意见中寻找社会治理的意见建议，作为督促各部门单位改进信访工作的决策支撑，助推信访突出问题化解。

**【初次信访全流程办理标准化国家级试点】** 率先开展初次信访全流程办理标准化国家级试点工作，成立初次信访全流程办理标准化国家级试点工作领导小组，广泛开展试点项目动员建设，营造良好的标准化法治化氛围，以标准化试点为契机，全面建设完善上虞区初次信访全流程办理工作标准体系，在信访工作建设中融入标准化理念，提升初信初访办理质效。

**【绍兴市上虞区社会治理中心调整设立】** 2022年9月，区委、区政府信访局所属事业单位绍兴市上虞区社会矛盾纠纷调处化解中心更名组建为绍兴市上虞区社会治理中心，仍为中共绍兴市上虞区委直属公益一类事业单位，由中共绍兴市上虞区委员会办公室统筹管理，机构规格相当于正科级，内设综合督查科、矛调管理科、协调指导科、运行保障科4个科室，主要承担运行监测、矛盾调处、分析研判、协调流转、应急指挥、督查考核职责及中心日常管理工作。

**【信访积案“百日攻坚”专项行动】** 搭建“百日攻坚”行动组织体系，坚决打好每日晾晒、部门约谈、业务培训、竞赛激励等工作组合拳，按期实现动态清零。

## 档案管理

**【概况】** 2022年，上虞区档案馆接收档案44718卷、64189件，本级馆藏档案总量达587613卷、1112877件。新增资料266卷，馆藏资料总量达23237卷，馆藏录音磁带、录像磁带、影片档案总量达6238盘，照片档案总量达28814张，实物档案总量达9408件。完成数字化扫描4749万页，录入目录596万条，馆藏档案数字化全文达4200万页，条目达710.5万条。全年向社会公众提供档案查阅利用1.066万卷（件），1.069万人次，出具证明0.98万份。档案文化展厅全年共接待参观者8500人次。

2022年，通过全省首家“智慧档案馆”建设试点验收，档案“两组件一应用”列入省级试点建设项目并在IRS上架；“上虞特藏”系列编研成果获2021年度全省优秀档案编研成果两个一等奖；档案工作服务基层社会治理在上浦、陈溪等乡镇先行先试；2022年，上虞档案工作全省考评第一。12月9日，在省档案馆召开的档案数据资源归集工作提质扩面动员部署会视频会议上，上虞区档案馆作为全省6家试点单位代表作试点工作经验介绍。

**【《上虞档案纪实》通过验收】** 1月15日，“三重一特”档案信息数据库建设和利用项目成果评审会召开。经专家评审，一致同意《上虞档案纪实（2017—2021）》和10部重点建设项目小视频通过验收。

**【数字应用组件列入全省“浙里数字档案应用”试点】** 2月22日，省档案局印发《关于同意将绍兴市上虞区档案馆有关应用组件列入“浙里数字档案应用”试点的通知》，上虞区档案馆报送的“档案编研AI组件”“开放审核AI组件”和“查档直通车”应用列入省档案局“浙里数字档案应用”试点内容。

**【馆室藏数据库项目通过验收】** 3月25日，区档案馆召开上虞区档案馆馆（室）藏档案基础数据库数据采集项目（馆室藏档案数字化成果采集终验）集中验收会议。会议认定验收工作都符合规范要求，一致同意该项目通过验收。

**【上虞籍院士档案专题数据库建成】** 6月，上虞籍院士档案专题数据库上线，实现馆藏上虞籍院士档案电子目录和全文数据的集中保管和统一利用。

**【全国知名摄影家走进上虞采风】** 6月9日，由上虞区委办主办，区档案馆、曹娥江旅游度假区管委会与浙江画报社联合承办的为期3天的“走读千年娥江，寻访红色印记”全国知名摄影家上虞采风活动启动。30余名全国知名摄影家行走上浦、章镇、岭南、陈溪等地，以东山指石、绵延茶山、东澄古村、太平山村风情、石笋山风光等为创作素材进行摄影采风，挖掘上虞文化。

**【《跟着档案去旅行》（上浦篇）播出】** 7月22日，由浙江省档案馆和浙江电视台新闻频道联合推出的《跟着档案去旅行——青瓷之源、诗画上浦》播出，展现江南古朴之地上虞上浦的孝德之风、千年瓷韵和诗路风雅。

**【编研成果】** 《上虞特藏故事》和“上虞特藏”系列档案故事专题片（视频）双双获全省优秀档案编研成果一等奖。《科学巨匠——虞籍院士风采录》获全省优秀档案编研成果三等奖。《红色档案见证百年金融——对新中国成立前中国共产党经济来源的考察研究》获全省档案学优秀成果二等奖。全年在各大媒体平台刊发信息60余篇，其中4篇在《中国档案报》《中国档案》杂志刊出，6篇收录《浙江档案》杂志，《这册〈共产党宣言〉中文首译本，为何珍藏在上虞》在“浙江宣传”公众号“解密档案”栏目发布，阅读量达10万+。

**【首个家庭档案研学实践基地落成】** 9月17日，上虞区举行家庭档案研学实践活动，全区首个家庭档案研学实践基地在滨江小学落成。

**【“两组件一应用”通过验收】** 9月28日，上虞区档案馆“两组件一应用”试点建设项目通过专家组验收。该项目为省档案局“浙里数字档案”重大应用试点项目，包括研发“档案AI辅助开放审核”“档案AI辅助编研”两个组件和查档直通车应用。

**【“喜迎二十大·档案颂辉煌”】** 9月29日，“喜迎二十大·档案颂辉煌”主题活动在区档案馆举行。活动现场，区相关领导为档案事业咨询专家代表颁发聘书，并举行《曹娥江红色印记》画册首发及赠书仪式。

**【档案服务基层社会治理工作现场会召开】** 12月9日，上虞区召开档案服务基层社会治理工作现场会，总结前阶段档案服务基层社会治理工作试点经验，部署全区档案服务基层社会治理工作重点任务，大力推进区基层档案工作高质量发展和档案治理现代化。

（赵　坚）

## 党史编研

**【概况】** 2022年，上虞区史志工作贯彻落实中共二十大、全省第十次党史工作会议和全市党史工作会议精神，守好“红色根脉”，坚持“党史姓党”，推动构建“大党史+大党建”工作格局，发挥资政辅治作用。年内，筹划“八八战略”实施20周年相关活动与课题，完成撰写全省《一张蓝图绘到底——忠实践行“八八战略”全记录》党史专题。启动党史三卷编纂工作。加强党史阵地建设，3个单位获评第三批“绍兴市党史教育基地”，5家单位获评第四批“绍兴市党史教育基地”。浙东新四军后勤基地纪念馆取得2023年党史和文献资料征编保护利用专项资金。探索红色微电影、短视频、VR实景、连环画等创新渠道，谋求内容更添“红色味”，更有教育性，更具时代感。

**【党史专题课题撰写】** 2022年，筹划改革开放和社会主义现代化建设新时期上虞党史资料及“八八战略”实施20周年来习近平总书记到上虞3次视察调研精神贯彻落实情况资料征编项目，为“八八战略”在上虞存史立言。以重点编撰项目为引领，组织力量参与省市两级各类专题研究，完成撰写全省《一张蓝图绘到底——忠实践行“八八战略”全记录》党史专题和全市“以党建引领绍兴基层治理”国家级课题的上虞部分，为各级重要决策提供历史参考。

**【“上虞史志”开设“回望｜上虞百年党史”专栏】** 2022年，上虞党史部门以时间为线索，从《中国共产党上虞历史大事记（1919—2020）》摘录历史上同一时间的事件在“上虞史志”中推送，追溯红色渊源，讲述上虞故事，感受百年变迁。年内，共在该专栏中发文41篇。

**【《中国共产党上虞历史（第三卷）》启动编纂】** 2022年，上虞区启动《中国共产党上虞历史（第三卷）》（以下简称党史三卷）编纂工作。4月，着手起草《中国共产党上虞历史（第三卷）》纲目，参阅上级党史部门、兄弟县市党史部门出版的党史三卷相关著作，至年底完成纲目初稿。纲目将中共十一届三中全会至2012年10月，党领导全区人民在改革开放和社会主义现代化建设新时期发展和建设上虞的历史分为4编23章81节，并基本拟定相关目。9月，《〈中国共产党上虞历史〉第三卷（1978.12—2012.10）编纂方案》的通知印发，党史三卷编纂在全区范围内启动，同时下发涉及98个单位295个专题，内容涵盖经济、政治、文化、社会、生态文明建设等各个方面，广泛收集党史资料。11月7日，党史三卷专题编写业务培训会召开，上虞区邀请专家动员培训，旨在提高专题编写质量。至年末，有81个专题完成初稿。

**【党史阵地建设】** 年内，申报省市两级党史教育基地，上虞党史陈列室、观杰烈士事迹陈列馆、梁湖街道红路记忆馆3个单位获评第三批“绍兴市党史教育基地”；春晖中学红色基因教育基地、胡愈之故居、竺可桢故居、谢晋电影艺术馆、上虞区盖北围涂馆5个单位获评第四批“绍兴市党史教育基地”。

**【党史宣教】** 做好中共二十大精神的学习宣传与贯彻，主动作为，深入基层、学校、部门单位等，用活红色文化，服务党员教育，累计在全区部门单位常态化开展党课宣讲20余场次。

**【资政辅治】** 发挥“资政辅治”和“以史鉴今”优势，参与指导上虞复县建城（丰惠）1200周年活动相关方案、布局和宣传手册，参加区委、区政府新时代上虞精神和城市品牌提炼语征集、评审和阐释。参与道墟街道新屯南村《江南威尼斯》《上虞碑帖馆》《何云烈士故居展陈》等展馆文本评审，指导上虞博物馆通史陈列厅、双拥国防教育主题公园、长塘镇会篁村清廉文化公园并提供资料。参加谢安墓神道方案、上虞东山谢玄—谢灵运故居（遗址）研讨会。审核修改《绍兴浙东唐诗之路条例（草案）》《曹娥江红色印记》《浙江文史记忆丛书·上虞卷》《上虞与浙东唐诗之路》《红色陈溪》连环画。（沈瑶圆）

## 党校教育

**【概况】** 2022年，中共绍兴市上虞区委党校（绍兴市上虞区行政学校）教学精品课在全市党校系统比赛中获得区县组第一名，相关经验做法被中央党校《学习时报》刊登。科研工作经验在全省党校系统会议上作典型交流。获得全区首个省级干部教育教学基地1个。获全省党校系统成绩突出集体、全省党校系统第一批绿色学校、省级节水型机关、省科社学会工作优秀组织单位、绍兴市清廉单元建设示范单位5个省市级荣誉，获评区目标责任制考核一等奖单位，实现四连优。切实推动数字化改革，作为浙江数智党校集成应用第三批建设单位，成为全市首家与省委党校数智党校平台全面贯通的县级党校。

**【党校领导体制调整】** 2022年，调整党校领导体制，实行校委制，组织部长、党校校长作为校委委员，并增配党校教育长领导职数。

**【干部教育培训】** 全年共举办24期主体班次、38期社会培训班次，培训学员11413人次。主题式开展主体班次培训。围绕“习近平新时代中国特色社会主义思想培训班”“理想信念教育培训班”“履职能力提升班”“推进现代化建设和共同富裕培训班”“基层治理能力提升培训班”“企业家素质提升专题培训班”五大班次主题，深入推进重要理论、重大主题、重点工作进课堂，全方位提升领导干部全面建设社会主义现代化能力。专项式完善教学管理制度，修订出台“15条学风负面清单”，创新出台学员管理“十项规定”和班主任带班管理“八条纪律要求”等制度，探索实行“支部建在班上，纪律印在本上，学分写在档（案）上”，强化从严管理与从严治学相结合。组织开展校级精品课建设，培育选拔6门校级精品课，并择优选送2门参加第七届绍兴市党校系统精品课程评选，分别获得精品奖（县级党校第一名）和优秀奖。精品式打造现场教学基地，重点打造提升晋生村、东澄村、新屯南村等基地，制定全区现场教学基地的规范化提升方案，形成16个具有上虞辨识度的现场教学示范基地，其中，3个教学基地获全市干部教育培训示范基地。

**【探索性开展心理健康教育】** 一是紧扣干部从入职到退休的全周期职业生涯阶段，开发设计“孤独无期、适应有期”等4门课程，并在相关班次中授课运用。二是加大心理课程占比率。推动心理健康教育纳入干教培训，开展领导干部心理素质提升培训班8期，累计培训700余人。在优秀年轻干部青苗成长训练营、第21期中青班中等开设心理健康专题讲座或心理团辅课程。三是开展心理健康大体检。为全区干部提供心理体检服务，建立心理健康档案一人一档。对1000多名干部进行心理健康普查，与此同时接待干部个体咨询35人次。

**【打造红色宣讲宣传窗口】** 利用“春晖大讲堂”平台积极组织开展培训，邀请商务部等专家学者开展线上授课，授课对象实现全区干部全覆盖。利用网络学院，动态更新课程内容，推出专题学习栏目，供学员学习；完善网络学院H5平台建设，方便学员手机实时在线学习。做好对外宣讲，修改完善《党校专兼职教师外出宣讲制度》，制定并推送党校“红色课堂”课程清单，组建党校红色宣讲团，进村入企开展党的二十大精神、省第十五次党代会精神等宣传宣讲106场次，受众7300多人次。

**【对外合作办班】** 与按照“重规范、讲质量、有特色”总要求，规范社会培训收费标准、班次带班管理规定。坚持质量标准，根据每个班级量身定制培训方案，优化服务保障，做出特色，打造品牌。承接38期对外培训班次，其中承接来自四川金口河等对口支援班次2期。

（蒋　钰）

# 绍兴市上虞区人民代表大会

## 综 述

**【概况】** 2022 年，区人大共召开常委会会议 9 次、主任会议 14 次，听取和审议工作报告 49 个，开展执法检查 31 次、作出重大决议决定 11 个，督促问题清单整改落实 18 件，任免国家机关工作人员 140 人次，圆满完成区二届人大一次会议确定的各项任务。

筹建并成立区人大工作研究会，建立区领导常态化联系人大代表联络站等制度。修订民生实事项目和重点监督投资项目监督办法，出台人大代表全过程监督民生实事项目实施意见，督促加快项目建设进程。开展基层单元建设，区级代表联络总站建成投用，各乡镇街道（经开区）以数字化改革推动代表联络站迭代升级取得明显成效，全区各级人大代表开展“九访九促”、助力十大攻坚、“局长·代表面对面”等专题活动。区二届人大一次会议期间代表提出的 214 件书面建议问题已经解决和基本解决占总数的 66.4%，代表对办理工作满意和基本满意率达 100%。

区人大常委会机关获 2022 年全省人大信息工作成绩突出单位荣誉称号，被市人大评为年度先进集体。

**【区人大工作研究会成立】** 12 月 2 日，区人大常委会组织召开人大工作研究会成立大会，表决通过《绍兴市上虞区人大工作研究会章程》《绍兴市上虞区人大工作研究会选举办法》，选举产生研究会第一届理事会、监事会，区二届人大常委会党组书记、主任陈坚当选第一届理事会会长。

**【人大数字化改革】** 打造“虞事 e 督”民生实事项目多跨场景监督系统、预算国资监督系统、跟踪监督系统等特色应用和场景，其中“虞事 e 督”应用场景获“全省人大数字化改革创新暨第三届浙江人大工作与时俱进通报表扬”项目优秀奖。 （陈吉茂）

## 重要会议

**【区二届人大一次会议】** 2022 年 2 月 20 日至 22 日，绍兴市上虞区第二届人民代表大会第一次会议在百官召开。

会议听取、审查并通过区人民政府区长金进富所作的《政府工作报告》；审查和批准《绍兴市上虞区 2021 年国民经济和社会发展计划执行情况的报告及 2022 年国民经济和社会发展计划》《绍兴市上虞区 2021 年财政预算执行情况的报告和 2022 年财政预算》；听取、审查并通过区人大常委会主任陈坚、区人民法院代院长朱森蛟、区人民检察院代检察长何红所作的工作报告。选举绍兴市上虞区第二届人民代表大会常务委员会主任、副主任、委员，区第二届人民政府区长、副区长，区第二届监察委员会主任，区第二届人民法院院长和检察院检察长；上虞区出席绍兴市第九届人民代表大会代表，表决通过区第二届人民代表大会专门委员会组成人员。开展 2021 年度上虞区人民政府民生实事项目完成情况满意度测评，投票表决 2022 年度上虞区人民政府民生实事项目，审议其他事项。

**【区人大常委会会议】** 全年，区一届、二届人大常委会共举行 9 次常委会会议。

1 月 15 日，区一届人大常委会举行第三十八次会议。听取和审议区政府关于提请调整 2021 年度本级财政收支预算和地方政府债务限额的报告，听取和通过关于召开区二届人大一次会议的决定。

1 月 24 日，区一届人大常委会举行第三十九次会议。听取和审议区政府关于法治宣传教育工作“七五”总结和“八五”部署情况的报告，审议通过《绍兴市上虞区人大常委会关于开展第八个五年法治宣传教育的决议》，听取关于区二届人大代表资格审查的报告。

2 月 15 日，区一届人大常委会举行第四十次会议。听取和审议关于区二届人大一次会议筹备情况的报告、区人民政府工作报告和区人大常委会工作报告起草情况的说明，以及区政府关于 2021 年民生实事项目完成情况和 2022 年区政府民生实事候选项目形成情况等报告，表决通过有关人事任免事项。

3 月 17 日，区二届人大常委会举行第一次会议。听取和审议人大街道（经开区）工委工作报告，作出关于区人大百官街道工委等八个工作报告的决议。听取区人大常委会关于 2022 年工作要点报告，审议表决区人大常委会办事工作机构设置的议案，表决通过有关人事任免事项。

5 月 26 日，区二届人大常委会举行第二次会议。听取和审议中期财政规划（2022—2024 年）编制情况、区政府关于 2021 年全区生态环境状况和环境保护目标完成情况的报告。听取 2021 年度上会部门预算执行情况的报告，进行满意度测评。听取和审议区人大常委会有关制度起草、修订情况的说明，表决通过有关人事任免事项。

7 月 27 日，区二届人大常委会举行第三次会议。听取和审议区政府关于 2022 年上半年工作情况、2022 年上半年国民经济和社会发展计划执行情况、2022 年度政府投资（国有建设）项目投资计划半年度调整情况、2021 年度区本级决算和 2022 年上半年财政预算执行情况等报告。会议表决通过其他任免事项。

9 月 27 日，区二届人大常委会举行第四次会议。听取区监察委员会关于开展廉政教育工作情况的报告，听取和审议区政府关于全区综合行政执法改革推进情况、要求调整 2022 年度本级财政支出预算和提请审议批准地方政府债务限额、区二届人大一次会议代表建议办理情况、全区“农业双强”行动进展情况等报告，部署对区应急管理局、综合执法局两个部门的工作评议。

11 月 23 日，区二届人大常委会举行第五次会议。听取和审议被评议部门区应急管理局、区综合行政执法局工作情况的报告并进行满意度测评，听取和审议区政府关于全区国有资产管理情况的综合报告、关于补选市九届人大代表和区二届人大代表有关情况等报告，表决通过有关人事任免事项。

12 月 5 日，区二届人大常委会举行第六次会议。听取并通过关于召开区二届人大二次会议的决定，表决通过有关人事任免事项。

**【区人大常委会主任会议】** 全年，区一届、二届人大常委会主任会议共召开 14 次会议。

1 月 15 日，区一届人大常委会召开第七十二次主任会议。会议研究决定区一届人大常委会第三十八次会议相关事宜，审议决定区、乡镇选举委员会相关组成人员辞职事项，评选区人大代表优秀建议和建议办理先进单位。

1 月 15 日，区一届人大常委会召开第七十三次主任会议。会议提名胡玲萍为绍兴市上虞区监察委员会代理主任、朱森蛟为绍兴市上虞区人民法院代理院长、何红为绍兴市上虞区人民检察院代理检察长。

2 月 14 日，区一届人大常委会召开第七十五次主任会议。会议审议通过区第二届人民代表大会专门委员会组成人员建议名单，研究决定区一届人大常委会第四十次会议相关事宜。

3 月 15 日，区二届人大常委会召开第一次主任会议。会议研究决定区二届人大常委会第一次会议相关事宜，研究决定预算国资联网监督系统升级及工作规定修改、《2022 年民生实事项目和区一届人大重点监督投资项目回头看监督计划及任务分解方案》、区人大常委会主任、副主任分工安排、区人大常委会 2022 年工作行事历。

4 月 28 日，区二届人大常委会召开第二次主任会议。会议听取和审议全区数字化改革及公共数据平台建设、管理服务情况的报告，研究决定区人大常委会有关规则、办法、方案的修订，研究通过区二届人大常委会计划预算审查监督专家组和政府投资（国有建设）项目监督专家组名单。

5月25日，区二届人大常委会召开第三次主任会议。会议研究决定区二届人大常委会第二次会议相关事宜，审议通过《浙江省综合行政执法条例》执法检查实施方案、区人大代表列席区人民法院审判委员会会议的实施办法（试行）。

6月28日，区二届人大常委会召开第四次主任会议。听取和审议区政府关于先进制造业与现代服务业“两业融合”发展、退役军人服务保障体系建设工作、促进共同富裕打通农村公路“断头路”建设情况的报告，审议通过《绍兴市上虞区人大常委会社会建设基层联系点工作规则（试行）》《绍兴市上虞区人大常委会社会建设咨询专家库管理办法（试行）》。

7月26日下午，区二届人大常委会召开第五次主任会议。研究决定区二届人大常委会第三次会议相关事宜，审议通过区二届人大常委会社会建设基层联系点名单和咨询专家库入库专家名单。

8月30日，区二届人大常委会召开第六次主任会议。听取和审议区人民法院关于环境资源审判工作、区政府关于全区“双减”工作情况的报告。

10月27日，区二届人大常委会召开第八次主任会议。听取区政府关于全区水利工程防洪排涝能力建设、2021年区本级预算执行和其他财政收支审计查出问题整改情况的报告。

11月21日，区二届人大常委会召开第九次主任会议。研究决定区二届人大常委会第五次会议相关事宜，审议决定2023年区人大重点监督投资项目和区市场监督管理局、区住房和城乡建设局为预算上会审查部门。

另有区一届人大常委会第七十四次、区二届人大常委会第七次、第十次主任会议主要是讨论决定召开常委会会议的有关事宜。

**【区二届人大各专门委员会第一次全体会议】** 4月20日，区人大常委会召开区二届人大各专门委员会第一次全体会议，对区二届人大法制（监察司法）、财政经济、社会建设三个专委会的工作提出要求。

**【全区乡镇街道人大工作会议】** 4月27日，全区乡镇、街道（经开区）人大工作会议召开。会议肯定过去五年各乡镇、街道人大和经开区人大成立以来所做的工作，对2022年乡镇、街道（经开区）人大工作进行部署。

**【区“打造践行全过程人民民主基层单元”推进会】** 8月25日，区人大常委会召开全区“打造践行全过程人民民主基层单元”推进会，全面推广小越街道人大的试点经验，打造加强和改进新时代人大工作的重要载体。 （陈吉茂）

## 人事任免

**【概况】** 1月15日，区一届人大常委会举行第三十八次会议，接受王佳琦、凌健辞去区人民政府副区长职务，许建超辞去区监察委员会主任职务，钱长龙、张斌辞去区人民法院院长和区人民检察院检察长职务；决定任命阮程华、王成毅为区人民政府副区长，会议还表决通过其他任免事项。

2022年2月22日，绍兴市上虞区第二届人民代表大会第一次会议，依法选举陈坚为绍兴市上虞区第二届人民代表大会常务委员会主任，潘立峰、徐志华、方静(女)、黄梅龙、胡宝荣、王文松为副主任；选举金进富为区长，金山中、朱江桥、魏国剑、黄俊毅、阮程华、孙伟琴、王成毅为副区长；选举胡玲萍为绍兴市上虞区监察委员会主任；朱森蛟为绍兴市上虞区人民法院院长；何红为绍兴市上虞区人民检察院检察长，并报经绍兴市人民检察院检察长提请绍兴市人大常委会批准。

7月27日，区二届人大常委会举行第三次会议，任命张瑜凤为区人民政府副区长，并报区二届人大二次会议备案，表决通过其他任免事项。 （陈吉茂）

## 主要活动

**【区人大常委会视察活动】** 2022年，区人大常委会共组织11次视察活动。

3月8日，区人大常委会开展“奋战一季稳、夺取开门红”专项视察活动，听取工作汇报，充分肯定取得的成绩，要求强化精准施策，加强协调配合，推动上虞向第一方阵奋进。

5月19日，区人大常委会视察全区高层民用建筑消防安全隐患整治工作，听取工作报告并进行集中审议，提出《关于全区高层民用建筑消防安全隐患整治情况的视察意见》。

6月24日，区人大常委会视察年度区政府民生实事项目、区一届人大重点监督投资项目实施情况，听取区政府民生实事项目情况报告，书面审议区一届人大重点监督投资项目实施情况报告并进行满意度测评。

7月22日，区人大常委会视察文旅融合工作情况，实地走访文旅综合体项目，听取和审议区政府的工作报告。会议充分肯定全区文旅综合发展取得的成果，提出《关于全区文旅融合工作情况的视察意见》。

8月15日，区人大常委会视察区人大代表联络总站建设情况，对总站的布展效果、装饰细节等方面提出指导。

8月24日，区人大常委会视察“万亩千亿”高分子材料产业平台建设情况，听取情况汇报并进行审议，要求区政府和相关部门继续聚焦项目和平台两个抓手，为经开区建设高能级平台提供不竭动力。

10月26日，区人大常委会视察全区乡村振兴先行村创建工作，听取区农业农村局的工作汇报并进行审议，充分肯定取得的创建成果，提出《关于全区乡村振兴先行村创建工作的视察意见》。

11月8日，区人大常委会视察章镇小城市培育试点和丰惠“千年古城”复兴工作，听取和审议工作报告，提出《关于丰惠“千年古城”复兴建设推进情况的视察意见》《关于章镇省级小城市培育试点工作情况的视察意见》。

11月23日，区人大常委会视察债券项目建设情况，听取审议关于债券项目建设及金融债券使用情况、关于专项债券发行和资金使用情况的报告，要求加强债券资金管理，保障重大项目建设。

11月29日，区人大常委会视察全区医养结合、康养一体养老服务工作，提出提质扩面意见建议，推动养老产业真正成为“银发经济”和“朝阳产业”。

12月13日，区人大常委会视察区政府民生实事和重点监督投资项目实施情况，听取工作报告并进行审议，要求相关单位全力办好群众期盼的“关键小事”。

**【执法检查】** 6月22日，区人大常委会视察《浙江省生活垃圾管理条例》贯彻执行情况，充分肯定贯彻执行该条例取得的工作成效，提出《关于〈浙江省生活垃圾管理条例〉执行情况的视察意见》。

8月30日，区二届人大常委会召开第六次主任会议，听取区人大常委会执法检查组关于《浙江省综合行政执法条例》执法检查情况的报告等。

**【专题询问和工作评议】** 10月11日，区人大常委会分别召开工作评议动员会，对区综合行政执法局、区应急管理局近三年工作进行一次全面剖析，促进政府工作部门依法履职。

11月25日，区人大常委会组织34名区人大代表对区教体局、区公安分局承办的26件建议办理情况进行绩效评估和满意度测评，有力地推进人大代表建议的办理工作。

**【人大代表工作】** 全年，区人大常委会共组织4次代表约见活动。

3月25日，全区召开“两会”建议提案交办会议。区二届人大一次会议期间人大代表向区政府提出的214件书面建议，分别交给区政府有关部门和单位办理，区长金进富对办理工作作部署。会后，相关部门和单位、乡镇街道在规定时间内办理完毕，截至7月底，214件代表建议问题已经解决和正在解决的142件、占总数的66.4%，问题部分解决或列入计划限期解决的38件、占总数的17.7%，因政策原因或暂时难以解决的34件、占总数的15.9%。

4月21日，区人大常委会组织人大代表开展“疫情防控工作”的代表约见活动，区政府及区疫情防控办、经信局、公安分局、民政局、交通局、商务局、卫健局、大数据发展管理中心等部门和单位领导解答代表提出的问题，副区长黄俊毅作发言，区人大常委会领导提出具体工作要求。

8月25日，区人大常委会组织人大代表开展“构建和谐劳动关系”的代表约见活动，区政府及区人社局、总工会、教体局、文广旅游局、工商联等部门领导解答代表提出的问题，区政府党组成员郑龑作发言，区人大常委会领导提出具体工作要求。

9月23日，区人大常委会组织人大代表开展“精准防范和打击电信网络诈骗”的代表约见活动，区政府及区公安分局、人民银行上虞支行、教体局、卫健局等部门和单位领导解答和交流人大代表提出的问题，副区长王成毅作发言，区人大常委会领导提出具体工作要求。

10月21日，区人大常委会组织人大代表开展“国土空间规划编制情况”的代表约见活动，区自然资源规划分局、农业农村局、水利局等相关部门领导就国土空间规划编制、三区三线划定、相关专项规划衔接等问题进行解答和交流，区人大常委会领导提出具体工作要求。

（陈吉茂）

# 绍兴市上虞区人民政府

## 综　述

**【概况】** 上虞区地处绍兴市东北部，区域面积 1362 平方千米，辖 7 个街道、10 个镇、3 个乡，279 个建制村、66 个社区、18 个居委会。2022 年末，全区有户籍人口 71.42 万人，其中男性人口 35.11 万人、女性人口 36.31 万人；城镇户籍 39.1 万人、乡村户籍 32.32 万人，人口自然增长率-3.56‰。全年城镇常住居民人均可支配收入 77890 元，比 2021 年增长 4.4%，农村常住居民人均可支配收入 44946 元，增长 7.1%，城乡居民人均收入比为 1.73。

全区实现地区生产总值 1241.76 亿元，按可比价计算比 2021 年增长 4.7%。其中，第一产业增加值 56.33 亿元、增长 3.4%；第二产业增加值 647.71 亿元、增长 6.9%；第三产业增加值 537.72 亿元、增长 2.6%。实现财政总收入 140.95 亿元、增长-17.3%。其中，一般公共预算收入 91.01 亿元，同口径增长 1.2%（剔除留抵退税因素），自然口径下降 9.1%。实现社会消费品零售总额 416.03 亿元，增长 3.5%。实现外贸进出口总额 462.91 亿元，增长 30.7%。综合实力跃升至全国百强区第 33 位。

**【经济发展】** 全区实现农林牧渔业总产值 78.21 亿元，比 2021 年增长 3.7%。全区粮食播种面积 56.2 万亩，粮食总产量 2.23 亿千克，获评“省产粮大县”，生猪出栏 10.06 万头，增长 16.4%；牛出栏 156 头，增长 6.1%；羊出栏 1.79 万只，增长 7.3%；猪肉总产量 0.85 万吨，增长 8.0%；禽肉总产量 0.14 万吨，下降 26.2%；水产品产量 2.37 万吨、下降 11.6%；园林水果产量 11.03 万吨、增长 0.4%；茶叶产量 1652 吨、下降 21.6%。全区财政对农林水事务投入 10.92 亿元，完成 3.17 万亩粮功区“非粮化”整治任务，建成高标准农田 5000 亩、省级绿色农田试点 3000 亩，新建省级水稻千亩高产创建示范区 6 个、区级百亩高产创建示范区 8 个，全区水稻耕种收综合机械化率 90.09%，杂交稻精量机插秧及全程机械化技术集成研究与应用项目列入 2022 年全省农业“双强”重点突破试点项目。培育省级农业龙头企业 2 家，创成省级肥药两制综合改革试点县、省级渔业健康养殖示范县、省综合性农业“机器换人”高质量发展先行县。

全区实现规模以上工业产值 2171.63 亿元，比 2021 年增长 12.0%，规模以上工业增加值 527.21 亿元，增长 11.3%，总量和增速均居全市首位。按照行业划分，规模以上机械装备业实现产值 530.50 亿元，增长 21.7%；医药化工业实现产值 725.40 亿元，增长 11.8%；轻工纺织业实现产值 193.88 亿元，增长 6.9%；照明电器业实现产值 39.61 亿元，下降 10.4%。全年工业用电量 60.54 亿千瓦时，增长 8.0%。全年实现新产品产值 1033.90 亿元，增长 22.7%，实现数字经济核心产业制造业增加值 70.48 亿元，增长 21.6%，列入全省第二批中小企业数字化改造试点县（市、区）创新培育名单。全年新引进 10 亿元以上项目 13 个，其中 50 亿元以上项目 4 个、100 亿元以上项目 1 个，完成固定资产投资 301.81 亿元，增长 13.1%。创成全省制造业高质量发展示范区，列入全省新一轮制造业“腾笼换鸟、凤凰涅槃”攻坚行动考评激励名单。杭州湾上虞经济技术开发区位列全国化工园区 10 强，创成国家生态文明建设示范区，氟精细化工产业集群列入工信部 2022 年度中小企业特色产业集群名单。

全区实现建筑业总产值 1254.08 亿元，比 2021 年增长 2.1%，实现建筑业税收 14.9 亿元，增长 12.8%。商品房销售面积 94.41 万平方米，下降 32.7%；房屋施工面积 652.33 万平方米，增长 7.8%。获国家级奖项 29 项，其中鲁班奖 7 项、国家优质工程奖 5 项、全国优秀建筑工程装饰奖 17 项。全年规模以上工业企业万元产值能耗 0.0866 吨标准煤/万元，下降 4.1%；规模以上单位工业增加值能耗下降 4.2%。

全区实现社会消费品零售总额 416.03 亿元，比 2021 年增长 3.5%，其中限上社会消费品零售总额 114.25 亿元，增长 14.8%。限额以上批、零、住、餐销售额（营业额）分别增长 32.4%、21.3%、19.0%、22.1%。全年新增（跨境）电商主体 88 家，实现网络零售额 84.48 亿元。数字文娱、新材料科技服务业入选省级现代服务业创新发展区。

全区实现进出口总额 462.91 亿元，比 2021 年增长 30.7%，其中进口总额 53.34 亿元，增长 2.5%；出口总额 409.57 亿元，增长 35.6%。全区累计拥有境外企业 166 家，新批境外投资项目 14 个，实现境外投资额 8159.6 万美元，增长 540.5%。

全区接待游客 411.32 万人次，旅游总收入 58.52 亿元。曹娥江旅游度假区列入国家级旅游度假区意向名单，岭南乡创成全国乡村旅游重点镇，丰惠、盖北、下管镇被命名为省 AAAA 景区镇，岭南乡东澄村入选全省首批金 AAA 景区村培育名单，长塘镇桃园村、上浦镇东山村获评省级乡村旅游重点村。

**【科技创新】** 挂牌运营曹娥江实验室，建成全国首个新材料中试基地，新增国家技术创新示范企业 2 家，新认定国家高新技术企业 83 家、省科技型中小企业 181 家，新申报省级以上研发机构 13 家、市级研发中心 19 家，新增省“尖兵”“领雁”项目 8 个，列入省级新产品试制计划 297 项。累计引进应用型大学 3 所、大学研究院 12 家、院士专家工作站 42 家。新获批省级众创空间 3 家，国家级众创空间 2 家，累计 27 家。入选国家级、省级以上领军人才 6 名，国家“引才计划”人才 24 名，新增市级以上海外工程师 12 名，获浙江省科学技术奖 4 项，登记科技成果 295 项。全年专利授权数 7410 件，其中发明专利 730 件，连续两年在省党政领导科技进步目标责任制考核中被评为优秀等次，获“科技创新鼎”。

**【基础建设】** 全区拥有境内公路总里程 1482.533 千米，其中高速公路 83.087 千米。公路客运量 56.4 万人，周转量 2664.9 万千米；公路货运量 5206.3 万吨，周转量 449391.5 万吨千米。水运货运量 591 万吨，周转量 18 亿吨千米。交通建设重大项目完成投资 52 亿元，完成年度投资计划的 114%。启用杭绍台高铁上虞南站，首条城市高架快速路南北中心大道快速路（人民西路至五甲渡大桥段）、舜江大桥拼宽工程建成通车，曹娥江上浦船闸建成通航。新（改）建农村公路 8.1 公里，亮化 70 公里，创成“四好农村路”全国示范县。城市化率 68.95%，南丰社区入选省第二批未来社区，曹娥江“一江两岸”特色产业风貌区入选省首批城乡风貌样板区。新博物馆开馆启用，邵逸夫医院绍兴院区主体结顶。启动“青春之城”建设，凝练“明德尚贤、创变笃行”新时代上虞精神，打造“今在上虞、遇见未来”城市品牌、“上虞吉象”城市 IP，开展城市精细化管理“510”行动，完成老旧小区改造 42 万平方米、房屋征收 180 万平方米，新增停车泊位 1620 个，加装电梯 55 部，创成省级高标准垃圾分类示范小区 20 个、无物业小区全面清零。实施区内山海协作，全面消除年经营性收入 80 万元以下行政村，创成省美丽乡村示范镇 3 个、省未来乡村 4 个，晋生村列入深化“千万工程”全国现场会参观点位，再获评省深化“千万工程”建设新时代美丽乡村工作优胜县。

**【生态建设】** 完成 20 家重点涉气企业“科学治气”行动，80 家工业涂装企业基本完成废气专项治理，$PM_{2.5}$浓度 26.28 微克/立方米，AQI 优良天数比例 83.5%，22 个县控以上断面Ⅰ～Ⅲ类水比例和达标率 100%。创新开发建设减污降碳协同增效平台，连续两年美丽浙江建设考核优秀，获省首批“清源杯”。

**【社会事业】** 启动“一江两岸三城多片区”建设，启用新博物馆，南丰社区入选省第二批未来社区，曹娥江“一江两岸”特色产业风貌区入选省首批城乡风貌样板区。创成省美丽乡村示范乡镇 14 个，建成乡村振兴先行村 8 个，激活闲置农房面积 35.80 万平方米，新培育农创客 402 人，消除年经营性收入 80 万元以下行政村，村均经营性收入达 104.66 万元，获评全国农村集体产权制度改革工作先进集体、浙江省实施乡村振兴战略实绩考核优秀单位、浙江省深化“千万工程”建设新时代美丽乡村工作优胜县。

全区共有学校、幼儿园 168 所，其中普通高中 9 所，职业高中 2 所，初中 24 所，小学 43 所，九年一贯制学校 5 所，浙江开放大学上虞学院、少体校、特殊教育等学校各 1 所，幼儿园 89 所，在校学生及幼儿 95802 人。接收义务教育阶段新居民子女入学 16854 人，入学率 100%，占全区义教段学生总数的 29.4%。新改（扩）建中小学（幼儿园）11 所，新组建教育集团 4 个，扩容教育集团 3 个，列入省深化新时代教育评价改革综合试点区。启动城南医用综合中心二期、疾控中心实验大楼、妇幼保健院改造，改建村卫生室（站）17 家，新建名医（专家）工作室（站）4 个，下沉各类专家 8638 人次，连续 4 年获“健康浙江”考核优秀。建立电子健康档案 66.2 万人，建档率 84.2%。65 岁老年人体检 11.8 万人，农民健康体检 14.1 万人。举办 2022 全国拳击锦标赛、全国优秀旅游城市围棋赛国家级赛事，获评浙江省首批体育现代区。新增就业 3.51 万人，基本养老保险、医疗保险参保率居全市前列。

**【杭绍台高铁上虞南站启用】** 2022 年 1 月 8 日，杭绍台高铁正式通车，上虞南站同步启用。上虞南站位于上虞区东关街道，候车区占地 10000 平方米，拥有 2 个站台、6 条轨道，上虞南站的全面启用让上虞区进入“双高铁”时代，上虞区城市能级将进一步提升。

**【上虞中医医院城南新院（一期）启用】** 2022 年 4 月 18 日，上虞中医医院城南新院（一期）启用，这是上虞区完善区域医疗布局的又一重大医疗项目，上虞中医医院城南新院（一期）建有 4 层门诊医技楼和 12 层病房大楼，建筑面积 9.5 万余平方米，开设 50 余个临床科室，设计床位 800 张，可容纳日门诊病人 4000 人次。

**【全国首个新材料中试基地在虞投用】** 2022 年 4 月 25 日，位于杭州湾上虞经开区的中国科学院控股有限公司新材料创新基地投入运行，作为全国首个新材料领域市场化运营的专业中试平台，创新基地将在核心能力锻造、项目审批流程、创新资源拓展等方面为新材料产业发展提供助力。

**【上虞复县建城（丰惠）1200 周年纪念活动举行】** 2022 年 12 月 3 日，上虞区举行“千年虞城·盛世绽放”上虞复县建城（丰惠）1200 周年纪念活动暨第三届乡贤大会，来自全国各地的 200 余位乡贤集聚上虞，共话桑梓、共叙乡情、共谋发展。市人大常委会主任谭志桂、省委统战部副部长谢辉等领导出席活动。会上，推介上虞城市投资发展环境，发布“明德尚贤、创新笃变”新时代上虞精神、“今在上虞、预见未来”城市品牌口号和“上虞吉象”城市 IP，全省首批千年古城复兴试点单位签署浙江省千年古城保护“上虞宣言”，举行“壁画共富虞你同行”项目签约、“上虞城市发展顾问”授聘、“最美新上虞人”表彰等活动。

**【上虞区首条城市高架快速路通车】** 2022 年 12 月 24 日，全区首条城市高架快速路——南北中心大道快速路（人民西路至五甲渡大桥段）顺利通车。该条快速路全长 3.57 千米，起点与群贤路东延三期工程相连，终点位于五家渡大桥（二期将延伸至杭州湾经开区）。

（陈仕清）

## 重要会议

**【二届区政府第一次全体会议】** 2022 年 3 月 7 日，上虞区人民政府召开二届区政府第一次全体会议。区委常委、常务副区长金山中对 2022 年政府工作报告重点目标任务和区政府民生实事项目作分解说明。

**【二届区政府第二次全体会议】** 2022 年 8 月 17 日，上虞区人民政府召开二届区政府第二次全体会议。会议通报政府工作报告重点任务推进及稳进提质工作情况。

**【区政府常务会议】** 2022 年，区政府召开 14 次常务会议，通过多项政策意见。

2022 年 1 月 7 日，一届区政府召开第 65 次常务会议。会议审议并原则通过关于投资浙江春晖环保能源股份有限公司的汇报；关于全域旅游发展的若干政策意见修订的汇报；关于疫情防控临时隔离点建设项目结算和疫后利用方案的汇报；关于《上虞区一般工业建设项目“拿地即开工”实施意见（试行）（送审稿）》

的汇报；关于绍兴市上虞区综合交通运输发展“十四五”规划的情况；关于余姚商会重启汇银大厦项目帮扶解困有关情况的汇报；关于上虞区公共视频监控建设一体化改革工作的汇报；关于上虞区生态环境保护“十四五”规划编制情况的汇报；关于进一步推进全区供排水设施融投建管一体化全产业链运营平台发展的汇报；关于认真贯彻习近平总书记系列批示指示精神确保上虞区粮食安全的汇报；关于2021年全区食品药品安全工作的汇报。

2022年1月28日，一届区政府召开第66次常务会议。会议审议并原则通过关于《政府工作报告》起草情况的汇报；关于2022年区政府民生实事候选项目形成及项目情况的汇报；关于《绍兴市上虞区2021年国民经济和社会发展计划执行情况及2022年国民经济和社会发展计划》草案情况的汇报；关于2022年政府投资（国有建设）项目投资计划安排情况的汇报；关于2021年财政预算执行及2022年财政收支预算安排情况的汇报；关于传达学习全国和省安全生产电视电话会议精神及2021年安全生产工作总结和2022年工作安排情况的汇报；关于加强医疗卫生能力建设有关情况的汇报；关于2021年度上虞区区长质量奖评审工作情况的汇报；关于绍兴市上虞区第三次全国国土调查工作的汇报；关于曹娥街道光明居委征迁改造项目滞留户补偿安置方案的汇报；关于2021年度法治政府建设工作的汇报。

2022年2月25日，二届区政府召开第1次常务会议。会议审议并原则通过关于虞科稳健基金处置工作的汇报；关于开展“项目攻坚突破年”活动实施意见；关于开展“共同富裕提质年”活动实施意见和关于绍兴市上虞区省级产业转型类低碳试点县创建专项行动方案的汇报；关于中国化学品安全协会安全监管服务采购项目情况的汇报；关于上虞区公共资源交易中心投标保证金专户有关事项的汇报；关于进一步明确回收海涂国有土地相关事宜情况的汇报；关于公布绍兴市上虞区新增综合行政执法事项统一目录的通告的汇报；关于上浦小舜江四峰埂变更情况的报告；关于晶盛联合创新产业园项目情况的汇报。

2022年3月22日，二届区政府召开第2次常务会议。会议审议并原则通过关于上虞区规上（限上）服务业企业“亩产效益”综合评价工作的汇报；关于2022年数字化项目建设计划（建议）安排情况的汇报；关于2022年全区居住出租房屋消防安全专项整治工作的汇报；关于上虞区推进“大综合一体化”行政执法改革方案和综合行政执法事项扩展目录（一）的汇报；关于省稳进提质“5+4”政策承接落实及部分政策修订情况；关于扩大有效投资的若干意见起草情况和关于推行投资“赛马”亮晒机制试行办法起草情况的汇报；关于区级抗疫支出资金使用情况的汇报。

2022年4月20日，二届区政府召开第3次常务会议。会议审议并原则通过关于《上虞区新一轮制造业“腾笼换鸟、凤凰涅槃”攻坚行动方案（送审稿）》的汇报；关于《进一步加强招商引智工作的实施办法（送审稿）》的汇报；关于《实施科技强农机械强农行动大力提升农业生产效率实施意见（送审稿）》的汇报；关于《加快发展保障性租赁住房的实施意见（送审稿）》的汇报；关于《加快推进“一江两岸”总部楼宇扩容提质建设的实施意见（送审稿）》；关于第二轮中央生态环保督察废弃矿山治理修复问题整改情况的汇报；关于《进一步支持曹娥江旅游度假区高质量发展的实施意见（送审稿）》的汇报；关于《进一步支持杭州湾上虞经济技术开发区高质量发展的实施意见（送审稿）》的汇报；关于《上虞区推进乡镇（街道）综合行政执法工作实施方案（送审稿）》和下放乡镇（街道）综合行政执法事项目录的汇报；关于《上虞区城市专职社区工作者管理办法（送审稿）》；关于《上虞区农村专职社区工作者管理办法（送审稿）》的汇报。

2022年4月25日，二届区政府召开第4次常务会议。会议传达学习习近平总书记关于安全生产的重要论述及学习贯彻全国安全生产电视电话会议精神、《河南郑州“7·20”特大暴雨灾害调查报告》、全国防汛抗旱工作电视电话会议精神。审议并原则通过关于全区防汛防台抗旱工作情况的汇报；关于2022年一季度经济运行分析及二季度预测情况的汇报；关于调整和规范机关事业单位编外用工收入待遇的汇报；关于组建绍兴市上虞区曹娥江经济开发区建设发展有限公司；关于《开展国有企业重大实体化项目攻坚突破年实施意见（送审稿）》的汇报；关于完善上虞区集体土地上房屋征收补偿安置方式的汇报；关于《上虞区高层民用建筑消防安全隐患整治行动实施方案（送审稿）》的汇报；关于追加杭州亚运会等重要安保工作专项经费的汇报；关于2022年区政府重大行政决策目录编制情况的汇报；关于传达全市城乡交通平安畅通综合治理工程动员部署会议精神和上虞区开展2022年城乡交通平安畅通综合治理工程的汇报。

2022年5月20日，二届区政府召开第5次常务会议。会议传达学习省委第五巡视组巡视绍兴市上虞区情况反馈会、中央办公厅关于加强巡视整改和成果运用的意见、省委办公厅关于进一步加强巡视整改和成果运用的实施意见精神；审议并原则通过关于上虞区进一步减负纾困助力经济稳增长若干意见起草情况的汇报；关于进一步加强统计基层基础建设的意见起草情况的汇报；关于"十四五"期间排污权有偿使用费征收标准核定的汇报；关于促进"一江两岸"总部楼宇招商引资的若干政策起草情况的汇报；关于全面推行"田长制"落实最严格的耕地保护制度的汇报；关于人才公寓剩余房源处置方案和关于百官街道、曹娥街道两处危房帮扶处置相关事宜的汇报；关于《绍兴市上虞区全民健身实施计划（2021—2025年）》编制情况的汇报；关于合作建设浙江大学医学院附属邵逸夫医院绍兴院区变更补充协议的汇报。

2022年6月15日，二届区政府召开第6次常务会议。会议传达学习全国稳住经济大盘工作会议和全省、全市经济稳进提质攻坚行动工作推进会议精神；审议并原则通过关于上虞区贯彻落实稳住经济一揽子政策措施相关情况的汇报；关于延长国资对浙江厚信资产管理有限公司投资期限的汇报；关于投资浙江蓝能燃气设备有限公司的汇报；关于卧龙智慧新能源装备产业化项目的汇报；关于前江社区中心、幼儿园及配套市政、景观绿化项目情况的汇报；关于新冠疫情隔离用房（方舱医院）项目建设情况；关于梁巷征收地块集中隔离点项目建设情况的汇报；关于《104国道绍兴东湖至蒿坝段改建工程（上虞段）政策处理实施意见（送审稿）》；关于区交通投资有限公司拟对参股公司浙江上三高速公路有限公司进行增资的汇报；关于全区禁毒工作推进情况的报告的汇报；关于《绍兴市上虞区卫生健康事业发展"十四五"规划（送审稿）》的汇报。

2022年7月3日，二届区政府召开第7次常务会议。会议传达学习省第十五次党代会精神和市委、区委贯彻党代会精神；审议并原则通过关于学习贯彻习近平总书记关于防汛救灾重要指示精神及上虞区防汛防台工作情况的汇报；关于消防安全和安全生产大排查大整治专项督查情况的汇报；关于上虞区驻外招商引智管理办法起草情况的汇报；关于绍兴市上虞传媒集团有限公司实体化运作实施方案的汇报；关于加快推进上虞区融媒体中心（上虞传媒集团）深度融合发展若干意见起草情况的汇报；关于《2022年上虞区生活垃圾治理攻坚战行动方案（送审稿）》的汇报；关于丰惠镇孔庙区块房屋收购情况的汇报；关于疫情防控隔离用房保障及征用相关费用情况的汇报；关于《绍兴市上虞区深化基层卫生健康综合改革实施方案（送审稿）》；关于《上虞区基层中医师承培养工作实施方案（送审稿）》；关于《绍兴市上虞区村级医疗卫生服务体系优化提升三年行动计划（送审稿）》的汇报；关于上虞区推行房地产交易税款财政补贴实施细则和在全区征收项目中推行"房票"政策的汇报；传达省、市对口工作领导小组会议精神、听取2021年全区对口工作情况及2022年重点工作安排的汇报。

2022年8月7日，二届区政府召开第8次常务会议。会议审议并原则通过关于全面推进食品安全示范"双创"工作情况的汇报；关于传达学习全国、全省安全生产电视电话会议精神及上虞区上半年安全生产工作情况的汇报；关于上半年上虞区经济运行情况的汇报；关于绍兴市上虞区2022年上半年国民经济和社会发展计划执行情况的汇报；关于绍兴市上虞区2022年政府投资（国有建设）项目投资计划半年度调整情况的汇报；关于上虞区优化生育政策制定情况的汇报；关于《上虞区政府投资（国有建设）项目监督管理办法（送审稿）》和上虞区政府投资（国有建设）项目监督管理实施细则（试行）（送审稿）的汇报；关于2021年度财政决算和2022年上半年财政预算执行情况的汇报；关于组建绍兴市上虞区国控创新创业投资合伙企业（有限合伙）的汇报；关于上虞区海塘安澜工程建设情况的汇报；关于2022年上半年法治政府建设工作情况的汇报；关于全省落实国家统计督察反馈意见整改工作动员部署视频会议精神及上虞区贯彻落实建议情况的汇报；关于学习贯彻落实关于更加有效发挥统计监督职能作用的意见精神情况的汇报；关于2022年上半年全区食品安全工作情况的汇报。

2022年9月19日，二届区政府召开第9次常务会议。会议传达学习习近平总书记关于防汛抗旱抢险救灾工作的重要指示精神并听取上虞区贯彻落实建议的汇报；传达学习全国新冠疫情防控工作电视电话会议、全省疫情防控工作培训会议精神并听取上虞区贯彻落实情况的汇报；审议并原则通过关于延长上虞区工业企业不动产处置办理暂行办法和关于加强工业用地分割管理的实施意见 2 个文件有效期的汇报；关于《推进工业全域治理规范存量工业用地有机更新项目管理的实施意见（试行）（送审稿）》的汇报；关于上虞区与国科长三角资本、省乡村振兴建设投资发展集团合作相关情况的汇报；关于《上虞区招商引资项目跨区域利益共享办法（试行）（送审稿）》的汇报；关于《推进区域性股权市场创新试点实施方案（送审稿）》的汇报；关于传达省生态环境厅约谈精神及上虞区大气污染防治工作攻坚整改方案的汇报；关于水处理公司、排水公司和众联环保公司混改上市的汇报；关于调整政府投资（国有建设）项目资金保障方案的汇报；关于新一轮乡镇街道、“三区一镇”财政体制的汇报；关于进一步加强残疾人工作促进共同富裕的十大行动的汇报。

2022 年 9 月 28 日，二届区政府召开第 10 次常务会议。会议听取关于第 12 号台风“梅花”防御工作复盘评估报告的汇报；关于上虞区 1—8 月经济形势分析情况的汇报；关于上虞——文成山海协作“产业飞地”建设推进情况的汇报；审议并原则通过关于《进一步加快推进 e 游小镇提升发展的若干政策意见（送审稿）》的汇报；关于梁湖街道大库、外梁湖、华山 3 村（居）集体所有土地房屋征收方案的汇报。

2022 年 10 月 21 日，二届区政府召开第 11 次常务会议。会议审议并原则通过关于《上虞区全域排水设施一体化长效运维管理实施意见（送审稿）》的汇报；关于绍兴市上虞区新增综合行政执法事项统一目录（346 项）和绍兴市上虞区综合行政执法建设领域调整事项目录情况的汇报；关于上虞区政府债券资金使用及推进工作的汇报；关于上虞区产业基金管理工作的汇报；关于上虞区国有企业投资房建项目实施代建开发的汇报；关于绍兴市上虞区碳达峰实施方案起草情况的汇报；关于杭州湾上虞经济技术开发区〔2021〕G22 号等四宗地块出让有关情况的汇报。

2022 年 11 月 2 日，二届区政府召开第 12 次常务会议。会议听取关于绍兴市上虞区前三季度经济形势分析的汇报；审议并原则通过关于《上虞区城市精细化管理工作方案（送审稿）》的汇报；关于文旅集团房产项目采用“全过程代建”模式的汇报；关于区内山海协作工作谋划的汇报；关于浙大邵逸夫医院绍兴院区项目进展情况及有关事项的汇报；关于组建上虞杭州湾经开区产业发展基金的汇报；关于区舜金稳健发展基金延期工作的汇报；关于上虞区规上（限上）服务业企业“亩产效益”综合评价的汇报。

2022 年 12 月 2 日，二届区政府召开第 13 次常务会议。会议审议并原则通过关于贯彻落实习近平总书记重要指示精神扎实推进上虞区“奋战 60 天，实现全年稳”专项行动的汇报；关于全区烟花爆竹“双禁”工作的汇报；关于推进上虞区高水平网络大城市建设的汇报；关于 2023 年员工留虞助企稳岗若干政策的汇报；关于 2022 年上虞区省级重点项目及资金要素争取项目情况的汇报；关于全面融入高水平网络大城市建设加快打造高水平交通强区标志性成果实施方案（送审稿）的汇报；关于绍兴市上虞区轨道交通建设工作推进情况的汇报；关于 104 国道绍兴东湖至蒿坝段改建工程（上虞段）涉铁段有关情况的汇报；关于全区工业企业综合评价工作的汇报；关于《上虞区贯彻落实全市打造先进制造业强市“4151”计划实施意见（送审稿）》的汇报；关于保障防疫医疗物资相关费用的汇报；关于地方政府债务管理有关情况的汇报。

2022 年 12 月 24 日，二届区政府召开第 14 次常务会议。会议审议并原则通过关于《政府工作报告》起草情况的汇报；关于 2022 年区政府民生实事项目完成情况和 2023 年民生实事形成情况的汇报；关于 2022 年财政预算执行及 2023 年财政收支预算安排情况的汇报；关于绍兴市上虞区 2022 年国民经济和社会发展计划执行情况及 2023 年国民经济和社会发展计划草案起草情况的汇报；关于 2023 年项目计划盘子的汇报；关于贯彻落实绍兴市 2023 年“抢开局、稳增长”十二项举措的汇报；关于时光能源新能源电池材料一体化项目的汇报；关于杭州湾上虞经济技术开发〔2022〕G4-1 号地块出让的汇报；关于上虞区工业用水置换项目情况的汇报；关于出资组建浙江镜岭水库有限公司及转让汤浦水库股权的汇报；关于上虞区瓶装液化石油气整合提升激励政策和落实

除险保安源头措施资金的汇报；关于推进全区公建项目审计工作的汇报；关于全区 2022 年度禁毒工作情况的汇报。（陈仕清）

## 外事管理

【概况】 加强人员摸排和信息研判，夯实境外人员的信息台帐，加强与上级的请示配合，加强外事服务工作。配合开展“点对点”服务海外高层次人才、高新技术企业人员签证办理，全力保障涉外企业复工复产。

【对外交流访问】 继续巩固与澳洲、美加、日韩等已有基础国家城市的友好交往，进一步做好千校结好推进工作，继续推动上虞区学校、医院等对外结好交流，继续推动上虞区民间组织的对外交流与合作，做好友好交流访问的邀请和接待工作。

【“外事服务月”宣讲活动】 组织涉外企业参加“外事服务月”上虞专场宣讲活动，详细讲解邀请外国人来华、海外领事保护、签证入境政策和 APEC 商务旅行卡的相关政策和知识。做好因公电子护照系统与审批系统管理工作，实现数据共享，提高工作效率；深化“三服务”工作，坚持聚焦项目、大抓落实，走访开发区、重点外向型企业，了解企业需求、帮助解决困难和问题。（沈小青）

## 民生实事项目

【提升优学善教水平】 总投资 2.52 亿元，推进优质教育均衡发展。新（扩）建中小学 5 所、幼儿园 6 所，分别新增中小学优质学位 2305 个，幼儿园优质学位 2040 个。建成青少年综合活动中心前江基地，填补上虞区青少年综合性活动场所空白，满足多元化、综合化的校外活动需求，有效推动“双减”政策落地。

【提增就业创业技能】 总投资 2300 万元，打造新时代技能人才高地。开展职业技能培训 25514 人次，新增技能人才 7229 人，高技能人才 5200 人。开展全区各类技能大赛 14 场，选拔浙江工匠 6 人，浙江青年工匠 32 人，绍兴工匠 15 人，扎实推进“金蓝领”倍增计划三年行动，构建引进、培育、使用、评价、激励全链条技能生态。

【提升疫情防控能力】 总投资 8200 万元，坚决筑牢疫情防控防线。新建疾控中心科技实验大楼，新建 2 个日检测 5 万管核酸检测基地，购置 2 辆日检测能力 8000 管以上的移动检测车等设施设备，全面提升疫情防控和应急处置能力。

【强化卫生健康保障】 总投资 3140 万元，强化卫生健康服务保障。为 4.36 万名符合条件的老年人免费接种流感疫苗和肺炎疫苗，完成结直肠癌目标人群筛查 2.62 万人，高危人群结直肠镜检查 1991 人，高危慢阻肺人群肺功能检查 1557 人，为 14.07 万名参保城乡居民开展免费健康体检。

【提升安居宜居水平】 总投资 2.59 亿元，打造安居宜居的幸福家园。开工建设（筹集）保障性租赁住房项目 6 个 3105 套；改造百官街道、曹娥街道老旧小区 8 个，总建筑面积约 42 万平方米，惠及居民 3336 户。完成 85 个小区 130 个垃圾投放点建设，基本实现主城区生活垃圾“定时定点”投放清运全覆盖。建设消防通道数字化监管系统，实现 10 个试点高层住宅小区消防车道 24 小时不间断监控。

【推动养老扶弱提质】 总投资 5206 万元，兜牢民生保障底线。新建老年食堂 3 家，品质提升 5 家，建成 1 家智慧公办（含公建民营）养老院，新增认知症照护专区床位 150 张，新增持证养老护理员 170 人，乡镇（街道）居家养老服务中心无感智能服务实现全覆盖。开发“邻里救”平台，实现对 3421 户困难家庭和孤寡独居老人的定期探访。启动区康养中心建设。

【推进城乡交通畅行】 总投资 1.31 亿元，推进城乡交通一体化。完成乡村公路提升改造（大中修）30 千米，农村公路亮化 40 千米，新建公交候车亭 40 个，完成 5 个较大自然村通公交。新增停车位 1620 个，其中公共停车位 403 个。完成全息路口精准管控应用系统建设和城区 3 个堵点治理。

**【强化食品安全保障】** 总投资5070.5万元，守护群众“舌尖上的安全”。创成品质型农贸市场12家、舒适型农贸市场19家、放心农贸市场7家，新建农村（社区）家宴集聚点25家、食品生产企业阳光工厂10家，群众食品安全更有保障。完成55家200平方米以上超市优化提升，群众购物更便利、更安全、更舒心。

**【提升防灾减灾能力】** 总投资1.54亿元，持续夯实防灾减灾基础。完成2座病险水库、15座病险山塘综合整治。对城区江东路—江华路、峰山路开元段、城南岭光水库段进行积涝改造，舜杰路沿线雨污水管道进行改造。完成83个区域气象站、18个特种要素站建设，更新29个气象站，建设配备北斗卫星应用通信设备3套。

**【深化文化惠民共享】** 总投资1221万元，加强基层文化阵地建设。上虞剧院完成改造，建成“15分钟城乡文化生活圈”，组织阳光文化惠民行动316场，送戏下乡100场，文化走亲10场。（陈仕清）

## 行政审批与便民服务

**【概况】** 2022年，上虞区共受理各类行政审批、服务事项3301114件，办结3301371件（含上年度结转件），按期办结率100%，收到各级各类投诉（咨询、建议）39件，投诉率低于万分之 ，现场评议满意率99.9%。开展第三批示范型2.0版社区服务中心创建，全区共申报63个，并在2022年内全部建设完成。

**【政务2.0建设】** 2022年，上虞区实施大厅智慧化信息化改造，功能区块整合，实现办事大厅预约、叫号、办理、评价全流程电子化流转，并可实时进行数据分析展示，打造事项办理全过程闭环。加快推进政务服务2.0建设，推进依申请政务服务事项接入2.0平台，完成窗口、自助机等办事端全面嵌入政务服务2.0平台，打通全流程网办路径。截至2022年末，全区共有政务2.0事项1619项。

**【“虞快办”服务品牌推广】** 推进咨询端口前移，上线“e问通”政务咨询平台，让群众可在线上直接进行政务咨询。推进窗口服务前移，开展“虞快办”服务专车进社区活动，下发移动端Pad 361台，组织人社、医保、民政、公安等相关窗口单位到各村（社区）进行业务培训和现场咨询，对下放的121个2.0事项的审批流程和移动端Pad操作进行认真细致的讲解，累计授课100节，时长3个月，实现全区村（社区）授课率100%，为各村（社区）培养一批政治素养好、综合素质高、业务操作熟练的工作人员。

**【推进跨省通办】** 上虞区协同做好国办第三批8个“跨省通办”事项落地工作，实现4个事项“跨省通办”。拓展“点对点”跨省通办合作区域，2022年，与江苏省盐城市亭湖区、南京市江宁区签订跨省通办协议，并确定79个通办事项。

**【初试“政银合作”服务】** 探索政银合作办理模式，下放47个事项至全区72个农商银行网点，委托网点工作人员为群众指导办理。结合农商银行智能自助机具原有金融功能，开发统一的政银服务智能自助终端，实现网点与政务大厅“政务+金融”自助办理。2022年，在城区、虞南和虞北片区的3个试点社区服务中心各配备1台智慧柜员机，实现政务2.0事项无差别全对接。

**【深化“15分钟政务圈”工作】** 小越街道、谢塘镇、汤浦镇等便民中心完成改建，完成乡镇（街道）624项政务服务事项梳理，开展政务2.0收件的业务培训和相关硬件对接，确保区镇（街道）两级数据互通。继续推进社区服务中心2.0版建设，完成全区59个村社区示范型社区服务中心创建工作，兑现奖补资金共285万元。（严天予）

## 公共资源交易管理

**【概况】** 2022年，上虞区公共资源交易平台共完成各类交易项1032项（笔、宗），成交金额168.94亿元，分别是建设工程交易项目75.49亿元，比招标控制价下浮10.87%；政府采购7.72亿元，比预算降低9.09%；国有产权交易1.99亿元，比底价增长4.97%；国有土地交易75.13亿元，比底价增长2.35%；国企采购交易 8.60 亿元，比预算降低 13.46%。五项累计节（增）资金 13.13 亿元，平均节（增）7.36 %。

**【迭代升级不见面 2.0 系统】** 全面推行不见面招投标 2.0 系统，完成新老系统数据的迁移、镇街小额系统诚信库的迁移、交易系统与政务 2.0 系统联调等；探索开发异议回复、合同履约及变更等小模块；做好与工程监管 2.0 版平台的对接融合工作，加强招标市场和施工现场两场联动。

**【打造“区块链+保函”公共资源交易金融服务平台】** 推行“区块链+保函”公共资源交易金融服务平台。在保证保函运行的基础上开发上线电子履约保函模块。将投标保证金保险保函费率从 0.5%降至 0.4%，最低收费标准由 500 元降至 200 元；增加银行保函方式，服务费率为 0.25%。截至 2022 年底，直接减轻企业各类保证金负荷 207.68 亿元。

**【优化营商环境激发市场主体活力】** 根据省政府和财政厅为激发企业活力的文件要求以及疫情防控政策的变更，及时修改采购文件示范文本并付诸实施。继续执行免收政府采购投标（响应）保证金和采购文件工本费政策，降低政府采购制度性交易成本。同时修改完善政府采购招标文件示范文本，切实为企业降本减负。

**【优化土地出让保证金账户】** 为提高市场主体缴纳土地出让金便利度，优化我区营商环境，同时完善土地出让保证金缴纳的保密性，对“浙江省土地使用权网上交易系统”的绍兴市上虞区保证金交纳账户予以调整。通过公开招标，由原来的一家银行增加到四家，与省自然资源厅土地使用权交易中心完成“浙江省土地使用权网上交易系统”土地保证金系统的对接工作。

（严天予）

## 退役军人事务

**【概况】** 2022 年，上虞区不断夯实退役军人组织管理保障体系，完成政府投资项目“双拥·国防教育主题公园”建设，高效推进退役军人和其他优抚对象建档立卡、优待证申领制发工作，被评为浙江省烈士褒扬工作成绩突出单位。

**【退役军人服务站建设】** 2022 年，上虞区持续推进退役军人服务站示范化创建工作，道墟街道、上浦镇等 10 个乡镇（街道）退役军人服务站和百官街道金鱼湾社区等 20 个村（社区）成功创建 2022 年全省新时代“枫桥式”退役军人服务站。驿亭镇、陈溪乡、下管镇创建为 2022 年全市“双示范型”退役军人服务站。

**【拥军优属活动】** “八一”建军节前夕，区四套班子领导带队走访慰问驻虞部队官兵，致以崇高敬意和节日祝福。举办“军民鱼水一家亲共建双拥模范城（区）”——庆祝中国人民解放军建军 95 周年主题文艺演出。开展为现役军人、退役军人和其他优抚对象送楹联年画活动，累计发放楹联年画 2.8 万余份。在学雷锋纪念日开展学雷锋志愿服务活动；在国际妇女节，开展慰问驻上虞部队随军家属；在国际儿童节慰问 2 名现役军人子女。为现役义务兵父母、烈属免费开展健康体检。开展为立功受奖现役军人家庭送喜报活动，累计送出一等功喜报 1 份和三等功喜报 16 份，绍兴市退役军人事务局、绍兴市军分区、上虞区人民政府、区人武部、区退役军人事务局等单位联合向一等功获得者、丰惠镇现役军人葛世杰颁发“一等功臣之家”牌匾。

**【退役军人及其他优抚对象抚恤优待金发放】** 2022 年，上虞区退役军人事务局（以下简称区退役军人事务局）为义务兵发放义务兵家庭优待金 1500 余万元；为大学生发放入伍奖励金 600 余万元；为自主就业退役士兵发放一次性经济补助金 700 余万元。发放优抚对象抚恤和生活补助 2592.81 万元，一次性门诊补助 186.86 万元，医疗补助 4.83 万元，护理费 35.16 万元，丧葬补助 70.57 万元，60 周岁以上农村籍退役士兵老年生活补助 2552.26 万元。

**【烈士褒扬纪念工作】** 2022 年，完成 35 座烈士纪念设施保护牌设立和 1 座烈士墓修缮。开展清明网上祭扫活动，在 9 月 30 日（烈士纪念日），区四套班子领导、双拥成员单位主要领导、学生代表、退役军人代表等在上虞烈士陵园举行向烈士敬献花篮仪式。发挥社会化拥军力量，全区7户烈士遗属家庭与5家崇军企业分别签订结对协议。举办英烈褒扬宣传月启动仪式暨红领巾讲解员大赛，发挥烈士纪念设施的重要阵地作用，开展爱国主义教育的重要阵地作用，讲好上虞的红色革命故事。

**【搭建平台助力退役军人就业创业工作】** 搭建上虞区退役军人创业就业发展中心平台，组建退役军人创业导师团队、就业导师团队，举办创业沙龙三期，为退役军人提供就业创业思路、指导。组织全员适应性培训，培训完成率100%。共推出50期线上招聘，协调推出专门面向退役军人的岗位，招聘机关事业单位编外人员。向公安、消防大队等单位推介当年度退役士兵就业。对新增失业人员及时落实帮扶跟踪服务，动态清零退役军人零就业家庭。

**【建档立卡及优待证工作】** 落实国家关于退役军人和其他优抚对象建档立卡工作，通过共享部门间数据，实现数据多跑腿，服务对象少跑路，全年完成23000余人的建档立卡。制作宣传短视频，在核心商业区大屏循环播放。同步做好优待证申领制发，拓展优待证应用场景。（何　峰）

## 应急管理

**【自然灾害防灾减灾】** 成功抵御低温雨雪冰冻、高温干旱强对流以及台风“轩岚诺”“梅花”等极端天气考验，加强部门联合会商，强化灾监测预警，组织开展35次专题会商，向80万人次发布各类预警152万条，开展防汛防台综合应急救援演练2次、城市内涝防御等专项无脚本演练4次，对防汛防台“八张风险清单”全面动态清底，下发工作交办单督促完成107家化工生产企业、11处重点易涝点、126处地下空间、6处D级危房、188处城乡危房、51座小型水库、126座重要屋顶山塘、180处地质灾害风险防范区以及88个小流域山洪等风险点的管控措施，全区组建由2276名救援力量组成的54支消防综合救援、部门专业救援、民兵应急救援、社会民间救援队伍。

**【发挥基层力量组建救援队】** 20个乡镇街道以及杭州湾综管办全部设立应急和消防安全委员会并开展实体化运作，深化“1+6+X”应急救援力量体系建设，优化6个综合应急消防救援站力量配置，发挥4个“一江两岸”微型救援站作用，严密“15分钟应急救援圈”。依托上虞区社会应急救援协会，组建区森林灭火救援队、防汛水域救援队和地灾（地震）救援队，实行模块化编组演练。大力推广谢塘镇社区应急体系改革市级试点经验，实现全区363个村社全覆盖，建成应急和消防管理工作组、管理员和救援队“3个100%”，应急和消防管理职责纳入网格职责清单，有效提升企业救早灭小应急处置能力。

**【森林防灭火技能比武】** 11月15日，上虞区森林火灾应急救援队在绍兴市森林防灭火技能比武中获团体项目水泵串联出水操作一等奖，单项比赛中灭火弹投掷项目一等奖、二等奖，隔离带开辟项目三等奖。（王丽雯）

## 扶贫开发

**【低收入农户高水平全面小康】** 2022年度，低收入农户全年人均可支配收入为21912元，增幅14%，全面消除11000元以下低收入农户。截至2022年底，全区登记在册低收入农户5046户、共6847人，全部完成低收入农户健康保险，保险费用从190元/人增加至210元/人，起付线从500元下调至0元，最高补贴金额从40000元上调至50000元。（俞金涛）

## 数字政府

**【概况】** 2022年，上虞大数据中心归集数据90.39亿条、新增归集10.19亿条数据，调用共享接口数据4.4亿余次；2.0事项一网通办率达94%，浙里办累计上架22个，注册用户数累计达59.8万户，百万人口日活跃用户数3.85万户；“浙政钉”累计上架43个；全面贯彻《浙江省公共数据条例》，上虞区创成全省公共数据平台自动开通试点地区，新增上架组件5个，10个数据产品入编绍兴市优秀产品集、2个入编省级案例集；全省率先开发“重点行业从业人员核酸检测查询平台”、全省率先探索推行“虞爱同行”扫码领券活动，活动前后日均扫码量提高 15%～20%；支撑教育码全省率先上线，支撑丁宅数字乡村进入省数字乡村全省第三。

**【公共数据平台使用】** 提升平台性能，构建区级政务云平台，成功接云资源自动开通方案，云资源开通从传统的 3 个月周期缩短到平均 7 天，极大加快资源下发速度。提升平台防护，紧扣除险保安工作要求，建设全区网络安全体系，网络侧、平台侧、门户网站实行 24 小时不间断在线监管，确保全区网络安全平稳运行；政务云平台通过网络安全三级等保测评，同时平台侧部署安全网关、防火墙等安全产品，在租户侧部署堡垒机等硬件设备，为全区各级各部门提供安全、可靠、稳定的系统运行环境，同步开展上虞区 IRS 在册应用系统等保测评工作，年底系统等保备案率 84.96%，较省定目标高出近 5%。提升平台能力，加大公共视频共享能力，累计保障视频调用 1.5 万余次，有效支撑全部各部门场景应用建设；拓展视联网接入覆盖面，升级 4K 高清视联网接入服务，定期开展终端设备巡检，实现全区 125 个视联网点位高性能稳定运行，保障重要节点、突发事件、常规调度等联调联试能力。

**【数据资源共享】** 创成全省公共数据平台自动开通试点地区，授权时间从原来的 1 个工作日降为 1 秒内实现。数据归集方面，依托市公共数据平台数据目录系统，登记全区 93 家单位的 1528 套信息系统，归集 90.39 亿条数据。年度新增编目 72 张表，新增归集 10.19 亿条数据。数据服务方面，构建特色应用数据仓，建设完成 10 个专题库、2 个部门仓和 1 个镇（街道）仓，新建 6 个专题库，支撑民情智访、搬家一件事、教育码等 6 个市、区级重点应用；协调 27 家单位的 38 个应用申请共享数据接口 260 余个，批量数据 85 个，共计调用共享接口数据 4.4 亿余次；在市人民政府门户网站数据开放板块展示 125 个数据集、9400 余个数据项。数据应用方面，全面贯彻《浙江省公共数据条例》，通过多层次（政府常务会、人大常委会、全区培训会及各部门宣讲会）、多渠道（新兴媒介、户外媒介、传统媒介）、多形式（有奖竞猜、宣传资料、视频讲解）开展宣讲，推动公共数据依法归集、依法管理、依法使用，两次双月考核中宣贯工作均名列全省第一位；开发未来社区数据仓、社会治理数据仓、重点行业人员核酸预警数据报告等 12 个数据产品，全数纳入绍兴市公共数据开发优秀案例集，其中，10 个入编绍兴市数据深度开发利用优秀产品集，2 个数据产品纳入省级数据产品案例集，2 个应用纳入市数字孪生优秀试点工作。

**【政务服务升级】** 深化政务服务 2.0 建设，开通全区 400 多个村社区便民中心线上服务大厅，2.0 事项一网通办率达 94%。年内在浙里办新增上架应用 2 个，全区本地化应用数 22 个（其中有 8 个应用同步上架微信小程序端），全部完成上架应用适老化改造；年内浙里办注册用户累计达 59.8 万户，日均活跃用户 3.08 万户，百万人口日活跃用户 3.85 万户。“浙政钉”方面，全区共激活“浙政钉”用户 1.69 万人，激活率 100%；做好日常风险核查，实时维护用户体系质量，共解散不活跃群 2900 余个；2022 年度新增“浙政钉”应用 12 个，累计已上架“浙政钉”应用 43 个。应用贯通方面，迭代升级数字上虞门户并上架浙政钉端，6 大领域门户已全部上线数字上虞门户，实现六大综合应用重大任务进展情况的“一屏概览”；推进“162”体系与“141”体系贯通，完成各应用浙政钉用户登录体系对接。

## 机关事务管理

**【概况】** 2022 年，上虞区打响具有上虞特色“阳光机关、服务铁军”的机关服务保障品牌。公务接待来宾 411 批次 8108 人次。公共机构节能稳步推进，指导 10 家单位节约型机关创建、10 家单位无废机关创建、66 家公共机构节水型单位复核、3 家部门单位垃圾分类示范机关创建。完成上虞区行政中心风雨长廊二期建设、电梯加装、停车场及部分卫生间改造等工程，完善大院绿化养护。开展“百县千碗”进省政府食堂展示活动，提升上虞地方特色品牌影响力。

**【管理模式提升】** 探索党员“网格化”责任制，派 18 名党员分为 7 个网格小组，定期到市民中心食堂、老年大学物业、行政中心保安中队等7个网格开展走访、督查活动，打造精细管理模式新格局；打造“平常时候看得出来、关键时刻站得出来、危急关头豁得出来”党员志愿者队伍，开展节能垃圾分类宣传、核酸检测、文明城市创建等党员志愿服务活动。（杜娟娣）

## 地方志编研

**【概况】** 2022年，上虞区地方志部门深入挖掘上虞传承积淀的优秀历史文化，讲好新时代上虞故事，做好《上虞市志》出版工作，推进乡镇村志编纂，保持年鉴出版常态化。每月整理上虞大事记，实时记录上虞发展大事要事。年内，在“上虞史志”微信公众号中发文60余篇。

**【《上虞市志》持续推进】** 倒排计划、挂图作战完成《上虞市志》400余万字定稿及配图，按照完成一个部类，优先交由出版社开展审校的方式，进一步加快出版进度。

**【《上虞年鉴（2022）》编写出版】** 年内，完成《上虞年鉴（2022）》编写出版工作，由西泠印社出版。

**【整理《绍兴抗日战争志》上虞资料】** 完成《绍兴抗日战争志》上虞部分编写整理，提供6万余字文字资料。

**【《上虞史志丛书》编纂】** 以《上虞史志丛书》为抓手，主动推进指导镇志、村志编写出版，组织专家评审《汤浦镇志》《丰惠镇志》。《许岙村志》完成印刷出版，《前江村志》完成编撰，《皂李湖村志》启动编写，《西湖村志》《大善小坞村志》完成初稿，《东山村志》编修中，为提升乡村文化供给贡献力量，推动乡村实现文化振兴发展。（沈瑶圆）

# 政协绍兴市上虞区委员会

## 综　述

【概况】 2022年，乡贤文化委员会客厅获评省“五星级”，政协宣传工作获省级先进，委员队伍建设经验做法在全省政协读书会上作典型交流，社情民意信息工作位居绍兴市第一。

【社情民意】 上虞区各镇（街道）民生议事堂共计开展互动协商167场次，提出意见建议842条，办理提案建议281件。全年共收到社情民意信息566篇，编发《社情民意反映》124期，被全国和省政协录用数量创历史新高。加强政协委员与界别群众的密切联系，集中开展“界别活动月”“委员活动日”活动47场次，走访企业68家，服务群众492人。根据界别特色、委员专长，个性化打造委员工作室36个，开展学习、协商、服务等活动207场次，在“浙里办”面向群众开展经济、法律、教育、医疗等咨询服务，帮助解决群众身边的“关键小事”326件。

【建言献策】 2022年，关注事关全区经济社会发展的热点堵点难点，谋划实施重点议题18项，精心组织协商活动21场次。聚焦区第二次党代会提出的共同富裕示范区建设、曹娥江经开区高质量发展等战略性谋划，就具体的路径选择、政策保障、机制创新等开展前瞻调研和常委会专题协商，提出建设性意见建议56条。围绕数字化改革、大学研究院建设、中小企业培育等突破性抓手，就项目建设、平台运行、成果绩效等开展主席会议协商和专项民主监督。就社会养老服务、无废城市创建、无障碍设施改造、未来社区建设等开展专题视察和“请你来协商”活动，在推动解决民生关切上凝心聚智。全年共有271位政协委员参加各类协商活动，提出意见建议2105条。及时梳理重点议题协商意见，向区委、区政府报送课题报告5份、协商纪要8份。“实施区内山海协作”部分建议被区委二届二次全会报告采纳。打造“瓷之源”品牌的课题成果获区委主要领导批示肯定。“引导社会资源助力‘双减’政策落地”“提升公众健康意识和救护能力”等协商意见被吸收转化为民生实事项目。

【协商议政】 创新开展主席委员“同心会”活动，主席会议成员每周走访看望政协委员，带头开展助企纾困等暖心服务。建立“五联”工作制度，党员委员联系党外委员实现全覆盖。支持鼓励民主党派、工商联、无党派人士以集体名义发声，全年共提交大会发言13份、集体提案28件、社情民意信息268篇。密切与各界人士联络联谊，就佛教中国化方向与宗教界人士座谈交流，组织三胞眷属委员视察侨联工作。拓展乡贤文化委员会客厅内涵外延，高质量举办“凝聚新乡贤，共绘新发展”等主题协商活动，有效增进与新乡贤、在外虞商的感情联络。扩面提质委员调解工作室，参与调解各类矛盾纠纷107件，成功率达到94.4%，有效协助党委政府做好解疑释惑、理顺情绪、协调关系工作。加强宣传引导，凝聚思想共识，上虞人、上虞协商故事在新华网、《人民政协报》、“学习强国”平台、浙江卫视等重量级媒体发表，在《联谊报》、浙江政协同心苑刊发报道44次，跻身“Top10”热文榜8次。上虞政协公众号活跃度居全市政协系统首位，有效扩大共识传播覆盖面。（杨雅芬）

# 重要会议

**【政协第二届绍兴市上虞区委员会第一次会议】** 2022年2月19—21日，政协第二届绍兴市上虞区委员会第一次会议在百官召开。本次会议应到委员286名，实到委员282名。会议审议通过顾世明受常委会委托所作的《中国人民政治协商会议第一届绍兴市上虞区委员会常务委员会工作报告》、王永表受常委会委托所作的《中国人民政治协商会议第一届绍兴市上虞区委员会常务委员会关于提案工作情况的报告》，书面审议《中国人民政治协商会议第一届绍兴市上虞区委员会常务委员会关于反映社情民意工作情况的报告》。大会选举产生主席、副主席、秘书长及常务委员，赵文中当选为主席，王永表、章颖芳、王柏明、孙云苗、范国海当选为副主席，陈学军当选为秘书长。会上，28篇议政材料书面交流，其中8位委员分别作大会发言；会议表彰2021年度政协工作各类先进，通过《中国人民政治协商会议第二届绍兴市上虞区委员会提案审查委员会关于二届一次会议提案审查情况的报告》和《中国人民政治协商会议第二届绍兴市上虞区委员会第一次会议决议》。参会全体人员列席区二届人大一次会议，听取和讨论区长金进富所作的《政府工作报告》和其他报告。

**【区政协常委会会议】** 2022年，区政协召开常委会会议5次，分别为：

2022年1月27日，区政协召开一届二十八次常委会会议，区委副书记、区长金进富通报上虞区经济社会发展情况，区府办主任陶海强汇报区政协一届五次会议以来政府系统提案办理情况，审议通过关于召开区政协二届一次会议的决定（草案），区政协二届一次会议议程（草案）、日程（草案），各次主席团会议主持人及报告人名单、各次全体会议主持人及报告人名单，听取区政协相关委室关于常委会工作报告、提案工作情况报告和反映社情民意工作情况报告的起草情况汇报，并讨论通过三个报告，审议通过关于授权区政协主席会议审议区政协一届二十八次常委会会议未尽事项的决定，审议通过有关人事事项。区委常委、统战部部长蔡建红、区人大常委会副主任黄梅龙应邀出席。

2022年3月18日上午，区政协召开二届一次常委会会议，举行授书仪式，审议通过政协第二届绍兴市上虞区委员会常务委员会关于设置专门委员会的决定，审议通过有关人事事项，区人大常委会副主任胡荣宝应邀出席。

2022年7月20日上午，区政协召开二届二次常委会会议，听取区政协课题组关于“实施山海协作打造共富示范区”课题汇报，审议通过有关人事事项，区委副书记、区长金进富通报全区半年度经济社会发展情况，区人大常委会副主任王文松应邀出席。

2022年12月1日下午，区政协召开二届三次常委会会议，传达学习中共二十大精神，区政协课题组汇报《曹娥江经济开发区高质量发展路径选择调研报告》，区委常委、副区长郑夔应邀出席并讲话，区人大常委会副主任潘立峰应邀出席。

2022年12月27日下午，区政协召开二届四次常委会会议，审议2022年度政府系统提案办理情况，审议相关区政协委员、有关委员界别及界别召集人调整情况，审议区政协常委会工作报告、提案工作情况报告，审议关于召开区政协二届二次会议的决定（草案），区政协二届二次会议议程（草案）、日程（草案），提案征集截止期的决定（草案），各次会议主持人及报告人名单（草案），区委常委、统战部部长蔡建红、区人大常委会副主任徐志华应邀出席。

**【区政协主席会议】** 2022年，区政协召开主席会议14次，分别为：

2022年1月11日，区政协召开一届四十次主席会议，各委、室主任汇报交流过去五年亮点工作和未来五年及明年重点工作安排，审议二届一次会议筹备工作方案。

2022年1月25日，区政协召开一届四十一次主席会议，听取关于召开区政协二届一次会议的决定（草案），区政协二届一次会议议程（草案）、日程（草案）和提案征集截止期的决定（草案）、二届区政协委员人选名单、区政协常委会工作报告、提案工作情况报告、反映社情民意工作情况报告起草情况、二届一次会议列席人员建议对象方案、各次主席团会议主持人及报告人名单（草案）、各次全体会议主持人及报告人名单（草案）等汇报；审议通过政协各类先进表彰名单、有关人事事项；研究决定区政协一届二十八次常委会会议有关事项。

2022 年 2 月 15 日，区政协召开一届四十二次主席会议，审议大会主席团、秘书长、主席团常务主席、执行主席分组、提案审查委员会、副秘书长、各界别召集人建议名单，审议大会发言、大会筹备工作等有关事项。

2022 年 3 月 17 日，区政协召开二届一次主席会议，审议通过政协第二届绍兴市上虞区委员会主席、副主席、秘书长分工；研究区政协 2022 年工作要点；审议政协第二届绍兴市上虞区委员会常务委员会关于设置专门委员会的决定；审议有关人事事项。

2022 年 4 月 8 日，区政协召开主席季度例会，各委、室主任汇报交流一季度工作完成情况和二季度重点工作安排。

2022 年 5 月 25 日，区政协召开二届二次主席会议，专题协商“加强社区物业管理，助力锻造品质共享金名片”调研课题，区政府魏国剑副区长应邀出席。

2022 年 5 月 26 日，区政协召开二届三次主席会议，审议《2022 年度政协工作目标责任制考核办法》《2022 年度政协专委会履职考评办法》《政协绍兴市上虞区委员会界别履职考评办法》《政协绍兴市上虞区委员会委员履职考评办法》《关于进一步加强和改进政协信息宣传工作的意见》等有关文件。

2022 年 7 月 7 日，区政协召开主席季度例会，各委、室主任汇报交流二季度工作完成情况和三季度重点工作安排。

2022 年 7 月 18 日，区政协召开二届四次主席会议，传达学习习近平总书记在中央政治局第 40 次集体学习时的重要讲话精神，习近平总书记在庆祝香港回归祖国 25 周年大会暨香港特别行政区第六届政府就职典礼上的重要讲话精神，全国政协文史工作座谈会议精神，听取区政协机关党组半年度工作情况、“实施山海协作打造共富示范区”调研课题情况和 2022 年区政协读书会方案的汇报，审议《区政协关于习近平新时代中国特色社会主义思想学习座谈会制度》，研究有关人事事项。

2022 年 9 月 29 日，区政协召开二届五次主席会议，专题协商《打造“瓷之源”品牌，培育经典文创产业》调研课题，区委常委、副区长朱江桥应邀出席。

2022 年 10 月 10 日，区政协召开区政协主席季度例会，各委、室主任汇报交流三季度工作完成情况和四季度重点工作安排。

2022 年 10 月 25 日，区政协召开二届六次主席会议，专题协商《强化党建统领充分发挥社会组织在后疫情时代基层治理中的积极作用》调研课题，区委副书记、政法委书记许建超应邀出席。

2022 年 11 月 28 日，区政协召开二届七次主席会议，审议区政协农经科技委汇报课题调研成果《曹娥江经济开发区高质量发展路径选择调研报告（征求意见稿）》《关于“矢志不渝跟党走、同心奋进新征程”深入学习宣传贯彻党的二十大精神的工作方案（送审稿）》《政协绍兴市上虞区委员会闭会期间提案工作办法（送审稿）》《区政协系统 2022 年度先进集体和先进个人评选方案（送审稿）》《区政协专委会调整设置建议方案（送审稿）》。

2022 年 12 月 27 日，区政协召开二届八次主席会议，听取相关区政协委员调整情况汇报、有关委员界别及界别召集人调整情况汇报、区政协常委会工作报告、提案工作情况报告起草情况汇报、2022 年度政协系统先进集体、个人评比情况汇报、区政协二届二次会议经费预算情况汇报；审议关于召开区政协二届二次会议的决定（草案），区政协二届二次会议议程（草案）、日程（草案），提案征集截止期的决定（草案），各次会议主持人及报告人名单（草案），会议列席人员建议名单等。

（杨雅芬）

## 主要活动

**【政协干部及政协委员履职能力提升培训班】** 2022 年 8 月 8—12 日，由区政协和区委组织部、区委党校联合举办的政协干部及政协委员履职能力提升培训班在浙江大学西溪校区举行，区政协主席赵文中和副主席范国海、章颖芳和秘书长陈学军及 54 名政协委员参加。

**【区政协读书会】** 2022 年 8 月 5 日，区政协举行 2022 年绍兴市上虞区政协读书会，区政协党组成员、区政协主席会议成员、区政协副秘书长，各委室主任、副主任，区纪委监委派驻区政协机关纪检监察组组长、副组长参加，副主席王永表主持，主席赵文中作讲话。

**【“百名政协委员促进提案办理”督查活动】** 2022年8月14—24日，区政协开展“百名政协委员促进提案办理”督查活动，分别由区政协领导带队，邀请区委、区政府相关领导参加，区政协各委室协调，采取专题调研、实地考察、听取汇报、协商讨论等方式对区政协二届一次会议提案涉及的关于“加强养老服务”“乡村振兴人才引进”“双减政策落地”“促进民营经济高质量发展”“提升道路通行效率”等五个方面相关内容的办理情况开展督查活动，切实促进提案办理，提高办理质量。

**【上虞乡贤文化政协委员会客厅活动】** 2022年7月11日，上虞乡贤文化政协委员会客厅举行“凝聚新乡贤共绘新发展”乡贤协商活动，省政协民宗委主任楼炳文应邀出席并讲话，省政协民宗委办公室主任蓝华应邀出席，市政协副主席王浩萍、市政协社法民宗委主任张爱武应邀出席，区委常委、统战部部长蔡建红应邀出席并讲话，区政协主席赵文中、副主席范国海、秘书长陈学军参加。

**【“请你来协商”活动】** 2022年，区政协举行“请你来协商”活动共7场，分别为：

5月17—18日，区政协开展“请你来协商——‘双减’背景下，社会资源如何助力政策落地”专题协商活动，区政府副区长孙伟琴应邀出席并讲话，区政协主席赵文中、副主席章颖芳、秘书长陈学军参加。

6月29日，区政协开展“请你来协商——加快中小企业培育发展，打造高质量发展新引擎”专题协商活动，区政府副区长阮程华应邀出席并讲话，区政协主席赵文中、副主席孙云苗、秘书长陈学军参加。

7月11日，上虞乡贤文化政协委员会客厅举行“凝聚新乡贤共绘新发展”专题协商活动。省政协民宗委主任楼炳文、市政协副主席王浩萍，区政协主席赵文中、副主席范国海及秘书长陈学军，区政协各委室负责人、乡贤文化委员会客厅成员、相关政协委员和新居民乡贤代表参加活动，区委常委、统战部部长蔡建红应邀参加，区委统战部、区委人才办、区新居民服务中心等相关部门单位负责人参与协商活动。

9月1日，区政协举行“请你来协商——打好垃圾治理攻坚战，践行垃圾分类新时尚”专题协商活动，区政府副区长魏国剑应邀出席并讲话，区政协副主席孙云苗、秘书长陈学军参加。

9月20日，区政协开展“请你来协商——弘扬红十字精神，提升公众健康意识和救护能力”专题协商活动，副主席王永表主持，区政府副区长黄俊毅应邀出席并讲话。

10月19日，区政协围绕“未来社区建设”开展“请你来协商”专题活动，区政府副区长魏国剑应邀出席，副主席范国海参加。

11月8日，区政协围绕“用中华优秀传统文化浸润宗教、坚持佛教中国化方向”开展座谈协商活动，副主席章颖芳参加。

**【专题视察活动】** 2022年，区政协举行专题视察活动共8次，分别为：

3月18日，区政协开展“奋战一季稳 夺取开门红”专项视察活动，实地视察浙江格派钴业新材料有限公司、深圳市昌红科技股份有限公司高分子医疗耗材产业园项目、杭州湾产业协同创新中心二期项目等3家企业（项目）现场，听取关于“奋战一季稳 夺取开门红”专项情况汇报并进行协商讨论，区委常委、常务副区长金山中及相关部门负责人陪同视察。

4月28日，区政协开展道路交通安全工作专题视察活动，实地视察104国道章镇段隐患治理点、交警大队指挥中心，听取区公安分局关于道路交通安全工作情况汇报并进行协商讨论，副区长、区公安分局局长王成毅到会听取意见建议。

6月13日，区政协开展“凝聚侨心汇聚侨力画好最大同心圆”专题视察活动，实地视察侨资企业浙江皇马科技股份有限公司、崧厦街道“侨之家”，听取区侨联关于砥砺奋进凝心聚力奋力谱写上虞侨联工作新篇章情况汇报并进行协商讨论，区委常委、统战部部长蔡建红应邀出席并讲话。

6月22日，区政协开展无障碍设施建设工作专题视察活动，实地视察百官街道天祥社区、百官街道高丰社区、区便民中心，听取区残联关于残疾人无障碍改造工作情况汇报、听取区建设局关于无障碍规划建设工作情况汇报、听取区综合执法局关于无障碍日常管理工作情况汇报并进行协商讨论，区政府副区长孙伟琴应邀出席并讲话。

8 月 25 日，区政协围绕上虞区数字化改革推进情况开展专项集体民主监督，实地视察水利工程项目大数据监督应用、区大数据管理中心视察一体化智能化公共数据平台和自规分局的自然资源三维立体时空数据平台，听取区委改革办关于全区数字化改革推进情况的汇报并开展协商讨论，区委副书记许建超应邀出席并讲话。

9 月 7 日，区政协开展大学研究院促进产业发展专题视察活动，实地视察武汉理工大学绍兴高等研究院、杭电产教融合创新园，听取区科技局关于大学研究院促进产业发展情况汇报并开展专题协商讨论，区政府副区长阮程华应邀出席并讲话。

11 月 8 日，区政协开展上虞文化艺术中心项目选址专题视察活动，实地视察三个备选点位，听取区自然资源和规划分局备选点位情况介绍及宣传部、融媒体中心、建设局、文广旅游局的意见并形成视察意见。

11 月 16 日，区政协开展“无废城市”建设专题视察活动，实地视察众联环保危废处置相关情况、绿色综合体一般固废资源化处置利用情况、新和成“无废工厂”建设情况，听取生态环境分局关于“无废城市”建设工作情况的汇报并进行专题协商。（杨雅芬）

# 纪检监察

## 综　述

**【概况】** 2022年，中共绍兴市上虞区委以高度的政治自觉，深入学习贯彻党的二十大精神，贯彻落实党中央、省委、市委关于全面从严治党各项决策部署，以上率下压紧压实管党治党政治责任，纵深推进清廉上虞建设，积极营造更加山清水秀的政治生态。全区各级纪检监察组织践行“两个维护”，忠诚履职尽责，敢于善于斗争，以实干求实效，以变革创新绩，充分发挥监督保障执行、促进完善发展作用，为上虞区高质量发展提供坚强保障。2022年，上虞区全面从严治党成效度98.49%，获省委、省政府改革创新成绩突出集体称号。（徐　凯）

**【数智赋能监督】** 持续扩大数智监督领跑优势，建好基层公权力、工程建设、国企房产3个省级试点应用场景，处置红色预警1435个，问责351人次，挽回经济损失1420余万元，治理区域性领域性问题10个，推动完善制度机制7项，数字化改革工作交出高分报表，获省委改革突破金奖、省纪委监委“成绩突出建模单位”称号，3个应用场景、3个监督模型分获省级年度“最佳”。

**【纪检组派驻机构改革】** 深化派驻机构改革，擦亮派驻监督“探头”，“室组地”联合办案、联动监督，全区派驻机构处置问题线索147件、制发纪检监察建议书24份。优化调整开发区派驻机构，杭州湾经开区清廉园区列入市级试点。（徐　凯）

## 重要会议

**【区纪委二届一次全会】** 1月23日，中国共产党绍兴市上虞区第二届纪律检查委员会第一次全体会议召开。会议选举产生新一届中共绍兴市上虞区纪律检查委员会常务委员会委员和书记、副书记。胡玲萍当选为区纪委书记，陶劲松、王亮当选为区纪委副书记。选举结果经区委二届一次全会审议通过。

1月23日，中国共产党绍兴市上虞区第二届纪律检查委员会第一次全体会议召开（区纪委　提供）

**【省委第五巡视组巡视绍兴市上虞区工作动员会议】** 3月2日，省委第五巡视组巡视绍兴市上虞区工作动员会议召开。省委第五巡视组副组长徐其贵作动员讲话，对做好巡视工作提出要求。区委书记、区委巡察工作领导小组组长陶关锋主持会议并作表态发言。市委常委、组织部部长王琴英参加会议。

**【全区巡察工作会议暨二届区委第一轮巡察动员部署会议】** 3月26日，全区巡察工作会议暨二届区委第一轮巡察动员部署会召开。会议强调，要深入学习贯彻习近平总书记关于巡视工作重要论述精神，认真落实中央和省委、市委关于巡视巡察工作的部署要求，齐心协力、担当作为，合力推动二届区委第一轮巡察全程全面高质量开展，为建设更高水平“清廉上虞”，为锻造上虞高质量发展金名片、奋力谱写现代化共同富裕美好社会新篇章提供坚强政治保障。会议宣布二届区委第一轮巡察组组长、副组长授权名单和任务分工。经区委研究决定，二届区委第一轮巡察共设4个巡察组，对区委党校及总工会党组织，章镇镇、谢塘镇、下管镇3个乡镇及54个所辖村社党组织开展常规巡察。

**【区委反腐败协调小组会议】** 4月8日，区委反腐败协调小组会议召开。会议传达学习上级有关文件精神，各成员单位交流2021年反腐败工作情况，审议通过《中共绍兴市上虞区委反腐败协调小组工作规则》等相关制度，并对下一阶段全区反腐败工作进行研究部署。

**【省委第五巡视组向绍兴市上虞区委反馈巡视情况】** 5月11日，省委第五巡视组向中共绍兴市上虞区委反馈巡视“回头看”情况。省监委委员郭卫东出席向上虞区委书记陶关锋的反馈会议和向上虞区委领导班子的反馈会议，对巡视整改工作提出要求。郭卫东向陶关锋传达省委书记专题会议精神，省委第五巡视组组长万亚伟代表省委巡视组分别向陶关锋和上虞区委领导班子反馈巡视“回头看”情况。

**【党风廉政建设和反腐败工作情况通报座谈会】** 5月27日，党风廉政建设和反腐败工作情况通报座谈会召开，会议通报2021年全区党风廉政建设和反腐败工作情况，并听取有关意见建议。

**【二届区委第二轮巡察工作动员部署会】** 7月6日，二届区委第二轮巡察工作动员部署会召开，全面落实中央、省委、市委对巡视巡察工作的新部署新要求，对区委第二轮巡察工作进行动员部署，进一步推动上虞区巡察工作高质量发展。该轮巡察安排对经信局、科技局、文广旅游局、商务局4个经济管理部门，小越街道、永和镇2个乡镇（街道）党组织开展常规巡察，对2个乡镇（街道）所辖村社党组织开展延伸巡察。

**【区二届人大常委会第四次会议】** 9月27日，区二届人大常委会第四次会议召开，会议通报全区开展廉政教育工作情况。这是党中央作出地方监委向本级人大常委会报告专项工作的决策部署以来，区监委首次向区人大常委会报告专项工作。

**【二届区委第三轮巡察工作动员部署会议】** 10月28日，二届区委第三轮巡察工作动员部署会议召开，启动新一轮巡察工作。会议传达书记专题会议精神，宣布二届区委第三轮巡察组组长、副组长授权名单和任务分工。该轮巡察为期2个多月，共安排4个巡察组，对司法局、财政局（含国投公司、建发公司）、建设局（含城建集团、园林市政集团）、交通运输局、水利局（含水利集团）、农业农村局、金融办、公积金中心8个部门单位党组织开展常规巡察。 （徐 凯）

## 执纪监督和审查调查

**【概况】** 上虞区实现监督检查和审查调查职能适当分离，强化审查调查协作联动，全年立案293件，党纪政务处分305人，留置5人，移送司法机关7人，追赃挽损3000余万元，沈某案被列为绍兴市基层法院执行领域典型窝串案，监督检查审查调查工作综合成效全年保持全市第一。

督促建立五大工作机制，督办落实50项工作内容，推动贯彻执行不走样。紧扣“疫情要防住、经济要稳住、发展要安全”总要求，开展疫情防控、经济稳进提质、除险保安等专项监督，下发督查通报203期，督促整改问题4490个，问责处理139人。

**【“7+1+N”政治监督体系】** 聚焦全面落实共同富裕示范区建设、数字化改革、粮食安全等重大部署跟进监督，紧盯全国文明城市创建、废弃矿山生态修复、征地拆迁等中心任务靠前监督，开展明察暗访847次，督促整改问题225个。

**【基层监督网络】** 构建“5+3+X”乡镇（街道）纪检监察工作规范化建设质效评估体系，开展“清风润虞·护航发展”专项行动，打造村级监察工作联络站标准化示范点20个，总结推广“一月一村一主题”例会轮值、镇村片区联动等经验做法，全区乡镇（街道）纪检监察机构处置问题线索 934 件、自办案件 44 件，分别同比增长 177.7%、29.4%，片区协作开展集体会商 444 次、联动监督 493 次、联解疑难信访 91 件。

**【“三见面三反馈”工作机制建立】** 2022 年，上虞区建立实名检举控告“三见面三反馈”工作机制，即通过受理环节、调查环节、答复环节“三见面”，分别反馈受理情况、调查进展及办理结果。全年受理信访举报 427 件，其中检举控告 176 件，农村涉纪信访 84 件，分别同比下降 34.2%、28.5%、34.4%，稳妥推进省纪委监委异常重复举报留存试点工作，开展重复检举控告提级攻坚，高质量完成 19 件“清零”目标。

**【12 项漠视侵害群众利益问题专项治理】** 以“整治有效”保障“群众有感”，高标准完成 12 项漠视侵害群众利益问题专项治理，查处群众身边腐败和作风问题 45 起。（徐　凯）

## 党风廉政建设

**【概况】** 突出“关键少数”，出台加强对“一把手”和领导班子监督“五张责任清单”、22 项相关配套制度，创新落实廉情抄告等机制，对 46 名新任职“一把手”开展廉政谈话，查处落实“两个责任”不力问题 80 起 91 人。

**【规范干部选拔任用】** 严把干部选拔任用政治关、廉洁关、形象关，回复党风廉政意见 55 批、731 人次。（徐　凯）

## 党风政风监督

**【纠治“四风”】** 严肃查处违反中央八项规定精神问题 88 个、108 人，深化党员干部、公职人员酒驾醉驾问题线索起底和集中整治专项行动，严格落实“一排查三倒查”机制，查处涉酒违纪违法案件 17 件、17 人。严惩严治作风顽疾，召开全区干部作风建设大会，拍摄《直击作风之弊》警示片曝光问题，牵头开展“六比六争先、勇当排头兵”作风建设深化提升专项行动，围绕项目推进、违法用地整治、“三服务”活动等中心工作，开展点题式督查 15 次，制发通报（专报）14 期，查纠问题 74 个，问责 56 人。

**【党员干部澄清证明与容错免责】** 坚持“三个区分开来”，2022 年，为 14 名党员干部澄清正名，对 1 名党员干部实施容错免责，容错免责典型案例被选送至中纪委。

释义 ·“三个区分开来”：把干部在推进改革中因缺乏经验、先行先试出现的失误错误，同明知故犯的违纪违法行为区分开来；把尚无明确限制的探索性试验中的失误错误，同明令禁止后依然我行我素的违纪违法行为区分开来；把为推动发展的无意过失，同为谋取私利的违纪违法行为区分开来。

**【“四种形态”运用】** 运用“四种形态”批评教育帮助和处理 1305 人次，其中第一、第二种形态占比 95.2%。严惩行贿行为，查办行贿人 6 人，留置 2 人。（徐　凯）

释义 ·“四种形态”：第一种形态：经常开展批评和自我批评、约谈函询，让“红红脸、出出汗”成为常态。第二种形态：党纪轻处分、组织调整成为违纪处理的大多数。第三种形态：党纪重处分、重大职务调整的成为少数。第四种形态：严重违纪涉嫌违法立案审查的成为极少数。

## 巡视巡察

**【强化巡视整改】** 协助做好省委巡视“回头看”及反馈问题整改工作，运用“四张清单”抓实整改监督，督促责任单位落实整改措施 220 条，建立完善制度 74 项，58 个反馈问题已全部销号。以“七张问题清单”为牵引，高质量完成省委重大巡视问题整改，相关做法受到省领导批示肯定，2 个整改案例入选省市示范榜。

**【巡察监督】** 科学制定巡察工作五年规划，以绍兴市委巡察工作指导督导为契机，健全巡察监督实施办法、巡察问题共性清单等 7 项制度。2022 年，共组织区委三轮巡察，共巡察党组织 101 个，前两轮共发现问题 1299 个，督促被巡察单位落实整改措施 2380 条，建立完善制度 69 项。（徐　凯）

## 廉政宣传教育

**【概况】** 2022年，上虞区以改革思维推进清廉上虞建设，围绕“1+7+N”政治监督体系，以擦亮“中国廉德文化之乡”品牌为主线，压紧压实责任链条，做实标准，做优示范，23家单位获评省市清廉建设成绩突出单位，汤浦镇入选亲清政商关系示范乡镇省级试点，编撰出版《上虞清廉文化》，举办“清白泉·娥江颂”清廉主题系列文化活动。

**【廉政教育】** 创新落实“一案七必须”制度，制发纪检监察建议书34份，组织庭审旁听等现场教育13场，警示教育2000余人，回访教育6人，徐某跟踪回访案被选录为全省典型示范案例。

**【“清白泉·娥江颂”清廉主题系列文化活动举办】** 8月5日，“清白泉·娥江颂”清廉雅集在绍兴市上虞区春晖中学举行，国内多名知名专家学者雅集于白马湖畔，以诗歌、书法为载体，共探中华孝德文化之根，同品王充清廉思想之源，齐寻魏晋东山文化之魂，研讨以廉洁文化助力清廉绍兴建设。（徐　凯）

# 民主党派·工商联

## 民革绍兴市上虞区总支部委员会

【概况】 2022年上虞民革充分发挥自身资源优势，围绕中心、服务大局，积极为当地经济建设出谋划策，真实反映社情民意，为当地党委、政府提供科学决策依据，为维护社会稳定的大局尽职尽力。9月，民革上虞总支更名为民革上虞基层委。2022年，共转正党员4人，发展预备党员2人，均为全日制本科以上。

【建言资政】 在2022年绍兴市“两会”中，基层委主委李蕊代表市委会作大会发言，在上虞区“两会”中，与会党员代表共提交19个提案及建议，其中《共同富裕示范区建设背景下上虞城乡一体化的几点思考》《关于基层社会治理中矛盾纠纷化解路径的思考》《关于乡村振兴人才引进的提议》被列为重点提案由区领导领办。2022年，《基层建议完善违纪违法财物追收缴工作机制》《因违反竞业限制引发“天价索赔”建议多维度调控切实保障劳动者合法权益》《建议允许多次流拍的国有资产提前进入报废程序 以加快处置流程降低行政成本》《完善疫情防控政策 关心关爱涉货车司机的建议》4篇被民革中央录用。

【博爱同行社会服务品牌】 基层委持续做优做强博爱同行社会服务品牌，不断发挥党员优势，整合各类资源，做好各类结对帮扶的常态化社会服务的同时，有针对性围绕社会法制、“三农”等开展专业性社会服务。民革上虞法律援助站进驻下管镇，一支部与上虞区小越街道教育总支开展结对共建，擘画共富。通过形式多样、内容丰富的法治宣传等活动送法进学校、进社区、进企业，塑造支部法制特色；二支部联合区普法办走进职教中心开展线上法律知识竞赛、法律专题讲座等，组织职教中心学生开展普法研学担山行活动。各支部结合党员专业优势，开展相关医疗、应急救援、安全教育、国防教育等社会服务，在各自工作岗位上积极践行，服务人数达5000余人次。

【系列社会服务活动】 基层委与区侨联共建“涉侨法律服务站”，深化祖统工作，与区台属台胞联谊会长期结对合作，先后开展“共植同心树、齐盼早团员”“热议二十大、共话同心圆”等活动。联合网联会等社会组织，多次开展敬老慰问、困难群众帮扶等活动。

（张　超）

## 民盟绍兴市上虞区基层委员会

【概况】 民盟上虞区基层委围绕《民主党派县级基层组织建设规范》，突出“七个一”工作重点，以“全面推进自身规范化标准化建设”为工作方向，不断加快规范化、标准化建设的步伐。在2022年全省民主党派基层组织规范化标准化建设现场会上，主委孙云苗在现场会上作题为《加强标准引领　奏响盟务强音》专题发言。全年新发展盟员4人，主界别成员2人，新阶层人士1人，代表性人士1人。年内制定《民盟绍兴市上虞区基层委员会关于新时代加强凝聚共识工作的实施方案》。2022年，代表、委员参加各项民主监督、调研活动、座谈交流等150余人次。

【“矢志不渝跟党走，携手奋进新时代”政治交接主题教育】 5月15日，民盟绍兴市上虞区基层委员会在

"统战之家"召开"矢志不渝跟党走 携手奋进新时代"政治交接主题教育部署会。印发《民盟绍兴市上虞区基层委员会开展"矢志不渝跟党走 携手奋进新时代"政治交接主题教育工作方案》。

**【徐光宪纪念馆被认定为民盟传统教育基地】** 2022年6月2日，民盟中央主席丁仲礼为徐光宪纪念馆中国民主同盟传统教育基地揭牌。揭牌仪式由民盟浙江省委会专职副主委毛伟民主持，民盟中央宣传部副部长温华军宣读《民盟中央关于同意在徐光宪纪念馆建立民盟传统教育基地的批复》，丁仲礼、成岳冲、叶卫红、凌芳共同为传统教育基地揭牌。是继胡愈之纪念室、浙江省春晖中学之后上虞民盟第三家中国民主同盟传统教育基地。7月25日，徐光宪纪念馆挂牌为绍兴市政协"同心教育"基地。这是继胡愈之故居之后又一个传统教育基地列入市政协"同心教育"基地。

**【胡愈之故居重新布展】** 2022年是上虞复县建城（丰惠）1200周年，胡愈之故居进行重新布展，民盟中央主席丁仲礼为故居题写"浙江省盟员传统教育基地"牌匾，12月3日，上虞复县建城（丰惠）1200周年纪念大会有200余名嘉宾参观胡愈之故居。全年传统教育基地接待包括乡贤大会嘉宾、全省民主党派基层组织规范化标准化建设现场会领导、市政协同心教育基地揭牌仪式嘉宾、中国民主同盟传统教育基地揭牌仪式嘉宾、诸暨民盟盟员、开化县总支盟员、上虞九三学社社员等参观交流10余批次400余人次。

**【宣传推送】** 拍摄微纪录片《从前的先生》（胡愈之、徐光宪），12月2日，《从前的先生》微纪录片《胡愈之：中国出版界运筹帷幄的主帅》在浙江民盟公众号发表。发挥《上虞盟讯》、"上虞盟讯"公众号的宣传作用，刊出《上虞盟讯》4期，公众号全年推文55条，绍兴市委会网站采用33篇，浙江民盟公众号推送2篇，浙江民盟视频号推送1则。《吾心常此驻我盟》获评盟省委"我和我的民盟"征文优秀作品奖。

**【参政履职】** 2月，民盟上虞区基层委员会24位盟员作为区人大代表、区政协委员出席绍兴市上虞区第二届人民代表大会第一次会议和政协第二届绍兴市上虞区委员会一次会议。经会议选举，方静当选为区人大常委会副主任，孙云苗当选为区政协副主席，陆俊蔚、沈月娥、徐芳、俞辉为区政协常委。副主委沈月娥代表民盟上虞区基层委员会作题为《关于在我区未来社区建设中加强文化多跨场景落地的建议》大会发言，《加快体育事业高品质发展，实现区域共同精神富裕》《数字化改革视角下优化社区公共服务的建议》列入大会书面交流材料。在区两会上提交集体提案5件，个人提案、议案15件，市两会上提交个人提案6件。《注重文化引领、科技支撑，着力彰显未来社区绍兴辨识度》由盟市委提交作为市政协平时团体提案由魏伟主席领办。

**【社情民意信息撰写】** 全年通过政协线提交社情民意信息49条，通过党派线提交社情民意信息35条，盟省委采用24则，市政协采用11则。

**【课题调研】** 调研区外成熟模式的飞地经济经典案例，汲取最终成功经验及过程中的失败教训；调研区内养老产业、规上企业、校地合作等相关领域的现状和发展前景，深入研究探索三大领域如何做到"北都市"和"南花园"的有效结合，实现城乡一体化飞地经济发展建设。完成调研文章《发展山海协作飞地经济 助推乡村振兴共同富裕——以上虞探索发展飞地经济推进城乡一体化为视角》。根据区委统战部共同富裕专项民主监督工作安排，承担高质量就业体系建设调研任务，完成《关于高质量就业体系建设的调研思考》调研报告。

**【"擘画共富"社会服务】** 根据区委统战部同意部署，民盟上虞区基层委员会2022年社会服务工作面向对口联系生态乡镇丁宅乡，开展"擘画共富、虞你同行"助力谱写共同富裕美好社会新篇章活动，在双方走访了解、协商讨论的基础上，制定民盟上虞"擘画共富，虞你同行"医疗进村服务方案，全年走遍丁宅乡全部7个建制村，走访高龄老人近180人次，送出日常备用药计11550元。前期制定3年服务方案，采取挨家挨户走访的形式，上门问诊、查看日常用药情况等。

（桑江珍）

## 民建绍兴市上虞区基层委员会

【概况】 2022年，民建绍兴市上虞区基层委员会共有会员24名，年内新发展会员3名。召开“矢志不渝跟党走，携手奋进新时代”政治交接主题教育动员部署会议，通过线上线下学习相结合方式，组织会员学习民建会章会史，激发会员荣誉感和责任感，争做一名合格的新时期民建会员。

【参政议政】 2022年，共上报市委会社情民意信息23篇，被各级组织录用15篇，其中全国政协2篇，民建中央1篇，省政协1篇，民建省委会7篇，省委统战部1篇，市政协3篇，被浙江民建网站、绍兴民建会刊、网站编发活动信息8篇。

【社会服务】 开展“真情助学”活动，赴永和镇小、陈溪乡慰问困难学生，发放慰问品，传递党和政府的关爱与温暖。开展“关爱医护”活动，与永和镇共同建立“医务关爱——建和基金”，主要用于帮扶永和镇范围内医务工作者及其家属，表彰奖励先进个人，呼吁全社会关心爱护广大医务工作者。开展“助力乡村”活动，前往丽水景宁举行捐赠助学活动，关心农村留守儿童的健康成长，为助力乡村振兴与教育事业发展贡献民建力量。开展“为企业送服务”活动，走访调研会员（会友）企业浙大网新科技园发展有限公司、浙江土工仪器制造公司、绍兴未蓝文化传媒有限公司。开展“科医下乡”活动，支部联合科普服务人员为岭南乡村民们宣传防疫知识、食品安全、垃圾分类、蔬菜种植等科普知识，发放科普读物、优质蔬菜种子和科普知识宣传小礼品，并组织医疗专家在现场设立义诊点，为村民讲解疾病预防、卫生保健、饮食健康等注意事项。赴岭南乡青山村开展“促进乡村振兴、实现共同富裕”调研活动，实地调研位于岭南乡覆卮山景区青山村的“三个月亮”主题村落，会员们围绕现有项目展开讨论并就下阶段扩展项目提出意见建议。（阮方圆）

## 中国民主促进会绍兴市上虞区基层委员会

【概况】 2022年，基层委联合区政协教体文史委主办“喜迎二十大，奋进新征程”为主题的民进会员书法作品展。为进一步提升履职实效，基层委加强专委会建设，下设提案工作专委会、社情民意工作专委会、宣传工作专委会、社会服务专委会。中国民主促进会绍兴市上虞区基层委员会获民进全省优秀基层组织称号。

【参政议政】 2022年，基层委有3名市人大代表、3名市政协委员、4名区人大代表、16名区政协委员。基层委向市、区两会提交提案和建议案32件，其中向区政协提交集体提案6件，内容涉及经济、教育、文化、医疗、民生等领域。集体提案《推进传统产业数字化，壮大经济发展新引擎》被列为1号提案、重点提案，并作大会发言；《坚持教育培训公益性，打通“双减”落地最后一公里》作大会书面发言；《打破城乡基础教育藩篱，打造优质均衡教育新样态》被列为重点提案，并作为市委会集体提案提交市政协。在绍兴市两会上，代表、委员提交提案和建议案8件，内容涉及疫情防控、乡村振兴、人才引进、民生工程等。

年内，向区政协、民进市委会、区委统战部上报社情民意信息79篇次，其中《长津湖志愿军烈士“魂盼归家”》被全国政协采用，其他有6篇信息被民进中央采用，2篇信息市政协采用，2篇信息市委办采用；3篇信息被市政协采用，1篇信息被市委办采用，2篇信息被区领导批示，9篇信息被区政协采用。

【课题调研】 基层委围绕区委统战部“同心聚力共同富裕”、消防安全民生实事工程两大协商课题，展开一系列调查研究，绍兴古城文化调研活动、诸暨学习调研活动等，课题报告质量明显提升。11月，基层委又组织8个课题组，就数字化、智能化、托幼一体化、青春之城、老而好学、共同富裕等方面开展深入调研。

【社会服务】 与陈溪乡开展结对共建，助力陈溪乡乡村振兴、文旅发展、和美共富建设行动。为曹娥街道、崧厦街道、长塘镇等区域的学校提供特色课程、暑期托管服务、公益课、节日活动等。分期分批为社区居民开设八段锦等健身公益课，并组织上虞区第九届健身气功站点比赛。（刘燕敏）

## 农工党上虞区总支部委员会

【概况】 农工党上虞区总支部委员会于2022年9月30日正式成立，下设1个支部委员会，即农工党绍兴市上虞区综合一支部委员会；1个支部，即农工党绍兴市上虞区综合二支部。选举产生了农工党绍兴市上虞区第一届总支部委员会，丁夏峰、李英周、罗栋、赵其、倪红娣、郭建丽、傅钟7人当选总支委员，倪红娣为主任委员。

【队伍建设】 2022年，发展正式党员7人，吸引党外优秀干部11人。截至年末，全区党员共计14人，培养对象11人。疫情的原因主要定期组织开展对新党员进行线上的党史学习教育。

【基本职能】 农工党上虞区总支有4位区政协委员参加政协第二届绍兴市上虞区委员会第二次会议。总支委提交《关于进一步关注精神卫生的思考与建议》《关于做好留商（企）发展的建议》《推动新型储能发展 保障经济民生用电安全》《推动新时代美丽乡村产业建设 以点带面促进乡村共富》4件集体提案，内容涵盖精神卫生、留商发展、新型储能、美丽乡村建设等方面。

根据区委统战部上半年布置的课题，根据党员的自身特点和岗位职责，成立三人调研小组，先后开展“水安全保障行动”和“生态惠民”等课题调研活动。在“同心聚力 共同富裕”专项民主监督协商座谈会上，倪红娣主委代表总支作《保护曹娥江生态环境 打造上虞区城市品牌》的报告发言。

《政府性融资担保推进存三大问题，建议综合施策撬动金融资源助力经济稳增长》被省政协、全国政协录用。

【农工党特色社会服务品牌】 结合农工党派的特色，制作以“五彩农工”为logo的社会服务品牌。（蒋雪飞）

## 九三学社绍兴市上虞区基层委员会

【概况】 九三学社绍兴市上虞区基层委员会被社中央评为2022年度“全国宣传思想工作先进单位”。2022年，新发展4名社员，基层委共有社员107名。1人提拔为正科级，1人提拔为副科级，1人担任区级医院院长。

【参政议政】 2022年，基层委共有新一届绍兴市人大代表1人、政协委员2人，上虞区人大代表4人、政协委员16人，其中上虞区副区长1名，区政协常委5名。在绍兴市两会上，提交建议、提案4件；向区政协二届一次会议提交大会发言材料2篇、集体提案7件、个人提案20件，向区人代会提交建议4件，内容涉及经济发展、共同富裕、疫情防控、医疗卫生、科技创新、乡村振兴、文化教育等方面。陈炯军委员代表基层委员会作《拓宽农民增收渠道 着力打造共富单元》的大会发言，发言材料第一时间被刊登在浙江新闻网上。由大会发言转化的集体提案《关于拓宽农民增收渠道 着力打造共富单元的建议》被区政协列为重点提案。基层委《关于推进养老服务发展的建议》获“2021年度优秀提案”。

【社情民意信息】 共向上虞区政协、社绍兴市委报送社情民意信息60多篇。其中《关于规范商品丙烷安全监管的建议》被社中央录用，《关于调整国家部分地区居民用电电压的建议》等3篇被省委统战部录用，《关于规范重大决策社会稳定风险评估的建议》《关于加强助产士职业能力培养的建议》等11篇被社省委录用，《关于工伤认定及待遇支付有关程序的优化建议》等12篇被绍兴市政协录用，《关于建立分布式光伏数字化平台的建议》《关于在公共文化服务空间推行公众责任保险的建议》等18篇被区政协录用。

【调研工作】 完成《关于网络大城市下打造高端生物医药“万亩千亿”平台的建议》《与法治同行，为上虞高质量发展护航》《关于绍兴市工业园区“污水零直排区”建设的调查与思考》等调研报告12篇。完成“打造精神文明高地”“重点人群疾病筛查”2篇政党协商课题的调研、撰写，其中《关于凝聚各界力量，推动我区精神富有建设的相关建议》以民主党派建言直通车形式上报区委。《大力建设先进高分子材料新产业平台，助推我省打造新材料科创高地》被用于省政协十二届五次会议九三学社界别组提案，并获社省委2022年度优秀参政议政成果二等奖，主笔胡苗火获社省委2022年度参政议政工作先进个人。

【服务社会】　根据区委统战部《关于开展“擘画共富、‘虞’你同行”全区统一战线助力锻造高质量发展金名片奋力谱写共同富裕美好社会新篇章活动方案》，6月26日，基层委组织社员赴结对共建乡镇——长塘镇谢憩村开展医疗科普下乡活动，为130多名村民提供医疗服务，赠送价值7000多元的药品、小礼品，发放科普资料200多份。11月20日，基层委组织社员赴社会服务基地梁湖街道新花浦村开展医疗科技下乡服务，为180多名村民提供医疗、科技服务，赠送价值8000多元的药品、小礼品，发放科普资料400多份。

（陈　瑾）

## 上虞区工商业联合会

【概况】　2022年，上虞区首家民营经济人士理想信念教育基地——石狮创业馆揭牌成立，经叔平生平事迹陈列馆入选全市首批理想信念教育基地。上虞区深入实施“虞商青蓝接力工程”，组织新生代企业家参加市级、区级教育培训活动，开展新生代企业家双传承有关课题研究，促进虞商政治、事业双传承。区工商联获评全国工商联2022年调查点工作先进基层单位。

【政企服务】　区企业互助基金帮助相对困难企业转贷5.28亿余元，商调共牵头调处涉会员企业、个人民商事纠纷120余起，涉及金额2000余万元。继续落实工商联系统政企恳谈长效机制，区工商联联合税务局等部门举办以“全面落实减税降费，优化税收营商环境”为主题的“亲清直通车”政企恳谈会。

【新型政商关系建设】　由区委鲁霞光书记点题，创新搭建区级“政企服务直通车”，四套班子主要领导共领衔举办4期专场活动，帮助企业协调、处理发展难题80个。制定《上虞区践行新型亲清政商关系的实施意见》，汤浦镇“亲清会客厅”阵地建成使用。涉案企业合规改革工作有序开展，联合多部门印发工作实施细则，召开涉案企业合规第三方管委会第一次联席会议，并开展合规监督评估工作。

【助力共同富裕】　强化龙头企业示范引领作用，组织卧龙控股、龙盛控股等企业参与助力景宁高质量发展、全市百企百会助共富活动。引领基层商会擘画共富蓝图，组织新生代企业家商会等5家直属商会结对5个虞南乡镇开展“擘画共富 虞你同行”专项行动，开展交流座谈、走访考察、爱心助学、包销助农、基金扶弱等系列活动。发挥工商联界别资源优势，组织开展“强村富民”调研等活动，雷怿帆委员助力曹娥江共富带建设，在岭南乡投资建设影视基地。

【商会组织建设】　实现镇（街道）商会备案全覆盖，区郑州商会注册成立，绍兴勤峰纺织有限公司董事长秦得勤任会长，百官商会于12月11日召开成立大会，浙江太阳股份有限公司董事长王荣庆当选为会长。推进商会规范化建设，区铜业商会获评2021—2022年度全国“四好”商会。推进商会党建全覆盖工作，指导郑州商会等成立党组织，选配工商联党总支专职副书记。

【政商关系领域改革调研】　构思、建设“浙里快转企业互助基金”数字化场景，入选全省重大改革“一本账S2”—“浙商服务在线”跑道。“亲清政商关系示范乡镇建设”“民营经济领域促进共同富裕”2个课题调研获省工商联系统揭榜挂帅项目，调研成果《上虞区民营上市企业在促进共同富裕上的实践探索》一文获2022年全省工商联系统优秀调研成果三等奖。

（金　穗）

# 人民团体

## 总工会

【概况】 2022年，曹娥街道、梁湖街道职工活动中心分别创成2022年度绍兴市五星级、四星级职工活动中心，浙江依游企业管理服务有限公司职工文化中心创成2022年度绍兴市“职工悦享家”示范点。

多渠道加强先进典型培育选树，推评选树全国工人先锋号1家、省工人先锋号1家、全国安康杯优胜班组1家、浙江工匠6名、绍兴工匠12名、绍兴市劳模12名、绍兴劳模集体2家、市级劳模创新工作室3家、忠实践行“八八战略”奋力打造“重要窗口”立功竞赛先进集体1家、上虞工匠36名。

全区共有基层工会1829家，会员23万名。

【弘扬劳模工匠精神】 2022年，上虞区弘扬劳模精神、劳动精神、工匠精神，深化“我心向党·劳动创造幸福”思想引领品牌，开展志愿服务活动、文艺会演、宣讲活动203场次。联合教育工会在全区中小学开展以“劳动创造幸福”为主题的“劳模工匠进课堂”开学第一课活动，将校园文化、劳模文化、工匠精神、劳动精神等内容融入课堂，全年共组织开展“开学第一讲”39场次、“入职第一讲”19场次，覆盖学生和职工2万人次。

【技能培训】 以劳动技能竞赛为平台，激发职工劳动热情，释放创新潜能。结合全区产业集群特色，不断推进劳动竞赛与技能比武，牵头组织化工总控、电工、叉车工、茶艺师等区级技能竞赛12场次，带动开展各级技能竞赛500场次，15000人次参与，其中新就业形态劳动者职业技能竞赛30场次，参与职工1000余人。进一步完善职工技能培训多元化机制，发挥区级职工技能培训基地作用，大力开展就业技能培训、岗位技能提升培训和创业培训，区级开展电工、焊工、消防安全管理员等职业技能培训、上岗证培训班20期，累计培训职工1100余人。

【职工帮扶慰问】 2022年，上虞区做好“送清凉”“送温暖”“大病救助”等服务品牌，走访慰问困难职工家庭、新就业形态劳动者、春节坚守岗位职工等1300余人次，发放慰问资金及物资260万元。开展高温送清凉活动，发放“清凉品”2500余份，慰问资金约35万元。推动职工医疗互助保障纳入智慧医保系统，实现一站式结算，全年职工医疗互助参保人数84636人，参保金额485.74万元；理赔9895人次，理赔金额493.42万元。

2022年，上虞区深入实施企业减负政策，全年免减企业工会经费1911万元，小微企业退还工会经费350万元。关心关爱抗疫期间坚守岗位的一线职工和受疫情影响较大的困难职工，下拨抗击新冠疫情慰问资金150万元；开展防疫工作人员慰问，发放慰问品1000余份，慰问资金13万元。

【职工权益保障】 加强劳动争议多元化解，充分发挥“工会+法院”工作室作用，派员进驻矛调中心开展信访调处。开展“集中要约”行动，签订集体合同1200余份，单建工会签约率达100%。以劳动关系和谐企业创建为抓手规范劳动用工行为，新建市级劳动关系和谐企业9家。广泛开展“尊法守法携手筑梦”服务农民工公益法律服务行动，向广大职工普及《中华人民共和国工会法》《中华人民共和国劳动法》等相关法律法规。

【职工疗休养工作】 优化职工疗休养政策，细化疗休养实施方案，助力复商复游，职工在本区域内消费19440人次，金额5625万元。鼓励一线职工疗休养活动，补助职工990名，补助金额40万元。

【职工民生实事服务】 推进新时代女职工工作，创建“妈咪小屋”10家，开展“工会佳缘”交友活动6场，开设暑期“爱心托班”21班。以“数字工会”建设为契机，积极打造上虞区职工心理健康服务中心数字平台，建立职工心理健康数据库，为职工提供多维多级的干预促进。开展“2022幸福有约”心理学公益教育培训，开设职工心理健康专题课30场，参与培训2000人次。组织“喜迎二十大·建功新时代”全区职工书画摄影比赛、“我心向党·劳动创造幸福”文艺巡演及全区职工羽毛球团体赛，引领全区各级工会开展职工群众喜闻乐见、健康向上的文体活动156场次。

【企业工会建设】 2022年，上虞区以“县级工会加强年”为抓手，织密建强工会组织网络，持续巩固全区100人以上企业工会组建动态销号清零、25人以上企业应建尽建，新建工会160家，发展会员15652名，其中百人以上企业建会27家，发展会员5224人。

（金燕飞）

## 共青团

【概况】 截至2022年年末，上虞区共有14~35周岁青年147383人，其中14~28周岁青年84165人。全区共有团员24557名，基层团组织1817个，其中基层团（工）委74个，基层团（总）支部1743个。团区委直属团组织87个，其中乡镇（街道）团委20个，区直部门单位团组织45个，区直学校团组织20个，非公企业团组织2个。下属上虞区青年联合会、上虞区青年志愿者协会、上虞区港澳台青年联谊会等多个青年团体。获评浙江省中长期青年发展规划试点优秀单位，入选全国青年发展型县域试点。“红船杯”2022年全市青年党团知识竞赛在上虞举行。

4月27日，团区委、区志愿者协会授予104名青年志愿者上虞“最美战疫青年志愿者”称号。

【2022年度“青企暖寒冬 团圆聚新春”新春送温暖活动】 1月28日起，团绍兴市委联合团上虞区委、上虞区青年企业家协会开展“青企暖寒冬，团圆聚新春”活动，陆续走访慰问百官街道、曹娥街道、梁湖街道等9个乡镇45户困难家庭。区青企协会会员积极捐款、捐物，慰问困难群众，共计采购衣服、米、油等生活物资价值35000元，送出慰问金67500元。

【上虞区志愿者协会举行志愿者骨干选拔】 4月8—9日，上虞区举行区志愿者协会志愿者骨干选拔活动，为区志愿者协会及下属的5支志愿队伍确定副队长等岗位。前期共有106人报名参与，8日晚进行线上笔试，37人入选面试环节。

【上虞区审计局团支部完成成立和选举工作】 5月8日，上虞区审计局召开第一次团员大会选举成立共青团绍兴市上虞区审计局支部委员会。大会审议通过选举办法（草案），采取民主投票，选举产生区审计局第一届团支部委员会，随后举行第一届支部委员会第一次会议，选举宋甜为第一届团支部书记。

【暑期公益夏令营】 7月11日至8月5日，上虞区面向小学和初中开展暑期“公益夏令营”活动。其中“小候鸟夏令营”主要面向新居民子女开展，“留守儿童夏令营”主要面向农村留守儿童开展，“七彩童年夏令营”主要面向一般未成年人开展。一线学校教师、返乡大学生以及熟悉青年教育的社会人士等积极参与，为孩子们提供平安自护教育、假期课业辅导、艺术修养、益智游戏等内容的志愿服务。

【“虞青e起，未来可期”青年+产业研学活动】 7月4日，团区委、e游小镇管委会、互联网团工委组织上虞中学20名师生走进e游小镇，开展“虞青e起，未来可期”青年+产业研学活动，让师生沉浸式体验互联网行业工作氛围，深入了解家乡特色小镇，提前谋划职业方向，引导青年学子关注家乡发展，科学规划人生，同时也为上虞区引才留才贡献青春力量。

【2022年上虞区“家燕归巢”暑期大学生实习活动】 为给上虞籍在校大学生提供接触社会、了解民生、开

阔视野的社会实践机会，增进大学生对家乡经济社会发展情况的了解，引导大学生返乡实践。团上虞区委开展 2022 年上虞区“家燕归巢”暑期大学生实习活动，自活动招募令发布以来后台收到大批大学生的报名，充分感受到大家的热情。经过集中面试最终共录用大学生 214 人。

**【上虞区全国青年发展型县域试点工作动员会暨区青年工作联席会议第五次全体（扩大）会议】** 7 月 18 日，上虞区全国青年发展型县域试点工作动员会暨区青年工作联席会议第五次全体（扩大）会议召开。团市委书记金一鸣，区委副书记、政法委书记许建超，区委常委、组织部部长夏永江，副区长黄俊毅，区青年工作联席会议成员，区直有关部门和单位相关负责人，各乡镇（街道）分管副书记，浙江理工大学科艺学院、浙江建设职业技术学院等在虞高校负责人等出席会议。会议由夏永江主持。会上对《上虞区青年发展型县域试点实施方案》任务分解情况进行介绍。

**【浙江省“红领巾学院”学员培训争章挑战营】** 8 月 4 日，由共青团浙江省委、浙江省少工委主办的 2022 年浙江省“红领巾学院”学员培训争章挑战营到上虞开展为期两天的活动。来自全省 11 个地市的 44 位红领巾学员、22 位辅导员老师及工作人员全程参与此次活动。

**【创新型“青春之城”建设座谈会】** 9 月 2 日下午，区委常委、组织部长夏永江牵头召开创新型“青春之城”建设座谈会，视频对接福卡智库，探讨创新型“青春之城”建设工作，区直有关部门单位围绕“宜居、宜学、宜业、宜养”，就如何打造“青春之城”开展座谈交流。

**【“青春唱响·虞声嘹亮”青年宣讲员培训班】** 为深入推进党的理论走心工程，学习好宣传好省第十五次党代会精神，提进一步提升青年群体理论素养和宣讲水平，9 月 21 日下午，第十五次党代会精神青年巡讲活动暨“青春唱响·虞声嘹亮”青年宣讲员培训班在永和镇永和村文化礼堂开班。绍兴市青年宣讲新秀选拔大赛参赛选手，有关部门单位分管领导、宣讲团（队）长，永和镇宣讲团全体成员参加此次培训。

**【上虞区全面完成乡镇团委集中换届工作】** 7 月 25 日下午，共青团上虞区委召集各乡镇团委负责人举行上虞区乡镇团委集中换届工作专题培训会，标志着全区乡镇团委集中换届工作的全面启动。团区委联合区委组织部下发《关于做好乡镇团委换届选举工作的实施意见》，并通过乡镇试点等形式推进换届工作。至 9 月，全区 13 个乡镇全面完成换届选举工作，共选举产生 125 名乡镇团委委员，平均年龄 26.9 岁，本科及以上学历达 75.2%。

**【“开学法治、心理第一课”暨“法律小故事”宣讲活动】** 为进一步增强青少年学生的法治意识，预防和减少未成年人违法犯罪，维护青少年合法权益，9 月 27 日下午，上虞区“开学法治、心理第一课”暨“法律小故事”宣讲活动在博文小学顺利举行。团区委、少工委向博文小学 3～6 年级孩子赠送了 1600 多本晨间小读本《法律小故事合集》，通过赠书的方式帮助同学们了解法律法规，树立正确的人生观、价值观，健康生活，快乐成长。

**【上虞区“青春之城”建设课题调研青年企业家座谈会】** 9 月 29 日，上虞区“青春之城”建设课题调研青年企业家座谈会在青椒聚院召开。座谈会上，青年企业家代表结合自身实际情况，围绕加强青年人才引育留措施、健全青年科技人才培养体系、完善青年住房保障政策等方面对上虞区“青春之城”建设开展研讨交流。

**【共青团绍兴市上虞区第一次代表大会】** 12 月 8 日，共青团绍兴市上虞区第一次代表大会举行。绍兴市副市长、区委书记鲁霞光出席并讲话。

**【区“新时代好少年”表彰活动】** 12 月 14 日，区“新时代好少年”表彰活动在实小教育集团实验小学隆重举行。区委组织部部长夏永江、绍兴市教育局基教处处长孙国范、区教体局党委书记房永军、团区委书记王炜吉、区委宣传部副部长屠文焕等领导出席活动，并为新时代好少年颁奖。 （赵文跃）

# 妇女联合会

【概况】 2022年，绍兴市上虞区妇女联合会获浙江省平安家庭建设优秀单位、绍兴市新时代“枫桥式”平安家庭建设优秀区等荣誉，第一实验幼儿园列入2023年省级儿童友好城市示范项目。全年共创建省级巾帼文明岗6个、省巾帼建功标兵1名，全国“最美家庭”1户、省“最美家庭”3户，市“最美家庭”15户、“绿色家庭”8户，选树绍兴市巾帼科技创新工作室2个、绍兴市最美巾帼奋斗者2人。

【美丽庭院打造】 打造美丽庭院精品示范村3个、“绿币计划”示范村20个、区级美丽庭院精品示范户1000户、三级美丽庭院5250户。持续开展美丽庭院蓄能行动，累计现场授课指导16次，受益家庭1000余户。启动“庭院赋能头雁引领”培育计划，聚焦“庭院+”业态培育，完成庭院赋能改造4家。

【妇联电商共富】 依托巾帼直播基地，举办“巾帼乡村直播”共富培训班，开展“妈妈的味道”共富助农带货直播活动，成交订单825笔，金额4.8万元。搭建妇联执委、联盟成员共富项目洽谈平台，探索“妇联组织+伞企+庭院+妇女+电商”等运行模式，建立“幸福伞共富工坊”1个、村级微工坊37个。

【妇女儿童维权】 分级分类推进妇女儿童驿站、“枫桥式妇女之家”建设，创建省三星级妇女儿童综合驿站1家、市二星驿站10家，评定区一星级驿站33家，实现“枫桥式妇女之家”村社全覆盖。联合建立共享法庭上虞区妇联服务站，进一步增强婚姻家庭纠纷的预测预防预警。发挥区妇儿维权联盟团和7个联合团的“1+7+N”协同效应，畅通娥江联盟号“线上”“线下”直通车，开展在线答疑、案例分析、个案沟通等调解300余次、咨询1000余人次。与区拘留所开展“爱心驿站”共建，组织在拘女性及未成年人法律宣讲2次、心理疏导32人次。完善婚姻家庭隐患红黄绿“三色”闭环式婚姻家庭危机干预服务体系，摸排走访生活困难、留守流动、残疾妇女儿童478人、家庭210户。

【妇女儿童公益活动】 开展“幸福到万家”建设行动，走访慰问援沪医务人员家庭25户，开展“我在上虞过大年”照片征集，助力留工稳企。依托妇儿活动中心，开展“双减生活 快乐童年”儿童公益课堂30次，举办暑期公益托班，服务双职工托管儿童120名。抓好家教专业队伍建设，表彰家庭教育先进集体6家、先进个人10名、优秀讲师5名，命名区级示范家长学校4所。联合教体、社科联评选优质数字资源课25个，开展送教下乡活动21场，助推家教资源优质均衡共享。开展第十四届社区邻里月活动，组织开展有礼故事征集、文明课堂等各类活动484个。推动“书香飘万家”亲子阅读活动，组建20支妈妈读书团，136个家庭600多人参与。

【“四必访四必应”活动】 组织发动区、镇、村社三级妇联执委2820人积极落实“四必访四必应”，做到“有难必访、有需必应”，以数字赋能助推妇联工作增质提效，建立家庭档案10867个、留守儿童档案391个，走访家庭妇女22307次，发现问题126个，推动解决问题111个。组织动员各级“娥江女当家”广泛开展主题宣讲、平安创建、扶弱助困、文明城市创建等志愿服务300余次，参与“女当家”3000余人次，兑换积分518人次，认定星级“女当家”482人。开展低保女性关爱行动，为280名低保女性提供免费健康保险。开展适龄妇女“两癌”免费筛查项目工作，完成宫颈癌检查19257人、乳腺癌检查20237人。携手金口河区妇联开展“春蕾计划”一日捐活动，共发动308名爱心人士参与，募集善款2.5万元。

【区妇联一届十次执委会议召开】 4月1日，区妇联召开一届十次执委会议，选举产生新一任妇联主席。会议增补杨苗英为区妇联第一届执行委员会委员、常委，选举杨苗英为上虞区妇联主席。

【全区首家机关单位妇联成立】 6月14日，区首家机关单位妇联上虞区融媒体中心（传媒集团）妇女联合会正式成立。

【乡镇街道妇联换届工作】 2022年，上虞区完成妇联换届工作，7个街道共推选出妇女代表399名，共选举产生妇联主席副主席 24 人，均为本科学历，其中 35 周岁以下 9 人，平均年龄 38.2 周岁，比上届低 4.5 岁，选举产生执委 117 人，其中本科学历 58 人，研究生学历 3 人，平均年龄 39.0 岁，比上届低 5.5 岁。13 个乡镇共推选出妇女代表 634 名，共选举产生妇联主席副主席 43 人，本科学历 39 人，研究生学历 1 人，其中 35 周岁以下 18 人，本科学历 39 人，研究生学历 1 人，平均年龄 36.7 周岁，比上届低 3.9 岁；共选举产生执委 205 人，其中本科学历 98 人，研究生学历 1 人，平均年龄 39.7 岁，比上届低 1.4 岁。

**【区首个国企妇联成立】** 7 月 26 日，上虞区首个国企妇联市政园林集团有限公司妇女联合会成立。

**【区首个楼宇妇联成立】** 10 月 14 日下午，上虞区百官街道都悦大厦第一次妇女代表大会暨妇联成立大会召开，首个楼宇妇女联合会成立。

**【上虞区第二次妇女代表大会召开】** 12 月 15 日，绍兴市上虞区第二次妇女代表大会召开，来自全区各界的 306 名妇女代表参加会议并选举产生区二届妇联执委 37 人。区委书记鲁霞光作书面讲话。市妇联主席杨娣出席并讲话。 （蒋 莎）

## 科学技术协会

**【概况】** 2022 年，上虞区开展学术交流，普及科学知识，推广先进技术，服务科技人才，加强科协系统组织建设。印发《上虞区全民科学素质行动规划纲要实施方案（2022—2025 年）》，明确下一阶段全区科普工作的总体目标、主要任务、保障措施。

**【上虞区第三届优秀科技工作者评选】** 2022 年，上虞区开展第三届优秀科技工作者评选活动，推选 20 名优秀科技工作者代表。

**表 1 上虞区第三届优秀科技工作者一览表**
**（排名不分先后）**

| 序号 | 姓 名 | 性别 | 工作单位 |
|---|---|---|---|
| 1 | 徐建锋 | 男 | 浙江上风高科专风实业股份有限公司 |
| 2 | 孙军建 | 男 | 卧龙电气驱动集团股份有限公司 |
| 3 | 胡更生 | 男 | 杭州电子科技大学上虞科学与工程研究院有限公司 |
| 4 | 章文刚 | 男 | 浙江闰土股份有限公司 |
| 5 | 邓杭军 | 男 | 浙江新和成特种材料有限公司 |
| 6 | 唐智勇 | 男 | 浙江迪邦化工有限公司 |
| 7 | 徐 焱 | 女 | 上虞颖泰精细化工有限公司 |
| 8 | 吴晓芳 | 女 | 浙江高压开关厂有限公司 |
| 9 | 朱鹏飞 | 男 | 浙江龙盛集团股份有限公司 |
| 10 | 韩伟达 | 男 | 浙江国祥股份有限公司 |
| 11 | 叶钢飞 | 男 | 浙江晶盛机电股份有限公司 |
| 12 | 王燕波 | 女 | 绍兴市上虞区水产技术推广中心 |
| 13 | 罗高明 | 男 | 绍兴市舜达种业有限公司 |
| 14 | 宋传东 | 男 | 绍兴上虞华绿大棚蔬菜专业合作社 |
| 15 | 贾秋美 | 女 | 绍兴市上虞区第一实验幼儿园 |
| 16 | 陈勇刚 | 男 | 浙江省上虞中学 |
| 17 | 杨银海 | 男 | 浙江省春晖中学 |
| 18 | 王 勇 | 男 | 绍兴市上虞人民医院 |
| 19 | 虞伟星 | 男 | 绍兴市上虞人民医院 |
| 20 | 唐森海 | 男 | 绍兴市上虞中医医院 |

**【“一家三站”建设管理】** 2022 年，上虞区创建市级院士专家工作站 4 家、博士创新站 13 家。截至年末，累计建立博士创新站 14 家、院士专家工作站 43 家，其中国家级模范院士站 1 家，省级院士站 4 家，保留院士站 10 家、专家工作站 27 家。加强院士专家工作站管理工作，召开上虞区院士专家工作站交流座谈会，组织市级专家组对 2021 年前建站的 24 家院士（专家）工作站进行考核，其中 10 家优秀、7 家良好。

**【重点科普活动】** 2022 年，上虞区组织开展“送医下乡、文化下乡、科普下乡”三下乡服务 10 场次；邀请 5 位中国科学院老科学家进学校做科普报告 10 场，全区受益师生达 4000 名左右。

**【“银龄跨越数字鸿沟”科普专项行动】** 开展“银龄跨越数字鸿沟”科普专项行动，帮助老人融入现代社会，共享数字经济发展成果。全区累计完成培训 2 万余人次，超额完成市定 1 万人次指标。

**【科普宣传】** 2022 年，上虞区抓好科普宣传，开展“青年+产业”研学活动、“双减”暑期公益托管服务活动；举办“全民共创文明典范城”网络知识挑战赛；在全国科普日开展青少年网络安全日、上虞城市规划馆研学、“喜迎二十大 伞花朵朵开”制作、少先队少年宫大队研学等活动；举办创“心”未来——心理专业技能培训、“心丝带”心灵驿站公益活动等系列活动。

**【科普基地建设】** 竺可桢故居申报为首批国家级“科学家精神教育基地”（全市唯一），徐光宪纪念馆申报为浙江省“科学家精神教育基地”。6 月 22 日，区科协与东关街道共同承办绍兴市“弘扬科学家精神”主题活动暨“科学家精神教育基地”揭、授牌仪式，会上国家级科学家精神教育基地隆重揭牌。推进科普示范基地创建，5 个市级农村科普示范基地、3 名科技示范户通过市级认定。

**【农函大教育培训】** 围绕“三农”实际，整合培训资源，农函大上虞区分校与全区乡镇、街道农函大辅导站通力合作，借势借力开展各类培训活动。在村“两委”班子成员、科普示范基地负责人、农民高级技师等农村致富带头人、新农村建设“领头雁”队伍中，选定培训对象 2 人，参加省科协农村实用人才、科普惠农带头人科学素质提升班学习。（叶佳维）

# 法 治

## 政法委与综治

【概况】 2022年，上虞区牢牢把握稳进提质、除险保安、塑造变革要求，以平安护航中共二十大为主线，全力防范化解重大风险，扎实推进市域社会治理现代化，着力建设更深层次、更广领域、更高水平的平安上虞和法治上虞。坚持平安创建“护鼎加星”，全区未发生“一票否决”事项和较大以上案事件，月度平安浙江指数3次进入全省前十，2022年度平安县（市、区）考评分数为977.49分，居全市第3位、全省第14位，创成省“平安县（市、区）”，实现“十四连冠”。聚焦平安护航中共二十大，全面开展除险保安行动，创新推行“五情直通”机制，建立维稳安保综合平台，实现“六个零发生”和上虞区全域“不出事”目标。加强风险评估，顺利完成区首次风险评估评审专家库扩容，增加多个领域评审专家48名。全区风险评估报备立项110件，同比上升11.1%，152件评估报告完成备案。

【基层社会网格智治】 完善基层社会治理最小单元运行体系，构建“村（社区）—网格—微网格（楼栋）”基层社会治理体系，优化设置网格1075个、微网格6602个，落实“1+3+N”网格治理团队，建成运行“红心”网格驿站56个，推行网格工作五步法、微网格六件小事。在平台、标准、指数等方面深耕细作，在全省率先打造重点场所网格管理平台，率先构建微网格、精治理“1+12”制度体系，率先试点推行网格运行评价指数，打造党建统领网格智治上虞实践范例。

【数字法治建设】 迭代完善数字法治系统架构，谋划推进14个场景应用建设，6个应用进入全省数字化改革一本账，诈骗罪要素式审判获国家级试点，判实智管、行政行为AI智识、双员智治等3个应用获省级试点，重点场所网格管理平台、民情智访、后事智办3个应用获评全市数字法治好应用。围绕应用建设推进理论制度研究，3篇信息获相关省领导批示肯定。

【执法司法和司法救助】 统筹推进八个多跨制度落实，牵头开展“判实未执、应收未收”、挂案、涉案财物等专项清理行动。开展涉法涉诉信访处置工作，梳理甄别涉法涉诉重点信访积案24件，完成积案化解清零任务。组织开展案件评查，对26个刑事下行案件、12个暂予监外执行案件进行评查，发现并整改问题6个，11名相关工作人员受到提醒谈话、通报批评等处理。开展司法救助，2022年度区司法救助案件共89件，救助90人次，使用司法救助资金142.3万余元。

【首席法律咨询专家库】 组建首席法律咨询专家库，开展“法学专家基层行”活动，会商化解疑难案件8件次，围绕共同富裕、现代社区建设、网格智治等热点，研究法学课题22个。 （许丽娟）

## 法治政府建设

【概况】 2022年，上虞区以习近平法治思想为根本遵循，深入贯彻党的二十大精神和中央全面依法治国工作会议精神，全面落实中央、省、市各项决策部署，不断加大推进法治政府建设工作的力度、深度、广度。

【法治理念】 深学笃行习近平法治思想。印发《绍兴市上虞区深入开展习近平法治思想学习宣传贯彻“八进”活动工作方案》和《绍兴市上虞区贯彻落实〈浙江省深入开展习近平法治思想学习宣传贯彻“八进”活动工作方案〉任务书》，分解宣贯责任、明确各项任务，认真学习党的二十大报告关于坚持全面依法治国、推进法治中国建设的重要论述，推动习近平法治思想落实落地。压实法治建设主体责任。法治建设第一责任人履职情况列入年终述职内容，推动党政主要负责人切实履行法治建设职责。区委常委会会议、区政府常务会议 3 次听取法治建设相关工作汇报，及时研究解决法治建设重大问题。落实常务会议会前学法制度，全年常务会议集体学法 9 次。完善领导干部、公务员学法用法考试制度，不断提升依法履职的意识和能力。印发《绍兴市上虞区人民代表大会常务委员会任命的国家工作人员宪法宣誓办法》，贯彻落实宪法宣誓制度。

【法治建设】 抓好法治建设统筹规划。召开区委全面依法治区委员会会议及办公室第四次会议暨协调小组会议，总结回顾上年工作，研究讨论法治建设新方向。组织全区法治政府建设工作推进会暨府院府检联席会议、全区行政诉讼季度例会暨“双下降”攻坚推进会，全力推动上虞区法治建设取得新成效。制定《2022 年法治上虞（法治政府）建设重点工作清单》《绍兴市上虞区法治政府建设实施方案（2021—2025）》等文件，明确全区法治建设年度工作目标和任务要求，全面推进法治建设迈上新台阶。抓好法治建设推进机制。建立法治上虞（法治政府）建设八大机制（目标引领机制、主职主抓机制、清单管控机制、联动协同机制、通报晾晒机制、交办督办机制、督查考评机制、示范创建机制），推动法治政府建设取得实效。制定行政司法与行政审判衔接机制、行政检察与行政监督衔接机制，强化府院府检联动。开展法治建设补短提升工程，研究分析上年度法治建设考评反馈指标，聚焦短板弱项，狠抓整改提升。持续发挥法治巡察“利剑”作用，对 19 个部门单位进行 3 轮法治巡察，共发现问题 16 处，要求各单位整改落实。组建 50 人的“上虞区级法治人才库”，充分发挥法治人才在法治建设中的作用。

【法制审核】 加强行政规范性文件管理。组织第四次区政府及区政府办公室行政规范性文件清理，对 466 件行政规范性文件进行全面清理，经审查，继续有效 330 件、停止执行 122 件、修改 14 件。开展行政规范性文件备案专项审查，发现应纳入而未纳入规范性文件管理或已纳入但未备案的文件 47 件。开展涉及“全国统一大市场建设”行政规范性文件专项检查，发现妨碍统一市场建设行政规范性文件 12 件。2022 年共审核行政规范性文件 31 份，提出意见建议 186 条，备案审查部门单位和乡镇（街道）行政规范性文件 49 件，确保行政规范性文件合法合规。落实重大行政决策管理。公布年度区政府重大行政决策事项目录清单，4 项政府决策事项纳入目录管理。20 个乡镇（街道）、28 个部门公布本单位重大行政决策事项目录，实现决策目录制定全覆盖。落实常务会议议题审核制度，2022 年共召开法律论证会 22 场，出具常务会议议题合法性审核意见 165 件，提出意见建议 490 条，为区政府依法决策提供坚强法律支撑。

【法治亮点】 推进“大综合一体化”改革。在崧厦街道试点的基础上，全区 20 个乡镇（街道）均被赋权行政执法事项；成立上虞区案件审理办公室，全市首个占地面积 1000 平方米的综合执法办案中心投入使用；探索建立区镇村三级行政执法工作体系，执法力量进一步向村社下沉；用好用足“大综合一体化”数字监管应用平台，行政执法工作从线下走到线上；建立县乡队三级法制审核制度，保障基层法制审核机制实质化运行。创新推动法治数字化改革。“公证+行政执法”协同治理模式在省竞跑者上刊发；“民情智访”入选省委政法委“数字法治好应用”；“双员智治”应用（人民陪审员选任、人民监督员选任智能管理）列入省司法厅数字化改革应用建设试点清单；“后事智办”应用荣获全市“数字法治好应用”；开发建设行政行为合法性 AI 预诊应用，推动行政诉讼“双下降”；推广应用“消防生命通道监管一件事”“宠物（犬类）监管一件事 2.0”，打造具有上虞辨识度的执法改革数字化项目。

【执法监督】 完善监督机制建设。制订 2022 年度行政执法监督工作计划，开展 3+X 常态化行政执法监督。

配合市级做好《绍兴市行政执法协调监督工作办法》立法调研工作，构建行政执法协调监督新模式。加强重点领域执法监督，定期研究分析上虞区重点领域执法情况，推动各类监督有机贯通、相互协调、形成合力。开展行政执法监督。组织两法衔接工作清底提升案卷评查和行政执法案卷集中评查活动，评查行政许可 55 件、行政处罚 205 件，发现案卷瑕疵 56 处，发放行政执法监督通知书 8 份。通过召开评议会、问卷调查、台账检查等形式，对文广旅游系统开展行政执法质效专项评议。对全区赋权乡镇（街道）和重点执法部门实地开展“大综合一体化”专项监督检查。督促相关单位及时核实系统线索并完成移送的红灯警示 5 条、黄灯警示 4 条，并就疑难复杂案件移送问题召开专题协调会 1 次。对《绍兴市市容和环境卫生管理规定》《绍兴市柴油动力移动源排气污染防治办法》两个地方性法规落实情况开展专项督查。强化执法主体规范管理。举办为期 2 天的法律知识培训班，组织部门单位和乡镇（街道）领导干部参加法院庭审旁听 1 次，进一步提升行政执法人员依法行政的能力和水平。落实执法主体清理工作，确认主体 50 个，注销主体 60 个。协助执法部门做好双执法主体执法证件变更申领工作，共审核双执法主体证件 357 本。做好执法证件新证申领工作，组织执法证件考试 1 次，目前全区行政执法单位持有有效执法证件 2525 本，持证率为 95.6%。

**【法治服务】** 深化“减证便民”服务。深化“最多跑一次”，落实行政许可事项清单管理，梳理形成上虞区行政许可清单，其中中央设定上虞区实施的行政许可事项 289 项，中央在虞直属单位实施的行政许可事项 18 项，浙江省地方性法规设定的行政许可事项 6 项。持续开展“减证便民”行动，推行证明事项告知承诺制，目前全区地方证明事项已全部清零，2022 年依法设定的证明事项 1093 项，实现数据共享 734 项，较 2021 年增加 543 项，部门核验 403 项，较 2021 年减少 175 项，办理告知承诺事项 9114 件，较 2021 年增加 2857 件。升级市场主体法律服务。将全区 8.84 万个市场主体划分为 422 个法律服务网格，构建律所、商会联合服务企业工作机制。组织网格法律顾问为各类市场主体提供普惠公益法律服务，为全区 3559 家企业进行法治体检，剖析经营法律风险，解决法律问题。深化“百所联百会”，区工商联、区司法局、区律协三方联动，实现全区 12 家商会（协会）网格法律顾问全覆盖，开展结对服务。提供涉企律师调解服务。稳步推进律师调解市场化试点，完善商会、经济开发区、工业园区、专业市场等涉企人民调解组织建设，2022 年已在 255 家规上企业设立调委会，成功调处涉企矛盾纠纷 2798 起。

**【争议化解】** 发挥行政复议主渠道作用。联合法院、检察院等部门，对行政复议案件开展类案研究、类案检索，统一办案尺度，确保“同案同判”。针对同一申请主体多次申请行政复议情形，建立政府信息公开滥申甄别机制，目前甄别行政复议滥申请人 2 人。发挥行政复议主渠道作用，2022 年全区累计收到行政复议申请 350 件，同比增长 75%；受理审结 160 件，同比下降 8.6%；调撤案件 258 件，调撤率达到 70.7%，同比上升 24.2 个百分点；纠错案件 28 件，纠错率为 17.5%，同比下降 21.4 个百分点；复议后起诉率 7.2%，复议后无败诉案件。健全行政诉讼化解机制。通过强化“五大机制”（源头治理机制、协同联动机制、多元调解机制、晾晒督办机制、责任落实机制），制定任务清单，开展全区行政诉讼“双下降、双提升”攻坚行动。召开应诉协调会 39 次，下发督办单 23 件，成功化解 6 起败诉风险案件。2022 年全区新收一审案件 202 件，同比下降 1 个百分点；一审结案 200 件，败诉 2 件，败诉率 1%，同比下降 6.5 个百分点；案件调撤率 46%，同比上升 9.6 个百分点；行政机关负责人出庭率 100%。完善政府信息公开制度。围绕“公开为常态、不公开为例外”原则，印发《关于推行政府信息公开负面清单制度的通知》，明确依申请公开处理注意事项，切实规范行政机关政府信息公开行为。2022 年依法办理依申请公开答复 106 件，提交复议答复意见 10 份，提供诉讼答辩有关证据材料 14 份，政府信息公开工作服务质量和效率进一步提升。

**【法治深化基层治理】** 深化基层法治改革。强化共建共治共享功能，推进“县乡一体、条抓块统”整体智治改革，全面推进乡镇（街道）法治化综合改革、“枫桥式”法治乡镇（街道）建设和司法所综合改革，深入推进自治、法治、德治、智治“四治融合”。做好省级人民调解标准化试点工作的升级文章，全面推进人民调解国家级标准化试点项目，加快项目验收进度。强化普法宣传实效。深入实施“八五”普法规划，在全社会形成办事依法、遇事找法、解决问题用法、化解矛盾靠法的良好氛围。引导社会力量参与普法，成立“虞法为伴”普法志愿者团队，招募43名青年律师组成“虞法智库”，深入乡村开展普法宣传。通过执业律师视频解说形式以案释法，在“学习强国”学习平台推出“普法小课堂”41期。打造基层普法阵地。加强法治村居建设，东关街道担山村建成并开放全市首个“乡村民法馆”。将全区6个省级普法教育基地、41个法治公园，编印《虞法同行法治风景线》地图册，开展可视化宣传。2022年共创建市级民主法治村66个，省级民主法治村22个，建设集成型法治文化阵地15个，新建民法典主题公园6个。（王银辉）

## 公 安

【概况】 2022年，绍兴市公安局上虞区分局（以下简称区公安分局）设有内设机构26个，直属机构3个，正股级派出机构21个，其中辖区派出所17个；截至年末共有民警728名（含行政职工16名），辅警1603名。新居民服务中心在编事业编7名，编外7名，驾考服务中心编外25名。2022年，下属执法办案管理中心获评“全国公安机关建设应用成效突出执法办案管理中心”，涉网犯罪侦查大队被推荐为全国公安机关疫情防控工作成绩突出集体，百官派出所党总支获评“全省抗击新冠肺炎疫情先进集体”，百官派出所获评全省优秀公安基层单位。6个集体立三等功，5人立二等功、26人立三等功，4个集体、100名个人受到嘉奖。危爆物品精准智控平台等4个应用场景纳入省数字法治“一本账S3”。溺水亡人事故、交通事故警情同比分别下降8.7%、11.2%，道路交通治堵考核全市第一。

【严打违法犯罪】 全年110有效接警总量10.87万起；立刑事案件2705起，侦破929起，抓获犯罪嫌疑人2072人，移送起诉犯罪嫌疑人1816人，抓获在逃人员48人；查处治安（行政）案件1340起，行政处罚2549人。坚持“立足本地、露头就打、打深打透”，现发命案、五类案件保持全破，攻克存量积案2起，发起全国集群和部督案件6起，省集群和省督案件12起。加大对电诈、传统侵财等突出违法犯罪打击力度，盖北等黄赌复杂区域集中整治取得较好成效，刑事治安警情同比下降12.1%，社会治安状况动态评估全市第一。

【深化信访攻坚】 坚持化解与打击并行，“三清行动”98起五类积案全部化解，办理非法信访案件17起、打处17人，为历史之最；信访总量、初信初访同比分别下降25.8%、42.0%，综合实绩位居全市第一，分局获评“全省公安机关信访无积案公安局”。

【公安部门配合防疫工作】 全市最早启用高速防疫卡口，累计检查车辆16.6万余辆，严密做好区域协查、核酸检测点及隔离点安保，高效处置48起55例输入性疫情；牵头组建全市最大区域协查管控队伍，固化形成“一战一备一待机”工作模式，在确保勤务正常运转同时，单一溯源追踪时间缩短近20分钟，有力地提升了工作质效。2022年，共研判上级数据89.17万条，健康管理8.84万人，实现零误差。

【助力企业发展】 扎实开展“枫桥式”护企优商行动，新建警企联络室（点）102个，首创“警务服务矩阵”，加强企业知识产权保护，指导做好涉法涉诉、内部防范等工作，经验做法被《浙江政务信息》专报刊登。组建“资金分析中心”，加大对经济领域违法犯罪打击力度，累计侦破案件98起，抓获犯罪嫌疑人89人，助企挽损7000余万元。

【构建15分钟办事圈】 问需于民打造“就近办”体系，新建村镇（社区）代办点431处，有效构建105个事项就近可办的15分钟办事圈。

【公安系统基础设施建设】 试点开展派出所标准化体系建设，全区364个警务站（室）完成“四化”建设，梁湖、盖北等4个派出所综合业务用房和交警小越中队综合业务用房、巡特警水上训练中心、大数据侦查综合实战中心建成投用。全面抓好平安类组织孵化，加强政策制度保障，注册成立见义勇为基金会。

【安防体系建设】 161 路县乡道高清卡口完成升级改造，滨海北检查站建成投用。新增智安医院、智安景区 11 个，智安小区实现全区全覆盖。运用无人机累计处置各类突发事件、救援行动 56 场。

【实战警务工作】 高效运行“情指行”一体化机制，全面推行“三时三制”“三碰三会”机制，“网格+警格”双网联动常态化运行，警情处置 8 分钟内现场到达率提升至 85.4%，全市最高，矛盾纠纷现场化解率和接处警满意率分别提升至 83.9%、98.9%。同时，建立虞北片区联勤警务和虞南山区假日游勤务保障机制，组建巡特警视频中队，在 5 个派出所推行“交所合一”勤务工作，实现警力“无增长式”增效。

（黄 瑛）

## 检 察

【概况】 2022 年，上虞区民事虚假诉讼类案监督模型获全国检察机关大数据法律监督模型竞赛三等奖，检察数字笔录系统项目入选全省数字化改革重大应用“一本账 S3”。2022 年 3 月 17 日，驻杭州湾产业协同创新中心知识产权检察工作站揭牌。

【维护社会发展稳定】 落实总体国家安全观，坚决维护国家政治安全和社会稳定，依法惩治各类刑事犯罪，全年批准逮捕各类犯罪嫌疑人 256 人，提起公诉 831 件 1328 人。贯彻落实“少捕慎诉慎押”和宽严相济的刑事司法政策，对情节轻微的犯罪嫌疑人依法不批捕 35 人，不起诉 468 人，最大限度减少社会对抗。全出台查办司法工作人员相关职务犯罪案件协作配合办法，推动形成横向协同、纵向一体的反腐败工作合力，审查起诉职务犯罪 6 人，依法查办司法工作人员渎职犯罪 2 人。

【法律监督】 发挥刑事检察追诉犯罪、保护无辜的重要作用，坚守客观公正立场，监督立案 71 人、撤案 14 人，纠正漏捕 8 人、漏诉 4 人，提出提请抗诉 3 人，均获法院改判。深入贯彻实施民法典，树立精准监督理念，增强主动监督意识，办理民事裁判结果、审判程序违法、执行活动监督案件 99 件，发出检察建议 77 份，均获法院采纳。全面履行维护司法公正、促进依法行政的双重职责，办理行政裁判结果、审判活动、非诉执行活动监督案件 11 件，办理行政违法行为监督案件 2 件，实质性化解行政争议 5 件。努力当好公共利益代言人，扎实开展燃气安全、个人信息保护、“消”字头抗抑菌制剂、古树名木保护等专项监督活动，办理公益诉讼案件 44 件。

【市场主体权益保护】 对各类市场主体一视同仁、平等保护，起诉破坏市场经济秩序犯罪 120 人，对犯罪情节轻微的市场主体负责人依法不批捕、不起诉 40 人。建立入企调查等办案制度，严厉惩治民营企业内部贪腐犯罪，起诉挪用资金、职务侵占等犯罪 5 人。牵头 16 家单位出台《关于开展涉案企业合规第三方监督评估工作机制的实施细则》，成立第三方机制管委会，稳步推进涉案企业合规改革工作。加强知识产权综合司法保护，会同公安分局、市监局、文广局出台知识产权行刑衔接实施方案，成立驻杭州湾产业协同创新中心知识产权检察工作站，依托“企业家法治会客厅”检察护企特色品牌，开展检企沙龙、法治微课堂、案例集发布等活动，加强与杭州湾经开区、崧厦伞城等属地企业互动，为企业健康发展保驾护航。

【检察为民实事】 开展助力整治欠薪专项监督活动，帮助 47 名农民工追回欠薪 89.8 万元，办理了全省首例支持劳动仲裁案，被评为 2022 年度全省民事检察支持起诉优秀案例，依法保护农民工合法权益。组建“检护‘未’来·向阳花开”青年法治宣讲团，面向全区 20 余个乡镇、街道推出 33 门普法课程“点单配送”，加大对未成年人的法治宣传教育力度。持续救助困难群众，对 23 名因案致贫、增贫，生活困难群众开展司法救助，形成“多联、多维、多效”的司法救助模式。

【数字检察】 深入实施“数字检察攻坚年”行动，部署开展司法网拍、耕地地力保护、涉第三人侵权医保基金支付等 33 个数字监督专项，走深走实“个案办理—类案监督—系统治理”的检察数字办案路径，车辆保险诈骗类案监督、虚假诉讼类案监督 2 个案例入选省检察院“大数据法律监督办案指引”。通过办理个案梳理数据要素构建的民事虚假诉讼监督模型，在近

600 个监督模型中脱颖而出，入选全国大数据法律监督模型竞赛 30 强。

【法治“共同体”凝聚监督合力】 强化府检联动，检察院联合司法局加强行政检察与行政执法监督衔接工作，建立重大行政决策合法性协同审查、裁执分离案件监督协作等机制，助推法治政府建设。细化法检协作，规范认罪认罚量刑建议、政法一体化运行，建立虚假司法确认、破产程序等领域联合打击机制，推动深层次法检履职联动。深化检警合作，检察院会同公安建设侦查监督与协作配合办公室，扎实推进信息共享、重大疑难案件提前介入、监督办案衔接配合等工作，推动提升公安执法和检察监督规范化水平。（林 田）

## 法 院

【概况】 2022 年，上虞区共受理各类案件 12831 件，办结 13264 件，同比分别减少 11.64%和 3.82%，一线法官人均结案 302 件，主要办案质效指标位居省市前列，获评“全省突出贡献法院”，调研、论文、案例等获国家级奖项和刊发 31 次。

【依法惩治犯罪】 受理刑事案件 821 件，审结 844 件，判处罪犯 1382 人。坚守除险保安底线，审结利用隐私敲诈勒索、非法拘禁诱骗传销等涉恶案件 4 件 16 人，判决上虞区首例危险作业案。保障群众“钱袋子”安全，审结非法集资、电信网络诈骗等涉众型经济犯罪案件 145 件 323 人，全国首例区块链存证刑事案件入选最高法院网络司法典型案例。快审快判陈某某涉养老诈骗非法吸收公众存款案，为 10 名老年被害人追回损失 972 万元。贯彻未成年人司法保护原则，制定加强青少年法治教育“六个一”举措，完善犯罪记录封存、心理疏导、帮教回访等机制，向全区中小学校选派法治副校长 64 人，助力未成年人健康成长。

【保障民生权益】 受理民商事案件 7949 件，审结 8192 件。坚持“保交楼、稳房价”，妥善审理房屋买卖、租赁、建设工程等纠纷 378 件，运用类案示范调判模式化解某小区 100 余名业主车位纠纷。设立妇联“共享法庭”，开通反家暴绿色通道，发出人身安全保护令 10 份、离婚证明书 21 份、家庭教育告知书提醒书等 125 份。强化就业创业支持，审结员工因疫情封控被违法辞退案，旗帜鲜明树立合规合法用工规则，获新华社、《人民日报》、《法治日报》等国家级媒体报道，阅读量达 10 万+。设立退役军人事务局“共享法庭”、涉侨纠纷调解工作室，快立快审快执，切实维护军人军属和侨胞合法权益。

【助建法治上虞】 出台关于加强行政司法与执法监督衔接工作意见，推动“共享法庭”入驻区行政中心，行政机关负责人出庭应诉率连续三年保持 100%，一审败诉率降至 0。推动省级试点项目“行政行为合法性 AI 预诊”上线运行，靠前打造“研判分析—风险评级—预警整改”闭环监管体系，就 218 起拆违行政行为进行预诊，有力支持征地拆迁、城乡风貌整治提升等重点项目工程。以“为群众办实事示范法院”创建活动为契机，制定“十大民生司法举措”，打造“娥江天平”巾帼志愿队、“银辉暖法”志愿服务队、“点单配送”法治宣讲等司法服务品牌，深入机关、社区、学校等开展法治宣讲和法律志愿服务活动 800 余次。

【法治优化营商环境】 精准服务“六稳”“六保”，出台司法助企意见 21 条、服务保障经济稳进提质措施 16 项等文件，常态化开展“访民企、问需求、送服务、优保障”行动，妥善办理涉企纠纷 4559 件。加大危困企业救治力度，审结破产案件 69 件，盘活企业资产 16.9 亿元、土地厂房 24.5 万平方米，安置职工 525 人，“五洋”重整案保留特级建筑资质稀缺资源，有力维护 1200 余户债权人合法权益，获评年度“全国破产经典案例”提名奖。制定加强知识产权立体保护“八个一”举措，召开非物质文化遗产保护研讨会，发出全省首份知识产权失信惩戒建议，设立崧厦伞城知产“共享法庭”、汤浦童装城“知产直通车”，获评浙江省知识产权保护工作成绩突出集体。

【法治护航绿色发展】 围绕曹娥江共富带建设，设立环境资源“共享法庭”，构建“一域四地”立体协同保护模式。深化四地九家流域法院司法协作，建强野鸟保护、增殖放流、补植复绿、双碳司法保护“基地群”，督促 22 份“护鸟令”“放养令”“护林令”等 100%

落实，998 万元罚金、生态修复费用等全额到位，服务保障杭州湾经开区创建国家级生态工业园区。探索法院阶段企业刑事合规工作，综合考量整改修复效果，对金某公司污染环境案酌情从轻处罚，避免企业因案而亡，获评全国法院系统年度优秀案例分析，承办法官获评全国环境资源审判工作先进个人。

**【诉源治理】** 出台《关于加强诉源治理优化万人成讼率实施方案》，建立“一团队一法官、一乡镇一法官”联络指导机制，形成村社防范、镇街吹哨、司法托底的治理模式。建立坚持和发展新时代“枫桥经验”八个一工作机制，升级“幸福伞-杭兰英调解工作室”，提质扩面政协委员调解工作室，丰惠法庭创建“枫桥式人民法庭”成效获《浙江法治报》等刊发报道。深化“百名法官联百村”联络机制，推动 431 个“共享法庭”全面融入基层网格智治，为群众提供“家门口”的诉讼服务 2 万余次，公证处“共享法庭”入选全市首批“枫桥式共享法庭”，虞商联谊会“共享法庭”为在外虞商、乡贤提供高效精准法律服务 56 次。

**【质效管理】** 优化案件质量监管体系，抓实“找—晒—改”质效提升工程，改判发回瑕疵率连续三年下降，当庭宣判率高出全省平均值 16.45 个百分点。紧盯工作中的难点堵点，力争创新突破、流程再造、互联互通，4 个数字化项目入选省高院试点，1 个项目入选最高院试点。迭代升级“判实智管”数字化项目，列入省委政法委重大改革项目，有力破解暂予监外执行、判实未执等管理难题。深化“执行一件事”拒执犯罪打击应用，建立集联查、协作、监督等多功能于一体的闭环协同系统。创新重大案件判前社会效果评估机制，邀请人大代表、政协委员、党政代表、专家学者等参与评估案件，努力追求办案“三个效果”有机统一。

**【法治队伍建设】** 全面实施“红色根脉强基工程”，上虞法院 11 个内设机构及 6 个人民法庭均单独成立党支部，与 45 个村社、行业协会等基层党组织结对开展“法助共富”契约化共建，2 名支部书记获区“金牌书记”称号，党建经验在省机关党建官网刊发。出台《关于推进新时代上虞法院队伍建设高质量发展的实施意见》，与浙江工商大学法学院签署“院院”全面合作协议，常态化开展“院长有约”谈心、“业务之星”评选等活动，全面强化青年干警培养和干部梯队建设。成立清廉法院建设品牌工作专班，全市率先出台干警“八小时外”监督管理规定，以点带面推动清廉单元建设持续向党支部、工会、团委、审判团队延伸覆盖。成立干警依法履职保护工作办公室，及时调查澄清 4 起不实信访举报，为依法履职干警撑腰正名。（姚恒超）

## 司法行政

**【概况】** 2022 年，上虞区获评法治浙江（法治政府）建设优秀单位，法治政府建设首次入围全省第一方阵。（贾喆颖）

**【依法治区工作稳步推进】** 年内，召开区委全面依法治区委员会会议及办公室第四次会议暨协调小组会议，总结回顾上年工作，研究讨论法治建设新方向。组织全区法治政府建设工作推进会暨府院府检联席会议、全区行政诉讼季度例会暨“双下降”攻坚推进会，全力推动上虞区法治建设取得新成效。制定《2022 年法治上虞（法治政府）建设重点工作清单》《绍兴市上虞区法治政府建设实施方案（2021—2025）》等文件，明确全区法治建设年度工作目标和任务要求，全面推进法治建设迈上新台阶。（阮　春）

**【行政规范性文件管理】** 年内，组织第四次区政府及区政府办公室行政规范性文件清理，对 466 件行政规范性文件进行全面清理，经审查，继续有效 330 件、停止执行 122 件、修改 14 件。开展行政规范性文件备案专项审查，发现应纳入而未纳入规范性文件管理或已纳入但未备案的文件 47 件。开展涉及“全国统一大市场建设”行政规范性文件专项检查，发现妨碍统一市场建设行政规范性文件 12 件。全年共审核行政规范性文件 31 份，提出意见建议 186 条，备案审查部门单位和乡镇（街道）行政规范性文件 49 件，确保行政规范性文件合法合规。（阮　春）

**【司法系统“大综合一体化”改革】** 年内，制定印发《绍兴市上虞区全面建立区镇队三级法制审核工作体系实施方案》，建立县乡队三级法制审核制度，保障基层法制审核机制实质化运行。对全区赋权乡镇（街道）和重点执法部门实地开展“大综合一体化”专项监督检查。举办为期2天的法律知识培训班，组织部门单位和乡镇（街道）领导干部参加法院庭审旁听，进一步提升行政执法人员依法行政的能力和水平。落实执法主体清理工作，确认主体50个，注销主体60个。协助执法部门做好双执法主体执法证件变更申领工作，共审核双执法主体证件357本。（阮 春）

**【开展“两法衔接”和行政执法专项监督】** 年内，组织两法衔接工作清底提升案卷评查和行政执法案卷集中评查活动，评查行政许可55件、行政处罚205件，发现案卷瑕疵56处，发放行政执法监督通知书8份。督促相关单位及时核实系统线索并完成移送的红灯警示5条、黄灯警示4条，并就疑难复杂案件移送问题召开专题协调会1次。通过召开评议会、问卷调查、台账检查等形式，对文广旅游系统开展行政执法质效专项评议。对《绍兴市市容和环境卫生管理规定》《绍兴市柴油动力移动源排气污染防治办法》两个地方性法规落实情况开展专项督查。（阮 春）

**【法治保障集体土地征收】** 2022年6月初，司法局全程参与梁湖街道外梁湖、华山、大库三村的征迁工作，从政策细节的完善到逐户的分析，征迁工作有序推进。组织政府法律顾问、人民调解员、律师等专业人员，采取驻点征收现场办公方式，及时处置征收现场中存在矛盾纠纷和突发事件，及时化解征迁矛盾纠纷47件，涉梁湖街道征迁行政案件零败诉。（蔡伟才）

**【深入开展行政诉讼“双下降、双提升”行动】** 深入贯彻绍兴市行政诉讼“双下降、双提升”攻坚行动方案，根据已经出台的“行政应诉七大工作机制”制定全区行政诉讼“双下降、双提升”攻坚行动方案，并细化各责任主体的任务，项目化压实包案化解责任，清单化贯彻落实考评目标。2022年上虞区全年一审收案202件（2021年204件），一审结案200件，败诉2件，败诉率1%，调撤案件92件，调撤率46%。（蔡伟才）

**【扎实做好行政复议各项工作】** 2022年全区累计收到行政复议申请350件，较上年增长75%。经审查，符合法定受理条件334件，不予受理16件，审结160件（含上年转存15件），其中驳回25件（含上年转存8件）、维持31件（含上年转存3件）、确认违法5件（含上年转存2件）、撤销23件（含上年转存2件）、其他结案2件、立案后撤回复议申请74件；调撤案件258件（包含立案前调解184件），调撤率为70.7%，较上年同比上升24.2个百分点；纠错率为17.5%，较上年同比下降21.4个百分点。2022年，受理的以区政府为被申请人的行政复议案件5件，已审结4件，其中维持结案2件、驳回结案2件，年内尚未审结1件。区政府作出行政复议决定后提起行政诉讼（一审）的案件共13件（其中5件为2021年审结的复议案件，8件为2022年审结的复议案件），已审结12件（其中驳回结案11件、原告撤诉1件），年内未审结1件。复议后无败诉案件。对区政府48件政府信息公开进行法律审查，对区政府103份专题纪要、备忘录等进行合法性审查。（吕力锋）

**【普法宣传】** 发挥“八五”普法讲师团作用，围绕党委政府中心工作开展专题普法，持续推进“律师回乡·民法典下乡”专项活动，举办“护航二十大·普法在行动”“法助共富·法护平安”等主题普法活动，做好防范电信网络诈骗、《信访工作条例》和地方性法规的专题宣传，提升普法工作针对性、实效性。建立“一月一法一考”学习制度，鼓励倡导国家工作人员一月精读一部法律，“一月一法一考”参与1545人次。（章江飞）

**【法治素养提升工程】** 围绕“法律认知、法治情感、法治意志、法治信念、法治行为”五个方面，探索持续提升公民法治素养的有效举措，建设不同人群的“公民法治素养观测点”6个，在全市率先探索建立新业态从业人员法治素养观测点，并被列为省市首批公民法治素养观测点。（章江飞）

**【基层民主法治创建】** 创建全国民主法治示范村1个，省级民主法治村（社区）22个，市级66个。出台《关于进一步加强民主法治村（社区）创建工作的通知》，对民主法治村创建的奖补政策进行修订完善，开展“一村一策”项目化创建，推行清单式创建和特色化评比，在全市首开民主法治村擂台晒比活动。持续推进“法治带头人”“法律明白人”“守法共富示范户”培育工程，2022 年培育区镇法治带头人 356 个，法律明白人 1780 个，守法共富示范户 1068 户。（章江飞）

**【普法阵地建设】** 在“学习强国”平台、越牛新闻 App、百观新闻 App、上虞普法微信公众号联合推出“虞你说法普法小课堂”29 期，收看超 20 万人次。在上虞电视台开设“法治上虞”电视栏目，参与单位 26 家，2022 年已录制播放 16 期；在《上虞日报》推送“虞你说法”“以案释法”专栏，推送法治报道 50 余篇。在上虞广播电台开设《市民与法》播出 100 余期；上虞普法微信公众号推送普法信息 373 条；在小区、酒店、写字楼等楼宇视频循环播放法治微视频、法治公益广告；拓展公共交通普法，公交车车身普法、候车亭法治宣传覆盖上虞城乡。（章江飞）

**【矛盾纠纷排查工作】** 坚决守牢社会稳定防线，扎实推进“法助共富、法护平安”专项行动、“调解促稳定喜迎二十大”“除险保安”矛盾纠纷大排查大化解等各类专项行动，坚持矛盾纠纷排查常态化制度化，坚持排查在先、关口前移，充分利用人民调解组织扎根基层、贴近群众的地缘、人缘优势，广泛动员司法所工作人员、人民调解员深入重点人群、重点地区、重点行业、重点时段主动排查矛盾纠纷，做好矛盾纠纷的预测和预防工作，做到排查工作全方位、全覆盖，确保不留盲点死角。2022 年，各类人民调解组织共开展矛盾纠纷排查 8725 次。（汪 洋）

**【健全多元调解工作格局】** 贯彻落实省两办《关于完善矛盾纠纷多元调解体系的意见》，健全完善诉调、警调、检调、访调衔接机制，发挥行业性、专业性调委会优势，加快矛盾纠纷信息互通和联动解决。实现专职调解员入驻区社会治理中心后有序运作。探索开展“随警”调解新模式。2022 年，全区各类人民调解组织共化解矛盾纠纷 8613 起，比上年同期提升 23.45%。（汪 洋）

**【人民调解服务标准化试点项目推进】** 做好省级人民调解标准化试点工作的升级文章，全面推进人民调解国家级标准化试点项目，以“1156”为主要工作内容，完成项目标准化服务采购招标，成立试点活动领导小组，明确工作职责，出台试点项目方案，发布上虞区人民调解标准体系，以“三个八”为核心，抓好标准执行。该项目被列入 2022 年 11 个区牵一发动全身重大改革（重大应用）项目之一，并在全区二届一次深改工作会议上进行汇报交流。（汪 洋）

**【社区矫正年度数据】** 截至年末，上虞区共有社区矫正对象 386 名，其中缓刑 352 名，假释 28 名，暂予监外执行 6 名。年内共入矫 316 名，其中居住地变更迁入 9 名，解矫 289 名，其中居住地变更迁出 6 名；共开展调查评估 223 件，办理训诫 79 件、警告 15 件，提请撤销缓刑 3 件、暂予监外收监执行 5 件。通过开展大走访大排查和安全隐患大整顿活动、启动“日报告”制度强化监管和加强教育帮扶等工作措施，2022 年春节、北京冬奥会和全国两会期间，上虞区社区矫正对象无脱漏管和再犯罪现象发生。（孟立标）

**【社区矫正智慧化】** 推进部级“智慧矫正中心”创建工作。部级“智慧矫正中心”创建项目列入 2022 年政府投资项目，共投入 300 万元，通过社区矫正中心“三区十八室”的设施改造和智慧矫正系统开发及新增智慧矫正设备，2022 年 12 月，被省司法厅命名为“省级智慧矫正中心”。继续完善“数汇智矫”应用。为切实打通数据壁垒，实现信息共享、智慧监管，司法部门自主开发的“数汇智矫”应用投入试运行以来，已获取省内 4 家公安机关刑事、行政强制措施信息 44 条，司法部门及时根据相关信息办理提请撤销缓刑 2 件、暂予监外收监执行 1 件，办理警告 1 件。（孟立标）

**【执法规范化】** 认真开展“社区矫正执法规范化”提升年活动。司法部门与区检察院常态化开展社区矫正巡回检察活动，不断促进社区矫正执法规范化水平。进一步规范暂予监外执行工作，建立健全暂予监外执行人员身体状况报告和保外就医人员季度病情复查告知书。开展社区矫正纪律作风专项巡查工作。司法部门以“一方案、三张清单”为抓手，通过工作人员自查、部门单位征求意见、矫正对象问卷调查、解矫对象电话调查等形式，共自查存在 4 个问题，均已整改到位。推进社区矫正“矫务公开”。定期在上虞普法微信公众号上对上虞区社区矫正对象惩处情况进行通报，年内累计通报11次，共通报122名社区矫正对象惩处情况。（孟立标）

**【矫正对象教育帮扶】** 继续抓好“点亮一盏灯”精品项目。继续深化与“点亮一盏灯”爱心服务社的合作，在春节期间对生活困难的矫正对象进行上门帮扶，3月与“点亮一盏灯”爱心服务社启动新一轮社区矫正结对帮扶工作，新结对帮扶矫正对象10名。继续开展社区矫正对象心理矫治工作。开展社区矫正对象心理矫治工作，累计为矫正对象提供72人次个案心理辅导。开展社区矫正对象职业技能培训。以政府购买服务的方式，在百官司法所对矫正对象开展6期技能培训，累计参加200余人次。（孟立标）

**【社区矫正机构建设】** 2022年9月16日，上虞区社区矫正管理局经编办批准成立；各乡镇（街道）按规定成立社区矫正委员会。（孟立标）

# 军 事

## 人民武装

**【综述】** 2022 年，绍兴市上虞区人民武装部以迎接和学习贯彻中共二十大为主线，坚决贯彻上级党委决策部署，锚定“争创一流人武部”这个目标，推动各项建设实现新发展、站上新起点。

**【盛阅春、蒋明球到上虞区检查指导征兵工作】** 8 月 2 日，绍兴市委书记盛阅春、军分区大校司令员蒋明球到上虞区检查指导征兵工作，绍兴市副市长、上虞区委书记鲁霞光，区人武部上校部长方伟、上校政治委员张振陪同。盛阅春听取征兵工作情况汇报，实地查看体检科室，详细询问 2022 年应征青年的体检合格率、学历结构和工作进展等情况，并给予充分肯定，要求从严把好兵员质量关，努力为国防建设提供高素质的兵员。盛阅春同时强调，征兵工作是国防建设的重要基础性工作，各级各部门要增强政治意识，把征兵工作作为一项重大政治任务，加强宣传发动，积极营造参军报国的浓厚氛围；要增强目标意识，强化政策激励，创新工作举措，提高征兵标准，好中选优、优中选精，吸引更多优秀大学毕业生入伍；要增强底线意识，把疫情防控具体措施落实到各个环节，全力做好服务保障工作，确保疫情防控和征兵工作两不误；要增强纪律意识，严格落实优抚政策，努力做到公平公正公开；要增强协同意识，牢固树立“一盘棋”思想，压紧压实工作责任，形成工作合力，确保高质量完成征兵工作。

**【民兵思想政治引领】** 围绕学习贯彻中共二十大精神，抓实省军区党委中心组带机关“理论学习日”活动，推动理论武装不断走深走实；“忠诚维护核心、矢志奋斗强军”等思想政治教育依次推进、形成声势、彰显成效；依托民兵网络思想政治教育平台，增强民兵教育管理的时效性、代入感。

**【民兵安全发展理念】** 以“迎接二十大、创建安全年”为主线，贯彻“四严四整”教育整训活动，先后多次接受上级综合性检查，有力促进安全工作末端落实；组织专项巡视问题整改，常态化开展警示教育和作风督查，持续防范敌特渗透拉拢和失泄密等情况发生；组织全员政治考核和背景审查；深入开展“三个经常性”工作把脉问诊人员思想、心理和日常管理；紧跟疫情态势，及时调整防控措施，确保平稳有序过渡，实现防控目标。

**【2022 年征兵工作】** 上虞区通过抓好征兵宣传全覆盖、身体检查严把关、政治考核守底线、定兵评估优选择、役前教育高要求、廉洁征兵有举措、疫情防控不放松七个方面，完成 2022 年度的兵员征集任务。征兵宣传抢先部署，线上线下同步启动，宣传册“入村进户”，短信、微信平台、短视频平台全面覆盖，曹娥江“一江两岸”高层建筑投放征兵宣传等。坚持把严肃征兵纪律和廉洁征兵贯穿于征兵工作的全过程，公开征兵政策、征兵条件和数量，张榜预定新兵名单，公布举报电话，设立举报信箱，自觉接受群众监督，确保征兵工作风清气正。

**【专武干部和民兵集训】** 2022 年，上虞区人武部组织专武干部、民兵队伍集训，采取理论辅导、作业练习、技能训练、研讨交流等形式，主要对军事理论、基本技能、业务工作和组织指挥等内容进行训练；对民兵支援分队和应急排采取动员部署、授课辅导、观看录像、技能训练、考核验收等方式，主要对共同课目和专业课目进行训练，为应对突发事件、抢险救灾、迅即能动、执行任务做好充分准备。2022 年，上虞区在绍兴市专武干部集训、民兵岗位练兵比武中获全市第一。（卢颖颖）

## 人民防空

**【概况】** 年内，上虞区做好人防专业队伍整组扩编工作，完成 700 余人的人防专业队伍扩编整组上报任务。截至 11 月底，共审批人防报建项目 18 个，人防面积 10.8 万平方米，易地征收 18 项，收取易地建设费 549 万元。完成竣工备案项目 21 个，面积 15.0 万平方米。

**【人防工程产权制度改革】** 制定并出台《上虞区全面推进人防工程产权制度综合改革实施方案》。年内，共向上虞资规部门和有关乡镇（街道）出具绍兴市人民防空设施配置要求的函 140 余份。

**【人防管理数字化】** 落实人防工程“一室一码一长”制管理，依托智慧人防平台，按“一个码、一张表、两张图”建立已竣工人防地下室数字档案。参与“浙里人防数字化综合平台人防警报管理”场景建设，将人防警报设施录入应用场景，落实区人防蓝天救援队作为人防警报器日常维护管理单位，开展日常巡检，并将巡检情况上传至“浙里人防数字化综合平台人防警报管理”场景。根据人防地下室产权制度改革方案的要求，结合人防设施现状、人防专项规划、城市控制性详细规划完成区人防体系建设规划研究编制，推动人防工程体系建设从“依规范结建”向“以规划引领和依规范结建相结合”的方式转变。

**【人防演习】** 上虞区开展“5・12”“9・18”防灾减灾日警报试鸣及人防宣传周活动，通过报纸、电视、国突平台短信等形式发布警报试鸣信息。11 月，参加“浙江金盾–22（绍兴）”演习，完成人口疏散科目演习，参演人员 200 余人。

**【人防建设】** 加快人防易地建设“减免缓”整改补建项目进度，整改完成率达 100%。全面完成人防标识标牌提升工程，提高人防工程的识别度与社会影响。4 月，重新启动人防基本指挥所改造提升工程，适应人防备战新形势的需求。（叶　舟）

# 国土资源管理

## 综　述

【概况】 2022 年，上虞区累计供应国有建设用地 9690.7 亩，全力保障重大项目落地。共办理不动产抵押业务 15888 件，涉及抵押金额共 5895951.42 万元。

【全民所有自然资源资产清查更新】 自 2019 年 12 月起，上虞区开展浙江省全民所有自然资源资产清查试点工作。2021 年，清查工作在全省全面铺开，上虞区第二次清查工作于 2020 年 5 月开始，2022 年 12 月通过验收，形成包括一套价格体系建设成果，一套数据库成果，一套图件成果，一套表格成果，一套成果报告 5 个项目成果。（闾　萍）

## 土地资源管理

【概况】 2022 年度，土地开发项目新立项 9 个，共计 13.4514 公顷，其中水田 0.7162 公顷；验收 8 个（含往年立项），共计 63.9102 公顷，其中水田 55.9112 公顷。“旱改水”新立项 3 个共计 15.0678 公顷；验收 3 个（含往年立项），共计 7.98 公顷。耕地质量等级提升项目新立项 1 个，共计 5.2704 公顷，其中水田 5.2704 公顷；验收 9 个（含往年立项），共计 61.51 公顷，其中水田 61.51 公顷。标准农田补建项目验收 12 个（含往年立项）共计 94.3542 公顷。（金一宁）

【“四未一低”土地消化利用】 2022 年，全区共消化利用土地 12925.91 亩，其中消化 2009—2022 年批而未供土地 7601.4 亩；消化 2009—2018 年批而未供土地 2060.1 亩；处置供而未用 967.47 亩；盘活拆而未用土地 226.38 亩；利用用而未尽土地 281.32 亩；低效用地再开发 1789.24 亩，均超额完成年度任务。（闾　萍）

【土地出让】 2022 年，共出让工业用地 44 宗 3711.25 亩，出让金 12.43 亿元。出让经营性用地 24 宗 936.5 亩、出让金 62.90 亿元。（闾　萍）

【“标准地”出让】 除负面清单 1 宗 79.96 亩外，其余 43 宗 3631.29 亩工业用地均按“标准地”要求出让，实现除负面清单项目外 100%“标准地”出让的目标。（闾　萍）

【“一江两岸”总部楼宇地块出让】 出让“一江两岸”总部楼宇地块 8 宗 136.5 亩，出让金 4.4552 亿元。（闾　萍）

2022 年 6 月 2 日，2022 年“一江两岸”总部楼宇推介会举行（区自然资源和规划分局 提供）

【工业用地调查】 2022 年，在全区开展工业用地调查，完成全区工业用地底图编制，形成全区工业用地一本账，建立“地企对应”数据库，建立动态更新和应用评价两大应用机制。

【专家论证会】 2022 年 5 月 12 日，全流程不动产地籍调查示范项目实施方案论证视频会召开。来自自然资源部、中国国土勘测规划院等相关领导、专家参加评审，特邀绍兴市不动产登记中心主任周建平参加会议。 （蒋 津）

【“节约集约用地，严守耕地红线”土地日主题活动】 2022 年 6 月 24 日，为紧紧围绕“节约集约用地，严守耕地红线”的土地日主题，大力宣传节约集约用地、耕地保护政策法规以及不动产“24 小时不打烊”等最新便民利民政策，中心工作人员到上浦镇开展第 32 个全国土地日法制宣传活动。 （蒋 津）

6 月 24 日，在上虞区上浦镇举行土地日宣传活动（蒋津 提供）

【共享法庭揭牌仪式】 8 月 31 日下午，“共享法庭”不动产登记服务站揭牌仪式在上虞举行。市局、市中级人民法院、上虞分局、区人民法院相关领导参加揭牌仪式。“共享法庭”是“微法庭”的升级版，通过在镇街、村社设立“共享法庭”，可以将源头预防、多元纠纷化解挺在诉讼前端，依托镇（街道）、村社的调解力量，辅以法院的专业性指导，建立长效的纠纷调处和诉调对接机制。 （蒋 津）

【省自然资源厅确权登记局到上虞调研】 2022 年 9 月 1 日下午，浙江省自然资源厅确权登记局局长方剑强一行到上虞调研。调研组一行对上虞区自然资源和不动产确权登记工作所取得的成绩给予充分肯定，强调不动产登记工作要继续创新工作方式，持续优化营商环境，注重基础数据整合管理，围绕“数字化改革”，不断提高不动产登记便民利企服务水平，提升企业和群众满意度和获得感，全面构建大数据驱动下的不动产登记一体化服务模式。 （蒋 津）

【自然资源部门“化解不动产历史遗留问题”行政奖励】 2022 年 10 月 18 日，市自规局和市人社局联合发文，对自然资源部门“化解不动产历史遗留问题”有功集体和个人发布行政奖励。 （蒋 津）

## 自然资源执法监察

【概况】 2022 年，上虞区开展自然资源执法监察工作，完成年度卫片执法监察、土地例行督察工作任务，积极开展自然资源执法、信访调处、农村乱占耕地建房问题清查整治、打击整治养老诈骗、“除险保安”、“大棚房”、“违建别墅”清查整治回头看、常态化扫黑除恶专项斗争等专项工作。共查处土地、矿产和林业违法案件 91 宗，罚没款总计 767.45 万元，扣押非法作业挖掘机 15 台，依法移交公安机关涉刑案件 11 宗，向属地乡镇（街道）移交自然资源疑似违法线索 150 条。 （吴 坪 沈武军）

【卫片执法检查】 自然资源部下发 2022 年 3—10 月土地卫片执法发现违法用地 93 宗，面积 801.52 亩，涉及耕地 126.46 亩，永久基本农田 16.23 亩。将发现的卫片执法违法用地处置情况多次向区政府进行了汇报，并多次实地督促各乡镇人民政府进行整改。根据不同情况，分别采取直接拆除、立案查处、移交处理等不同方式进行处置，截至年末，已完成整改 73 宗，整改面积 755.94 亩，涉及耕地 100.91 亩，永久基本农田 11.48 亩。 （李 杰）

【土地例行督察问题整改】 11 月 25—28 日，国家自然资源督察上海局驻绍兴期间，上虞区就 6 个历年督察挂账问题举证、解释汇报，经过努力，长塘农村公园问题已通过核查；向海湖、海上花田涉及耕地“进出平衡”问题，需与国家自然资源督察上海局进一步解释；丁宅下宅村、百官南三村 2 个农村乱占耕地建

房问题待定；丰惠镇张庆木问题尚未完成补办手续无法举证，仍需继续挂账。（李　杰）

【自然资源信访调处】 严格落实信访事项办理“2211”工作机制，扎实开展信访积案化解工作。2022年，共受理信访事件938件，其中平台来信、电、网、访共计762件（来信28件，来电541件，网信179件，来访14件），本级来访19件，本级来电57件，各级来信转办100件；涉及土地征收类17件，土地违法88件，矿产资源25件，违章建筑246件。所有信访均已按规定要求及时报结，按时报结率达到100%。扎实开展信访积案“百日攻坚”化解专项工作和省自然资源厅信访“双清零一创建”专项行动，其中“百日攻坚”局5件信访积案、省厅“一事双交”33件信访积案和省自然资源厅信访积案交办16件均在第一时间上报销号。（沈武军）

【稳步推进除险保安专项工作】 成立“除险保安”专项行动工作领导小组，重点围绕治安隐患清剿、矛盾纠纷化解和公共安全整治3个方面内容稳步推进。组织开展行业重点人员和重点单位（部位）风险隐患排查整改；组织查处自然资源领域违法行为，移交公安机关查处11起；常态化开展自然资源领域扫黑除恶斗争，全面强化民爆物品、食药环等重点物品和场所的管控。健全完善社会矛盾纠纷多元化解机制，重点聚焦因征地补偿和土地、矿产、山林、水利和县级以上界线权属争议引发的矛盾风险。开展矿山安全风险防范化解工作，排查全区3宗采矿权是否存在越界超层开采等行为，每月对露天采矿权储量进行动态监管实地核查，对矿山采矿权开展“双随机”联合抽查3次。（沈武军）

【新增农村乱占耕地建房问题清查整治】 2022年，上虞区开展农村乱占耕地建房问题清查整治工作，在前期核查基础上，共发现新增农村乱占耕地建房问题20宗，面积14.47亩，涉及耕地14.18亩，永久基本农田1.97亩。完成整改12宗，面积10.83亩，涉及耕地10.83亩，永久基本农田0.51亩。（李　杰）

## 矿产资源管理

【概况】 2022年全区设有探矿权5家，分别为丁宅银矿、章镇铜钼多金属矿、丁宅任溪矿泉水、汤浦镇地热资源和梁湖叶蜡石矿。（钟　雯）

【矿产资源勘查开采监督管理】 2022年，全区设有采矿权5家，分别为建筑石料1家（工程性开采），铅锌矿1家、矿泉水2家（1家基建，1家已停产）和叶蜡石矿1家。每月度对矿山企业进行检查，督促矿山企业按开发利用方案进行开采，同时日常以自然资源所工作人员和所聘巡查人员为主，平时不间断进行巡查，重点检查有无越界越层开采行为使违法开采现象遏制在萌芽状态，并委托有资质的地勘单位每季度一次对全区在开矿山进行动态储量测量，及时全面掌握矿山开采量及开采现状。（钟　雯）

【废弃矿山生态修复】 根据省自然资源厅《关于加快推进第二轮中央生态环境保护督察废弃矿山修复问题整改工作的通知》，上虞区共有12个废弃矿山被列入治理任务清单。上虞区成立以区长为组长的区弃矿山生态修复问题整改领导小组及工作专班，完善“一矿一方案”，设立“一矿一专班”工作责任体系，年内，12个废弃矿山全部完成修复治理，并通过县级初验、市级复验、省厅抽查复核验收。（叶立标）

12月30日，曹娥街道蒿东村联合废弃矿山生态修复治理项目（叶立标 提供）

# 生态环境

## 综　述

**【概况】** 2022 年，上虞区森林覆盖率 37.67%，城镇人均公园绿地面积 15.59 平方米；单位 GDP 建设用地使用面积下降率 20.62%，城镇新建绿色建筑比例 100%，政府绿色采购比例 98.47%；生态满意度连续 8 年增长，环境信访数量同比下降 19.7%，未出现因环境问题引发的群体性事件。

上虞区先后获 2021 年度美丽浙江建设工作考核优秀县（市、区）、2021 年度美丽绍兴建设工作考核优秀县（市、区）荣誉，通过全域“无废城市”建设省级评估，获得首批“清源杯”，进入省级“绿水青山就是金山银山”实践创新基地储备库名单；杭州湾经开区创成国家级生态文明建设示范区（生态工业园区）。

**【绍兴市上虞区生态文明建设委员会成立】** 1月6日，绍兴市上虞区生态文明建设委员会成立，下设办公室，整合治水办、蓝天办、无废办、美丽办等原有专班，建立工作专班并实体化运行，推动形成大生态环保格局。（李筱筱）

## 环境质量监测

**【概况】** 截至 2022 年底，绍兴市上虞区环境监测站通过资质认定的环境监测项目，共有水和废水、环境空气和废气、噪声、煤质、电离辐射、电磁辐射、土壤等七大类 178 个。全区共有各类环境自动监测站点 61 个，包括六参数（$PM_{2.5}$、$PM_{10}$、$SO_2$、$NO_2$、CO、$O_3$）环境空气自动站 3 个，VOCs 站 2 个，乡镇气站（$PM_{2.5}$、$O_3$）18 个，清新空气站（$PM_{2.5}$、$O_3$、负氧离子）4 个，颗粒物水平、垂直和臭氧雷达 3 个；九参数常规地表水自动监测站（pH、溶解氧、水温、浊度、电导率、高锰酸盐指数、氨氮、总磷、总氮）1 个，九参数微型水站（pH、溶解氧、水温、浊度、电导率、高锰酸盐指数、氨氮、总磷、总氮）22 个；功能区噪声自动监测站 8 个。全年共获得地表水有效数据 6600 个，饮用水源有效数据 1422 个，环境空气有效数据 5154 个，噪声有效数据 891 组。

**【环境空气质量】** 2022 年，上虞区 AQI 优良天数比例为 83.5%，同比下降 12.4 个百分点，其中，Ⅰ级（优）114 天，Ⅱ级（良）190 天，Ⅲ级（轻度污染）54 天，Ⅳ级（中度污染）6 天，无重度污染和严重污染天。空气质量首要污染物为 $O_3$，与上年度相同。$SO_2$ 日均值浓度范围为 4～16 微克/立方米，年均值浓度为 8 微克/立方米，与上年度持平；$NO_2$ 日均值浓度范围为 5～64 微克/立方米，年均值浓度为 23 微克/立方米，同比下降 17.9%；$PM_{10}$ 日均值浓度范围为 6～152 微克/立方米，年均值浓度为 45 微克/立方米，同比上升 4.65%；$PM_{2.5}$ 日均值浓度范围为 3～130 微克/立方米，年均值浓度为 26 微克/立方米，同比上升 8.3%；CO 日均值浓度范围为 0.5～1.3 毫克/立方米，第九十五百分位数浓度为 1.0 毫克/立方米，同比上升 25.0%；$O_3$—8h（8 小时臭氧浓度）浓度范围 4～236 微克/立方米，第九十百分位数浓度为 168 微克/立方米，同比上升 16.7%。全年酸雨发生率为 31.9%，较上年增加 8.1 个百分点，降水 pH 平均值为 5.15，同比下降 0.39。

【地表水质量】 2022 年，全区 22 个地表水市级考核断面Ⅰ—Ⅲ类水比例和水质达标率均为 100%，与上年持平，其中，Ⅱ类水断面 13 个，Ⅲ类水断面 9 个。5 个跨行政区域出入境断面Ⅰ—Ⅲ类水比例和水质达标率均为 100%，其中，Ⅱ类水断面 2 个，Ⅲ类水断面 3 个，年度考核结果评定为优秀。41 个乡镇断面Ⅰ—Ⅲ类水比例为 92.7%，同比增加 2.5 个百分点，有 3 个断面为Ⅳ类水。国控地下水杭州湾经开区监测点位水质为Ⅴ类，主要污染物为硫化物和氨氮。

【声环境质量】 2022 年，约 96 平方千米城市区域昼间噪声监测结果为 55.1 分贝，同比下降 2 分贝，其中，一类区昼间 52 分贝，二类区昼间 57 分贝，三类区昼间 62 分贝，结果均达标。各类噪声源中，生活噪声源占比达到 54.1%，建筑施工噪声平均等效声级最高。8 个城区功能区噪声监测点，一类区 1 个、二类区 2 个、三类区 4 个、四类区 1 个，昼夜间年超标率分别为 0、0、6.25%和 25%，全年只有四类区夜间等效声级超标 0.03 分贝。对城区 51 个交通噪声监测点进行监测，道路干线总长 76.45 千米，全路段加权平均等效声级昼间为 67.6 分贝，道路交通噪声达标。根据“城市环境质量年度考核”评分标准体系，2022 年城市声环境质量综合评价结果为优。

【辐射环境质量】 2022 年，全区环境 γ 辐射空气吸收剂量率 91.8～93.2 纳戈瑞/小时，与全国天然放射性水平调查时的测量值基本一致。广播电视发射塔周围的综合电场强度为 2.1～2.6 伏/米，平均值为 2.35 伏/米，低于《电磁环境控制限值》（GB8702—2014）中的公众曝露控制限值 12 伏/米（频率范围为 30～3000 兆赫兹）。

【污染源监测情况】 全区需要开展监督性监测的重点排污单位共 180 家，涉及废水 136 家、废气 57 家、其他 4 家（部分同时涉及废水和废气）。2022 年水重点污染源监督性监测 135 家 224 家次、气重点污染源监督性监测 57 家 131 家次，监测数据达标率为 100%。

（李筱筱）

## 环境污染防治

【概况】 2022 年，上虞区协同共治“水气土废”，坚决打赢污染防治攻坚战。上虞区通过 2021 年度全域“无废城市”建设评估，达到三星标准，获得“清源杯”。

【大气污染防治】 2022 年 8 月 31 日，由于 1—7 月空气质量大幅反弹，上虞区人民政府被浙江省生态环境厅约谈。9 月，上虞区启动为期 1 年的大气污染防治攻坚整改行动，建立污染天气应急调度指挥部，坚持每日会商研判，发布细颗粒物、臭氧污染预警 90 次；开展工业企业无组织和末端废气治理，完成 VOCs 深度治理项目 43 个、VOCs 源头替代项目 15 个，淘汰 10～35 蒸吨/小时燃煤锅炉 2 台；开展涂装行业专项整治，制定《上虞区工业涂装行业污染整治方案》，80 家 UV 涂装及家具喷漆企业按要求完成整治任务；加强移动源污染防治，淘汰老旧柴油货车 80 辆，完成非道路移动机械电子围栏定位安装 1000 辆、上牌 1500 辆，取缔黑加油窝点 15 处。因秸秆（垃圾）露天焚烧管控不到位，全年对 22 人次开展“一案双查”。

【水环境治理】 围绕持续改善水环境质量，对二号闸、东进闸、汇联闸等不稳定断面，进行走航监测和“一点一策”治理；对全区 22 条区级以上河道、14 条工业区内河道开展雨（污）水排放口调查，发现排水口 5481 个、异常排水口 63 个；持续推进虞北平原河网水质本底调查，新建微型水站 20 个，利用水质分析模型进行污染溯源。推进水生态修复工作，编制河湖生态缓冲带划定与生态修复方案；道墟街道钱上村开展生态修复项目建设，打造“依水而居·生态钱上”品牌；杭州湾上虞经济技术开发区实施科创中心景观河道水生态治理工程，治理水域面积 3882 平方米。持续深化“污水零直排区”建设，5 万吨/日工业污水处理异地扩建项目完成主体结构工程建设，所有乡镇（街道）全部落实常态化运维管理，杭州湾经开区列入省级标杆工业园区“污水零直排区”培育名单。

【土壤污染防治】 加强土壤污染重点监管单位管理，108 家企业按要求开展土壤自行监测工作，编制有毒有害物质排放情况报告和污染隐患排查报告；15家进行拆除活动的企业编制拆除活动污染防治方案和应急预案，落实备案管理。开展受污染耕地“源解析”工作，编制《上虞区受污染耕地“源解析”工作实施方案》，完成现场排查和相关采样工作。推进建设用地安全利用，组织开展建设用地初调报告评审工作，对城北体育训练馆、康居路小学和道墟街道中心小学3个重点地块开展土壤污染状况调查，未出现需要修复的污染地块，建设用地安全利用率达100%。

**【地下水污染防治】** 加强地下水污染防治，针对地下水监测点位水质差问题，编制《杭州湾上虞经济技术开发区地下水环境质量考核点位水质提升方案》，实质性启动国控点地下水水质提升工程；6家地下水重点监管企业落实地下水管控措施，绍兴市上虞众联环保有限公司开展危险废物填埋场地地下水环境状况调查评估工作。

**【“无废城市”建设】** 制定《2022年度上虞区全域“无废城市”建设工作方案》，建立全域“无废城市”建设目标清单、责任清单、任务清单和项目清单“四张清单”，创建“无废学校”“无废机关”“无废小区”等12类“无废细胞”共120个。新建众联环保5万吨/年工业废盐和6万吨/年废硫酸处置及综合利用、春晖固废危险废物焚烧技改（二期 1.5 万吨）和闰智年产20000吨制品等5个危险废物利用处置项目；规范化收运处置医疗机构、集中隔离医学观察点及核酸检测点医疗废物1250余吨；913家小微企业签约纳入危废收运体系，收运处置小微企业危废3159吨；以春晖能源为依托，建立健全一般工业固废收运处置体系，覆盖工业企业500余家，全年收运处置一般工业固废10380余吨。 （李筱筱）

## 环境管理与监督执法

**【环评审批】** 项目审批提前介入，主动提供环评咨询，做到政策宣传、责任落实、审批服务“三个”到位。重点项目实施专人负责制度，完成“海塘安澜”和虞北地区基础设施及综合提升工程等两个政策性开发性金融工具项目审批。深入推行“规划环评+项目环评”改革，对入驻产业园区的企业实施系列改革措施，通过豁免环评编制、降低环评等级、开展多评合一、简化环评编制、实行打捆审批等方式，提高环评审批效率，提升企业便利度和满意度。全年完成报告书、表审批134个，纸质备案57个，网上备案162个。

**【监管执法】** 推行生态环境执法监管正面清单管理，新增清单企业29家，生态环境执法部门通过非现场执法手段，对进入“正面清单”的企业进行监管，减少对企业的打扰，同时开展体检式帮扶检查，帮助企业发现问题并指导整改。2022年，共作出生态环境行政处罚88起，处罚金额1014.4438万元；五类案件数27件，其中查封扣押23起，停产限产1起，移送公安3件（刑事拘留2人，行政拘留3人）；对12起轻微环境违法行为免予处罚。

**【环境隐患排查】** 开展环境安全隐患排查治理行动，对风险源企业进行全覆盖检查，增加涉危涉重企业检查频次，整改隐患383个；建立全区重点环保设施台账，督促194家企业完成安全风险评估；加强企业应急预案备案管理，新增（重新备案）应急预案备案118家次。

**【生态环境保护督察】** 完成2022年省委生态环境保护专项督察迎检任务，收到信访交办件6件，全市排名第4（由多到少），收到反馈问题3个，具体为杭州湾北塘河水质差、榨菜尾水溢流和空气优良率低等问题，无负面典型案例。

**【重大生态环保督察问题清单】** 2022年，重大生态环保督察问题清单指数四个季度全市排名分别为第1、第2、第6、第3，园区绿色化整改案例成为省委七张清单总界面示范案例、重大生态环保督察问题清单分界面示范案例。全年纳入省级清单问题共5个，被动问题1个，面上管控（督察在线）被动问题2个。

**【环境应急能力建设】** 建设园区水环境风险三级防控体系，建立企业互救机制，妥善处置“5·31”美诺华火灾事故。线上线下联动，开展突发环境事件暨“南

阳实践”应急演练，在全省生态环境应急培训会上推介我区经验做法。（李筱筱）

## 节能减排

【概况】 2022年，上虞区做好环境要素保障。政府储备排污权出让化学需氧量62.405吨、氨氮15.637吨、二氧化硫43.008吨、氮氧化物297.146吨；企业间排污权指标转让化学需氧量57.290吨、氨氮10.754吨、二氧化硫4.58吨、氮氧化物1.38吨。印发“十四五”排污权有偿使用费征收标准文件，建立4项污染指标“十四五”初始排污权核定清单，全区需要开展VOCs初始排污权核定的665家企业完成核定工作。

2022年，上虞区做好主要污染物总量减排工作。全区完成氮氧化物减排425吨、挥发性有机物减排345吨、化学需氧量减排140吨、氨氮减排25吨。其中，浙江鸿盛化工有限公司淘汰3台20吨/小时燃煤锅炉，新建1台65t/h燃煤锅炉，新锅炉实施低氮燃烧改造，安装使用SNCR+SCR联合脱硝设备。

承接省厅数字化试点，建设“浙里碧水”工业园区“污水零直排区”子模块，布设监测点位45个，覆盖河道11.8千米，涉及企业53家，构建“源—网—河”一体化感知网络和水污染预警溯源体系，实现“监测—预警—处置—评估”全过程监管。

【减污降碳协同试点】 开发建设减污降碳协同增效数智平台，建立“一套指数”“一张图谱”“一个周转池”。首创指数评价体系，以指数得分量化园区和企业的减污降碳水平，在项目招引中为招商部门提供决策依据，否决3个项目。创新节余排污权指标租赁，帮助企业将减污降碳成效转变为直接经济价值，使环境要素发挥最大效益。促进资源循环生态化，为66家企业建立313种供应链协同关系，促成交易量7070吨。拓展危废“点对点”利用覆盖面，促成危废资源化利用2.66万吨，节省处置费用5332万元，减少碳排放2700吨。

【低（零）碳试点】 下管镇和小越街道新宅村、小越街道越北村、长塘镇湖田村、长塘镇罗村村、谢塘镇晋生村、谢塘镇新戴家村等1个乡镇、6个村（社区）进入第二批省级低（零）碳试点市级推荐名单。（李筱筱）

## 生态建设

【概况】 2022年，上虞区编制河湖生态缓冲带划定与生态修复方案，开展水生态环境示范试点县建设。完成道墟街道钱上村生态修复项目，治理杭州湾科创中心景观河道水域面积3882平方米。开展汤浦水库饮用水水源地勘界定标，编制上虞区“美丽海湾”保护与建设行动方案。

【“绿水青山就是金山银山”实践创新基地创建】《上虞区“绿水青山就是金山银山”实践创新基地实施方案》详细分析上虞区“两山”实践探索的成效、存在的主要问题和挑战，以及形成的转化模式和典型案例，提出上虞区“两山”基地建设的总体目标。根据实施方案，上虞区构建了一批“绿水青山”与“金山银山”融合发展实践平台和典型案例，积极探索并初步形成“绿水青山转为金山银山、金山银山反哺绿水青山”的双向增益模式。2022年，浙江省生态环境厅公告上虞区进入省级“两山”创建实践基地储备库名单。

【省级山水林田湖草生态保护修复试点】《上虞区省级山水林田湖草生态保护修复试点实施方案（2019—2022年）》修编通过专家评审会。根据试点实施方案要求，2022年底前，建成水生态环境质量提升工程、矿山生态环境修复工程、森林质量改善工程、土地整治与土壤污染修复工程、生物多样性维护工程和海岸线整治与修复工程等重点项目24个，总投资为22.62亿元（省级配套8000万元）。截至12月，24个项目已经全部完工，8000万元省级专项资金也全部完成拨付，整体工程进度和资金拨付率全省领先。

【生物多样性保护】 2022年，上虞区全面启动全域生物多样性本地调查，编制《上虞区生物多样性综合调查评估项目技术方案》并通过专家组评审。通过清查上虞区陆生野生动植物、昆虫、大型真菌、水生生物、林草种质资源以及外来入侵物种情况，评估生态系统多样性状况，掌握县域物种资源现状，尤其是珍稀濒危物种和重点保护物种的种类、分布、数量、生境等现状，摸清生物资源家底，系统评估上虞区的生物多样性信息。方案计划于 2023 年 7 月生物多样性综合调查评估项目通过专家中期评审，12 月底完成调查数据统计和物种名录初稿编制。

**【生态环境保护宣传】** 组建生态环境观察员队伍，聘请 10 名“两代表一委员”作为首批生态环境观察员，畅通沟通渠道。组织“共建清洁美丽世界寻找靓丽虞山舜水”生态摄影大赛，展示上虞青山绿水、生态文明建设成效等内容，吸引近 200 名摄影爱好者参与投稿，共征集 853 幅作品。生态环境质量满意度得分 86.81 分，高于全省平均水平。（李筱筱）

# 水利

## 综述

【概况】 2022年，下管溪小流域山洪灾害防御能力提升项目被列为国家级试点项目，上虞区获评2022年度全省水利工作综合绩效考评优秀单位、全省农业水价改革工作绩效评价优秀县（市、区），最严格水资源管理考核、水土保持考核均获市级优秀。

【水利规划】 系统研究虞北河网、东关河网、丰惠河网三大河网畅通方案，完善曹娥江沿线排涝布局。编制完成《上虞区平原水系总体规划》《上虞区曹娥江沿线排涝工程规划》，修编《上虞区虞北平原河道整治规划》，形成上虞区平原河网一张图。

【水利投资】 完成省、市投资任务8.77亿元，完成率115%。曹娥江“一江两岸”景观工程三期、曹娥江综合整治工程（上虞区段）、大厂泵站加固工程完工投用。海塘安澜工程、曹娥江城区段防洪堤综合提升一期工程开工；虞北平原崧北河综合治理工程完成年度投资1.83亿元，完成率101.7%。曹娥街道建成区河道综合整治工程完成投资8345万元，完成率100%。上浦闸枢纽工程改造提升项目完成年度投资2030万元，完成率101.5%，获评省级水利文明标化工地。

【保供水】 面对重大旱情，优化用水调度，共引水3.99亿立方米，确保农业灌溉，强化农饮水保供，有效保障3.04万农村人口供水安全。在防御“轩岚诺”“梅花”台风带来的小流域山洪灾害中，分批提前转移受影响人员3153人。

【美丽河湖建设】 以“幸福河湖试点县”创建为契机，统筹推进美丽河湖建设，开展长江经济带生态环境问题排查整改，河湖“清四乱”常态化、规范化整治，恢复水域555平方米，创成省市美丽河湖4条、水美乡镇3个、乡村美丽河湖35条。完成水库除险加固2座、山塘综合整治20座，章镇镇泰山供水站管网改造6.8公里、农业灌溉泵站机埠、堰坝36座。

【水利工程数字化管理】 打造水利工程项目大数据监督平台，实现水利项目全生命周期管理，全区已有258个水利项目纳入监管。开发小流域山洪预警及应急联动平台，解决风险识别难、预警时间短、预警覆盖窄、管控面不全等问题，被列为全市“一件事”试点。建成水管理平台，覆盖水资源保障、水灾害防御、水事务监管等场景，实现核心业务协同办理。深化水利工程“三化”改革，物业化率达91%，产权化率为46.67%，规模以上水利工程基本进入省数字化水管平台。构建多元化、多层次、多渠道投融资格局，获批政府专项债12.8亿元，争取省戴帽用地指标1293亩，中央、省补资金超1亿元。

【水行政监管】 通过省级水利“强监管”试点县验收，完善“综合监管、专业监管、日常监管”三位一体监管体系。落实最严格水资源管理，水资源消耗总量和强度双控力度加大，年度用水总量控制在2.55亿立方米以内，创成省级节水标杆单位6家，上浦闸灌区获评浙江省节水型灌区。加强水行政监管，完成“大综合一体化”行政执法改革，重塑水行政监管工作机制；常态化开展涉河涉堤许可后监管，实施妨碍河道行洪突出问题排查整治行动，拆除涉水违建

972 平方米。强化水土流失综合防治，完成水土流失治理 1.2 平方千米。提升水利工程安全水平，完成山塘、水库、水闸等水利设施安全鉴定 18 处。开展除险保安百日攻坚行动，建立“四本台账”，整改各类隐患问题 38 个，安全态势总体稳定。（金建良）

## 水旱灾害防御

**【概况】** 2022 年，上虞区气候异常，全区降水时空分布较为不均，高温少雨天气频发。1—9 月降水量 1379.9 毫米，比多年平均多 162 毫米。其中汛期全区平均降水量 958.7 毫米，比常年平均 940.9 毫米略微偏多。7、8 月受高温影响，全区平均降水量明显偏少，较多年平均月雨量偏少约 60%。9 月受热带气旋影响，降水量明显偏多，平均降水量为 483.6 毫米。由于防御得当，汛情基本平稳，无较大水旱灾害发生。

**【水旱灾害防御责任到人】** 调整完善水旱灾害防御工作领导小组、应急抢险技术专家组，加强水旱灾害防御组织领导。同时为切实加强水库大坝、农村水电站等水利工程安全管理，按照分级管理、分级负责的原则，明确落实上虞区 2022 年水库大坝、堤防、水闸等水利工程安全管理责任人，并发文公布。

**【水利隐患整改】** 上虞区水利部门于 2 月 9 日发文组织开展汛前大检查，至 2 月底为各单位自查。3 月 1—5 日抽调全系统骨干技术人员，分成 5 个检查组，对全区各乡镇、街道和有关单位在自查中发现的问题隐患和重要水工程进行重点复查，参与复查 368 人次、涉及 95 处工程，共发现隐患 34 处，梳理汇总 2022 年水旱灾害防御重点隐患 9 处。加强跟踪督办，逐项落实整改措施。截至台汛期前，所有隐患基本完成整改或落实临时度汛措施，确保安全。

**【预案管理】** 上虞区印发《绍兴市上虞区山洪灾害防御应急预案》，区水利局印发《上虞区水利局水旱灾害防御应急工作预案》《上虞区水利局水旱灾害防御工作规则》，规范山洪灾害防御工作流程，提高应急处置工作效率和水平。水利工程调度方面，组织 7 座大中型水闸和 51 座小型水库编制控制运行计划，并严格按照批准的计划执行；在水利工程安全度汛方面，组织全区重要在建水利工程编制度汛方案，按规定程序落实报备，共落实 30 项面上水利工程度汛措施。

**【水旱灾害培训演练】** 6 月 30 日，区水利局邀请技术专家对乡镇（街道）、各有关单位进行水旱灾害防御知识培训；上虞区于 6 月 23 日在岭南乡青山村举行 2022 年山洪灾害防御综合演练，于 7 月 7 日在章镇镇举行 2022 年上虞区曹娥江防洪堤抢险应急演练，检查预案的可操作性和有效提升灾害应急处置能力。利用报纸、网络、防灾减灾日等媒介，开展水旱灾害防御公益宣传，通过展板、分发宣传资料参与集中宣传一次，通过网络、报刊宣传 4 次。

**【汛情预警】** 上虞区严格落实汛期 24 小时应急值守和领导带班制度，区水利局及时与区防指、气象等开展分析会商，动态掌握各类汛情和工情，针对气候多变，集中降雨多发的特点，及时开展监测预警。台风期间，完成水文缆道流量测验 7 次，赶往现场设备抢修 6 站次，主动开展市、区、上游县市洪水预报会商，利用曹娥江洪水预报系统开展洪水滚动预报 12 站次，发布洪水估报、预报 6 期，水雨情简报 24 次，发挥水文情报预报在防汛抗台工作中的作用。整个汛期，共向乡镇、街道及有关部门的领导和水旱灾害防御相关人员发送预警短信 8446 条。全年启动水旱灾害防御（防台）应急响应 2 次，其中一次提升为 Ⅰ 级（防御 12 号台风“梅花”，9 月 14 日 6 时升级为水旱灾害防御（防台）Ⅰ 级）。

**【防汛防台应急抢险】** 提前落实水利工程应急抢险技术专家组和抢险队伍集中待命。受“梅花”台风影响期间，从 9 月 13 日起，水利技术人员 24 小时驻守区防汛抗旱指挥部办公室。13 日中午，派遣 33 名应急抢险专家赴对应乡镇（街道）一线驻守，对防御工作进行现场指导。台风期间，组织小流域山洪第三方专家，开展山洪灾害易发区的巡查检查和乡镇小流域山洪防御技术指导工作，及时为领导指挥决策当好水利参谋。

**【水利工程安全管理】** 严格执行水利工程安全巡查制度，险工险段和重要部位落实专人 24 小时值守。汛期共组织水库山塘、堤防等巡查18000多人次；重点做好水库安全度汛，确保“三个责任人、三项重点措施”落实到位，应急响应期间抽查“三个责任人”600多人次，督促水位相对较高的水库山塘加大预泄力度，腾出拦洪库容；提前做好沿江电排站调试；检查督促重点在建涉水工程严格落实安全度汛措施等。台汛期开始，上虞区开展水旱灾害防御隐患大排查2次，主要排查内容为水库山塘、海塘堤防、小流域山洪风险等。水利部门参与复查418人次，涉及250处工程，共发现重点隐患5处，加强跟踪督办，逐项落实整改措施。截至汛期结束，5处隐患均落实临时度汛措施。

**【山洪灾害防御】** 坚持“抓重不抓漏”原则，组织更新区、乡、村三级组织责任体系，落实各级责任人和联络方式，建立预警信息发布机制；围绕“科学识别研判风险隐患、提高预警精准度、延长预见期、快速准确指导人员避险”思路，开展山洪灾害防御机制创新、风险管控措施提档升级和预报预警新模式探索，着力提升山洪灾害防御能力。“轩岚诺”台风及时转移人员546名，“梅花”台风转移人员2707名（包含扩面转移人员）。整个汛期，共发布山洪预警5期，其中“梅花”台风发布2次未来24小时山洪灾害红色预警。自动触发山洪预警19次，通知相关乡镇、村密切关注溪河水位上涨情况，及时按照预案做好防御工作。

**【水工程调度】** 2022年，共调度新东进闸、二号闸、一号闸等排涝水闸排泄涝水4.85亿立方米。其中新东进闸开闸运行159次，外排水量2.64亿立方米；二号闸开闸运行150次，外排水量2.21亿立方米；调度引水工程上浦闸引水6790万立方米、浙东引水工程三兴闸引水4.05亿立方米。同时向下游余姚供水5.1亿立方米。（金建良）

## 水利工程建设

**【概况】** 2022年，列入政府投资的16个续建、新建水利项目全年计划完成投资9.22亿元，其中续建项目3.43亿元，新建项目5.79亿元；全年计划财务数6.40亿元，其中续建项目2.71亿元，新建项目3.69亿元。全年续建、新建项目实际共完成投资8.99亿元，占年度计划投资数的97.5%。其中续建项目完成投资3.50亿元，占年度计划投资数的102.03%；新建项目完成投资5.49亿元，占年度计划投资数的94.82%。

**【曹娥江综合整治工程（上虞区段）】** 对曹娥江支流小舜江堤防进行加固处理，其中治理小舜江及其支流蒋村溪总长度约为7.0千米，加固渔渡埂、小江埂、霞齐埂、蒋村埂、石浦埂、四峰埂堤防共计14.32千米。工程概算总投资1.47亿元。开工日期为2020年6月30日，完工日期为2022年4月30日。

**【曹娥街道建成区河道综合整治工程】** 曹娥街道建成区水系沟通、河道清淤、砌石护岸、桥梁新（改）建、河岸景观绿化等。工程概算总投资2.7749亿元。开工日期为2020年9月28日，截至年末工程基本完工。

**【盖沥河（联海村东至新下湖金冯刘南）整治工程】** 河道主流长2.7千米，支流长2.35千米，建设内容主要为河道清淤、护岸、拆建主河桥梁1座支河桥梁2座，新建河岸道路及绿化等。工程概算总投资2559万元。工程开工日期为2022年2月15日，截至年末工程完工。

**【西横河改造提升工程】** 区级河道西横河河岸维修、节点景观改造提升、亮化改造等。工程概算总投资1220万元。工程开工日期为2022年6月27日，完工日期为2022年11月11日。

**【崧北河综合治理工程二线闸西侧截渗工程】** 拟建崧北河二线闸西侧做地下连续墙截渗，截断管控区范围为崧北河二线闸及其上下游河道建设范围。工程概算总投资1935万元。工程开工日期为2022年10月16日，截至年末工程基本完工。

**【上虞人才公园布展工程】** 布置人才广场主题LOGO、诗赋墙、新增名人雕塑群、院士墙、人才窗（LED屏）、惜才心灯光互动装置、打造英才林、颂才亭、状元廊、尚才道及公园导视标识系统等。工程开工日期为2022年8月24日，截至年末工程完工。

【虞北平原崧北河综合治理工程】 新建三号闸和二线闸；整治崧北河长度 10175 米；沟通世纪新丘护塘河长度 590 米；疏浚上游 3 条河道长度 5200 米；加固二线海塘长 11107 米；新（改）建桥梁 8 座。工程概算总投资 6.9723 亿元。开工日期为 2020 年 10 月 28 日，截至年末尚在建。

【上浦闸枢纽工程改造提升项目】 漫水闸原闸门及启闭机拆除更换，漫水闸原排架及行车梁改造，漫水闸计算机监控系统、视频监控系统改造，工程景观化改造提升等。工程概算总投资 4349 万元。开工日期为 2022 年 1 月 20 日，截至年末尚在建。

【管溪“幸福河”一期工程】 驳岸整治 8.2 公里，堰坝提升 8 座，优化生态湿地 2 处，滨水步道、防护栏 8.2 千米，绿化、环境配套设施、亮化等。工程概算总投资 3250 万元。开工日期为 2021 年 10 月 30 日，截至年末尚在建。

【上虞区海塘安澜工程】 提标加固海塘 10.32 千米，新建港区段海塘 3.20 千米，新建丁坝等。工程概算总投资 216107 万元。开工日期为 2022 年 9 月 15 日，截至年末尚在建。

【曹娥江城区段防洪堤综合提升一期工程】 曹娥江右岸渡江大桥至中利三岔口 3 千米、左岸铁路大桥至赵家大桥 1.7 千米，堤脚防冲、堤基和堤身防渗、堤顶结构改造、景观改造等综合提升，合计治理长度 4.7 千米。工程概算总投资 28216 万元。开工日期为 2022 年 11 月 25 日，截至年末尚在建。

【百沥河崧厦段整治工程】 整治区级河道百沥河主流 2.53 千米、支流 1.61 千米，建设内容主要包括护岸砌石整治约 8 千米、拆建桥梁 1 座、河道清淤、河岸绿化、亲水步道等。工程概算总投资 2281 万元。开工日期为 2022 年 7 月 28 日，截至年末尚在建。

【盖谢河谢塘段整治工程】 整治区级河道盖谢河主流 5.1 千米、支流 1.2 千米，整治区级河道盖沥河主流 0.7 千米。主要包括护岸护砌整治约 7 千米（单面）、拆建桥梁 1 座、河道清淤、河岸绿化、亲水步道等。工程概算总投资 2889 万元。开工日期为 2022 年 7 月 20 日，截至年末尚在建。

【西南环河（萧绍海塘段）连通工程】 新建箱涵 1 座，进行基础加固处理、箱涵上下游护岸砌筑、堤塘土方回填及草皮护坡修复等。工程概算总投资 518 万元。2022 年主要开展前期准备。

【上虞区城东 86 号地块河道建设工程】 新开河道 800 米，河道砌坎、沿河景观绿化、滨水步道等。工程概算总投资 1156 万元。2022 年开展初步设计等前期工作。

【徐林水库除险加固工程】 徐林水库位于陈溪乡塔溪村，集雨面积 15.92 平方千米，主坝坝长 110.00 米，最大坝高 28.00 米，水库下有徐林电站装机容量 2×200 千瓦，灌溉面积 500 亩，供水人口 5000 人，是一座结合灌溉、供水、发电、防洪的小（二）型水库。除险加固工程概算总投资 500 万元，于 2022 年 4 月 6 日开工，12 月 8 日完工。重力坝上游侧设置防渗面板，基岩处采用帷幕灌浆进行防渗处理；对水库放空管进水口进行改造，设置拦污栅，大坝左侧山体新增放水涵管，采用 DN500PE 管定向钻，重新设置启闭设备和启闭机房；对大坝安全监测的工作基点和校核进行复核；库区清淤，清理左岸塌方料；拆除溢流堰顶钢栈桥 1 座，新建堰顶人行桥 1 座等。

【洪山湖水库除险加固工程】 洪山湖水库位于梁湖街道洪山湖居委，集雨面积 1.25 平方千米，主坝坝长 414.90 米，最大坝高 5.70 米，副坝坝长 159.7 米，最大坝高 5.25 米，灌溉面积 1200 亩，是一座结合灌溉、防洪的小（二）型水库。除险加固工程概算总投资 300 万元，于 2022 年 3 月 7 日开工，8 月 30 日完工。主坝及副坝防浪墙缺口修补，主坝及副坝上下游拆除台阶，拆建原水位测报台排架桥板及台帽，改建溢洪道及交通道路，主坝及副坝背水坡设置砼排水沟，主坝及副坝放水涵管启闭设施进行更换，改建启闭机房、水位观测设施，白蚁防治等。

【大湖水库系统治理提升工程】 大湖水库位于曹娥街道朱山头村，集雨面积 0.68 平方千米，主坝（南侧大坝）坝长 180.00 米，最大（南侧大坝）坝高 4.75 米，主坝（北侧大坝）坝长 185.00 米，最大（北侧大坝）坝高 4.75 米，灌溉面积 480 亩，是一座以灌溉为主的小（二）型水库。工程概算总投资 100 万元，于 2022 年 9 月 8 日开工，11 月 29 日完工。新建渗流压力监测设施和坝脚量水堰，原变形监测设施数字化改造，库区清淤，上坝砼道路重建 300 米，管理房和水位测报台防盗门、屋顶、防浪墙、副坝坝顶道路、排水沟、溢洪道栏杆综合整治修复等。

【关山水库系统治理提升工程】 关山水库位于章镇镇建设村，集雨面积 1.65 平方千米，主坝坝长 180.00 米，最大坝高 11.37 米，灌溉面积 600 亩，是一座结合灌溉、防洪的小（二）型水库。工程概算总投资 260 万元，于 2022 年 8 月 20 日开工，11 月 28 日完工。坝顶增设变形监测点 5 个，两坝肩设置工作点和校核基点；大坝最大坝高处增设渗流压力监测断面 1 个，布置渗流压力监测设施 3 个，并对大坝监测设施进行数字化改造；坝顶及上坝道路硬化处理；重建管理用房；对上游破损、风化严重的干砌石护坡进行更换、清除杂草；下游坝脚增设排水沟；溢洪道下游泄槽混凝土衬砌，增设消能设施等。

【汪家桥水库系统治理提升工程】 汪家桥水库位于下管镇新庄村，集雨面积 0.962 平方千米，主坝坝长 105.00 米，最大坝高 23.10 米，灌溉面积 580 亩，是一座结合灌溉、防洪、供水的小（二）型水库。工程概算总投资 240 万元，于 2022 年 5 月 28 日开工，9 月 20 日完工。主坝背水坡下级坡干砌粗料石护坡，上级坡植草砖护坡；副坝背水坡干砌粗料石护坡；主、副坝连接段道路边新建排水沟；增设渗流等监测设施及数字化改造等。

【山塘整治】 2022 年完成梁湖街道老方岙、大坝、光明，章镇镇大地湾、大湾，上浦镇太岙、坝后，丰惠镇田螺山、屏峰山，长塘镇张岙，岭南乡掘子，下管镇钱库岭、沙塘湾、六石、八石、跃进，丁宅乡兴竹、暗湾等 18 座山塘整治项目，完成总投资约 2300 万元。

（金建良）

## 水政管理

【概况】 2022 年，上虞区降水深 1565.8 毫米（19.6664 亿立方米），总水资源量 10.8558 亿立方米，其中地表水 10.1096 亿立方米，地下水 0.7462 亿立方米。

2022 年上虞区总用水量 2.3083 亿立方米，其中农田灌溉 0.9088 亿立方米，林牧渔畜 0.1576 亿立方米，工业 0.5416 亿立方米，城镇公共 0.2044 亿立方米，居民生活 0.4062 亿立方米，生态环境 0.0897 亿立方米。2022 年全区万元生产总值用水量 20.48 立方米，万元工业增加值用水量 11.56 立方米，水资源利用率为 21.3%。

【水行政审批职责】 2022 年度，共办理水行政许可事项 206 件，其中涉水许可事项 206 件（水土保持 176 件，取水审批 17 件，涉河涉堤 13 件），收取各类规费 253.1 万余元。

【水资源总量控制】 全区总用水量 2.3083 亿立方米，万元国内生产总值用水量 20.48 立方米，万元工业增加值用水量 11.56 立方米，农田灌溉有效利用系数 0.576。

【取用水管理】 2022 年上虞区开展取水许可电子证照数据治理工作，年度完成取水许可电子证照数据治理 67 本，治理率 100%。规范自备取水户取水计划建议、核定、调整等管理工作，根据全区年度用水总量控制指标、用水定额以及取水户近三年实际用水情况确定 69 家取水户的取水计划，核定总计划取水量为 21435.5 万立方米。严格实行超计划累进加价制度，2022 年超计划取水企业 4 家，累进加价收费 1.38 万元。

【节水型社会建设】 截至年末，全区累计创建省级节水型灌区 3 个、省市级节水型企业 79 家，省级节水型单位 27 家，省级节水型居民小区 63 家，水利行业节水型单位 4 家，节水标杆 17 家，形成良好的社会示范效应。2022 年加强供水管网改造，全区新改建供水管网 14 千米，供水管网漏损率小于 5%，居全省先进水平。推进农业节水，新增高效节水灌溉工程面积 0.04 万亩，水肥一体化工程面积 0.7 万亩，提升改造农业灌溉泵站机埠、堰坝水闸70座，超额完成省下达的目标。2022年，上虞区推进再生水回用和雨水集蓄利用工程建设，再生水利用率目标为17%，全区再生水利用率17.15%，圆满完成考核指标。

**【水资源有偿使用制度】** 实施水资源有偿使用制度，落实水资源费减征工作，做到应收尽收，就地缴库。2022年度累计征收水资源费259.29万元。

**【水政巡查执法】** 根据省水利厅《浙江省水政监察巡查办法》的要求，制定年度巡查计划并纳入单位年度岗位目标考核，2022年共组织巡查2036人次，其中内河巡查927人次，曹娥江巡查1109人次，出动车辆956次，出动船只26次。掌上执法巡查检查任务完成22起。日常巡查及专项巡查轨迹已经水行政执法统计直报系统全程线上录入。全年共接到信访、投诉、举报75件，其中绍兴市信访综合平台信访件4件，区水利局信访5件，举报电话投诉66起，全部受理。向综合行政执法部门移送案件线索6起。

**【河湖“清四乱”行动深入推进】** 2022年，共发现“四乱”问题65个。其中一般问题37个，较严重问题26个，重大问题2个。全年问题销号总计65个，已全部完成整改销号，销号率100%。（金建良）

# 交通运输

## 综　述

**【概况】** 2022年，上虞累计完成综合交通建设投资52亿元，完成年度计划的114%；完成有效投资20.39亿元，同比增长 9.5%，重点攻坚综合交通项目建设10个，其中杭绍甬高速公路上虞段、329国道北移、新东线公路工程3个项目正常推进并完成年度建设任务；杭绍台铁路上虞南站站前广场建设工程、杭州湾经济开发区危化品运输创新服务中心、曹娥江上浦船闸及航道工程、南北中心大道（人民大道至江东北路）快速路工程4个重大交通项目按计划建成；开工建设江东路互通建设工程、南北中心大道高架北延工程和104国道南移工程，3个项目总投资达98.1亿元。

完成《上虞区综合交通运输发展“十四五”规划》《上虞区域快速路网规划》《客货运站场布局规划》等多项规划编制。同时，8 个具有重大战略意义的交通项目获“三区三线”调整，破解了永农制约，将四环东南环线快速路项目包装纳入307省道，将百官至园区公路项目包装纳入306省道，并对307、306省道项目线位进行相应调整。（糜何芬）

**【交通项目建设】** 2022年度，上虞受监公路水运工程项目共计107个，其中新开工建设46个，续建61个，总投资21.8亿元。受监项目中在建项目25个，完工待验收33个，完成交（竣）工质量评定和验收的49个，一次交验合格率为100%。实施行政处罚4起，罚款金额29396元，其中轻微违法行为承诺告知2起。上虞交通工程建设领域安全生产形势稳定，工程质量总体向好，全年未发生质量安全生产事故。

**【综合交通信息指挥中心运行】** 11月，上虞区综合交通信息指挥中心建成并投入试运行，指挥中心整合运政、路政、航政等分散的交通数字化平台，承担全区交通综合执法监管、交通运输重点行业监管、工程航道监管、应急指挥调度等职能，致力实现交通运输行政执法更智能、交通运输重点行业监管更有效、交通运输领域安全形势更平稳可控、群众出行更便利等目标。年内，共协助公安部门处理出租车交通事故 3 起，帮助群众寻找出租车上的遗落物品5次，受理举报2次，协助处理警情200余起。

## 交通基础设施建设

**【概况】** 12 月 24 日上午，上虞区举行重大交通项目集中开工、投用系列活动。四个重大交通项目集中开工、投用，总投资超66亿元，南北中心大道人民西路到五甲渡大桥快速路工程提前4个月建成通车，曹娥江上浦船闸及航道工程如期建成通航，104 国道绍兴东湖至嵩坝段、城市重大交通市政配套等一系列项目开工建设。

104国道绍兴东湖至嵩坝段改建工程上虞段12月主线完成招投标，先行段开工；310 省道奉化至桐庐公路上虞章镇曹娥江大桥新建工程桥型方案已于 12 月19日完成立项调整；虞北地区基础设施及综合提升工程12月底完成施工招标。

1月8日，杭绍台高铁通车，上虞南站同步启用，上虞区成为一座拥有两个高铁站的城市。

**【杭绍甬高速上虞段及崧厦连接线建设】** 至年底，杭绍甬高速上虞段及崧厦连接线建设完成总形象进度至86%，年度累计完成投资19.8亿元，年度投资完成率 107%，完成年度建设目标。

全长 29.3 千米，总投资 142.6 亿元，双向六车道高速公路标准建设，路基宽度 34.5 米。崧厦连接线全长 6.53 千米，双向四车道一级公路标准建设，路基宽度 24.5 米，设置崧厦、盖北两个互通，总投资 70.8 亿元。

**【329 国道上虞盖北至道墟段改建工程】** 2022 年，329 国道上虞盖北至道墟段改建工程累计完成总投资 14.1 亿元，项目总形象进度达到 52%。工程主线全长约 20.17 千米，连接线长 5.38 千米（上虞段 2.74 千米，滨海段 2.64 千米），按一级公路双向六车道建设，路基宽度 45 米，项目总投资 32.64 亿元，其中上虞段 27.2 亿元。该项目主线起点位于上虞与余姚交界的盖北镇镇东村，自东向西经谢塘镇、崧厦街道，至南北中心大道，再折向南利用南北中心大道，终点位于上虞道墟茅家附近，与 329 国道孙端至曹娥公路相接。

**【辖区国道 329 线、104 线部分路段路面修复结构层】** 6 月始，区公路与运输管理中心开始实施国道 104 京岚线、329 舟鲁线两条道路上虞境内部分路段养护工程。104 国道部分路段路面计 10.95 千米和 329 国道部分路段路面计 11.92 千米，主要针对行车道路面的裂缝、磨耗及平交口路段车辙、龟网裂等病害进行处置并划制路面标线。对 G104 三角站桥、G329 边墩互通桥、星四河桥、百沥河桥、百崧河桥、前青山桥、大荡河桥、新开河桥共计 8 处进行桥头跳车处置，工程于 8 月底如期完工。

**【新东线公路工程上虞区段建设】** 至 2022 年底，新东线公路工程上虞区段（S306 镇海至萧山公路）累计完成总投资 6.1 亿元，项目总形象进度达到 72%。工程建设范围为嘉绍高速至长海线、进港公路至余姚交界处段，按一级公路双向六车道设计，长度 14.3 千米，总投资 13.6 亿元。

**【2022 年上虞区普通国道桥梁维修加固工程开工】** 10 月底，2022 年上虞区普通国道桥梁维修加固工程开工，工程主要是对 329 国道舟鲁线曹娥江四环大桥、人民西路桥进行维修加固及增设船舶防撞设施，总投资为 1069.73 万元。

**【曹娥江四环大桥人民西路桥动态安全监测系统安装启用】** 10 月底，上虞境内 G329 舟鲁线曹娥江四环大桥、人民西路桥动态安全监测系统安装接入项目开工，曹娥江四环大桥实施内容为增设主梁挠度、结构振动、桥面视频、桥面风速风向、环境温湿度等共计 20 个监测点位；对人民西路桥实施内容为增设主梁挠度、结构应变、吊杆索力、桥面视频、桥面温度等共计 48 个监测点位，上述监测设备正常运行产生的数据集成后分别接入对应的单桥动态安全监测系统，上传至省重点桥隧动态安全监测系统。该项目总投资为 292.75 万元，12 月完工，监测系统数据已经接入省中心平台和上虞区交通运输局数据中心平台。

**【南北中心大道快速路建成启用】** 12 月 24 日，南北中心大道（人民大道至江东北路）通车。该项目总投资约 11.23 亿元，用地面积约 199105 平方米。主线南起人民大道，以高架形式跨越科创岛区块，与五甲渡大桥南桥头相接，止于五甲渡大桥北侧桥头，全线长约 3.57 千米。按双向六车道一级公路标准，兼顾城市道路功能，设计时速 80 公里/小时，新建高架段桥梁宽度 27 米。主线设桥梁 3305 米/2 座（其中五甲渡大桥 915 米/1 座为整治利用）。辅道起于人民大道，止于规划创一路，全长约 2.8 千米。辅道按双向四车道一级公路标准，兼顾城市道路功能，设计时速 60 千米/小时。

12 月 24 日，南北中心大道高架快速路通车（区交通运输局 提供）

**【曹娥江上浦船闸及航道工程完工通航】** 8 月 25 日，完成曹娥江上浦船闸及航道工程船闸主体工程交工验收，12 月 24 日，曹娥江上浦船闸及航道工程举行通航仪式。

省重点和“十三五”交通运输部重点项目曹娥江上浦船闸及航道工程建设区域为上虞与嵊州交界至大厍船闸曹娥江航段，按四级航道标准提升改造航道 28.89 千米、新建 500 吨级船闸（按通航千吨级船舶设计）1 座、泄水闸 1 座、锚地 3 处，总投资 6.2 亿元。

**【杭甬运河东段应急锚泊区工程建设】** 上虞区杭甬运河东段应急锚泊区工程（大厍及惠普桥段）项目已经完工；上虞区杭甬运河东段应急锚泊区工程（通明船闸下游）年底前完成 2022 年度投资额，完成总体工程形象进度的 10%。

**【杭甬运河部分河段防洪减灾提升工程】** 杭甬运河四十里河段等防洪减灾提升工程，总投资概算为 1400 余万元，对护岸、靠船设施、航标等航道基础设施进行修复提升。2022 年度完成总投资额的 50%。

**【建设完善船舶锚泊设施】** 一季度 6 个 500 吨级（水工结构 1000 吨级）系缆桩完成验收投用。2022 年新建 500 吨级锚泊位 9 个。 （糜何芬）

## 农村公路建设

**【概况】** 2022 年，完成县道续建项目长海线第二车道、新三线、五五线、章清线、百五线、驿丰线、皂梁线等路面改造工程；完成县道百悬线惠普桥维修加固工程，完成县道边沥线十二号桥、谢黄线新民一桥、谢马线的夹塘桥、章清线歪把桥桥梁维修改造工程。完成县道新建项目蒋前线路面改造工程，边沥线进入施工准备。2022 年，完成乡村公路大中修提升工程 30.2 千米，总投资 11198 万元；乡村公路亮化 30.41 千米，总投资 989.2 万元。年内，上虞区被评为 2022 年度“四好农村路”全国示范县创建单位。

在全市范围内首次尝试森林防火巡护道和农村公路共建模式，首条共建路“太平山—雪花谷”项目作为全省典型在现场会上作经验交流。

**【打通断头路建设工程】** 2 月 15 日，《上虞区打通“断头路”建设工程实施方案》《上虞区打通“断头路”建设工程实施细则》印发，公布第一批共 6 条“断头路”项目。其中廉士下—越光由属地岭南乡负责实施，全长约 1.63 千米，总投资约 0.1 亿元，至年底已基本完成建设内容，形成章镇与岭南旅游环线。

**【乡村公路亮化工程】** 5 月中旬，在永和镇朱巷村的环村路上，路灯安装完毕并投入使用，夜晚出行，长 1.8 千米的环村路串起朱胜村、麻园、店前等多个自然村，是周边 500 多户村民出行的主干道。

**【农村公路县道桥梁定期检查项目完工】** 2022 年度，农村公路县道桥梁定期检查共检测县道桥梁 117 座，其中一、二类桥梁共计 105 座，占比 90%，三类桥梁 12 座，占比 10%，无四类桥梁，其中 8 座三类桥梁列入两年内县道路面大中修工程以及年度桥梁维修加固工程。

**【农村公路路况检测】** 12 月 18—20 日，上虞区对农村公路有关路况指标进行智能检评，科学客观地评判辖区农村公路路况。检测采用路面自动化快速检测设备，共检测 157 条农村公路约 195 千米。检测结果，辖区整体路况良好。

## 公路运输

**【概况】** 2022 年，上虞公路客运量 56.3 万人次，同比下降 59.79%。公路客运周转量 2664.7 万人千米，同比下降 75.02%。公路货运量 5079.9 万吨，同比增长 42.91%；公路货运周转量 449391.5 万吨千米，同比上升 63.13%。

推进交通运输助企纾困工作，加强惠企政策宣传落实。2022 年度支持运输企业纾困发展，其中行业纾困金额 573.24 万元，疫情补贴金额 7515 万元，共计落实发放 8088.24 万元。落实交通物流专项再贷款，开展政银企对接，落实贷款业户 6 家，授信贷款金额 9946 万元，其中到位 2366 万元。

**【春运客流情况】** 从 1 月 17 日起至 2 月 25 日止，2022 年春运历时 40 天。春运期间，累计投入客车运力 23271 辆，发送旅客 273.81 万人次（其中公交客运

273.09 万人次，班线客运 6257 人次，包车客运 940 人次），较 2021 年同期下降 27.51%；高铁绍兴东站累计发送 10.85 万人次，到达 12.64 万人次，总客运量较 2021 年同期减少 11.52%；高铁上虞南站累计发送 3900 人次，到达 5502 人次；上虞火车站累计发送 2.68 万人次，到达 1.78 万人次，总客运量较 2021 年同期减少 16.36%。

**【上虞 e 行先锋司机之家服务站投用】** 3 月，“e 行先锋”司机之家服务站投入使用。主要为道路运输车辆及驾驶人员提供公共服务的场所和建筑设施，集暖心服务港、安心停泊点、满心充电站、舒心休息湾多个跨场景为一体的服务场站，占地面积为 300 余平方米。

**【客运市场专项整治】** 9 月 1 日起，上虞区开展出租车客运市场专项整治行动，至 9 月 8 日已出动执法人员 40 人次，开展专项检查 6 次，检查车辆 75 辆次。

**【杭州湾上虞经济开发区危化品运输创新服务中心投入运营】** 11 月，杭州湾上虞经开区危化品运输综合服务中心投入运营，项目总投资 2 亿元，占地 139 亩。拥有危化品车辆停车位 247 个（其中重载车位 46 个），综合办公楼 4411.96 平方米，车辆检测及维修区 3015 平方米，3 个工位的罐箱清洗区 1373.5 平方米，甲类存储仓库 360 平方米以及专业废水废气处理设施等共 6 大功能区，投入运营后累计服务危化品车辆 1100 多辆次，预计年均服务能力达 16 万辆以上。标志着上虞危化品管理集中区封闭化建设迈入数字化、智能化新时代。

**【上虞区公运中心便民服务窗口启用】** 11 月，上虞区公运中心便民服务窗口启用，便民服务窗口将原先分散的国县道公路赔补偿业务、机动车驾培业务、道路运输从业资格证业务整合到了一个窗口，真正实现“一站式”服务。

**【运输装备低碳升级行动】** 上虞深入开展运输装备低碳升级行动，全年淘汰“国三”老旧营运货车淘汰 82 辆、10 年以上重点大型老旧客车 10 辆，增加（更新）新能源出租车（网约车）251 辆，全区新能源出租汽车比例达到 60%。

## 水路运输

**【概况】** 2022 年，上虞辖区完成水路货运量 591 万吨，周转量 180674 万吨千米，货运量同比增 5%，周转量同比增长 14%；其中内河完成货运量 517 万吨，周转量 90259 万吨千米，货运量同比增长 4%，周转量同比上升 13%；沿海完成货运量 74 万吨，周转量 90415 万吨千米，货运量同比增长 12%，周转量同比增长 15%。塘角、大厍、通明三座船闸过闸船舶 5.07 万余艘，过闸量超 1553 万吨。

完成港口吞吐量 579.5 万吨，同比增长 15.2%，其中进口 549.3 万吨，出口 30.2 万吨。继续发展大吨位船舶，2022 年上虞区净增船舶 4 艘，净增载重 2724 吨；内河船舶平均载重吨从 2021 年度 646 吨增加到 648 吨，船舶吨位平均增长 0.3%。推进大宗货物及中长距离货物运输向水运有序转移，完成货物“公转水” 40.8 万吨，年度内河集装箱港口吞吐量达 9220 标箱。

**【省内河片航运业银企合作推进会在绍兴上虞召开】** 6 月 23 日，浙江省内河片航运业银企合作推进会在绍兴上虞召开，引导金融机构加大对水路运输领域纾困支持力度，整合服务平台、打通融资堵点。上虞 3 家水运企业达成贷款合作意向。

**【船舶燃油检测工作】** 2022 年度，实施更加严格的船舶排放控制区标准，加快推进高排放港作机械淘汰工作，进一步完善到港船舶燃油抽样送检制度，严格落实船舶使用低硫燃油要求。全年完成 35 艘燃油质量抽检，合规率提升至 94.2%，查处使用不符合标准或要求的船舶用燃油案件 2 件，共计罚款 2 万元。

**【曹娥江上虞段智慧航道建设完成】** 12 月 13 日，曹娥江智慧航道项目初步通过验收并投入试运行。作为全省首条智慧航道，通过航道要素数据采集与更新服务，集成软硬件，实时监测航道基础设施、气象水文、交通流等要素，全面感知航道运行动态，初步建立航道智能感知基础设施框架，实现船岸信息的实时交互，有助于提高船舶在航行时有关通航信息的主动获取能力，提升管理部门的管理及服务水平，通过北斗卫星高精度技术应用，为下一步船舶辅助驾驶的研究提供应用场景。

曹娥江上虞段智慧航道项目已作为航道智慧重点建设工程被列入《浙江省交通新基建“十四五”重大项目》，并入选2022年浙江省交通运输新型基础设施建设计划。（糜何芬）

## 公共交通

**【概况】** 2022年，上虞区新增高铁上虞南站ETC停车场1个，建成公交候车亭62个，新建电子站牌10个，新增（更新）公交车46辆；优化公交线路23条，新增200人以上较大自然村通公交5个，开通全市首条联甬公交（丰惠—梁弄），公交先行助力甬绍同城化水平不断提升。上虞区城乡公交一体化率达到95%。

发展绿色公共交通，增加（更新）新能源出租车（网约车）251辆，全区新能源出租汽车比例达到60%。加快清洁能源应用设施建设，完成公共充（换）电桩238枪，其中交通口公共充（换）电桩158枪。新增投放互联网租赁自行车（电动车）900辆，完成RFID停车设施400个点位（累计10000米）建设。

**【公交“青春快线”开通】** 3月1日，公交232路“青春快线”开通，途经e游小镇、万达广场、文理学院上虞分院、中华孝德园等20个站点。该线路投入4辆新能源公交车，每日运行48个班次，线路里程达14.2千米。

**【首条联甬公交专线投运】** 8月18日，绍兴公交首条联甬线路690路开通投运。该线路采用普通公交逐站停靠运营模式，由绍兴市上虞区丰惠镇公交站开至余姚市梁弄镇公交站，票价实行全程2元一票制。690路公交日发5班（10趟次）。其中，绍兴市上虞区丰惠镇公交站首发车时间为6:45，梁弄镇公交站首发车时间为7:45，途经丰惠镇中、永和市场、四明山门、梁弄镇政府等37个站点，线路全长22.5千米，单趟时长约45分钟，比原先缩短一半。

**【全区公交候车亭专项整治行动】** 9月27日，区交通运输局运输管理开展全区公交候车亭专项整治行动，为辖区内的公交候车亭做全面“体检”。上虞公交候车亭数量1253个，其中存在问题候车亭数量为44个，存在的问题主要是候车亭墙体瓷砖脱落、凳子脏污、玻璃破损、公益宣传广告缺失等。10月上旬按照整治清单全面整治完毕。

**【“绿色出行 你我同行”活动】** 9月19日，上虞区在信义广场举行“绿色出行宣传月”暨“公交出行宣传周”启动仪式，现场区交通运输局组织开展绿色出行理念宣讲、绿色出行签名以及公共自行车骑行活动。9月是“绿色出行宣传月”，其中9月19—25日为“公交出行宣传周”。活动以“绿色出行 你我同行”为主题，广泛动员社会各界积极参与绿色出行行动，加快推动上虞区形成绿色低碳的生活方式。9月22日“世界无车日”当天，202路公交车供市民免费乘坐。

**【加强网约出租车管理】** 一年来，区交通运输行政执法队联合相关部门强化网约出租车管理，定期对接滴滴平台，督促切实履行安全主体责任，从严把关入网车辆、从业人员资质条件，排查整改不合规派单等问题。执法队还通过线上综合监管平台加强网约出租车管控力度，分析研判滴滴网约车异常车辆动态，经营行为及驾驶行为，实现精准打击违法，线下加大路面执法检查力度，严厉查处网约车非法客运行为，累计查处违规网约车52辆，确保出租车客运市场有序发展，群众安全出行。

## 交通安全

**【概况】** 2022年，交通运输管理部门继续强化交通运输全行业安全管理。围绕“两客一危一重”、隐患路段整治、工程建设、联合治超等重点领域，加强行业监管，重抓行业治理，严厉打击各类超限超载、非法营运、非机动车道无证摊点等扰乱交通运输市场秩序行为，防范化解道路运输安全风险隐患。全年累计查处各类违法违规案件2483起，其中治超非现场执法成效显著，占比达85.14%。持续强化危化品运输安全管理，全省首个危化品运输车辆停车场高标准建成投用。实施城乡道路平安畅通提升行动，完成36处省、市、区各级道路交通事故多发点整治任务，39处国道一级公路平交口改造和117座县道桥梁检测工作。开展农用小划船、渔船碍航捕捞行为集中整治行动，劝阻沿线群众碍航捕捞行为，累计驱离进入航道碍航船只258艘次，有效整治水上交通安全隐患。

认真做好台风影响期间的风险防控与应急处置，应对台风“轩岚诺”和“梅花”及“7·25”强降雨等灾害性天气对交通运输行业安全生产的影响，“轩岚诺”和“梅花”均未对全区交通运输行业造成人员伤亡和重大财产损失。

2022年度，上虞区无上报道路交通、水上交通责任事故，无其他较大安全生产责任和重大财产损失事故，交通行业安全生产形势总体平稳。

**【抢通公路积雪保畅通】** 1月31日除夕，上午6时许，迳芦线、蒋前线因前一天的大雪部分路段封道，禁止车辆通行。上虞区公运中心启动应急预案，16名养护人员急赴封道路段除雪保畅通。2月22日起，区交通运输局为应对雨雪冰冻天气实行24小时值班和领导到岗带班制度，成立突击队伍7支、215人，全力做好防范应对工作，加强巡查频率，保障干线公路畅通、百姓出行安全。2月23日凌晨4时起，百悬线岭南立功村地段等先后封道，当天中午12点前，公路养护人员及时抢通了迳芦线、百悬线、蒋前线、下钱线等部分封道路段，全区公路恢复正常。累计投入抢险人员114人次、车辆23辆、撒盐33.3吨、清理倒伏毛竹126枝、扫雪18.5千米。

**【夜间“狩猎1号”突击整治行动】** 3月30日晚，上虞区交通运输行政执法队联合公安交警、巡特警部署“狩猎1号”整治行动启动。“狩猎1号”行动重点打击重型货车超限超载和抛洒滴漏等严重违法行为，坚决遏制、超限“双百”车辆以及恶意冲卡、暴力抗法等违法行为，实现“一消灭、两下降”，即消灭百吨王，公路超限超载率明显下降，因超限超载引发的交通安全事故明显下降，确保人民群众出行安全。30日晚，整治行动出动执法人员30人、执法车辆9辆，集中对104国道、长海公路、泾肖公路等重要线路开展专项整治行动，共查获各类违法车辆43辆。严重超限车辆1辆。

**【联合开展危货专项检查】** 6月，全国第21个“安全生产月”期间，上虞区组织开展全区危化品道路运输企业安全生产联合大检查，主要检查全区10家危货道路运输企业安全管理工作开展情况，从业人员、车辆、罐体和停车场管理情况，发现安全隐患1处，及时完成整改。

**【整治马路市场】** 6月17日上午6时30分，区交通运输行政执法队执法人员联合曹娥街道工作人员、综合执法局和市场监督局执法人员深入辖区104国道线方星农产品市场门口两侧的非机动车道，针对摆摊设点、占道经营形成的“马路市场”进行整治。

**【运河清障行动】** 6月17日中午12时起至6月18日上午5时，区交通运输行政执法队集中力量针对违法设置渔具高峰时间段开展航道清障行动。当天执法队员共劝离3艘进入航道的渔船，清除违法设置的渔网4张、地笼5只。全年开展农用小划船、渔船碍航捕捞行为集中整治行动，劝阻沿线群众碍航捕捞行为，累计驱离进入航道碍航船只258艘次，有效整治水上交通安全隐患。

**【涉嫌违法超限超载车辆突击打击】** 8月3日凌晨1时，区交通运输行政执法队联合治超执法大队抽调骨干执法队员，在104国道嵊州三界与上虞区章镇交界地带，针对涉嫌违法超限超载车辆开展夜间突击打击行动。经现场称重检测，共查获违法车辆11辆，其中“百吨王”2辆，80吨至100吨以下车辆6辆。

**【危化品运输车辆专项整治行动】** 10月，区交通运输行政执法队在辖区内开展危险化学品运输车辆专项整治行动。致力加强对危险化学品运输车辆的安全运输管理，遏制重特大道路交通事故发生，营造良好的道路交通环境。共出动执法人员49人、执法车辆24辆，检查危化品运输车辆87辆次，查获违法车辆1辆次。

**【“两客一危”运输企业安全评估】** 11月17—18日，区公运中心委托第三方安全评估机构对上虞区“两客一危”运输企业开展安全评估。评估机构派出6名安全生产专家组成评估小组，全面评估企业安全生产工作状况,出具安全生产评估报告,通过实施“一企一策”,向监管部门安全生产管理决策提供参考。一年以来,公运中心委托第三方安全机构对上虞区“两客一危”企业开展3轮评估,涉及企业42家次,实现了辖区“两客一危”全覆盖。

**【加强交通工程建设领域安全监管】** 2022年,常态化开展对辖区内交通在建项目质量安全日常巡查和专项行动,全面排查整治全区交通工程建设领域安全隐患,开展各类检查121家次,下发检查意见书66份,及时发现质量安全问题及时督促完成整改;开展在建工程“除险保安”行动,结合交通建设工程安全质量专项整治“利剑行动”,重点关注重大工程施工,做好党的二十大的维稳安保工作,坚决遏制安全生产事故发生;深入开展“平安百年品质工程”创建专项行动,引领和提升全区交通建设工程质量安全管理能力现代化水平;开展全区交通在建工程监理履约专项检查,完成全覆盖检查,共印发检查意见书18份;积极推进省级重大应用试点贯通工作,其中数字政府系统的“工程建设现场管控应用”(浙路品质)9月初项目上线运行。 （糜何芬）

# 城乡建设与管理

## 城市规划

**【上虞区国土空间总体规划】** 2022年，完成上虞区过渡期城镇开发边界划定工作；完成上虞区国土空间规划“三区三线”三轮试划和二轮划定，于2022年9月上虞区国土空间规划“三区三线”划定成果自然资源部质检通过同意启用。上虞区划定永久基本农田209.31平方千米、生态保护红线144.64平方千米和城镇开发边界142.6平方千米。（张惠英）

**【村庄规划】** 根据省自然资源厅《浙江省村庄规划“一评估两覆盖三提升”专项行动计划》，结合在编的乡镇级国土空间规划或村庄分类布点方案，于2022年6月完成全区村庄规划评估工作。经评估，全区7个街道13个乡镇（不含绍兴滨海新区）共281个建制村中，246个村计划编制“多规合一”实用性村庄规划，纳入上位国土空间规划中进行通则管理的建制村4个，纳入城镇详规覆盖的建制村31个。

至年末，全区共完成151个“多规合一”实用性村庄规划评审稿并进入成果完善阶段，91个通过专家评审。其中道墟街道新屯南村村庄规划、陈溪乡陈溪村等8个村庄规划成果获“绍兴市十佳村庄规划”称号。道墟街道新屯南村村庄规划获浙江省土地学会关于土地利用优秀成果奖二等奖。

**【新增建设用地指标全力争取】** 全年共争取新增建设用地指标4915.8亩。其中计划新增建设用地指标2226.9亩，重点建设项目“戴帽”指标2688.9亩。保障杭绍甬智慧高速绍兴段、新和成尼龙材料、卧龙智慧新能源等一系列重大战略、重要平台、重点项目用地。（姚泽宇）

**【规划额度指标及时申请】** 在过渡期内向省厅争取地方新增规划额度4853.9亩。通过16个批次向省厅申请使用新增地方规划额度4213.8亩，保障高层次人才创业园、经七东路、舜园路、皂李湖安置地块、化工搬迁集聚项目二期等地方基础设施、民生、重大产业等项目。（丁金金）

**【现代测绘基准建设】** 开展平面及高程控制网更新、工程像控网复测与更新，共计完成包括2500余座工程像控网普查、维护；300千米二等水准路线新测，700千米平差。以上项目为上虞空间定位基准提供优化，有效提升上虞区测绘基准。完成InSAR地面沉降监测、测绘科普宣传、地图产品编制等工作。（赵永哲）

**【基础测绘联动更新】** 完成1：500地形图更新覆盖506平方千米工作；2022年度1：2000地形图采用三维实景制图模式全新制作1010平方千米。（赵永哲）

**【城区综合管线更新测绘】** 完成省厅批复普查区域内的460千米燃气管线普查、157千米燃气管线新测。累计完成新测管线1788.98千米（含2021年新测202千米），综合管线三维更新2708.26千米（含2021年1000千米更新），存量历史管线数据转标工作1000千米。（赵永哲）

**【重要水域水下地形测量】** 完成上虞区重要水域（曹

娥江、冷湾水库等）1∶1000 水下地形测量 15.01 平方千米，曹娥江（大厍船库—杭甬铁路桥）水上水下一体化三维建模 1.8 平方千米，河道断面测量 67.0 千米。（赵永哲）

**【上虞地下空间三维实景数据采集项目】** 完成 51.20 万平方米普通地下空间及 10.55 万平方米人防地下空间全息扫描、数据建库及 BIM 模型库建设。对 127.99 万平方米历史地下空间数据库进行更新。“城市立体空间资源调查关键技术研发及政府数字化应用”项目，获中国地理信息产业协会 2022 年地理信息科技进步奖二等奖；“2021 上虞地下空间数据采集”项目获 2022 浙江省优秀测绘与地理信息工程奖银奖。

**【高精上虞地形场景建设及上虞全域实景三维项目】** 建成全区 1226 平方千米的实景三维、激光点云、高光谱等“强现实、多维度、高精度”的数字孪生地理场景，实现全区全要素覆盖。项目通过验收，全域三维实景已可展示。（赵永哲）

**【上虞新型基础测绘体系建设】** 利用 1∶500 数字线划图、1∶2000 数字线划图，参考遥感影像数据、地理国情监测数据、行业专题数据、国土变更调查数据等，完成约 50 平方千米试验区范围内二维表达形式的基础地理实体数据生产和 4 个精品小区的单体化技术探索，并实现二维基础地理实体与三维实景、BIM 模型、城市白模等进行数据融合。完成似大地水准面精化项目，新增 600 余座重力测量点，完成构建分辨率 1 英分 × 1 英分上虞区似大地水准面精化模型，精度优于 1 厘米，成果等级居国内领先地位，大幅提高上虞区测绘速度和精度。依托上虞北斗卫星导航系统综合应用服务站，与中国科学院精密测量科学与技术创新研究院签署合作协议，发挥北斗卫星导航综合服务站的科研及教学作用。（赵永哲）

## 镇村建设

**【美丽城镇建设】** 上虞区于 2020 年开始美丽城镇创建工作，3 年来，区建设局累计安排专项项目资金 3 亿元，截至年末，岭南乡、道墟街道、东关街道等 17 个乡镇（街道）均已完成美丽城镇创建验收，其中上浦镇、崧厦街道、小越街道、丰惠镇通过省级样板验收，其余乡镇均为省级美丽城镇达标乡镇。（李　良）

**【浙江省美丽宜居示范村建设】** 2022 年，上虞区开展美丽宜居示范村建设项目 5 个，其中新建 2 个、续建 3 个。2021 年续建项目上浦镇东山村、下管镇联新桥村、丁宅乡丁宅村加快未完成项目建设进度，为验收做好充分准备。启动 2022 年陈溪乡太平山村、岭南乡青山村美丽宜居示范村建设项目。（陈建伟）

**【危旧房整治工作】** 2022 年，推进城镇房屋实质性解危、城乡自建房安全专项整治、农村四类困难群众危房救助三大工作。城镇危房方面，全区完成百官街道豆腐弄 40 号、曹娥街道渡江路 309 号建材公司 1 幢 2 处城镇 D 级危房的解危治理工作，涉及 42 户危房产权人，筹集置换房源共计 51 套，危房产权人分别置换房屋至清泰苑小区、水岸新城小区、上源·岭光嘉园小区、外环南二村小区；城乡自建房安全专项整治工作阶段性完成 18 处城乡经营性自建房治理工作，其中 5 处采取工程措施解危，13 处暂按腾空方式管控；农村四类困难群众危房救助方面，完成 92 户共计 109 人的困难群众危房救助，救助总金额 2141030.2 元，区级救助资金 1419796.42 元，镇街救助资金 721233.78 元。（郑义津）

**【“农房浙件事”全生命周期综合管理服务系统】** “农房浙件事”全生命周期综合管理服务系统于 2022 年 6 月上线。该系统共分三大块内容：一是农村建筑工匠的培训及系统录入。2022 年共计完成培训 150 人次，135 人合格，并于当月月底完成合格工匠的系统录入。二是农村自建房的审批。年内完成绍兴市“农房浙件事”应用系统的贯通工作，并递交 20 条新建及补录数据。截至年末，共计完成农房审批 237 户，审批面积 44135.2 平方米。三是农村危房整治工作。按时完成“农房浙件事”应用系统危房改造模块贯通使用，递交 2 条危房改造流程审批数据。截至年末，共计完成危房改造流程鉴定手续 48 条。（王博超）

## 美丽乡村建设

【概况】 2022年，新时代美丽乡村建设累计投入4.5亿元，创建省级美丽乡村示范乡镇3个（累计创成14个）、特色精品村4个（累计创成33个），新时代美丽乡村达标村49个（达标村全覆盖）；绍兴市级特色精品村6个。继续开展“五星达标、3A争创”工作，累计建成3A示范村40个，五星达标村290个，五星达标村全覆盖。岭南乡东澄村创成第一批省级未来乡村，道墟街道新屯南村、崧厦街道祝温村、谢塘镇晋生村、丁宅乡丁宅片区列入第二批省级未来乡村创建名单，其中祝温村、晋生村、丁宅片区创建成功，东澄村、晋生村被评为优秀等次，崧厦街道潘韩村、章镇镇张村村、上浦镇大善小坞村、驿亭镇春晖村、长塘镇桃园村、陈溪乡太平山村、下管镇联新桥村列入第三批省市级和美乡村示范村（未来乡村）创建名单。上虞岭南梯田系统入选省级重要农业文化遗产项目。（朱利芳）

【宅基地制度改革】 2022年，全区共完成285个村的基础信息调查，累计调查152304户、宅基地278477宗，数据库和相关图表完成，验收准备工作完成。完成151个建制村的村庄规划编制，年度任务完成比例122.8%。2022年，市级下发房地一体不动产证颁证任务13853宗，完成1675宗新发证，完成比例12.09%。上虞区按照全市总体部署和要求探索拟定12个政策，截至年末，全区宅基地改革试点项目共5个，其中建设阶段项目2个，完成政策处理开展施工前期工作中2个，政策处理中1个。（刘　坤）

【闲置农房激活】 截至年末，签约鉴证792幢，鉴证面积35.80万平方米，完成比例119.36%。累计引入社会资本4.30亿元，增加农户收入600万元。增加村集体收入423.7万元。联合区供销总社、曹娥江旅游度假区共同推进示范村、精品示范村创建和激活项目建设，至2022年底，闲置农房激活项目全面开工9个，完工2个，其中盖北镇新河村投资80万元（区级财政保障50万元，村自筹30万元）对老村委进行改造提升，租金从原来每年20万元，提升到83万元，第一年投资回报率103.8%，实现村集体增收63万元。岭南乡青山村、丁宅乡上宅村被评为“闲置农房激活”精品示范村；章镇镇越星村、盖北镇新河村被评为“闲置农房激活”示范村。（刘　坤）

【村庄经营项目】 2022年，收到村庄经营项目立项申请29个，其中联建项目14个，累计投资预算2.1亿元，对当年度立项申报项目现场踏看，明确其中18个项目列入区财政扶持范围；对已经完成符合验收条件的村庄经营项目，开展村庄经营项目绩效评估及存量项目验收工作，拨付奖补资金598.6万元。（俞金涛）

## 重点工程

【概况】 2022年，区城建集团推进代建项目实施，包括舜江大桥拼宽工程、资产发展中心、区康养中心（一期）、区公共卫生科技实验楼新建工程、便民服务中心智慧化提升工程（一期）5个项目，完成年度投资额2.76亿元。舜江大桥于2022年6月29日实现通车，便民服务中心智慧化提升工程（一期）已完成竣工验收，资产发展中心、区康养中心（一期）、区公共卫生科技实验楼新建工程等项目持续推进。（赵　婧）

【鸿雁未来社区】 鸿雁未来社区，即绍兴上虞鸿雁社区项目，是全省首批24个未来社区试点创建项目之一。该项目规划单元用地面积163.6公顷，实施单元用地面积20.7公顷，总建筑面积约53万平方米（含地下室面积），总投资约55亿元。截至年末，一期回迁房及社区中心基本完工，二期人才公寓主体结顶，运营单位入驻。（赵　婧）

【曹娥江城市人行桥】 曹娥江人行景观桥建设工程，位于上虞“一江两岸”景观核心带，跨越曹娥江，西起兴业路西岸大堤堤顶道路，东至江广路东岸大堤堤顶道路，桥梁在平面上由西桥和东桥组成，路线全长777米。本工程主线桥梁标准段桥宽9米，在两侧分幅后桥宽各5米，景观匝道桥宽4.5米，主桥跨径145米（最大单跨）。工程建设内容主要包括桥梁工程、照明亮化工程、堤塘改造及相应的配套设施，是上虞区首座城市专用慢行系统桥梁。桥梁的建设将完善两岸慢行交通联系，塑造亲水公共空间环境，建成后将成为曹娥江“一江两岸”的又一标志性建筑。项目概算总投资 1.6 亿元，项目建设工期为 600 日历天。截至 2022 年年末，项目已经完成桩基工程，钢箱梁厂内制作全部完成，上部桥梁钢结构吊装工程完成 55%。完成年度投资额 8037 万元，累计完成投资额 9537 万元，整体进度完成至 59.6%。（高 琪）

5 月，曹娥江城市人行桥正在建设（张珉铭 摄）

【体育中心小球馆】 上虞体育中心小球馆项目位于高铁新城体育中心北区（原会展中心地块），东近康亭路，北临称山北路，位于华通体育馆东侧，项目总占地面积 31167 平方米，建筑总面积约为 4.85 万平方米，建筑内容包括一座 1.16 万平方米的小球馆（里面布设乒乓球场、羽毛球场、网球场以及室内攀岩等设施场地）和一栋建筑面积约 2.37 万平方米的运动员公寓，地下部分为 1.32 万平方米的地下车库。项目概算总投资约 3.78 亿元，工期为 1000 天。截至 2022 年 12 月，小球馆主体结构已封顶，中间结构验收完成，球馆屋面钢结构主、次桁架基本安装完成，幕墙龙骨安装完成 80%、水电等安装工程完成 60%、室内粉刷完成 60%。（高 琪）

【舜江大桥拼宽工程】 舜江大桥拼宽工程，项目东起舜江东路峰山路口，西至舜江西路五星中路口，工程范围包括舜江大桥拼宽段及峰山路交叉口以东的舜江东路改造段，路线全长 1266.686 米，其中桥梁长 857.7 米，其中主桥 176 米，设计为单向三车道+非机动车道+人行道，标准断面宽 16.75 米，主桥标准断面宽 22.5 米概算总投资 2.86 亿元，2022 年 6 月 28 日实现通车。（高 琪）

6 月，舜江大桥拼宽工程完成（张珉铭 摄）

【华辰嘉园定向住房项目】 华辰嘉园定向住房项目，即城南 N10 地块定向住房建设项目，位于上虞区梁湖街道，博学路南侧，城南（天香）小学文星路东侧。项目总用地面积 56655.8 平方米，总建筑面积约 149500 平方米（其中地下建筑面积约 49640 平方米），容积率 1.76，绿地率≥35%，由 18 幢 15～17 层高层建筑、地下一层和配套用房组成，配建住宅 866 套。项目总投资 16.622 亿元，施工合同价为 5.91 亿元，施工工期 960 日历天。2022 年 8 月 3 开工建设，计划于 2025 年 3 月完工。截至 2022 年底，已完成全部桩基工程。（陈鹏霖）

【梁辰嘉园定向住房项目】 梁辰嘉园定向住房项目，即城南 N15-1 地块定向住房建设项目，位于上虞区梁湖街道，东至规划公园绿地，南至梁湖大道，北至学海路，西至大元路。项目总用地面积 66402.5 平方米，总建筑面积约 176327.76 平方米，其中地下建筑面积约 56823.94 平方米；主要建设 18 幢 14～17 层高层住宅（配建住宅 968 套）、12 班幼儿园、配套用房及车位等配套设施。项目总投资 18.906 亿元，施工工期为 960 日历天，2022 年 8 月 16 日开工建设，计划于 2025 年 3 月完工。截至 2022 年末，已完成全部桩基工程。（陈鹏霖）

【上虞城北 49 号地块周边配套道路】 上虞城北 49 号地块周边配套道路，位于上虞区中心城区，北接江华路，东连盖山路，区块西南角为上虞天悦开元名都大酒店。该工程包括规划六路及规划七路道路，道路均为双向两车道，直线型，等级为城市支路。规划六路南起规划四路，北至现状江华路，全长 142.51 米，宽 12 米；规划七路东起盖山路，北至规划四路，全长

265.72 米，宽 12 米。主要建设内容涉及管线、交通、照明及其他附属设施等。项目总投资概算为 891.96 万元。2021 年 10 月 26 日进场施工，2022 年 5 月 18 日竣工验收并投入使用。（杨　勇）

**【称山南路（市民大道—英台路）道路建设】** 称山南路（市民大道—英台路）道路位于城北新区中利和杜家地块内。道路北始于市民大道，南至英台路，东接还珠路。其中市民大道至英台路一段长 667.81 米，道路宽 22～25 米，沿路设 16 米跨径，越一处河面宽 10 米丰产河的一座桥梁；称山南路与还珠路相接一段长 126.29 米，道路宽 22 米。建设内容包括道路、桥梁、雨污水、交通、照明及其他附属等工程，项目总投资概算为 3120.98 万元。2021 年 9 月 6 日进场施工，2022 年 7 月 8 日竣工验收并投入使用。（杨　勇）

**【春澜路（王充路—市民大道）道路建设】** 春澜路（王充路—市民大道）道路工程位于上虞区城东板块，南起市民大道东段，北至王充路，全长 350 米，设单跨虞甬运河河道 45 米桥梁一座，道路及桥面宽度为 28 米。建设内容包括道路、桥梁、管线、绿化、照明及交通标志标线和其他配套设施等，项目总投资概算为 2708.90 万元。2021 年 3 月 18 日开工，2022 年 9 月 19 日竣工。（杨　勇）

**【藕舫路人行桥工程】** 藕舫路人行桥工程，西起藕舫路与保驾山路交叉口，东至绿城社区居委会南侧，桥梁跨越百崧河。桥梁梁高 2 米，标准宽度 9.5 米，跨径 40 米，上部为钢结构形式，工程概算总投资 895.07 万元，2022 年 5 月 11 日进场施工，12 月末完工。（杨　勇）

12 月，藕舫路人行桥貌（杨勇 摄）

## 市政建设

**【概况】** 2022 年，为不断推进民生优享，统筹协调加快提升城市品质，市政建设以城区道路提升、交通节点整治、绿化配套、环境美化等工作为重点，实施 20 个市政工程、18 个园林工程和 13 个草花工程，年度分别投资 2665 万元、2732 万元和 2038 万元，共计 7435 万元。其中市政工程，摊铺沥青混凝土路面约 15810 平方米，铺装人行道透水砖面砖约 15145 平方米，铺设花岗岩面砖约 3921 平方米，增设红绿灯 2 处，建设路灯及庭院灯约 600 盏，铺设地下管网 5372 米；园林工程方面，新建提升城区绿化改造共 18 处，面积约 14.5 万平方米；草花提升工程方面，全年种植花草 380 万余盒，面积 10.8 万平方米。（杨　勇）

**【道路提升工程】** 完成阳光海岸东侧道路改造、和枫雅园周边人行道、城南中医院周边人行道、春澜路与王充路、市民大道交叉口人行道建设、藕舫路人行桥游步道及城区零星设施提升工程等 11 个项目。（杨　勇）

**【截污排涝工程】** 完成城区泵站提升工程、保驾山路管道建设、城西出水口改造和舜耕大道（百丰公路—南环大桥）积涝改造工程等 5 个项目。（杨　勇）

**【交通安全隐患点治理工程】** 完成 2022 年交通安全隐患点治理的称山南路与市民大道交叉口改造 2 个工程。（杨　勇）

**【亮化配套工程】** 完成 2022 年路灯建设和三环路、舜江西路等城区亮化设施提升的 2 个亮化工程。（杨　勇）

**【园林工程】** 完成五星东路（舜江西路—东山路）绿化提升、2022 年城西绿化提升、江与城北侧绿化建设、百崧河（江环路—四环路）绿化建设、迎宾大道节点布置工程、半山公园设施维修、城北运动场周边绿化提升、珠峰新村停车场及绿化建设等园林类建设及 2022 年国庆环境布置工程（国旗悬挂）、2023 年春节环境布置工程灯笼悬挂等 18 个工程。（杨　勇）

**【草花类提升工程】** 完成 2022 城区草花布置工程一

期、二期、三期和四期工程、开发区草花布置、城区垂直绿化工程、市民大道花箱提档工程、高铁新城春夏草花布置等草花类及国庆环境布置工程（小品草花）、春节环境布置工程（小品草花）的13个草花类工程项目。（杨　勇）

## 市政公共设施

**【概况】** 2022年，实施养护维修任务306个，累计铺装维修人行道板块6930平方米，沥青路面提升约63730平方米，标识标线漆划26886平方米，坑洞修复2761处，社区雨污水管疏通839次，更换隔离栏3809米，道路隔离护栏清洗共计115000余米等。（吕建松）

**【积涝隐患处置】** 累计雨水井清掏41600只，清淤排水管网846千米；开挖修复破损管道50处、内衬固化修复35处；完成积水隐患点改造68处。（吕建松）

**【智慧泵站改造】** 城西片新完成8座泵站智慧化改造，智慧泵站总计达到43座。这些智慧泵站具备雨量大小自主感知、自动排水功能，且实现了在线模型和现场实景的远程监控，在城区排涝中起到主力军作用。（吕建松）

**【桥梁安全检测】** 城区105座桥梁，按照检测计划进行常规、结构、索力检测及静载试验等项目检测，对于某些典型病害桥梁还进行针对性的特殊检测；人民大桥增加针对性的水下基础探摸检测、桥塔及梁体变形检测。（吕建松）

**【“桥头跳”整治】** 根据绍兴市要求，开展“桥头跳车”摸排及整治工作，完成人民大桥、江环路3号桥、三环东路跨铁立交桥东西匝道桥和主桥、康居路桥、星丰东桥等10座桥梁的整治工作，整治面积约18900平方米。（吕建松）

**【道路隐患排查】** 对人民大道西段、康居路、博学路等9条19.5千米的道路地质开展雷达脱空检测初测工作，测线总长度为252千米；同时对105条道路进行常规定期检测。针对省平台1.8千米和市平台0.7千米不平整路面整治工作要求，对峰山路、人民路等4条路进行11250平方米面积的处理。（吕建松）

**【防汛应急联动】** “轩岚诺”“梅花”台风期间组织应急救援人员共计197人，累计出动应急人员4252人次，车辆1243辆次，排查雨水管网142.5千米，疏通142.5千米，清理雨水井10364处，保障管养区域内114条主次干道、46座雨水泵的正常运作。（吕建松）

**【抗凝保畅处置】** 对舜耕大道、人民大桥、东三环大桥、春晖互通涵洞等22处易发生积雪结冰的桥梁、隧道、涵洞路段，累计布置12吨除雪剂、5000多只草包、500只安全锥等防冰冻应急物资，抽调应急人员进行防寒防冻防雪等恶劣天气应对值守10余次。（吕建松）

## 城市绿化

**【概况】** 2022年，根据年初拟定的养护及接管计划，稳步推进扩管工作，深化“一把剪刀”扩面管理。新接管老旧小区1.15万平方米绿化，代管曹娥街道滨江新区公共环境提升工程绿化及街道零星绿化10万余平方米、区政府4万平方米绿化，接管商检大楼周边5400平方米，79棵行道树等园林绿化养护工作。开展“洁美行动”及精细化日常养护工作，根据不同季节调整日常养护重点工作，2022年补种草花、小灌木等57万余株、麦冬4.5万余平方米、草皮8100余平方米，行道树356株，补播黑麦面积约50万平方米，绿化浇水600余万平方米，涂白乔木10万余株，累计修剪色块绿篱约1420万平方米，行道树3000余棵，清理各区域枯叶、残枝垃圾6000余吨。（陈　雪）

**【城市绿化助力文明城市复评】** 4月初，为做好全国文明城市复评迎检准备工作，园林养护公司对照《全国文明城市（地级以上）测评体系操作手册（2022年版）》，严格按照文明城市要求，对城区绿地进行自检补苗并对照整改单及时整改。重点开展公园广场配套设施修复。其中修复公园广场路面和台阶60平方米，更换走廊瓦片2500张，厕所、管理房等刷白翻新2000平方米，广告牌清洗、刷漆翻新260余只，维修龙山公园、文化

广场景观灯 12 余盏，检修龙山太阳能灯 50 余盏，修缮完成龙山龙王堂东侧轩及国大公园亭子。（陈　雪）

【土壤检测工作】 2022 年 4 月通过招标采购浙江省第十一地质大队检测服务，7 月开始实施土壤检测工作，经过选点、采样、检测等步骤，对 800 多份样品进行土质分析。10 月份形成检测报告，对土壤的有机质、土壤质地、pH 值等进获得客观了解，为进一步改善养护工作提供理论基础。（陈　雪）

## 城市管理

【城市管理机制创新提升】 2022 年，上虞区探索构建以“实用功能为基础、业务服务为拓展、示范引领相结合”的综合性城管驿站网格，新建城区城管驿站 2 座，实现驿站建成区区域范围、服务半径覆盖；增设集镇城管驿站 10 座，实现全区 10 个建制镇全覆盖。根据城区城市管理实际运行情况，将城区网格分为核心区域、重点区域、其他区域三类，全年共处置“最多一小时”案件 14243 件，按期处置率为 98.3%。在主城区社区建立 45 个“党建统领网格智治”网格服务点，通过实行挂牌制度及“周三社区工作日”长效机制，实地解决群众“急难愁盼”；建立“城市守望者”志愿服务队，持续开展“城管+志愿”服务工作。迭代升级“搬家一件事”“宠物（犬类）监管一件事”“上虞 e 城事”。建设市政公用“一图管城”项目，31 个易涝点位在线监控，护航城市安全运行。实现“大综合一体化”执法监管数字应用、“城镇燃气事故数字化场景”省级贯通，“搬家一件事”“宠物（犬类）监管一件事”“全市域智慧城管和综合执法一体化平台”等试点项目全市域贯通。

【综合执法“大综合一体化”改革】 2022 年，纵深推进跨部门跨领域综合行政执法改革。设立执法指导办公室，成立实体化改革专班。全区 5684 项执法事项中 1433 项纳入综合执法，占比 25.21%，综合执法领域覆盖 27 个条线和 67.50%的领域，综合行政处罚案件领域覆盖率 91.3%。精简部门专业执法队伍 3 支，形成全区“1+8”执法队伍体系，完成人员转隶工作，厘清事项“监管、处罚”职责边界，推动监管执法无缝衔接，实现 9 支执法队伍一体联动、多跨协作。赋权 20 个乡镇（街道），组建乡镇（街道）综合执法队 20 支，实现“一支队伍管执法”全覆盖。推动执法主体、执法人员使用“大综合一体化”执法监管数字平台，平台账号开通率达 100%，全面实现线上执法。建立“易公证+非现场”执法办案模式，全区行政执法部门共立案查处“非现场执法”类案件 1669 起。按照一名站长、一名执法队员和 N 名网格员组建“1+1+N”架构，建设村社综合执法联络站，推进乡镇街道综合执法中队、基层站所力量整合，实施“综合查一次”检查 2190 次，整改问题 974 个，检查次数同比上年缩减 50%以上。落实村社小循环、乡镇大循环、区级“兜底环”三级分类处置模式，建立“1 小时响应、1 日处置、1 周反馈”三个一处置机制。

【城市管理专项整治】 2022 年，上虞区针对腾飞路马路市场整治、时代广场内部管理优化、城南中医院周边停车秩序升级、城区波段式停车试点等系列市容重点任务开展专项攻坚，全面加强重点点位、重点领域市容秩序管控力度。全年开展集中整治行动 63 次，取缔占道经营 13283 起，取缔流动摊点 21957 起，拆除违规横幅、广告牌 2160 块，处置人行道违停 41133 辆。开展自建房违法建筑安全专项整治、阳光房和雨棚安全隐患“百日攻坚”整治行动，及时消除房屋重大安全风险隐患，全区处置违法建筑 34.88 万平方米，完成市定任务的 116.27%，拆后土地利用率 95.89%。

【垃圾分类】 2022 年，全区生活垃圾回收利用率 64.24%、生活垃圾资源化利用率 100%、生活垃圾无害化处理率 100%，原生生活垃圾实现“零增长、零填埋”。创建省级高标准分类示范小区 20 个，省市级示范片区 2 个，省级示范村 8 个，完成“定时定点”分类投放清运小区及商业街全覆盖。进一步完善生活垃圾分类投放、分类收集、分类运输、分类处理体系，共收运处置其他垃圾 28.84 万吨，易腐垃圾 2.88 万吨，可回收物 3.8 万吨，有害垃圾约 3801.5 千克。对垃圾分类违法行为进行精准执法，全年累计执法案件 1931 起，涉及金额 300370 元。以 21 个先行示范村为样板，推行农村智能化垃圾分类，针对性提升农户易腐垃圾分出率，提高设施设备的使用率。

【城乡环境优化】 全域深化环卫扩面，完成曹娥街道、梁湖街道和驿亭镇的环卫保洁扩面工作，新增保洁面积 51 万平方米，基本实现主城区保洁全覆盖。新增环卫作业车辆 15 辆、缩减一线作业人员 35 人，主城区机械化清扫率稳步提升至 95%。成功创建省级园林式居住区、省级园林式居住单位、省级优质综合公园、绿化美化示范路等。新接管老旧小区 1.15 万平方米绿化，代管零星绿化 10 万余平方米，做到“一把剪刀剪到边”。完成 20 个小区二次供水设施改造工作，完成 4400 个智能水表、500 套节水器具改造，成功创建 7 家省级节水型单位和 1 家省级节水型小区。

【城市运行领域安全】 落实市政设施安全管理，全年共实施养护维修任务 266 只，累计铺装维修人行道板块 5250 平方米，侧平石调修 3428 米；沥青路面提升约 60000 平方米，标识标线漆划 18086 平方米，坑洞修复 2383 处，社区雨污水管疏通 669 次，更换隔离栏 3497 米等。完成 105 座桥梁检测、77 座桥梁护栏提升、13 座“桥头跳”车治理，整治面积 19600 平方米。全面推进内涝安全治理，累计雨水井清掏 31527 只，清淤排水管网 733 千米，检测发现的坍塌、破损严重管道 85 处，已开挖修复 50 处、内衬固化修复 35 处；完成积水隐患点改造 56 处；加强泵站维护，做好 46 座泵站实时监控和管理，城区远程一体化监控泵站增至 43 座。修订防汛防台应急预案，排定城区内涝防御勤务表，组建防台“战时”应急队伍，全力迎战台风“轩岚诺”“梅花”全力保障群众安全。（赵雪旦）

【老旧小区改造】 2022 年，区建设局会同属地街道，对全区 10 个老旧小区民生工程实施综合提升改造，涉及百官街道教场片、胜利路片、沿塘片、人民路片、汇龙山庄小区，曹娥街道望江公寓、德济苑、丰泽园、雅乐苑、恒祥苑小区。改造内容为道路整修、积水治理、雨污分流、环卫配套、园林景观、车位增配、管线整理、楼道亮化等。年度投资 1.4 亿元，总计改造建筑面积约 46.8 万平方米，受益户数约 3820 户。（章佳彬）

【拆迁安置】 2022 年，完成章镇镇新区村 1 号、2 号地块、章镇镇 104 国道征收改造提升工程（含皇马厂房区块）、皂李湖村以及虞创码头征收改造、梁湖街道项目、104 国道改建工程绍兴东湖至蒿坝段（上虞段）项目、增补水务集团江东路区块、汽车西站区块征收项目。全区征迁面积超 80 万平方米，征迁户数约 1852 户，涉及征迁资金近 100 亿元。（章佳彬）

## 供 电

【概况】 2022 年，上虞电网拥有 500 千伏变电站 2 座，主变 6 台，总容量 5500 兆伏安；220 千伏变电站 5 座，主变 11 台，总容量 2340 兆伏安；110 千伏变电站 22 座，主变 45 台，总容量 2410 兆伏安；35 千伏公用变电站 11 座，主变 21 台，总容量 342.6 兆伏安。上虞调度管辖总装机容量 376.05 兆瓦，其中并网小火电 2 座，均为供热机组，装机容量 108 兆瓦（其中春晖能源为生物质能发电，装机容量 72 兆瓦）；小水电 11 座，19 台机组，装机容量 4.7 兆瓦；分布式光伏电站 83 座，装机容量 257.35 兆瓦；储能 1 座，装机容量 6 兆瓦。全社会口径最大负荷 1466.063 兆瓦，比上年增长 9.53%；调度口径最高负荷 1326.542 兆瓦，比上年增长 2.07%；网供最大负荷 1238.738 兆瓦，比上年增长 6.88%。

全年，全区总供电量 76.27 亿千瓦时，比上年增长 14.45%；售电量 75.17 亿千瓦时，比上年增长 14.81%。（张玮玮）

【电网建设】 年内完成电网投资 4.89 亿元，同比增长 44.7%。滚动调整上虞电网“十四五”规划，编制“北都市、南花园”电网专项规划，完成“山海协同区域碳协调”研究。高质量推进“浙江 1000 千伏特高压交流环网工程”“甘电入浙 ± 800 千伏直流特高压工程”两大国家重点项目，落实境内站址与路径选择等前期工作。投运 110 千伏进港变、35 千伏岭南变，配合杭绍甬智慧高速公路建设，全面完成 13 条电力线路迁改。完成舜江大桥拼宽工程线路割接、邵逸夫医院绍兴院区电力配套建设。持续推进老曹娥片区、鸿雁未来社区、汽车西站等项目电力迁改，主动对接 104 国道南移、南北中心大道快速路网、轨道交通 2 号线工程等重点项目规划单位，提前谋划电力配套建设及线路迁改，保障工程按期推进。（张玮玮）

**【全国首座35千伏中压直挂式储能电站在上虞落地】** 6月17日，绍兴市上虞区35千伏红墟储能电站并网运行。该储能电站是国内35千伏电压等级直挂储能系统首次工程示范应用，采用磷酸铁锂电池作为储能单元，由2个配套电力设备舱和9个电池储能单元舱组成，最大功率为6兆瓦。在储能系统单体容量、安全稳定运行能力、响应速度、运行效率等方面较常规储能电站有较大提升，其能量控制策略处于国际领先水平。该储能电站还能在电网故障时作为备用电源，提升故障后的恢复能力，保障周边企业的电力供应安全可靠，在迎峰度夏期间发挥重要作用，受到《人民日报》、《经济日报》、新华社及省内、电力行业30余家媒体关注和报道。（张玮玮）

**【保障电力供应】** 建成23.11万千瓦需求响应资源池、15万千瓦负荷管理资源池，刚性执行有序用电19天、需求响应6轮，平抑电力缺口，保障全区42.7万电力客户正常用电。圆满落实“欠费不停供”政策和小微企业用电阶段性优惠政策，推行临变预装及租赁共享模式，降低企业接电用电成本。创新成立“共富、园区、服务链”3个党建联盟，发布保障产业链30项“稳进提质”服务举措，开展企业调研走访580次，有效解决问题82项，切实减轻企业经营负担。解决乡村用户“急难特”用电问题，完成17个建制村新时代电气化村验收。新建1座电力驿站，满足偏远地区村民便捷办电、快速抢修需求。（张玮玮）

## 燃　气

**【概况】** 2022年，绍兴市上虞区天然气有限公司完成气量销售3.29亿立方米，累计居计开通93929户，非居民开通930户，管线运行1100多千米。

**【天然气公司维抢修中心开建】** 3月21日，绍兴市上虞区天然气门站迁建项目（二期）维抢修中心工程取得建筑工程施工许可证，开工建设。（田小路）

## 供排水

**【概况】** 2022年，上虞区累计供水量10212万吨，售水量9718万吨，同比分别增长6.56%、6.76%；产销差率达到4.84%，同比下降0.18个百分点，漏损控制保持在行业先列水平；出厂水水质综合合格率、管网水水质综合合格率、出厂水在线水质内控合格率持续保持在99%以上；全年经营收入29030万元。共收集污水输送7052万吨，比上年增长1%，收取污水处理费1860万元，比上年减少5%，公司实现营业收入7436万元，比上年减少7%。共处理污水7028万吨，持续稳定达标排放，处理率100%、达标率100%；其中生活污水COD减排4748吨、氨氮减排906吨，分别完成年度减排目标任务（削减COD3500吨、氨氮600吨）的136%、151%。污水处理全年实现营业收入21614万元。

2022年，累计新建、改造供水管道长度157.7千米，投入资金约5.3亿元，其中投资金额1000万元以上项目10个，新建、改造DN1000管径及以上的项目6个，管线约31.5千米，完成DN100以上管道改造22千米，新建管网10千米。

2022年，上虞供水公司获浙江省卫生健康委办公室省饮用水供水A级单位称号；章镇镇泰山村供水站、岭南乡丰树坪集镇供水站创建浙江省农村供水规范化水厂。农污处理设施建设改造和运行维护绩效获省级优秀；对全区323座终端进行提标改造；全区处理量20吨以上的终端进行标准化运维全覆盖。（丁　勉　贯　宏　杨东海）

**【农饮水共富提质】** 完成农饮水共富提质三年行动方案编制，深化农饮水长效管护体系建设，城乡供水统管平台列入区共同富裕示范场景“揭榜挂帅”创建名单。全面执行优惠政策助企纾困，减免节水型企业等对象水资源费341万元，减免批零住餐、文化旅游、交通运输三类企业水费28万元，减免小微企业与个体工商户水费693万元。（丁　勉）

**【基层供水提升改造】** 按照“联网扩面、优化提升、村村联通、高山移民”总体思路，聚焦91个农饮水站点群众用水急难愁盼问题，实施单村供水站净水工艺提升改造工程，完成15座单村供水站净水工艺提升改造，其中13座供水站新增膜处理工艺，实现供水水质稳定达标。完成11个旧改小区配套供水管网改造，巡检管网有效里程数 4.5 万千米，冲洗管网 297.4 千米。清单式推进老旧小区外墙管道防冻保暖专项改造 2000 户，确保用水安全。受理热线 3 万余起，办结率 100%。（丁　勉）

**【供水数字化改革】** 建成上虞区城乡供水数字化统管平台，创新打造农饮水作战、热线联动四大应用场景，推动城乡供水数字化改革。完成上虞区旭峰等 69 座供水站数字化建设项目，上线水力模型应用，完成智慧管网系统站点通信设备升级，推进数字化会议室改造、数字化档案室建设，实现硬件软件同步转型升级，为公司智能化精细化管理提供平台及数据支撑。新增 1000 套智能管网预警渗漏仪的布置监控，依托智能漏损管控场景应用，实现对供水管网漏损方面的有效控制，爆管次数同比下降 4%。深入 GIS 普查测绘，推广 GIS 系统在管网抢修等实际业务中应用，投入资金 61 万元，累计测绘 194 千米，测绘水表 3.8 万只，完成三年行动计划目标。（丁　勉）

**【东线污水通道一期工程】** 谢塘泵站出水管复线工程为改善上虞区污水转输系统，提升谢塘污水总泵站运行安全性。概算总投资 5720.26 万元，谢塘泵站扩容至 5 万吨/天，新建 DN800 污水压力管道 10 公里。管道南起谢塘镇谢塘中心泵站，北至杭州湾经济开发区污水处理厂。本工程由绍兴市上虞区水业建设工程有限公司承建，2021 年 5 月 18 日开工，到 2022 年底完成总工程量的 70%。（贾　宏）

**【5 万吨/日工业污水处理异地扩建项目】** 所有设备招标完成，各构筑物主体完成施工，部分池体完成满水试验。累计完成投资额超 4 亿元，完成总工程量的约 55.8%。工程总体按计划稳步推进，为后续设备安装等建设工作奠定扎实基础。（杨东海）

**【生活污水处理线原址扩容改造项目完成】** 至年末，公司生活污水处理线原址扩容改造项目已完成全部改造和调试运行工作，并通过环保三同时验收，上虞区生活污水处理能力扩大至 12 万吨/日。（杨东海）

# 通 信

## 电 信

【概况】 2022年,上虞电信拥有光线路终端(OLT),局点48个，其中OLT数量151个，媒体网关8个。拥有宽带接入点328个，IP城域网接入点102个，交换机125个，LTE基站777个，出口带宽680G。截至年末，上虞电信拥有移动用户19.8万户，有线宽带用户13.4万户。

【持续发力新型基础设施建设】 上虞电信加快打造5G精品网络,深化5G共建共享,推进3.5G/2.1G/800M高中低频协同组网，实现主城区、重点乡镇的5G网络连片覆盖以及重点场景的深度覆盖。全年开通室内室外基站800个；对重点热点区域进行优化，有效提高5G分流比；动态补盲，完善石井水库、梅坞等8处网红地的信号,提升用户感知。布局万兆光网能力，以千兆城市标杆引领，加快千兆小区规模提速，完成XGPON割接、扩容，全年累计完成2000余个PON口割接至XGPON。至年末，上虞互联网出口总带宽达680G，至中西部区域网络延时控制在15毫秒以内；上虞区已达到千兆城市标准。

【深化信息通信技术注智赋能】 加快推进5G、云计算、人工智能、大数据等为代表的新一代信息通信技术与数字政府、数字经济、数字社会、数字文化等领域的深度融合,聚焦市场监管、社会管理、公共服务、民生服务等领域的民生热点，充分发挥云网融合、安全可信、属地化支撑服务等优势，全力支撑数字化改革。建立属地化信息化专业人才队伍推动数字化应用快速落地。持续助力阳光厨房云平台建设，实现“一盒外卖的数智探索”，累计安装监控点超1500家。推动现代数字技术与城乡生产生活生态全面整合，开展乡村振兴“数智助力行动”，全力打造数字乡村云平台累计签约数字乡村90余个村。

【创新彩铃方式助力平安建设】 年内，上虞电信以平安彩铃渗透，助力政府多渠道宣传平安建设。至年末，13个乡镇街道完成平安彩铃的添加。同时创新彩铃方式，以视频彩铃与政府防疫举措相结合，开通部分乡镇街道派出所的反诈+防疫宣传视频彩铃。

【网信安全长效化管理】 定期召开网信安全例会，明确反诈业务流程规范，开通全员开卡码，落实实名制工作，从源头把好入网关。及时跟踪和处置涉诈业务，成立虚拟货币“挖矿”专项整治工作小组，签订挖矿承诺书4份，加快推进反诈技术能力整合，互联网反诈平台绍兴地区日均提醒1300万次、成功率达99.3%；现场上门核实疑似涉诈用户业务2起，调查涉诈用户1户。做好网站备案和不良信息处理，完善网络安全监测和应急预案体系,定级备案完成率100%。完成全国HW-2022攻防演练及党的二十大网信安保障工作。

【持续提升“满意客户”服务能力】 推进爱心翼站服务，14家“爱心翼站”为外卖小哥、环卫工人等户外工作者提供进厅休息、饮水供给、餐食加热、爱心药箱、爱心轮椅、手机充电等十项便利服务；开展幸福学堂24场，服务超500人次。持续推进中小企业提速降费，互联网专线资费降幅10%，宽带资费降幅15%，惠及中小企业8000余家。减免房租租金助力中小企业纾困解难,年内共对6户承租户进行房租减免。

（黄燕君）

## 移 动

【概况】 2022 年，中国移动上虞分公司实现运营收入 7.16 亿元，同比增长 9.21%。5G 用户达 27.3 万户，有线宽带用户到达 23.5 万户。全年完成通信基础设施投资近 2.1 亿元，建设核心机房 6 个、通信宏站及室分 455 个、小微站 42 个，5G 人口覆盖率 98%。布放光缆 927.6 千米，建设管道 57.5 管程千米，宽带建设完成 12802 户，解决空白小区 110 个。

上虞移动已实现主城区、交通枢纽站场、4A 级以上风景区等重点区域 5G 网络优质连片覆盖，实现所有乡镇镇区的基础覆盖，打造杭甬高速复线、杭甬高铁、杭绍台高铁 3 个 5G 精品区。2022 年新增 5G 基站 455 个，其中 700 兆 240 个，5G 建制村覆盖率达到 100%，5G 分流比达到 51.87%。虞南风情带重点覆危景区、陈溪风情小镇等区域新增微站 22 个、700 兆基站 21 个、NB 基站 16 个，涉及投资 870 余万元，为乡镇振兴打好坚实通信基础。

【通信保障】 上虞移动参与区政府防汛抗台、反恐演练等重要应急保障，完成政治任务保障，完成有线、无线、视联网等各项通信保障任务，实现零重大网络事故、零重大安全事件、零重要客户投诉、零负面焦点事件、客户感知优“四零一优”目标。完成青春之城魅力上虞演唱会、曹娥江马拉松、张溪樱花节、岭南油菜花节等活动保障，总计建设长期站点 14 个、临时站点 48 个，调用应急通信车、应急方舱 18 次，总投入成本超过 1500 万元。

【5G+落地应用】 助力亚运，重点推进亚运安保项目，完成区级视联网终端服务替换工作，为亚运安保提供实时视频连线服务。关注民生工程，推动未来乡村建设，承建诗路驿亭、东澄未来乡村、云上陈溪、大善小坞村数字化项目，提升乡村智能化服务水平。教育一体化，承建上虞教体局精准教育项目，完善教育资源平台，为学校、教师、学生教育资源整合提供一体化平台。文娱结合，推动智慧旅游，通过上虞智慧旅游升级项目建设，提升景区服务水平。 （任敏敏）

## 联 通

【概况】 2022 年，中国联合网络通信有限公司绍兴市分公司设有百官网格、曹娥网格、丰惠网格，分公司内设有 5 个部门单位。累计开通 5G 网络基站 860 个，5G 网络人口覆盖率 82%。累计开通 4G 基站 1381 个，4G 网络人口覆盖率 94%。千兆宽带精品网已完成 22 个综合业务接入节点覆盖，2022 年新建小区覆盖 100 个。新建端口 7808 个，截至 2022 年，上虞联通宽带端口到达 5.6 万个，城区宽带覆盖率达 90%，10GPON 小区占比达 22%。2022 年底，FTTR 千兆产品正在带动家庭数字应用与智能家居产业的蓬勃发展，上虞联通将加快千兆能力前置，重点乡镇区 10GPON 网络布局，提升千兆网络效能。打造全光接入、全域千兆、全屋 Wi-Fi、全天候服务的宽带精品网，推动城市具备固定和移动“千兆到户”能力，宽带网络实现行政村普遍覆盖，并向生产作业区、交通要道沿线等重点区域延伸集焦数字乡村建设，数字乡村 1 个。

【联通助力数字化转型】 上虞区推进各项联通应用，以构建“平安上虞”为宗旨，助力绍兴市公安局上虞分局智安小区汇聚平台和管控平台建设等项目 10 个。

（莫洋波）

# 农业 农村

## 综 述

**【概况】** 2022年，上虞区实现农林牧渔业总产值78.21亿元，按可比价计算增长3.7%，与绍兴平均持平居首位。其中农业产值56.42亿元，增长2.0%；林业产值5.19亿元，增长9.3%；牧业产值4.19亿元，增长14.8%；渔业产值10.91亿元，增长6.6%；农林牧渔服务业产值1.50亿元，增长10.3%。年内生猪出栏10.06万头，增长16.4%；牛出栏156头，增长6.1%；羊出栏1.79万只，增长7.3%；猪肉总产量0.85万吨，增长8.0%；禽肉总产量0.14万吨，下降26.2%；水产品产量2.37万吨，下降11.6%；园林水果产量11.03万吨，增长0.4%；茶叶产量1652吨，下降21.6%。 （邱 婉）

**【乡村人才培育】** 以“政府搭台、主体唱戏、科研院所加持”模式联动培育农创客，全区农创客累计在册人数755名。组织开展农民培训工作，2022年共完成农民培训17749人，其中，高素质农民368人，农村实用人才1752人，普及性培训15629人，促进农民素质提升和就业增收。 （罗森林）

**【农村集体“三资”管理系统完善】** 在浙江省农村集体“三资”管理系统全面运用的基础上，开展新增模块推广工作，系统新增会议管理、合同管理、资产管理、监督预警等模块，分乡镇开展业务培训，指导乡镇按期做好数据录入工作，截至年末，已录入资产卡片20253个，资源卡片2423个，合同信息5114个，会议记录1727个；2022年累计审批73982笔，支付62638笔，支付金额117020.43万元。 （钱丹丹）

**【村经济合作社运行问题专项治理工作】** 针对群众反映较集中的村经济合作社运行中机构设置、民主决策、章程制定、收益分配、资产处置、并村并账等方面不规范问题开展专项治理，下发《村经济合作社运行问题专项治理方案》，查漏补缺，进一步完善集体经济组织运行机制。该次专项治理涉及335个村社，通过组织乡镇自查和区级督查，累计查出问题969件，已整改完成968件，整改率为99.9%。 （钱丹丹）

**【规范一事一议筹资筹劳】** 确定全区农村一事一议筹劳中以资代劳的工价为130元。审核一事一议建设项目，对列入2022年度区财政奖补项目的15个农村公益事业建设项目，严格按照一事一议筹资筹劳的标准、范围、程序等环节进行逐一审核，保障一事一议筹资筹劳的规范。 （吴志刚）

**【20万元以上村级工程项目审计】** 全年累计完成工程审计项目772个，涉及工程金额144735万元，核减金额6732万元。其中完成工程结算审计411个，涉及工程金额65708万元，核减率6.44%；完成工程预算确认361个，涉及工程金额79027万元，核减率3.16%。 （潘建荣）

**【农村土地流转率提升】** 修订土地流转奖励政策，新流转面积要求从30亩提到50亩，整畈流转面积要求从200亩降到100亩。围绕农业双强行动引导农村土地规模流转，2022年落实奖励资金105.14万元，其中绍兴市补16.91万元、区级财政88.23万元，奖励项目包括3个村规模流转项目、4个整村流转项目、2个村流转增收项目。农村土地流转率较上一年有明显提升。 （张荣灿）

**【政策性农业保险】** 全区农业政策性保险基本实现常规农险品种全覆盖，基本涵盖全区主要种植养殖品种。根据省农险办招标结果，自 2022 年 4 月 16 日起由中国太平洋财产保险公司作为绍兴首席承保人，地方特色险种仍由人保公司承保。2022 年，新增地方特色农险产品 2 个，高粱种植保险和绍兴市生猪价格指数保险。全年共实现政策性农险总保费 2968.6 万元。农业保险政策支付当年赔款 1978.4 万元，其中生猪赔款 529.2 万元，水稻赔款 1123 万元，小麦赔款 83 万元，温室大棚赔款 5.1 万元，葡萄赔款 0.1 万元，地方品种合计赔款 217 万元，其余险种合计赔付 21 万元。（徐小燕）

**【农产品质量安全】** 组织实施 2022 年农产品质量安全监测，完成区级定量监测 1903 批次（其中监督抽查 1000 批次，定量风险监测 903 批次）。完成省级农产品质量安全例行监测 118 批次（种植养殖及屠宰环节 96 批次），种植养殖及屠宰环节例行监测合格率 100%。开展绿色优质农产品认证，2022 年新申报绿色食品 4 只，续展获证 6 只。组织开展农产品标准化生产绩效评价，确定 C 级以上主体 5 家，其中 B 级 1 家，C 级 4 家。通过国家农产品质量安全县动态监测现场检查。（吕靖芳）

**【农产品质量安全检测】** 2022 年，区、乡二级检测室共开展农产品质量安全风险监测抽检样品 13529 批次。区级风险监测 1432 批次，合格率 97.7%，完成任务量（1300 批次）的 110.2%，其中例行监测抽检样品 670 批次、专项监测抽检样品 233 批次、动态监测抽检样品 529 批次。乡镇（街道）风险监测 12097 批次，合格率 100%，完成任务（12000 批次）量的 100.8%。（施 丹）

## 粮 油

**【概况】** 全区粮食播种面积 32546.7 公顷，较上年减 11.45%，粮食总产量 19.51 万吨，较上年减 12.47%。其中，小麦面积 3373.3 公顷，较上年减 16.34%，产量 1.42 万吨，较上年减 16.47%；早稻面积 7540 公顷，较上年增 1.57%，产量 5.23 万吨，较上年增 2.15%；连作晚稻面积 8600 公顷，较上年增 15.97%，产量 5.77 万吨，较上年增 15.63%；单季晚稻面积 6346.7 公顷，较上年减 21.35%，产量 4.85 万吨，较上年减 23.38%。由于沥海街道行政区划调整，上虞区粮食面积、产量均大幅下降。开展粮食高产创建，全年创建省级水稻绿色高产高效千亩示范片 6 个，面积 406.7 公顷，区级高产创建示范片 8 个，面积 105.2 公顷。2022 年粮食播种面积居全省第二、粮食总产量居全省第二，上虞区被评为“2022 年度浙江省第四届河姆渡杯银奖”，连续四年被评为浙江省“粮食五优联动示范县”，连续十年被市委、市政府评为“粮食安全区长责任制考核优秀单位”。（范立炎 徐小燕）

**【粮食生产补贴】** 2022 年耕地地力保护补贴面积 14291.12 公顷，按照 210 元/亩标准进行发放，实际发放补贴资金总额 4501.7 万元；2022 年实际种粮农民一次性补贴面积 23117.73 公顷，按照 45 元/亩标准进行发放，共计发放补贴资金总额 1560.45 万元；2022 年规模种粮补贴面积 20979.58 公顷，其中早稻面积 7462.66 公顷，按照早稻 200 元/亩，其他 140 元/亩标准进行发放，总计补贴金额 5077.35 万元；旱粮种植直接补贴面积 127.19 公顷，按照 140 元/亩标准进行补贴，补贴资金合计 26.71 万元。（徐小燕）

**【粮食生产功能区“非粮化”整治优化】** 全区开展粮食生产功能区“非粮化”整治优化 2143.3 公顷，全区拥有粮食生产功能区总面积 12535.3 公顷。（娄利峰）

**【稻麦生产综合机械化】** 全区稻麦生产综合机械化率 91.29%，稻麦生产机耕率 99.75%，其中水稻机耕面积 22433 公顷，小麦机耕面积 3356 公顷；全区稻麦生产机收率 99.59%，其中水稻机收面积 22393 公顷，小麦机收面积 3353 公顷；全区稻麦生产机械化栽植率 71.71%，其中水稻机械化栽植面积 18540 公顷，小麦机械化栽植面积 3340 公顷。（郎春晓）

**【高标准农田建设项目】** 全年，绍兴市农业农村局批复高标准农田建设项目 3 个，计划建设高标准农田面积 140.73 公顷，建设高效节水面积 24.6 公顷，计划总投资 656.36 万元，其中，小越街道高标准农田建设项目治理面积 62.47 公顷，高效节水面积 24.6 公顷，计划总投资 331.34 万元；丰惠镇高标准农田建设项目治理面积 20.67 公顷，计划总投资 109.5 万元；崧厦街道高标准农田建设项目治理面积 57.6 公顷，计划总投资 215.52 万元。3 个项目建设期限均为两年。（蒋鑫亮）

【绿色农田建设项目】 全年立项绿色农田建设项目 1 个，计划建设面积 200 公顷，主要建设内容为土地平整、土壤改良、泵站、渠道及渠系建筑物、田间道路、农田防护、农田输配电、科技推广措施、农田监测及数字化设施设备等。计划总投资 1350 万元，建设周期为 2022—2023 年。（蒋鑫亮）

## 蚕 桑

【桑园面积】 全区桑园面积 100 公顷，其中果桑面积 83 公顷。果桑产量 1869 吨，产值 1252 万元。

【蚕茧产量】 共饲养蚕种 20 张，生产蚕茧 1 吨，蚕茧平均收购价每公斤 40 元，产值 4 万元。有养蚕村 3 个，养蚕户 11 户。（魏贵林）

## 畜 牧

【概况】 2022 年，根据业务统计，全区畜牧业总产值 7.2 亿元，同比上升 15.57%，其中生猪业产值 4.27 亿元，同比上升 23.41%，家禽业保持稳定增长，产值 2.38 亿元，同比增长 7.2%，其他产值 0.55 亿元。2022 年生猪饲养量 21.78 万头，同比上升 11.0%，其中，年末存栏 7.49 万头,包括能繁母猪 1.13 万头，年内出栏 14.29 万头。家禽饲养量 209.57 万羽，同比上升 11.04%，其中，年末存栏 64.22 万羽，年内出栏 145.35 万羽。牛存栏 266 头，出栏 118 头；羊存栏 2.17 万只，出栏 1.79 万只；兔存栏 0.63 万只，出栏 1.86 万只；蜜蜂存栏 0.65 万箱，蜂蜜产量 356.2 吨。全年肉类总产量 15195.91 吨，其中猪肉产量 12142.59 吨，禽肉产量 1898.75 吨，羊肉产量 327.57 吨，牛肉产量 21.24 吨；禽蛋产量 2679.94 吨。（杨　波）

【畜牧业转型升级】 3 家单位的猪场建设项目列入 2022 年省级菜篮子稳定项目，绍兴市上虞越泉农业有限公司已完成母猪舍的改造并新增母猪 2000 头，绍兴市丁好农业有限公司和浙江四明山种猪有限公司预计 2023 年底形成产能，三家单位合计产能 10.6 万头。湖羊产业壮大，已存栏 8000 只，全区 2022 年度新增湖羊约 1 万只。家禽基本稳定，2022 年新增一家蛋鸡场，年实现产值 150 万元。继续开展兽用抗菌药减量化和饲料环保化试点行动，2021 年至 2022 年全区共建成兽用抗菌药减量化试点场 12 家（其中示范场 1 家），饲料环保化试点场 4 家。组织开展上虞区第三次全国畜禽遗传资源普查工作，完成嵊县花猪和迪法克 FM 系肉用鹌鹑的性能测定工作。绍兴市上虞农发牧业有限公司和绍兴市嵊花种猪有限公司被认定为 2022 年度国家级生猪产能调控基地，同时创成浙江省数字化牧场。浙江新苗农牧发展有限公司和绍兴市上虞区丰惠镇灏天家庭农场创成省级美丽牧场。完成绍兴莱盛牧业有限公司等 3 家生猪养殖场的标准化提升，拨付补助资金 17 万元；对区外调入生猪进行奖励，兑现引种补贴 306.29 万元，肉猪调入补贴 16.09 万元。对使用良种猪精液实施人工授精的规模猪场进行补助，兑现良种补贴 24 万元。督促指导规模养殖场制定年度畜禽粪污资源化利用计划，建立畜禽粪污资源化利用和无害化处理台账。对规模猪场新建猪粪发酵罐设备并正常处置猪粪的进行奖励，兑现猪粪发酵罐资源化利用奖励 40 万元。2022 年度全区畜禽粪污资源化利用率为 97.18%。（杨　波）

【动物疫病防控】 上虞区根据上级部署，先由 10 家猪场和 6 家羊场开展重大动物疫病强制免疫“先打后补”政策实施试点工作；出台狂犬病免疫实施方案，依法公布狂犬病免疫接种点 17 家（城区 10 家、乡镇街道 7 家）；组织开展畜牧兽医专业培训，由养殖场防疫员、乡村兽医共 109 人参加培训；按季完成重大动物疫病防控工作，全年猪免疫 21.59 万头、家禽免疫 270.15 万羽，犬免疫 7.73 万只，牛羊免疫 3.94 万头（只）。按疫病监测计划开展重大动物疫病检测，共监测样品 14064 份，其中 O 型口蹄疫免疫抗体检测 1138 份，高致病性禽流感 H5 亚型免疫抗体检测 3309 份，H7N9 流感抗体检测 2058 份，猪瘟抗体检测 697 份，高致病性蓝耳抗体检测 159 份，新城疫抗体检测 177 份，小反刍兽疫抗体检测 674 份，山羊布病抗体检测 1935 份，耕牛血吸虫病检测 147 份，非洲猪瘟病毒检测 3770

份，主要动物疫病抗体检测合格率均在 80%以上，送上级检测样品 2140 份，完成两次非洲猪瘟专项检测采样任务：农业农村部采集 40 份，省农业农村厅采集 136 份。开展非洲猪瘟疫情排查，全年共计排查生猪养殖场、屠宰场、无害化处理厂 2936 场次、生猪 29.29 万头次，同时督促场主落实动物防疫主体责任，签订《畜禽养殖场户主体责任告知承诺书》90 份。无害化处理中心全年养殖环节收集处理病死猪 3.754 万头、重 483.76 吨，其他动物 42.95 吨、屠宰环节收集处理病死猪 175 头、重 20.59 吨，猪副产品 0.13 吨，合计重 547.43 吨。（王鑫炎）

## 渔　业

【概况】　全区渔业总产值 5.9 亿元，淡水捕捞 0.36 亿元，淡水养殖 5.1 亿元，水产苗种 0.41 亿元。全区水产品总产量 2.37 万吨，淡水捕捞 0.14 万吨，淡水养殖 2.23 万吨。水产养殖总面积 3373 公顷，包括池塘 2106 公顷，湖泊 394 公顷，水库 393 公顷，河沟 480 公顷，另有稻田 24 公顷不计入总面积。创建浙江省级渔业健康养殖示范场 9 家。（阮秋梅）

【渔业养殖】　2022 年，全区渔业各养殖品种产量涨跌互现。受持续高温影响，全区内地片常规鱼类、青虾等亩产有所下降，但价格较往年有所提高；因苗种技术突破，养殖设施升级，海涂片南美白对虾、罗氏沼虾养殖亩产同比上年有较大幅度增加，价格基本持平；加州鲈鱼由于养殖面积扩大，产量大幅提升，部分收购价格跌破养殖成本价，农户存塘惜售现象严重，将影响第二年养殖的正常开展。总体来说，由于支柱产业南美白对虾养殖产量提高，全区渔业养殖效益有所改善。（阮秋梅）

【渔业资源修复养护管理】　成立 5 个民间护渔队，并在城区、虞南设立护渔联络室。6 月 6 日组织开展以“养护水生生物资源建设美丽中国”为主题的“放鱼日”同步增殖放流活动，现场采用发放资料、媒体报道、鱼苗放流等多种形式举行，旨在尽力修复渔业资源，改善水域生态环境。2022 年全年开展多次渔业增殖活动，增殖放流点以曹娥江水域、百崧河道、城区河道、浙东引水工程、运河、虞南山区水库、溪河等水域为主，共放流鱼种 1280.29 万尾。（陈　丽）

## 林　业

【资源概况】　上虞区林地面积 638825 亩，非林地面积 1469855 亩。其中乔木林 596331 亩。全区森林面积（乔木林、竹林、特殊灌木林和一般灌木林面积之和）794428 亩，森林覆盖率 37.67%。全区活立木总蓄积 2834897 立方米。其中乔木林蓄积 2758278 立方米；疏林地蓄积 166 立方米；散生木蓄积 20093 立方米；“四旁”树蓄积 56360 立方米。

【林政管理】　2022 年度，共审核、办结林地征占用项目 64 件，使用林地 40.6441 公顷，收缴森林植被恢复费 4322540 元。2022 年投入 14.5 万元对全区 9 株古树名木进行抢救性保护。

【野生动物救护】　在“世界野生动植物日”“爱鸟周”“保护野生动物宣传月”等广泛开展野生动植物保护宣传。2022 年，共组织各类宣传活动 10 余次，开展进学校讲座 3 次，公众号宣传 10 次，累计转发美篇推文 3116 次，宣传、警示视频播放 4511 次，发放倡议书、《非法交易食用野生动物》、《上虞野鸟一百种》等宣传资料 3000 余份。启动生物多样性综合调查评估项目招投标，落实 432 万元经费，打包实施上虞区生物多样性综合调查项目。实施野生动植物资源本地调查 2 只省级试点项目和森林、草地、湿地生态系统外来入侵物种普查。10 月完成项目招投标，计划用 2 年时间全面掌握上虞区域内野生动植物资源状况及变化趋势，查清上虞区域生态系统重点外来入侵物种基本情况，建立林草外来入侵物种信息数据库。实施野生动植物监测样地建设工作，2022 年完成 2 个小样地建设。开展野生动物疫病疫源监测，收容救护野生动物 80 余次，并组织野生动物放飞放归自然活动。建立野生动植物保护联席会议制度：出台《野生动植物保护联席会议制度》文件，统筹协调解决野生动植物保护管理中的重点、难点问题。开展多部门联合执法行动，结合“清风行动”“绿盾行动”“古树名木公益诉讼专项行动”等，多次开展多部门专项执法行动，重点加大对野生动植物违法犯罪行为和破坏野生动植物生存环境等违法行为的打击力度。截至 2022 年 10 月底，共监督检查各类场所 30 余个，查办各类野生动植物案件 5 起。（章　庭）

**【病虫害监测覆盖率 100%】** 2022 年全区完成松材线虫病、竹卵圆蝽、栗瘿蜂等病虫监测面积共 58865.3 公顷，监测覆盖率 100%。上虞区林业有害生物发生面积 1382.5 公顷，其中松材线虫病 639.7 公顷；花卉、板栗、竹子等其他病虫害 742.8 公顷。对发生的主要林业有害生物，均采取各种有效措施防治，防治作业面积 1382.5 公顷，无公害防治面积 1382.5 公顷，无公害防治率 100%，高于绍兴市下达的无公害防治率 88% 的指标。（吴忆林）

**【新增百万亩国土绿化行动】** 2022 年全区共完成新增百万亩造林绿化面积 1444 亩，完成省、市下达任务的 144.4%。（吴忆林）

**【森林系列创建】** 2022 年创建省级森林城镇 3 个：上浦镇、岭南乡、陈溪乡；省级生态文化基地 1 个：上浦镇大善小坞村。创建省级森林人家 3 个：丁宅乡华湾村，岭南乡青山村，上浦镇东山村；创建省级森林氧吧 3 个：丁宅乡双桥村、汤浦镇汤浦村、岭南乡东澄村。（宋文君　赵　婧）

**【林业种苗生产】** 2022 年全区年林草种苗、花卉生产总面积 28036 亩，销售总额 11458 万元。其中林业种苗面积 27455 亩，销售约 300 万株，销售额 1 亿元；盆栽植物面积 579 亩，销售 93 万盆，销售销售额 1444 万元；其他（水生花卉）面积 2 亩，销售 15 万株，销售销售额 14 万元。（王江美）

**【义务活动共种植苗木 20 万棵】** 2022 年，全区义务植树活动植树株数 2 万余株，植树面积 2000 余亩，主要采用桂花、香樟、香榧等树种树苗。（吴忆林　赵　婧）

**【省彩色珍贵树种赠苗】** 2022 年省赠彩色珍贵树种苗木共 0.42 万株，其中南方红豆杉三类苗 0.22 万株、榉树二类苗 0.2 万株。用于 3 个示范村建设，分别是上浦镇东山村，南方红豆杉、榉树各 0.06 万株；丰惠镇南源村，南方红豆杉 0.08 万株、榉树 0.07 万株；梁湖街道潘家陡村，南方红豆杉 0.08 万株、榉树 0.07 万株。（王江美）

**【"一村万树"示范村创建】** 2022 年 12 月，上虞区梁湖街道潘家陡村、崧厦街道新下湖村、丰惠镇南源村共 3 个村建成 2022 年度浙江省"一村万树"示范村。（余柏根）

**【林业龙头企业测评】** 2022 年，浙江三叶园林建设有限公司、浙江国茵园林绿化有限公司、浙江泰禾生态农业开发有限公司、绍兴舜山木业有限公司省级林业龙头企业经浙江省林业厅测评合格。（王江美）

## 果　蔬

**【水果产量降低】** 全区水果种植面积 6333.3 公顷，较上年减 0.51%，总产量 11.03 万吨，较上年减 11.76%。2022 年上半年全区杨梅凋萎病大范围流行，导致杨梅大幅减产，下半年遭遇极端干旱天气，猕猴桃产量受到严重影响，全年水果产量降低。（任建杰）

**【蔬菜产量略增】** 全区蔬菜播种面积 14316.7 公顷，较上年增 0.61%，总产量 44.72 万吨，较上年增 2.22%，总产值 7.45 亿元，较上年减 1.72%。受 2021 年底到 2022 年初的疫情影响，蔬菜出现销售不畅、田间积压情况，蔬菜价格受挫。在 1 月初强寒潮、6 月梅雨季、9 月台风"轩岚诺""梅花"等不良气候影响时期制作下发蔬菜应对不良气候指导意见，指导农户做好防灾减灾工作。（俞镇浩）

**【茶叶生产平稳】** 全区茶园总面积 2906.7 公顷，与上年持平，茶叶总产量 2220 吨，较上年减 3.9%，产值 15122 万元，比上年减 0.92%，其中名优茶产值 14500 万元。（张　旭）

## 农业生态

**【概况】** 2022 年上虞区创成浙江省渔业健康养殖示范县（第三批）。（徐小燕）

【土壤保护】 开展供给端“配方肥替代平衡肥”行动，对全区库存平衡肥进行退回或置换配方肥，全年累计推广应用配方肥 1.5 万吨，主要农作物测土配方施肥技术覆盖率达到 90%以上。做好全区 28 个两区重金属污染定位监测点和 6 个长期定位地力监测点的连续监测，完成 12 个水稻田地力监测试验。制定《上虞区 2021—2022 年免费测土服务方案》，全年共进行取土检测 1187 个。（俞海平）

【农作物病虫害防控】 全区开展农作物病虫害统防统治 16646.7 公顷，绿色防控 13800 公顷。新建省级水稻绿色防控示范区 5 家，总面积 274.5 公顷，新建统防统治服务组织 6 家。开展病虫害调查 800 人次，发布《农作物病虫情报》8 期。（翁俊雄）

【农村能源治理】 推进农作物秸秆综合利用，新建秸秆粉碎中心 2 个，全区现有秸秆粉碎中心 13 个，秸秆综合利用主体 26 家，秸秆利用量 17.17 万吨，秸秆综合利用率达 96.78%。（方 洁）

【农业废弃包装物回收处置】 年内，上虞区财政安排资金 700 万元，作为农药肥料废弃包装物、废旧农膜回收处置项目经费。该项目经公开招标，由绍兴市上虞区农业生产资料有限公司中标。全年全区回收农药废弃包装物 1000.38 万只（161.66 吨），处置 161.66 吨，回收率 151.5%，处置率 159.5%。回收废旧农膜 0.45 吨，肥料废弃包装物 9210 只。（赵妙苗）

## 农业现代化

【概况】 2022 年，丁宅四季仙果国家级农业产业强镇、章镇省级现代农业园区全面完成建设任务，向省农业农村厅提交验收申请。按计划继续推进梁湖、杭州湾现代农业园区建设。（邱 婉）

【农业产业化】 2022 年，新认定市级重点农业龙头企业 5 家，分别为绍兴市大舜农业发展有限公司、绍兴市安鲜农业发展有限公司、绍兴市上虞区惠利多农资有限公司、浙江省农村发展集团上虞有限公司、绍兴市天香茶叶有限公司。雾耕农业科技示范园基本完成建设，冯常斌家庭农场、绿之源水果基地等一批农业基地数字化改造提升项目在政策引导下陆续投入建设。四季仙果“政府+”销售模式，落实鲜果订单 150 万千克。2022 年，完成区级农业产业化项目验收 10 个，拨付财政补助资金 970.93 万元，新立项农业产业化项目 14 个。（邱 婉）

## 农业科技

【基层农技推广建设项目】 绍兴市上虞耀庆山生态农业开发有限公司、绍兴市上虞区戴氏家庭农场、绍兴市上虞区天顺粮食专业合作社完成高品质绿色科技示范基地建设。调整公布区级农业产业技术团队 6 个、团队专家 63 名。遴选发布 2022 年度全区农业主导品种 96 个、主推技术 87 项。组织基层农技人员开展粮油、蔬菜、茶叶等方面的知识更新培训，全年培训农技人员 103 人次。（罗森林）

【院地合作】 上虞区自 2017 年起与浙江省农业科学院开展合作，推动科技强农。2022 年 11 月 7 日，在全市农业高质量发展大会上，上虞区与省农科院签订第三轮“院地合作”框架协议，建立“1+1+N”合作模式（一个专班、一套机制、N 个合作项目）。（罗森林）

【“机械强农”行动】 2022 年，上虞区创建为“综合性农业‘机器换人’高质量发展先行县”，绍兴市舜达种业有限公司等 5 个主体创建为“农机服务中心”，绍兴市上虞区丰惠镇士祥家庭农场等 9 个主体创建为“全程机械化应用基地”，绍兴市上虞区戴氏家庭农场等 3 个主体创建为“农机创新试验基地”。（郎春晓）

【水稻生产机械化育插秧技术推广】 全区全年完成水稻机械化栽植面积 18540 公顷。通过乡镇推荐、现场踏勘、专家评审等形式，与绍兴上虞新悦家庭农场等 8 家合作社（家庭农场）签订机插储备秧协议，完成机插早稻储备秧 5.6 万盘；晚稻储备机插秧 2.4 万盘，调运早稻 750 盘，调运晚稻 2300 盘，拨付 2022 年水稻机插储备秧补助资金 37.89 万元。根据上虞区《关于推进“三农”高质量发展的若干政策实施细则》文件精神，对符合要求的种植早稻后进行机插连作晚稻面积 50 亩（含）以上的生产主体给予补贴，合计补贴资金 2760020 元。（郎春晓）

**【各类农业机械新增 797 台（套）】** 全年全区新增各类农业机械 797 台（套），其中大中型拖拉机 90 台，联合收割机 33 台，粮食烘干机 39 台，水稻插秧机 118 台，植保无人机 75 台。2022 年，全区农户共购置各类农业机械 797 台（套），合计发放农机购置补贴资金 1147.25 万元（其中中央资金 973.65 万元，省级资金 90.74 万元，区级资金 82.86 万元），受惠农户 448 户。（郎春晓）

**【全区农机动力】** 截至 2022 年，全区农机总动力拥有量为 33.45 万千瓦，其中柴油机 19.58 万千瓦，汽油机 1.65 万千瓦，电动机 12.22 万千瓦。大中型拖拉机 663 台，合计 3.77 万千瓦（其中 80 马力以上大中型拖拉机 288 台）；水稻插秧机 877 台（其中高速插秧机 708 台），合计 1.08 万千瓦；联合收割机 349 台，合计 3.14 万千瓦；谷物烘干机 614 台，批次烘干能力 8860 吨。（郎春晓）

**【农用无人机飞防植保服务推广】** 根据上虞区《关于推进“三农”高质量发展的若干政策实施细则》文件精神，对开展飞防服务累计超过 1000 亩次的主体给予 2.5 元/亩的奖励。2022 年飞防植保奖励有绍兴市上虞区维良农业服务有限公司等 47 家无人机飞防植保服务单位申报，植保服务面积总计 14185.31 公顷，奖励资金合计 531887.5 元。（郎春晓）

## 农业行政执法

**【农业执法】** 2022 年，上虞区农业行政执法队农业中队负责全区种植业行政执法和农产品质量安全监督工作。全年共立案查处农业违法案件 11 起，监督抽检农业投入品 133 批次、农产品 350 批次。（赵妙苗）

**【“绿剑”3+X 执法行动】** 年内，上虞区农业行政执法队农业中队组织开展春节期间农业安全生产大检查、春备耕农资执法检查、农资打假联合执法行动、2022“绿剑”春、夏、秋护农执法行动、“双随机”跨部门联合检查等执法行动。累计出动执法人员 489 人次，共检查各类农资生产经营单位、种植养殖基地 182 家次。立案查处各类违法案件 11 起，其中农药 5 起，肥料 4 起，种子 1 起，农产品 1 起，合计罚没款 43960 元，查获农资数量 0.24 吨。（赵妙苗）

**【农业投入品监督抽检】** 全年全区共监督抽检农业投入品 133 个，其中农药产品 41 个，肥料产品 78 个，种子产品 14 个。经检测，合格 127 批次，合格率 95.5%；不合格农药 2 批次、肥料 4 批次，对监督抽检不合格样品的单位均进行立案查处。（赵妙苗）

**【农产品监督抽检】** 全年全区共监督抽检农产品 351 批次，其中蔬菜 195 批次、水果 139 批次、茶叶 17 批次。经检测，合格 348 批次，合格率 99.1%；不合格 3 批次，对监督抽检不合格样品的主体均进行立案查处。（赵妙苗）

**【农资应急储备】** 全年全区储备应急农资：农药 7 吨、化肥 1680 吨、粮食种子 23.5 万千克、油菜种子 1030 千克。其中，粮食救灾种子包括小麦种子 3 万千克、早稻种子 7.5 万千克、晚稻种子 13 万千克，到期均未发生动用。（赵妙苗）

**【植物疫情防控】** 年内，全区共规范化建设植物疫情监测点 15 个，涵盖全区东南西北各域，监测对象包括红火蚁、稻水象甲、水稻细菌性条斑病、毒麦、黄瓜绿斑驳花叶病毒病、葡萄根瘤蚜、梨树疫病、柑橘黄龙病、甘薯茎腐病等。组织各乡镇街道全面开展红火蚁监测调查和情况排查，同时委托第三方专业机构对红火蚁重点区域开展监测。8—11 月，全区投入专项资金 28 万元，对加拿大一枝黄花实施防控，有效控制扩展蔓延势头。（赵妙苗）

**【植物检疫】** 全年全区共签发调运植物检疫要求书 9 份，调运检疫证书 48 份，调运检疫合格种子 134.5 万千克。签发植物产地检疫合格证 7 份，合计种子产地检疫面积 1400 公顷，生产合格种子 736 万千克，确保种子产地检疫监管率达 100%。（赵妙苗）

**【订单良种补贴】** 全年全区订单水稻和小麦良种奖励资金为32.6万元，其中订单小麦良种奖励资金为108.2万元，订单早稻良种奖励资金为847118元，订单晚稻良种奖励资金为133.05万元，通过“一卡通”发放到户。（赵妙苗）

**【现代种业项目】** 2022年度，省级现代种业发展项目包括油菜、小麦、晚稻新品种展示示范，省补资金30万元，由绍兴市舜达种业有限公司负责实施。（赵妙苗）

**【渔业执法】** 2022年，上虞区农业行政执法队渔业中队累计出动执法人员500人次，执法车辆150余车次，执法船艇65艘次，其中与公安、边防、海事等部门联合检查35次，查获各类渔业违法犯罪案件90件次，涉案人员100人次，其中追刑40件，涉案40余人，行政案件50余件，涉案50余人。（陈 丽）

**【全面实施渔业执法系列行动】** 根据省市统一部署，年内先后组织开展“清港行动”“春雷行动”“亮剑行动”“利剑行动”等系列执法行动。建立杭州湾海上治安管理联勤联动协作机制，成立“杭州湾海域海上海事渔事纠纷调处中心”，2022年，共开展联合行动9次，在重要时间节点，联合开展钱塘江除险保安行动7余次，钱塘江水域收缴各类违规渔具150余张，查处钱塘江非法捕捞案件15起，检查各类船舶50余艘。组建专业清理队伍6人，2022年共组织清理违规渔具行动90余次，清理区级河道地笼9000余只，流刺网具120余张。（陈 丽）

**【渔船安全生产检查及禁渔期执法】** 禁渔期前在曹娥江设立4个集中停泊点，树立禁渔宣传牌、在钱塘江、曹娥江沿江重新制作禁渔宣传牌22块，发放张贴禁渔宣传资料150余份，发布全区移动手机禁渔短信和来电视频禁渔动漫，广电开机禁渔通告，参加电视台《以案说法》栏目、邀请市级、区级电视台、报社等媒体报道3次，制作1部禁渔专题宣传片。禁渔期管理期间，在日常检查基础上，利用节假日、晚上、双休日共组织执法检查90余次，出动执法人员600余人次，会同公安机关开展联合执法30余次，查获案件90起，其中行政处罚50余件，刑事立案40起，采取刑事强制措施40余人。（陈 丽）

**【畜牧执法】** 兽药重点打击养殖环节超范围、超剂量使用兽药、兽药标签或说明书内容扩大适应症或主治功能等违法行为；饲料及饲料添加剂重点检查经营环节的饲料及饲料添加剂产品标签是否有预防和治疗疾病的宣传，检查是否存在经营无生产许可证号、无批准文号、无产品质量标准的产品等行为；动物诊疗重点打击人药兽用、随意处置动物诊疗废弃物、不规范使用处方笺等违法行为；屠宰检疫重点打击违法违规调运、备案后未附有省际公路动物卫生监督检查站签章、检疫证与实际到场数量不符等不法行为。全年共出动执法人员617人次，共检查相关生产经营单位261家次。全年共立案查处畜牧违法案件5起，其中简易程序1起，处罚没款共计1.416万元。（占晨初）

**【动物检疫】** 生猪全年共开具动物AB证2450张，检疫合格数量68704头；活羊全年共开具动物AB证191张，检疫活羊数量13701只；鹌鹑全年共开具动物AB证10张，检疫合格数量21800羽；肉鸡全年共开具动物AB证97张，检疫合格数量306236羽；雏鸭全年共开具动物AB证88张，检疫合格数量531800羽；蜂全年共开具动物AB证9张，检疫合格数量1370头；猫全年共开具动物AB证3张，检疫合格数量3头。（占晨初）

**【动物屠宰】** 2022年，上虞区农业行政执法队畜牧业中队负责全区生猪、活羊的屠宰工作，对不合格的肉品全部进行了无害化处理，确保全区人民吃上“放心肉”。2022年，生猪全年宰前不合格数量88头，宰后生猪合格数量102440头，宰后生猪产品不合格数量13649.92千克；活羊全年宰前合格数量44844只，宰后合格数量44607只。（占晨初）

**【畜产品质量安全】** 全年全区共完成省级下达农业投入品监督抽检任务15个，其中兽药产品8个，饲料及饲料添加剂产品7个，无不合格批次。全年全区共监督抽检农产品371批次，其中省级监督抽检11批次，市级监督抽检27批次，区级监督抽检333批次。其中省、区级监督抽检批次全部合格，市级监督抽

检1批次不合格，对抽检不合格样品的单位进行立案查处。 （占晨初）

【“绿剑”执法行动】 年内，上虞区农业行政执法队畜牧中队开展“绿剑”夏秋季系列执法行动，紧紧围绕工作职能，严格落实农产品质量安全相关监督制度措施，保障夏秋季农产品质量安全，以实际行动迎接中共二十大胜利召开。累计对辖区内的3家兽药生产经营企业、18家兽药使用企业进行监督抽检240批次，1批次不合格。立案查处违法案件1起，合计罚没款2110元。 （占晨初）

【农机牌证管理】 依法依规做好拖拉机注册登记、驾驶证换发等行政审批工作，全年核发拖拉机牌照123副，其中轮式拖拉机86副，履带拖拉机4副，收割机33副；核发跨区作业证48本；核发拖拉机、收割机驾驶证106本，其中补证1本，换证105本。（林 锋）

【农机安全检验】 依法对危及人身财产安全的农业机械进行免费实地安全检验，全年共完成实地安全检验拖拉机827台，其中拖拉机运输机组36台，农田拖拉机和联合收割机791台，拖拉机总体年检率达90%。依法对达到报废条件的农业机械进行报废回收，全年共回收拆解农业机械72台，其中插秧机34台、拖拉机1台、联合收割机37台，落实中央农机报废更新资金53.39万元。 （林 锋）

【农机执法检查】 组织开展“绿剑”四季护农、重要时节（点）安全生产隐患排查等农机领域安全生产专项执法行动，依法排查、检查农业机械重大事故隐患和农业机械操作人员违规操作行为，全年共开展农机安全生产执法检查32次，出动检查人员259人次，涉及农机安全生产责任主体101家次，无农机安全生产事故发生。 （林 锋）

## 乡村振兴

【概况】 上虞区农业农村领域工作获全国农村集体产权制度改革工作先进集体、全省产粮大县、全省实施乡村振兴战略实绩考核优秀单位、全省深化“千万工程”建设新时代美丽乡村工作优胜县、全省粮食“五优”联动示范县、全省高标准农田建设和农村宅基地工作成绩突出集体、全省农村宅基地工作成绩突出集体、全省农村土地承包经营权确权登记颁证成绩突出集体、全省农业综合性“机器换人”高质量发展先行县、省级渔业健康养殖示范县、省级“肥药两制”改革综合试点县，被列入全国乡村振兴典型观测县、全省农业“双强”攻坚试点县、浙江省化肥减量增效“三新”试点县等。 （罗森林）

【领导小组建设】 将原“区委、区政府农业和农村工作领导小组”调整为“区委农村工作领导小组”，出台领导小组工作规则，加强“三农”工作统筹协调。印发《绍兴市上虞区关于贯彻落实〈浙江省落实五级书记抓乡村振兴责任清单（试行）〉的实施意见》，围绕区委书记抓乡村振兴主要责任清单分解目标任务，抓好工作落实。 （罗森林）

【产业建设】 完成雾耕农业科技示范园项目建设，创建省级“三农”新基建试点，建成农创智谷示范园区，引进首批农创客团队项目5个，舜达种业入选全省农作物种业阵型企业名单，并建成全省最大常规稻麦供种基地，年制种能力达1000万公斤以上。杂交稻机插秧项目入选全省农业“双强”重点突破试点项目，大通现代农事服务中心入选省级首批名单，农事服务体系进一步健全。 （罗森林）

7月22日，农创智谷一期全景图（区农业农村局 提供）

【生态建设】 深化共同富裕188专项行动，投入4.5亿元，推进新时代美丽乡村建设，创建省级未来乡村4个、培育市级乡村振兴先行村8个。完成“三线”提升整治121个村，改造提升农村公厕209座，实行农村人居环境标准化长效管护机制，农村无害化卫生厕所普及率和生活垃圾集中处置覆盖率均达100%。建成省级美丽乡村示范乡镇3个、特色精品村4个。（罗森林）

**【乡风文明】** 聚焦重点难点、破除陈规陋习、厚植新风正气，进一步深化文明乡风建设，全覆盖打造新时代文明实践站所，开展干群携手文明城市创建，组织文化下乡巡演、我们的“村晚”等群众性文化活动，在创建、活动中引育文明新风。完善农家书屋、电子阅览室和文化活动室硬件配套，开展“倡导移风易俗·传承中华美德”阳光文化下乡活动，以群众喜闻乐见的艺术形式呈现新旧观念的碰撞、婚事新办的要求。（罗森林）

**【村社治理】** 开展村社组织换届“回头看”，通过“五查五看”找准找实换届以来村社组织运行问题，相关做法得到市委常委、组织部长王琴英肯定批示。积极实施“虞青书记”培养计划，建强领头雁队伍。选树全区首批十大“兴村治社导师”，激发干事创业活力。开展“三师三员回归乡村”系列活动（教师、医师、律师、公务人员、公安警员、银行职员），全区14000余名“三师三员”完成回归。全年创建国家级民主法治示范村1个，省级民主法治村（社区）22个，市级民主法治村（社区）66个。（罗森林）

**【农村基础设施建设】** 推进以集体经济为核心的强村富民乡村集成改革，打好“土地规模流转+宅基地改革+农业标准地”组合拳，相关做法列入省强村富民乡村集成改革实践试点。深入实施村集体经济增收三年行动，落实国企与虞南12个乡镇结对增收，谋划实施7个总投资5.9亿元村级集体经济增收重点项目，全年村集体经营性收入同比增长29.15%，村均达104.66万元，全面消除经营性收入80万元以下建制村。实施新一轮城乡基本公共服务均等化计划，重点保障农村公路基础设施建设、义务教育优质均衡发展、一老一小、一病一残公共服务提升等方面。（罗森林）

# 制造业

## 综述

**【概况】** 2022年，全区实现规模以上工业产值2171.63亿元，增长12.0%，产销率为95.2%。

从轻重工业看，规模以上轻工业实现产值442.30亿元，增长7.9%，规模以上重工业实现产值1729.33亿元，增长13.1%。分行业看，规模以上机械装备业实现产值530.50亿元，增长21.7%；医药化工业实现产值725.40亿元，增长11.8%；轻工纺织业实现产值193.88亿元，增长6.9%；照明电器业实现产值39.61亿元，下降10.4%。实现规模以上工业增加值527.21亿元，增长11.3%。

全年实现规模以上新产品产值1033.90亿元，增长22.7%，新产品产值率为47.6%，同比提高4.1个百分点。规模以上高新技术产业、战略性新兴产业、数字经济核心产业制造业等行业增加值分别为378.18亿元、202.12亿元、70.48亿元，增长12.0%、24.0%、21.6%。环保、健康、高技术行业增加值分别增长18.5%、17.1%、35.8%，均高于规上工业。

规模以上工业企业实现营业收入1954.87亿元，增长10.6%，比绍兴平均高4.8个百分点居首位；利税总额240.21亿元，增长15.0%；利润总额194.56亿元，增长18.0%。营业收入利润率为10.0%，同比提高0.7个百分点；每百元营业收入中的成本费用总额为91.4元，同比降低0.9元。

全区共有规模以上工业企业836家，其中年营业收入50亿～100亿元企业3家，10亿～50亿元企业36家，5亿～10亿元企业45家，1亿～5亿元企业199家。营业收入亿元以上企业实现产值1855.16亿元，增长16.1%，营业收入1729.81亿元，增长16.6%，利润总额190.36亿元，增长22.5%，占规模以上工业企业的比重分别达85.4%、88.5%、97.8%。96家大中型企业领跑全区，产值、营业收入、利润总额分别占全区规模以上工业的51.8%、48.0%和70.0%。

全年工业用电量60.54亿千瓦时，增长8.0%。全年规模以上工业企业综合能耗188.04万吨标准煤，增长7.4%；万元产值能耗0.0866吨标准煤/万元，下降4.1%；规模以上单位工业增加值能耗下降4.2%。

2022年，上虞区获全省制造业高质量发展示范区创建考核优秀，绍兴唯一。列入全省第二批中小企业数字化改造试点县（市、区）创新培育名单、全省新一轮制造业"腾笼换鸟、凤凰涅槃"攻坚行动考评激励名单。

电机产业大脑入选数字经济系统优秀细分行业产业大脑名单；"电机产业大脑+未来工厂"获省共同富裕示范区最佳实践奖；列入全省第二批中小企业数字化改造试点县（市、区）创新培育名单；新增省级未来工厂试点1家。

全年新增5G基站建设551个。做好减轻企业负担各项工作。累计减负31.14亿元，惠及企业60.83万家次。

**【"一码管地、双码治企"上线运行】** 年度新增省级认定小微企业园4个，小微园绩效评价A档7个。新增省级数字化园区1个。新增单项冠军产品1项；新增雄鹰企业1家；14家企业获评国家级专精特新"小巨人"企业；5家企业入选2022年度第一批省级"专精特新"中小企业名单，59家企业入选2022年度第二批省级"专精特新"中小企业公示名单；140家企业获评2022年度浙江省创新型中小企业。舜云互联公司的电机产业大脑工业互联网平台入选2022年省级重点工业互联网平台（全省11个）。（徐　旌）

2018—2022年工业用电量及增长速度

## 装备制造业

【概况】 2022年，全区规模以上装备制造企业252家，实现工业总产值5305017万元，增长21.7%。营业收入4216493万元，增长17.2%。利税总额622693万元，增长30.5%。利润总额475776万元，增长37.1%。卧龙控股集团有限公司入选中国民营企业500强榜单、全省本土民营跨国公司“领航企业”。浙江晶盛机电股份有限公司入围国家级企业技术中心，英达风机被安装入亚运村，浙江上能锅炉有限公司、浙江金盾压力容器有限公司、浙江蓝能燃气设备有限公司、浙江锋龙电气股份有限公司4家企业获评国家级专精特新“小巨人”企业。浙江上能锅炉有限公司、浙江金盾压力容器有限公司入选第一批浙江省专精特新中小企业。浙江金盾消防装备有限公司、浙江聚英风机工业有限公司、浙江双阳风机有限公司等企业入选省级第二批专精特新中小企业。浙江春晖仪表股份有限公司获省级隐形冠军企业。浙江晶盛机电股份有限公司入选省第三批“雄鹰行动”培育企业。浙江金盾风机股份有限公司生产的特种装备用应急排风机，入选国内首台（套）产品。

【装备制造业技术奖项】 浙江晶盛机电股份有限公司“12英寸单晶硅硬轴直拉生长炉研制”项目入选省首批“尖兵”研发攻关计划，“大尺寸半导体级直拉硅单晶生长装备关键技术研发及产业化”成果获省科技进步一等奖。

【风机产业提升行动跻身全国范例】 2022年，上虞区有风机及配套企业500余家，总产值突破百亿元，跻身上虞培育发展的8大重点产业集群榜单。针对风机企业在规模、人才配备、质量意识等方面参差不齐的现状，出台《上虞风机产业小微企业质量管理体系认证提升行动实施意见》，形成政府搭台、企业唱戏、风机监测中心和风机协会及标准化研究院等“大合唱”新格局。区风机产业提升行动重点帮扶的企业质量管理成果入选“全国小微企业质量管理体系认证提升行动企业优良案例”。也是浙江唯一一个入选的优良案例。

（徐　旌）

## 医药化工业

【概况】 2022年，全区规模以上医药化工企业115家，实现工业总产值7253969万元，增长11.8%。营业收入6850736万元，增长17.3%。利税总额1251058万元，增长22.4%。利润总额1083524万元，增长30.0%。浙江龙盛控股有限公司入选中国民营企业500强榜单、全省本土民营跨国公司“领航企业”；氟精细化工集群列为工信部2022年度中小企业特色产业集群名单；绍兴上虞华伦化工有限公司、浙江诺亚氟化工有限公司、浙江上虞利星化工有限公司3家企业入选国家级专精特新“小巨人”企业，闰土染料入选第二批省专精特新企业，上虞颖泰精细化工有限公司入选省第一批智能工厂（数字化车间），金冠化工获评浙江省节水型企业，永农生物科技有限公司被评为浙江省企业技术中心。

【4家专家工作站“云签约”】 5月27日，绍兴积准生物科技有限公司、绍兴舜邦医药科技有限公司、浙江华纯化学科技有限公司和浙江峻山生物科技有限公司分别与来自上海交通大学、清华大学、浙江大学3所高校的4位教授专家以“云签约”的方式实现在线签约。签约建站的4家企业涉及生物医药、新材料等新兴产业领域。

【3家企业产品入选省精品制造】 2022年，浙江秦燕科技股份有限公司生产的2-氨基-4-甲基-5氯苯磺酸（CLT酸）、浙江巍华新材料股份有限公司生产的对氯三氟甲苯、浙江吉泰新材料股份有限公司生产的氟喹诺酮类药物关键中间体2,4-二氯-5-氟苯乙酮入选省精品制造。

（徐　旌）

## 轻工纺织业

**【概况】** 2022 年，全区规模以上轻工纺织企业 188 家，实现工业总产值 1938787 万元，增长 6.9%。营业收入 1776128 万元，增长 11.6%。利税总额 104849 万元，增长 9.6%。利润总额 61778 万元，增长-2.3%。浙江天纬雨具有限公司入围工信部两化融合贯标企业；浙江灏宇科技有限公司入选省第一批智能工厂；浙江康隆达特种防护科技股份有限公司、浙江俏尔婷婷服饰有限公司、浙江百得利制革有限公司 3 家企业获评浙江省第二批专精特新中小企业；友谊菲诺被认定为省级企业工业技术设计中心；浙江伟伟纺织印染有限公司获评省级节水型企业。

**【14 家伞企抱团参加广交会】** 5 月 1—5 日，崧厦伞业商会组织腾鑫伞业、鑫达伞业、晨升伞业等 14 家企业，参加第 133 届中国进出口商品交易会第三期。达成意向成交额 1082 万美元。

**【汤浦童装开辟非洲市场】** 5 月 13 日，汤浦童装南非展馆开馆仪式暨童装洽谈会活动以连线的方式在汤浦镇综合文化站、“中非桥”跨境贸易服务平台杭州总部和南非约翰内斯堡汤浦童装馆同步举行。活动中，南非客商、汤浦童装企业以及“中非桥”跨境贸易服务平台相关人员就商务细节展开友好交流。

**【2875 套童装捐赠金口河幼儿园】** 10 月 28 日，上虞区捐赠 2875 套童装，总价值 24.5 万元。送至金河口，由金河口妇联派发给幼儿园。

**【伞件产业入选国家级区域试点】** 2022 年，上虞伞件产业入选国家级小微企业质量管理体系认证提升行动区域试点。2023 年 4 月 25 日，全国小微企业质量管理体系认证提升行动区域试点工作现场会在上虞区召开。与会人员现场观摩调研伞艺产业工程师协同创新中心、潘韩村伞业村、浙江友谊菲诺伞业有限公司 3 个点位。

**【汤浦童装举行电商直播大赛】** 11 月 5 日，第九届上虞区童装文化艺术节暨第三届电商直播大赛在汤浦镇举行。34 个童装直播间同步开卖，经过 50 分钟的激烈角逐，直播参赛团队总体销售额达到 122 万元，累计吸引 17 万人次观众。活动当天，汤浦镇“残疾人之家”共富阳光坊揭牌。

**【伞业商会举办中国跨境电商交易会】** 7 月 18 日，崧厦伞业商会举办 2022 中国跨境电商交易会（秋季）暨市场开拓推介会。华联印染、友谊菲诺、浙江恒洋、浙江联合、绍兴晨升等 20 多家企业负责人和业务主管参加交易会。

（徐 旌）

## 照明电器业

**【概况】** 2022 年，全区规模以上照明电器企业 35 家，实现工业总产值 396142 万元，同比下降 10.4%。营业收入 358635 万元，同比下降 12.3%。利税总额 52485 万元，同比下降 34.9%。利润总额 47360 万元，同比下降 37.0%。

浙江阳光照明集团股份有限公司列入全省本土民营跨国公司“领航企业”；晨辉光宝科技股份有限公司获省第二批专精特新中小企业荣誉；浙江阳光照明集团股份有限公司入选省电子信息产业百家重点企业。

**【阳光照明制定国内国外双轮驱动战略】** 浙江阳光照明集团股份有限公司是一家专业生产节能电光源的民营上市企业。企业主导产品为 LED 球泡灯、吸顶灯、路灯、家居照明灯具、商业照明灯具及电子节能灯等，产品技术处于国内领先。阳光照明根据市场变化制定国内国外双轮驱动战略，同时实行线上线下双向发展，坚持由 ODM 生产企业向以自主品牌为主的全球化经营转变。通过几年努力，阳光在欧盟和美国市场的公司自有品牌“ENERGETIC”已进入当地的主流市场，在越南市场“yankon”品牌节能灯已占据当地前三。对国内市场重点通过“经销渠道网”“专业化工程网”“连锁超市网”的构建和完善，推动公司从传统制造模式向制造+经营模式的转型。

## 食品工业

【概况】 2022年，全区规模以上食品企业9家，实现工业总产值149335万元，同比增长0.95%；实现营业收入95418万元，同比增长6.09%；上缴税金5040万元，同比增长24.18%；利润总额6523万元，同比增长57.38%。绍兴女儿红获区工业百强企业。

【“上虞翠茗”打造“三茶统筹”的上虞标识】 2月28日，“上虞翠茗”茶叶区域公用品牌新闻发布会在杭浙江省人民大会堂举行，正式启用“上虞翠茗”茶叶区域公用品牌，打造“三茶统筹”的上虞标识。发布会邀请中央广播电视总台、《中国青年报》、《农民日报》等众多媒体参加，为“上虞翠茗”讲好品牌故事。全区现有茶园面积4.36万亩。

【觉农龙井等被认定绿色食品】 中国绿色食品发展中心、浙江省农产品绿色发展中心认定，上虞觉农茶叶有限公司生产的觉农舜毫(绿茶)、觉农龙井(绿茶)、觉农翠茗(绿茶)。被认定为绿色食品。许可期限2022年5月14日至2025年5月13日。2022年，全区茶叶总产量2310吨，总产值1.53亿元，先后创建国家级无公害茶叶标准化生产示范县、国家级龙井茶原产地保护区、浙江省初制茶厂优化改造先进县、获得中国茶文化之乡荣誉。

【上虞黄酒生产企业开展“一物一码”试点工作】 2022年，上虞区入选全省应用推广“全球二维码迁移计划”(简称GM2D)试点区。依托“浙食链”二维码，上虞区全面开启GM2D在黄酒生产企业的落地。12月8日，绍兴女儿红酿酒有限公司生产的1000箱瓶盖印有GM2D“浙食链”二维码的三年陈“花雕酒”黄酒投入市场，这标志着黄酒率先用上“二代身份证”，实现食品“从车间到餐桌”全过程追溯无缝衔接。(徐 旌)

## 高端新材料

【概况】 2022年，上虞区高端新材料实现规模以上企业总产值438.8亿元。重点发展先进化工新材料、先进有色金属材料、高性能轻合金材料、先进钢铁材料等领域。杭州湾经开区先进高分子新材料产业入选浙江省第三批“万亩千亿”新产业平台培育名单，先进高分子新材料产业群入选首批省级“新星”产业群，新材料产业链已列入全省产业链“链长制”省级试点。浙江皇马尚宜新材料有限公司(皇马特种工业表面活性剂车间)入选第二批省级数字化车间。浙江孚诺林化工新材料有限公司、浙江巍华新材料股份有限公司、浙江自立新材料股份有限公司3家企业获国家级专精特新“小巨人”企业。浙江中科恒泰新材料科技有限公司生产的模内发泡型聚甲基丙烯酰亚胺(PMI)泡沫材料获2022年度省首批新材料。浙江龙盛薄板有限公司获第二批浙江省专精特新中小企业荣誉。

【中化蓝天为新冠病毒治疗药提供关键原料】 中化蓝天氟材料有限公司生产的数百吨三氟乙酸乙酯产品作为关键原料，已批量供给新冠病毒治疗药奈玛特韦片/利托那韦片生产线使用。随着含氟医药作为新药被业界广泛推崇后，中化蓝天成为含氟医药中间体重要供应商也站在世界医药舞台。作为国内氟化工行业的领军企业，中化蓝天深耕氟产业70年，凭借产业链完整、技术先进、供应稳定等优势，占据全球主要市场份额，进入了多家国际医药龙头企业的全球供应链体系。

【宏达新材料一期建成投产】 6月29日，宏达新材料总投资33亿元，年产60000吨高端金属新材料项目，其中一期工程投资12亿元，用地100亩，年产高端金属新材料20800吨，一期项目建成投产。(徐 旌)

# 建筑业

## 综　述

**【概况】** 全年实现建筑业总产值 1254 亿元，同比增长 2.1%；实现省内建筑业产值 712 亿元，同比增长 14.1%；实现建筑业税收 14.91 亿元，同比增长 12.78%。

**【建筑企业荣誉】** 业务涉及西藏、青海之外的 29 个省市自治区，创省级及以上优质工程奖 85 项、省级文明标化工地 17 项，获国家级工法 2 项、省级工法 9 项，获各类专利 1529 项。亚厦控股有限公司被全国工商联授予“2022 年全国民营企业 500 强（第 354 位）”荣誉称号。浙江亚厦装饰股份有限公司、浙江舜江建设集团有限公司、浙江江河建设有限公司 3 家企业被浙江省建筑业行业协会授予“2022 年度浙江省建筑业先进企业”荣誉称号。浙江舜江建设集团有限公司承建的中国人寿大厦项目获得全国鲁班奖，上虞建筑企业时隔 17 年再次获得承建项目鲁班奖。（陈　琳）

## 建筑企业

**【概况】** 截至年末，全区共有建筑业企业 573 家，其中特级 7 家、一级 45 家、二级 200 家、三级及不分等级（含劳务）企业 321 家。

**【建筑企业二十强】** 浙江亚厦装饰股份有限公司、浙江舜江建设集团有限公司、浙江海滨建设集团有限公司、中鑫建设集团有限公司、浙江中富建筑集团股份有限公司、浙江舜杰建筑集团股份有限公司、浙江江河建设有限公司、浙江鸿富建设有限公司、浙江上安建设有限公司、浙江双堰建设有限公司、浙江凤山建设工程有限公司、浙江中泰建设工程有限公司、浙江宏祥建设工程有限公司、浙江纳特智能网络工程有限公司、浙江华昇消防机电安装有限公司、浙江康达建设有限公司、浙江广优建设有限公司、浙江轩翔建设有限公司、浙江舜峰建设集团有限公司、浙江中晨建设有限公司 20 家企业被绍兴市上虞区委、区政府授予“2022 年度建筑综合实力廿强企业”荣誉称号。

**【2 家特级企业破产重整成功】** 陷入破产困境多年的建筑特级企业五洋建设集团股份有限公司、华升建设集团有限公司年内先后重整成功，企业信用修复、恢复经营工作正在有序推进。（陈　琳）

## 行业管理

**【概况】** 区委办出台《关于促进建筑业高质量发展的若干政策》，加大企业培育力度，推进企业科研创新，支持企业做大做强，激励企业创优夺杯，促进企业绿色发展，鼓励企业引育人才，推动企业开放发展。修订 2022 年度建筑业企业综合考评办法，引导企业拓展工程总承包、装配式建筑业务，鼓励企业应用 BIM 技术、科技创新成果，促进高质量发展。全年办理企业资质重组合并分立事项 22 项，办理诚信平台人员库审核 6515 人次；采用“双随机”方式动态核查企业 14 家，督促企业保持资产、主要人员、技术装备等满足资质标准要求。

全年新开工装配式建筑 103.9 万平方米，保障性住房、政府投资或以政府投资为主的新建公建项目 100%实施装配式建造，中心城区新建民用建筑 100%实施装配式建造；新开工钢结构装配式住宅面积 10.43 万平方米。

**【建筑行业营商环境】** 完成 2022—2023 年度图审服务新一轮招标，中标产生房建图审服务机构 6 家，并将图审机构确定机制由以往摇号方式选择改为建设单位自主选择，促使图审机构提前靠前与建设单位对接，倒逼提升图审效率和服务质量。依托投资项目在线审批监管平台 3.0，实行收件、审批、出件三统一，实现政务 2.0 事项“一网通办”率达 100%。探索企业投资项目“极简审批”模式，多个小微项目通过并联审批领取施工许可证；开展“拿地即开工”试点；对“三个一批”、专项债券等重大项目提前服务，实施承诺制办理，保障重大项目动工建设。

**【建筑行业数字化监管】** 上虞区迭代开发二期项目——工程项目大数据监督平台，整合监管力量，完善政策体系，对政府投资（国有建设）项目进行实时、智能、闭环管理，实现工程监管数字化、全流程、标准化。至年底平台共导入建设项目 1888 个，总用户达 7593 个，每日登陆流量保持在 3000 条以上；平台子系统（水利工程领域公权力大数据监督）被列入浙江省公权力大数据监督应用“一本账 S0”。在建筑工地扬尘防控上，强力推进扬尘监测系统建设和视频联网工作，到年底全区符合安装要求的 117 个在建工地实现应装尽装、应接尽接。

**【建筑工业化】** 加强基地培育，浙江永坚新材料科技股份有限公司再次建设年产 10 万吨装配式钢构件、8 万立方米 PC 预制构件产线及绿色建材研发中心项目，新增土地 300.1 亩，投资 10.3 亿元，并争取申报上市。

**【国家专利 1529 项】** 2022 年，国家知识产权局授权国内发明专利 39 项，实用新型专利 1147 项，外观设计专利 343 项。按企业统计：浙江亚厦装饰股份有限公司国内发明专利 35 项，实用新型专利 1115 项，外观设计专利 343 项；浙江亚厦幕墙有限公司国内发明专利 4 项，实用新型专利 32 项。

**【国家级施工工法 2 项】** 浙江江河建设有限公司编写的《铁板砂地层超长拉森钢板》《基于 U 型防渗膜大坝》被中国水利工程协会认定为国家级施工工法。

**【省级施工工法 12 项】** 浙江亚厦装饰股份有限公司编写的《多曲面 GRG 挂板施工工法》《全方位可调节墙板施工工法》《基于嵌入式灯箱结构施工工法》；浙江海滨建设集团有限公司编写的《地下室单侧模外墙自支撑体系施工工法》《既有桁架楼板高度调节的装配式施工工法》《装配式剪力墙工具式插筋定位施工工法》《深基坑地下工程自排水防护施工工法》，浙江江河建设有限公司编写的《小断面长距离引水施工工法》和龙德建设有限公司编写的《承插型预制管沟施工工法》9 项施工工法被浙江省住房和城乡建设厅认定为省级施工工法；中鑫建设集团有限公司编写的《高压旋喷可阔径钢筋笼施工工法》《异形截面聚氨酯弹性体内模施工工法》《免切割可调平整度施工工法》3 项施工工法被河南省住房和城乡建设厅认定为省级施工工法。

**【省级绿色工地 4 项】** 浙江舜杰建筑集团股份有限公司施工的长宁区新泾镇 351 街坊 3 丘工地和浙江舜江建设集团有限公司施工的夏阳街道达慧路北侧 08A-01、08C-01 工地被评为上海市绿色工地；浙江舜江建设集团有限公司施工的杭政储出〔2010〕32 号金融用房工地和浙江中富建筑集团股份有限公司施工的绍兴市上虞人民医院科技综合楼工地被评为浙江省绿色工地。

**【中国绿色建材产品认证 3 项】** 绍兴阳力混凝土有限公司 1 项，三杰建筑产业化有限公司 1 项，舜元建筑产业化有限公司 1 项。

**【参编行业标准 2 项】** 浙江亚厦装饰股份有限公司参编的《装配式住宅设计选型标准》（JGJ/T494-2022）由住房和城乡建设部发布，《室内装饰装修易散发甲醛材料使用要求》（JC/T60007-2022）由工业和信息化部发布。

（陈　琳）

## 工程质量安全管理

**【概况】** 辖区全年新受监建筑工程 234 项，建筑面积 439.5 万平方米；监督竣工验收 199 项，建筑面积 327.14 万平方米，到年底共有在建建筑工程 384 项，建筑面积 1033 万平方米，建筑施工领域无质量事故和亡人上报事故，工程质量和安全生产形势保持总体平稳。全年获省部级以上优质工程 84 项，其中国家级优质工程 29 项、省部级优质工程 55 项。

表 2　　2022 年省部级以上优质工程汇总表

单位：项

| 奖项名称＼企业名称 | 浙江亚厦装饰股份有限公司 | 浙江亚厦幕墙有限公司 | 浙江舜江建设集团有限公司 | 浙江海滨建设集团有限公司 | 浙江舜杰建筑集团股份有限公司 | 浙江华昇消防机电安装有限公司 | 浙江康达建设有限公司 | 龙德建设有限公司 | 浙江中博信息工程有限公司 | 合计 |
|---|---|---|---|---|---|---|---|---|---|---|
| 鲁班奖 | 6 | — | 1 | — | — | — | — | — | — | 7 |
| 国家优质工程 | 2 | 2 | — | — | — | — | 1 | — | — | 5 |
| 北京长城杯 | 1 | — | — | — | — | — | — | — | — | 1 |
| 上海白玉兰杯 | — | — | — | 4 | — | 1 | — | — | — | 5 |
| 江苏扬子杯 | 1 | 2 | — | — | — | — | — | — | 1 | 4 |
| 广东金匠奖 | 1 | — | — | — | — | — | — | — | — | 1 |
| 上海市用户满意工程 | — | — | — | — | 8 | — | — | — | — | 8 |
| 新疆天山奖 | — | 1 | — | — | — | — | — | — | — | 1 |
| 重庆巴渝杯 | — | 1 | — | — | — | — | — | — | — | 1 |
| 中国建筑工程装饰奖 | 15 | 2 | — | — | — | — | — | — | — | 17 |
| 长三角金石奖 | 13 | 6 | — | 1 | 8 | — | — | — | — | 28 |
| 北京市建筑装饰优质工程 | 1 | — | — | — | — | — | — | — | — | 1 |
| 浙江省优秀安装质量奖 | — | — | — | — | — | 3 | — | — | — | 3 |
| 申安杯 | — | — | — | — | 1 | — | — | — | — | 1 |
| 浙江省优秀园林工程奖 | — | — | — | — | — | — | — | 1 | — | 1 |
| 合计 | 40 | 14 | 1 | 5 | 17 | 4 | 1 | 1 | 1 | 84 |

**【强化安全隐患排查整治】**　与 125 家建筑业施工总承包企业签订《2022 年建筑业企业目标管理责任书》，坚持实施监管督查与企业自查相结合、日常巡查与专项检查相结合、领导督查与日常检查相结合的安全生产督查机制，排查整治各类安全隐患 4100 余条，通报批评在建工程 22 项，停工整治在建工程 63 项，移交违法案件 8 起、自办行政处罚 9 起，共计罚款 31.5 万元。

**【建筑工程质量监管】**　加强原材料质量抽查，全年监督抽检钢筋原材料 470 余批次、线管 30 余批次、节能无机保温板材 7 个批次，未发现使用劣质钢筋现象，对吸水率质量指标不合格的 1 批次板材责令全数退场。加强实体结构质量抽查，对 67 项在建工程，累计 15000 余个混凝土构件进行了检测，所抽检的部位基本符合设计和规范要求。强化过程质量监管，重点突出对装配式、钢结构住宅、块材保温板等新型建筑的监管力度，努力保证结构安全。强化质量通病治理，严格落实竣工前预验收制度，对渗漏、裂缝等质量通病督促整改到位，做到竣工交付住宅工程分户验收合格率 100%。

**【多个质量管理小组及活动获奖】**　浙江亚厦装饰股份有限公司“提高飘窗大板块石材安装一次性合格率”被中国建筑业协会评为全国工程建设质量管理小组活动成果大赛 2 类成果奖；浙江亚厦装饰股份有限公司“提升大空间异形铝合金合格率”“提高硅陶板一次性合格率”“提高双曲铝板安装一次性合格率”“提高异

形柱一次性安装合格率”“提高飘窗大板块石合格率”被浙江省建筑装饰行业协会评为 2022 年建筑装饰质量管理小组活动一等奖；浙江舜江建设集团有限公司“提高钢筋保护层一次验收合格率”“提高底板后浇一次验收合格率”和浙江舜杰建筑集团股份有限公司“提高 SW 硅墨一体化系统施工质量”被上海市质量管理协会评为质量管理小组活动一等奖。

**【工地项目荣誉】** 4 个工地被命名为 2021 年度上海市文明工地；1 个工地被评定为 2022 年度浙江省建筑安全生产标准化管理优良工地；1 个工地被评定为 2021 年度山东省建筑安全生产标准化管理优良工地；4 个工地被评定为 2022 年上半年江苏省建筑施工标准化星级工地；4 个工地被评定为 2021 年下半年江苏省建筑施工标准化星级工地；4 个工地评定为 2022 年度绍兴市建设工程施工安全生产标准化管理优良工地。（陈 琳）

## 勘察设计

**【概况】** 2022 年底，有勘察设计企业 12 家。其中建筑行业（建筑工程）设计 3 家（甲级 1 家，乙级 1 家，丙级 1 家）；建筑装饰工程设计专项 6 家（甲级 3 家，乙级 3 家）；建筑幕墙工程设计专项 2 家（甲级 1 家，乙级 1 家）；轻型钢结构工程设计专项乙级 1 家；建筑智能化系统设计专项甲级 1 家；化工石化医药行业乙级 1 家；电力行业（变电工程、送电工程）专业丙级 1 家。

**【施工图审】** 2022 年全年施工图审查房建项目 360 个，建筑面积为 469.39 万平方米。（陈 琳）

## 优质工程选登

**【全国鲁班奖工程——中国人寿大厦】** 中国人寿大厦（杭政储出〔2010〕32 号地块商业金融用房）工程位于杭州 CBD 核心区块钱江新城单元（JG17）E-01 地块，紧邻市民中心，是浙江省重点金融产业项目。总建筑面积 41.8 万平方米，建筑高度 190 米，建设单位中国人寿保险股份有限公司浙江分公司，工程二标段由浙江舜江建设集团有限公司施工总承包。

中国人寿大厦二标工程为中国人寿大厦商务副楼工程，东南侧邻民心路，西南侧邻新业路，东北侧邻相邻地块共用道路，西北侧邻钱江路。该工程地上 39 层，地下 4 层（由一标段施工），地上建筑面积 87386 平方米，建筑高度 170 米。工程于 2015 年 9 月 11 日开工，2021 年 6 月 30 日竣工。（陈 琳）

中国人寿大厦（建设局 提供）

# 房地产业

## 开发销售

【概况】 2022年，根据统计口径显示，全区房地产开发企业完成房地产投资127.88亿元，比2020年增长10.6%。商品房施工面积652.33万平方米，同比增长7.8%，其中新开工面积73.8万平方米，同比下降27.7%。商品房竣工面积69.82万平方米。商品房销售面积94.41万平方米，同比下降32.7%；商品房销售额127.02亿元，同比下降22.9%。 （钱一梅）

【楼盘开盘】 2022年，上虞区共有21个楼盘开盘预售商品房，预售总面积99.47万平方米，其中住宅69.06万平方米，商业18.23万平方米，写字楼10.2万平方米，其他1.98万平方米。21个楼盘中有14个为首开楼盘，预售面积为77.09万平方米，其中，城区楼盘8个，预售面积53.34万平方米，乡（镇）楼盘6个，预售面积23.75万平方米。 （钱一梅）

【资质审批】 2022年上虞区75家房地产开发企业取得房地产开发资质，其中二级资质72家，暂定资质3家。 （钱一梅）

表3　　2022年房地产开发企业资质情况表

| 企　业　名　称 | 资质等级 |
|---|---|
| 浙江中富房地产开发有限公司 | 二级 |
| 绍兴上虞华郡置业有限公司 | 二级 |
| 浙江艾尔威伞城发展有限公司 | 二级 |
| 绍兴嘉业房地产开发有限公司 | 二级 |
| 绍兴市新舜贸易有限公司 | 二级 |
| 绍兴上虞日新置业有限公司 | 二级 |
| 绍兴上虞创恒实业投资有限公司 | 二级 |
| 绍兴市上虞越嘉置业有限公司 | 二级 |
| 绍兴浩宇房地产开发有限公司 | 二级 |
| 绍兴港同置业有限公司 | 二级 |
| 绍兴市上虞区天翔置业有限公司 | 二级 |

续表

| 企 业 名 称 | 资质等级 |
|---|---|
| 万可（绍兴）企业管理有限公司 | 二级 |
| 绍兴上虞祥宏房地产开发有限公司 | 二级 |
| 绍兴港兴置业有限公司 | 二级 |
| 绍兴市上虞瑞诚置业有限公司 | 二级 |
| 绍兴市上虞安兴置业有限公司 | 二级 |
| 绍兴市上虞鸿雁建设开发有限公司 | 二级 |
| 绍兴上虞联盛置业有限公司 | 二级 |
| 绍兴市上虞新天龙置业有限公司 | 二级 |
| 浙江蓝城宏逸有道建设管理有限公司 | 二级 |
| 绍兴市上虞舜兴房地产有限公司 | 二级 |
| 绍兴市上虞财富置业有限公司 | 二级 |
| 绍兴市上虞金座置业有限公司 | 二级 |
| 浙江世邦置业有限公司 | 二级 |
| 绍兴上虞兴树置业有限公司 | 二级 |
| 绍兴通盛房地产开发有限公司 | 二级 |
| 浙江协诚置业有限公司 | 二级 |
| 浙江鸿越置业有限公司 | 二级 |
| 绍兴市上虞星晟房地产开发有限公司 | 二级 |
| 浙江兴宏房产集团有限公司 | 二级 |
| 绍兴锦驰置业有限公司 | 二级 |
| 绍兴蓝城宏逸之道建设管理有限公司 | 二级 |
| 绍兴市上虞区城市建设综合开发公司 | 二级 |
| 绍兴上虞新都置业有限公司 | 二级 |
| 绍兴市上虞逸园房地产开发有限公司 | 二级 |
| 绍兴上虞华惠置业有限公司 | 二级 |
| 绍兴上虞创恒置业有限公司 | 二级 |
| 绍兴市上虞海纳置业有限公司 | 二级 |
| 绍兴市上虞诚投置业有限公司 | 二级 |
| 绍兴万固房地产开发有限公司 | 二级 |
| 绍兴璟虞置业有限公司 | 二级 |
| 浙江舜杰置业有限公司 | 二级 |

续表

| 企 业 名 称 | 资质等级 |
|---|---|
| 绍兴上虞康越房地产开发有限公司 | 二级 |
| 绍兴汉龙置业有限公司 | 二级 |
| 绍兴嘉虞置业有限公司 | 二级 |
| 绍兴市上虞天城房地产开发有限公司 | 二级 |
| 绍兴上虞余坤置业有限公司 | 二级 |
| 绍兴上虞金昌房地产开发有限公司 | 二级 |
| 浙江宇石置业有限公司 | 二级 |
| 绍兴上虞万赢置业有限公司 | 二级 |
| 绍兴市上虞澳凯置业有限公司 | 二级 |
| 绍兴通瑞房地产开发有限公司 | 二级 |
| 绍兴市上虞区亿家房地产开发有限公司 | 二级 |
| 绍兴市上虞天越置业有限公司 | 二级 |
| 绍兴市上虞区华孚房地产开发有限公司 | 二级 |
| 绍兴市上虞璟弘置业有限公司 | 二级 |
| 绍兴市上虞飞达置业有限公司 | 二级 |
| 绍兴上虞浙大网新科技园发展有限公司 | 二级 |
| 绍兴鸿厦置业有限公司 | 二级 |
| 绍兴鸿裕置业有限公司 | 二级 |
| 绍兴和成声全置业有限公司 | 二级 |
| 浙江华孚网链投资管理有限公司 | 二级 |
| 绍兴市上虞亿峰置业有限公司 | 二级 |
| 绍兴上虞万辉置业有限公司 | 二级 |
| 绍兴保泽置业有限公司 | 二级 |
| 绍兴市上宅置业有限公司 | 二级 |
| 绍兴仪坤置业有限公司 | 二级 |
| 绍兴汇锦置业有限公司 | 二级 |
| 绍兴天欣置业有限公司 | 二级 |
| 绍兴上虞和泰华兴房地产开发有限公司 | 二级 |
| 绍兴鸿振置业有限公司 | 二级 |
| 绍兴上虞新品冠置业有限公司 | 二级 |
| 绍兴上虞闰创置业有限公司 | 暂定 |
| 绍兴保泓置业有限公司 | 暂定 |
| 绍兴骏阳置业有限公司 | 暂定 |

## 保障性住房

**【概况】** 全区保障性安居工程总体进展顺利。2018年底前开工的棚改安置房交付入住率达99.29%。2022年，新开工建设人才租赁住房1840套。（钱一梅）

**【公共租赁住房常态化配租】** 全面推行公共租赁住房常态化配租，2022年上虞区新增货币配租家庭4户，实物配租85户，其中低保2户，退租家庭17户，截至年末，实际在保家庭1021户，实物配租家庭723户，货币配租家庭298户。完成符合条件保障家庭的货币补贴发放工作，全年发放租赁补贴112.17万元，发放消防租赁补贴122户，共计114.6万元。发放人才住房租赁补贴5037人次，共计1719.84万元。（章佳璐）

**【公共租赁住房资格年审】** 根据区政府办公室《上虞区公共租赁住房管理实施细则》文件规定，公租房承租资格实行“两年一审”，对463户公租房保障家庭进行资格年审，符合条件的家庭按规定重新签约，并对不符合条件的53户家庭进行清退。年审通过家庭于2022年5月19日在上虞日报进行公示。（章佳璐）

## 房地产市场

**【概况】** 2022年，房产交易窗口二手房网签交易7913件，面积93.9万平方米；完成新建商品房网上签约6142次，成交面积85.72万平方米。提供上门服务6次。（章佳璐）

**【区房地产市场平稳健康发展攻坚行动工作专班成立】** 2022年，根据省、市专班工作部署，在稳就业惠民生攻坚行动房地产平稳健康发展小组基础上，整合上虞区维护房地产市场秩序工作专班，区建设局牵头成立区房地产市场平稳健康发展攻坚行动工作专班（区维护房地产市场秩序工作专班），制定出台《上虞区房地产市场平稳健康发展攻坚行动方案》，明确专班工作目标，同时充分发挥部门横向协同作用，建立完善房地产领域信访联合调处机制，通过建立信息共享、联动查处、齐抓共管等工作机制，切实做好房地产风险隐患排查工作，确保房地产市场平稳健康发展。（钱一梅）

**【风险隐患排查处置】** 以房地产市场风险隐患排查为抓手，聚焦人民群众反映强烈的难点和痛点问题，着力开展房地产市场风险隐患排查处置工作，落实大走访大排查、深化企业“三服务”、实现风险处置精准化。进一步加强商品房预售资金监管，区建设局联合人民银行、银保监等部门对重点商品房项目进行重点关注和监管，及时梳理项目预售资金收缴、使用情况，实施动态监测，推动浙江省商品房预售资金监管系统上线。（钱一梅）

**【房地产交易规范】** 每月开展房地产市场专项联合检查工作，主要对房地产市场运行情况以及房地产企业是否存在养老诈骗、无证销售、虚假宣传、未执行明码标价、超备案价销售商品房、公示信息不规范、收费标准不明确、未取得中介执业资格证等行为进行专项检查。发布《绍兴市上虞区行政区域内推行房地产交易税款财政补贴实施细则》，明确在规定时间内，在上虞区行政区域内购买商品住房可享受契税补贴，提振房地产市场信心。（章佳璐）

**【房地产交易安全】** 优化改造电子签章系统。在上虞本地部署一套天印电子签章系统，针对电子合同文本进行管理和储存，保证签章原件不出本地，使文本更安全；将本地电子签章系统与e签宝公有云签署服务系统集成，完成自然人和法人的实时实名认证、数字证书发放、意愿认证刷脸、签署结果的司法区块链存证、公证处和仲裁委的存证等，切实满足社会公众房屋网签便利和安全需求，提升服务水平，提高网签备案电子签的规范化程度和通用化程度。推进存量房交易资金监管。为规范存量房交易市场，维护交易双方合法权益，保障交易资金安全，拟定《绍兴市上虞区存量房交易资金监管办法（试行）（初稿）》，并通过重大决策社会风险评估。（章佳璐）

## 房产中介服务

【概况】 强化房地产经纪机构行业管理。上虞区发布《关于进一步规范上虞区房地产经纪机构行业管理的通知》，进一步规范经纪机构经营行为。开展经纪机构备案资格年检换证工作，共完成经纪机构到期换证429家，注销经纪机构50家，剩余经纪机构379家。

【整治养老诈骗专项行动】 通过分发领取统一版本的“养老诈骗”宣传画册和经纪机构微信群，QQ群，发布“养老诈骗专项行动”内容，并督促经纪机构利用电子屏幕、宣传展板等形式在显著位置宣传防诈反诈宣传标语，采取“线上发力+线下接力”方式多渠道宣传，力争宣传“无死角”。

【房产机构自查自纠】 以问题为导向，开展房地产经纪机构自查自纠专项检查，定期对全区已备案中介门店的经纪行为进行检查，共收回233份自查自纠表，共计排查房地产经纪机构56家，均未发现相关风险隐患。 （章佳璐）

## 白蚁防治

【概况】 2022年，上虞区新建项目201个，面积434.79万平方米；安装完工项目52个，面积253.24万平方米；接到群众救助灭治电话151个，完成白蚁灭治151户，面积4.78万平方米。

【防治管理】 发布《关于进一步加强白蚁防治管理备案工作的通知》，规范白蚁企业行为，加强对白蚁防治工作的全流程监管，促进白蚁防治服务市场健康发展。

推进白蚁防治数字化建设。为实现“数字化白蚁”目标，加快推进白蚁防治数字化建设，实现信息资源利用和数字共享，实现全流程监管。2022年10月，白蚁防治管理系统全面启用，白蚁防治相关业务实现线上办、马上办。 （章佳璐）

## 物业管理

【概况】 2022年，上虞区新缴存物业“两金”项目47个，其中新缴存物业保修金24个，金额共计11067.75万元；新缴存物业专项维修金23个，金额共计7330.79万元，做好物业专项维修资金支取工作，维修支出项目14个，支取资金140.84万元；退还物业保修金3只，退还保修金本金393.67万元，划转保修金4个，本金316.05万元。抓好行业管理，完成业委会备案43个，物业项目备案共51个，物业企业备案20个，物业项目经理备案48个；物业管理用房确定书出具27只，物业用房预提17只。

【重抓高层消防安全整治工作】 出台《上虞区高层民用建筑消防安全隐患整治方案》《关于要求加强消防设施专项维保的通知》，联合区消防救援大队，开展高层建筑消防安全管理培训工作，督促落实消防维保责任和加强人防措施。完成对55个高层在建工程项目消防检查工作和三轮高层消防整治督考。对照高层建筑必查清单16项内容，完成72个住宅小区消防安全专项大检查，建立跟踪台账，督办整改安全隐患225条。

【紧抓行业安全生产工作】 年内，加大对物业企业负责人、项目经理专业技能培训，全力做好物业领域维稳工作。开展安全生产大检查，检查物业管理项目136个，共计梳理安全隐患411条，建立动态跟踪台账，明确安全责任人及应急处置预案。开展电动自行车“违规充电”消防安全专项治理工作。

【推进“无物业小区全清零、红管家社区全覆盖”工作】 加大业委会党支部或党小组组建力度，探索推行小区党支部书记、业委会主任“一肩挑”，研究制定业委会选举工作指引、履职负面清单，明确业委会主任“三优先”“十不能”任职资格条件。第一批“红色业委会”5个试点小区时代家园小区、天际海悦小区、金宸府小区、梅林雅苑小区和众鑫苑小区开展选举试点工作，均取得成功。2022年，45个小区启动红色业委会选举，23个小区完成红色业委会选举。“无物业小区全清零、红管家社区全覆盖”工作部署暨业务培训会召开，确定街道乡镇工作任务清单。2022 年 9 月底，完成全区“无物业小区清零”工作，通过“社区+国企”共管模式，全面实现开放式小区“四保一服”物业管理基础服务。

【完善物业综合管理平台建设】 建设“虞城红领物业”系统，完善党建引领模块建设，完成物业系统数据归集工作，区建设局与大数据中心、不动产登记中心对接，进一步完善底层数据，努力确保数据的准确性、完整性。规范物业两金缴、存、支流程，实现数字化管理。完成物业管理数字化监管指挥中心建设，实现物业管理、消防管理的数字化监管中心数据流转和多跨协管应用。

（章佳璐）

表 4 2022 年度上虞区优秀物业管理住宅小区一览表

| 项目名称 | 所属街道 | 管理单位 |
|---|---|---|
| 金宸府 | 百官街道 | 杭州瑞志物业管理有限公司上虞分公司 |
| 翡翠御府 | 百官街道 | 杭州滨江物业管理有限公司上虞分公司 |
| 保利・璟府华庭 | 百官街道 | 浙江保利物业管理有限公司绍兴分公司 |
| 亚厦・江与城 | 百官街道 | 浙江怡华物业服务有限公司上虞分公司 |
| 嘉悦花园 | 曹娥街道 | 绍兴市上虞城市花园物业管理有限公司 |
| 卧龙・东方郡 | 曹娥街道 | 南都物业服务集团股份有限公司上虞分公司 |
| 新天龙・文惠苑 | 曹娥街道 | 浙江地平线物业管理有限公司 |
| 金通华府 | 百官街道 | 浙江舜欣物业管理有限公司 |

## 住房公积金管理

【概况】 2022 年，上虞区新增住房公积金实缴单位 313 家，新增扩面人数 6096 人，累计实缴单位 4392 家，总缴存人数 115550 人，净增率 5.56%。全年住房公积金归集 21.45 亿元，完成区政府目标任务 103.22%。全年批准符合提取住房公积金共计 15.90 亿元，完成目标任务 102.91%。办理公积金贷款 3608 户，发放贷款 13.28 亿元（包含公转商赎回 1663 笔 4.8634 亿元），完成目标任务 147.22%。贷款逾期率为 0。提取使用额 29.18 亿元，完成目标任务 119.24%。资金收支平衡度 106.08%，存贷比 101.09%。

【住房公积金政策调整】 根据《绍兴市住房公积金管理委员会办公室关于进一步调整完善住房公积金相关支持政策的通知》文件，购买首套住房申请住房公积金贷款的，首付比例不低于房屋总价的 20%，最高贷款额度不超过房屋总价的 80%；购买第二套住房或第二次申请公积金贷款的，首付比例不低于房屋总价的 30%，最高贷款额度不超过房屋总价的 70%。三孩家庭（指同一对夫妻在 2021 年 5 月 30 日后生育三孩的家庭，下同）购买首套自住住房或首次申请公积金贷款的，贷款额度可按可贷额度上浮 20%。同时对三孩家庭申请贷款，不纳入轮候，优先予以发放。三孩家庭无房租赁提取公积金的额度，可在限额基础上提高 50%。贷款最高额度由双职工 60 万元、单职工 40 万元分别调整至双职工 80 万元，单职工 60 万元。

**【住房公积金阶段性支持政策】** 受新冠影响经营困难的企业，与职工充分协商，在经企业职工代表大会或工会讨论通过，可以申请在 2022 年 12 月 31 日前缓缴住房公积金，缓缴期间，视同正常缴存，不影响职工提取和申请住房公积金贷款。缓缴期满，企业和职工需足额补缴住房公积金，企业可根据实际情况一次性补缴或分期补缴，分期补缴最长期限不得超过一年。受新冠影响的缴存职工，2022 年 12 月 31 日前住房公积金贷款不能正常还款的，经申请不作为逾期处理，不作为逾期记录报送征信部门，不计收罚息。职工本人及配偶在住房公积金缴存地均无自住住房且租房自住的，在 2022 年 12 月 31 日前，可在原最高不超过 1000 元/月・人标准基础上提高 50%（即可按最高不超过 1500 元/月・人标准）提取，同时职工可灵活选择提取时间。将原全市保底贷款额度不低于 15 万元调整为全市保底贷款额度不低于 20 万元，其中三区不低于 25 万元。同时将贷款可贷基准额度的倍数调整为 15 倍。

**【公积金中心资金运行管理】** 为减少补贴利息开支，充分提高结余资金利用率，上虞分中心自 2021 年底开始启动“公转商”贴息贷款置换工作。在保证提取和贷款资金充足的情况下分批次开展置换。至 2022 年 12 月共计 1663 笔、4.8634 亿元贷款顺利完成置换。继续向市住房公积金管理中心续借调剂资金 2.5 亿元；完成年度两期资金竞争性存放招投标，存放增值收益 3.15 亿元；完成年度结息，为全区缴存职工结计利息 6407 万元。常态化开展骗提套取住房公积金整治行动，全年未发生公积金骗提事件。加强贷后管理，加紧逾期贷款催收，确保资金安全，至 12 月底公积金贷款逾期率为 0。

**【住房公积金数字建设】** 涉及公积金业务的“退休一件事”“公务员生涯一件事”“事业单位一件事”“企业开户一件事”已成为机关单位日常办事的“标配”，跨省通办、长三角“一网通办”、“全国住房公积金”小程序、异地转移接续业务的知晓率和使用率进一步提升。7 月 1 日起，绍兴市区域内住房公积金账户转移接续网上办服务上线运行。职工账户合并业务实现在线办理。已有 9 家银行实行商业按揭贷款信息共享，4 家银行智能柜员机、App 可完成提取业务，包括年还贷提取等 7 项高频率事项实现自助办理。（贺虞杰）

# 商贸服务业

## 商贸流通

**【概况】** 2022 年，全区实现限额以上批发业销售额 535.78 亿元，同比增长 32.4%，限额以上零售业销售额 108.78 亿元，同比增长 21.3%；限额以上住宿业营业额 7.22 亿元，同比增长 19.0%；限额以上餐饮业营业额 7.31 亿元，同比增长 22.1%。

**【政策兑现】** 区商务局对乡镇、街道和有关部门推荐申报的 2022 年度服务业政策奖补 179 个项目进行汇总初审，通过项目资料审核、踏看验收、税务数据核查、中介机构审计、公示等程序，确定奖补项目 175 个，兑现资金 3145.87 万元。

**【汽车 4S 店入驻情况】** 2022 年，全区共有汽车 4S 店 15 家，二级经销商 2 家，主要分布在小越镇和经济开发区。2022 年比亚迪新能源车入驻上虞，全区已入驻宝马、奔驰、奥迪、上汽大众、通用别克、长安福特、长安汽车、广汽丰田、广汽本田、一汽丰田、吉利、东风风行、东风日产和一汽大众等汽车品牌。

**【第十九届汽车文化博览会】** 2022 年 7 月 15—17 日第十九届浙东（上虞）汽车文化博览会举办，参展汽车品牌近 22 个，3 天累计销售 306 辆，销售额 7000 多万元。本次车展日系车销量上升，宝马、奔驰、奥迪高档车销量平稳，新能源汽车比亚迪最高车展 3 天预订 69 辆。该次车展总销售额同比上年下降。（陈桂辉）

## 粮油购销

**【概况】** 2022 年，上虞区获绍兴市粮食安全责任制考核优秀，连续九年获评绍兴市政府考核优秀单位。早稻收购价格继续执行省定最低收购价格每 50 千克 128 元（三等）。秋粮收购价格每 50 千克（中等质量标准，下同）晚粳谷为 135 元、晚籼谷 133 元。对籼粳型杂交晚粳谷和早翻早（再生稻）收购价格按 133 元和 128 元执行。对投售给区粮食收储公司的早籼谷给予每 50 千克 30 元奖励。对交售订单晚粳谷的农户给予每 50 千克 20 元奖励。全区全年落实稻谷订单 102604 吨，签约农户 2145 户。其中早稻谷 51306 吨，晚稻谷 51298 吨。共发放免息早稻预购定金 876 万元，比上年增加 140 万元，受益农户 60 户。全年共收购粮食 97360 吨，订单履约率 94.48%，支付售粮款 2.63 亿元。粮食收购量占全年谷物类产量的 45 %。

**【小麦收购】** 5 月 26 日，全区开始收购小麦。为切实做好今年小麦收购工作，粮食经营企业严格执行收购价格政策。2022 年小麦收购价为每 50 千克 120 元（三等）。至 6 月 26 日，小麦收购工作结束，共收购小麦 8940 吨。

**【早稻订单签约与收购】** 至 7 月上旬，全区完成早稻订单签约工作。这次订单涉及 15 个乡镇（街道）、203 个行政村。共签约早稻订单合同 1180 份，签约早稻订单数量 51753 吨，占计划数的 100%。早稻订单奖励为农户增收 2921.69 万元。

区粮食收储公司切实做好早稻收购各项准备工

作。全区准备收购站11个，腾出空仓6.9万吨，落实收购人员70人，准备各种器材236台，粮农休息室11间。准备收购资金11100万元，订单奖励资金2921.70万元。

7月15日，上虞区早稻收购工作全面展开，至8月30日，早稻收购工作圆满结束。共入库早籼谷48694吨，其中订单入库48694吨，订单履约率94.09%。早稻收购数量比上年增加8619吨，入库数量占绍兴市的50.4%。

**【晚稻订单签约与收购】** 全区共落实晚稻订单51298吨，签约农户965户，晚稻订单面积12.61万亩。同时做好收购前的各项准备工作。落实收购站8个，收购仓库58025吨，各种收购设备、器材238台，农户休息室8间，收购资金1.4亿元。至12月31日，晚稻收购工作结束。全区共收购晚稻谷49183吨，比上年增加3463吨。

**【储备粮油轮换】** 根据储存年限和质量情况，安排2022年储备粮油轮换工作。共出库原粮30978吨，其中，早籼谷12000吨，晚粳谷18978吨；成品粮2900吨，成品油250吨。于12月31日前完成轮换补库。

**【粮食保供稳价】** 年内，全面落实粮食应急管理措施，与各应急单位签订相关协议，落实粮食应急供应网点28个；应急加工企业5家，日加工大米370吨，应急运输企业2家；粮价监测点4个。确保全区粮食供应和价格稳定。（叶　舟）

## 供销合作商业

**【概况】** 2022年，上虞区供销总社实现总经营收入159.23亿元（其中商品总销售100.93亿元）、综合效益（利润+折旧）1.61亿元（其中利润总额8492万元）、上缴税费1.09亿元，均超额完成年度目标任务。区供销总社获浙江省供销社系统2022年综合业绩考评优秀单位、绍兴市供销社2022年综合业绩考核特等奖（排名第一）。大通集团获2022年上虞区经济发展贡献奖。崧厦、东关、百官、章镇4家基层供销社跻身全省百强基层社，分别居第2、3、4、11名。

**【徐文光到上虞考察供销社为农服务工作】** 2月16日，浙江省副省长徐文光一行到绍兴市上虞区供销合作总社考察为农服务工作。徐文光提出，上虞供销要集聚服务功能打造为农服务“重要窗口”，立足特色资源，紧盯市场需求，大力发展优势产业，提高农民组织化程度，加强技术端研发，不断促进农业产业延链、补链、强链，全面促进农业提质增效、农民增收致富。

**【陈利江调研“三位一体”综合改革工作】** 9月6—7日，浙江省供销社党委书记、理事会主任陈利江带队赴上虞就深化“三位一体”农合联改革、供销社综合改革等工作进行专题调研，强调要牢记为农服务根本宗旨，充分利用自身资源、网络、经营优势，持续深化“三位一体”改革，在建设共同富裕示范区的大场景下和数字化改革全力推进下，进一步提高综合为农服务能力。

**【上虞大通现代化农事服务中心创建为全省首批省级现代化农事服务中心】** 9月16日，全省农业高质量发展大会在省人民大会堂召开。会上公布全省首批省级现代化农事服务中心创建单位（共20家），上虞大通现代化农事服务中心入选。该项目总规划占地面积30亩，总投资5100万元。主体位于梁湖街道工业园区，占地18亩，育秧中心位于丁宅乡丁宅村，占地5亩；粮食烘干加工中心位于丰惠镇祝家庄村，占地7亩。作为上虞区农事服务的综合平台及指挥中心，项目以农机耕种收全程机械化服务为基础，上延集中育秧、下联烘干加工，集农机、农资、农技“三位一体”，实现数字化指挥调度、农机展示共享、农机维修、农资配送、农技服务、植保服务等社会化服务功能，同时植入政府服务平台。主体项目于2022年9月开工建设，育秧中心与粮食烘干加工中心已完成选址和初步规划设计，计划于2023年完成建设并投入运营。

**【8家农业经营主体参加第15届国际森博会】** 11月5—8日，第15届中国义乌国际森林产品博览会（以下简称“森博会”）在义乌国际博览中心举行。区供销总社组织大通电商、大通农场、茶叶公司、景辉蜂业、红阳果木、东奇商贸、志明生态和鑫和农业等8家专业合作社、农产品公司参加线上线下展会。上虞区参

展的农业经营主体中，“虞园一品”蓝莓红酒获评比金奖，“晨泓”椴树蜜获评优质奖。8家参展企业共实现销售额3万余元，达成意向订单12个，订单总额5.2万元。

**【上虞亿家农贸市场完成提升改造并开业】** 上虞亿家农贸市场前身是舜杰路大通e家生鲜超市，因环境脏乱差，一度成为疫情传播的“放大器”被关闭。2022年，上虞区财政划拨资金800万元，按照四星级农贸市场标准进行改造提升，于12月7日完成提升改造并开业。市场总经营面积2000平方米，共设置摊位69个，内部配有空调、新风系统，商户信息发布系统，空气监测系统等；建有微型医服点、母婴室、调解室、果蔬皮处理垃圾房等，亿家市场内还设有检测室，可对蔬菜、冻品、水产、豆制品、肉类等进行各类相关检测，并每日在显示屏上发布检测结果，着力营造更加方便、安全、放心、有序的市场消费环境。

**【上虞实现回收网络体系全覆盖】** 2022年，全区已构建起“区、镇、村”三级再生资源回收网络体系，覆盖率达100%。区级层面建起3个再生资源分拣中心（1个在建）；镇级层面建起21家乡镇级回收站；农村地区按每个行政村建设一个回收点，已建立农村回收站点302个，城区每1000户居民的小区设立一个回收点，建起社区回收站点105个。

**【浙里“三位一体”共富平台荣获第七届浙江农民创富大赛铜奖】** 2022年11月，由上虞区供销总社选送的《浙里“三位一体”共富平台》（丁宅站）项目获第七届浙江农民创富大赛铜奖。浙里“三位一体”共富平台集“为农商城、幸福养老、统防统治、产销对接、产权交易、再生回收”等一站式“掌上服务”，是上虞供销总社打造“数字化”改革和“共同富裕”重要窗口的首个镇域基本单元；2022年底，共富平台依托上虞“虞南农事服务中心”迭代至2.0阶段，并在上虞下管镇继续布点扩面，将服务半径逐步深化延伸至周边乡镇。

**【丰惠祝家庄村“整村流转”启动建设千亩农业示范区建设】** 2022年4月，上虞区供销合作社下属绍兴大通现代农业有限公司（简称“现代农业公司”）与丰惠镇祝家庄村股份经济合作社签订1200余亩土地承包经营权流转协议，是上虞区首个土地承包经营权“整村流转”项目。1200亩土地包括祝家庄村800多户农户、村集体的1000余亩土地及邻近渔门村200户农户的194亩土地，年内新增流转土地200多亩。土地流转后，现代农业公司投入500万元启动高标准农田建设，投资2500万元建设粮食加工中心、现代化农事服务中心育秧中心，以及自动化浸种催芽“车间”。

（张炯华）

## 专营专卖

**【烟草经营管理】** 2022年，全年累计销售卷烟3.34万箱，同比增长3.44%；销售额17.95亿元，同比增长6.42%；单箱销售额5.37万元，同比增长2.88%；毛利5.15亿元，同比增长6.98%；税利5.29亿元，同比增长6.69%。新建加盟终端8家，累计83家，占比1.6%；新建现代终端75家，累计1260家，占比24.8%，新建特色终端39家。打造特色农网，选取陈溪村作为农网建设共富示范区，助农专柜走进乡村，推进共同富裕。

（徐　婷）

**【烟草市场专卖管理】** 打假破网进步明显，全年共完成1起一级网络案和1起二级网络案；累计追刑34.67人，同比增长38.67%。累计查获市场环节假私烟案件136起，同比增长403.7%；查获假私烟31681条，同比增长34.22%。累计查获案件370起，其中5万元或5件以上案件52起；“双5”以上省外无证运输案件10起，“双10”以上案件3起；“双20”案件1起。年末持证数5083本，同比减少100本。（徐　婷）

**【盐务管理】** 2022年，浙江省盐业集团绍兴市盐业有限公司上虞分公司（以下简称上虞分公司）共销售各类盐品7171.5吨，同比减少35%。盐产品销售总额1185.15万元，同比增长11.7%，销售量减少而销售额增加主要是因为盐产品结构调整，中高端盐品销售量增加效益提升；非盐商品销售485.4吨，销售额28.19万元。

（王　勇）

**【保障“两菜”腌制供应】** 着手做好腌制用盐调运、储备工作。同时，上虞分公司密切关注榨菜种植情况，组织相关人员开展调查摸底工作，走访农业龙头企业了解他们的销售状况；走访盖北镇各村腌制大户倾听他们对去冬今春的榨菜形势估量和看法。在此基础上作出腌制用盐计划，及时报省专营公司调整腌制用盐的调运。截至 5 月，蔬菜加工用盐销量 2100 吨。（王　勇）

## 批发零售

**【概况】** 2022 年，上虞区限额以上社会消费品零售总额 114.25 亿元，同比增长 14.8%，自 5 月起连续 8 个月居全市第 1 位，并获评浙江省夜间经济特色城市。上虞区依托“浙东新商都”的独特优势，推行新业态新模式带动新型消费，通过完善商贸政策服务、构建新型消费场景、大力发展夜间经济等一系列举措，助推商贸服务业高质量发展，打开扩内需、促发展的新蓝海。举办第十四届浙东新商都金秋购物节、第十九届浙东新商都汽车文化博览会等活动，发放各类消费券超 2 亿元，拉动消费超 13 亿元。

**【助企防疫帮扶举措】** 2022 年春节期间，由于疫情防控措施，“留虞过年”政策推动，先后成立区商贸企业服务专班、服务业经济工作专班和“两稳一促”攻坚行动专班，组织商务局机关干部分头挂联服务业 20 强企业，开展“助企开门红”专项行动、“疫情防控大摸排、助企防疫大走访”等助企服务活动，组织召开重点商贸服务业企业座谈会，面对面听取企业诉求，一企一策、一事一议地研究和落实帮扶举措，努力为企业发展创造良好环境。发放限上商贸服务业企业春节期间市外留虞员工红包 89.3 万元，惠及市外员工 893 人。

**【消费促进】** 为缓解疫情下零售、餐饮等商贸服务业生存难题，上虞区研究制定出台区服务业高质量发展政策及商贸行业减负纾困政策，给予企业税收、社保、经营成本、防疫补贴等综合扶持。2022 年累计兑现各类商贸业惠企政策资金近 4382 万元，惠及企业 378 家次。实施三轮汽车消费 3000 万元补贴政策，拉动汽车消费约 7.54 亿元。组织发放家电 200 万元、餐饮 500 万元专项消费券，定向促进家电、餐饮领域消费，带动形成消费热点。在全市率先开展“虞爱同行”场所码扫码领消费券活动，累计发放消费券 79 万余张，发放金额超 120 万元。发动区内商家积极参与绍兴 5 亿消费券活动，累计核销 1.82 亿元，拉动消费 5.72 亿元。

**【“夜经济”打造】** 围绕夜购、夜食、夜娱、夜游、夜秀等主题，聚焦市民大道商贸核心区四大夜间商圈矩阵，开展文化旅游风情街夜市、柠檬夜市等各种夜间集市，加快完善“一江两岸”城市亮化，开放夜游曹娥江等夜间活动。上虞区出台全面落实稳住经济“一揽子”政策措施实施方案，通过减税、降费、奖补等“一揽子”政策措施，激活需求、促进消费、提振经济。

**【“金秋购物节”假期消费市场】** 结合绍兴“越惠悦生活 · 2022 金秋购物节”系列促消费活动和上虞区以“够精彩购金秋 GO 上虞”为主题的第十四届浙东新商都（上虞）金秋购物节，9 月 30 日至 10 月 6 日，全区 12 家重点商贸流通企业累计实现销售额 11184.45 万元，同比增长–1.2%。其中，商场超市类样本企业累计销售额 6970.9 万元，同比增长–3.0%；住宿餐饮类样本企业累计营业额 2204 万元，同比增长 48.6%；汽车类样本企业累计销售额 2009.6 万元，同比增长–24.1%。开元、雷迪森、舜泉、上虞宾馆 4 家大型餐饮酒店黄金周期间实现营业额 2204 万元，同比增长 48.6%。其中开元大酒店增长 76.4%，上虞宾馆增长 52.2%，舜泉增长 49.4%，雷迪森下降 2.2%。（陈桂辉、夏丽娜）

## 电子商务

**【概况】** 2022 年，上虞区实现网络零售额 81.48 亿元，实现跨境电商进出口 9.5 亿元。曹娥街道成功创建浙江省数字生活新服务特色镇。汤浦镇、崧厦街道、丰惠镇获评 2022 年度浙江省电商镇。汤浦镇舜岸村等 15 个行政村获评 2022 年度浙江省电商专业村。章镇镇龙马村、丰惠镇虞光村获评 2022 年度浙江省电子商务示范村。曹娥街道漳汀村农村电商示范服务站、岭南乡田山村农村电商服务站获评浙江省农村电商示范服务站（点）。绍兴市上虞区天圣休闲用品有限公司

AMMSUN获评浙江省跨境电商出口知名品牌。汤浦童装城直播基地、崧厦伞艺直播基地获评绍兴市直播电商基地。

**【农村电商】** 进一步整合农村电商服务资源，完善区、镇、村三级电商服务网络体系，加强电商培训、物流快递、供应链、政策资源对接、服务功能引进等，开展电商直播式“共富工坊”培育建设。

**【跨境电商】** 开展“玩转海外社媒获取流量密码”“抱团生长”海外市场运营分享座谈会等活动，开展亚马逊孵化班1期、进阶班1期，全年实现跨境电商出口9.2亿元。

**【电商培训】** 依托麒麟阁跨境电商孵化园、驿淘互联网产业园和汤浦童装城电子商务创业园三大园区，全区累计开展各类电子商务培训33场次，普及电子商务知识1600人次以上。 （赵敏淇）

## 邮政·快递

**【概况】** 2022年，上虞邮政业共有邮政、顺丰、京东、德邦、圆通、中通、申通、韵达、极兔等15个品牌，2家分拨中心，8家法人企业，69家分支机构，101家末端网点，390个智能柜，从业人员约1800人。西横河邮政所获评首批全省邮政快递业“扫黄打非”示范站点。 （沈怡熳）

**【寄递安全监管】** 2022年9月22日，召开上虞区邮政快递行业安全培训暨“除险保安”工作部署会，传达落实区委、区政府和市邮管局关于安全生产工作的要求，部署“打黄扫非”、反恐禁毒、处理场所提升和网点标准化建设等相关工作。常态化对辖区邮政快递网点开展寄递安全检查，完成重大时间节点寄递渠道安全和服务保障。加大执法处罚力度。对开箱验视不到位、实名收寄不到位的中通、京东、德邦等企业负责人进行行政约谈；对质量服务类、疫情防控类、过度包装、安全设备使用不符合国家或行业标准、未按规定备案的部分问题企业进行立案查处，累计处罚案件数14件，罚款82200元。 （沈怡熳）

**【邮政快递保通保畅】** 结合交通管控要求，指导邮政快递企业做好货车通行相关申报工作，累计审核发放通行证57家。4月，按区疫情防控指挥部要求，指导企业在严格落实防疫措施的前提下，对管控区、防范区内的韵达、邮政、圆通共95万件积压件实施转移外运。 （沈怡熳）

**【快递“两进一出”工作】** 推进上虞区快递进村“共富驿站”项目建设，规划整合乡镇快递物流综合服务园区1个，建设农村快递进村“共富驿站”275个，实现全区建制村快递服务站全覆盖，主要快递品牌进村率100%。推进虞南“三乡一镇”快递进村“邮快合作”试点，累计进村妥投快件15余万件。统筹推进快递进厂和快递出海工作，指导快递企业与工业园区、电商产业园等加强合作，新增“快递+制造业”协作企业35家，快递服务年支撑制造业产值20.7亿元。 （沈怡熳）

**【快递物流行业党建工作】** 2021年8月20日，经区委组织部批准成立中国共产党绍兴市上虞区快递物流行业委员会，2022年7月12日更名为中国共产党绍兴市上虞区快递物流行业委员会。2021年8月，全区首家快递企业基层党组织“中共绍兴上虞圆速快递有限公司支部委员会”成立，至2022年，该支部有5名在册正式党员、2名预备党员、5名入党积极分子。年内，获“绍兴市快递行业先进基层党组织”称号，同年被选评为“浙江省快递物流行业党建示范点”。 （应佼娜）

**【快递行业妇工委成立】** 全区快递行业中共有女性从业者300多人，2022年8月30日成立上虞区快递行业妇工委。 （应佼娜）

**【快递从业者关心关爱】** 2022年，通过闰土新业态新就业群体慈善关爱基金对困难快递小哥和最美快递员给予补助、奖励共4.6万元，送出高温慰问品3万余元。依托共青团“新冠疫情专项保险”项目，推动快递小哥免费领“新冠疫情专项保险”，快递小哥领取人次达800余人。持续推动企业为快递员购买社会保险或商业保险等，累计参保覆盖率达80%以上。（应佼娜）

## 96345 社区服务热线

**【概况】** 2022年，上虞区社区服务中心96345服务热线共受理各类求助128939件，其中生活服务类54525件，占42%；咨询服务类67961件，占53%，公共事务类6451件，占5%，电话量与往年基本持平，服务满意率始终保持在99.8%以上。结合区民政局智慧养老服务平台，全年完成全区居家养老服务262060元，服务范围仍涉及全区20个乡镇（街道）。继续推进志愿服务进乡镇（社区）活动，通过广场设摊、一对一上门等服务方式，全年开展各类志愿服务活动22次，志愿服务时长达500小时。

**【加强自身队伍建设】** 全年共开展包括疫情防控政策解读和梳理、网上商城服务流程、政务通三大方面的4期业务培训，共召开关于网上商城业务培训、夏季规范服务、高空安全作业等相关内容的加盟企业会议4次，走访家政公司8次。

**【居家养老服务】** 2022年，虽然停止发放部分居家养老服务券，但服务范围仍然涉及全区20个乡镇（街道），上虞区推出智慧养老服务平台。社区服务中心根据兑换使用管理通知，严格按照新的服务流程和兑券步骤；对接线员进行业务培训，重新明确居家养老服务的接线要点，以便在老年人求助过程中指导服务券的使用；与区智慧养老平台进行对接，打通数据通道，将全区居家养老服务平台实时传送至区智慧养老平台，全年共完成居家养老服务兑换和兑现工作，共计262060元。

**【志愿服务活动】** 2022年，上虞区社区服务中心稳步推进志愿便民服务工作，在南丰邻里中心、信义广场等开展广场志愿服务，开展党员志愿服务进乡镇活动，探索疫情防控下的一对一上门志愿服务活动，为一些农村留守老人上门提供理发、家电维修等志愿服务。全年社区服务中心共开展各类便民志愿服务22次。

（李　亦）

# 中介服务业

## 法律服务

【概况】 截至 2022 年年末，全区共有律师事务所 15 家，法律服务所 8 家，执业律师 202 名，法律服务工作者 37 名。律师行业共办理各类案件 6804 件，业务收费 10812 万元；基层法律服务行业共办理各类案件 817 件，业务收费 507 万元。全区共成立 8 家律所党支部，其中 3 家为联合党支部，5 家为独立党支部，覆盖 15 家律师事务所的律师党员 139 人。2022 年 5 月，完成浙江五洋联合律师事务所党支部的成立。2022 年共计发展律师党员 3 人。全年共办理法律援助案件 523 件，其中民事案件 219 件，刑事案件 304 件，值班律师提供法律帮助 1600 余人次，出具认罪认罚具结书 1334 份，为当事人挽回经济损失或取得利益 1550 余万元；共为来电、来访当事人提供法律咨询 4549 次。 （杨炜香 章丽丹）

【村（社）法律顾问管理】 2022 年，上虞区首次实行村（社）法律顾问签约预审制，即在司法所指导属地村（社）签约法律顾问前，要将法律顾问拟选名单先报局法律工作管理科进行预审，确保每位法律服务人员兼任法律顾问不超 5 个村（社），保证充足的服务时间精力，提升法律服务实效。村（社）法律顾问在实现基层组织全覆盖的基础上，还协助做好乡镇公共法律服务站值班法律咨询解答工作。2022 年，法律顾问为村（社）开展事务“法律体检” 1078 次、参与矛盾纠纷化解 386 起、提供法律咨询 1903 次。 （杨炜香）

【律师队伍发展】 上虞区《关于扶持律师业发展的若干意见》从 2019 年开始实施，至 2022 年完成兑现，3 年来已补贴青年律师 59 人次 59 万元，奖励高端人才（二级律师）1 人次 0.5 万元，奖励律所做大做强 10 家次 130 万元，合计已达 189.5 万元。2022 年，上虞区共有律师 262 名，律师每万比达 3.29（政策目标到 2021 年底要实现全区培养律师总数达到 200 人以上，每万人律师比达 2.5 以上）；培育综合性品牌规模律所 2 家，其中超过 30 名执业律师的律所 1 家（浙江舜杰律师事务所），超过 20 名执业律师的律所 1 家［北京盈科（绍兴）律师事务所］。 （杨炜香）

【“律师回乡·依法治理”工程】 继续组织开展“律师回乡·依法治理”工程，引导全区执业律师回村（社区），努力发挥职业特长，当好“四大员”，努力营造基层办事依法、遇事找法、解决问题用法、化解矛盾靠法的良好法治氛围，全力护航基层治理现代化顺利推进。全年回乡律师为村（社区）事务“法律体检” 1445 次，提供法律意见和咨询 1821 次，参与矛盾调解 531 次，组织法治宣传 206 次。 （杨炜香）

【公司律师工作】 2022 年 3 月，完成浙江金科文化产业股份有限公司在律师在线平台变更名称为浙江金科汤姆猫文化产业股份有限公司的手续。2022 年全年新增卧龙控股集团有限公司 2 名律师，新增浙江金科汤姆猫文化产业股份有限公司 1 名律师。 （钱曙光）

【重点人群专项法律援助行动】 结合法律援助助力共同富裕、法援惠民生品牌活动，组织开展重点人群专项法律援助行动。重点加强对法律援助服务特定群体开展有针对性的法律援助服务。关爱农民工群体：开展农民工讨薪法律援助专项行动，以法律援助助力“上虞无欠薪”行动，上虞区组织法律援助律师开展法律咨询、以案释法，在上虞普法等公众号开展有奖竞答、案例展示，深入企业、工地、社区，大力宣传《中华人民共和国法律援助法》《保障农民工工资支付条例》和劳动用工法律法规。2022年共受理农民工讨薪法律援助案件176件，其中群体性案件8件，涉及人员98人，切实维护职工合法权益。关爱妇女、儿童群体：上虞区走向特定妇女群体，走进e游小镇，为女职工带来《女性职场权益保护》法律讲座，并通过抖音直播方式开展网络宣传，上虞区发放百余份宣传资料，进一步增强女职工法治观念和依法维权意识；开设暑假法治课堂，上虞区招募法援律师组建未成年人权益保护律师宣讲课，以“点单式服务”，赴有需求的村（社区），为未成年人开设暑期未成年人法治课堂，赴各村（社区）开展涉及法律援助法、未成年人权益保护、走进民法典、反校园欺凌、防范电信诈骗等内容的未成年人法治课堂10余场次，通过以案释法方式解读保护未成年人相关法律法规和法律援助的条件、范围和申请程序，受惠学生250余人，发放预防未成年人犯罪等法治宣传资料600余份，进一步提升未成年人的自我保护意识和依法维权能力，保护未成年人身心健康发展，营造全社会关心关爱未成年人安全健康的成长环境。开展律师妈妈团系列活动，发动律师妈妈们通过法治宣讲、法律咨询、法律援助等公益法律服务方式，开展有益于未成年人成长的公益法律活动，为未成年人共织一张“法治防护网”。1—12月，上虞区共为妇女、未成年人提供法律援助224件。上虞区法援中心常年开展夕阳护老活动，联合司法所进村、社区开展老年人权益保障法治讲座，对行走不便的老年群体提供法律援助上门服务，1—12月，上虞区共承办赡养法律援助案件8件，老年人的赡养问题得到妥善的解决，并为老年人提供其他类法律援助12件。关注军人军属群体：法援律师每周定期在区退役军人事务局法律援助工作站值班为军人军属提供法律服务，助力全区退役军人专场就业招聘会，现场提供法律咨询、发放宣传资料。（章丽丹）

## 公证服务

**【概况】** 2022年，上虞区在继续发展公证参与行政（执法）、司法辅助等领域、商品住房公证摇号、知识产权一站式保全证据平台、共享法庭调解平台等业务的同时，依托数字化改革大背景，发挥公证在预防社会矛盾、化解纠纷、权利保障等方面独有的优势，推动“后事智办”跨多部门数字化应用场景建成上线。

全年共办理各类公证及登记等事项40149件，其中国内民事经济39526件（含抵押登记20820件）、涉外民事经济623件，司法辅助9968件。

**【推动“后事智办”跨多部门数字化应用场景建成上线】** 2022年4月2日，上虞区“后事智办”跨多部门数字化应用场景建成上线。该应用场景由民政和司法牵头，公安、医保、不动产中心、公积金、市监、律所、各银行证券保险机构等70余家单位参与的协同体系，依托省、市、区公共数据平台及打通公证业务系统、殡葬管理系统、不动产登记信息系统等58个业务系统，共享包括死亡信息、户籍信息、婚姻登记信息等34项人口数据以及不动产信息、股权信息、存款信息等72项财产数据。

**【公证参与司法辅助】** 自2022年7月开始，上虞公证处司法辅助中心配合上虞区人民法院执行局开展刑事案件财产类判项的执行工作，执行局开拓办案新思路，做到案件办理流程分离但不分裂，由司法辅助人员重点管理执前审查、资金处置、资产处置。截至年末，已执行立案666件，执行标的1.0348亿元，执行完毕407件，执行到位760.72万元，其中罚金、违法所得共666.75万元，到位率32.4%；退赔被害人93.97万元，到位率1.06%。

**【公证赋强继续推进】** 上虞区以“共享法庭”作为诉源治理的新媒介，以“智、普、速”为突出特点，推动金融赋强公证广泛适用。在公证时率先厘清涉及债权确认、文书送达、争议解决、合同条款的调解、债务人主体明确等程序性问题，提高后续执行程序的正当性与公信力，实现低成本、无成本维权。

**【上虞公证服务案例入选省公证十大典型】** 2022 年 3 月 18 日，“共享法庭”止诉解纷赋强公证案例被浙江省公证协会评选为“浙江公证十大典型案例”。（冯蕴兰）

## 中介信息服务·典当

**【中介“十佳一差”评选名单】** 根据《上虞区“十佳一差”中介机构评选办法》的通知（虞中介整〔2018〕15 号）文件精神，区整顿规范社会中介组织工作领导小组办公室对参与上虞区政府性“三资”（资金、资产、资源）管理执业服务的中介进行了评选，并通过网站平台向社会公示，而后确定 2022 年度“十佳一差”中介名单。

**“十佳”中介为：**浙江天平项目咨询有限公司、浙江宇康工程管理咨询有限公司、浙江广信工程管理咨询有限公司、浙江广正建设项目管理有限公司、同济大学建筑设计研究院（集团）有限公司、浙江华亿工程设计股份有限公司、浙江大江建设项目管理有限公司、浙江水专工程顾问有限公司、绍兴天马联合会计师事务所（普通合伙）、浙江聚森检测科技有限公司；

**“一差”中介为：**浙江祁明建筑有限公司（已更名为浙江弘邦工程管理有限公司）、浙江金金工程管理有限公司、浙江启岩建筑有限公司、浙江彬腾工程管理有限公司。（叶　舟）

**【典当经营】** 至 2021 年年末，上虞区共有典当公司 5 家，分别为：浙江信诚典当有限责任公司、绍兴市上虞舜鑫典当有限责任公司、浙江方舟典当有限责任公司、绍兴上虞五洲典当有限责任公司、绍兴市上虞恒信典当有限责任公司。2021 年，上虞累计典当金额 75924 万元，同比增长 2.23%，典当笔数 1230 笔，同比增长 2.41%。年度净利润 5 万元。（金自亮）

# 旅游业

## 综述

**【概况】** 2022年1—12月，全区接待旅游总人次413.57万人次，同比增速-14.58%，实现旅游总收入65.98亿元，同比增速-15.95%。上虞宾馆有限公司列入浙江省文化和旅游企业梯度培育计划骨干企业；上虞天玥开元名都大酒店创建为金树叶级绿色旅游饭店；绍兴上虞雷迪森云锦大酒店创建为浙江省银鼎级特色文化主题酒店；舜泉锦悦大酒店、金旺福大酒店、上虞开元名庭酒店、新农村阿婆菜创建为2022年省级“百县千碗”美食体验店；绍兴上虞雷迪森万锦大酒店取消五星级旅游饭店资格。中华孝德园、竹隐陈溪景区创建为浙江省智慧景区；白马春晖景区通过国家AAA级旅游景区景观质量评审；凤鸣山景区取消国家AA级旅游景区质量等级。下管镇洙凤村、汤浦镇舜岸村、梁湖街道西华瑶村创建为浙江省AAA级景区村庄；岭南乡东澄村列入浙江省首批金AAA级景区村庄培育名单；岭南乡创建为第二批全国乡村旅游重点镇（乡）。（石蕾蕾）

**【曹娥江旅游度假区】** 2022年，曹娥江旅游度假区年度投资总额创历史新高；省级以上旅游度假区2020—2021年度评价考核良好，进入国家级旅游度假区意向名单，创建省一级旅游驿站1家、省银宿1家、省非遗主题民宿1家。中华孝德园景区创建“浙江省智慧景区”，并被绍兴市文化广电旅游局命名为2022年市级文明旅游示范单位。上虞被省直机关工会认定为全省首批疗休养基地，疗休养产品在省人民大会堂进行推介。（张恒炬 陈 雪）

## 旅游管理

**【消防安全百日攻坚行动】** 2022年，上虞区下发《上虞区文化旅游专业安委会关于开展消防安全百日攻坚行动的通知》，于2022年6月29日至9月30日，对上虞区所有文化和旅游领域开展消防安全百日攻坚行动。

**【汛期及暑期旅游安全管理】** 2022年，上虞区下发《关于做好汛期及暑期旅游安全工作的通知》，于2022年8月3日至汛期结束，组织开展旅游领域汛期及暑期旅游安全管理工作。

**【旅游领域“除险保安百日攻坚”安全生产专项整治行动】** 2022年，上虞区下发《绍兴市上虞区旅游领域“除险保安百日攻坚”安全生产专项整治行动方案》，于2022年8月18日至12月31日，组织开展旅游领域“除险保安百日攻坚”安全生产专项整治行动。

**【护航党的二十大文化和旅游市场安全隐患大排查大整治行动】** 2022年，上虞区下发《关于开展护航党的二十大文化和旅游市场安全隐患大排查大整治的通知》，于2022年10月10—30日，在全区范围组织开展平安护航党的二十大文化和旅游市场安全隐患大排查大整治专项行动。

**【私设“景点”问题专项整治】** 2022年，上虞区下发《关于印发私设“景点”问题专项整治工作方案的通知》，10—11月在全区范围内开展私设“景点”问题专项整治工作。（陈 剑）

## 旅游资源开发与建设

**【概况】** 2022年，曹娥江旅游度假区完成政府项目投资65.27亿元，引进外资2500万美元，完成服务业投资3.11亿元。（陈 雪）

**【旅游开发招商引资】** 围绕皂李湖“休闲之湖、科创之湖”为核心开展精准招商，邀请中旅、华侨城、脉驰文化、秦森集团等40多家大型企业到上虞考察洽商，重点考察皂李湖、祝家庄、瓷源东山、管溪沿线等区域板块，累计接待客商90余批次，主要领导带队外出考察8次。签约项目8只，总投资约28亿元。（刘 斌）

**【“黄金1号”水道开发项目】** 依托现有码头资源，推进水上诗路风情旅游带建设，完成曹娥江沿江江滩地流转项目已完成铁路桥至上浦闸段一江两岸江滩地流转工作，彩虹桥至上浦大桥一江两岸亮化项目方案策划，曹娥江黄金1号水道设备购置项目完成中小型两艘游船重要参数的确定，并启动公开采购招标程序，及舜母山景观亮化项目招标等工作。（郭振江）

**【皂李湖区块】** 皂李湖周边弱电综合管线工程完成形象进度的100%；皂李湖周边天然气管道工程完成形象进度的95%、黄潘路道路排污工程完成形象进度的100%；潘家陡至皂李湖村道路二期及配套工程（给水工程）完成形象进度的100%；潘家陡至皂李湖村道路二期及配套工程（排污工程）完成形象进度的100%；皂李湖景区配电工程完成形象进度的70%。（祝倩莹）

**【皂李湖村集体所有土地房屋征收项目】** 该工程总投资125亿元，涉及皂李湖村7个自然村1706户农户的房屋征迁。2022年1月20—22日、2月25日，在征迁指挥部开展皂李湖村已腾空农户的房屋征迁补偿款集中支付工作，后每月接待整理支付征迁补偿款，累计支付补偿款59.3亿元。2022年完成皂李湖村房屋征迁拔钉20户，完成农户购房补贴申报资料审核及政策解释200余户，配合街道办理缴纳1051人次皂李湖村被征地农民养老保障资金政府补助。（祝倩莹）

**【东山区块】** 浙东唐诗之路东山区域开发建设项目总投资3.2亿元，至年末已完成投资2.05亿元，完成项目总形象进度的64%。已完工工程项目共5个，包括上浦大桥东西两侧广告牌工程、太康湖上山沿线景观工程一标段、玩昆线至东山湖农村道路工程、舜母山景观工程、桃花渡改造提升工程；在建工程5只，其中太康湖上山沿线景观工程二标段完成形象进度的65%、谢安墓神道改造提升工程完成形象进度的20%、东山景区美丽田园工程完成形象进度的45%、游客中心周边配套工程—雅会广场建设项目完成形象进度的5%、大东山古道建设工程完成形象进度的30%；待建工程项目2个，包括东山村村域景区化提升工程及祝家庄景区周边配套一期工程，其中祝家庄景区周边配套一期工程已完成招标工作。（叶国民）

**【曹娥庙历史文化街区招商运营】** 曹娥庙历史文化街区完成项目运营团队招标及合同签订，完成《曹娥庙历史文化街区策划、招商及运营项目商务合作方案》《曹娥庙历史文化街区商业深度策划方案》。2022年5月集团管理团队赴越剧小镇考察项目招商、运营、奖励政策、业态布局及日常管理等经验，并做好运营团队进场建设指导工作。（竺燕锋）

**【研学游品牌塑造】** 完成《上虞研学发展与运营指导策划》编制；完成瓷源文化小镇研学基地、中华孝德园省级研学基地申报工作；完成11条精品研学线路开发设计；优化研学活动训练场及办公区域的配套设施，新增两个研学培训教室；提高研学指导师的教学质量，做好瓷源文化小镇亲子、团建、疗休养等研学活动，提高研学接待能力，截至年末，累计接待各类研学团队327个，共计28390人次。11月1日，瓷源文化小镇研学实践教育营地独家协办绍兴市第五届中学生军体运动会。浙江溯源青瓷文化发展有限公司总经理、瓷源文化小镇研学实践教育营地总校长入选新时代浙江工匠培育工程第三批“浙江工匠”培养项目名单。（竺燕锋）

**【光明地块基础设施配套工程】** 该项目总投资1.4亿元，2022年8月24日，光明地块基础设施配套工程完成设计招标，并于年底完成地块现状地形测绘、地勘勘测及外业见证、项目工可等。（祝倩莹）

【城南儿童公园提升改造工程】 该工程总投资5000万元，项目总用地面积3.2万平方米，其中绿化面积1万平方米，建造中大型游乐实施3处，小型游乐设施。截至2022年年末建筑主体工程完成投资3000万元，完成总形象进度的60%左右。（许锦妮）

【覆卮山AAAAA级景区创建配套工程】 该工程总投资1亿元，项目为岭南乡覆卮山景区青山村至东澄村沿线景观项目提升，涵盖景区入口、醉仙台、抖音基地、灵运广场等景观提升，对覆卮山景区入口处新建游客集散中心、生态停车场（二期）等其他基础配套设施。截至2022年年末，完成投资5000万元，完成总形象进度的50%左右。（许锦妮）

【全域旅游基础设施提升工程（二期）】 该工程总投资26000万元，在一期建设工程的基础上进一步建设为上虞全域旅游示范区而配套的相关基础设施。截至2022年年末完成投资15600万元，完成总形象进度的60%左右。（许锦妮）

【民宿产业】 覆卮山·那园获评省级银宿，墨隐居·花墅获评省非遗主题民宿。雪花谷·隐山民宿、墨隐居·花墅、覆卮山居、澄味民宿、沐格山居、覆卮山·那园、绍兴山居等列入全省“百县千宿”培育名单。2022年3月27日，绍兴市上虞区成立旅游民宿产业联合会。同时，全区共有36家民宿加入区旅游民宿产业联合会。（应昊翔）

## 旅游推介

【2022中国旅游日活动】 2022年5月16—19日，“诗画曹娥江”抖音号进行为期一周的“中国旅游日”——旅游周活动，包括“诗画山水游”“红色研学游”“孝德文化游”“探寻唐诗游”“青瓷研学游”五条游线，由主播带领粉丝沉浸式打卡体验，并与粉丝互动，赠送福利。活动通过新媒体平台搭建载体，将上虞得天独厚的旅游资源串珠成链，从自然风光、人文历史、亲子研学、非遗文化等多方面展示，让更多人参与其中，持续擦亮“诗画曹娥江”品牌名片。（王维莎）

【宝藏小城·诗画曹娥江——2022上虞旅游夏季推广活动】 为深入推广上虞美景、美食，挖掘上虞乡村旅游特色线路，5月26—27日特策划宝藏小城·诗画曹娥江——2022上虞夏季旅游推广活动。活动通过小红书、抖音、微博、游侠客、马蜂窝、携程网、去哪儿等旅游达人实地走访体验，在各大平台共发表游记攻略142篇，拍摄精美图片600余张，全网曝光量达800万+。（王维莎）

【美好诗路虞你共享——虞里共富先行路全媒体采风行活动】 7月25—27日，由中共绍兴市上虞区委宣传部、曹娥江旅游度假区管委会主办的“美好诗路虞你共享” 虞里共富先行路全媒体采风行在上虞举行。来自全国20余位主流媒体记者及粉丝百万级网络达人组成采风团，探寻上虞共富密码。人民网、中国日报网、解放日报上观新闻、中新网、澎湃新闻、《都市快报》、《旅游时报》等纷纷转载，共计27家主流媒体参与原创报道，4位百万粉丝级网络达人参与宣传推广。截至8月8日，主流媒体或平台刊发原创报道38篇，被转载50次以上；网络达人在抖音、快手等6个平台上发布推广内容35篇。据不完全统计，全网阅读量在8000万人次以上。（王维莎）

【赴杭州、宁波参加“名城绍兴 越来越好”绍兴文化旅游推介活动】 11月8—9日，为全面贯彻落实长三角一体化发展国家战略，抢抓全省大湾区建设机遇，加速推进绍兴融杭通甬接沪产业布局，加强与宁波、杭州互联互通，充分发挥杭绍甬三地文化旅游资源联合优，上虞区赴宁波、杭州开展特色文旅资源推介活动。（石蕾蕾）

【参加苏州市绍兴旅游路演推广】 12月10日，为推进疫后上虞区旅游市场尽快复苏，主动拓展苏州客源市场，并以苏州辐射长三角实现绍兴文旅品牌精准传播，上虞区组织文旅企业于12月10日赴苏州市观前街开展上虞区文旅推介活动。（石蕾蕾）

## 旅游节会

【“诗画曹娥江”第三届曹娥江文化旅游节系列活动】 以“诗画曹娥江”为核心举办第三届曹娥江文化旅游

节系列活动，围绕“田园生活之旅”“休闲运动之旅”“文化体验之旅”“全域招商推介”四大系列，组织开展 47 项活动。主要包括丰惠建城置县 1200 周年庆祝活动、2022 服装时尚文化汇展活动、第一届“管溪上”乡创传统文化节、第五届“瓷源·莲”文化节、绍兴（上虞）覆卮山攀浪节、2022 全国拳击锦标赛、2022 年全国优秀旅游城市围棋赛等，尤其是四季仙果系列活动“二都杨梅”采摘节、盖北野藤葡萄文化节、“诗画曹娥江共筑共富带”——绍兴市上虞区高质量发展推动共同富裕现场推进会等均被央视新闻采纳。（王维莎）

**【2022 皂李湖 1314 环湖跑活动】** “诗画曹娥江，心动皂李湖”2022 皂李湖 1314 环湖跑活动于 7 月 31 日七夕节在皂李湖畔开跑。开跑当天共有 520 余名选手参加，活动持续一周时间，总参与人数超 1000 人。活动以特色体育赛事打造“城市名片”，促进“城市文旅风光+体育赛事”的新融合，成为推进城市高质量发展和高品质生活的新路径。（王维莎）

## 文旅资源普查

**【上虞区全域范围文旅资源普查】** 为全面查清上虞区文化和旅游资源数量、类型、等级、分布、性质与特征、开发利用方向等方面情况，实地走访上虞区 20 个乡镇（街道），开展上虞区文旅资源普查工作。从初步普查的结果看，上虞区旅游资源品种齐全，类型非常丰富。上虞区旅游资源涵盖 8 大主类的全部，涉及 59 种基本类型，占全部 100 种基本类型的 59%，资源丰度属于中等水平。

**【文旅企业运营情况】** 2022 年全区共有 9 家 A 级景区、17 家等级民宿、19 家旅行社、3 家品牌旅游饭店（含星级饭店、绿色旅游酒店、特色文化主题酒店、品质饭店）。受疫情持续影响，全区游客接待量不及往年，游客消费水平下降，导致旅游企业经营状况全年下滑较为明显。（石蕾蕾）

## 文旅消费

**【风情街夜市重启暨双层巴士开通仪式】** 6 月 24 日晚，上虞区 2022 年“仲夏之梦”风情街夜市重启暨双层巴士开通仪式在中华孝德园景区举行，暂停 13 个月之久的风情街夜市重新按下“快进键”。在 2022 年的 6 期风情街夜市里共设 209 个展位，实现期均人流 2.5 万人次、销售额 50 万元集中展示展销传统特色小吃、文创产品、农副产品、四季仙果等特色商品，成为上虞夜间经济的新型业态。（郑莉敏）

**【上虞文创】** 为促进上虞文创特色化、多样化和产业化发展，以 2022 年上虞城市品牌口号和城市 IP 发布为契机，以王羲之“上虞帖”中的“今在上虞”展开设计，结合传统书法+上虞城市形象 IP，推出“今在上虞 遇见未来”系列的文创产品，推动上虞文创产品的设计和研发。（陈杰洲）

**【组织参加 2022 全国百家旅行商走进绍兴暨绍兴旅游产品采购大会活动】** 2022 年 9 月 16—17 日，组织旅游企业赴绍兴咸亨大酒店参加 2022 全国百家旅行商走进绍兴暨绍兴旅游产品采购大会活动，现场进行文旅资源推介、非遗文创、“虞舜十碗”展示等活动。（石蕾蕾）

**【“百县千碗·虞舜十碗”进机关食堂】** 为加快推进“虞舜十碗”品牌知名度，提升菜品质量，上虞区于 9 月 26 日组织“百县千碗·虞舜十碗”进绍兴市行政中心机关食堂提供菜品展示、宣传册发放、特色菜品品尝等活动；12 月 12—16 日进省直机关食堂开展“虞舜十碗”菜品展示、特色农产品、文创产品宣传展示等活动。（石蕾蕾）

# 金融业

## 综　述

【概况】　2022年，上虞区实现金融业增加值62.99亿元，占全区生产总值5.1%。全区银行业金融机构本外币存款余额2135.78亿元，增长18.60%，较2021年新增335.00亿元；本外币贷款余额1868.20亿元，增长15.40%，较2021年新增285.49亿元。（金自亮　娄丹华）

【获批全省首批区域性股权市场创新试点】　7月，浙江省地方金融监督管理局公布区域性股权市场浙江创新首批试点市、县（市、区），上虞区入选。上虞区制定出台《绍兴市上虞区人民政府办公室印发〈关于推进区域性股权市场创新试点的实施方案〉的通知》，全力打造区域资本市场服务企业高质量发展的“样板工程”。（陶铄能　娄丹华）

【区政府与浙江证监局签订全面战略合作协议】　10月，上虞区政府与浙江证监局就金融服务实体经济、推动“凤凰行动”计划等工作开展深入交流，并签订全面战略合作协议。双方将合力探索建立多层次资本市场互联互通机制，挖掘培育挂牌上市后备资源，不断做大做强资本市场“上虞板块”。（陶铄能　娄丹华）

【兴业银行股份有限公司绍兴上虞支行设立】　6月，兴业银行股份有限公司绍兴上虞支行正式设立，是全区第24家银行业金融机构。兴业银行是全球银行30强、世界企业500强，兴业银行绍兴上虞支行的开业，对区域金融高质量发展起到推动作用。（金自亮　娄丹华）

【嘉兴银行股份有限公司绍兴上虞小微综合支行设立】　9月，嘉兴银行股份有限公司绍兴上虞小微综合支行正式设立，是全区第25家银行业金融机构。（金自亮　娄丹华）

【浙江稠州商业银行股份有限公司绍兴上虞小微综合支行设立】　10月，浙江稠州商业银行股份有限公司绍兴上虞小微综合支行正式设立，是全区第26家银行业金融机构。（金自亮　娄丹华）

【杭州银行绍兴上虞小微企业专营支行升格】　9月，杭州银行绍兴上虞小微企业专营支行升格成为绍兴上虞支行，从小微支行成为一家综合性支行，加强对全区经济发展支持力度。（金自亮　娄丹华）

## 中国人民银行上虞支行

【概况】　2022年，中国人民银行上虞支行认真贯彻落实稳健货币政策内涵，全面落实稳经济一揽子政策各项举措，推动地区经济社会高质量发展贡献基层央行力量。年末全辖银行业金融机构各项存款余额2135.78亿元，同比增长18.60%；各项贷款余额1868.20亿元，同比增长18.04%。

【推动文化金融改革】　一是围绕民宿产业金融服务示范点方案规划，联合上虞区曹娥江旅游度假区管理委员会出台实施《上虞区民宿贷款风险补偿实施细则》，年末已向名单内7户民宿提供授信额度710万元，贷款余额595万元。二是推动建立乡村旅游“共富联合体”，由上虞区乡村旅游产业联合会与上虞农商行、绍兴市融资担保公司、太平洋产险等签订战略合作协议，成功组建乡村旅游“共富联合体”，形成“银、担、保”联合助力机制，推出“共富·民宿贷”，农商行专切5亿元授信规模，绍兴市融资担保公司提供配套担保授信5亿元。

**【提升金融风险防范能力】** 指导辖内法人机构针对异常取款、挤兑等风险突发事件编制完善专项应急预案，提高应对流动性风险突发事件的能力。持续关注河南村镇银行挤兑的外溢风险，联合银保监、金融办对辖内村镇银行开展外部审计，多方联动掌握村镇银行整体情况。继续按市场化、法治化原则推进不良信贷资产化解，全年银行业金融机构处置不良贷款9.93亿元，年末不良贷款余额7.60亿元，不良率0.41%。

**【推广跨境贸易投资便利化措施】** 推进贸易外汇收支便利化试点业务，辖内共有7家试点资格银行，33家试点企业，新增16家试点企业，开展贸易外汇收支便利化试点业务3876笔、金额9.42亿美元，分别增长6.75倍和1.85倍。引导市场主体用好资本项目外汇收入支付便利化试点政策，全年9家银行为19家企业办理77笔、金额2.47亿美元，增长2.18倍。完成绍兴市首家高新技术企业跨境融资便利化试点政策落地，为企业办理外债便利化额度500万美元登记。积极推动试点银行应用区块链技术为外贸企业融资提供更为便利化的服务。全年累计为44家企业办理出口应收账款融资363笔。完成绍兴市首家本外币一体化资金池业务备案。

**【支持实体经济高质量发展】** 持续开展首贷户拓展，实施“春雨”“春潮”“贷款码”等融资畅通工程，提升小微服务质效。年末拓展小微企业首贷户数1077户，发放金额34.5亿元，共有7690户主体扫“贷款码”发布融资需求，已完成对接4338户，金额165.96亿元。优化重点领域信贷支持工作，围绕共同富裕示范区建设工作，聚焦普惠小微、科技创新、绿色低碳、乡村振兴、制造业五大领域，提升金融服务水平。年末全辖普惠小微贷款余额431.40亿元，增长22.80%；制造业贷款余额444.60亿元，同比增速9.29%。联合区商务部门推动跨境人民币“首办户”拓展。全年辖内跨境人民币实际收付结算额132.26亿元，同比增长39.7%，其中首办户拓展超100户。

**【遏制电信网络诈骗高发多发态势】** 建立健全警银联动工作机制，提升支付领域风险防控能力。全年监管约谈、约见银行机构6家次、进行4次全覆盖暗访工作。持续开展个人存量账户风险排查，强化非柜面支付业务管理，对265个涉案账户开展责任倒查。开展反诈拒赌宣传活动，进一步增强社会公众识骗能力和拒赌意识，向企业财务人员、个人客户发送防诈拒赌提醒短信150万次。全年组织反诈宣传300余次，成功拦截电信网络诈骗10次，避免损失金额20.44万元。从严打击贩卖银行账户违法犯罪活动，配合区公安分局破获一起特大账户出租出借案件，抓获犯罪嫌疑人34人，涉案总资金100余万元。

**【完善个人征信查询点设置】** 通过加强宣传、优化布局等方式，推广互联网查询和自助机查询，进一步完善个人征信信息获取渠道。持续推进征信自助查询机布放，已建立9个查询点，当年新增2个查询点，另外2个查询点筹建中，实现市区、重点中心镇全覆盖。当年全辖查询个人信用报告37247份，其中自助查询37242份，占比达到98.98%。

**【推进农村金融服务示范站建设】** 研究制定《上虞区“枫桥式”农村金融服务站评定管理办法（试行）》，探索示范站点建设验收标准的规范化，进一步提升示范站点建设效率。全辖7个“枫桥式”农村金融服务站办理金融业务4.31万笔，移动支付业务4779笔，物流、电子商务、预约等业务2716笔，组织金融知识宣传5次，为所在村个人、企业分别授信10891万元和7923万元，处理金融纠纷3起。（竺刘勇）

## 银　行

**【概况】** 2022年，上虞区有银行26家，分别为工商银行、农业银行、中国银行、建设银行、交通银行、中信银行、浦发银行、华夏银行、浙商银行、民生银行、杭州银行、宁波银行、招商银行、农发银行、农商银行、绍兴银行、邮储银行、泰隆银行、台州银行、平安银行、民泰银行、光大银行、富民村镇银行、兴业银行、稠州银行、嘉兴银行。（陈　丹）

表 5　　上虞区银行系统 2022 年 12 月存贷款情况表

单位：万元　　汇率：6.9646

| 项目 行别 | 各项存款 | | 各项贷款 | |
| --- | --- | --- | --- | --- |
| | 余额 | 比年初增减 | 余额 | 比年初增减 |
| 工行 | 1918671 | 202534 | 1670176 | 176936 |
| 农行 | 2671698 | 279543 | 2332872 | 287699 |
| 中行 | 1384266 | 191565 | 1382732 | 157817 |
| 建行 | 1450850 | 188974 | 1099519 | 55880 |
| 交行 | 705972 | 120643 | 595814 | –549 |
| 中信 | 387405 | –65449 | 276372 | 5248 |
| 浦发 | 316197 | 40497 | 328081 | –885 |
| 华夏 | 292799 | 106099 | 391285 | 106287 |
| 浙商 | 815651 | 213162 | 881374 | 190405 |
| 民生 | 379055 | 93224 | 344043 | –85619 |
| 杭州 | 329781 | 149353 | 219951 | 139475 |
| 宁波 | 484023 | 221292 | 446353 | 112065 |
| 招商 | 130068 | 2419 | 99178 | –11395 |
| 农发 | 156632 | –32986 | 737930 | 64672 |
| 农商 | 7261584 | 1204708 | 5436772 | 918312 |
| 绍兴 | 1031218 | 190265 | 870504 | 84418 |
| 邮储 | 674290 | 86731 | 493948 | 73793 |
| 泰隆 | 108729 | 15649 | 104348 | 32053 |
| 台州 | 41439 | –675 | 50631 | 6881 |
| 平安 | 33452 | 8303 | 8456 | 7148 |
| 民泰 | 14681 | 3490 | 16133 | 5153 |
| 光大 | 93578 | 2970 | 314394 | 111070 |
| 富民 | 291871 | 39241 | 207291 | 13770 |
| 兴业 | 124056 | 124056 | 404335 | 404335 |
| 稠州 | 8265 | 8265 | 3774 | 3774 |
| 嘉兴 | 25725 | 25725 | 20749 | 20749 |
| 合计 | 21131956 | 3419598 | 18737015 | 2879492 |

## 保 险

【概况】 2022 年，上虞共有 17 家产险公司：人保财险、太保产险、平安产险、天安财险、中华联合、大地保险、华安财险、永安保险、太平财险、安邦财险、都邦保险、阳光财险、亚太保险、国寿财险、长安责任、浙商保险、国任保险，12 家寿险公司：中国人寿、太保寿险、平安人寿、泰康人寿、新华人寿、富德生命、农银人寿、华泰人寿、人保人寿、阳光人寿、信泰人寿、华夏人寿。2022 年，上虞区产、寿险总保费收入为 253241.53 万元，同比增长 2.57%。

表 6　　2022 年上虞区各产险公司基础数据一览表

单位：万元

| 公司名称 | 保费收入 | 同比增长 | 赔款金额 |
|---|---|---|---|
| 人保财险 | 50940.10 | –5.81% | 34127.86 |
| 太保产险 | 16451.04 | 12.82% | 10228.54 |
| 平安产险 | 19236.63 | 5.47% | 12643.26 |
| 天安财险 | 792.45 | –0.08% | 372.77 |
| 中华联合 | 2741.47 | 18.10% | 1778.50 |
| 大地保险 | 1431.79 | 4.69% | 903.50 |
| 华安财险 | 523.07 | 49.74% | 228.01 |
| 永安保险 | 677.27 | 3.03% | 419.56 |
| 太平财险 | 1035.35 | –4.80% | 824.01 |
| 安邦财险 | 241.58 | 174.53% | 107.96 |
| 都邦保险 | 359.65 | 80.92% | 139.86 |
| 阳光财险 | 1450.38 | 15.82% | 991.46 |
| 亚太保险 | 505.65 | 21.65% | 218.49 |
| 国寿财险 | 8066.37 | 13.93% | 4491.26 |
| 长安责任 | 1138.73 | 4.64% | 952.84 |
| 浙商保险 | 927.12 | 30.11% | 651.24 |
| 国任保险 | 302.46 | –26.14% | 0.00 |
| 合　计 | 106821.11 | 2.00% | 69079.12 |

表 7　　2022 年上虞区各寿险公司基础数据一览表

单位：万元

| 公司名称 | 保费收入 | 同比增长 | 赔款金额 |
| --- | --- | --- | --- |
| 中国人寿 | 48347.24 | –1.58% | 6868.83 |
| 太保寿险 | 19318.80 | 5.29% | 122.90 |
| 平安人寿 | 38475.28 | 6.67% | 7167.46 |
| 泰康人寿 | 7071.80 | –9.72% | 5345.71 |
| 新华人寿 | 2732.50 | –0.71% | 487.65 |
| 富德生命 | 9915.03 | 6.03% | 366.62 |
| 农银人寿 | 167.85 | –18.70% | 37.19 |
| 华泰人寿 | 3542.52 | –2.69% | 413.73 |
| 人保人寿 | 3442.16 | 24.01% | 594.35 |
| 阳光人寿 | 7594.48 | 4.00% | 896.44 |
| 信泰人寿 | 1081.13 | 25.29% | 8.89 |
| 华夏人寿 | 4678.00 | 21.60% | 412.47 |
| 合　计 | 146420.42 | 2.99% | 22740.91 |

说明：民生人寿于 2016 年撤销机构。相应数据已加入合计中。　　（李　兢）

## 证券期货

表 8　　2022 年上虞区证券期货营业部交易金额一览表

单位：亿元

| 营业部 | 交易金额 | 营业部 | 交易金额 |
| --- | --- | --- | --- |
| 财通证券上虞营业部 | 896.52 | 光大证券上虞营业部 | 81.42 |
| 东方证券上虞营业部 | 254.59 | 银河证券上虞营业部 | 868.22 |
| 五矿证券上虞营业部 | 102.43 | 国元证券上虞营业部 | 109.30 |
| 宏信证券上虞营业部 | 34.77 | 中信证券上虞营业部 | 2552.90 |
| 海通证券上虞营业部 | 2155.53 | 浙商证券上虞营业部 | 251.86 |
| 大越期货股份上虞营业部 | 2150.28 | | |

## 资本市场

**【概况】** 2022年，上虞区深化推进“凤凰行动”上虞计划2.0版，获批全省首批区域性股权市场创新试点。上虞区政府与浙江证监局签订全面战略合作协议。组织举办“政企服务直通车”拟上市企业专场活动和拟上市企业座谈会等活动，深入推进上市合法合规证明“一件事”集成改革，加快企业股改上市进度。全年，全区新增上市报会企业3家、上市辅导企业2家，上市报会及辅导企业累计达到11家，居绍兴市第一位。截至年末，形成“境内上市19家、‘新三板’挂牌6家、区域性股权市场挂牌152家”的多层次资本市场发展格局。全区上市挂牌企业总市值2459.07亿元，区域证券化率水平达198.03%。2022年，全区实现直接融资规模224.52亿元，其中股权融资18.32亿元，债券融资206.20亿元；全区上市公司完成并购重组6宗、规模8.19亿元。（陶铄能 娄丹华）

**【基金投资项目三号产业园投入使用】** 5月，位于长塘镇的浙里新起点创投产业园成立并投用，是上虞区政府与浙江股权服务集团有限公司合作建设的第二个基金投资项目产业园。园区采取“加速器+产业园+基金”的多维度产业运营模式，强化政策和产业带动项目落地，培育企业加速发展。全年，浙里新起点创投产业园共签约入驻企业4家，园区整体去化率达51%，入园企业引进外部基金1000万元。（陶铄能 娄丹华）

2022年5月，长塘浙里新起点创投产业园正式成立并投用（区金融办 提供）

**【全球路演中心运营取得初步成效】** 2022年，杭州湾先进智造全球路演中心累计主办与承办各类大中小型活动75场，相关路演和对接项目累计约80个，覆盖医疗、新材料、半导体、智能制造等行业，全年接待约1500人次。（陶铄能 娄丹华）

表 9　　2022 年上虞区境内上市公司经营情况

| 公司简称 | 证券代码 | 总资产（亿元） | 总营收（亿元） | 总营收增长率（%） | 净利润（亿元） | 净利润增长率（%） | 净资产收益率（%） | 资产负债率（%） |
|---|---|---|---|---|---|---|---|---|
| 盈峰环境 | 000967.SZ | 292.71 | 122.56 | 3.28 | 4.19 | -44.37 | 2.41 | 39.40 |
| 阳光照明 | 600261.SH | 55.69 | 37.31 | -12.50 | 1.84 | -41.78 | 5.07 | 35.10 |
| 卧龙电驱 | 600580.SH | 234.46 | 149.98 | 7.14 | 8.00 | -19.06 | 9.27 | 56.75 |
| 浙江龙盛 | 600352.SH | 651.62 | 212.26 | 27.41 | 30.03 | -10.99 | 9.61 | 46.66 |
| 卧龙地产 | 600173.SH | 64.88 | 52.38 | 53.98 | 3.01 | -37.92 | 8.09 | 42.97 |
| 亚厦股份 | 002375.SZ | 231.80 | 121.16 | 0.33 | 1.86 | 120.97 | 2.49 | 65.67 |
| 闰土股份 | 002440.SZ | 126.50 | 62.68 | 12.49 | 6.07 | -27.42 | 6.38 | 22.18 |
| 世纪华通 | 002602.SZ | 333.12 | 114.75 | -17.62 | -70.92 | -404.81 | -25.71 | 23.90 |
| 晶盛机电 | 300316.SZ | 288.87 | 106.38 | 78.45 | 29.24 | 70.80 | 33.82 | 61.18 |
| 金盾股份 | 300411.SZ | 14.36 | 4.27 | -13.02 | 0.14 | 149.38 | 1.50 | 35.04 |
| 汤姆猫 | 300459.SZ | 62.42 | 16.33 | -15.89 | 4.40 | -37.87 | 11.82 | 37.81 |
| 康隆达 | 603665.SH | 41.15 | 13.74 | 30.55 | 2.09 | 235.50 | 19.81 | 60.12 |
| 扬帆新材 | 300637.SZ | 13.89 | 7.92 | 9.86 | 0.06 | -14.00 | 0.74 | 45.50 |
| 皇马科技 | 603181.SH | 33.06 | 21.82 | -6.60 | 4.77 | 6.41 | 19.73 | 23.58 |
| 中欣氟材 | 002915.SZ | 30.07 | 16.02 | 5.00 | 1.85 | 6.47 | 11.10 | 34.96 |
| 锋龙股份 | 002931.SZ | 11.50 | 5.87 | -18.39 | 0.49 | -38.66 | 7.09 | 38.51 |
| 贝斯美 | 300796.SZ | 21.01 | 7.68 | 44.91 | 1.53 | 171.10 | 10.83 | 22.34 |
| 锦盛新材 | 300849.SZ | 7.99 | 2.43 | -17.19 | -0.23 | -312.61 | -3.39 | 19.28 |
| 春晖智控 | 300943.SZ | 12.02 | 4.93 | -7.19 | 0.75 | 4.35 | 8.62 | 22.96 |
| 合计 | | 2527.13 | 1080.48 | 10.40 | 29.17 | -74.1 | 2.08 | 44.63 |

（陶铄能　娄丹华）

# 财政·税务

## 财　政

【概况】 2022年，上虞区累计实现财政总收入140.95亿元，下降17.3%，剔除留抵退税因素，同口径下降5.1%。全年实现一般公共预算收入91.01亿元，下降9.1%，同口径增长1.2%。全年实现一般公共预算支出137.29亿元（含上级专项补助），增长5.9%。一般公共预算收入占地区生产总值的7.3%、占财政总收入的64.6%。全区实现一般公共预算支出137.29亿元（含上级专项补助），完成调整预算的96.2%，增长5.9%。全区一般公共预算用于民生支出104.64亿元，同比增长9.3%，民生支出占比达76.2%。当年财政收支平衡。（赵　霞）

【地区生产总值】 上虞区地区生产总值1241.76亿元，比上年增长4.7%。第一产业增加值56.33亿元，增长3.4%；第二产业增加值647.71亿元，增长6.9%；第三产业增加值537.72亿元，增长2.6%。各产业占地区生产总值的比重由上年的4.7：50.2：45.2，演变为4.5：52.2：43.3。全市规模以上工业增加值527.21亿元，增长11.3%。工业销售产值2171.63亿元，增长12.0%。完成固定资产投资301.81亿元，增长13.1%。实现社会消费品零售总额416.03亿元，增长3.5%。（刘　水）

【政府债券资金】 全年到位政府债券资金42.74亿元，额度居全市第二；争取各类上级转移支付、财力性补助资金20.77亿元，较上年增长15.6%。（赵　霞）

【“四资”统筹】 加强资金统筹，推进全口径预算管理改革，累计盘活资金3.76亿元；推进资产盘活，全区低效无效资产整改完成率达100%；围绕资本增值，完成投资返投2.54亿元；推动资源提效，全年共计出让土地65宗，出让面积4597亩，出让价款75.07亿元。确保积极财政政策有效落地。深入实施稳进提质“八大攻坚行动”，助力经济加快企稳回升向好。全年累计兑现“5+4”政策资金22.98亿元，资金兑现总量、兑付率、应兑付额占年度公共预算支出比等指标均排名全市第一。（赵　霞）

【促进共同富裕】 找准财政小切口，助推城乡发展。建立健全财政支持“共富”保障体系。细化公共教育、就业创业、社会保险、医疗卫生、文化体育等领域财政保障清单，协同推进城乡品质提升，实现城乡社区支出9.70亿元。调整实施新一轮乡镇财政体制。稳步提升乡镇街道可用财力，落实人员基本保障全覆盖，公共服务奖补标准从270元/人提高至330元/人，虞南乡镇体制收入分成比例从总量的50%提高到80%。创新乡镇资产运行机制。发挥财政国资联动优势，统筹盘活区级国企和乡镇街道资产资源，建立资源要素流转通道，全年通过区级国企反哺乡镇街道资金3.66亿元。支持乡村振兴。设立共同富裕专项基金，全年安排1.54亿元，促进乡村振兴，重点支持“山海协作”和强村共富项目建设，促进村级集体经济增收。（赵　霞）

【民生支出】 全年实现民生支出104.64亿元，占一般公共预算支出比重76.2%。优先保障重点领域支出。全年实现公共安全支出8.06亿元，投入25.83亿元助力教育优质均衡发展，支出15.26亿元持续推进公共卫生能力提升，落实资金2.23亿元提升全域生态环境。

守住基本民生底线。积极贯彻稳就业惠民生各类社会保障政策，实现社保支出 21.96 亿元；提高基本公共服务保障标准，困难群体最低生活保障金从 890 元/人/月提高到 1050 元/人/月，城乡医疗保险参保缴费补助从 1100 元提高到 1165 元。全面落实疫情防控资金保障。全年安排防疫物资采购、核酸检测、隔离转运、医疗费用等支出 9.56 亿元。（赵 霞）

【财政治理】 强化财政预算管理，提升整体智治水平。健全财政支出约束机制。建立健全公务支出管理机制，持续完善正负面清单和预算支出标准体系。全面落实党政机关过“紧日子”思想，进一步压缩部门预算非刚性、非重点、非必需支出。继续深化预算绩效评估，对 160 个重点项目开展事前绩效再评估，核减资金 5.94 亿元，核减率 6.9%；对 103 个数字化项目进行专项评审，核减资金 0.34 亿元，核减率 20.3%。防范化解隐性债务风险。多渠道筹措化债资金，扎实推进“真金白银”化债，全年累计化债 105.94 亿元，总量及进度位居绍兴市第一，全区综合债务率从 126% 预计下降至 110.9%，风险等级由黄色降至绿色区间。推进财政国资数字化改革。深化预算管理一体化系统建设，开发上线国资国企财资管理平台和国有房产数智监管平台，试点应用“浙里基财”，推进“浙里报”“浙里办票”等数字财政应用落地。（赵 霞）

【深化国企改革】 做大做强经营板块，提升国企综合能级。推进重大实体化项目落地。开展国有企业重大实体化项目攻坚突破年活动，全区国企筛选 15 个重大实体化项目，专班运作，重点推进。发挥国企平台融资保障作用。精准分析形势，把握政策窗口，区属主要国有企业全年累计获批直接融资授信 266.20 亿元，募集资金 160.20 亿元，债券发行利率屡创新低。着力抓好国企降本降息工作，全年节省融资成本 2.03 亿元。推进存量资产盘活。持续梳理各类资产资源，全年摸排注入国有资产 59 宗，建筑面积 35 万平方米，土地面积 414.58 亩，评估价值 49.53 亿元。巩固信用评级优势。将资产优势转化为信用优势，全年新增“AA+”和“AA”信用评级国企各 1 家，新增“BBB+”和“BBB-”国际信用评级各 1 家，整体信用规模在全国县市级中优势明显。（赵 霞）

# 税 务

【概况】 2022 年，实现税收收入 72.61 亿元，下降 15.3%，同口径下降 3.1%，税收收入占一般公共预算收入比重 79.8%。一般公共预算收入规模、增幅、税占比均排名全市第二。

办理出口退税 25.3 亿元（不包括免抵调），增加 5.0 亿元，增长 24.9%。组织社保非税收入 221.10 亿元，同比增长 208.7%，收入规模超历史纪录。

（赵 霞 刘 水）

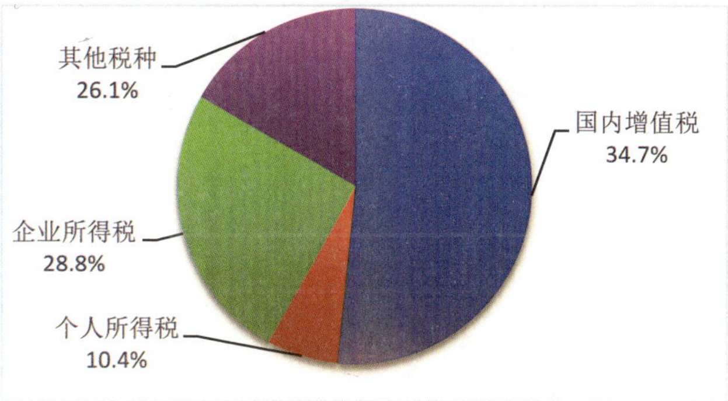


2022 年上虞区税收收入分税种结构图

【非税征收】 强化非税征收管理，全年征收非税收入 23.54 亿元，其中纳入一般公共预算管理的非税收入 18.40 亿元，增长 27.6%。（赵 霞）

【减税降费】 全年实现减负降本 31.10 亿元，其中留抵退税 23.10 亿元、减免其他税费 5.22 亿元、减免社保费 1.28 亿元、其他减负降本 1.50 亿元。发挥专项债券等政策工具的杠杆作用。加快资金使用进度，将债券资金转化为实物工作量，29 个项目 39.24 亿元专项债资金撬动 161.22 亿元总投资，拉动形成实物投资量 57.30 亿元。（赵 霞）

【研发费用加计扣除政策】 2022 年，共计 750 家企业享受研发费用加计扣除政策，累计加计扣除金额达 55 亿元，落实制造业中小微企业缓缴税费 10.62 亿元，阶段性缓缴企业社会保险费 2.25 亿元，落实“六税两费”优惠政策 1.34 亿元。（刘 水）

【税务法治】 坚持以法治建设主动服务改革发展，

全面推进行政执法“三项制度”落实，2022年累计公示行政许可1800余条，有力落实税务司法沟通协调会商机制，2022年累计参与企业破产债权申报近40户次，涉及税款近1600万元。利用上虞特色小镇优势探索推进税收普法基地创建工作。（刘 水）

**【办税缴费服务】** 开展“我为纳税人缴费人办实事暨便民办税春风行动”，推出8大类30项99条便民办税举措，让办税缴费更省时、省力、省心。整合调配办税服务资源，基本实现“办税、咨询、宣传”三条线税费服务工作整合，实现咨询辅导、办件处理、数据分析、宣传培训、风险应对等业务职能的集成运行。2022年智税中心咨询座席日均电话接听量达176个，较2021年同期增长3.5%，征纳沟通平台智能咨询累计接待量达4.12万余户次，较2021年同期增长30.29%。（刘 水）

**【电子税务】** 2022年“网上办”业务共计362.49万笔，网上办税率达96.38%，2022年累计为1.3万户次纳税人邮寄发票超40万份。推进了不动产交易涉税事项的掌办化改革，搭建购房手续集约式“掌上办”平台，实现登记缴税“一件事”的深度整合。2022年“掌上办”业务共计34.56万笔，掌上办税率达10.21%，较2021年同期提高2.1个百分点。（刘 水）

**【大数据和风险管理】** 构建完善“事前预审、事中审核、事后抽检”的防控机制，分级分类开展留抵退税风险防控系列工作。2022年累计追缴留抵退税近400户次，追缴税款超6000万元。（刘 水）

**【政务管理】** 依法依规处理涉税矛盾，入驻上虞区矛调中心，推动涉税矛盾纠纷调处化解“最多跑一地”。优化信访办件程序，2022年累计受理涉税涉费信访件241件，平均办件时间2.57个工作日。（刘 水）

# 对外及对港澳台经济贸易

## 综　述

【概况】　2022年，全区实现出口409.57亿元，同比增长35.57%；实到外资1.97亿美元，完成绍兴目标任务的87.5%；境外工程营业额6006万美元，完成绍兴目标任务的101%。

全年组织企业参加境内外展会58个，培育省级出口名牌企业2家、市级出口名牌企业3家，卧龙电气越南海城仓获评第七批省级公共海外仓和市级公共海外仓。出口情况从主要商品看，机电、化工类和纺织服装产品出口均保持增长；从出口市场看，对亚洲、欧洲、北美及拉美、非洲地区出口均实现增长。

【重点外资项目推进】　联系企业、乡镇及相关部门，在破解瓶颈、解决难题等方面出谋划策、搞好服务，全年实到外资1000万美元以上的项目4个，分别为新和成尼龙材料、瑞华化工、卧龙新能源技术、德司达贸易。

【跨国公司培育】　卧龙、龙盛、阳光等4家企业入围“2022年浙江本土民营跨国公司领航企业名单”前50强。

（魏　爽）

## 对外贸易

【概况】　2022年，全区对外贸易保持稳定增长，进出口总额462.91亿元，同比增长30.72%，其中出口总额409.57亿元，同比增长35.57%；进口总额53.34亿元，同比增长2.51%。三大类出口产品中机电和化工出口分别增长22.32%和21.83%，纺织服装类增长29.87%。消防器材、铝业包装、汽配出口分别增长71.97%、33.45%和15.24%；手套、袜子及铜管出口分别增长9.84%和53.26%。出口仍然以亚洲市场为主，出口金额为163.18亿元，同比增长51.52%。其中，出口到东盟市场的为59.03亿元，占亚洲市场的36.17%。欧洲居第二位，出口88.43亿元，同比增长11.43%。其中欧盟市场出口77.72亿元，占欧洲市场的87.89%。北美洲仍居第三，出口金额77.83亿元。在主要出口市场中，对美国、巴西、印度出口排前三，出口额分别为70.38亿元、27.78亿元、24.08亿元，同比增长17.16%、99.9%和36.29%；在进口市场中，日本、扎伊尔、秘鲁排在前三位，进口额分别为11.49亿元、8.91亿元、6.55亿元。

【培育出口品牌】　2022年，永农生物科学有限公司、浙江恒洋伞业有限公司被评为浙江省出口名牌，浙江诺亚氟化工有限公司、永农生物科学有限公司和约克夏（浙江）染化有限公司被评为绍兴市出口名牌。

【公共海外仓建设】　2022年，绍兴卧龙电气驱动集团股份有限公司越南海城仓获评第七批省级公共海外仓和市级公共海外仓。

【经贸展览】　2022年，共组织企业107家次122个摊位参加58个境内外展会。主要包括日本东京国际礼品消费品博览会、亚洲运动用品与时尚展、中国（巴西）贸易博览会、第十三届中国（阿联酋）贸易博览会、巴西圣保罗国际纺织服装采购展（GOTEX）、中国（印度）贸易博览会、ADIPE石油展、AHR2022美国制冷展、FPSO 海上石油大会、SPS 德国纽伦堡展、摩洛哥国际电力照明展、新加坡亚太区美容展等境内外展会项目等。

**【安排专项资金推进外贸发展】** 2022 年，全区财政安排专项资金 5242.33 万元，分别对出口名牌、展位费、自营进口技术装备（进口贴息）、属地报关、鼓励外贸企业做大做强、发展加工贸易、鼓励扩大进口、建设外贸服务平台、出口信用保险、支持应对贸易摩擦、境外商标注册、市场采购贸易等进行奖励和补贴。

**【推广出口信用保险】** 2022 年，全区共有 1059 家企业投保，其中 73 家企业为自行投保，此外上虞区统一帮助区内出口额在 2500 万元（含）以下的 986 家小微出口企业购买出口信保政府联保项目。

**【行业预警信息发布情况】** 2022 年，“上虞照明电器产品对外贸易预警示范点”拓宽信息来源、加大信息发布数量，通过与海关、质检等部门的联系，了解照明电器企业的出口及检测检验情况，将数据信息进行收集、整理，并定期将整理甄选的预警信息通过平台发布，共发布 70 条预警信息，下发 80 余条照明行业相关新闻供企业参考。同时密切关注国际市场，跟踪国外标准的变化和动态，对照明产品主要出口市场进行监测预警，编写照明电器行业出口统计分析报告 4 期。

2022 年，“上虞伞业对外贸易预警示范点”编制伞业出口统计分析、对外贸易预警信息报告、行业进出口动态统计情况分析和伞业会刊，并通过平台发布预警信息 100 余条，为企业提供行业预警信息及分析报告。 （戚焕焕）

## 对港澳台贸易

**【概况】** 2022 年，上虞区对中国香港销售额为 14344 万元，同比下降 50.09%，销售产品以医药及中间体和消防器材为主；购买额为 1 万元，同比下降 98.1%，购买产品以金属制品主。2022 年，上虞对中国澳门销售额为 133 万元，同比下降 76.16%，销售产品以医药及中间体和铝业包装为主。2022 年上虞对中国台湾销售额为 69024 万元，同比增长 10.6%，销售产品以染料为主；购买额为 10430 万元，同比增长-4.66%，购买产品以纺织原料和机电设备为主。

**【经贸展览及活动】** 2022 年，上虞区组织区内企业参加 2022 香港国际秋季灯饰展、香港湾仔礼品及家庭用品展览会、澳门智慧生活体验博览会、第 27 届澳门国际贸易投资展览会等知名展贸活动。 （戚焕焕）

## 利用外资及港澳台资

**【概况】** 2022 年，全区完成合同外资及港澳台资 5.64 亿美元，实到外资及港澳台资 1.97 亿美元，完成绍兴目标任务的 87.5%。新设外资及港澳台资企业 25 家，增资项目 11 个，引进 1000 万美元以上项目 8 个。

**【利用外资及港澳台资集聚经开区】** 2022 年，杭州湾经济技术开发区实到外资及港澳台资 2.05 亿美元，占全区实到外资及港澳台资总额的 97.4%。

**【投资来源地多样化】** 来自中国香港实到资金 1.99 亿美元，占比 94%。来自塞舌尔实到外资 699.55 万美元，占比 3.3%，来自日本实到外资 124 万美元，占比 0.59%，来自马来西亚实到外资 3.79 万美元，占比 0.02%。

**【推进重点外资项目】** 2022 年度，实到外资 1000 万美元以上的项目一共有 4 个。收到外资金额排名前四的企业为：浙江新和成尼龙材料有限公司、浙江瑞华化工有限公司、卧龙（浙江）新能源技术有限公司、浙江德司达贸易有限公司。

**【投资产业】** 2022 年新批外资企业制造业和服务业各 7 家，批发业 5 家，橡胶和塑料制品业、科学研究和试验发展和应用软件开发各 1 家。

**【外商投资企业联合年报】** 2022 年 4—7 月，开展外资企业联合年报工作，上虞区实际参加年报的有 369 家。

【发放外来投资者“服务卡”】 全年审核办理绿卡13张。

【企业来华人员商务邀请函办理】 2022年，协助企业申办外籍人员来华邀请函35人次，为企业克服疫情困难、开展正常生产经营活动出谋划策。（张芳芳）

## 外商服务

【概况】 2022年，全区实现服务进出口总值6.59亿元，占全区服务和货物进出口的比重为1.42%，同比增长11.5%。其中，服务出口2.1亿元，同比增长8.65%；服务进口4.5亿元，同比增长13.58%。在12大类服务贸易领域中，旅行、其他商业服务以及电信、计算机和信息服务位列区服务贸易进出口总额前三位，占比分别为40.85%、30.85%和13.99%。

【离岸服务外包】 2022年，由商务部系统认定的离岸服务外包合同签订额4748.9万美元，服贸外包离岸执行额2962.1万美元，同比增长98.8%，发包地主要来自新加坡、美国、法国、英国、印度、爱沙尼亚、越南等，业务范围主要包括游戏网络、信息技术、财务管理、工业设计等。当年统计执行额100万美元以上企业6家，500万美元以上2家，业务涉及游戏网络、信息技术、财务管理、工业设计等领域。

【组织政策申报】 经企业申报、中介审核、部门意见征询、社会公示，在2022年度完成区级服务贸易奖励资金的兑现，共计兑现金额331万元。协助企业申报2022年中央外经贸发展专项资金服务外包离岸执行额贴息项目，2022年共有5家企业获得中央资金补助，共计16.24万元。

【开展服务贸易数据统计和监测】 加强宣传指导，鼓励企业做好系统入库申报和线上参展。对新增和潜在的服贸企业进行及时走访和联系，指导开展外包及服贸监测系统的注册备案工作。累计注册服务外包企业32家。（张芳芳）

## 经济技术合作

【概况】 2022年，全区备案境外投资项目14个，实现备案中方境外投资额8159.6万美元，同比增长540.42%，完成目标任务的107.36%。实现境外工程营业额6006万美元，完成目标任务的101%。

【外经政策落实】 2022年，组织企业兑现2021年度“1+9”境外投资资金45万元，积极申报省级商务促进财政专项资金，列入全省培育名单的4家本土跨国公司获商务专项资金20万元。

【助企服务】 开展“助企开门红”活动，对外经企业进行走访，实地调研，了解企业生产经营中的难点问题；组织企业参加2022年全省境外投资业务和统计培训会议、“丝路领航”行动暨光伏产业“走出去”风险防范专场会、外投资企业外派人员进行安全技能培训等，提升走出去企业业务水平；组织并指导全区外经企业完成半年度备案（核准）报告和对外直接投资年度报告，提前完成年报考核任务。（张芳芳）

## 海　关

【概况】 2022年，上虞区外贸规模创历史新高，年内进出口额462.9亿元，同比增长30.6%，其中出口409.5亿元，同比增长35.5%。绍兴海关上虞办公区有绍兴海关综合业务二科和监管二科两科室驻点，负责上虞辖区的通关、监管、征税、统计、检验检疫等海关事务。

【进出口营商环境优化】 年内，绍兴海关上虞办公区辅导新办加工贸易企业4家，新设手册164份，核销手册227本，加工贸易实际进出口金额4.4亿美元，同比增长11%；出具统计证明145份，同比增长65%；办理留学生免税车14辆；新增报关单位备案229家，同比增长11.17%，企业总数累计突破2820家；签发各类原产地证书2万份，签证金额10.5亿美元，同比分别增长4.8%和10.6%，其中签发各类优惠性原产地证金额约8亿美元，据此可减免相关进口国关税约

4000 万美元，提升出口企业竞争力。开展 “十地百团助千企”“保税推进月”等精准服务活动，对接企业，解决实际问题；引导企业参与提前申报、两步申报等通关改革事项，加强与口岸海关的沟通联系，开展通关时效监控与处置，做好通关时长压缩工作；宣传推广 RCEP，针对多种优惠贸易协定重叠的情况，帮助企业核算各类原产地中关税减免幅度，减少企业税收成本；报关大厅设立自助打印台，引导企业开展原产地证书自助打印；办理“多证合一”备案企业 97 家；提供跨境电商、综合保税区通关监管政策面对面服务，指导企业备案出口海外仓；探索企业集团为单元的加工贸易监管模式，协助 1 家企业申报加工贸易企业集团监管模式成员企业。

**【进出口通关监管】** 年内，上虞办公区共完成进口查检业务 167 批次，同比下降 19.7%；出口检验检疫监管 13300 批次，同比下降 5.7%，其中出口危化品 5315 批次，货值 5.8 亿美元，同比分别增长 3.1%和 26.6%，出口危险货物包装使用鉴定 7431 批次，同比增长 23.7%。落实全员打私任务，办理“简快案件”1 个，移交案件线索 1 个。开展关税征管执法检查，完成副产品缓税利息、电解铜审价等补税 20.6 万元。加强贸易数据质量监控，检控外贸数据 6483 条，筛选处理异常数据 8 条。

**【进出口食品监管】** 年内，上虞办公区开展“输非茶叶专项整治”等食品安全领域重点工作，及时排查输非茶叶风险隐患，加强输非茶叶质量监管，完成输非茶叶现场查验 37 批、2015.58 吨、货值 483.98 万美元，抽样送检 20 批，无不合格现象。开展辖区出口茶叶企业调研，全年完成茶叶、调味品、脱水蔬菜、水产品及黄酒等产品出口监管 380 批次。

**【进出口质量监管】** 年内，上虞办公区细化落实“物防”要求，有序开展汽车零配件等进口货物目的地查验，对 1 家进境粮食加工企业累计审批、监管澳大利亚进口小麦 3 批次，7300 吨。开展“口岸危险品综合治理”百日专项行动，围绕专项行动组织 12 次专题研讨。建立辖区近 60 家危险品企业 200 余种商品信息库，2 次开展“单证质量提升月”，有效降低了申报差错，对包装生产企业进行风险排查 20 余次。2022 年，检出进出口不合格危险品及其包装 86 批。

**【服务地方经济】** 年内，上虞办公区开展企业调研和政策宣传，相继赴化工、茶叶、黄酒、家具等出口企业调研并收集企业遇到的困难问题，宣传海关支持措施，通过联合区商务局等方式开展“食品安全”“国门生物安全”等主题宣讲 8 次。发挥大企业联络员作用，精准对接企业需求，以行业为抓手，制定“一企一策一员”个性化服务方案，合理开展“互联网+”工作模式，组织危化品业务“云指导”，完善 24 小时线上预约机制，拓宽服务时空，提升业务效率。针对地方关注，发挥统计决策辅助作用，结合上虞本地外贸形势和国际贸易热点，开展机电、化工行业问题分析，RCEP 政策实施影响，俄乌冲突、美元加息、欧洲能源危机等热点分析，报送海关要情 14 期。（章汝丰）

# 人力资源管理

## 综　述

**【概况】** 2022 年，上虞区扎实推进稳就业惠民生攻坚行动。发挥政策稳岗作用。出台留工稳岗“暖心八条”，顶格执行助企纾困政策落实阶段性缓缴社保费政策，累计缓缴近 1800 万元。优化服务保障用工。开展“百名干部联千企”“四问”大走访等活动，常态化摸排用工需求；推进东西部劳务协作、用工余缺调剂等工作。强化重点群体帮扶。推广“重点群体就业帮扶在线”场景应用，新增区级高质量就业社区（村）71 家，实现“零就业”家庭动态清零，就业困难人员帮扶率为 100%，其他人群帮扶率超过 97%。

**【持续优化人才引育留用体系】** 2022 年度新增就业大学生 26534 人，含博士 106 名（新增博士数量全市各区县市第一）、硕士 1026 名。举办招才引智春秋专列活动，瞄准就业招工“两难”问题，举办百校·百企交流对接等大型活动，搭起政企校合作平台。加强人才培育，推进博士后建站工作，超额完成建站任务。举办“万亩千亿”创业大赛装备制造系列赛，省级以上引才计划申报入选人数名列全省前列。出台并实施《“金蓝领”技能人才提升行动三年计划》；推进职称评审“直通车”试点改革，新增副高以上职称 467 人。优化人才留虞政策，出台人才政策 4.0 版实施细则，实现大专以上学历全覆盖。以“数字化”为引领，利用“人才码”“越快兑”实现安家补贴和房票补贴线上兑现。

**【探索重塑社会保障体系】** 结合人力资源市场专项整治等行动，规范企业参保，提升缴费基数夯实率。优化社保服务，全国统筹信息系统上线，推进“社银通”试点，搭建银行服务网络，迭代服务标准，打造人社业务“十分钟服务圈”。设立 81 个合作网点，全区乡镇街道实现全覆盖。强化基金安全，开展社保领域漠视侵害群众利益专项治理行动、社保基金管理提升年等活动，强化内部控制和外部监督，筑牢基金安全底线。

**【深化创建和谐劳动关系】** 开展除险保安排查整治欠薪隐患、根治欠薪秋季行动等专项行动，检查企业 100 余次，在建工程 200 余次，下发限期改正 30 余份，全年未发生重大欠薪舆情。创建金牌调解组织，设立朱文龙工作室，通过速调机制助力纠纷化解。创新建立检察支持劳动仲裁工作机制，借助检察院办案力量开展案件调查，有效化解 3 起重大欠薪案件，涉及劳动者 74 人，金额 150 万余元。（王喻之）

## 人事管理

**【概况】** 2022 年，上虞区共组织各类事业单位公开招聘 14 次，其中面向“双一流”高校招聘党政储备人才 1 次，事业单位公开招聘 1 次，高层次招聘 1 次，残疾人专设岗位招聘 1 次，教体系统 4 次，卫健系统 6 次。共计招聘事业人员 410 名，其中博士研究生 1 人，硕士研究生 91 人。完成一年一次的人事年报统计工作和 2022 年全区 322 家事业单位工作人员年度考核情况汇总。全区事业人员 12649 人参加考核，其中优秀人数 3238 人，优秀比例为 25.6%。（陈晓华）

**【事业干部队伍优化】** 2022 年，上虞区面向“双一流”高校招聘党政储备人才 21 人，均为硕士研究生；乡镇 5 人，部门 16 人；中共党员（含预备）12 人。引进教育、卫生事业专业人才 107、259 名，提升专业化队伍水平。（陈晓华）

【首次事业单位新进人员岗前培训】 为进一步提高事业单位工作人员的服务意识和服务能力，根据《事业单位人事管理条例》《事业单位工作人员培训规定》，9 月 5—9 日，在区委党校，组织全区 89 名 2021 年度新聘用事业人员开展岗前培训。培训内容涵盖党的理论知识、廉政教育、职业道德、经济学知识、法治思维、公文写作等，同时还安排现场教学，培训形式丰富，重点聚焦提升新入职事业干部的政治素养、理论水平、专业能力、实践本领，使每名新进事业人员更好更快地适应岗位。（陈晓华）

【抗疫先进表彰】 贯彻落实《人社部办公厅关于切实做好新型冠状病毒感染的肺炎疫情防控期间事业单位人事管理工作有关问题的通知》及其政策口径、上虞区出台《关于坚决贯彻落实关心关爱疫情防控一线工作人员省级“八项举措”、市级“十二项举措”和区级“十条举措”有关政策的操作细则》。“7・9”疫情防控处置中，有关工作组和单位立即进入应急响应状态，迅速启动流调、复核等应急措施，合力将疫情风险管控在萌发状态，最大限度减少对经济社会发展的影响。为激励先进、树立典型，上虞区对 11 名个人进行嘉奖。（何　灿）

## 人力资源市场

【概况】 2022 年，浙江绍兴（上虞）人力资源服务产业园获评浙江省推进人力资源服务业高质量发展工作成绩突出集体，获评浙江省优秀人力资源服务产业园，同年，当选浙江省人才发展服务联盟理事单位和入选上虞区共同富裕示范场景“揭榜挂帅”创建名单，是全市唯一一家集省级人力资源服务产业园，省级众创空间、省级小微企业园于一身的产业园。入驻人力资源服务机构 30 家，产业园实现产值 10 亿多元，完成税收 1000 多万元。产业园面积 15000 平方米以上，由人力资源市场、人力资源服务机构、公众服务平台、创业孵化基地、职业培训基地、人力资源产业链延伸企业等板块组成，可为用人单位和劳动者提供公共人力资源服务、人才招聘、人事代理、劳务派遣、服务外包、人才测评、教育培训、管理咨询以及猎头服务等各类人力资源服务。（唐　瑶）

【招聘会举办情况】 2022 年，上虞区共举办线下招聘会 50 场（包括“五星双强”企业、残疾人就业等专场招聘会），参会企业 991 家，推出岗位 4332 个，拟招聘人数 20247 人，进场求职者 5976 人，达成意向人数 2713 人；举办线上招聘会 89 场，参会企业 1304 家，提供岗位 5159 个，达成意向 1753 人；举办网络直播招聘会 13 场；开展电话推介服务，累计推介企业 2787 家，岗位 5251 个，推介求职人员 3182 人，已有 1394 名求职人员与用人单位达成初步意向；开展橱窗招聘服务，推介企业 960 家；与全国知名招聘网站智联招聘合作，开设上虞企业招工专栏，参会企业 275 家，收到简历 9328 份。（唐　瑶）

【产业园区建设】 2022 年，产业园不定期举办各类人力资源主题沙龙、现场招聘会、园区文化活动、企业 HR 培训等。全年举办各类活动 10 余场，特别是 2022 年绍兴市上虞区第二届 HR 精英挑战赛。11 月 9 日，宁波弘途人力资源服务有限公司被评为 2022 浙江省人力资源服务五星级企业，宁波杰博人力资源有限公司被评为 2022 年浙江省人力资源服务四星级企业，且都入围 2022 年浙江省人力资源服务企业信用 50 强。（唐　瑶）

【行政审批管理】 2022 年，审批劳务派遣经营许可证 14 家，延续 8 家，变更 11 家，年检 48 家；审批人力资源服务许可证和备案 12 家，变更 1 家，年检 20 家；审批民办职业培训学校办学许可证 1 家，延续 4 家，变更 2 家，年检 10 家。（唐　瑶）

## 人才引育

【概况】 2022 年，新增就业大学生 26534 人，含博士 106 名（新增博士数量全市各区县市第一），硕士 1026 名。招才引智工作得到副省长成岳冲肯定性批示。（车　烨）

**【精准引育】** 开展“全员下沉、包联解难”“百名干部联千企”等经济稳大盘系列活动，对区内机械装备、医药化工、轻工纺织、照明电器四大主导产业的1100余家企业开展摸排，梳理岗位缺口3000余个、人员需求8600余人，涉及硕博学历需求516人、本科3870人、大专3784人，其中区产业急需的化学工程与工艺、机械制造及其自动化、高分子材料等十个专业高校毕业生需求达到6000余人。（车 烨）

**【招才引智春秋专列活动】** 瞄准就业招工“两难”问题，举办活力绍兴智引全球系列线上线下专场招聘会281场，其中举办行业招聘会238场（化工新材料131场、机械制动化56场、小镇专场40场、金融管理11场），参加活动用人单位10655家次。举办2022高校毕业生高质量就业暨百所高校·百强企业对接交流会，浙江省107所高校（技师学院）和112家企业参加。（车 烨）

**【“虞见一夏”见习实习品牌打造】** 深化“虞见一夏”见习实习品牌，举办“浙江大学百名博士上虞行”暑期实践活动，前移引才关口，助力高校毕业生高质量就业。2022年，共有北京、上海、河北、天津、河南、安徽等省市近百所高校的6583名学生到上虞开展见习实习。全区新增见习实习基地137家，新增1家见习实习示范工场（闰土股份）。（车 烨）

**【优化大学生创业服务】** 全区新增1家区级大学生创业园(嘉禾地带上虞众创空间)、1家市级大学生创业园（e游良仓众创孵化平台）。深化社银合作，为22名高校毕业生办理创业贷款765万元，免息12.64万元，兑现一次性创业类补贴13.8万元。（陈嘉依）

**【人才政策实施】** 出台人才政策4.0版实施细则，实现大专以上学历全覆盖。以“数字化”为引领，依托“越快兑”“人才码”两大平台，实现安家补贴和房票补贴线上兑现。本年度兑现各项政策资金26766.13万元，其中安家补贴16589.9万元，房票补贴8748.13万元，见习实习补贴778万元，兑现金额较上年增长22.64%。（陈嘉依）

**【档案调转及非编人员基数调档工作】** 启动档案信息化建设工作，年内共接收档案5281件，转出1540件。2022年7月集中攻坚完成非编人员档案调档493人，全年办理非编人员退休47人。（陈嘉依）

**【《“金蓝领”倍增计划三年行动方案》出台】** 为进一步推进“浙派工匠”金名片工作，于2022年6月印发《“金蓝领”倍增计划三年行动方案》，在全区范围开展技能人才倍增行动。着重围绕“引”“育”“留”“选”“用”五大技能人才的培育机制，把扎实推进新时代“浙派工匠”培育工程的决策部署细化为若干具体行动，提出“金蓝领”招引倍增行动、“金蓝领”成长培优行动、职业教育发展升级行动、“金蓝领”提优晋级行动、“金蓝领”关爱激励行动5项行动共21条政策措施。计划每年组织培训技能人才2万人次以上，平均每年新增高技能人才5000人以上，其中新引进高技能人才不少于2000 人；到2024年，实现两个35%，即全区技能人才占从业人员比例达35%，高技能人才占技能人才比例达35%以上。（陈嘉依）

**【补贴性职业技能培训】** 截至年末，全区开展补贴性职业技能培训29525人次，完成省下达19500人目标任务的151%；新增技能人才8274人，完成省下达5200人目标任务的159%；新增高技能人才3889人，完成省下达2600人目标任务的150%；发放职业技能培训补贴2266.76万元。（陈嘉依）

**【技能人才培养】** 聚焦新兴业态与重点群体，围绕上虞产业发展结构和乡村振兴等重大战略，组织开展化工总控工、有机合成工、化学检验员等职业技能竞赛14场。2022年，遴选产生顾洪波等6名“浙江工匠”，周建斌等24名“浙江青年工匠”，任良等11名“绍兴工匠”。（陈嘉依）

**【实用技能培训】** 以项目制培训为推手，开展养老护理员、家庭教育指导员等实用工种培训，提升相关从业人员的技能水平，全年开班34期，培训5648人次。引入线上模式，实现培训灵活。引导企业依托开放性的线上平台，在技能培训中使用“线上+线下”相结合的模式，使员工增技、企业赋能。

2022 年，智慧平台共开班 90 余个班次，发放定向券 2655 张。 （陈嘉依）

【人才引育再创新高】 坚持“一人一策”引进、“一事一议”保障，新入选“鲲鹏计划”人才 1 名，1 名外籍人才获评中国政府友谊奖，是绍兴市近 15 年内唯一获得该奖项人才。创新海外引才方式，拓展赛事引才、资本引才、以才引才、中介引才渠道，年内自主申报入选国家级引才计划人才 24 名，居全省第三。入选国家级特支计划 2 名，数量居全市第一。高质量举办首届人才科技周、第二届中国·绍兴“万亩千亿”新产业平台人才全球创业大赛装备制造专场、2022 高校毕业生高质量就业暨百所高校·百强企业对接交流会、2022 浙江大学百名博士上虞行等招才引智活动，城市引才品牌知名度和竞争力不断提升，青年大学生招引做法得到省领导批示肯定。 （金泽耀）

【平台能级加速跃升】 加快推进高创园平台体系建设，投资 15 亿元、占地 100 亩的高创园总园启动建设，完成壹号、贰号分园提档升级，启动叁号分园培育。曹娥江实验室揭牌成立，大学研究院达 12 家，院士专家工作站 43 家，保留院士工作站 10 家，数量居全省领先。先后建立博士后工作站 31 家、省级重点实验室 2 家、省级重点企业研究院 4 家、省级企业研究院 31 家、省级高新技术研究开发中心 89 家。 （金泽耀）

【人才生态持续优化】 实施更加积极开放的人才政策 4.0 版，稳固人才竞争比较优势。聚焦住房保障、创业融资贷款、政策资金兑现、医疗卫生保健等人才急难愁盼问题，针对性落实 2022 年度人才服务“十件实事”。加强人才住房保障，推出求是家园第一批人才专购房源。协同推进双创服务、生活服务、就医、子女教育、出入境等“关键小事”，让人才安心在虞创新创业。在“一江两岸”核心地段建设人才公园，全要素打造宜创宜居的“尚才之地”。 （金泽耀）

## 就业保障

【概况】 2022 年，全区新增就业 3.51 万人，登记失业率为 1.88%。 （金　旦）

【企业用工情况监测】 2022 年，累计监测上虞区企业 2472 家次，截至年末，206 家监测企业用工总数为 67545 人，较上年同期增加 77 人。 （金　旦）

【兑现稳岗返还政策】 按照省厅和市局的统一部署，对不裁员、少裁员的企业发放稳定岗位补贴，全年累计发放 1.2 万家企业 2021 年度稳定岗位补贴 8069.31 万元，惠及企业职工 18.22 万人。 （金　旦）

【服务保障企业用工攻坚行动】 深入开展“十省百市千县”省际劳务协作，每月收集企业缺工信息推送给外省劳务协作地，组织企业赴四川、安徽、云南、甘肃等地参加专场招聘会。已与四川、云南、贵州、安徽、甘肃、湖北 6 省 13 地建立长期劳务协作关系，2022 年共向上述地区推送 1500 余家次企业用工需求岗位信息 2.5 万余条。2 月 10 日开通“就业大巴”接返会泽籍上虞员工 266 名。

【稳定就业巩固拓展脱贫攻坚成果】 举办线上线下招聘会 45 场次，参会企业 280 家，提供岗位 2.1 万个，达成意向 495 人。截至 12 月，四川省在上虞区企业稳定就业 3371 人，其中脱贫人员 459 人，完成全年目标任务（分别为 2660 人、350 人）。兑现东西部劳务协作补贴 83 万余元。 （金　旦）

2 月 22 日，组织企业参加四川小金县下乡上门招聘会（金旦 摄）

【失业保险基金】 2022 年，为 28050 人次发放失业保险金 5553.21 万元，为 9697 人次发放失业补助金 765 万元，为 1744 人次发放技能提升补贴 338.85 万元，为 12809 人次发放价格临时补贴 74.85 万元。同时，加强失业保险待遇领取情况稽核检查和基金监督、审计等疑点数据核查力度，确保失业保险基金和就业补助资金安全运行。2022 年上门稽核检查 53 家企业 116 人，追回失业保险金 6 人 4.25 万元；核查疑点数据 6000 余条，追回资金 12.78 万元。（金　旦）

**【数字就业重点群体帮扶应用推广】** 数字就业重点群体帮扶应用覆盖全区各乡镇街道、社区（村），确保每个社区、村都有业务操作员，并对其进行业务培训与指导，对重点群体进行摸底调查、帮扶援助、跟踪回访。开展重点群体线上就业援助 10 场次，200 余家企业提供岗位超过 6000 个。联合镇（街道）、村社开展重点群体就业帮扶工作，点对点发送招聘会信息和岗位信息 2 万余条，联合乡镇街道开展就近企业岗位推介。鼓励社区（村）根据实际情况设立一些保洁保绿、基层协管等公益性岗位，对于通过市场渠道难以实现就业的困难群体，运用公益性岗位托底安置，2022 年度公益性岗位共安置 4 人。（金　旦）

## 专业技术

**【概况】** 2022 年，新增博士后工作站 6 家，博士后 28 人；全年新增专业技术人才 2690 人，其中高级 467 人，中级 744 人，初级 1528 人，专技人才总量达到 113084 人。

**【博士后工作站建设】** 截至 2022 年，上虞区现有博士后工作站 31 家，其中国家级 9 家，累计招收博士后 87 名。2022 年新增博士后工作站 6 家，招收博士后 28 名，出站博士后 18 名。提升博士后研究课题质量，在站博士后共参与企业科研项目 121 项，发表论文 92 篇，申请国家和国际专利 171 件，多人申请和入选省市各类人才计划，其中 1 名进站博士后获得中国博士后科学基金第 72 批面上资助。对全市设站 3 年及以上的博士后科研工作站 10 家进行博士后科研工作站周期考核评估，确定浙江龙盛集团股份有限公司为 2022 年度周期考核评估优秀博士后工作站，浙江晶盛机电股份有限公司、浙江皇马控股集团有限公司、浙江卧龙控股集团有限公司 3 家单位为 2022 年度周期考核评估良好博士后工作站。

**【职称评审改革】** 扩大民营经济职称社会化评价工作试点范围，新建立上虞区机械电机协会工程技术人员中级评委会，对上虞区民营企业工作人员开展机电制造专业的中级评审，共接收申报对象 199 人，评审通过 176 人；上虞杭州湾经开区工程技术中级评委会共接受申报对象 280 人，评审通过 200 人。建立和推广职称评审“直通车”机制，打破学历、资历等限制，2022 年上虞区已有 4 名专技人才通过“职称直通车”评审直接获得相应高级职称，其中正高 3 人，副高 1 人。建立高层次和紧缺急需人才职称评价绿色通道对符合条件的专业人才直接认定中、高级职称，简化职称申报流程，2022 年，有 17 名高层次人才直接认定相关高级职称。

**【高层次人才选拔培养工作】** 完成 2022 年省特支计划青年拔尖人才的推荐申报工作，共上报 25 人，最终 1 人入选；组织申报 2022 年国家海外引才计划，推荐 11 人；申报 2022 年省海外引才计划创业人才，共推荐 10 人，最终 1 人入选；推荐申报绍兴市名士之乡英才计划 72 人，最终 16 人入选。带领 12 家获得“金梧桐奖”的企业以及 7 名获得“引才伯乐奖”的企业 HR 参加 2022 年上虞人才发展大会暨人才科技周开幕式活动。举办第二届中国·绍兴“万亩千亿”新产业平台人才全球创业大赛装备制造系列赛南京分站赛、成都分站赛、上海分站赛和海外视频赛，并结合绍兴市人才峰会总体安排，准备装备制造系列赛的总决赛。

8 月，第二届中国•绍兴“万亩千亿”新产业平台人才全球创业大赛装备制造系列赛南京分站赛举行（人力社保局 提供）

**【专家服务助力乡村振兴】** 开展 2022 年“乡村振兴助力共富”专家服务活动，6 月邀请绍兴市规划设计以及农技领域的专家，就盖北集镇“幸福里”商圈如何引进更多知名连锁品牌入驻，提高乡镇商圈集聚效应等方面提供专家服务。（车燕飞）

## 劳动保障和监察

**【概况】** 2022年，上虞区劳动保障监察工作全年受理线下投诉举报案件共计1215件，涉及劳动者4221名、劳动报酬9298.84万元；受理的1109件劳动纠纷投诉案件中，涉及住宿餐饮领域68件，建筑工程领域438件，制造业领域294件，运输物流领域79件，劳务派遣36件，其他147件；处理劳动保障类信访件661件；受理国家欠薪线索反馈平台线索件1195件，办结率100%，浙江省安薪码欠薪线索反馈平台线索件282件，办结率100%；110应急联动处置714起，未发生重大欠薪群体性事件；做出行政处理11起，行政处罚13起。

**【机构改革增设行政内设科室】** 2022年，根据浙江省大综合一体化行政执法机构改革方案，上虞区制定《中共绍兴市上虞区委机构编制委员会关于区级“大综合一体化”行政执法改革机构编制调整的通知》。根据该通知以及《浙江省新增综合行政执法事项统一目录（2021年）》的要求，上虞区劳动保障监察大队所承担的行政执法职能，除欠薪领域外均移交给上虞区综合行政执法局，原承担的行政执法职能回归业务主管部门机关，局机关增设“劳动保障监管执法科”，由其承担上虞区劳动保障监察大队回归局机关的行政执法职能。

**【用工登记一件事减少劳动用工风险隐患】** 2022年度，采取网上年审方式进行书面审查，主要对辖区内存在劳动用工行为的国家机关、事业单位、企业、有雇工的个体工商户及民办非企业单位等用人单位进行审查，主要审查内容为用人单位遵守劳动用工、劳动合同、工时制度、工资支付、社会保险、职业培训等方面的劳动保障法律、法规、规章情况。重点审查用人单位是否建立完善合法的招工录用、工资发放、合同签订、工时考勤制度，是否存在违反劳动保障法律法规行为等。截至年末，上虞区全区企业劳动用工书面审查总计完成17006家，超过任务数10000家的70.06%。在完成书面审查的同时，也向企业开展劳动用工体检，通过线上题库自测自检、答题测试，提升企业人事掌握劳动法规的程度，对常见的用工风险与误区以题目形式做出提示，降低企业劳动用工风险，截至年末，总计完成劳动用体检1655家。

**【热情接待劳动保障监察咨询、投诉与举报】** 2022年，随着浙江省根治欠薪工作进一步深入以及疫情影响，来电来访咨询疫情期间工资福利、劳动关系等特殊时期劳资问题的咨询以及要求企业按时支付工资的投诉举报激增。区人社局坚持服务群众、服务企业，除了八小时工作内正常受理接待劳动者与企业的来访咨询、投诉举报以外，24小时全天候执勤岗开通劳动保障监察举报电话，及时解答劳动者企业问题，及时受理相关举报投诉。

**【开展根治欠薪专项行动】** 为迎接浙江省根治欠薪工作领导小组办公室对上虞区的2022年“无欠薪”复核工作，上虞区坚持以预防宣传与排查执法相结合的原则，以政府投资项目为重要调查摸排对象，对全区56个在建工程项目进行在建工程六项制度检查，现场指导、整改，并会同市局对建设、水利、交通等9个项目进行现场重点督导，通过浙江省根治欠薪领导小组的复核复检。在迎接省检之外，上虞区借助《保障农民工工资支付条例》两周年之际，在执法检查在建工程项目的同时，对辖区内多家建筑企业现场开展现场宣讲，大力宣传解读条例。同时开展上虞区根治欠薪夏季专项行动，除了重点检查各类在建工程项目以及已竣工但仍有欠薪的工程项目之外，还对劳动密集加工制造企业、餐饮住宿健身美容等居民服务型企业以及租赁厂房设备开展生产经营的租赁型企业进行摸排检查，总计摸排131家企业，下发19份整改书，对6家存在欠薪风险隐患的企业进行相应处置。

（朱鸿涛）

# 经济管理与监督

## 综　述

**【概况】** 2022 年，全区新增市场经营主体 1.43 万户，与 2021 年相比增长 10.65%，与 2020 年相比增长 7.19%，新增“个转企”285 家，在册经济户口达 10.3 万家，总量首次突破 10 万大关，同比增长 6.60%。市场经营主体增速较上年稍有放缓，但整体规模仍在持续壮大。

完成 31 家农贸市场标准化改造提升，创成“五化”市场 6 家，实现星级农贸市场 100%全覆盖，省放心市场覆盖率达 60%以上；全区 197 家学校实现“阳光厨房”100%全覆盖；88 家在产食品企业实现“阳光工厂”100%全覆盖；新建农村家宴点 25 家；对 357 个村（居）的集体聚餐、政府性重大保障活动、节假日群体性活动投保；新培育传递民俗和传承文化食品小作坊 8 家；8 家民生药事服务站累计服务群众 2474 人次。

**【市场监管业务数字化】** 探索开发“车载气瓶监管一件事”“市场监管守门员”“药店全维度风险监管”等应用系统。成功争取药品上市后变更“非现场”监管、“零售药店全维度风险管控模式”、“消费宝”App、市场监管执法办案、GM2D 示范区建设等五项省（厅）级试点。全力投入全省系统“双五”竞赛，全面深化“浙冷链”“浙食链”“浙江外卖在线”“浙江公平在线”“浙江质量在线”“浙江特种设备在线”等 18 个应用系统，实现市场监管业务数字化应用全覆盖，全面提升监管效能。

**【各领域安全监管】** 做好常态化疫情防控下食品药品安全监管，加强涉疫产品质量、价格和市场秩序的监管；开展食品药品双月评价体系，实行分层分级考核；迭代升级化工产品特种设备改造提升 3.0 版；聚焦群众关切民生领域，开展重点工业产品质量安全排查治理专项行动。（何佳妮）

## 商品市场

**【概况】** 全区现有已登记发证商品市场 41 家，其中农贸市场 32 家，专业市场 9 家，总经营面积达 17.5 万余平方米。2022 年区市场监管局完成 6 家省级放心农贸市场、2 家五化农贸市场、11 家省星级市场的创建验收工作，完成 31 家农贸市场标准化改造提升工作。累计创建省放心农贸市场 19 家、五化市场 12 家、五星级文明规范市场 1 家、四星级文明规范市场 1 家、三星级文明规范市场 21 家、二星级文明规范市场 7 家、一星级文明规范市场 8 家。

**【放心市场创建】** 2022 年，东关农贸市场、中欣农贸市场、丁宅农贸市场、下管农贸市场、丰惠农贸市场、科峰农贸市场、城南农贸市场 7 家市场创建为省放心农贸市场。创建市场累计投入近 1200 万元。

**【五化市场创建】** 丁宅农贸市场、汤浦农贸市场 2 家农贸市场通过第三批省“五化”市场验收。

**【市场提星升级】** 2022 年，科峰农贸市场、丁宅农贸市场创建为三星级文明规范市场，创建市场累计投入近 1200 万元。农贸市场标准化改造从 2022 年初开始全面推进农贸市场标准化改造提升。项目主要内容

创建品质型农贸市场建设 12 家、舒适型农贸市场建设 19 家，完成投资约 2686 万元。（吴土强）

## 工商行政管理

**【概况】** 2022 年，上虞区市场监管局进驻窗口事项共计 173 项，“最多跑一次”事项占比达 99%以上。进驻窗口事项已实现网上办理、手机移动端办理，网上办、掌上办、“跑零次”比例均达到 100%，企业开办网上办件量占实际办件量 99.90%。

全年共接收各类投诉举报信访咨询 5473 件，其中投诉 3517 件，举报 1401 件，咨询 526 件，信访 29 件，调解成功 1572 件，调解成功率 50.21%，为消费者挽回经济损失 181.87 万元。及时化解信访积案件 1 件，化解率达 100%。

**【企业年报、市场主体出清理】** 上虞区应参加 2021 年度年报的企业 30719 家，完成年报并公示的 29376 家，年报率达 95.63%，全零申报率 4.58%，月度平均精准计划率 65.19%，综合绩效 75.83%，位居绍兴市第一。应参加农民专业合作社 703 家，完成年报并公示的 657 家，年报率达 93.46%。应参加个体工商户 58453 户，完成年报并公示的 51421 户，年报率达 87.97%。清理“空壳”，厘清经济户口基数夯实基础。2022 年，共依法吊销企业 105 家，农民专业合作社 10 家。

**【企业准入和退出门槛持续降低】** 2022 年，上虞区持续深化企业开办全流程“一件事”服务模式，新设市场经营主体网办率达 97.49%，企业开办实现营业执照、发票申领、银行开户、公章刻制、公积金登记和社保登记全流程“一日办”。持续优化企业退出机制，鼓励企业通过“企业注销一网服务平台”进行注销申报。建立简易注销容错机制，完善“税务预检”注销机制，让企业“快进易退”，截至 2022 年年末，通过“企业注销一网平台”申报的企业占比达 100%。

**【证照分离改革】** 2022 年，上虞区以“一件事、一链办”为导向，持续推进“减材料、减时间、减环节、减费用”的“四减”改革，迭代升级“证照分离”改革 2.0 版，对地方政府设置的涉企经营许可事项全面实现“零许可”，对 99 项区级“证照分离”审批许可事项全部纳入动态式清单管理，实现“清单之外，非禁即入”。开展餐馆和食品销售准入准营一件事全流程网办改革，办理企业开办的同时，信息同步共享至食品经营许可系统及消防监督执法平台，避免重复提交多次办理。2022 年共办理“证照分离”事项 6188 件。

**【市场准入环境净化】** 《上虞区新开办企业“零成本”工作实施方案》出台，新开办企业刻制第一套公章费用（包括单位公章、合同专用章、发票专用章、企业财务章）、税控设备（含首年服务费）全部由政府买单，降低企业开办成本；推进电子营业执照在部门事项办理中的身份认证应用，实现营业执照、公章、税控设备、发票全省范围内邮政 EMS 寄递送达，快递费用由政府财政统一支出，2022 年度，此项政策已惠及 3700 余家企业，减免费用达 74 万元。

**【放心消费创建】** 将商圈服务热线和“12315”投诉热线相结合，在万和城、大通等大型商圈和村（居委、社区）设置消费维权服务站，共建立消费维权服务站 35 个。建设放心金融网点 81 个，农信协管员 53 名，放心消费单位授信 10 亿元，贷款家数 589 户，累计发放贷款 5.81 亿元。全区已培育放心消费单位 3342 家（含摊位），其中放心工厂 790 家、无理由退货单位 1095 家（含摊位），放心消费商圈 5 个，放心消费乡村 2 个。

**【“互联网+监管”模式推进】** 2022 年，上虞区制定《上虞区市场监管领域 2022 年度区级部门联合随机抽查计划》，重点纳入民生关系密切、多部门监管、基层重复检查交叉执法发生频率高的事项，涉及市场监管局、教体局、交通局等 23 个部门。截至年末，上虞区掌上执法开通率 100%，掌上执法激活率 100%，掌上执法率 100%，应用信用规则率 94%，双随机事项覆盖率 100%，到期任务完成率 100%，跨部门监管率 30.01%，事件处置率 100%，公示率 100%。同时，对不同风险等级、不同信用水平的检查对象采取差异化监管，合理设定抽查比例，加强抽查精准性，提高问题发现率；对检查中发现的违法违规问题，做到对违法者“利剑高悬”，对守法者“无事不扰”。

【深化信用信息平台的运用】 企业信用信息云服务平台运行以来，数据量已达 5.89 亿条，查询次数达 20.63 万余次。2022 年，向银行业金融机构筛选推送相对优质企业 42918 家次。上虞农商银行、浙商银行上虞支行、上虞富民村镇银行依托平台信用信息对运行良好的小微企业发放信用贷款 1468 笔，总计达 8.7 亿元。

【“小微企业三年成长计划”活动】 2022 年，全区全年新增小微企业 3114 家，新增八大万亿重点产业小微企业 1025 家，新增股份公司 44 家，向小微企业开放实验室服务 168 批次，“浙里检”服务企业订单数 425 单，新增进出口经营权备案登记企业 265 家，新增有外贸出口实绩的企业 248 家，新增知识产权贯标企业 6 家，2 家企业获 2022 年浙江省民营企业 100 强，有 18 家企业通过质量管理体系认证，10 家企业获“品字标浙江制造”认证，3 家企业获“三同”认证，1 家企业获选浙江省“专精特新”企业。开展 2022 年小微企业、个体工商户第一、二、三、四季度数据采集工作，完成 613 家小微企业、582 家个体工商户的数据采集；着力培养一支高素质的技能人才队伍，截至 2022 年末，共 1815 人参加职业技能培训。建立扶持个体工商户发展联席会议制度，围绕减税降费、普惠金融、房租减免等省政府 25 条纾困政策，出台《上虞区进一步减负纾困助力经济稳增长的若干意见》及配套细则，落实制造业中小微企业缓缴税费 10.62 亿元，阶段性缓缴企业社会保险费 2.25 亿元，落实“六税两费”优惠政策 1.34 亿元，确保税费优惠政策高效惠及市场主体；减免国有房租 1532 万元，发放稳岗补贴 118.71 万元，发放防疫消杀补贴 204.6 万元，减免餐饮住宿个体户特种设备检验检测 1.30 万元。

【无照整治】 2022 年，聚焦除险保安、涉疫物资场所、漠视侵害群众利益、非法集资、醇基燃料、校外培训机构等社会关注领域，检查发现无照 34 户，其中补办执照 14 户，依法查办无照案 18 件，罚没 2.6 万元。

【企业信用修复】 为鼓励违法失信当事人主动纠正违法失信行为，激发企业活力，2022 年上虞区开辟信用修复“绿色通道”，建立市场监督管理部门信用修复机制，帮助企业解决疫情期间实际困难，恢复生机和活力上虞区。2022 年共修复 2185 条不良失信记录。

【网络交易监管】 拓宽办案领域，统合网监线的网络违法案件和知识产权线的直播违法营销案件，在“公平在线”中下发网络直播营销违法线索 22 条，立案 14 起。全年共立案处置各类网络违法的大要案 14 件，涵盖虚假宣传、不正当竞争、商标侵权、认证认可、药械安全等各大领域。

（朱一超、姚军强、傅丕明、王浙宁）

## 广告管理

【概况】 全区登记在册广告经营企业 2249 家，其中中国广告经营企业一级资质 1 家，二级资质 4 家，三级资质 4 家。全区广告经营企业广告经营额突破 5 亿元。

【区广告协会成立】 为推动行业自律建设，3 月 2 日，由浙江金胜文化发展有限公司、浙江雅图传媒环艺股份有限公司等 8 家单位发起成立绍兴市上虞区广告协会。共有成员单位 53 家，会长单位为浙江金胜文化发展有限公司，会长为厉胜权，协会主要职能是为调查研究以及开展会员的法律法规和广告业务培训，提供政策咨询服务。

【广告查处】 落实完善广告违法行为通报制，对房地产、医疗、教育培训、投资理财、保健品和特殊医学用途配方食品等不同领域涉嫌违规的广告进行通报。根据本区实际，组织开展医疗、烟草、教育培训类广告专项集中整治。2022 年全年查处广告违法案件 26 件，罚没金额 16.1 万元。（胡晓东、葛　逡、王乙锦、章　炯）

## 知识产权管理

【概况】 全区共授权专利 7430 件，其中发明专利 734 件、实用新型 5496 件、外观设计 1200 件。全区已拥有注册商标 18533 件，拥有中国驰名商标 19 件，集体商标 10 件，地理标志证明商标 1 件。

【知识产权创造保护】 全区拥有国家级知识产权示范企业1家、优势企业4家、省级知识产权示范企业6家，通过知识产权贯标认证企业57家。有效发明专利拥有量3960件，每万人有效发明专利拥有量达到49.64件，位居绍兴各县市区前列。完成上年度知识产权奖补政策兑现429.63万元，有效缓解企业在知识产权方面的经费负担。强化商业秘密保护培训与体系培育，杭州湾园区获评省级商业秘密保护示范区，佑谦特材、泰富无缝钢管2家企业获评省级商业秘密保护示范点。

【专利质押融资】 2022年，实现专利质押金额16.03亿元。

【品牌服务建设】 全面加强上虞区知识产权服务工作，打造全区一站式知识产权服务中心，依托崧厦伞件、汤浦童装、道墟机械仪器、章镇商会等行业协会，建设功能集聚型品牌指导站4个，覆盖市场主体7000余家。结合本地产业优势，在风机协会基础上搭建知识产权联盟，因地制宜、因企施策，为提供企业规范商标专利使用、争创自主品牌、法律援助等便捷服务，形成覆盖技术成果、关键人才、重点企业、政策信息、保护资源、社会共享的创新体系。

【探索专利融入标准】 获批“省专利融入标准试点区”以来，上虞区积极探索专利与标准融合发展的有效方法和路径，鼓励企业和社会组织将拥有自主知识产权的关键技术纳入国家标准、行业标准、地方标准、团体标准或企业标准，促进技术创新、专利和标准化工作。在专家指导、政策激励、示范引领等措施联动引导下，全区制定完成专利融入企业标准12项，省级团体标准1项、国家级团体标准3项。11月10日，经省局专家验收，上虞区正式建成“省专利融入标准试点区”。

【知识产权保护监管】 聚力“全链条协同保护”，在深化知识产权保护上有新台阶。依托双随机执法平台，将知识产权保护工作纳入日常监管范畴，深入推进重点领域知识产权执法。2022年，共查出各类知识产权违法案件32件，罚没款51万元。（胡晓东、葛 逡、王乙锦）

## 发展计划管理

【概况】 2022年，全年完成固定资产投资301.81亿元，增长13.1%。分结构看，民间项目投资，交通运输投资，生态环保、城市更新和水利设施投资，高新技术产业投资，制造业投资等五大投资分别增长26.8%、5.9%、-5.8%、57.0%和36.1%。重大项目招商成效显著，新签约项目59个，签约投资额525.6亿元，增长19.0%。其中100亿元以上项目1个，50亿~100亿元项目4个，10亿~50亿元项目8个。全区新增外资企业21家。全年共安排“五个一批”重大项目168个及十方面民生实事项目，总投资1887.6亿元，已开工121个，开工率96%。

全区实现地区生产总值1241.76亿元，按可比价计算增长4.7%。综合实力跃居全国百强区第33位，比上年提升2位。实现社会消费品零售总额416.03亿元，增长3.5%。城镇常住居民人均可支配收入77890元，增长4.4%。农村常住居民人均可支配收入44946元，增长7.1%。

上虞成为全国首个“央馆虚拟实验”试验区；上虞区获评省级实施乡村振兴战略实绩考核优秀单位；曹娥江旅游度假区列入国家级创建意向名单；上虞区列入省第二批企业数字化改造试点县创建培育名单；曹娥江“一江两岸”获浙江省首批城乡风貌样板区；“五个一批”重大项目集中签约、开工、投产；中华孝德园获评“浙江省智慧景区”；伞件产业入选国家级小微企业质量管理体系认证提升行动区域试点；杭州湾经开区创成国家级生态文明建设示范区；20个小区创建成省级高标准垃圾分类示范小区；东澄村创建成省首批未来乡村；岭南乡获全国乡村旅游重点镇(乡)；e游入选省数字化示范小微园；完成3336户老旧小区的改造任务。

【54个重大项目集中签约开工投产】 1月12日，总投资596亿元的54个重大项目集中签约、开工、投产。其中16个重大项目集中签约，总投资297.8亿元。涵盖新材料、高端装备、智能电气、现代医药等领域。24个重大项目集中开工，涵盖12个工业、6个商贸服务和6个政府投资项目。其中，总投资50亿元以上项

目2个，10亿元至50亿元项目4个。14个重大项目集中投产，总投资66亿元。其中康龙化成医药生产服务基地项目总投资30亿元。

**【“信用e+”入选全省十大优秀案例】** 9月16日，杭州湾上虞经开区改革实施的“信用e+”应用场景获评2022年度信用数字化改革应用场景十大优秀案例，成为绍兴地区唯一入选应用场景。“信用e+”应用具有企业信用一码通评、信用结果多跨互认、信用等级精准修复三大特色功能。从安全生产、生态环境、经济信用、企业自律、公共信用、平安建设六个维度打造信用评价体系，将评价结果与企业评先评优、应急环保行政执法、企业要素保障等相挂钩，建立以信用为基础的新型监管机制。

**【上虞获省首批全域“无废城市”建设“清源杯”】** 7月14日，全省建设新时代美丽浙江推进大会暨生活多样性保护大会在杭州召开，会上公布浙江省2021年度全域“无废城市”建设评估名单，并为达到三星级标准的4个设区市和16个县（市、区）颁发“清源杯”，上虞区名列其中。

**【上虞成为全国首个“央馆虚拟实验”试验区】** 9月19日，教育部教育技术与资源发展中心（中央电化教育馆）公布全国首批“央馆虚拟实验”规模化应用试点区名单。共有1个试点区和19个试点（培育）区入选。上虞区成为本次公布的唯一一个也是全国首个“央馆虚拟实验”规模化应用试点区。

表 10

# 2022 年绍兴市上虞区政府投资实施类项目投资计划表

| 序号 | 项目名称 | 项目前期工作情况 | | | 建设性质 | 建设内容 | 计划总投资（新建项目为估算数） | | | 预计到2021年底累计完成 | | 2022 年计划 | | | | 拆迁 | | | 建设用地情况 | | | 到2022年底工程计划形象进度 | 计划开（竣）工日期 | 建设地点 |
|---|---|---|---|---|---|---|---|---|---|---|---|---|---|---|---|---|---|---|---|---|---|---|---|---|
| | | 建议书批文号或备案表 | 可研（或立项）批文号或意见文号 | 初步设计（或实施方案）批文号或意见文号 | | | 投资额（万元） | 资金安排 财政（万元） | 资金安排 自筹或其他（万元） | 投资额（万元） | 财务数（万元） | 投资额（万元） | 财务数（万元） | 资金安排 财政（万元） | 资金安排 自筹或其他（万元） | 总拆迁面积（平方米） | 2022 年拆迁面积（平方米） | 拆迁完成时间 | 计划用地（亩） | 到2021年底征用数（亩） | 2022 年需征用数（亩） | | | |
| 合计 | | | | | | 55 | 729084 | 633912 | 95172 | 316330 | 245137 | 207598 | 202334 | 179239 | 23095 | 40000 | 40000 | | 1080 | 1080 | 0 | | | |
| 一、建设局 | | | | | | 7 | 108615 | 41306 | 67309 | 59600 | 47680 | 42015 | 40270 | 32670 | 7600 | 40000 | 40000 | | 0 | 0 | 0 | | | |
| 1 | 老旧安置小区提升改造（四期）工程 | | 虞发改投〔2021〕63 号 | | 改建 | 盛丰新村南区路面及停车位改造、污水管道新建、雨水管道修复、管道（CCTV）检测、绿化提升、新建休闲座椅、草庵河河道清淤整治等 | 915 | 915 | 0 | 300 | 250 | 615 | 620 | 620 | 0 | | | | | | | 完工 | 2021.11—2022.6 | 盛丰新村南区、草庵河三环桥段 |
| 2 | 老旧安置小区提升改造工程（五期） | | | | 改建 | 地下管线改造、绿化种植、停车位改造、小区道路改造维修、金属水管改造、管煤进小区、公厕改造提升等 | 1000 | 1000 | 0 | 500 | 150 | 500 | 700 | 700 | 0 | | | | | | | 完工 | 2021.11—2022.12 | 盛丰新村（地下室）、后村家园等 |
| 3 | 人防工程标志标牌规范化建设一期 | | | | 改建 | 将对上虞区主城区 109 个人防地下室项目进行标志标牌更新 | 500 | 500 | 0 | 100 | 80 | 400 | 350 | 350 | 0 | | | | | | | 完工 | 2021.12—2022.6 | 主城区 |
| 4 | 老旧小区三年计划 | | | | 改建 | 雨污分流、道路整修、管线整理、环卫配套、楼道亮化、园林景观等 | 63000 | 7691 | 55309 | 48500 | 39000 | 7500 | 6000 | 0 | 6000 | | | | | | | 完工 | 2021.2—2022.6 | 百官街道、曹娥街道 |
| 5 | 前江区块江环路贯通征收项目 | | | | 新建 | 总户数 9 户，4 万平方米 | 30000 | 30000 | 0 | 0 | 0 | 30000 | 30000 | 30000 | 0 | 40000 | 40000 | 2022.12 | | | | 完工 | 2022.4—2022.11 | 百官街道 |
| 6 | 豆腐弄 40 号（新 18 户）危房处置项目 | | | | 改建 | 为豆腐弄 40 号（新 18 户）危房所有人提供 60 平方米左右基本住房保障，旧房面积小于或等于基本住房保障面积的，基本住房保障部分按成本单价结算，超出基本住房保障部分按市场价购买 | 1200 | 1200 | 0 | 200 | 200 | 1000 | 1000 | 1000 | 0 | | | | | | | 完工 | 2021.11—2022.6 | 城区 |
| 7 | 2021 年美丽城镇建设项目 | | | | 新建 | 章镇、上浦、下管、小越、汤浦、丁宅、岭南和陈溪 8 个乡镇（街道）美丽城镇建设 | 12000 | 0 | 12000 | 10000 | 8000 | 2000 | 1600 | 0 | 1600 | | | | | | | 完工 | 2021.2—2022.12 | 乡镇 |

| 序号 | 项目名称 | 项目前期工作情况 | | | 建设性质 | 建设内容 | 计划总投资（新建项目为估算数） | | | 预计到2021年底累计完成 | | 2022年计划 | | | | 拆迁 | | | 建设用地情况 | | | 到2022年底工程计划形象进度 | 计划开（竣）工日期 | 建设地点 |
|---|---|---|---|---|---|---|---|---|---|---|---|---|---|---|---|---|---|---|---|---|---|---|---|---|
| | | 建议书批文号或备案表 | 可研（或立项）批文号或意见文号 | 初步设计（或实施方案）批文号或意见文号 | | | 投资额（万元） | 资金安排 | | 投资额（万元） | 财务数（万元） | 投资额（万元） | 财务数（万元） | 资金安排 | | 总拆迁面积（平方米） | 2022年拆迁面积（平方米） | 拆迁完成时间 | 计划用地（亩） | 到2021年底征用数（亩） | 2022年需征用数（亩） | | | |
| | | | | | | | | 财政（万元） | 自筹或其他（万元） | | | | | 财政（万元） | 自筹或其他（万元） | | | | | | | | | |
| | 二、交通运输局 | | | | | 10 | 41254 | 35128 | 6126 | 18498 | 12402 | 22756 | 25012 | 21132 | 3880 | | | | | | | | | |
| 1 | 2021年县道路面改造 | | | | 改建 | 县道病害路段路基、挡墙、路面、安全设施、标志标线等改造 | 8000 | 3000 | 0 | 2000 | 0 | 6000 | 6400 | 6400 | 0 | | | | | | | 完工 | 2021.10—2022.12 | 相关乡镇街道 |
| 2 | 2021年公路交通安全提升工程 | | | | 改建 | 隐患治理 | 2800 | 2800 | 0 | 1120 | 1000 | 1680 | 1520 | 1520 | 0 | | | | | | | 完工 | 2021.10—2022.12 | 各乡镇街道 |
| 3 | 2021年乡村公路大中修 | | | | 改建 | 乡村公路大中修 | 6400 | 4608 | 1792 | 1920 | 1536 | 4480 | 4224 | 3072 | 1152 | | | | | | | 完工 | 2021.10—2022.12 | 各乡镇街道 |
| 4 | 2021年乡村公路提升工程 | | | | 改建 | 乡村公路提升工程 | 6000 | 4320 | 1680 | 1800 | 1440 | 4200 | 3960 | 2880 | 1080 | | | | | | | 完工 | 2021.10—2022.12 | 各乡镇街道 |
| 5 | 2021年农村公路亮化工程 | | | | 新建 | 100千米以上农村公路路灯安装 | 3000 | 3000 | 0 | 1200 | 960 | 1800 | 2040 | 2040 | 0 | | | | | | | 完工 | 2021.10—2022.12 | 各乡镇街道 |
| 6 | 2021年新时代美丽公路改造提升工程 | | | | 改建 | 新时代美丽公路改造提升 | 1500 | 1500 | 0 | 450 | 360 | 1050 | 720 | 720 | 0 | | | | | | | 完工 | 2021.10—2022.12 | 各乡镇街道 |
| 7 | 智慧交通平台 | | | | 新建 | 实现交通运输行业数据集成综合调度；执法和动态监管智能化；为群众提供更为便捷的交通运输服务 | 1200 | 200 | 0 | 720 | 400 | 480 | 500 | 500 | 0 | | | | | | | 完工 | 2021.10—2023.12 | 百官街道 |
| 8 | 杭绍台铁路外部环境整治和隔声窗安装工程 | | | | 改建 | 杭绍台铁路沿线外部环境整治和隔声窗安装 | 7454 | 5000 | 2454 | 5968 | 5968 | 1486 | 1486 | 0 | 1486 | | | | | | | 完工 | 2021.8—2022.5 | 道墟街道、东关街道、长塘镇、汤浦镇、上浦镇 |
| 9 | 共同富裕示范路-余梁线上虞段提升工程 | | | | 改建 | 公路安全设施、绿化、立面等提升 | 3900 | 3700 | 200 | 3120 | 738 | 780 | 3162 | 3000 | 162 | | | | | | | 完工 | 2021.9—2022.5 | 上虞区永和镇 |
| 10 | 岭南廉士下-章镇越光公路建设工程 | | | | 新建 | 跨乡镇，打通断头路，连通景区，全长1.625千米 | 1000 | 1000 | 0 | 200 | 0 | 800 | 1000 | 1000 | 0 | | | | | | | 完工 | 2021.11—2022.12 | 上虞区岭南乡覆卮村 |

| 序号 | 项目名称 | 项目前期工作情况：建议书批文号或备案表 | 项目前期工作情况：可研（或立项）批文号或意见文号 | 项目前期工作情况：初步设计（或实施方案）批文号或意见文号 | 建设性质 | 建设内容 | 计划总投资（新建项目为估算数）：投资额（万元） | 计划总投资：资金安排：财政（万元） | 计划总投资：资金安排：自筹或其他（万元） | 预计到2021年底累计完成：投资额（万元） | 预计到2021年底累计完成：财务数（万元） | 2022年计划：投资额（万元） | 2022年计划：财务数（万元） | 2022年计划：资金安排：财政（万元） | 2022年计划：资金安排：自筹或其他（万元） | 拆迁：总拆迁面积（平方米） | 拆迁：2022年拆迁面积（平方米） | 拆迁：拆迁完成时间 | 建设用地情况：计划用地（亩） | 建设用地情况：到2021年底征用数（亩） | 建设用地情况：2022年需征用数（亩） | 到2022年底工程计划形象进度 | 计划开（竣）工日期 | 建设地点 |
|---|---|---|---|---|---|---|---|---|---|---|---|---|---|---|---|---|---|---|---|---|---|---|---|---|
| | 三、交通集团 | | | | | 2 | 333089 | 333089 | 0 | 139000 | 117000 | 62309 | 51380 | 51380 | 0 | | | | 1080 | 1080 | 0 | | | |
| 1 | 曹娥江上浦船闸及航道工程 | 浙发改办交通受理〔2017〕28号 | 浙发改函〔2018〕78号 | 浙发改设计〔2018〕88号 | 新建 | 位于浙江省绍兴市上虞区境内，为上虞与嵊州交界至大厍船闸曹娥江航段。本项目建设内容包括新建船闸1座，航道疏浚约29千米，设置锚地3处；改建桥梁1座；防洪补偿工程包括泄水闸1座、江心洲防护960米等；其他助航安全保障设施、配套工程及附属设施等 | 62309 | 62309 | 0 | 60000 | 42000 | 2309 | 1380 | 1380 | 0 | | | | | | | 完工 | 2019.6—2022.6 | 上浦镇 |
| 2 | 329国道上虞盖北至道墟段改建工程 | 浙发改办交通受理〔2017〕37号 | 浙发改项字〔2020〕64号 | 浙发改项字〔2020〕151号 | 改建 | 工程主线起点位于上虞与余姚交界处的盖北镇东村，终点于现329国道孙端至曹娥公路相接，完全利用9.64千米南北中心大道至道墟镇茅家村。主线全长20.170千米，其中新建段10.53千米，完全利用段长9.64千米。连接线起点位于上虞区崧厦镇，与南北中心大道相接，路线自东向西终于沥海镇，与滨海致远大道相接，连接线长5.39千米（上虞段2.74千米，滨海新区段2.64千米）。主线及连接线采用一级公路技术标准 | 270780 | 270780 | 0 | 79000 | 75000 | 60000 | 50000 | 50000 | 0 | | | | 1080 | 1080 | 0 | 形象进度完成至45%，总投资完成至51.3% | 2021.11—2024.6 | 盖北镇、谢塘镇、崧厦街道 |
| | 四、水利局 | | | | | 4 | 91366 | 87547 | 3819 | 39400 | 27999 | 23494 | 19100 | 16900 | 2200 | | | | | | | | | |
| 1 | 绍兴市上虞区虞北平原崧北河综合治理工程 | 浙发改办农经受理〔2019〕12号 | 浙发改项字〔2020〕109号 | 浙发改项字〔2020〕174号 | 新建 | 新建排涝水闸（三号闸）1座，设计净宽36米；增设二线节制闸1座，设计净宽60米；拓浚崧北河河道7.22千米，新开崧北河延伸段河道3.12千米；疏浚中心河、北塘河、何家直河河道5.2千米，连通河道0.59千米，新（改）桥梁7座；加固二线海塘11.107千米 | 69723 | 69723 | 0 | 24100 | 18179 | 18000 | 12600 | 12600 | 0 | | | | | | | 1标段完工，2标段基本完工，3标段的三号闸、闸前大桥等动工建设 | 2020.10—2024.1 | 崧厦街道、杭州湾上虞经济技术开发区 |

| 序号 | 项目名称 | 项目前期工作情况：建议书批文号或备案表 | 项目前期工作情况：可研(或立项)批文号或意见文号 | 项目前期工作情况：初步设计(或实施方案)批文号或意见文号 | 建设性质 | 建设内容 | 计划总投资(新建项目为估算数)：投资额(万元) | 计划总投资：资金安排：财政(万元) | 计划总投资：资金安排：自筹或其他(万元) | 预计到2021年底累计完成：投资额(万元) | 预计到2021年底累计完成：财务数(万元) | 2022年计划：投资额(万元) | 2022年计划：财务数(万元) | 2022年计划：资金安排：财政(万元) | 2022年计划：资金安排：自筹或其他(万元) | 拆迁：总拆迁面积(平方米) | 拆迁：2022年拆迁面积(平方米) | 拆迁：拆迁完成时间 | 建设用地情况：计划用地(亩) | 建设用地情况：到2021年底征用数(亩) | 建设用地情况：2022年需征用数(亩) | 到2022年底工程计划形象进度 | 计划开(竣)工日期 | 建设地点 |
|---|---|---|---|---|---|---|---|---|---|---|---|---|---|---|---|---|---|---|---|---|---|---|---|---|
| 2 | 绍兴市曹娥江综合整治工程(上虞段) | 浙发改办农经受理〔2017〕48号 | 浙发改农经〔2019〕114号 | 浙发改设计〔2019〕46号 | 改建 | 对曹娥江支流小舜江堤防进行加固处理，其中治理小舜江及其支流蒋村溪总长度约为7千米，加固渔渡埂、小江埂、霞齐埂、蒋村埂、石浦埂、四峰埂堤防共计14.32千米 | 14700 | 14700 | 0 | 13200 | 9420 | 1500 | 2500 | 2500 | 0 | | | | | | | 完工 | 2020.6—2022.5 | 上浦镇、汤浦镇 |
| 3 | 上浦闸枢纽工程改造提升项目 | 虞发改投〔2021〕17号 | | 虞发改设计〔2021〕17号 | 改建 | 漫水闸主体结构局部维修加固；漫水闸闸门及启闭系统的技术改造；漫水闸启闭机房新建，漫水闸自动化与信息化系统提升；漫水闸、船闸及周边的景观提升等 | 4349 | 1957 | 2392 | 1500 | 100 | 2000 | 2200 | 990 | 1210 | | | | | | | 完成总工程量的85% | 2021.11—2023.4 | 上浦闸 |
| 4 | 盖沥河(联海村东至新下湖金冯刘南)整治工程 | 虞发改投〔2021〕29号 | 虞发改投〔2021〕29号 | | 新建 | 区级河道主流2.7千米，支流2.35千米，建设内容主要为河道清淤、护岸、拆建跨河桥梁1座、支河桥梁2座，新建河岸上道路及绿化 | 2594 | 1167 | 1427 | 600 | 300 | 1994 | 1800 | 810 | 990 | | | | | | | 完工 | 2021.11—2022.12 | 联塘、寺前等7村 |
| 五、教体局 | | | | | | 10 | 76388 | 59863 | 16526 | 18722 | 16102 | 25259 | 25488 | 16701 | 8787 | | | | | | | | | |
| 1 | 实验中学校舍建设工程 | | | 虞发改设计〔2020〕9号 | 新建 | 新建教学综合楼和部分食堂用房，改造校园环境，购置气象局宿舍楼，增添教学设施 | 8773 | 8773 | 0 | 6800 | 5400 | 1973 | 2700 | 2700 | 0 | | | | | | | 完工 | 2020.12—2022.12 | 校内 |
| 2 | 2020年幼儿园扩容工程 | | | 虞发改设计〔2020〕32号 | 新建 | 谢塘镇中心幼儿园异地新建工程：新建幼儿园18班 | 4150 | 1868 | 2283 | 2500 | 2030 | 1650 | 2120 | 954 | 1166 | | | | | | | 完工 | 2020.12—2022.9 | 谢塘镇 |
| | | | | | 新建 | 南湖幼儿园新建工程 | 2500 | 2500 | 0 | 50 | 10 | 1000 | 980 | 980 | 0 | | | | | | | 主体结构开始施工 | 2022.7—2023.12 | 百官南湖 |
| 3 | 博文小学扩建工程 | | | 虞发改设计〔2020〕57号 | 新建 | 征用土地30亩，新建教学楼三幢、综合体育用房一幢 | 9308 | 5119 | 4189 | 5600 | 5450 | 3708 | 3337 | 1835 | 1502 | | | | | | | 主体工程完成 | 2021.7—2023.9 | 学校东侧 |

| 序号 | 项目名称 | 项目前期工作情况 | | | 建设性质 | 建设内容 | 计划总投资（新建项目为估算数） | | | 预计到2021年底累计完成 | | 2022年计划 | | | | 拆迁 | | | 建设用地情况 | | | 到2022年底工程计划形象进度 | 计划开（竣）工日期 | 建设地点 |
|---|---|---|---|---|---|---|---|---|---|---|---|---|---|---|---|---|---|---|---|---|---|---|---|---|
| | | 建议书批文号或备案表 | 可研（或立项）批文号或意见文号 | 初步设计（或实施方案）批文号或意见文号 | | | 投资额（万元） | 资金安排：财政（万元） | 资金安排：自筹或其他（万元） | 投资额（万元） | 财务数（万元） | 投资额（万元） | 财务数（万元） | 资金安排：财政（万元） | 资金安排：自筹或其他（万元） | 总拆迁面积（平方米） | 2022年拆迁面积（平方米） | 拆迁完成时间 | 计划用地（亩） | 到2021年底征用数（亩） | 2022年需征用数（亩） | | | |
| 4 | 丰惠镇中心小学改扩建工程 | | | 虞发改设计〔2020〕61号 | 新建 | 新建教学楼一幢、道路改造、围墙改造、专用教室改造、新建连廊及场外配套工程和设施设备 | 898 | 494 | 404 | 50 | 45 | 500 | 475 | 261 | 214 | | | | | | | 完工 | 2020.12—2022.9 | 校内 |
| 5 | 盖北镇中心小学扩建工程（2020年） | | | 虞发改设计〔2020〕62号 | 新建 | 新建体艺馆、田径场地、球场等 | 3241 | 2107 | 1134 | 1050 | 686 | 2000 | 1960 | 1274 | 686 | | | | | | | 主体工程完成 | 2021.10—2023.8 | 盖北镇小西侧 |
| 6 | 崧厦街道中学改扩建工程 | | | 虞发改设计〔2021〕32号 | 改建 | 新建学生宿舍和教学楼，改造运动场地及主席台和看台，学生宿舍面积约1900平方米，教学楼建筑面积约4100平方米 | 2400 | 1320 | 1080 | 500 | 490 | 1500 | 1470 | 809 | 662 | | | | | | | 主体结顶 | 2021.10—2023.9 | 校内 |
| 7 | 2021年幼儿园扩容工程 | | 虞发改投〔2021〕32号 | | 新建 | 城北2号地块配套幼儿园装修工程装修：12班 | 874.96 | 874.96 | 0 | 60 | 57 | 814.96 | 817.96 | 817.96 | 0 | | | | | | | 完工 | 2021.12—2022.5 | 城北2号地块小区 |
| | | | | 虞发设计〔2021〕21号 | | 云栖龙山小区配建幼儿园装修工程：12班 | 879.91 | 879.91 | 0 | 60 | 57 | 819.91 | 822.91 | 822.91 | 0 | | | | | | | 完工 | 2021.12—2022.5 | 云栖龙山小区 |
| | | | | 虞发设计〔2021〕18号 | | 盖北镇中心幼儿园扩建工程：征地6.74亩，扩建6班，并对老园进行改造 | 2222.2 | 1000.0 | 1222.2 | 400 | 350 | 1200 | 1140 | 513 | 627 | | | | | | | 主体结构完成 | 2021.12—2023.12 | 盖北镇中心幼儿园东侧 |
| | | | | 虞发设计〔2021〕22号 | | 章镇镇中心幼儿园异地新建工程：新建幼儿园18班，用地20亩 | 4869.9 | 1704.5 | 3165.4 | 400 | 380 | 3500 | 3325 | 1164 | 2161 | | | | | | | 主体结构完成 | 2021.12—2023.12 | 章镇镇开发区 |
| | | | 虞发改投〔2021〕34号 | | | 永和幼儿园新建工程：征用土地15.1亩，幼儿园12班，建筑面积约6600平方米 | 3164.0 | 1423.8 | 1740 | 300 | 290 | 1700 | 1615 | 727 | 888 | | | | | | | 主体结构完成 | 2021.12—2023.12 | 永和村 |
| 8 | 重华小学综合楼新建工程 | | 虞发改投〔2021〕42号 | | 扩建 | 新建建筑面积5841.22平方米。其中地下一层为消防水池和水泵房；地上为车库、专用活动室、食堂、办公室、器材室及体育活动场地 | 2908 | 1599 | 1309 | 145 | 50 | 2000 | 1960 | 1078 | 882 | | | | | | | 主体结构完成50% | 2021.12—2023.12 | 校内 |
| 9 | 鹤琴幼儿园文化小区园区回购及改造工程 | | | | 改建 | 鹤琴幼儿园文化小区园区回购及改造园舍 | 1200 | 1200 | 0 | 807 | 807 | 393 | 390 | 390 | 0 | | | | | | | 完工 | 2021.7—2022.12 | 百官文化小区 |
| 10 | 康居路小学新建工程 | | | | 新建 | 新建小学：36班，占地56亩，地上建筑面积30000平方米，地下建筑约15000平方米 | 29000 | 29000 | 0 | 0 | 0 | 2500 | 2375 | 2375 | 0 | | | | | | | 桩基施工 | 2022.7—2024.9 | 康居路以南，康亭路以东 |

| 序号 | 项目名称 | 项目前期工作情况：建议书批文号或备案表 | 项目前期工作情况：可研(或立项)批文号或意见文号 | 项目前期工作情况：初步设计(或实施方案)批文号或意见文号 | 建设性质 | 建设内容 | 计划总投资（新建项目为估算数）：投资额（万元） | 计划总投资：资金安排：财政（万元） | 计划总投资：资金安排：自筹或其他（万元） | 预计到2021年底累计完成：投资额（万元） | 预计到2021年底累计完成：财务数（万元） | 2022年计划：投资额（万元） | 2022年计划：财务数（万元） | 2022年计划：资金安排：财政（万元） | 2022年计划：资金安排：自筹或其他（万元） | 拆迁：总拆迁面积（平方米） | 拆迁：2022年拆迁面积（平方米） | 拆迁：拆迁完成时间 | 建设用地情况：计划用地（亩） | 建设用地情况：到2021年底征用数（亩） | 建设用地情况：2022年需征用数（亩） | 到2022年底工程计划形象进度 | 计划开（竣）工日期 | 建设地点 |
|---|---|---|---|---|---|---|---|---|---|---|---|---|---|---|---|---|---|---|---|---|---|---|---|---|
| 六、卫生健康局 | | | | | | 1 | 3465 | 2252 | 1213 | 2500 | 2000 | 965 | 1465 | 952 | 513 | | | | | | | | | |
| 1 | 上虞区上浦镇卫生院异地新建工程 | 虞自然资规审〔2020〕038号 | 虞发改投-（18）〔2020〕1号 | 绍兴市自然资源和规划局上虞分局评审会议纪要〔2020〕33号 | 新建 | 异地新建门诊楼、综合楼及部分配套医疗用房等 | 3465 | 2252 | 1213 | 2500 | 2000 | 965 | 1465 | 952 | 513 | | | | | | | 完工 | 2020.9—2022.5 | 上浦镇上浦村 |
| 七、公安分局 | | | | | | 7 | 18130 | 18130 | 0 | 7250 | 5750 | 8901 | 9025 | 9025 | 0 | | | | | | | | | |
| 1 | 盖北派出所综合业务用房 | 虞发改投〔2020〕86号 | 虞发改投〔2020〕86号 | 虞发改设计〔2020〕51号 | 新建 | 总用地面积为9860.12平方米（约15亩），总建筑面积约6000平方米，新建综合业务用房、办案业务用房、接警服务用房、交警业务用房及场外绿化等 | 3549 | 3549 | 0 | 1500 | 1500 | 2049 | 1650 | 1650 | 0 | | | | | | | 完工 | 2020.12—2022.5 | 盖北镇盖北路旁 |
| 2 | 永和派出所综合业务用房 | 虞发改投〔2020〕78号 | 虞发改投〔2020〕78号 | 虞发改设计〔2020〕60号 | 新建 | 总用地面积为10036.2平方米（约15亩），总建筑面积约6000平方米，新建派出所综合业务用房、接警服务用房、交警业务用房、便民服务用房及室外场地绿化等 | 3400 | 3400 | 0 | 1500 | 1100 | 1900 | 2000 | 2000 | 0 | | | | | | | 完工 | 2020.12—2022.5 | 永和镇余梁公路连接线旁 |
| 3 | 警务技能水上训练馆 | 虞发改投〔2020〕76号 | 虞发改投〔2020〕76号 | 虞发改设计〔2020〕51号 | 扩建 | 建筑面积1200平方米,新建一栋水上训练馆,场地改造及攀登楼等设备采购 | 1617 | 1617 | 0 | 1000 | 800 | 617 | 700 | 700 | 0 | | | | | | | 完工 | 2020.12—2022.5 | 百官街道城北凤鸣路与江华路交叉口 |
| 4 | 警察教育训练中心（绍兴市上虞区监管中心二期） | 虞发改投〔2021〕12号 | 虞发改投〔2021〕12号 | 虞发改设计〔2021〕29号 | 新建 | 总用地面积约13亩，建筑面积约6000平方米，新建警察教育训练中心主体、党建文化展示馆（政治生活馆）等 | 3879 | 3879 | 0 | 300 | 150 | 1600 | 1700 | 1700 | 0 | | | | | | | 主体结顶 | 2021.12—2023.6 | 上浦镇龙池岭 |
| 5 | 交警小越中队综合业务用房 | 虞发改投〔2020〕71号 | 虞发改投〔2020〕71号 | 虞发改设计〔2020〕48号 | 新建 | 新增建设用地3677.8平方米，总建筑面积3280平方米，新建综合用房、办事用房及门卫，以及配套停车设施和设备等 | 2220 | 2220 | 0 | 1200 | 800 | 1020 | 1360 | 1360 | 0 | | | | | | | 完工 | 2020.12—2022.12 | 小越街道小越湖村 |
| 6 | 交警城区管理技术业务用房改造工程 | 虞发改投〔2021〕28号 | 虞发改投〔2021〕28号 | 虞发改设计〔2021〕19号 | 新建 | 改造用地面积3540平方米、建筑面积6474平方米，计划改造车管城区窗口、城区中队和特勤中队（铁骑警队）的办事窗口、警务、办案、值班备勤、食堂生活等设施，以及配套设备购置和停车设施 | 915 | 915 | 0 | 150 | 100 | 765 | 715 | 715 | 0 | | | | | | | 完工 | 2021.12—2022.6 | 百官街道凤山路旁 |

| 序号 | 项目名称 | 项目前期工作情况 | | | 建设性质 | 建设内容 | 计划总投资（新建项目为估算数） | | | 预计到2021年底累计完成 | | 2022年计划 | | | | 拆迁 | | | 建设用地情况 | | | 到2022年底工程计划形象进度 | 计划开（竣）工日期 | 建设地点 |
|---|---|---|---|---|---|---|---|---|---|---|---|---|---|---|---|---|---|---|---|---|---|---|---|---|
| | | 建议书批文号或备案表 | 可研（或立项）批文号或意见文号 | 初步设计（或实施方案）批文号或意见文号 | | | 投资额（万元） | 资金安排：财政（万元） | 资金安排：自筹或其他（万元） | 投资额（万元） | 财务数（万元） | 投资额（万元） | 财务数（万元） | 资金安排：财政（万元） | 资金安排：自筹或其他（万元） | 总拆迁面积（平方米） | 2022年拆迁面积（平方米） | 拆迁完成时间 | 计划用地（亩） | 到2021年底征用数（亩） | 2022年需征用数（亩） | | | |
| 7 | 深化“智慧安防”小区建设项目 | 虞发改投〔2020〕74号 | 虞发改投〔2020〕74号 | | 新建 | 搭建“智慧安防”信息平台；到年底建成70个“智慧安防”小区，并全部接入“智慧安防”信息平台；同时积极整合社会资源，到年底将已建成的相关学校、医院、单位、商铺接入“智慧安防”信息平台，并与公安专网对接互联，全面打造以人民大道、市民大道、王充路和江扬路“三横一纵”的平安街区建设 | 2550 | 2550 | 0 | 1600 | 1300 | 950 | 900 | 900 | 0 | | | | | | | 完工 | 2020.9—2022.12 | 城区 |
| 八、文化广电旅游局 | | | | | | 5 | 27794 | 27794 | 0 | 20020 | 7697 | 7174 | 15196 | 15196 | 0 | | | | | | | | | |
| 1 | 博物馆异地新建 | 虞发改投〔2019〕66号 | | 虞发改设计〔2019〕58号 | 新建 | 用地面积约17.2亩，建筑面积约19166平方米，建成将集展览、旅游、表演、活动、研究等功能于一体新型博物馆 | 22788 | 22788 | 0 | 18600 | 6487 | 4188 | 12000 | 12000 | 0 | | | | | | | 完工 | 2019.10—2022.6 | 孝德文化小镇 |
| 2 | 丰惠钱氏大宅院维修项目 | 虞发改投〔2020〕91号 | 虞发改投〔2020〕91号 | 虞发改设计〔2020〕65号 | 恢复 | 省级重点文物保护单位钱氏大宅院由老当、朝西屋、朝南屋三处建筑构成，占地面积约3万平方米，建筑面积约15400平方米。维修主要内容包括：拆除违建、屋面翻修、木构件维修、墙体维修、楼地面整修、水电线路改造、消防安防设备增设提升、白蚁防治、环境整治等 | 1934 | 1934 | 0 | 600 | 600 | 1334 | 1334 | 1334 | 0 | | | | | | | 完工 | 2021.6—2022.12 | 丰惠镇 |
| 3 | 曹娥庙壁画修缮项目 | | | | 恢复 | 曹娥庙壁画科技保护和修复 | 170 | 170 | 0 | 20 | 10 | 150 | 160 | 160 | 0 | | | | | | | 完工 | 2021.12—2022.12 | 曹娥庙 |
| 4 | 曹娥庙保护修缮项目 | | | | 恢复 | 屋面、构件、墙面、地面、庙弄、石牌坊、油漆、历代曹娥碑恢复等维修和石牌坊科技保护 | 1700 | 1700 | 0 | 100 | 100 | 1000 | 1000 | 1000 | 0 | | | | | | | 总体工程量50% | 2022.6—2023.12 | 曹娥庙 |
| 5 | 上虞剧院保护利用改造工程 | 虞发改投〔2021〕91号 | 虞发改投〔2021〕91号 | 虞发改设计〔2021〕10号 | 改建 | 剧院内部改造提升 | 1202 | 1202 | 0 | 700 | 500 | 502 | 702 | 702 | 0 | | | | | | | 完工 | 2021.9—2022.09 | 百官街道江扬南路70号 |

| 序号 | 项目名称 | 项目前期工作情况：建议书批文号或备案表 | 项目前期工作情况：可研（或立项）批文号或意见文号 | 项目前期工作情况：初步设计（或实施方案）批文号或意见文号 | 建设性质 | 建设内容 | 计划总投资（新建项目为估算数）：投资额（万元） | 计划总投资：资金安排：财政（万元） | 计划总投资：资金安排：自筹或其他（万元） | 预计到2021年底累计完成：投资额（万元） | 预计到2021年底累计完成：财务数（万元） | 2022年计划：投资额（万元） | 2022年计划：财务数（万元） | 2022年计划：资金安排：财政（万元） | 2022年计划：资金安排：自筹或其他（万元） | 拆迁：总拆迁面积（平方米） | 拆迁：2022年拆迁面积（平方米） | 拆迁：拆迁完成时间 | 建设用地情况：计划用地（亩） | 建设用地情况：到2021年底征用数（亩） | 建设用地情况：2022年需征用数（亩） | 到2022年底工程计划形象进度 | 计划开（竣）工日期 | 建设地点 |
|---|---|---|---|---|---|---|---|---|---|---|---|---|---|---|---|---|---|---|---|---|---|---|---|---|
| 九、农业农村局 | | | | | | 1 | 1416 | 1416 | 0 | 180 | 142 | 1236 | 1274 | 1274 | 0 | | | | | | | | | |
| 1 | 上虞区虞北渔港护岸抢险修复工程 | 〔2020〕89号 | 〔2020〕89号 | 〔2020〕63号 | 恢复 | 对护岸受损区域进行修复，恢复原状，新建护岸区域和口门东侧区域丁坝，对护岸和现有堤坝的连接道路进行路面铺设，港池清淤等 | 1416 | 1416 | 0 | 180 | 142 | 1236 | 1274 | 1274 | 0 | | | | | | | 完工 | 2021.6—2022.4 | 嘉绍大桥东约4公里 |
| 十、发改局〔粮食局〕 | | | | | | 1 | 15719 | 15719 | 0 | 5800 | 5000 | 7000 | 7000 | 7000 | 0 | | | | | | | | | |
| 1 | 上虞区粮食和物资应急保障中心 | | 虞发改投〔2021〕57号 | | 新建 | 成品大米仓、应急救灾物资仓、辅助生产和办公配套用房、粮食和物资的进出仓设备与信息化管理、监控平台系统等 | 15719 | 15719 | 0 | 5800 | 5000 | 7000 | 7000 | 7000 | 0 | | | | | | | 主体工程结顶 | 2021.11—2023.6 | 梁湖街道 |
| 十一、气象局 | | | | | | 1 | 1060 | 1060 | 0 | 700 | 700 | 360 | 360 | 360 | 0 | | | | | | | | | |
| 1 | 气象灾害监测预警能力提升工程 | 虞发改投〔2021〕79号 | 虞发改投〔2021〕65号 | | 续建 | 加密建设气象灾害监测站，提升监测能力；开发恶劣天气叫应平台，提供靶向预警，提高预警处置时间 | 1060 | 1060 | 0 | 700 | 700 | 360 | 360 | 360 | 0 | | | | | | | 完工 | 2021.12—2022.12 | 各乡镇街道 |
| 十二、机关服务中心 | | | | | | 1 | 1460 | 1460 | 0 | 60 | 0 | 1400 | 1200 | 1200 | 0 | | | | | | | | | |
| 1 | 2021年区行政中心改造提升项目 | 虞发改投〔2021〕25号 | 虞发改投〔2021〕25号 | 虞发改设计〔2021〕14号 | 改建、扩建 | 1.区行政中心社会治理中心和城市大脑两幢大楼5楼会议室成熟后，拟将5号楼二楼会议室功能转移到新大楼5楼，对食堂进行改扩建，将食堂二楼会议室拆除改造成餐厅，对一楼餐厅进行适当改造，同时购置相应餐厨设施设备；2.区行政中心文化长廊扩建，建设两条连接城市大脑大楼、矛调中心大楼、信访局的文化休憩长廊，长度约300米；因地制宜增设停车泊位，改造提升园路，优化交通组织 | 1460 | 1460 | 0 | 60 | 0 | 1400 | 1200 | 1200 | 0 | | | | | | | 完工 | 2021.11—2022.12 | 区行政中心内 |
| 十三、便民服务中心 | | | | | | 1 | 2700 | 2700 | 0 | 1000 | 150 | 1700 | 2550 | 2550 | 0 | | | | | | | | | |
| 1 | 便民服务中心智慧化提升工程一期 | | | | | 便民服务中心消防给水、电力增容；大楼消防、水电、空调、换气重置改造；投资项目服务中心场地改造及大楼周边停车设施智慧化提升改造 | 2700 | 2700 | 0 | 1000 | 150 | 1700 | 2550 | 2550 | 0 | | | | | | | 竣工验收，投入使用 | 2021.12—2022.11 | 区便民服务中心及周边停车场地 |

| 序号 | 项目名称 | 项目前期工作情况 | | | 建设性质 | 建设内容 | 计划总投资（新建项目为估算数） | | | 预计到2021年底累计完成 | | 2022年计划 | | | | 拆迁 | | | 建设用地情况 | | | 到2022年底工程计划形象进度 | 计划开（竣）工日期 | 建设地点 |
|---|---|---|---|---|---|---|---|---|---|---|---|---|---|---|---|---|---|---|---|---|---|---|---|---|
| | | 建议书批文号或备案表 | 可研(或立项)批文号或意见文号 | 初步设计(或实施方案)批文号或意见文号 | | | 投资额（万元） | 资金安排 财政（万元） | 资金安排 自筹或其他（万元） | 投资额（万元） | 财务数（万元） | 投资额（万元） | 财务数（万元） | 资金安排 财政（万元） | 资金安排 自筹或其他（万元） | 总拆迁面积（平方米） | 2022年拆迁面积（平方米） | 拆迁完成时间 | 计划用地（亩） | 到2021年底征用数（亩） | 2022年需征用数（亩） | | | |
| 十四、法院 | | | | | | 1 | 700 | 700 | 0 | 200 | 150 | 500 | 550 | 550 | 0 | | | | | | | | | |
| 1 | 法院安全隐患综合治理及文化会议室改造提升工程 | | 虞发改投〔2021〕60号 | | 续建 | 1.管道老化、破损，进行直供水改造；（上虞区人民法院供水管道改造工程，200万元）2.法院及人民法庭建筑外立面脱落、渗水维修；（上虞区人民法院外立面及漏水隐患综合治理工程150万元）3.打造智能化、现代化文化活动室；（上虞区人民法院文化活动室改造工程200万元）4.干警大会议室改造。（上虞区人民法院干警大会议室改造工程150万元） | 700 | 700 | 0 | 200 | 150 | 500 | 550 | 550 | 0 | | | | | | | 完工 | 2021.7—2022.12 | 绍兴市上虞区人民法院 |
| 十五、综合行政执法局 | | | | | | 3 | 5930 | 5750 | 180 | 3400 | 2365 | 2530 | 2465 | 2350 | 115 | | | | | | | | | |
| 1 | 城区行政机关、事业单位“污水零直排区”建设项目 | | 虞治水办〔2021〕7号和关于崧北河综合治理工程开挖土方临时堆放等有关事宜专题会议纪要 | | 改建 | 对城区行政机关、事业单位进行“污水零直排”改造 | 3830 | 3830 | 0 | 2600 | 1565 | 1230 | 1230 | 1230 | 0 | | | | | | | 完工 | 2021.5—2022.12 | 城区相关行政机关、事业单位 |
| 2 | 杭州湾上虞经济技术开发区垃圾填埋场一期库区覆膜封场及绿化配套工程 | | 虞发改投〔2018〕79号 | | 新建 | 北侧封场已完成，投资约500万元，本次进行南侧封场 | 1500 | 1500 | 0 | 700 | 600 | 800 | 850 | 850 | 0 | | | | | | | 完工 | 2021.12—2022.6 | 杭州湾填埋场 |
| 3 | 汤浦新建垃圾分类中心（中转站） | | | | 新建 | 改建垃圾分类中心1座，主要包括新增易腐垃圾资源化处理站、大件垃圾处理站、污水预处理站、垃圾分类站及配套设施建设等 | 600 | 420 | 180 | 100 | 200 | 500 | 385 | 270 | 115 | | | | | | | 完工 | 2021.12—2022.12 | 汤浦镇原霞里村垃圾中转站内 |

【曹娥江旅游度假区列入国家级创建意向名单】 年内，浙江省文化和旅游厅正式发函，根据《浙江省AAAAA级旅游景区、国家级旅游度假区培育管理意见》，曹娥江旅游度假区通过评估，列入国家级旅游度假区创建意向名单。列入意向名单是申报国家级旅游度假区的关键环节，标志着国家级旅游度假区创建进入实质性阶段。

【“五个一批”重大项目集中签约投产投用】 6月29日，全区举行“五个一批”重大项目集中签约、投产、投用仪式，60个集中签约投产投用的重大项目，总投资469.3亿元。投资300.71亿元的27个项目集中签约，项目涉及新能源新材料、高端装备、现代医药、数字文创、时尚休闲、文化旅游等；投资136.6亿元的宏达新材高端金属新材料、晶盛机电产业园二期等21个产业项目集中投产；投资32亿元的上虞博物馆新建工程、舜江大桥拼宽工程等12个政府投资项目集中投用。

【新能源汽车充电基础设施“十四五”规划出台】 5月，区发改局出台全区新能源汽车充电基础设施“十四五”规划。至年末，全区新建公（专）用充电桩151个，完成市定任务的191%。

【曹娥江“一江两岸”获省首批城乡风貌样板区】 5月27日，浙江省共同富裕现代化基本单元建设工作推进会召开，浙江首批17个城乡风貌样板区名单正式公布。曹娥江“一江两岸”获省首批城乡风貌样板区。该样板区在上虞主城区西侧呈带状展开，北滨曹娥江，西临杭甬运河，总占地面积2.7平方千米，东西沿江绵延2.6千米，宛如一幅沿江徐徐展开的秀美画卷。风貌样板区以江河为脉，重点打造一江两岸生态景观带，全面融合“水利、景观、文化、休闲、旅游”等多种功能，着力构建“人在江中游，城在岸上走”的景观新格局。

【81个项目集中签约开工启用投产】 11月9日，上虞区举行81个总投资超527亿元重大项目集中签约、开工、启用、投产仪式。集中签约、开工、启用和投产项目，涵盖新材料、新能源、智能制造、半导体装备及材料、总部楼宇、文化旅游等多个领域。卧龙智慧新能源装备产业化项目、危险化学品运输综合服务中心、晶盛机电年产3000万千米金钢线等53个总投资274亿元的项目集中开工、启用、投产。28个总投资253亿元的重大项目集中签约。

【区机电制造入选省首批试点县名单】 根据《关于开展全省中小企业数字化改造试点县（市、区）创建工作的通知》要求，经各地申报、专家评审和综合评估。9月6日，浙江省数字经济发展领导小组办公室公布了首批中小企业数字化改造试点县（市、区）名单，上虞区机电制造名列其中。

【上虞区列入省第二批企业数字化改造试点县创建培育名单】 9月6日，浙江省经济和信息化厅公布了2022年度全省首批中小企业数字化改造试点县（市、区）创建名单和全省第二批中小企业数字化改造试点县（市、区）创建培育名单。上虞区列入全省第二批中小企业数字化改造试点县（市、区）创建培育名单。近年来，上虞区大力推进“数字产业化、产业数字化”，实现数字赋能与实体经济双效融合，制造业数字化、网络化、智能化水平不断提高。

【完成3336户老旧小区改造任务】 2021年2月开始，对西横河等老旧小区进行改造，总投资6.3亿元。至2022年，完成3336户老旧小区改造任务，新增停车位1620个。 （叶 舟）

## 价格管理

【概况】 2022年，上虞区开展水、电、气及行业协会、交通领域、财经领域、金融领域、中介机构收费自查自纠工作，进一步规范涉企收费行为；开展公益性公墓价格核定；停车场收费标准核定；学校住宿费标准核定。开展非居民污水处理收费标准的调整；做好成本监审、农本调查、商品房价格的备案工作，严把价格关；在重大节假日和灾害天气期间，及时报送《绍兴市粮油肉等商品集市价格应急监测快报表》61期，全年价格巡视200余人次。全年共受理关于物业收费、停车收费等投诉咨询79件，办结率100%。

【成本监审、农本调查】 全年共完成3个成本监审和4个成本调查，涉及供水、燃气、停车场、公墓等。通过资料审核，剔除不合理定价成本，准确掌握企业经营成本，为合理制定价格提供依据。完成常规农本调查任务，做好种植意向调查、购买农资情况调查、存售粮情况调查。

【公益性公墓价格核定】 开展公益性公墓价格核定工作。以道墟街道公益性墓地作为参照样板，对驿亭镇、上浦镇3家公益性公墓价格进行核定。

【停车场收费、学校住宿费核定】 年内，对上虞中医院（城南医院）停车场收费标准进行核定；对春晖中学、上虞中学的学生住宿费主体进行变更；对丰惠中学、华维外国语学校住宿费标准进行核定。

【非居民污水处理收费标准调查】 开展非居民污水处理收费标准调查。根据上级意见，按照合理补偿成本的原则，起草《上虞区非居民污水处理收费标准调整汇报方案》，同时，就非居民污水处理收费标准的调整事项委托第三方做风险评估。并组织召开非居民污水处理收费标准调整座谈会，邀请30家各行业、企业代表及相关部门代表参加，进一步修改调价方案。

【价格政策执行】 贯彻落实省文件精神，按现行标准80%收取水资源费、水土保持补偿费，人防工程易地建设费。执行期限：2022年1月1日至2023年12月31日。预计年减轻企业负担300万元。牵头协调相关单位，落实一揽子降成本政策。年内，小微企业、个体工商户降水优惠金额为691.27万元，降气优惠45万元。

【涉企收费行为规范】 按照省、市关于涉企违规收费专项整治工作文件精神，年内，开展水、电、气及行业协会、交通领域、财政领域、金融领域、中介机构收费自查自纠工作，共自查出2个收费问题，电力临时接电费34.65万元，计量装置校验费0.374万元。（叶 舟）

## 审 计

【概况】 2022年，上虞区审计部门完成审计项目27个，查出主要问题金额9.41亿元，其中违规金额0.6亿元、管理不规范金额8.81亿元。移送司法机关、纪检监察机关和有关部门处理事项4件，移送处理人员10人，移送处理金额0.037亿元；审计促进整改落实有关问题金额1.07亿元；审计后挽回（避免）损失1.05亿元。出具审计报告和专项审计调查报告71篇，被批示、采用66篇；审计提出建议162条，被采纳162条；推动被审计单位制定整改措施545项；促进被审计单位制定、完善规章制度27项；提交审计信息159篇，被各类媒体录用刊登67篇次，被批示、采用1篇。向社会公告审计结果28篇。

【财政审计】 出台《上虞区产业基金管理办法》《关于进一步规范城市基础设施配套费征收的意见》等制度，着力维护公共资金安全。以区本级财政预算执行审计为核心，做好省定违规兴建楼堂馆所、招商引资、单一来源采购、预算项目库管理、政府财务报告编制情况5个专题审计，揭示水土保持补偿费未按规定缴纳、建设项目工伤保险费应征未征等问题27个，审计查出违规资金10.16亿元、管理不规范金额1.24亿元。

【经济责任审计】 2022年，16个单位21名区管领导干部经济责任审计，同步实施2个单位的领导干部自然资源和资产离任审计，揭示和反映公务支出管理不规范、对下属单位监管不严、工程管理不规范、编外用工超控制数、往来款长期挂账等问题；促进被审计单位收回违规资金462.35万元，建立健全制度机制16个。

【政策跟踪审计】 聚焦服务保障民生、经济高质量发展、稳进提质等领域，组织开展消薄政策落实、惠农政策落实、疫情防控、十大民生实事推进等一批重大审计项目。为全面摸清上虞区应对“12·7”新冠疫情防控专项资金筹集、分配拨付、使用管理情况，开展疫情防控资金专项审计，延伸审计14个疫情防控直接相关单位及20个乡镇（街道），追回重复申请医疗物资补助288.60万元，推动区政府建立健全集装箱使用管理办法。消薄政策落实情况专项审计聚焦“消薄扶持政策落实”“财政扶持经济薄弱村资金管理使用”等8大重点内容，查找上虞区在消薄工作中存在的突出问题和风险隐患，促进乡村全面振兴。

【投资审计】 围绕“项目攻坚突破年”活动，着眼“大抓项目、抓大项目”新要求，扎实推进“五个一批”重大项目建设的全程审计监督。开展区人大重点监督的13个城市功能项目专项审计，上德校区新建工程竣工决算审计，以及跟踪服务浙东运河（曹娥段）综合整治工程、公共卫生科技实验楼新建工程、康居路小学新建工程等“五个一批”重大项目67个，促进重大项目建设开工。2022年，共完成投资审计项目预结算审计325个，核减资金6.78亿元；完成预算、结算审计报备3376项，备案金额30.12亿元。牵头实施报备结算项目质量复核工作，对上虞区36家建设单位的71个工程进行质量复核，指出工程建设中的9大类77个问题。

【大数据审计】 高标准完成试点工作，承接省厅审计整改一体化智能管理系统二期应用试点、“审计大脑”首批试点任务、领导干部“经济体检”子应用试点工作。开发投资系统2.0版，集成272家建设单位及中介机构，汇集2011年以来2303个政府投资项目。组建一支12人的大数据分析团队，实现科室和审计项目数据分析人员全覆盖，团队中获全国、全省计算机中级职称以上人员共8名。

【内审整改】 推动内审工作迭代升级，探索区属国有企业总审计师制度，区委审计委员会专题审议探索落实国企总审计师制度情况，采用“试点+总结+推广”形式，推动绍兴市首个国企总审计师——区国审公司总审计师到任。加大内部审计指导监督，通过“以审代训”方式加强内审人员培育，组织13名内审人员参与国家审计项目，培养锻炼内审人员能力。强化整改闭环式管理，区政府主要领导牵头召开审计整改会议，对审计整改工作听取专题汇报；审计持续跟踪问题整改进度，联合区人大常委会财经工委多次督查未整改到位的重点问题；将审计整改纳入政务督查。通过有力有效推进，审计工作报告所反映的26个项目462个问题，整改率达到100%。

【审计管理】 加大考核成果运用，出台审计项目“骏马奖”“蜗牛奖”评审办法，通过审计项目质量、审计整改情况、审计创新等7个维度评比优秀项目，以正面引领和反面警示“双轮驱动”，引导、倒逼审计项目提升效率和质量。根据新修订审计法编印了审计业务全员全流程标准化操作指引30条，进一步确保审计程序规范化、内容精细化、重点突出化、指导实用化。实行“分管领导+科室+项目”管理模式，开展班子成员“一线工作”、审计项目“挂图作战”、审计现场“打卡报到”等质量提升一系列举措，不断提升审计工作质效。

（张伟伟）

## 统　计

【概况】 2022年，上虞区发布《上虞统计信息》《今日上虞》《上虞统计年鉴》《上虞区国民经济和社会发展统计公报》等统计资料，全年完成统计分析50余篇。

【统计基层基础建设】 上虞区统计部门承接绍兴市统计基层基础建设试点，5月30日印发《关于进一步加强统计基层基础建设的实施意见》，从6个方面18条举措规范统计基层基础建设。推进基层统计网格智治工作，全区建成1个一级网格，25个二级网格，84个四级网格，涉及网格单位1580家，并打造15个具有上虞辨识度的“统计之家”。探索编外统计人员“统配统管”，为中心镇街和杭州湾综管办增加10名编外统计人员，落实统计人员调整报备、以奖代补、跟班学习等制度。

【抓好常规数据生产】 及时做好调查单位申报入库工作，累计申报国家直报新开业单位135家，下升上、小升规单位309家。梳理各专业统计方法制度的变化要求，完成工业、贸易、服务业、建筑业和房地产等“四上”单位一套表联网直报，扎实做好特色小镇、低收入农户高水平全面小康统计监测、5‰人口变动调查工作、平安浙江入户调查等调查任务。

【统计数据质量提升】 区委常委会、区政府常务会专题学习《关于更加有效发挥统计监督职能作用的意见》，统计部门编发《统计数据质量管控流程汇编》，加大统计数据审核查询和核查力度，落实“即报即审”机制，确保源头数据质量。强化统计数据质量管控，对工业、投资、服务业、贸易、建筑业、房地产等专业开展执法检查45家，其中立案查处6家。

**【统计业务培训】** 围绕基层统计人员需求，分专业分批次对工业、服务业、贸易、投资等统计业务开展全方位培训，并逐步增加“小班化”“点对点”培训频次，推动统计人员业务能力提升，全年累计开展综合性培训4次，500余人参加，开展分专业培训48场次，1500余人参加。

**【统计数字化改革】** 围绕数字化改革融入工作所需、立足统计所能，全面推广使用浙企“最多报一次”、“统计大脑+应用”、基层统计网格智治、“浙江民调在线”等统计数字化改革应用，以数改引领统计工作提质增效。 （丁柳青）

## 调查

**【概况】** 2022年度全体居民收入增速居全市第一。根据住户调查数据显示，2022年度上虞区全体居民人均可支配收入63461元，增长5.6%；城镇常住居民人均可支配收入77890元，增长4.4%；农村常住居民人均可支配收入44946元，增长7.1%。“三项收入”的增速在绍兴市6个县（市、区）中分别排第1、2、3位。

城乡居民收入差距明显缩小。2022年度上虞农村居民人均可支配收入增幅高于城镇居民2.7个百分点，城乡居民收入倍差为1.73，较2021年度下降5个百分点，城乡居民收入差距持续缩小。2018—2022年城乡居民收入比分别为1.85、1.84、1.80、1.78、1.73。

**【绍兴市第十三届“中国统计开放日”在上虞举办】** 9月20日上午，以“数说新时代、奋进新征程”为主题的绍兴市第十三届“中国统计开放日”活动在上虞举行。此次活动以迎接中共二十大胜利召开为主线，用统计调查数字展现党的十八大以来经济社会发展取得的突破性进展和历史性变革。 （陈正洁）

## 安全生产监管

**【概况】** 2022年，全区安全生产事故总数和伤亡人数（6起3人）分别较前三年平均值下降21.74%和43.75%，同比实现“双下降”，其中道路运输事故3起，死亡2人，水上交通事故1起，死亡1人，工矿事故2起，1人受伤，未发生较大以上生产安全事故，未发生自然灾害领域亡人险情。“工业互联网+危化品安全生产”“危险化学品安全培训网络建设”两项部级试点工作得到应急管理部副部长孙广宇调研时的充分肯定；安全生产和消防目标责任制考核、重大安全生产问题清单指数考核居全省第五、全市第一。

**【安全生产重点领域整治】** 除险保安系统稳步推进，细化出台73项安全生产硬措施，全区开展重点领域各类专项督查21次，下发通报、交办单等66份。省“除险保安”安全生产前10轮暗访282个问题全部闭环整改，37个省市区三级重大事故隐患已全部销号。第二轮安全生产综合治理三年行动611项任务已全部完成，16处省市区三级重大消防安全挂牌隐患已完成整改。

**【安全生产监管执法】** 每月常态化曝光安全生产典型案例，持续开展专项检查、交叉检查、飞行检查，立案查处数、罚款额同比“双提升”，其中乡镇委托执法立案查处156起，同比提升136.3%。会同公安分局办理行刑衔接案件7起，位列全市第一。

**【化工行业监管】** 全面推行“工业互联网+危化安全生产”，以化工生产企业为重点，依托危险化学品安全风险集中治理，细化实施高危细分领域、老旧装置安全风险防控等专项治理，顺利通过化工园区安全整治提升省级验收。扎实开展以化工生产企业为重点的危险化学品安全风险集中治理，消除隐患2395条，立案查处34家，停产9家，挂牌督办2家。

**【工矿企业监管】** 依托“工业企业安全在线”开展全过程安全体检，深化开展矿山以及有限空间、涉爆粉尘、液氨制冷、喷涂等企业开展专项治理。深化2家矿山、96家有限空间、74家涉爆粉尘、5家液氨制冷以及210家喷涂企业的集中治理，开展三类“园区、企业、设施”专项整治，立案查处32家、关停5家。

**【安全生产培训宣传】** 集中开展主题为“遵守安全生产法 当好第一责任人”的安全生产月活动，依托杭州湾公共实训基地及上虞应急安全综合体验馆等平台，持续开展“百万员工大培训”和“救早灭小”专项提升活动，播出“安全曝光栏”12 期，“虞舜应急”公众号学习阅读量突破百万人次。（王丽雯）

# 质量技术监督管理

**【概况】** 2022 年，25 家企业进入政府质量奖培育库，14 家企业申报区长质量奖角逐，2 家申报质量创新奖；建立“浙江制造”培育库 15 家，2022 年发布“浙江制造”标准 15 项，11 家企业通过认证成为“品字标”企业，获得产品证书 10 张，国际互认证书 1 张。2022 年，上虞区伞件产业被列为国家级小微企业质量管理体系认证提升行动区域试点，成为全国 9 个试点之一。

**【特种设备监管】** 截至 2022 年 12 月，上虞区共有在册固定式特种设备 37116 台（套），其中锅炉 182 台，压力容器 20987 台，起重机械 4602 台，电梯 7951 台，场内专用机动车辆 3394 辆。设备总量较 2021 年 12 月底增加 2609 台（套），增长率为 7.57%，略低于前五年平均增长水平。从单类设备来看，增速位居前三位的分别是场(厂)内专用机动车辆年增长 15.21%、电梯年增长 10.65%、压力容器年增长 6.42%；锅炉和大型游乐设施呈负增长。从设备增加的数量来看，增加量最多的是压力容器，全年增加 1266 台（套）。全年出动检查人员 2893 人次，巡查企业 1278 家次，检查特种设备 3156 台（套），排查出 507 处安全隐患，发出特种设备安全监察指令书 158 份。对全区 492 家特种设备使用单位实施日常监督检查，对全区 22 家气瓶和移动式压力容器充装单位实施年度检查，配合检查生产单位 12 家。全年共查处特种设备严重违法行为 63 起（已结案 54 件），罚没金额 160.1 万元。处理应急处置和投诉举报 42 件。

**【产品质量监管】** 2022 年，省市区三级市监部门共抽查上虞区生产领域纺织、化工、机械、建材等行业产品 458 批次产品，合格 448 批次，批次合格率为 97.82%，比上年同期上升 3.86 个百分点。全年区级流通领域抽查成品油、燃气具、电动自行车、儿童产品、网络直播等产品共 166 批次，合格 138 批次，合格率 81.65%；配合省市二级市监部门抽检流通领域非医用口罩、儿童用品、电动自行车、成品油等产品共 221 批次。开展生产领域不合格产品后处理 35 批次，流通领域不合格产品后处理 65 批次，市场反溯不合格产品调查工作 14 批次。全年共受理申请工业产品许可 14 家，其中新发证 6 家，延续发证 8 家，注销许可 5 家，目前全区共有获证企业 64 家。加强获证企业事中事后监管，完成对获证企业全覆盖检查，落实企业年度自查工作，年审率达 100%。

**【电动自行车淘汰置换】** 《上虞区鼓励备案非标电动自行车提前淘汰置换实施方案》出台，对全区 243 家电动自行车经营单位 100%上线“浙江 e 行在线”，设置非标车回收置换点 167 家。“线上+线下”并进宣传《浙江省电动自行车管理条例》，发放宣传资料 3 万余份，悬挂横幅 500 多条，发送短信宣传 80 多万条，新闻宣传 12 篇。扎实开展集中淘汰置换活动，联合全区各镇街开展“一站式”服务集中置换活动 25 场，同时发放电动自行车专项消费券鼓励置换。全区已注销备案非标电动自行车 23.52 万辆，完成率 82.3%。

**【质检计量】** 质检计量所承担实施 6 大类 355 批次产品监督抽检、10 种 102 批次定量包装产（商）品计量监督检查(批次合格率 99%)、对 30 家集贸市场 2222 台(件)登记的计量器具开展强制检定(合格率 98.9%)、对 20 个乡镇及区级医院 2658 台（件）计量器具强制检定（首检合格率 88%，修后检定合格率 99.8%）、对 10 家大型超市 240 台在用衡器及 2 家药品连锁店的 68 家门店 83 台(件)衡器及 120 家次加油站燃油加油机 1636 枪的强制检定，全年共完成强检计量器具 47737 台（件、套）。

全年完成企事业单位送检计量器具 61403 台(件、套)，组织开展实验室开放活动 115 批次，完成企业送检委托检验 1172 批次，实施企业纾困和三年内新办小微企业减免，为企业减免检测 104 批次，为企业累计纾困减免费用达 24.9525 万元。

2022 年，质检计量所承担通风制冷、伞件制造业二个质量基础“一站式”服务平台建设，其中 2022 年通风制冷产业质量基础“一站式”服务平台创建为省级示范点。2022 年 9 月完成 CNAS 复评审。共有 105

个检测对象 789 项检测项目/参数通过复评审。2022 年，新增数字心电图机、停车计费装置等 2 个强检项目的计量授权及社会公用计量标准证书。完成下设的浙江省伞件产品质量检验中心整体搬迁至崧厦街道伞艺小微企业园 1 号楼。

2022 年，质检计量所参与起草的国家标准 GB/T 19843—2022《工业通风机 射流风机性能试验》于 2022 年 10 月 12 日发布实施。取得“一种晴雨伞抗风测试装置”等 3 项国家实用新型专利证书，有 7 篇科技论文在国内国际等技术期刊上得到发表，其中参与 SCI 论文 3 篇，参与 EI 论文 1 篇，国内核心期刊论文 3 篇。2022 年，上虞区市场监管局与浙江理工大签订战略合作协议，与 CQC 签订检测认证合作协议。

（石玮杰、陈秀芳、朱露浩、胡苗火、余培铨）

## 食品药品监督管理

**【概况】** 截至 2022 年末，累计建成五星级食安办 1 家、四星级食安办 3 家、三星级食安办 16 家，三星级以上覆盖率达 100%。章镇镇食安办获评 2021 年浙江省五星级乡镇（街道）食安办，成为全省首批五星级食安办。2022 年，上虞区创建为浙江省食品安全示范区。

2022 年，全区有药品、医疗器械、化妆品监管对象 893 家。全年完成检查药品批发企业 4 家次、药品连锁总部 8 家次、区级医疗机构 10 家次、药品生产企业 11 家次、化妆品生产企业 8 家次、医疗器械生产企业 32 家次、药品经营企业 503 家次。开展药品市级监督抽查 171 批次，其中 2 批次不合格，抽检合格率 97.66%（基药抽检合格率 100%）。化妆品抽样 75 批次，医疗器械抽样 18 批次，抽检合格率 100%。上报药品不良反应 1029 例，器械不良反应事件 328 例，化妆品不良反应案例 113 个。

**【食品安全“守底线、查隐患、保安全”专项行动】** 2022 年，在全区范围内开展食品安全“守底线、查隐患、保安全”专项行动，共检查各类食品生产经营单位 14698 家，发现风险问题数 1031 个，整改完成 1031 个，整改完成率 100%。

**【食品生产企业许可准入】** 全年新发证 8 家，变更换证 25 家，注销 19 家，申请停产 20 家，全区在册食品生产企业 103 家（其中食品添加剂 5 家）。2022 年新增小作坊 21 家，在册登记小作坊 89 家，抽检小作坊 105 批次，保持小作坊建档率和抽检合格率双一百。

**【食品生产企业抽检】** 全年计划抽样 275 批次，共抽检 300 批次，不合格 1 批次。其中“链上点检”抽检 62 家，完成率 91%；网络直播带货食品抽检 5 批次，白酒专项执法抽样 4 批次，月饼、粽叶、粽子、绿豆糕专项监督抽查 14 批次全部合格。

**【阳光系列建设】** 实施全区在产食品生产企业“阳光工厂”硬件安装建设 91 家，覆盖率 100%；培育 CCP（“阳光工厂”2.0）企业 11 家，以固体饮料、桶装饮用水、肉制品为主；推进卤肉一件事改革，开展 7 家“五化”市场卤肉食品生产销售情况摸底调查工作，完成 2 家肉制品小作坊“阳光化”建设，确保源头追溯数据贯通。以地产羊肉、大糕等行业为主要培育对象，验收完成“5S”现场管理小作坊 6 家，具有地方传统特色食品小作坊 8 家。

**【GM2D 示范区建设】** 上虞区为全省全球二维码迁移计划（简称 GM2D）示范区建设第一批试点，第一阶段任务已圆满完成，实现在产黄酒品种实体赋码 83 个，完成率 237%，区内 9 家大型商超二维码读取结算管理系统改造完工。试点企业绍兴女儿红酿酒有限公司向省局申领 2.6 万个单品码，“花雕酒”黄酒已完成“一件一码”转码工作，第一批 2000 箱已于 12 月初下线生产并投放市场。

**【食品流通】** 开展进口冷链食品及相关从业人员风险排查，全年共处置涉阳水果 2 起，封存下架水果 6000 千克，共出动检查人员 5130 余人次，检查冷链经营单位 547 家次，水果经营单位 2765 家次，督促整改 143 家次，立案 44 起，督查冷链风险点位 41 个，签订冷链经营承诺书 11 份，督促重点人员核酸检测 761 人次。“浙食链”系统应用推广工作，引导经营户注册激活，全年共新增 2500 余家次，对接区内 14 家大型商超，提升大型商超浙产食品“浙食链”已完成赋码覆盖率超 65%。有序推进全年抽检工作的任务，全年共开展第三方快检单位约谈 1 次，现场检查 5 家次，并督促加快抽检进度，快检已完成约 56 万批次，对 1400 余批次快检阳性妥善完成处置工作。

【餐饮安全】 规范辖区内各类型餐饮单位开展进口冷链食品和进口水果经营使用，全面落实“浙冷链”系统相关工作，发放进口物品疫情防控告知书和食品生产企业进口冷链食品疫情防控工作流程图，餐饮环节存量“浙冷链”激活单位 9 家，正常经营使用 1 家，10 平方以上冷库 33 个。集中隔离医学观察点供餐单位食品安全，建立 1+1+N 专班监管体系，高峰期全区启用集中隔离医学观察点 30 余家，隔离点供餐单位 5 家，最大单餐供应 5000 余份，全面推进“浙江外卖在线”系统工作落地，截至 2022 年年末，上虞区共有入网经营餐饮单位 1458 家，安装并接入省局平台 1437 家，覆盖率 98.56%。

【药品领域“除险保安”】 上虞区开展药品安全专项整治和打假治劣“药剑”行动。针对人民群众关心的重点问题，组织开展高值药品、贵细中药饮片专项整治，严查非法渠道购进、经营假劣中药饮片等；开展高温期间药品存储质量专项整治，针对疫苗、易变质药品、冷藏药品等存储、运输条件进行重点检查。加大执法整治力度，在药品经营环节深挖案件线索，全年共立案查处 39 起，罚没款 90 余万元。

【医疗器械化妆品经营环节监管】 开展医疗器械质量安全风险隐患排查整治工作，重点检查装饰性彩色平光镜（隐形眼镜）以及家用医疗器械等产品经营企业。督促辖区内医疗器械生产企业、经营企业（含网络销售企业）、使用单位进行全面自查，对自查发现的风险隐患形成台账，并制定整改计划，及时采取整改措施消除风险隐患。组织开展美白祛斑、染发、防晒类等特殊化妆品以及使用“小金盾”标志儿童化妆品专项检查，开展化妆品“线上净网 线下清源”行动。2022 年累计出动检查人员 4186 人次，检查药店 3394 家次，整改问题 44 个，停业整顿 19 家。

【服务医药产业高质量发展】 2022 年新注册三类医疗器械产品 1 个，正在申报仿制药一致性评价制剂 1 个。全区建立原料药生产企业质量受权人季度例会制度，组织开展新药品管理法培训、药品生产质量管理研讨等 16 次。推动原料药生产企业安全生产“三防三化”工作机制和数字化工厂建设。

【创新零售药店全维度风险管控新模式】 创新试点“多维研判、精准画像、综合评价”的药品零售风险管理新模式。以保障用药安全为目标，坚持数字赋能，强化智慧监管，2022 年一期投入 200 多万元打造零售药店全维度监管“药店管家”应用场景，实现“一库清底数、一码知全貌、一网抓监管、一图识风险”治理模式，推动药品流通监管精密智控，精准识别风险、发现问题，开展线下巡查、关闭风险，实现数字化监管闭环，形成实时风险测评指数，大幅度提升基层药品监管效能。

【推进数字药监重大应用贯通】 完成 2 家药品连锁企业 ERP 系统改造工作，实现“四大类”药品登记销售对接省局警戒监测系统。91 家单体药店完成与市局“药安通”进销存数据上报对接，数据上传完成率 100%。通过“浙里药店”应用系统，实行零售药店自身疫情防控措施落实情况每日上报制度，每日上报率达 95%以上。（任妤凤、谢雯鑫、沈　琦、任佳璐、陈　琴、崔新郁、葛程柯）

# 科学技术

## 综　述

【概况】　2022年，全区完成R&D经费支出36.93亿元，占GDP比重达到3.25%，居省第19位。完成规模以上高新技术产业产值1425.99亿元，居市第1位，同比增长15.8%；完成高新技术产业增加值378.18亿元，居市第1位，同比增长12%。完成高新技术产业投资74.4亿元，增速57%，增幅居市第3位。区创新指数为192.3，居省第12位。上虞区连续两年被省委、省政府评为“市县党政领导科技进步目标责任制考核优秀单位”，并获省科技创新鼎。

【获省“科技创新鼎”】　7月11日，浙江省科技创新大会召开，上虞区再度被评为市县党政领导科技进步目标责任制考核优秀单位，并被授予“科技创新鼎”。会上，上虞区共获浙江省科学技术奖项4项，绍兴市2项一等奖均由上虞区获得。

7月11日，上虞区被授予科技创新鼎（科学技术局 提供）

【副省长徐文光到上虞考察调研】　2月16日，副省长徐文光一行到上虞考察调研农业农村现代化工作，实地走访浙江小精农机制造公司。徐文光提出，企业在双强行动这一利好时期用好、用精科技强农、机械强农金钥匙，以打造高科技企业为主线，以科技赋能现代农业，同时叮嘱部门要聚焦企业关切，提供优质服务，全力支持企业发展壮大。

【省科技厅厅长高鹰忠到上虞调研】　4月13日，省科技厅厅长高鹰忠率调研组到上虞，实地走访龙盛集团股份有限公司、晶盛机电股份有限公司和卧龙电气驱动集团股份有限公司。高鹰忠强调，要充分发挥企业创新主体作用，扎实落地科技政策，加快构建协同创新体系，不断提升区域创新平台能级，为全省科创高地建设培育更多生力军。

【绍兴市委书记盛阅春到上虞调研】　9月7日上午，绍兴市委书记盛阅春一行赴天津大学浙江研究院（绍兴）调研指导。天津大学浙江研究院（绍兴）院长乔建军汇报研究院相关情况。盛阅春对研究院建设工作表示肯定，并指出研究院应进一步加大研发投入力度让更多科研成果从实验室走向产业化，成为校地合作的引领者，努力为地方经济社会高质量发展作出更大贡献。

（熊佳威）

## 科技管理和服务

【概况】　2022年，全面强化科创委对全区科技创新工作的创新引领，修订完善科技创新政策，加大对大学研究院、重大科技攻关项目的创新支持。落实政策兑现，累计发放科技政策扶持资金 1.065 亿元，惠及企业 830 余家次。抓好主体培育，深入实施科技企业培育“双倍增”计划，全年新认定高新技术企业 83 家，累计达到 460 家；新认定省科技型中小企业 181 家，累计达到 1346 家；组织开展国家高新技术企业评估和成长型企业创新能力 10 强评选，择优遴选一批高成长创新型企业重点培育。新立项省级新产品试制计划 275 项；入选省“尖兵”“领雁”研发攻关计划 8 项。全年争取到省级科技专项资金 2808 万元。持续推进规上企业研发机构“全覆盖”行动，全区企业研发机构设置达到 38.91%，居市第 2 位，省 31 位，高于全省平均水平（37.42%）。实施“五个一批”重大科技人才项目，完成投资额 10.24 亿元。新入选省级以上高层次人才 17 名，卧龙集团外籍专家获 2022 年度中国政府友谊奖（绍兴市唯一）。卧龙集团被评为“高质量发展领军企业”。

**【发放科技政策扶持资金 10650.57 万元】** 年内，累计发放科技政策扶持资金 10650.57 万元，包括发放科技创新政策资金（认定类项目）7336.72 万元，技术交易奖励和技术中介服务奖励 139.92 万元，产业创新服务综合体奖励 230.33 万元，2022 年省科技奖奖励 280 万元，省级重点研发配套 191.4 万元，市级“揭榜挂帅”及科技计划项目补助经费 312 万元，区级“揭榜挂帅”关键核心技术项目补助经费 740.7 万元。推广科技创新券中领使用，发放 325 万元，使用 147.7 万元。

**【成长型企业创新能力十强评选】** 年内，上虞区开展成长型企业创新能力十强评选，围绕创新投入与创新产出两个维度，综合评价全区 2021 年度销售收入在 5000 万元到 5 亿元的国家高新技术企业和非国家高新技术企业的制造业企业，择优遴选一批高成长创新型企业重点培育。浙江上虞利星化工有限公司、浙江吉泰新材料股份有限公司、浙江蓝能燃气设备有限公司、绍兴兴欣新材料股份有限公司、绍兴上虞华伦化工有限公司、浙江上能锅炉有限公司、浙江惠创风机有限公司、浙江佑谦特种材料有限公司、浙江劲光实业股份有限公司、浙江钛山重工机械有限公司 10 家企业入选。

**【推进企业研发机构建设】** 年内，持续推进规上企业研发机构“全覆盖”行动，新认定省级以上研发机构 13 家，市级研发中心 19 家。累计拥有省级工程技术研究中心 1 家、省级重点企业研究院 5 家、省级企业研究院 34 家、省级高新技术研究开发中心 98 家。全区企业研发机构设置达到 38.91%，居市第 2 位，省 31 位，高于全省平均水平（37.42%）。

**【“五个一批”重大科技人才项目实施】** 年内，共实施项目 13 个，完成年度投资 10.24 亿元，其中平台建设类项目 8 个，创新服务类项目 5 个，完成率 117.97%。全年新增国家火炬计划人才 4 人，国家特支计划 2 人，省“鲲鹏计划”人才 1 名，省领军型创新创业团队 3 个，省引才计划 3 人，省海外工程师 8 人。新认定省外国专家工作站 1 家，累计 2 家。卧龙集团外籍专家荣获“中国政府友谊奖”（市唯一）。

**【上虞区科技专家库建立】** 年内，为规范科技项目专家评审，充分发挥科技专家在科技创新中的决策咨询作用，制定并出台《绍兴市上虞区科技专家库管理办法》，并向全区范围内公开征集科技专家。经专家所在单位、属地推荐，区科技局局务会议讨论，区政府门户网站公示等一系列程序，成功组建上虞区科技专家库，共征集到各领域科技专家 116 名。

**【上虞区 2 家企业上榜省创造力百强企业榜单】** 年内，“省创造力百强企业榜单”发布，上虞区浙江闰土股份有限公司、浙江龙盛集团股份有限公司两家企业上榜，分别居榜单第 57 位、第 65 位。（熊佳威）

## 科技成果和转化

**【概况】** 2022 年，组织企业参加创新创业大赛和各类成果交易会，开展浙大材料学院、高分子系上虞区产学研对接会，邀请院士专家到上虞走访，加强科技对接交流。开展人才科技创新创业成果展、大学研究院成果拍卖会等各种活动。做好技术合同、科技成果登记，获省科技进步奖一等奖 1 项、省技术发明奖一等奖 1 项、省技术发明奖二等奖 1 项、省科学技术进步奖二等奖 1 项，全年共引育科研成果产业化项目 395 项，完成技术合同交易额 31.28 亿元。

表 11　　科学技术获奖情况一览表（省级）

| 序号 | 获得奖项 | 获奖企业 | 项目名称 | 主　要　内　容 |
|---|---|---|---|---|
| 1 | 省科技进步奖一等奖 | 浙江晶盛机电股份有限公司 | 大尺寸半导体级直拉硅单晶生长装备关键技术研发及产业化 | 本项目经十五年技术攻关，突破了大尺寸硅单晶的低缺陷稳定生长控制、硅单晶生长径向均匀性调控，硅单晶生长全过程在线监测的单晶炉智能化控制等技术难题，建立了大尺寸半导体级硅单晶生长制造的技术体系，实现了 12 英寸半导体级硅单晶生长设备的自主化与国产化，打破了欧美日发达国家对我国大尺寸半导体级硅单晶生长装备研发的技术壁垒，为我国集成电路硅单晶基材的制造提供了解决方案，促进了集成电路产业的发展 |
| 2 | 技术发明奖一等奖 | 浙江新和成特种材料有限公司 | 高性能聚苯硫醚制造成套技术开发及产业化 | 该项目以高效缩聚反应助剂开发、结构和端基精准调控为目标，以下游应用需求为导向，相继突破了高效缩聚助剂的创制与应用、端基与聚合链增长调控等高性能 PPS 树脂制备的“卡脖子”关键技术，打破了国外技术封锁，成功实现了高耐热纤维级 PPS、低氯高流动注塑级 PPS、高端基活性合金级 PPS、高耐热挤出及薄膜级 PPS 等系列高性能 PPS 树脂的产业化，保障了国内 PPS 工程塑料的供应安全，对促进下游产业高质量快速发展具有重要意义 |
| 3 | 技术发明奖二等奖 | 浙江上虞利星化工有限公司 | 高活性钴锰系催化剂绿色制备及循环关键技术和应用 | 该项目发明了钴锰系液体催化剂的绿色制备及回收循环关键技术，创造性地采用直接合成的液体催化剂替代原来的晶体催化剂，形成了液体催化剂完整的绿色制备工艺和设备技术，实现了绿色制备和回收再利用的闭路循环。项目已建成 11 套生产装置，主要原料消耗达到理论值，醋酸钴生产能耗低于传统工艺的 2%，醋酸锰及溴化锰实现零能耗，无环境污染，产品中主要杂质含量降低 90%以上，并对钴盐制造、二甲苯氧化及医药合成产业产生了重大影响 |
| 4 | 科技进步奖二等奖 | 浙江春晖磁电科技有限公司 | 双高抗干扰软磁铁氧体磁芯及其智能传感器件应用技术研发 | 该项目重点研究各工艺参数对磁体结构性能的影响，关键配方和生产技术，采用离心雾化喷雾方法实现精细控粉，选优硅基有机分散剂和黏合剂，保障二次造粒粒子的均匀性，控制晶粒尺寸，解决了 EMC 和充电温升等问题，已在磁传感材料中得到应用，尤其是手机无线充电等器件，具有线圈干扰屏蔽强、磁损耗低、能量传输高等特点，同步带动了磁传感器及其下游产业的发展 |

**【“人才引领·创新制胜”2022 上虞人才发展大会暨人才科技周系列活动】**　11 月 18 日，“人才引领·创新制胜”2022 上虞人才发展大会暨人才科技周开幕。区委书记鲁霞光致辞。中国科学院院士陈晓亚、马大为，省人社厅副厅长陈中，英国皇家学会工业院士张祥成，俄罗斯工程院院士张绪穆、吴炯，区领导金进富、陈坚、赵文中、许建超、金山中、夏永江、孙海明等出席。开幕式上，曹娥江实验室、上虞海外引才联盟揭牌，卓越工程师（研究生）联合培养基地授牌，表彰省科技奖等单位和个人，一批人才科技项目签约，与会领导共同上台为“人才引领·创新制胜”2022 上虞人才发展大会暨人才科技周启幕。随后，大会举行主题论坛，有关院士、专家作主题演讲。

11 月 23 日，2022 年上虞人才科技周——大学研究院成果发布会在区科技园科创大厦举行，政、校、企三方共同探索高校科研成果转化落地新途径，共谋校企地合作新篇章。会上，各高校研究院就数字技术、高性能染料、高端装备制造、新材料、生物医药等领域的重点科研成果进行路演。8 家企业在会上与高校研究院签约。

11月24日，2022年上虞人才科技周——浙江省科技成果竞价（拍卖）会上虞专场在区科技园科创大厦举办。上虞区科研院所代表、企业代表、投资界大咖、科技中介负责人等参会。作为浙江省科技成果竞价（拍卖）会上虞专场的首秀，该次拍卖的8项科技成果起拍价就达791.5万元，多轮竞价后，现场成交额为879.5万元，增值率11.12%，涵盖先进制造、新材料、数字经济等多个新兴领域。

**【晶盛机电全自动金刚石生长炉成功研发】** 年内，浙江晶盛机电股份有限公司全自动MPCVD法生长金刚石设备成功生长出高品质宝石级的金刚石晶体。标志着晶盛机电在继推出硅、蓝宝石、碳化硅等半导体材料生长设备之后再添一支劲旅。MPCVD方法生长金刚石晶体具有速度较快，质量好，尺寸大等优点。但已有的传统MPCVD培育钻石生长技术也有其明显痛点，即对多晶及生长裂纹等缺陷的判断，晶体温度和生长厚度等关键生长参数的控制均依赖人工，从而使得金刚石晶体培育在保持稳定质量和规模化生产中遭遇瓶颈。晶盛机电聚焦痛点攻坚克难，目前不仅单次可实现20颗以上4~5克拉毛坯钻石的生产能力，且设备稳定性好，综合生长良率高，为大规模量产提供自动化操作基础。

**【“超高分子量聚乙烯纤维高效溶胀溶解技术”取得关键性突破】** 年内，浙江理工大学上虞研究院与浙江金昊新材料有限公司合作开发“超高分子量聚乙烯纤维高效溶胀溶解技术”取得关键性突破，已设计出全密闭、连续化环保纺丝方法，意味着中国成功打开超高分子量聚乙烯（UHMWPE）纤维高端产品领域的大门。该项技术预计每年可为企业增收1.2亿元。 （熊佳威）

## 科技合作与交流

**【概况】** 2022年，上虞区着力构建创新链产业链深度融合发展格局，加速院企合作交流。推进天津大学浙江研究院（绍兴）、杭电创新园等在新型研发机构、产教融合等方面的探索实践，打造区域产研融合“上虞样板”。深入开展科技服务企业“十百千”行动，动员各大学研究院团队走访企业481家次，解决问题困难40余个，签订合作项目82项，合同金额达4000万元。着力抓好众创空间孵化器培育，新认定国家级众创空间2家、省级众创空间4家、市级众创空间1家，全年共引进创新创业项目50余个。

年内，分别有杭州电子科技大学、中国计量大学、浙江大学科技园等高校院所领导和科研团队，以及盘锦市、丽水市、泰州市、四川省渠县、景宁畲族自治县、开化县、丽水市莲都区、新昌县、桐乡市、宁波甬江实验室等党政领导团队到上虞考察走访，开展多方面的调研和交流。

**【数字科技产教融合项目合作协议签订】** 1月19日，杭州电子科技大学上虞科学与工程研究院与甲骨文创新中心、杭州兴华前进教育发展有限公司签订数字科技产教融合项目合作协议。产教项目的签约落地，将引入甲骨文在技术平台、行业、人才供应、资本等领域的优势资源，共同协作推进万人级别产教融合基地的规划战略实现。

**【“瓷源国际人文交流基地”揭牌仪式举行】** 6月27日，“瓷源国际人文交流基地”揭牌仪式在瓷源文化小镇上虞陶瓷高等研究院举行。推进国际传媒人才培养、国际传媒高等教育交流工作，促进高等学校教学活动与社会实践相结合，人才培养与人文交流相结合。

**【天大研究院卓越工程师（研究生）联合培养基地授牌】** 11月18日，天津大学浙江研究院（绍兴）卓越工程师（研究生）联合培养基地授牌。培养基地将依托天津大学浙江研究院（绍兴）化工连续化技术、合成生物学技术、高纯物质分离技术等学科优势，预期总共可以安排150~200名研究生开展科学研究。

**【杭电上虞新一代信息技术现代产业学院建设方案研讨会议召开】** 12月8日，杭电上虞产教融合创新园召开杭电上虞新一代信息技术现代产业学院建设方案研讨会议。杭州电子科技大学计算机学院书记孔万增、院长俞俊、副院长邬惠峰、副院长张建海，上虞区科技局党组书记、局长徐建锋，副局长张海君，上风高科首席研究员初宁以及杭电上虞产教融合创新园院长李黎等出席会议。 （熊佳威）

## 科创平台建设

**【概况】** 2022 年，全面推进以曹娥江科创走廊为牵引的区域创新体系建设。推进曹娥江科创走廊建设，滚动实施标志性工程 1 项、其他重点项目 20 项，完成年度投资超 41 亿元，连续两年获评绍兴科创大走廊建设目标责任制考核优胜单位。推进曹娥江实验室揭牌并完成注册，启用一批重大科创平台。以“引大学、引人才”为重点，立足上虞产业特点和企业诉求，推动在虞大学研究院差异化发展，基本建成具有上虞特色的大学研究院发展体系。

**【曹娥江科创走廊建设】** 年内，《“十四五”时期曹娥江科创走廊发展规划》《曹娥江科创走廊年度工作要点》出台，进一步构筑形成“一廊统筹、双轮驱动、多点支撑”的区域创新空间布局。2022 年，滚动实施标志性工程 1 项、其他重点项目 20 项，完成年度投资超 41 亿元。杭州湾经开区产业协同创新中心（二期）、联东 U 谷 · 上虞智造科技谷项目、杭州湾经开区医药产业园、天津大学绍兴研究院及实训中心等 17 个重点建设项目年度投资完成比例超过 100%，超额完成任务。

**【曹娥江实验室建设】** 年内，建成启用杭州湾产业创新协同中心（一期）、中科院新材料创新基地、天津大学绍兴研究院等一批重大科创平台。曹娥江实验室正式揭牌并完成注册，其中国科控股新材料中试基地已入驻并启动装置建设项目 3 个；引进院士、杰青领衔的高层次人才项目团队 20 多个，集聚 150 人规模的科技研发队伍。

**【天津大学浙江研究院（绍兴）建设】** 天津大学浙江研究院（绍兴）由绍兴市人民政府与天津大学合作共建，2019 年 10 月签约，2020 年落地（注册），主要研究方向为化工智能合成与安全、微生物合成生物学、高纯化学分离工程等。截至 2022 年，引进包括院士等 15 位领军人才领衔的科研团队，柔性引进 29 位专家；引进全职人员 81 人，其中博士学位 20 名、硕士学位 48 名。走访服务企业 70 余家，120 余次，横向合作企业 19 家，合同经费 5800 万元（其中到校 510 万元），获批纵向项目经费 2565 万元，实到横纵向科研经费 1965 万元（其中到校 220 万元）。横向课题签订 21 项，重点推进企业产品升级 2 项，项目转化企业帮助实现新增收益 2.21 亿元。获批省新型研发机构，市重点实验室等研发平台，研究院内设化工智能合成与安全研究等 4 个中心，建成 3 家院企联合研发平台，获批上虞“卓越工程师（研究生）联合培养基地”。

**【杭州电子科技大学上虞科学与工程研究院建设】** 杭州电子科技大学上虞科学与工程研究院由上虞区人民政府与杭州电子科技大学合作共建，2018 年 7 月签约，2018 年落地（注册），主要研究方向为信息电子、数字技术、智能制造、数字媒体等。截至 2022 年，已引进 18 个专家团队，专家教授 74 人，博士后 7 人，引进硕博士研究生 200 余人。累计走访企业 600 余家，与 3 家企业签订战略协议，解决企业技术难题 80 余项，为企业创造经济效益 2000 余万元，节省成本约 800 余万元。签订 93 项产学研协议（其中与学校签订 45 项），横向到账超过 2070 万元（其中到校 510 万元）。获批省级现代产业学院、省研究生培养基地、省博士后工作站等省级平台。

**【武汉理工大学绍兴高等研究院建设】** 武汉理工大学绍兴高等研究院由上虞区人民政府与武汉理工大学合作共建，2018 年 10 月签约落地（注册），主要研究方向为智能制造、医药新材料、智慧交通等。截至 2022 年，已引进国家级人才 5 人，教授、副教授近 20 人，博士、硕士 110 人。累计走访联系绍兴市企事业单位 1058 余家次，举办大型成果发布会 4 场次，对接企业需求近 525 人次，签订 109 项（其中与学校签订 49 项）产学研协议，横向到账资金超过 1259 万元（其中到校 259 万元）。建有包括“智慧工厂实验室”“电化学生物传感器实验室”“光纤传感技术实验室”3 个科研实验室等研发平台；获批建设“浙江省博士后工作站”，被认定为“浙江省软科学研究基地”“绍兴市级新型研发机构”。

**【景德镇陶瓷大学上虞陶瓷高等研究院建设】** 景德镇陶瓷大学上虞陶瓷高等研究院由曹娥江度假区管委会与景德镇陶瓷大学合作共建，2019 年签约，2021

年落地(注册),主要研究方向为陶瓷产业和瓷源小镇。至2022年底,已引进院校包括中央美院等9所大学科研设计创作团队11个,教师26人,研究生、本科生100余人开展科研文创活动。完成地方标识性文化“上虞三大雅聚”设计创作、完成多个地方城市公共艺术设计稿、开展科研项目16项、完成文创设计50余件(套)。建有产学研基地建设2项,艺术设计大师工作室2项,科研创作平台3项,新媒体营销平台1项。

**【哈工大机器人集团(杭州湾)国际创新研究院建设】** 哈工大机器人集团(杭州湾)国际创新研究院由杭州湾经开区管委会与哈工大机器人集团合作共建,2020年签约落地(注册),主要研究方向为智能装备、工业机器人、人工智能。截至2022年,已引进高层次人才34人,其中,中国工程院院士1人(科学家顾问),博士9人,硕士22人。走访当地企业50余家,共签订院企协议10份,签订合作金额186.6万元,到账金额48.1万元。建成省级博士后工作站平台、省军民融合分中心、市级科普教育基地、市级机器人重点实验室。

**【中科院新材料产业技术创新研究院建设】** 中科院新材料产业技术创新研究院作为国科新材料创新基地(以下简称“中试基地”)的组成部分,2019年签约落地(注册),主要研究方向为新材料产业。截至2022年,已引进博士2人,硕士6人,大学生18人。已完成近百项中试项目对接工作,持续跟踪重点项目26个,其中开始运行项目1个,在建中试项目2个,完成立项工作拟签约落地中试项目14个,正在开展项目对接的盯引类中试项目11个。建成国内化工新材料领域首批专业化中试创新平台——创新基地。

**【浙江工业大学上虞研究院建设】** 浙江工业大学上虞研究院由上虞区人民政府与浙江工业大学合作共建,2014年签约落地(注册),主要研究方向为新材料、环保节能、工业设计、生物医药、精细化工、先进装备和机电控制等。截至2022年,已柔性引进国家级人才4人,省、市级人才13人,走访服务企业368家次,解决技术难题120项,与企业签订技术合同、协议102项,合同金额2094万元,到款1245万元。被认定为省级众创空间、浙江省双创示范基地、省级企业博士后工作站和绍兴市院士专家工作站;2022年与区水务集共同建立“虞水娥江——环境治理研发中心”。

**【浙江理工大学上虞工业技术研究院建设】** 浙江理工大学上虞工业技术研究院由上虞区人民政府与浙江理工大学合作共建,2016年签约落地(注册),主要研究方向为纺织化学品、新材料、现代染整、风机与气动装备等。截至2022年,已引进教授研究团队16个、近150人,2022年获批国家高层次人才青年拔尖人才计划1人。累计服务200次以上;签约项目共计42项,其中纵向立项项目14个,横向项目28个,累计合同金额近2000万元,为企业带动直接经济收益达2.5亿元。参与省级以上项目18项,获得省级以上成果4项。建设5个研究所、4个院企合作平台,获批省级博士后工作站和绍兴市专家工作站。

**【中国计量大学上虞高等研究院建设】** 中国计量大学上虞高等研究院由上虞区人民政府与中国计量大学合作共建,2018年签约落地(注册),主要研究方向为智能制造、计量测试、光电器件、质量提升、品牌规划等。截至2022年,已引进项目团队13个,153人;申报人才项目6个,为企事业培训1000余人。年均走访企业100余次,合作企业32家,签订技术开发合同58项(其中与学校签订15项),合同金额1955万元(其中到校841万元),实到金额1930万元(其中到校820万元),为企业带来4500余万元的产业增值。建有具有CNAS资质“计量校准实验室”1个,与上虞企事业建立科研平台11个,共建市级专家工作站1家。

**【中国计量大学上虞标准化战略研究院建设】** 中国计量大学上虞标准化战略研究院由上虞区人民政府与中国计量大学合作共建,2018年签约落地(注册),主要研究方向为各行业企业、各政府机关部门标准制修订、创建标准化试点及标准培训等。截至2022年,已引进专家5人,研究团队3个,引进硕博士10人、大学生见习实习135人,开展各类人才及专业人员培训1560余人次。走访服务企业664家次,横向合作企业163家,签订合作金额1113万元,到账金额634

万元，解决企业技术难题 23 项，预估带动的经济效益 2 亿～3 亿元。建设运营绍兴上虞通风制冷产业创新服务综合体、上虞区通风制冷产业质量基础设施“一站式”服务平台。

**【中国美术学院上虞游戏艺术研究院建设】** 中国美术学院上虞游戏艺术研究院由上虞区人民政府与中国美术学院合作共建，2017 年签约落地（注册），主要研究方向为游戏设计、元宇宙。截至 2022 年，建有小镇抖音宣传账号小 e 小 U，粉丝数 30.4 万，近一个月播放量 18.6 万，最高播放量 1928.5 万次，点赞 42.3 万次，评论 4.7 万条，24～40 岁用户占比超过 62%。获批 2019 年浙江省第二批研究生培养基地。

**【复旦大学绿色照明上虞研究院建设】** 复旦大学绿色照明上虞研究院由上虞区人民政府与复旦大学无锡研究院合作共建，2015 年签约落地（注册），主要研究方向为绿色照明。截至 2022 年，已累计引进团队 7 个，项目 5 个，入选 330 人才项目 5 项。横向合作项目 1 个，签订院企协议 21 份。建有复旦大学绿色照明上虞研究院、氮化镓中村实验室。（熊佳威）

## 地震检测服务

**【概况】** 2022 年，上虞区全面贯彻防震减灾法律法规、切实保障地震监测台站运行、不断提高地震灾害防御能力。

**【地震检测日常工作】** 完成 1：25 万地震构造图编制与数据库建设、地震工程地质条件钻孔数据库建设和地震危险性分析及图件编制。继续做好崧厦地震台站运行维护，加强日常巡检，做好站点故障排查及设备更换。开展地震灾害风险全面普查工作。（熊佳威）

# 教 育

## 综 述

**【概况】** 上虞区秉持“办有品质的活教育，打造新时代教育共富先行区，全力绘就教育高质量发展新图景”工作目标，营造“教在上虞”氛围，着力打响“学在上虞”品牌，踔厉奋发、创变笃行，教育事业不断取得新突破新成效，展现新特色新亮点。

2022 年，全区共有中小学、幼儿园 168 所，其中普通高中 9 所，在校学生 11374 人；职业高中 2 所，在校学生 6795 人；普通初中 24 所，在校学生 17128 人；小学 43 所，在校学生 40172 人；特殊教育学校 1 所，在校学生 152 人，合计在校学生 75621 人；幼儿园 89 所，在园幼儿 20181 人。全区共有教职工 9378 人，其中专任教师 7633 人。另有教师进修学校、少体校各 1 所。

高考成绩高位稳定。普高 820 人进省高考特控线（居绍兴第 2），123 人达浙大分数线，83 人被“C9 联盟”录取，335 人被“双一流”大学录取，为近五年来人数最多、比例最高。春晖中学一人获第 36 届中国化学奥林匹克竞赛全国一等奖，春晖中学一人获 2022 年全国中学生数学奥林匹克竞赛一等奖，一人获二等奖。

职校单招单考高职院校上线率达 100%，居全省领先，进入全省前百名 16 人，其中建筑专业前十名 3 人。学科竞赛势头强劲。2 名学生分获全国“奥林匹克”竞赛化学、数学学科（浙江赛区）一等奖，6 名学生获全国职校（院）技能大赛金牌，在全省信息提升实践活动比赛中摘得奖牌 13 枚，在全市学生信息素养提升实践活动中获一等奖 24 个（居全市领先），区教体局连续三年被评为全市优秀组织单位。教育现代化发展水平监测指数继续位列全省第一方阵，通过全国义务教育优质均衡发展区省级首轮评估。

全年教体部门收入预算为 234772.38 万元，其中：一般公共预算收入 219114.16 万元，财政专户核拨收入 15158.72 万元，体彩公益金 500 万元。具体包括：局（本级）1552.18 万元，局直属事业单位 3880.37 万元，义务教育学校 118356.41 万元，职业学校 16032.02 万元，普通高中学校 37066.6 万元，学前教育 20373.28 万元，公有民营学校 5102.02 万元，局专项经费及区级重点专项 32410 万元。

**【教师队伍建设】** 新增省特级教师 4 人、省“春蚕奖”2 人，省“红烛教师”4 人，省市“最美教师”6 人。新增省、市级名师工作室 11 个。获评“浙江工匠”1 人，省“绿领新导师”2 人。教师技能比武获市级及以上优质课一等奖 28 个（14 人获省市第一名），职业中专团队捧回全国职业院校教学能力大赛桂冠，实现“零”的突破。加大力度招聘“双高”人才，全年招录优秀大学毕业生 54 人，“211”以上重点高校毕业生超 50%。做好高校优秀毕业生到上虞教育实践，全区在省教师发展学校评估中获得全优（全市唯一）。全区教师的师德事迹入选全省幼儿教师师德样本库（全省共 24 位），6000 余名“贤师”回乡助力“村塾涵风”。

**【教育荣誉】** 跻身省深化新时代教育评价改革综合试点区（全省仅 2 个）。成为全国首批“央馆虚拟实验”教学规模化应用唯一试点区。入选省“人工智能+教育”试点区、省“义务教育阶段作业改革实验区”和省“体卫融合”试点区。举办“活教育·新课堂”第十四届中小学课堂教学艺术节、“改进学校教学管理”试点项目主旨论坛、STEM 教育与项目化学习等精品教研活动。52 篇论文获绍兴市一等奖，4 个课题获浙江省立项。入选浙江省教师信息能力提升工程 2.0 区县级典型案例 1 个、“整校推进组织实施”省级典型案例 4 个，省级教师信息化教学创新案例 14 个。“央馆虚拟实验”规模化应用试点工作全面启动，打造智慧校园新业态，新增省“人工智能+教育”试点校 5 所，创成全市首批中小学智慧校园标杆学校 5 所。11 支队伍参加全市人工智能（机器人）比赛获一等奖，区域获评优秀组织奖。在之江汇教育广场 2022 年空间建设与应用活动中，获评优秀区域（全省共 7 个区县市）。

**【教育供给优化】** 新增区内教共体结对学校 28 对，实现结对帮扶全覆盖。5 个案例获浙江省城乡义务教育共同体区域和学校典型案例。“虞景山海教育协作”推进，组建 5 对跨地区教育共同体学校，委培异地跟岗锻炼教师 5 人，开展同步课堂 101 节次，网络研修活动 66 次，设立名师工作室 15 个，结成师徒关系 72 对，共享线上拓展课程 5 门。景宁县委授予上虞区教体局“山海助教奖”。新建、改（扩）建 9 所中小学（幼儿园），新增优质学位 4345 个。撤并小规模学校 4 所，新组建教育集团 4 个，扩容 3 个。城区“户房一致”招生政策实施，“民转公”政策平稳落地，省委教育工作领导小组授予上虞教体局全省规范民办义务教育发展专项工作成绩突出集体。投入 420 余万元建成全区统一的考点综合管理平台和网上巡查系统，建成中考标准化考点 15 个。

**【校园安全】** 投入 2300 余万元，完成 31 所学校安全防护提升工程。网格化管理全学段铺开。打造校园安全网格化管理 2.0 版，全区半数以上学校创成“枫桥式”平安校园。承办全市幼儿园师生安全网格化管理达标建设工作启动会，并在会上介绍上虞经验。举行“校消融合”启动仪式暨首届消防副校长聘任活动，53 名消防指战员受聘学校消防安全副校长。开展“无诈校园”创建。

**【全纳教育】** 保障新居民子女入学，在公办学校就读率达 100%。落实“应助尽助”要求，对特殊群体家庭子女持续给予关爱帮扶。推进终身学习，扎实开展社会人员“双提升”行动，累计培训 37149 人次。社区教育学院《智能手机助力精彩人生》入选教育部“智慧助老”优质教育培训项目，“‘乐业上虞’新居民文化融入项目”入选教育部社区教育“能者为师”首批实践创新项目。建成青少年活动中心前江综合体，打造全区公共文化服务新亮点。

**【“双减”行动】** 全年常态化监管校外培训机构，实施堵疏治有机结合，及时查处隐形变异培训，校外培训乱象得到有效遏制。承办全省暑期“双减”工作务虚会现场会，上虞“双减”工作经验作典型介绍。共召开双减专班会议 10 次，常态化巡查 458 余人次，多部门大型联合检查 4 次，排查机构数 157 家，排查材料数 153 份，排查从业人员数 225 人，撤除校外培训广告 1300 余条，发布通报 7 期，立案调查 6 家，约谈 40 余位机构负责人，关停 3 家无证照机构（培训班），列入黑名单机构 7 家。平稳处置退费纠纷 20 余起，为 20 多位家长退回预缴课程费 22 万余元。实施课后服务课程提质行动，新增优质课程超 156 门，校均开设课程数达 24 门，共计 52930 名学生报名参加 3406 个课后服务课程，课后服务满意率高达 96.50%。（沈渭清）

## 学前教育

**【概况】** 2022 年，上虞区共有各类幼儿园 89 所，740 个班级，在园幼儿 20181 人。有教职工 3038 人，其中专任教师 1614 人。专任教师中研究生毕业 3 人，本科毕业 1020 人，专科毕业 583 人，副高级职称 31 人，中级职称 320 人，助理级职称 751 人。

年内，出台《关于建立上虞区公办幼儿园成本分担机制的指导意见》，被市教育局推荐申请省级奖励基金；下发《关于上虞区学前教育课程改革经费管理使用的补充规定（修订稿）》，使经费使用有据可循；推进公办幼儿园教职工劳动合同制政策。

爱弥儿幼儿园云栖龙山园区投入使用，谢塘镇中心幼儿园易地新建工程完成。2 个幼儿园合计 30 个班，增加近 900 个优质公办学位。章镇镇中心幼儿园新建工程、永和镇中心幼儿园新建工程、盖北镇中心幼儿园扩建工程稳步推进。

东关中心幼儿园通过省现代化幼儿园网评环节；鸿雁幼儿园等7家幼儿园创建省二级幼儿园已通过评估公示。

全区“小农场”课程现场研讨会在杭州湾未来城幼儿园举行，乡镇幼儿园乡土资源开发利用阶段性成果展示在第三实验幼儿园举行，“运用‘活教育’三维评价，优化农场教育生态教育”评价案例被绍兴市局推荐参加省教育厅组织的第二批教育评价改革典型案例评选。“‘两段五步’县域研修，助力幼儿园游戏质量提升”，在省教研室组织的游戏研讨会上做经验介绍。出版“南师大—上虞”院地合作第一轮成果集《“活教育”课程在上虞》。

**【网点调整和招生】** 向社会公布《2022学年全区幼儿园基本信息公告》，全区幼儿园网点调整为89所，其中公办55所、集体办1所、民办33所，其中另有12个教学点。通过浙里办“入学入园报名系统”完成5792名适龄幼儿园的申报、录取工作。（沈渭清）

## 义务教育

**【概况】** 2022年，全区共有义务教育学校67所，其中初中24所，小学43所。初中479个班级，在校学生17128人，毕业生5787人；小学1098个班，在校学生40172人，毕业生5671人。初中有教职工1994人，其中专任教师1864人，硕士研究生毕业44人，本科毕业1623人，具有正高级职称3人，副高级职称594人，中级职称769人；小学有教职工2497人，其中专任教师2413人，硕士研究生毕业24人，本科毕业2204人，专科毕业352人，具有正高级职称5人，副高级职称333人，中级职称1438人。

**【招生政策调整】** 7月，义教段招生政策首次实施“户房一致”，部分初中学校按照教育事业规划推行公办学校招生计划学额超额后电脑随机派位政策；继续延续“三年一户”并预告“六年一户”政策。2022年秋季起，初一新生均衡编班，彰显教育公平公正。

**【“明眸亮睛”工程】** 每年3月、9月开展近视防控宣传教育月活动；开展“健康教室”灯光照度标准化检测；开展全区第四轮儿童青少年学生近视筛查工作、专业力量保障到位，用向社会购买服务的方式为全区47所寄宿制及600人以上非寄宿制学校配置卫生专业技术人员。

**【班主任队伍建设】** 举办第八届上虞区中小学班主任基本功大赛。全区109位教师参加区赛，10位优秀班主任参加市赛及省赛选拔赛，春晖中学陈叶锦获绍兴市一等奖。

**【艺术、法治和心理健康教育】** 举办“民族魂中国梦——阳光下成长”2022年全区中小学生艺术节活动，结合疫情防控要求，53个舞台表演类作品和77件经典朗诵作品采用线上视频评比，492件美术类作品采用线下集中评比。博文小学在活动中成果突出，被评为2022年中小学艺术节绍兴市优秀组织奖，共有11件艺术作品获得市一等奖，25件优秀作品推送省赛。组织全区中小学参加“清白泉·兰亭杯”第六届全国大中小学生廉洁文化书法创作大赛，57件优秀书法作品参评。探索中国美术学院“互联网+乡村艺课”项目融入学校课后服务，24所学校创建艺术项目基地学校。印发《绍兴市上虞区教体系统开展法治宣传教育第八个五年规划（2021—2025年）》。反诈反邪教、民法典宣传、安全教育、模拟法庭等内容丰富载体新颖的学校法治教育全进程融入青少年成长过程；开展第七届“学宪法 讲宪法”活动，将“学宪法 讲宪法”活动作为法治教育“第二课堂”的重要内容。教育部全国青少年普法网“宪法卫士”专栏，学生参与率超95%。数字化落实心理危机干预体系，阳光护航学生心理健康。抓牢心理危机干预，抓住春秋两季开学前后的敏感时期，开展学生全员心理普测，有效防范心理危机事件的发生。

**【“互联网+义务教育”】** 区内5所学校与景宁畲族自治县的5所学校分别结成2022年跨地区教育共同体。实现全区义务教育学校“互联网+义务教育”和教共体结对帮扶全覆盖，其中鹤琴小学与下管镇小，实初集团实验中学与汤浦镇中学、上浦镇中学教共体合作案例获浙江省城乡义务教育共同体区域和学校典型案例。城区孩子也与乡村学生共享基础教育全域优质均衡发展的成果。全区共有“名校+新校教育集团”3个，跨乡镇教育集团3个、“融杭联甬接沪高品质名校+基础教育学校”教育集团2个，义务教育松散型互助发展共同体11对，学前教育发展联盟10个，“高校+附中”、“名校+薄弱校”、镇域一体化、学区化、九年一贯制教育集团各1个，“互联网+义务教育”城乡同步课堂实施学校全覆盖。（沈渭清）

## 普通高中教育

**【概况】** 2022年，全区共有普通高中9所，290个班级，在学校生11374人，毕业生4063人。有教职工1327人，其中专任教师1239人，硕士研究生毕业123人，本科毕业1114人，具有正高级职称13人，副高级职称454人，中级职称464人。

全区普通类上特控线总计820人（比上年增加90人，上升1.7%），体艺类一段线上线210人（比上年增加34人）。普通类一段线上线2670人，上线率68.99%（比上年增加124人上升1.02%），均超省、市平均水平。全区普通类最高分为690分（全省173名），680分以上8人，全省前1000名15人。被C9大学录取人数全市领先。春晖中学一人获第36届中国化学奥林匹克竞赛全国一等奖，春晖中学一人获2022年全国中学生数学奥林匹克竞赛一等奖，一人获二等奖。

**【课程建设】** 组织上虞区“绍兴市品质课堂深化行动”在研项目相关培训、交流活动。统筹、组织开展名师工作室、名师高徒携手研修、风采展示等一系列活动。重点推进课改、考改研究，探索与新课标、学科核心素养相适应的课程生态。

**【“上虞研训”公众号开通】** 3月，开通“上虞研训”公众号。调整《上虞课改》栏目，增设围绕区域性教学管理重点活动栏目——研训，推介学校的优质教学活动与特色项目。（沈渭清）

## 职业技术教育

**【概况】** 2022年，全区共有职业学校2所。在校学生6795人，毕业生2423人。有教职工486人，其中专任教师467人，硕士研究生毕业38人，本科毕业420人，具有副高级职称183人，中级职称161人。年内，职业教育全面实施质量提升行动计划，优化完善教育质量保障体系，人才培养质量大幅提升。在各级各类技能大赛中获全国金牌2块、省金牌1块、省银牌6块、省铜牌1块、绍兴市金牌6块。在省市信息化大赛中获13块奖牌。在第23届省信息提升实践活动机器人大赛中共获奖牌7块。在绍兴市文化课统测中获全市第二名。高职单招单考上线513人、上线率达100%，全省领先，其中本科上线25人，相关专业进入全省前百名13人，建筑专业3名考生在单招单考中分获省第3名、第6名、第8名。

**【师资队伍建设】** 组建教师“课程开发、技术服务、教育科研、创新创业” 4个专业团队。组建13个教学创新团队，开展跨界融合教学比武活动，推进课程改革。烹饪专业“中式烹饪热菜实训”入选2022年国家级精品课程。“‘双主·六共’现代学徒制电商人才培养模式的建构”获省现代学徒制优秀典型案例。“‘三段递进、四维多元’——双高建设驱动下专业课程体系改革的实践研究”和“天工智造创客协同育人联盟”2个项目入选省职业院校产学合作协同育人项目。4个课题在省级立项，2项课题研究报告获省优秀教科研成果奖一、二等奖。“工匠型”教师不断涌现，年度新增工匠型优秀教师9名。新增全国职业技能大赛优秀指导教师4名、“浙江工匠”1名、全省“绿领新导师”2名。

**【产教融合】** 上虞区1073名2022届职业技术教育就业班毕业生被区内外企业实习后留用，实习生毕业生专业对口率高。校企合作融合强，与晶盛机电、卧龙集团、闰土集团、龙盛集团、春晖集团区内等企业共建校企共同体，形成校企合作育人联盟，开设“企业课堂”，探索实施任务驱动式教学实践，开发具有产教融合特色的技能课程，校企合作共同制订课程标准13个，共同编写项目工作手册式和活页式教材18本。主动对接行业企业，举办化工、数控、电工、烹饪技能大赛。

**【品牌建设】** 教育部牵头的中德先进职教合作汽车

修理项目（SGAVE）落户职教中心，职教中心被确定为教育部与联合国儿童基金会青少年"核心能力提升"项目参与单位。职业中专"红领活教育"党建品牌获省中职学校优秀党建品牌。上虞区社区教育学院的"智能手机基础知识微视频"获得全国"智慧助老"优质课程资源。

**【"双高"建设】** 围绕省高水平学校及中餐烹饪与营养膳食、建筑工程施工两大省高水平专业295个指标，中期目标完成度达111%。上虞区职教中心围绕市高水平学校及汽车运用与维修、电子商务专业两大省水平专业建设6个基本任务、1个特色创新任务共9个项目建设任务、304个指标，中期目标完成率达105.3%。（沈渭清）

## 成人教育

**【概况】** 2022年，全区成人学校校园占地面积10.5万平方米，校舍建筑面积2.9万平方米，教室294个，仪器设备总价值496万元，计算机760台，图书14万册。有管理人员311人，其中专职管理人员47人，志愿者1826人。推进各类职业人员继续教育工作，全年共完成培训64975人次，完成培训考证6999人，成人"双证制"培训1375人，1375名学员通过考试，获得大专或职高文凭。职工技能培训22960人。

20个乡镇（街道）成校按《浙江省现代化社区学校》建设标准，改善办学条件，规范办学行为，夯实办学实力，打造办学特色。谢塘镇成校创建为省现代化社区学校，是继章镇成校后，第二个省级现代化社区学校。章镇镇成校的现代化学校创建成果登上新农村杂志。丁宅成校的"丁赞民生服务"品牌，特色明显，在央视新闻频道、新华网、《浙江日报》、浙江在线、《绍兴新闻》报道。

**【农民工普及性培训】** 组织指导社区学院、各乡镇街道成校开展农民普及性培训工作。培训针对16周岁以上、65周岁以下的农民群体，共组织14909人次，每人次8个课时，以农产品质量安全、农产品电子商务带货直播、消防减灾以及农民实用技术等主题为主要培训内容，提高农民的日常实用性技能。

**【成人教育创新】** "智能手机助力精彩人生""智能手机基础知识微视频""智能手机基础知识速查手册"3个项目分别获教育部"智慧助老"第一批、第二批、第三批优质教育培训项目。"魅力定格，绚丽夕阳"等4个项目获绍兴市"智慧助老"优质教育培训项目。"上虞地域文化""越窑青瓷文化"2个课程获得教育部"能者为师"系列特色课程；"朗读教学：老年人的骄傲""跟着3D学国画""越剧小生的基本动作"3部视频作品获得绍兴市2022年老年教育优秀微课程。"文化礼堂话孝道"获教育部2022年"能者为师"典型案例。"朗读教学：老年人的骄傲"获2022全国老年教育教学成果短视频优秀奖。《梅竹图》获全省老年教育教学成果国画组一等奖，诗歌朗诵比赛在全省老年大学获二等奖。天香旗韵艺术团和重华健身社被评为省老年教育优秀社团。（沈渭清）

## 素质教育

**【概况】** 2022年，秉持"办有品质的活教育，育高素质的时代新人"的目标，立德树人，五育并举，培养全面发展的"活学生"。以乡贤精神教育、孝德教育和心理健康教育为重点，保障"双减"落实。坚持立德树人，加强普法教育、生命教育、毒品预防教育、安全教育、国防教育、劳动实践教育、生态文明教育。重视心理健康教育，提高心理健康教育工作的针对性和实效性。更新美育观念，提高学生的审美和人文素养。推进学校法治进程走向深入。推进明眸亮睛工程。

**【五育并举】** 在全市率先实施中小学"五好学生"评价，印发《绍兴市上虞区"五好学生"评比实施意见》，开展上虞区首届中小学"五好学生"评比表彰活动，在校级评比的基础上，294名青少年学生被评为首届区中小学"五好学生"，13名学生被评为市级"五好学生"。

**【孝德教育】** 开展区"孝行"图文、短视频作品征集比赛，637件学生作品参与活动，43件优秀作品在区第六届孝文化节中展出，93名师生代表参与第六届孝文化节孝女曹娥祭祀大典。完成地方课程《孝德教育》教材新版修订工作，列入省编发行目录，区域性推进《孝德教育》教材进中小学课程、课堂。实施孝德文化强基工程，举办《孝德教育》教材发布会暨孝德课堂展示活动，把孝德教育与社会主义核心价值观、社会主义先进文化建设结合，发挥课堂主渠道作用，把孝德教育渗透在学生教育中。开展区级“百名孝星”“十佳孝星标兵”评选活动，广泛选树典型榜样。

【数智赋能服务教学与评价】 以小学生综合评价改革试点区为契机，建设数智赋能下的基于学生纵向立体式成长的数字档案袋，基本达成学生综合素质评价和小学生学科教学质量评价两个维度的数据统一，体现评价内容、评价方法的综合性和评价结果的综合运用，推动综合评价改革向纵深立体式发展。(沈渭清)

## 师资队伍建设管理

【概况】 2022 年，全区有中小学、职业学校、幼儿园、特殊教育学校教职工 9378 人，专任教师 7633 人。全区中小学、职业学校专任教师的合格学历比例为：小学 100%，其中大专以上比例 99.65%；初中 100%，其中本科以上比例 98.76%；普通高中 99.84%，其中研究生比例 9.93%；职业学校 968.07%，其中研究生比例 7.92%。全区具有正高级职称的小学教师 5 人，副高级职称 333 人；正高级职称的初中教师 3 人，副高级职称 594 人；正高级职称的高中教师 13 人，副高级职称 454 人； 副高级职称的职业学校教师 183 人。到目前为止，上虞区特级教师(含退休)共 35 人，在职特级教师 22 人。获省农村突出贡献奖 9 人、获省中小学师德楷模称号 10 人、获省春蚕奖 125 人、获省绿叶奖 37 人。

年内，修订完善《关于在全区教育系统开展师德专题教育“三大工程”的实施意见》。

【“贤师回乡·村塾涵风”工程】 组织 6000 余名在职教师与部分退休教师，进行新一轮两地报到，建设完善“虞舜村塾”，开展村民教育、成人教育、乡风教育。建设社区学校，组织有专业特长的老师回归社区，进“成校”、老年大学、青少年宫，担任专业教师，为青少年、成年人提供更为专业的教师资源。

【专业发展培训】 年内，6 名优秀教师、校长入选浙派名师名校长培养工程培养对象，5 名骨干校长参加“初中校长素质提升计划”项目，1 名校长参加“长三角中小学名校长联合培训”项目。

【推优培新】 2022 年，4 位名师获评省特级教师；3 位教师获得 2022 年省“春蚕奖”；4 位教师获首届“浙商证券红烛教师”；5 位教师获“2022 年绍兴市最美教师”；1 位教师获得“2022 年浙江省最美教师”。

【名师考核评价】 完善《名师年度考核评价细则》《名师工作室考核细则》，对第四轮名师进行年度考核，对任教学科不一致、退出一线、转入非教学岗位的名师，取消其名师奖励。新增“名师工作室”省级 5 个，市级 6 个，现有省级 5 个，市级 16 个，区级 26 个。

【教师招聘】 年内，共招录 100 名中小学幼儿园教师。其中，招录 2022 年应届毕业生 59 人，招录浙江大学、上海交通大学、北京师范大学、华东师范大学、南京师范大学等知名院校毕业生 30 余人。(沈渭清)

## 教育教学研究

【概况】 2022 年，上虞区围绕全区教育改革与发展的大局，坚持为教学服务、为教师专业发展服务和为学生全面发展服务的教科研工作方向，充分发挥研究、指导和服务三大功能，着力构建务实、高效、和谐的教科研，力求为教育行政管理出谋划策，为学校和教师提供指导和服务，助推教与学方式的转变，确保教学质量的稳步提升。

【省级项目开展】 上虞正在进行的省级试点、实验区项目有 3 个，分别是省“改进学校教学管理”试点项目(2021 年 3 月立项)、省“大数据精准教学实验区”项目(2021 年 9 月立项)、省“义务教育阶段作业改革实验区”项目(2022 年 3 月立项)。

【作业设计研究】 在原先每年实施的创新试题评比的基础上，开展作业、试题设计与评价方面的培训、研究活动，如组织开展初中数学学业评价考试原创试题和单元教学课时作业设计征集与评比活动，初中社会法治学科创新试题设计评比活动，初中语文基于“双减”理念的原创试题设计评比活动，九年级英语命题技术培训活动，初中语文命题技术研讨活动，初中数学中考命题技术研讨培训活动，初中数学青年教师解题、品题、说题基本功比武活动，以单元教学为主题的初中社会法治名师工作室暨第二届“名师高徒”携手研修活动、初中英语各年级原创试题评比活动等。

**【课程建设】** 完成上虞区第四批学科教室创建、评优工作。组织区“绍兴市品质课堂深化行动”在研项目参与相关培训、交流活动。完成2022年区义教段精品课程征集评选、推荐选送工作。统筹、组织开展名师工作室、名师高徒携手研修、风采展示、送教下乡等一系列活动。分学段探索基础性课程实施策略与拓展性课程实施机制，高中段重点推进课改、考改研究，探索与新课标、学科核心素养相适应的课程生态；义教段重在分层走班教学、拓展性课程转型升级、幼小衔接等方面的实践与研究。52篇论文获绍兴市一等奖，4个课题在浙江省立项。优质课比武中，1人获浙江省一等奖，10人次获绍兴市一等奖。

**【教育教学研究成果】** 区《“信息化2.0”与“提升工程2.0”区域协同推进的路径探索》被评为浙江省提升工程2.0第二期区县级典型案例，入选《大规模个性化：浙江省中小学信息技术应用能力提升工程2.0的规划与实施》一书；上虞外国语学校的《技术赋能：打好“教”“学”“研”》、龙山学校的《以校本研修为驱动，聚焦教师信息素养工程》、道墟街道中心幼儿园的《运用信息技术促进幼儿观察与评价研究——以“小方桌”应用为例》、章镇镇中心幼儿园的《微能实践慧心启航》4个案例被评为“整校推进组织实施”省级典型案例，另外14个案例被评为省级“教师信息化教学创新案例”。实初教育集团实验中学被评为省提升工程2.0第二期示范学校。 （沈渭清）

## 教育设施

**【概况】** 2022年，教体部门收入预算为234772.38万元，其中，一般公共预算收入219114.16万元，财政专户核拨收入15158.72万元，体彩公益金500万元。具体包括：局（本级）1552.18万元，局直属事业单位3880.37万元，义务教育学校118356.41万元，职业学校16032.02万元，普通高中学校37066.6万元，学前教育20373.28万元，公有民营学校5102.02万元，局专项经费及区级重点专项32410万元。与2021年219824.75万元相比，2022年预算支出数增加14947.63万元，增长6.8%。财政安排比上年预算安排数203826.33万元增加15787.83万元，递增7.75%。

**【教育民生实事】** 年内，省市区级“民生实事”工程，分别是：省级“浙有善育”——云栖龙山小区配建幼儿园装修工程、“浙里优学”——丰惠镇中心小学改扩建工程；区级“提升优学善教水平”——新（扩）建中小学5所、幼儿园6所，分别新增中小学、幼儿园优质学位2305个和2040个。至5月底，省级民生实事两个项目已完工，进度率 100%居省市前列。区级民生实事11所中小学幼儿园新建改扩建工程，本年度投资计划19572万元，至年底，各项目已基本竣工。

**【校园安全防护提档升级】** 根据《绍兴市中学校园安全防护提升工程实施方案》要求，投资2373万元，安排春晖中学、上虞中学、职业中专、实验中学等31所中学进行校园安全防护提升改造，主要包含教学楼前后硬地改绿化，窗户加装限位器，走廊、连廊加装防护窗、防护栏和防护网，安装防护门、防护锁、门禁和监控等。31所学校通过暑期两个月的改造实施，8月底前全部完成相关工程，完成时间早于计划目标。高质量实施校舍维修（改造）工程，维修（改造）项目总投资5484.9万元，其中区财政承担1776.2万元，投入资金创历年之最。全覆盖开展校舍安全排查鉴定、校舍防雷检测。开展第三轮中小学、幼儿园校舍安全排查鉴定。对全区621幢、总建筑面积180.47万平方米的建筑进行安全排查，对2015年前建成的145.77万平方米建筑进行房屋安全及抗震鉴定。委托绍兴防雷安全检测有限公司对全区公办中小学、幼儿园所有建筑物防雷设施进行安全检测，对11所检测不合格校（园）发出整改通知书，并在学期开学前全部整改到位。

（沈渭清）

## 浙江理工大学科技与艺术学院

【概况】 2022年，浙江理工大学科技与艺术学院（下文简称“学院”）学院完成1458名普通本科生和2035名专升本学生的招生录取，本科生人数达9100余人，继续教育学生1200余人，在校生规模突破万人，创历史新高。2022年9月，3.3万平方米新校舍投入使用。

完成第二批全省高校党建“双创”工作中期检查；引导二级学院结合学科专业特色建成一批党建工作示范点；入选《中国教育报》2022年学校党建案例。

【深化“虞理共进”】 校地共同拟订《绍兴市上虞区浙江理工大学科技与艺术学院“虞理共进”党建引领校地融合发展试点方案》，以党建引领学院与上虞经济、社会、文化联动发展，助力上虞青春之城建设；建成21个校企地党建共同体及多层次多类型的育人合作平台，党建引领校企地协同育人工作获绍兴市高校德育成果一等奖。2022年9月，学院与上虞区共同入选省高校党建“四个融合”行动试点单位。

【“课程思政”建设】 举办绍兴市高校课程思政建设集中备课会，辐射12所在绍高校；获批6项省级课程思政示范教学项目；2门课程获绍兴市课程思政示范课二等奖，1门课程获绍兴市课程思政示范课三等奖；评选31个院级课程思政优秀教学案例并汇编成册；开展学院首届课程思政说课比赛。

【学科创赛一体化】 组织开展各级各类学科竞赛36项，获市级及以上学科竞赛奖项315项，举办绍兴市第二届大学生广告创意设计竞赛；获立项国创项目15项，院创42项；组织2022年省新苗人才计划项目申报立项2项、校级大学生科技创新计划项目申报立项14项。

【产教融合】 新立项社会服务项目31项，到账金额较上年同期增长超85%；签订的舜源村美丽庭院二期工程项目，合同经费创学院上虞区社会服务项目新高；2支团队获批绍兴市科技特派员团队，入围“绍兴市新型智库联盟第一届理事单位”；培育实践教学类项目，开展院级首批“产教融合示范性品牌专业”建设项目，获批教育部2022年第一批产学合作协同育人项目4项。聘请“双轨班主任”累计达74位，兼职教授10名。

【科研氛围营造】 举办线上线下科研学术讲座累计达39场组织申报纵向科研项目共计96项，较上年增长26.3%；省部级及以上项目共计27项；纵向项目立项9项，其中，省部级重大项目1项，厅局级重点项目2项，厅局级一般项目4项，区级课题2项；学院申报的2022年度浙江省科技厅“尖兵”“领雁”研发攻关计划项目获省厅立项。

【健全学生成长成才体系】 加强思政技能指导：成立6个辅导员工作室，6个二级心理辅导站，推动辅导员队伍职业化、专业化、专家化建设；3项成果获2022年绍兴市高校德育成果奖；创建学院心理育人品牌特色，推送作品获第五届全国高校心理情景剧大赛优秀剧目奖，1篇论文获评全国高校心理委员优秀论文奖。1篇调研报告入选全国“三下乡”“返家乡”百篇社会实践优秀调研报告，3支队伍获浙江省暑期社会实践风采大赛百优团队；选派3名志愿者进入“西部计划”、2名进入“浙江省山区、海岛、边远地区计划”；在浙江省大学生艺术节中获舞蹈甲组二等奖2项、三等奖1项，戏剧甲组二等奖1项、三等奖2项。

【师资队伍建设】 坚持人才强院。全年共引进各类人才45人；选聘2021—2025年浙江省高等学校思想政治理论课教学指导委员会1人，当选上虞区第二届人大代表1人、上虞区第二届政协委员1人，入选首批绍兴“名士之乡”特支计划教育拔尖人才2人，第二批“浙江省高校领军人才培养计划”1人；组织开展专业技术职务评聘工作，共有37人申报专业技术职务评聘，其中申报正高1人，副高9人；开展高层次人才项目申报，对接海外人才10余人次，申报国家级引才项目4人、省级引才项目4人；申报浙江省有突出贡献中青年专家1人，省高校高层次人才风采征集2人。

培育良好师德师风。推荐“华鼎教育贡献奖”“华鼎师德师风奖”等校级奖教金6人次和评选学院“最美教师”、舜江集团奖教金和金盾奖教金等院级奖教金

46人次；组织申领“三十年教育工作者荣誉证书”和“浙江省任教三十年教师荣誉证书”5人次。

创新教师培训模式。开展“教授圆桌会”教师教学发展系列讲座品牌活动10余次，组织各类讲座、专题报告等15场。新增“科艺·教学说”院长开放麦系列分享会以及“教务零距离”系列活动；在浙江省第二届教师教学创新大赛中分获优胜奖一项、二等奖一项。（胡长安）

# 文　化

## 综　述

**【概况】** 2022年，上虞区深入实施省政府“浙文惠享”民生实事项目，建成97个“十五分钟文化生活圈”，覆盖服务人口84万人。全区共有公共图书馆1个，文化馆1个，文化站20个，城市书房13个、天香书吧31个、文化驿站1个。

年内，经各乡镇（街道）推荐和主管部门评审，评定165人、106户为2022年度上虞区乡村文化能人、区文化示范户。

**【开展全民读书月系列活动】** 2022年4月，上虞区开展“携手共富 同沐书香”为主题的全民读书月系列活动。主要有“爱宝贝·爱阅读”亲子阅读活动、公益讲师团系列活动、国学讲堂暑期夏令营、承办省馆第十九届未成年人读书节等活动内容。

**【上虞青现代国际陶艺中心入选第一批省级公共文化国际交流基地】** 2022年，上虞青·现代国际陶艺中心入选第一批省级公共文化国际交流基地。

**【文化惠民活动】** 加快建设新型文化空间，新建4家城市书房、5家天香书吧、1家文化驿站。深入实施“阳光文化”“文化下乡”“百戏下乡”，全年完成演出下乡活动364场，送电影下乡4500场，文化走亲10场，送展览讲座到乡镇100余场。丰富线上文化供给，开设文雅慕课、大师讲堂，累计时长超过10000小时，举办云展览云讲座等，全年组织完成60余场。

**【乡镇文化站建设】** 盖北镇文化站完成区、市、省三级认定，达到省定一级站标准。道墟街道文化站管理和服务整体外包运营作为浙江省公共文化场馆服务功能拓展先行先试申报，通过验收。（柯妮赛）

## 文化市场

**【概况】** 2022年，上虞区以文旅市场疫情防控、文旅市场执法检查、“大综合”执法改革为工作重点，突出重点工作，抓牢市场监管。全年共出动检查人员4563人次，出动978次，检查文化经营单位2201家次、文保单位107家次、旅游经营单位36家次。共开展文旅市场疫情防控、“两创”迎检、未成年人禁入检查、校园周边出版物市场、印刷企业等各类专项行动30次，部门联合大检查8次。组织双随机抽查32次，抽查文化场所、文物单位169家次。共办理文旅市场行政处罚案件13件，其中文物案件1件、著作权案件2件、旅游案件1件、酒店案件1件。处理文旅市场信访、举报17件。

**【文旅市场防疫工作】** 2022年，上虞区制定《文化市场防疫“守小门”日常抽查方案》，开展文旅市场防疫精准巡查，做到科学合理、精准防控。按照疾控中心要求，开展文化场所环境采样20次，采集300个样本送疾控中心检测。

**【文物行政执法力度加强】** 2022年年初，上虞区设立文物检查专项组，根据省、市文物巡查要求，集中力量，加大巡查频次，加强文保单位执法检查。全年共检查国保10处，省24处，区保66处，文物保护点

51 处，文化遗产 2 处，二级风险单位博物馆 1 家。同时加强文保单位保护范围内破坏行为的执法力度，办理 1 件法人违法案件，责令停工 2 起。

**【网络游戏执法办案取得新突破】** 2022 年，上虞区将网络游戏执法纳入日常监管重点工作，并突破常规办理 4 起重大疑难网络游戏案件，对网络游戏的鉴定、案件自身性质的认定、法律适用上进行探讨研判。8 月根据上级督查通知，立案查处一起省扫黄打非“揭榜挂帅”重大网络案件，执法队突破常规，首次适用《中华人民共和国未成年人保护法》进行查办，最终对当事人作出 15 万元罚款的行政处罚。2022 年，共接到并处理 7 起涉及网络游戏涉嫌无版号的举报。对当事人开展行政约谈 4 次，责令改正 5 次。

**【重大节庆假日文旅市场消防安全大检查】** 2022 年，因疫情影响，各级部门对文旅市场疫情防控及消防安全检查工作尤为重视，上虞区严格按照上级要求，落实“五一”“十一”节日期间文旅市场的假期巡查工作，确保文旅市场疫情防控和消防安全“零事故”。

**【文化综合执法改革工作推进】** 2022 年，根据“大综合一体化”改革要求，上虞区梳理高频权力行政处罚事项，将传统文化分四类事项，由上虞区文化市场行政执法队划转至乡镇街道。并启动多部门联合检查。2022 年，部门联合检查呈爆发式增长。落实执法人员下沉工作，将执法队 7 人通过联络员方式下沉至 20 个乡镇街道。梳理编写 11 份文化类执法案件文书格式模版，上报综合执法局。9 月，为进一步深化大综合一体化进程，“绍兴市上虞区文化市场综合行政执法队”更名为“绍兴市上虞区文化市场行政执法队”，在绍兴市上虞区文化广电旅游局挂牌，实行“局队合一”体制。依法行使文化市场等领域综合行政执法职责，指导、协调、监督全区文化市场等领域行政执法工作。

**【“扫黄打非”工作】** 2022 年，上虞区以案施法，线上线下同步开展“4·26”著作权普法宣传活动，区文广旅游局会同法院、市场监管局等相关部门，开展知识产权普法宣传与服务活动走进崧厦伞城活动。通过“文旅上虞”微信公众平台，推送经典案例和普法公文。全年共开展校园周边文化市场环境专项整治行动 6 次，网吧、歌舞娱乐、游戏机、印刷企业、网络文化等“扫黄打非”专项检查 29 次，共检查场所 367 家次。查处办理各类“扫黄打非”案件 7 件。（朱妙琴）

## 专业文化

**【概况】** 上虞区公共文化服务中心（原上虞越剧团）成立于 1955 年，是区内唯一的国办专业剧团，剧团有大戏《金殿赐鸩》《梁山伯与祝英台》《南风歌—舜的传说》《孝女曹娥》《白兔记》《新三笑》《玉堂春》《五女拜寿》《三看御妹》《哑女告状》《状元与乞丐》《血手印》等 30 多台。曾多次走出国门，赴中国台湾、日本、芬兰等进行演出，演出受到国内外观众一致好评，各方媒体广泛报道。其中 2011 年在参加新加坡、马来西亚两国政府在吉隆坡承办的 21 世纪国际艺术节中摘取艺术节最高奖“荣誉金奖”和“传承发展民族文化特别奖”。2012 年合唱节目《阿拉木汗》《梁祝·化蝶》赴韩国进行国际艺术节世界合唱比赛活动，经过激励的角逐，代表团以优异的成绩获得艺术节最高奖项“民歌组冠军”和“评审特别奖”，是越剧界一朵璀璨的艺术奇葩。

**【《祝家庄里的年轻人》获第十五届戏剧节“兰花奖·新剧目大奖”】** 2022 年，上虞区公共文化服务中心经团委领导班子研讨决定，就《祝家庄里的年轻人》一剧在 2021 年列入浙江文化艺术发展基金扶持项目和绍兴市精神文明建设“五个一工程”扶持项目基础上，启动《祝家庄里的年轻人》第二期创作计划，与浙江小百花越剧院对接，提高该剧全方位艺术水准。该剧由国家一级导演孙晓燕执导，二度创作班子均为省顶级大咖。剧目于 7 月 2—10 日两团人员在浙江音乐学院完成剧目的对光对景合成排练、彩排、摄像工作，7 月 9 日向各级领导进行首场汇报演出，于 8 月 11 日在新昌伊桂芳大剧院参加第五届中国越剧艺术节，剧目以 15 台原创精品剧目之一摘取艺术节“参演奖”。剧目在参加浙江省第十五届戏剧节中摘取大赛兰花奖·新剧目大奖，主演李燕获演员优秀表演奖。同期，《祝家庄里的年轻人》获得浙产舞台艺术八强，品位榜占据前三。

2022 年 7 月，《祝家庄里的年轻人》宣传海报（区文广旅游局 提供）

**【文化交流】** 5 月 23 日至 6 月底，上虞区组织国家一级演员孙伟娟参与绍兴市越剧团的原创越剧现代剧《风雨故园》的排练工作，在剧目中分别饰演主角鲁迅，两团以弘扬绍兴地域文化为己任，创作排练绍兴市首部鲁迅题材的经典剧目，为绍兴市本土题材越剧创作再添精品力作，为新百年越剧的推广繁荣和高质量发展增添新的动力。同期，由孙伟娟主演的《鉴湖风云》于 8 月 16 日在绍兴大剧院参加第五届中国越剧艺术节。

**【"绍兴有戏"基本功大赛获奖情况】** 2022 年 9 月，上虞区组织公共文化服务中心团内 35 周岁以下的青年演员（演奏员）积极报名参加"绍兴有戏"基本功大赛活动，并对参加活动的演职员进行基本功辅导、培训，参赛的节目于 9 月 21 日上午在小剧场进行团内选拔赛，经过选拔，4 名青年演员和 4 名青年演奏员入围"绍兴有戏"基本功大赛活动。3 名演奏员分别获得金奖 1 枚，银奖 1 枚，铜奖 1 枚，2 名青年演员分别获得银奖 1 枚，铜奖 1 枚。（陈立娟）

## 群众文化

**【上虞区文化馆概况】** 2022 年，上虞区文化馆推动全民艺术普及，大力弘扬新时代上虞精神，全面开展丰富多彩的线上线下群众文化活动，扎实推进非遗传承与保护，坚持开展免费开放培训和下基层文艺辅导，稳步推进群众文化事业发展。"非遗传播——非遗有戏"暨非遗保护传播一体化应用项目系统入选浙江省文化和旅游厅数字化改革第二批试点应用名单。

**【迎新春闹元宵系列群文活动】** 2022 年新春佳节期间，上虞区以"共享文化 共同富裕"为主题，开展各类迎新春闹元宵系列群文活动，包括 2022 美好时光音乐会（流行音乐）、2022 迎新音乐会（管弦乐）、云上非遗集市、云上非遗竞答、云上非遗展览、群文精品云展播、书法作品云展览、迎新书画精品展、云上微课堂、迎新送福写春联进万家、"闹元宵 猜灯谜"元宵节线上猜灯谜活动。以线上线下共同开展的形式，将新春的祝福送进千家万户。

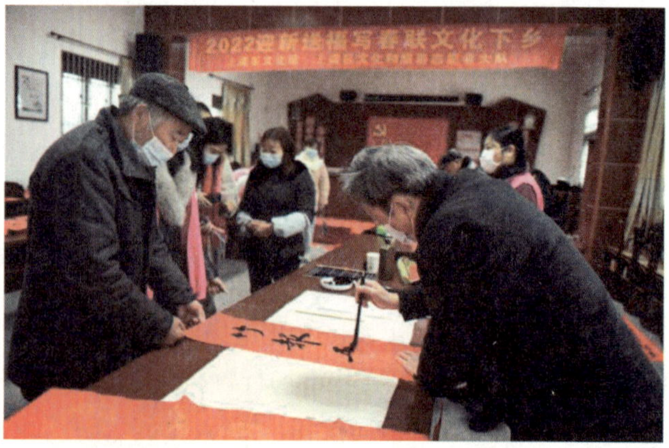


1 月 25 日，2022 迎新送福写春联进万家活动道墟分会场（陈明 摄）

**【2022 上虞区青少年艺术大赛暨浙江省青少年艺术大赛】** 2022 上虞区青少年艺术大赛暨浙江省青少年艺术大赛（音乐专场）——"追梦之声"浙江省青少年声乐和器乐大赛选拔赛举办。共评出金奖 12 个，银奖 24 个，铜奖 23 个，优秀指导奖 9 个，优秀组织奖 3 个。同时选出 11 名大赛各组别优秀选手，代表

上虞参加 2022 绍兴市青少年艺术大赛暨浙江省青少年艺术大赛（音乐专场）“追梦之声”浙江省青少年声乐和器乐大赛，获 5 个银奖、6 个铜奖。

**【“杨二都林杯”第六届青年歌手大奖赛】** 为展示上虞区青年声乐爱好者的精神面貌和艺术风采，挖掘和鼓励文艺人才，上虞区举办“杨二都林杯”第六届青年歌手大奖赛。自 6 月起完成初赛相关工作，收到参赛作品 200 余件。经过前期的海选和复赛，共有 12 位优秀的青年歌手站上决赛舞台，最终产生 1 个金奖、2 个银奖、3 个铜奖、6 个优秀奖和 1 个人气奖、1 个最具潜力奖。

**【2022“圆梦青苗 以艺育美”浙江省乡村青少年美育课堂志愿服务活动】** 2022 年，上虞区开展 2022“圆梦青苗 以艺育美”浙江省乡村青少年美育课堂志愿服务活动。包括美术课程、舞蹈课程和音乐课程，分别在文化艺术中心、道墟街道、小越街道开展，共计开课 15 次，参加的青少年人数达 500 余人。同时，上虞区文化馆获 2022“青苗计划”浙江省未成年人艺术普及点建设项目评选美术类金牌艺术普及点第一名，2022“圆梦青苗 · 以艺育美”浙江省乡村青少年美育课堂志愿服务活动评选美术类十佳美育课堂第一名。

**【线上线下文化走亲活动】** 2022 年，上虞区开展线下文化走亲系列活动 13 场。包括“孝德上虞 · 诗画新昌”2022 上虞新昌文化走亲专场文艺演出、2022 上虞 · 嵊州文化走亲专场文艺演出、以“孝德上虞 · 品质景宁”“孝德上虞 · 画乡莲都”“孝德上虞 · 黄帝缙云”为主题的走进丽水专场演出、“飞阅上虞”主题摄影展、至虞至乐——上虞非遗保护成果展览等多场“走出去”的文化走亲，宣传上虞地方特色文化内涵，增进地域之间的文化交流与合作。年内，接待越城区、宁波开化县到上虞文化走亲 3 场。

**【“喜迎二十大 · 奋进新时代”摄影大赛】** 2022 年，上虞区组织“喜迎二十大 · 奋进新时代”摄影比赛，通过 2 次专题采风活动，共征集到参赛作品 480 余件，评选出一等奖 1 名，二等奖 3 名，三等奖 5 名，优秀奖 10 名及入围奖 20 名，并组织优秀获奖作品 40 余件开展“推动乡村振兴 走向共同富裕”——飞跃上虞主题巡回展走进文化礼堂 30 场。

**【非遗传承与保护活动】** 2022 年，上虞区组织各类非遗活动及比赛超 50 余场，主要有：2022 上虞区孝涌诗路讲故事比赛暨浙江省第五届“少年非遗说”选拔赛，2022 年绍兴文化和自然遗产日主场活动（上虞）启动仪式，上虞区第三届非遗摄影大赛，上虞区第四届非遗征文及演讲大赛，2021—2022 年度非遗代表性传承人研培活动，36 场 2022 年秋季“非遗开学季”活动，44 场“非遗来也”主题巡回演出和活动，89 场非遗主题展览等，线上线下参与人次超 10 万人次。

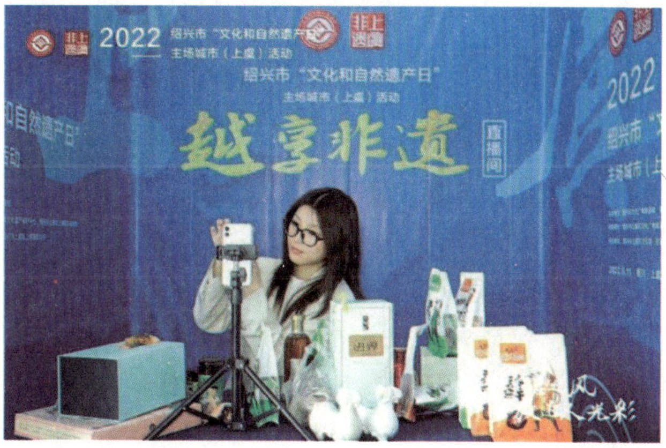

6 月 11 日，绍兴市“文化和自然遗产日”主场城市（上虞）活动中，主播正在进行直播（区文广旅游局 提供）

**【艺培机构日常管理】** 2022 年，上虞区共组织开展艺培机构日常巡查 20 轮，专项巡查 3 轮，安全检查 1 轮，累计检查 400 余家次。落实“守小门”问题整改 20 家，办理培训机构信访投诉 50 余件。组织艺培机构参与活动 4 次，组织业务培训 1 次，完成绍信培监管平台入驻 105 家。按照重点人群按期核酸检测工作要求，完成疫情防控精密智控平台从业人员 300 余条信息录入，每周开展动态统计、跟进管理。

**【各类原创比赛参加情况】** 2022 年，上虞区文化馆组织辅导原创文艺作品获省级奖项 24 个，其中一等奖 6 个、二等奖 7 个、三等奖 11 个。绍兴莲花落小戏《一封家书》获“喜迎二十大 · 同走共富路”浙江省第十一届群众戏曲小戏大赛银奖。同年，获市级奖项 45 个，其中金奖（一等奖、入展） 9 个，银奖 5 个，原创歌曲《后永兴 11 号》舞蹈《梅子青青果儿甜》分别获“全民艺术大舞台”——第五届绍兴市群众音乐大赛、舞蹈大赛金奖。

**【上虞剧院改造提升工程完工】** 2022 年 4 月，上虞剧院改造提升工程完工，由原来 1031 席位大剧场改建成 384 席位小剧场，启用后全年各类演出活动共计 23 场次。改造后，增设公益民生项目“非物质文化展厅”“城市书房”及“文化艺术教育培训中心”功能设施，6月1日起对外免费开放。6—12月“非物质文化展厅”展设二期，分别为“青瓷文化作品展”及“儿童书画展”。至 12 月底“城市书房”累计阅览人数约 5000 人次。7—12 月，开展文化艺术教育培训二期，分别开设二胡、国画、古筝、戏曲唱腔、琵琶等艺术培训课程，为地方传播优秀文化艺术，提供良好的平台。

**【“上虞有戏大舞台”建设】** “上虞有戏大舞台”是上虞区艺术推广服务中心（原上虞剧院）经剧院改造工程后，于 2022 年 7 月以全新面貌呈现的群众文化艺术展示平台，成为上虞一块响亮的文化艺术展示品牌。以多样化演出活动形式，特邀高质量演出团体，通过免费观看、网上抢票的方式向上虞群众展示各类优秀演出剧目，对上虞的群众文化工作起到促进作用。7 月联合双拥领导办，特邀浙江曲艺杂技总团上演滑稽话剧《南湖人家》共庆建军 95 周年；8 月举办杭州荣音堡“流金岁月”永恒综艺晚会；9 月举办杭州哈哈艺术团“教师节”特别会演；11 月特邀海宁越剧团越剧《荆钗记》传统经典剧展。“上虞有戏大舞台”全年惠民演出共计 4 场，每场演出平均上座率在 80%左右，观众人数约 1300 人。（凌　敏）

## 网络文化

**【第十三届网络文化主题活动】** 第十三届网络文化主题活动以“喜迎二十大 精彩亚运会 同筑共富路”为主题，开展“虞我说说家乡事”短视频作品征集活动、“鲜花送万家 同筑共富路”网络知识挑战赛、“喜迎二十大·同筑共富路”助农电商直播等十余项内容健康、积极向上的网络文化活动。通过直播、视频、漫画、动画、图片等多种形式展现乡村振兴、城市形象、网络文明建设等内容，在新华网、新蓝网、绍兴日报、越牛新闻、百观新闻等媒体发布活动相关报道超 100 篇，在微博、头条、西瓜、抖音、小红书等平台发布内容超 600 条，全网话题包括“上虞区第十三届网络文化主题活动”、“大善小坞村乡村振兴”、“虞见新时代”等，曝光量超 4000 万次，转评赞超 2 万条。

**【网络安全宣传周活动】** 9 月 5—11 日，线上线下同步开展网络安全宣传周活动，按照“166”活动安排，即一场启动仪式，六项宣传活动，六个主题日，在全区范围掀起网络安全宣传热潮。利用全媒体宣传营造浓厚线上氛围，通过设置专栏、开设热点话题等形式向网民广泛宣传，参与和点击网民达 25 万人次。下沉基层实现线下宣传全覆盖，在城区 26 块公交站牌、150 辆公交车电子屏、城北商圈、社区服务中心、客运中心投放网络安全宣传视频和标语，在新大通购物中心、重华警务站等人流量较大的点位开展网络安全公益宣传，累计吸引 5 万余名市民群众驻足观看。在绍兴文理学院上虞分院开展主题讲座，通过设立主会场+视频连线的方式，为 1 万多名高校大学生上了一堂生动的网络安全课程。开展网络安全进商圈、进社区、进机关、进企业、进校园、进乡村“六进”活动，宣传累计覆盖群众 10 万余人。原创 IP“虞网小信”，开发制作《网安有你 虞网有礼》网络安全专题动漫宣传片，在抖音、微博、头条等平台获得大量关注，被超 20 家自媒体转发，并被@浙江好网民录用在全省推介，通过生动形象讲故事的方式让老百姓“愿意看、看得懂、记得住”，累计阅读量超过 1000 万次。

**【网络正能量传播】** 指导融媒体在网站、“两微一端”等平台开设“奋进新征程 建功新时代”“当好东道主 喜迎亚运会”等专题专栏，营造良好网络氛围。开展“网络中国节”一系列主题活动，发起“留‘虞’一起过大年”数字作品有奖征集大赛等，制作推出的“e 游小镇新春秘籍”视频成为网络“爆款”，被新华网等主要媒体转载，全网阅读量超 1000 万次。创新打造传播矩阵，通过@上虞网信中心微博、抖音、头条和西瓜官方账号开设“争做上虞好网民”“虞我说说家乡事”“爱上虞的 100 个理由”等全网话题，推广《共建和谐网络环境，争做上虞好网民》《上虞网信提醒：如何进行网络举报》《网络安全 事关你我》等短视频，话题阅读量超1500万次。探索网络国际传播，组织开展城市宣传片海外传播，并被“天目”新闻推特号转载。 （孙 靓）

## 融媒体矩阵

**【概况】** 上虞区打造以“百观新闻”客户端为龙头，《上虞日报》、上虞电视台、上虞广播电台为主体，上虞新闻网、上虞发布、百观新闻、上虞融媒、上虞之声微信公众号、看上虞抖音号、百观新闻网视频号等新媒体为矩阵的“1+3+10+N”全媒体矩阵，全媒体用户数超100万户。2022年“百观新闻”新增用户超15万户，用户数超过23万户，日活跃用户最高破10万户。

**【年度荣誉】** 2022年，上虞区在省级媒体以上刊发600篇，在国家级媒体刊发79篇。其中，1条登上央视《新闻联播》，20条登上央视各频道，34条登上浙江卫视《新闻联播》；《人民日报》用稿6篇，《浙江日报》用稿35篇。

区融媒体中心跻身全省县区融媒20强。《上虞日报》入选全省十佳报纸；电视获2022年度全省电视新闻协作三等奖；广播获2022年度全省广播新闻协作三等奖、2022年浙江省外宣二等奖；新媒体获2022年度全省新媒体新闻协作二等奖。“百观新闻”获年度优秀天目号，全年一次获全省“天目”融媒榜单第一，五次居全省客户端指数排名前十，全省融媒体指数排名三次进入前二十，其中一次位居全省第十。全国首创的“战疫求助平台”获中宣部主要领导批示，被省委宣传部推广，入选上虞区数字化改革“优秀应用场景”。1件作品获浙江新闻奖二等奖，4件作品获省三等奖，6件作品获绍兴一等奖，10件作品获绍兴二等奖，12件作品获绍兴三等奖。在绍兴市人大好新闻奖中，1件作品获一等奖，1件作品获三等奖。有1件公益广告作品在2022年度全省广播电视公益广告扶持项目评审中获三等奖。

**【时事政治系列宣传报道】** 坚持团结稳定鼓劲、正面宣传为主的基本方针，紧紧围绕迎接、宣传、贯彻中共二十大这条主线，始终以正确的舆论引导人。建立统一调度、集中行动的大兵团作战模式，融通全媒体渠道，打好党的二十大宣传报道组合拳。聚焦中共二十大、省第十五次党代会、区委二届二次全会等重大事件，策划落实重点报道方案，做好宣传阐释文章。各媒体平台开设“喜迎二十大”主题宣传专栏，推出“蝶变上虞”“在上虞见美好”等6大板块，推出“党的二十大特别报道”专版专栏，聚焦数字化改革、高能级产业平台、全域文化繁荣等17个主题，见细节见故事，充分展示上虞区各地各部门的探索实践，报道上虞区干部群众学习贯彻中共二十大精神的热潮，造浓舆论氛围、壮大舆论声势。常态化开设“奋进新征程 建功新时代”“稳进提质 竞跑争先”等专题专栏，贯彻落实“疫情要防住、经济要稳住、发展要安全”重要指示精神，推出“稳进提质竞跑争先”栏目，全面反映上虞区在抓项目、促出口、挺市场、强服务等方面的做法。加强与虞籍乡贤的联系交流，《天南地北上虞人》栏目组赴外地采访乡贤嘉宾。

**【舆论监督】** 抓好“每周一问”“民生关注”“民声调查”“民情热线”等专题专栏的刊播。全程跟进文明城市创建工作，各媒体平台同步开设《文明城市创建在行动》，及时跟进相关做法，开设《曝光台》《每周一问》，针对创建短板进行专题曝光。

**【立足民生视角】** 深入基层一线，报道各行各业好人好故事，挖掘感人、暖心细节，为全区凝聚正能量。开展“探索共同富裕一年间”主题宣传策划，推出6期《虞里共富先行路》，展示上虞区各级各部门在推进示范区建设中取得的成效。

**【探索媒介转型蝶变】** 融媒平台迭代升级，发布百观新闻客户端2.0版本，优化板块设置，上线积分商城，开设社区功能，全方位重构阅读体验、用户互动、内容呈现、技术应用。新闻生产流程重塑，初步实现记者一次采集，编辑多元生成，渠道多端传播。建立适应全媒体生产传播的一体化组织架构，理顺策采编发工作机制，推进报台网深度融合。传播手段创新升级，强化技术驱动，统筹大屏小屏，提升精品爆款创作能力，鼓励传统媒体人向新媒体平台供稿，培育各新媒体平台账号，形成矩阵合力。 （贺明辉）

## 有线电视

**【概况】** 2022年，上虞区以数字电视开机广告、换台广告、流动字幕等形式，落实疫情防控、杭州亚运会、中共二十大等重点宣传工作，发布宣传标语7919条次、公益广告2065条次，发布应急气象信息1121条次；持续完善运营“品质小越”“幸福驿亭”“鲜果丁宅”等“一镇一品”电视宣传栏目助力基层宣传并发布栏目信息1143条次；拍摄制作10部《广视三农》专题片，为区建设局拍摄制作3部城镇风貌宣传片；在《有线服务》频道播放《浙里新风 虞尚十礼》系列宣传片。在全区279个基层党支部推广“学习强国”TV版学习平台应用。

年内，上虞区设立疫情防控应急处置实战演练直播摄影点位8个，安装街道核酸检测“愿检尽检”点位视频监控50个，完成梁巷隔离点1199间房间有线电视信号覆盖工作，升级上虞通行码、疫情防控五快管控系统等平台系统功能。

打造“好服务在中广”品牌，公司获评浙江省广播电视局2022年度全省有线广播电视运营服务质量省级优秀单位。

**【服务基层治理】** 年内，利用承建美丽乡村、美丽公路、美丽田园“三线”整治、美丽示范街创建等契机，统筹抓好沿线网络的优化提升,加快网络基础设施建设步伐，提高广电网络的业务承载支撑能力。不断完善对数字电视平台、本地VOD平台设备、EPG系统、广告系统和数据广播等系统平台检测、硬件升级，优化调整前端播出系统完全物理隔和各播出系统（含动环、传输系统）运行稳定；实施1550传输设备等设备设施的升级改造,优化城区十个环网机房整体布局，建设完成100G广电IP城域网改造项目和城区至乡镇环网光缆升级扩容工程建设。截至年末，已完成113个建制村网改项目立项。其中,45个行政村完成网改，62个建制村项目正在施工。

**【安播工作】** 年内，制定《公司安全保障方案》《安全管理手册》《应急演练计划》《二十大安全工作清单》《互联网暴露面清单》《二十大应急预案》；与30个部门、站签订年度安全目标责任书、中共二十大等安全播出责任书86份，与重要部门关键岗位员工签订安全保密责任书87份。完成党的二十大安播工作，实现安全零事故。对运营和维护的媒体平台进行日常维护与监测，处理省平安信息系统、本地论坛、微信、虞情在线、新浪微博、12345政务服务热线等平台投诉件38件；调整充实应急抢修队伍力量，建立健全应急处置横向纵向协调联动机制，组织开展网络安全技能提升培训等450余人次，全面提升应对处置突发事件能力。 （赵怡楠）

## 文物保护

**【上虞博物馆新馆面向公众开放】** 上虞博物馆新馆于2022年6月29日开始投入使用，11月22日面向公众开放。新馆选址于曹娥江西岸曹娥景区孝德广场南侧，中华孝德园区东侧，毗邻浙江中鑫艺术博物馆和全国重点文物保护单位曹娥庙，馆舍总用地面积11470平方米，总建筑面积19166平方米。共有大小6个展厅,包括上虞历史文化陈列厅、越窑青瓷陈列厅、天香楼碑帖陈列厅、上虞建筑陈列厅四个基本陈列展厅和2个临展厅。上虞博物馆将集常年展览、灵活策展、研学旅游、文化传承、文博研究、学术交流等功能于一体，与曹娥庙有机结合，廊桥直通中华孝德园，是孝德文化小镇的重要组成部分，将成为上虞文化新地标。 （熊 玮）

**【“梦华录——宋代宫廷金银器窖藏展”开展】** 上虞博物馆临展“梦华录——宋代宫廷金银器窖藏展”于2022年11月22日正式面向公众开展，共展出文物242件（套），时间为2022年11月22日至2023年3月31日。展览第一次整体展出河北易县大北村出土窖藏金银器，内有北宋“元丰四年（1081）”“政和六年（1116）”纪年银铤两件。配套展览出版图录《梦华录——宋代宫廷金银器窖藏》。 （熊 玮）

**【上虞博物馆理事会成立】** 2022年12月9日，上虞博物馆理事会成立大会暨理事会第一次会议召开。博物馆理事会的设立是上虞博物馆新馆开馆以来的重大改革活动，标志着法人治理结构进入一个全新阶段，是推动上虞博物馆深化体制改革、走向科学化发展的重要举措。上虞博物馆理事会由 9 名理事组成，涵盖政府机关代表、社会各界人士、博物馆管理层和职工代表。理事会委任中鑫集团有限公司董事长王水鑫担任首届理事会理事长，上虞博物馆馆长徐国联为执行理事，委任王浙炜、朱飞、谢军云、吴春云、张京军、陆建国、熊玮等为上虞博物馆首届理事会理事。会议宣读并审议通过《绍兴市上虞博物馆章程》和《绍兴市上虞博物馆理事会议事规则》。（熊 玮）

**【上虞区新增 2 处文物保护点】** 2022 年 4 月 18 日，绍兴市上虞区文化广电旅游局公布第三批文物保护点名单，分别是徐三庚故居和九霞堂。上虞区共有区级文物保护点 41 处。（陈文娟）

**【曹娥庙保养维护项目和曹娥庙壁画保护工程完成】** 建设内容有进行屋面翻修、墙体维修、构件更换、地面整治、油漆重做、数字化、建控范围内的环境整治、水电线路铺设、白蚁防治监测等保养维护，项目估算总投资为 1325.04 万元。曹娥庙壁画保护工程因壁画表面污染遍布覆盖率约 100%，严重影响曹娥庙壁画的正常展示开放。2022 年由绍兴市上虞区文化广电旅游局对曹娥庙壁画疱疹、粉化部位进行回贴加固，裂隙区域进行注胶或灌浆加固，水渍泥渍、鸟类 粪便、白灰覆盖进行物理去除和化学清洗。项目估算总投资为 149.14 万元，建设资金由区财政统筹安排解决。（陈文娟）

**【何云古建筑群保护项目和徐懋庸故居修缮】** 何云古建筑群项目主要内容有何云故居修缮及周边立面改造，进行屋面返修部分建筑复原、环境整治、水电线路铺设、消防安防设备增设及配套景观建设。总投资为 1843 万元，建设资金由上虞区财政承担 90%，上虞区永和镇承担 10%。徐懋庸故居项目主要内容包括老街改造及老街立面改造，徐懋庸故居修缮，又新堂门头修缮和配套景观建设。项目估算总投资为 1410.5 万元，建设资金由上虞区财政承担 90%，上虞区下管镇承担 10%。（陈文娟）

# 图 书

**【上虞区图书馆概况】** 上虞区图书馆是上虞区设立的综合性县级公共图书馆。上虞区图书馆始建于 1916 年，是全省首批县级公共图书馆之一。馆舍面积 12154 平方米，藏书 130 多万册，古籍 33458 多册，其中善本 706 册，上虞地方文献资料 3000 种。地处市民中心一路 2 号，馆内辟有“胡愈之纪念室”，设图书借阅室、少儿图书室、亲子阅览室、报刊阅览室、电子阅览室、参考咨询室、自修室等服务窗口，全方位地为读者服务。

2022 年，“上虞图书馆借阅部”被评为 2021 年度上虞区巾帼文明岗；“图书馆党员志愿服务队”被评为 2021 年度区“共产党员先锋岗”；在全区支部书记业务 PK 赛中馆长宋星亮获银牌书记称号。

2022 年，全年组织各类阅读活动 414 场，培训、展览等 81 场。建成城市书房 4 家、天香书吧 5 家，出台“城市书房考核办法”。与新华书店“芸台购”合作建设的“一键借阅”在“浙里办”、微信端上线。继续推进古籍数字化工作，完成 25000 余页数字化工作，为构建上虞图书馆古籍数字化资源库做准备。

2022 年，图书馆新增藏量 82912 册，新增电子图书 404 册；年订阅中文期刊 1018 种、报纸 122 种；收到赠书 82 种 515 册；至年底总藏书量为 133.3503 万册。2022 年，共接待读者 1468593 人次，图书流通 776621 册次，有效借阅证 56434 本，解答咨询、代查资料等 15168 人次。上虞图书馆官网年访问量 17 万多人次，数据库资源在 90TB 以上，数字图书馆访问量 50 万多人次。微信服务号关注人数 2.35 万人，全年发布 40 期、312 篇。设馆外图书流通站天香书吧 29 个，共借书 10540 册，新设分馆 3 个，截至 2022 年底，上虞 20 个乡镇图书分馆实现全覆盖。

**【天香楼书院】** 天香楼书院地处上虞老城区半山脚下，天香楼书院总占地面积千余方，总建筑面积达五百方，原是园林管理用房。为给市民提供了一个可以静心享受轻松、自由、便捷的公共阅读空间。上虞区建设局下属园林市政集团秉承“建设让生活更美好”的理念，从设计到改建完毕历时一年半，首次在环境优美的城区公园中精心打造了一个集图书借阅、文化交流、社区服务、商业休闲等功能于一体的多元化文化空间。

天香楼书院内设综合阅读区、儿童阅读区、智能化多媒体区、党建清廉活动室等功能区，同时配套有休闲饮茶吧，总藏书达 12000 余册，并配备自助借还办证一体机、电子图书借阅机等智能化设备，实现图书自助借阅。作为一种新型阅读模式，“城市书房”立意于以阅读方式改变生活方式的主旨，满足市民对知识的渴求，丰富和活跃人民群众的文化生活，市民在家门口就能享受到图书馆的服务。

**【“国学讲堂”暑期班】** 2022 年 8 月 19 日，上虞区图书馆举办“国学讲堂”暑假班。

**【校地合作基地揭牌仪式】** 2022 年 11 月 23 日，上虞区图书馆一楼大厅举办浙江理工大学科技与艺术学院图书馆与上虞区图书馆校地合作基地揭牌仪式。

**【讲座培训活动 61 次】** 2022 年，上虞区图书馆举办和承办上虞图书馆公益讲师团成员座谈会，绍兴市上虞区文化广电旅游局“书享文旅·质效文旅·清风文旅”青年有为系列活动，《释梦，用科学了解自我》讲座，《高效能人士的七个习惯》讲座，“任何艺术都是人间镜像”——艾伟新书《镜中》线下分享会，读书分享会——《微习惯》的力量，《锚定新方位 奋进新征程》讲座，《意识形态离我们有多远》专题讲座，美丽从整理高能衣橱开启，儿童诗习作，小小记者的茶文化普及，胡愈之《莫斯科印象记》等作品介绍讲座，“一抹青绿，优雅千年”——越窑青瓷走进“文旅讲堂”，如何提升专注力讲座等，听众 1802 人次。

**【展览活动 76 次】** 2022 年，上虞区图书馆举办和承办“典籍里的中国年”；向逆行者致敬——童画童语抗疫主题书画展；“考古人眼中的世界”摄影展；阅读碰撞分享的百种探索书展；世界地球日环保主题展；中外名家谈读书；当代中国名画家邀请展；小荷才露尖尖角少儿书画展；真趣书画联展；青少年漫画大赛优秀作品展；传承红色基因，开创强军伟业——新时代国防和军队建设主题展；“星光不负赶路人——新时代优秀教师故事展”；丹枫迎秋 桂香满城——中秋传统美食展；上虞区离退休教工喜迎二十大书画、摄影展；迎接二十大 共奔富裕路展；金石怡寿耄耋书画家作品展；行走的红色手绘馆展览等，观众达 42 万余人次。

（阮婷娟）

**【著述书目情况】** 2022 年，上虞区图书馆收集入藏地方文献正式出版物 22 种，70 册。

表 12　　著述书目提要（正式出版物）

| 书　名 | 著（编）者 | 出版社 | 内 容 简 介 |
| --- | --- | --- | --- |
| 曹娥江红色印记 | 景迪云，朱宝生主编 | 浙江摄影出版社 | 本书以画册的形式展现上虞红色脉络，由上虞区档案馆会同《浙江画报》综合精选“全国知名摄影家走上虞”采风活动优秀摄影作品、全区各乡镇（街道）提供的原始图片以及上虞区档案馆馆藏历史文献资料（图片）编辑而成 |
| 书的故事 | [苏]米·伊林著 | 春风文艺出版社 | 本书分为上、下篇，主要内容包括：活的书、备忘录、东西说话、画图的文字、谜的文字、文字搬家、永久的书、带子书、蜡的书等 |
| 帝舜创世神话图像谱系 | 唐睿著 | 上海人民出版社 | 本书的主旨在于观照图像叙事与语言叙事、仪式叙事的关联性和差异性，力争全面而多元地展现帝舜创世神话图像谱系。研究帝舜图像谱系，可以提高帝舜图像的认同度和识别度，加快中国神话资源的创造性转化。另外，通过研究，可将帝舜图像谱系纳入中华创世神话图像谱系的总体建构中来，这样能够规范相关的图像重建和祭祀活动，最终促进与帝舜创世神话相关的民俗旅游、乡村振兴 |

续表

| 书　名 | 著（编）者 | 出版社 | 内 容 简 介 |
|---|---|---|---|
| 许岙村志 | 罗兰芬主编 | 中国文史出版社 | 乡镇方志 |
| 镜中 | 艾伟著 | 浙江文艺出版社 | 艾伟作品系列 长篇小说 |
| 那年那人那些事 | 顾文龙著 | 中国文艺出版社 | 顾文龙文学作品 |
| 弘一大师新谱 | 林子青著 | 南开大学出版社 | 本年谱记载谱主弘一大师李叔同一生的事迹。该书首版于1944年，由中日文化协会上海分会铅印出版，1992年台北东大图书公司出版了该书修订版即《新谱》。修订版订正了首版中的不少史实和文字错误，并在内容上做了较大增补与充实。该书条理清晰，内容翔实，出版后在文化学术界产生了较大影响，成为了解李叔同生平事迹及相关历史真实情况的重要著述。此次南开版《弘一大师新谱》，即根据该修订版重新排版编校，内容上并无变化 |
| 绍兴名贤与传统法律文化 | 余钊飞，范依畴等著 | 知识产权出版社有限责任公司 | 本书对绍兴名贤与传统法律文化进行归纳、分析、解读，比较系统地向读者展现绍兴历代名贤充满智慧的法律思想，彰显了绍兴深厚的法治文化底蕴 |
| 中国地方志茶叶历史资料选辑 | 吴觉农辑 | 中国农业出版社 | 本书是研究中国茶史和茶文化，恢复历史名茶和发展新兴名茶的重要参考文献。将南宋嘉泰年间（1201—1204）至民国37年（1948）编撰的地方志中，有关茶和山、水的历史资料悉予收入。其中包括陕西、甘肃、江苏、浙江、安徽、江西、福建、台湾、河南、湖北、湖南、广东、广西、四川、贵州、云南16个省、自治区的1226种省志与县志 |
| 追赶你老去的速度：写给亲人 | [德]荷尔德林著 | 辽宁人民出版社 | 本书是荷尔德林1785—1826年，与亲人的通信，包括他和母亲、弟弟妹妹的通信。书信内容较为全面地反映了诗人与亲人交流的方式，生活的变故等。原文思想深邃，文学性强，译文准确、洗练。书信内容从一个侧面反映了诗人与亲人交流的真实状态，也反映了当时德国的社会风貌，是研究德国历史、文化，以及诗人创作成就不可多得的一手资料。书稿兼具学术性、艺术性和史料价值 |
| 美学的盛宴 | 夏丏尊等著 | 泰山出版社 | 本书收录《美育与人生》《美学的趋向》《美学的进化》《孔子之美育主义》《美术与科学》《动的艺术》《艺术与人生》《体验与艺术》等文章 |
| 怎样写好作文？：给学生的40个实用写作技巧 | 夏丏尊，刘薰宇著 | 西苑出版社 | 本书以众多中外名著为素材进行讲解示范，并配有思考和练笔题目。全书分章节讲述了记事文、叙事文、说明文、议论文、小品文等文体的基础写作逻辑与技巧，并针对中小学生的写作难点提出了详细的解决方法 |
| 丰惠古桥 | 绍兴市上虞区乡贤研究会丰惠分会，绍兴市上虞区丰惠镇新乡贤联谊会编 | 浙江工商大学出版社 | 古桥简介 |

续表

| 书　名 | 著（编）者 | 出版社 | 内容简介 |
| --- | --- | --- | --- |
| 爱人同志 | 艾伟著 | 浙江文艺出版社 | 艾伟作品系列 长篇小说 |
| 爱人有罪 | 艾伟著 | 浙江文艺出版社 | 艾伟作品系列 长篇小说 |
| 徐三庚篆刻名品 | [清]徐三庚作 | 上海书画出版社 | 印谱中国清代 |
| 文心 | 夏丏尊，叶圣陶著 | 人民文学出版社 | 本书是用故事体裁来写关于国文的全体知识，共 32 篇文章。包括《方块字》《题目与内容》《一封信》《小小的书柜》《知与情意》《日记》《诗》等 |
| 夏丏尊 刘薰宇讲文章作法 | 夏丏尊，刘薰宇著 | 河海大学出版社 | 本书是夏丏尊的讲义稿，其基本内容来自夏丏尊先生在长沙第一师范学校和白马湖春晖中学授课时的作文课讲义，后经刘薰宇先生在教学实践中修订改进，1926 年由开明书店初版。全书共六章，涉及文章分类、各体文章的写作特点等内容。本书另外摘录了夏丏尊关于教育的杂谈文章，作为附录 |
| 越剧流派演唱艺术 | 陈丹丹著 | 浙江大学出版社 | 本书从越剧的诞生开篇，在介绍流派形成的基础上，着重对越剧流派生角创始人尹桂芳、范瑞娟、毕春芳、陆锦花、徐玉兰、张桂凤和旦角创始人袁雪芬、傅全香、戚雅仙、吕瑞英、金采风、王文娟、张云霞的演唱特点，从包括行腔技巧、发声习惯、气息运用、咬字吐字、共鸣腔体和具体例析等方面的演唱艺术进行了剖析，并对每位流派创始人的表演艺术逐一进行介绍 |
| 狐狸打猎人 | 金近著 | 中国少年儿童新闻出版总社 | 本书收录《老鹰鹞的起落》《红鬼脸壳》《骗子骗自己》《狐狸送葡萄》《狐狸打猎人》《一篇没有烂的童话》等童话作品 |
| 演唱会 | 艾伟著 | 人民文学出版社 | 艾伟短篇小说 |
| 2022 古董拍卖年鉴：2021-01-01—2021-12-31. | 欣弘编 | 湖南美术出版社 | 本书收录纽约、伦敦、巴黎、日内瓦、中国香港、中国澳门、中国台北、北京、上海等城市或地区的几十家拍卖公司几百个专场的 2021 年度拍卖成交记录与拍品图片，内容包括：中国书画、素描、版画、水粉水彩、油画、雕塑、摄影等 |

## 孝德文化

**【概况】** 2010 年 5 月，上虞被命名为“中国孝德文化之乡”。同年 8 月，上虞孝德文化研究会成立，致力于打造新时代孝德文化传承地。截至 2022 年，上虞区创建“孝德文化教育基地”11 个。分别为实验小学、百官小学、重华小学、滨江小学、下管镇小和驿亭镇中、丰惠镇中、职业中专、科艺学院，以及下管镇和上虞看守所。（陈秋章）

**【孝德文化理论研究】** 编发《孝德文化报》4 期，2022 年下半年，协会将《孝德文化报》升级为期刊——《人伦之光》，并编印试刊号。选取其中最具上虞特色的 6 本孝德故事，汇编成《上虞古代孝德故事》丛书，并举行首发式向青少年进行推介。编印《上虞孝德文化荟萃》，共收录孝德文化研究主题论文 160 余篇，累计 50 余万字。（陈秋章）

**【孝德文化邮资图发行】** 上虞区研究推行“上虞孝德文化”邮资图发行工作，11 月 8 日发行《中国孝德文化之乡——浙江上虞》普通邮资信封 1 套 1 枚。（沈怡熳）

## 乡贤文化

**【概况】** 政协乡贤文化委员会客厅通过省政协主席会议评审，晋升为五星级委员会客厅。乡贤研究会被授牌“同心共富”实践基地。

12 月 3 日，绍兴市上虞区举行“千年虞城·盛世绽放”上虞复县建城（丰惠）1200 周年纪念活动暨第三届乡贤大会。

**【“乡贤润桑梓，共植‘乡贤林’——我为家乡种棵树”】** 3 月 12 日，“乡贤润桑梓，共植‘乡贤林’——我为家乡种棵树”启动，中国纺织工业联合会原党委副书记、副会长陈树津，北京虞商联谊会会长周益华，宁波虞商联谊会会长谢建江，杭州虞商联谊会秘书长许文，温州虞商联谊会秘书长陈骋等乡贤代表参与活动。年内，有 20 余位在世界各地的上虞知名乡贤参加该活动。

**【《吴觉农》电影拍摄】** 4 月 14 日，院线电影《吴觉农》拍摄团队到上虞乡贤研究会拍摄；15 日，纪念当代茶圣吴觉农先生诞辰 125 周年之电影《吴觉农》（暂定名）创作座谈会在区举行。（任建娣）

## 收藏文化

**【概况】** 上虞区于 2006 年 9 月 19 日成立收藏家协会，下设 1 个鉴定委员会、7 个专业委员会、1 个书刊收藏交流中心。专业委员会分别为红色收藏专委会、瓷器收藏专委会、玉器收藏专委会、票证收藏专委会、钱币收藏专委会、书画收藏专委会、杂项收藏专委会。协会现有会员 500 余人。创设会刊《上虞收藏》，2022 年共编印 6 期、印量 1.2 万份。为便于会刊资料保存，已将第 54 期至第 100 期的会刊汇编成《上虞收藏合订本第二辑》。

**【上虞红色收藏馆】** 上虞红色收藏馆于 2016 年 9 月 25 日创建，2022 年 1 月 29 日作为民办非企业单位在上虞区民政局正式注册登记。2022 年 10 月 16 日，获评上虞区第四批中小学研学旅行实践教育基地。2022 年，红色收藏馆编著《永不褪色的军魂——上虞老兵回忆录》，参与策划《红色陈溪——先锋篇》。

**【藏品展览】** 2022 年，收藏家协会共举办临时藏品展览 6 场。分别为：“收藏代代传”朱氏父子藏品展览，《上虞收藏》百期集锦暨新任理事藏品展览，“喜迎二十大·奋进共富路”——能工巧匠作品展览，绍兴市“工行杯”双拥书画摄影作品和 2022 年绍兴市最美退役军人事迹展览，张锋工笔丹青缘暨藏品展览，第十二届红展——“喜迎二十大 永远跟党走”邮展和藏品展览，同时设计制作一枚纪念封。

# 卫生健康

## 综 述

【概况】 2022 年，全区共有医疗机构 353 家。其中：公立综合性医院 2 家，中医医院、妇幼保健院、皮肤病防治院、急救分中心各 1 家，街道社区卫生服务中心 6 家，中心、乡镇卫生院 13 家，社区卫生服务站 96 家，村卫生室 95 家；民营综合性医院 3 家，中医医院 1 家，精神病专科医院 1 家，护理院 1 家，护理站 1 家，眼科医院 2 家，中医门诊部 1 家，医疗美容门诊部 1 家，综合门诊部 4 家，口腔医院 3 家，口腔门诊部 7 家，各类诊所 93 家（含中医诊所 24 家）；机关企事业单位医务室 18 家；医学检验实验室 1 家。

卫生健康系统（公办）年末总资产 24.08 亿元，区财政全年投入卫生健康事业经费 9.27 亿元。全区医疗机构有病床 4308 张，每千人拥有床位数 5.4 张，其中非公立医疗机构床位占 34.17%。卫技人员总数 5808 名，其中执业（助理）医师 2473 名（包含非公立医疗机构），平均每千人拥有执业（助理）医师数 3.1 名；注册护士 2359 名（包含非公立医疗机构），平均每千人拥有护士数 2.96 名。招聘事业编制人员 281 名。

【“健康上虞”建设】 2022 年，上虞区获“健康浙江”考核优秀四连冠。落实“健康上虞”26 项行动工作任务，巩固国家卫生城市建设成果，组织国卫巡查 4 次，整改问题 132 个；指导创建 13 个乡镇国卫，岭南乡、章镇镇高质量通过国卫乡镇省级暗访。

【卫生健康数字化改革】 区内所有公立医疗机构检验检查实现互通互认，通过国家医疗健康信息互联互通标准化成熟度 4 级甲等测评，百官街道南丰社区智慧化社区卫生服务站通过省级验收，全区基层医疗卫生机构远程会诊系统实现全覆盖。

【推动邵逸夫医院绍兴院区办院主体转换】 围绕建设“在上虞的高水平省级医院”目标，以资产归属转变实现办院主体从上虞区政府向邵逸夫医院的转换，获得医疗机构设置批复。启动院区开业筹备工作，新完成 191 名人才储备，按照省级三甲医院标准和“大综合、强专科、扬特色”要求开展学科规划和设备采购计划编制，为邵逸夫医院绍兴院区“同质化”发展提供基础保障。

【上虞中医医院搬迁】 4 月 18 日，上虞中医医院城南新院投入使用。为满足曹娥老院区周边居民的就医需求，老院区将继续保留内科、外科、骨科、肿瘤科等部分西医普通门诊以及针灸、推拿、中医内科部分中医门诊。（张鑫培）

## 新冠疫情防控

【完善机制强化能力储备】 认真吸取“1206”疫情大战大考经验教训，迭代升级疫情防控指挥体系、“七大机制”和各类工作指引，备足备优场所、设备、人员，各项能力储备均在规定时间内达到规定要求。指导建立全省首个“货车司机防疫服务站”。

【疫情控制与支援】 处置48起、55例输入性疫情，以最快速度、最小代价有效控制疫情，最大限度减少疫情对经济社会的影响。全力做好疫情防控支援工作，全年共外派医护人员参与疫情防控38批次、1252人次。 （张鑫培）

## 疾病预防

【概况】 2022年，全区未发生甲类传染病疫情。全区报告乙类传染病13种，累计1365例，死亡病例3例（艾滋病1例、结核病1例），报告发病率172.09/10万，报告发病率比2021年下降21.52%。报告丙类传染病4种8164例，无死亡病例。报告发病率为1029.24/10万，较2021年上升61.03%。全区传染病网络报告率、审卡及时率、报告及时率均为100%。

开展上虞区重点人群结直肠癌筛查26169人，结肠镜检人数1990人。2022年全区共发生各类聚集性疫情29起，均及时调查处置。被评为全国肿瘤登记工作杰出贡献奖；完成省级慢性病综合防控示范区的复审；国内率先开展的疫苗临床研究项目国产人乳头瘤病毒（HPV）九价疫苗Ⅲ期临床试验高质量持续推进。

【霍乱防控监测】 全区医疗机构自5月1日至10月31日开设7家肠道门诊，对腹泻病人做到“有泻必采、有样必检、及时送检”，未设立肠道门诊的其他医疗机构做到“逢疑必采、有样必检”，全年霍乱腹泻病例监测2487例，均为阴性。

【艾滋病综合防治工作】 2022年全区检测各类人群197194人次，新报告HIV/AIDS病人19例。结合农民健康体检完成60903人次检测，未发现阳性病例。开展艾滋病随访管理工作，现存活HIV感染者和病人共314人，随访率100%，CD4检测率为96.81%，治疗率为97.51%，配偶检测率为92.77%，病载检测率95.54%，及时治疗率为95%。继续深化与阳光海岸公益组织合作开展男性同性恋人群干预。

【结核病防治工作】 医疗机构门诊可疑者就诊370人，查痰366例，查痰率98.92%，其中活动性肺结核173例，检出病原学阳性病人139例，肺结核可疑病人转诊163例，转诊总体到位率99.66%，肺结核患者病原学阳性率80.45%；肺结核患者治疗成功率为94.55%；肺结核患者管理率和规则服药率分别为96.10%、96.30%。

【免疫疫苗接种】 2022年，共接种各种常规免疫疫苗80268针次，二类疫苗122943针次，全区适龄儿童常规基础免疫“八苗”单苗报告接种率和调查接种率均达95%以上。如期完成民生项目老年人流感、肺炎疫苗接种工作，接种流感疫苗44750人份、肺炎疫苗43600人份，总目标人群接种率分别为29.08%、28.34%。

【地方病防治】 继续巩固血吸虫病防治成果，将上虞区血吸虫病风险隐患最大的章镇镇大钱村设为省级血吸虫病监测点。对近5年历史有螺面积，采取巩固性扩大药物灭螺，对流动人口开展病情监测。共查螺38个村，查螺206余个条块，设框51391个，查螺面积12.2011万平方米，未查出钉螺。共监测流动人口918人，全部阴性。147头耕牛血检，结果全部阴性。开展布病高危职业人群监测工作，2022年共监测布病高危职业人群468人，检出布病抗体阳性16例，阳性率3.42%，判定新发布病病人7例，新发感染者2例，历年阳性者7例。

【社区慢性病防治工作】 结合基本公共卫生服务项目工作，指导全区各社区卫生服务机构规范开展高血压、糖尿病、重性精神病的管理工作。社区规范管理高血压患者共计64130人，规范管理率为75.79%。社区规范管理糖尿病患者共计16177人，规范管理率为75.91%，规范管理率均达到省规范要求。在管严重精神障碍患者共计3746人，其中有过危险性评估3级及以上19人。全区严重精神障碍患者报告患病率（即检出率）4.8‰，规范管理率99.76%，规律服药率94.47%，面访率99.55%，体检率82.89%；在册精神分裂症患者2202例，精神分裂症患者规律服药率93.69%。 （张鑫培）

## 妇幼保健

【概况】 2022年，全区本地户籍活产2936例，产妇2898例，早孕建册2865例，系统管理2865例，产后访视2897例，早孕建册、系统管理、产后访视率分别为98.86%、97.58%、98.67%；检出高危孕产妇2140例，高危检出率73.84%，高危管理率100%；本地户籍剖宫产率37.67%。本地孕产妇死亡率连续9年为0%，本地5岁以下儿童死亡率为2.38‰，婴儿死亡率为1.70‰，新生儿死亡率为1.02‰，产前筛查率为98.07%。7岁以下儿童保健覆盖率为98.20%，3岁以下儿童系统管理率为96.53%，新生儿访视率99.63%。全区新生儿疾病筛查3493例，筛查率为99.77%；听力筛查3484例，筛查率为99.51%；6个月内母乳喂养率为81.76%，免费叶酸发放4773人。《母子健康手册》App掌上办证率93.2%。

【婚前医学检查】 全年全区婚检3294对，婚检率为94.01%。

【托幼儿童体检】 2022年，共体检托幼机构工作人员3033人，体检率为100%，办理健康证3033人，体检合格率为100%。全区在园儿童数21013人，体检率为100%。

【适龄妇女宫颈癌、乳腺癌两癌筛查工作】 2022年，共计完成宫颈癌检查49129人，完成乳腺癌检查56028人，宫颈癌检查率和乳腺癌检查率分别达130.35%和100.34%。发现宫颈癌27例和乳腺癌病例12例。

【预防艾滋病、梅毒、乙肝母婴传播工作】 2022年度，全区接受艾滋病梅毒和乙肝检测和咨询孕产妇5276例，检测咨询率100%，未发现艾滋病阳性产妇。未发现HIV阳性儿童。发现乙肝阳性孕妇183例，乙肝阳性产妇所生新生儿119例，阻断治疗率100%。

【实行均等化服务，加强流动人口孕产妇和儿童管理】 2022年，全区区外流动人口产妇数为1333人，活产1346例，建册1333人，建册率100%。出生缺陷预防项目免费对象纳入流动人口。 （张鑫培）

## 医政管理

【概况】 全区公立医疗卫生机构门诊人次395.71万人次，较上年同期增长4.46%；出院人次102621人次，较上年同期增长16.98%；区级医院床位使用率85.01%。

【推动区级医院医疗技术质量提升】 搭建跨区域医疗联合体，支持和推动区级医院与大院名院深度合作。推进名医培养、名科培育，新增名医（专家）工作室（站）4个、省医坛新秀培养对象1名、省中医护理优秀人才1名。强化29个质控中心管理职能，健全年度任务清单，完善经费保障机制，中心对面上医疗质量提升的引领和带动作用进一步增强。

【120医疗急救】 全年总受理电话数54291个，较上年同期下降7.66%；平均摘机时间5秒，与上年同期下降16.67；平均调度时间1分0秒，较上年同期下降3秒；院前急救出车17115次，较上年同期下降3.36%；交通事故出车4689次，较上年同期增长31.68%；总救治病人数13978人次，较上年同期增长3.89%；平均出车时间1分49秒，较上年同期减少79秒；平均急救反应时间14分35秒，较上年同期增长3.74%；空车1979次，空车率8.89%，较上年同期下降0.25%。

【无偿献血】 全区全年采血量239.047万毫升，用血量215.82万毫升，无偿献血占临床用血量110.76%。积极开展自体输血活动，自体输血率为15.79%，未发生严重血液质量事件、安全事故（责任事故），保障临床用血安全。

【中医中药】 上虞中医医院完成搬迁。加强中医骨干队伍建设，选派15名中医药骨干赴区外进修学习中医传统疗法，推动21名中医药人才下沉服务，提升中医药服务整体水平。坚持中西医并重，常态化做好新冠中医药防治工作，累计发放中药预防汤剂24余万袋、中药防疫颗粒剂近6万包、防疫香囊1000多个，覆盖上虞所有的集中隔离点和20余个社区。上虞人民医院经典病房建成并投入使用，上虞妇幼保健院少儿推拿科开设斜颈门诊和中医养胎中心。 （张鑫培）

## 城乡（社区）卫生服务

**【概况】** 街道社区卫生服务中心 6 家，中心、乡镇卫生院 13 家，社区卫生服务站 96 家，村卫生室 95 家。

**【基层卫生健康综合改革】** 制定《绍兴市上虞区深化基层卫生健康综合改革实施方案》，召开全区深化基层卫生健康综合改革工作会议，部署落实重点任务。制定出台《村级医疗卫生服务网点优化提升三年行动计划》，建设完成 9 个村卫生室和 8 个巡回医疗点，20 名全科医生增派下沉至相关村卫生室。推出 30 个镇村医疗机构一体化全科岗位面向社区招聘。制定《上虞区基层中医师承培养工作实施方案》，49 名中医师承人员顺利进入浙江中医药大学进行理论培训。

**【两慢病全周期健康管理】** 制定《加强高血压糖尿病全周期健康管理推进分级诊疗改革实施方案》，章镇、永和镇完成 600 名两慢病患者基线调查任务。推进两慢病一体化门诊建设，建设慢性病一体化门诊基层医疗机构 6 家（丰惠、东关、小越、章镇、曹娥、道墟），两慢病患者基层就诊率在 70%以上，基层规范管理服务率在 75%以上。

**【“优质服务基层行”活动和社区医院创建】** 全区 18 家基层医疗卫生机构达到“优质服务基层行”基本标准，新增“推荐标准”2 家，“社区医院”1 家。

**【省民生实事完成情况】** 上浦镇冯浦村卫生室、章镇镇新三联村卫生室和下管镇新庄村卫生室 3 家村卫生室新改扩建成规范化村卫生室（社区卫生服务站）。

**【基层卫生机构数字化改革】** 乡镇（街道）卫生院（社区卫生服务中心）5G 远程会诊系统已实现全覆盖，百官街道南丰社区 4 星级智慧化社区卫生服务站通过省级验收，通过国家医疗健康信息互联互通标准化成熟度测评，区内公立医疗机构检查检验结果互认已实现全覆盖。

**【家庭医生签约服务】** 进一步推进家庭医生签约服务，年度签约常住居民 43.69 万人，重点人群签约覆盖率 95.36%；建立电子健康档案 66.09 万份，建档率 84.09%。65 岁老年人体检 115644 万人，体检率 73.98%。（张鑫培）

## 医教科研

**【概况】** 科研项目上虞区级 34 项。全年初级卫技人员继续教育报考人数 1118 名，公共课合格人数 1082 人，合格率 96.78%；专业课合格人数 1080 人，合格率 96.6%，中高级继教达标率 96.2%。

**【社区护士岗位培训】** 完成 2022 级 18 名社区护士岗位培训的教学、考核，考试合格率 100%。

**【继教合格证申领】** 全年 83 名初级卫技人员、308 名中高级卫技人员申领继教合格证。

**【乡村医生注册培训】** 开展乡村医生网络在线学习，135 名乡村医生网络在线学习，参与率 100%，合格率 99.26%。

**【护学中培训】** 组织全区 91 名护理人员参加第三期“护学中”培训班，完成线上教学 11 次，线下教学 11 次，全部顺利结业。

## 卫生监督

**【概况】** 2022 年，依法立案处罚 455 件，移送公安刑事案件 3 件，罚没款 250.37 万元整，无行政复议、行政诉讼案件。共受理投诉举报 60 件，非法行医举报案件 22 件、医疗卫生 8 件、传染病防治、控烟及其他类投诉举报 3 件、公共场所卫生 22 件，职业卫生 5 件，已全部办结。查证属实 24 件，立案处罚 24 件，所有投诉举报件及时录入浙江省卫生监督综合管理系统。抽取国家双随机 292 家，省级双随机 382 家，完成省级跨部门联合双随机 52 家，双随机完结率 100%，查处率 32.3%，双随机检查信息已全部公示。

**【“数智卫监”建设】** 四项省建县用项目已全部按期成功启用，全区 6 家餐饮具集中消毒企业全部接入集中消毒餐饮具企业智能监管系统，完成率 100%；口腔诊疗机构100%接入“口腔诊疗机构监督在线”，公立医疗机构90%、社会办医疗机构56%、村卫生室83%接入“诊疗行为监督在线”，5家政府定点接待宾馆酒店、10家民宿已接入“住宿场所透明保洁智能监管系统”，完成率100%。10家社会办医疗机构直接纳入“医疗废物智慧监管系统”。

**【游泳场所专项检查】** 出动112人次，检查游泳场所36家次，并委托第三方检测公司对水质进行监督检测，其中不合格3家，均立案查处。

**【公共场所控烟专项行动】** 检查公共场所80家，对23家控烟工作不到位的公共场所予以行政处罚，其他违法行为处罚15家。

**【民宿专项检查】** 开展民宿专项检查100家次，发现违法线索20家，均立案查处。

**【饮用水卫生监测】** 对全区5家供水单位的出厂水、管网末梢水和水源水水质采样检测，全部合格。

**【学校卫生监督】** 完成15个中考考点，9个高考考点的检查，并抽取城区5个中高考考点，聘请第三方检测公司对考点的考场环境、采光照明以及直饮水机进行了抽样检测。

**【消毒产品卫生监督】** 开展抗（抑）菌制剂及消毒产品企业（卫生用品）监督专项行动，每季度对消毒餐具服务单位进行监督采样，对消毒产品生产进行双随机检查，做好消毒产品生产企业分类监督综合评价工作。

**【职业卫生监督检查】** 对全区53385位接害工人进行职业健康检查。加强职业卫生监督执法，依法查处职业卫生违法行为，全年放射卫生立案处罚0起，职业卫生立案处罚9起，当场警告38家，处罚金额35.5万元。

（张鑫培）

## 爱国卫生

**【概况】** 常态化巩固国家卫生城市建设。全面深化“将健康融入所有政策”理念，广泛开展健康社区、健康步道、健康公园、健康小屋等健康支持性环境建设，着力构建健康宜居环境。7个街道迎接国卫复审，13个乡镇迎检省卫复审，11个乡镇申报国卫乡镇。累计创建健康社区70家，覆盖率达65.42%，健康单位51家、健康食堂2家、健康促进学校77所、健康家庭29702户。

**【改水改厕提升健康生活微环境】** 对全区62个饮用水监测点位进行出厂水、末梢水和二次供水检查，乡镇监测覆盖率达100%。规范农村户厕信息管理，做好农村户厕改造提升，全面做好医疗卫生机构厕所整洁提升。

**【病媒控制】** 综合防制，长效管理，多维度开展除“四害”专项行动，7个街道通过病媒生物C级评估，13个国卫申报乡镇的病媒生物密度控制在国家规定的标准之内。全区22个村通过省级除四害村市级评估。

（张鑫培）

## 医疗保障

**【概况】** 2022年，上虞区推进医保基金监管、医保数字化改革、医保服务提升等重点工作，在推进“两个先行”中贡献上虞医保力量。7月29日上午，“保健康 促共富”医保政策宣传“六进”志愿服务活动启动仪式举行。

2022年，职工医保参保360597人，同比增长4.34%；城乡居民医保参保387167人，同比下降4.27%；新增参加生育保险51104人，拨付生育津贴5655人次，共10516.04万元（含奖励假津贴）；2022年度户籍人口基本医保参保率99.99%，连续四年位列全市第一。2022年全区“越惠保”参保人数52.11万人，参保率71.59%。2022年度实现理赔金额4832.96万元，赔付率92.73%；获赔人数20739人，覆盖率3.98%，人均获赔金额2330.37元；获赔人次83075次，人均获赔4.01次。

**【“医保专员”工作率先试点】** 上虞区按照“一地一专员、两周一驻点”的整体思路，为每个乡镇、街道及杭州湾综管办配备 1～2 名医疗保障分局机关干部组成的医保专员队伍，实施驻点即时即办、问题交办销号、定期会商研判、督查通报考核等配套工作制度，引导医保专员切实履行政策宣传员、业务服务员、建议联络员、协议监督员以及兼职网格员等“五大员”职责，推动基层医保经办体系持续升级、服务体系更加精准、工作体系更加完善。

**【乡镇街道医疗保障暨“医保专员”派驻工作会议】** 2022 年 5 月 7 日，全区乡镇街道医疗保障暨“医保专员”派驻工作会议召开，会议部署落实“医保专员”工作制度和派驻工作任务，各乡镇（街道），杭州湾综管办分管负责人参加会议。

**【医保数字化改革扎实推进】** 3 月 6 日，省“智慧医保”系统上线平稳运行。10、11 月全区医保电子凭证结算率居全市第一。创新“互联网+医保”服务模式，12 月 27 日上虞人民医院实现绍兴市第一批“互联网+医保”上线。

**【全省率先构建意外伤害长效管理闭环】** 建立由医保牵头，公安、司法、人社、卫健、法院、检察院等部门协同配合的基本医疗保险人身意外伤害长效管理工作机制，实现交通事故认定、判决、调解、工伤等数据信息共享。同时，在医疗保障分局内部建立事前预防、事中管控、事后追溯的闭环管理工作流程，强化精准核查提高医保基金使用监管的针对性和精准性。2022 年中心端调查 1628 件，其中实地调查 910 件，实地调查率 55.90%；拒付 236 件，涉及总医疗费用 370.61 万元。意外伤害闭环数据交互 32786 条，发现问题信息 42 条，追回医保基金 16.61 万元。

**【谈判药品“双通道”管理】** 遴选确定 4 家连锁药店纳入国家谈判药品“双通道”管理，国家谈判药品配备率均达到 30%以上。7 月，推动绍兴华虞大药房有限公司上虞大药房纳入省第一批异地联网结算试点零售药店，率先在全市范围为异地参保人提供异地购药直接结算服务。8 月底，上虞区剩余 3 家“双通道”药店作为省第二批异地联网结算试点零售药店，上线异地联网结算服务。

**【医保扶贫兜底】** 上虞区进一步构建因病致贫返贫防范机制，出台政策取消困难人员大病保险最高支付限额和救助起付线，严格落实医保扶贫政策措施，完善救助对象精准识别和主动触发机制，确保医疗救助政策落实率和符合条件困难群众资助参保率两个 100%落实到位。2022 年资助参保 12847 人，财政补助参保费用 706.59 万元；医疗救助 18.70 万人次，医疗救助金额 2207.91 万元。

**【疫情防控缓解社会医保压力】** 缓缴除大型企业、机关事业单位外的 1.55 万余家用人单位 7 月至 9 月的职工基本医疗保险费单位缴费部分（含生育保险费）费用 2.07 亿元，缓解企业资金压力。拨付新冠疫苗费用 1025.03 万元，接种费用 568.93 万元；疫情期间定点医疗机构医保周转金 2.01 亿元，缓解医疗机构资金周转压力。

**【医保重点领域改革力度】** 上虞区推进药品耗材集中采购改革，组织全区公立医疗机构参与药品和医用耗材集中采购，先后执行 9 批次国家、省、市联盟药品报量、集采，涵盖高血压、糖尿病、高血脂、抗感染、抗肿瘤等多个治疗领域；执行冠脉支架、人工关节、心脏起搏器、人工晶体等 6 个批次 14 个大类的医用耗材集中带量采购，平均降幅 50%以上。实施医保基金总额预算管理，住院费用按 DRGs 点数法和按床日付费改革，建立“结余留用、超支分担”激励约束机制，引导医疗机构主动控费，定点医疗机构住院均次费用、住院时长和个人负担明显下降。对医疗服务价格进行动态调整执行监督，联动执行新冠核酸及抗原检测价格完善调整 3 次，椎管内麻醉、ICU 单元治疗等医疗服务价格项目 70 余项。（王　瑶）

# 体　育

## 综　述

**【概况】** 2022年，体育工作围绕区教体局中心工作和创新思路，深化体教融合，增强竞技体育核心竞争力，推进学校体育“五大提升工程”，完善品牌赛事体系，助力打造体育“重要窗口”。在全市率先推出全国足球特色学校联赛，开展阳光体育赛事18项，新增全国、省级足球特色学校3所，绍兴市首批棒球进校园定点学校6所，组织万余名学生参与体质与技能测试比赛，虞籍高校新生体育测试总成绩优良率、合格率位列全省第七、全市第一。完成了绍兴市下达的省运会金牌指标数。新培养国家二级运动员20人，16位学生通过单招单考被武汉体育学院等高校录取。获2018—2021年全省竞技体育突出贡献奖、绍兴市集体三等功。5项赛事入围绍兴市体育品牌赛事，入选数量居全市首位。承办全国优秀旅游城市围棋赛、全国围棋甲级联赛、浙江省足球超级联赛等高规格体育赛事12场次。上虞足球队晋级中国足球乙级职业联赛，创造历史。获浙江省重大赛事优秀组织奖、市委市政府改革开放创新发展突出贡献奖。创成浙江省首批体育现代化区，开启体育赋能“青春之城”建设新篇章。

**【免费游泳培训】** 帮助水乡孩子掌握游泳技能，全年小学生免费游泳培训达2200人。

**【校园体育】** 树立“健康第一”“每天锻炼一小时”的现代健康理念，全面实施《国家学生体质健康标准》，开展“阳光体育运动”。深化阳光体育赛事和嘉年华活动有机融合，开展上虞区阳光体育赛事18个项目的比赛，嘉年华活动4次。率先推出全国足球特色学校联赛。开展第四届技能测试大赛，第八届中小学生体质测试大赛和第一届初升高学生体质普测大赛等具有上虞特色的体育赛事，涉及各个年级与年龄，参与学生达10000多人。春晖中学在全省普通高中总成绩合格率中排名第一，蝉联9届。体育教师优秀团队星级创建实施。小学、初中、高中三个学段38支团队协同共进，共有8支团队获得五星级团队。（沈渭清）

## 群众体育

**【概况】** 2022年，《上虞区全民健身实施计划（2021—2025）》发布。高分通过省首批体育现代化县（市、区）验收评估，成为浙江省首批体育现代区。创建国家体育产业示范基地、浙江省赛事集聚县（市、区）。上虞翼龙足球俱乐部组队参加中国足球协会会员协会冠军联赛（简称中冠）获得第七名，取得递补进入中国足球乙级联赛（简称中乙）资格，成为上虞第一支打进足球职业联赛的队伍。5项赛事入围绍兴市体育品牌赛事名单（全市共计16项），成为入选赛事数量最多的区（县、市）。

市民中心运动场地改造提升工程、上虞市民中心体育公园项目相继于6月竣工验收。其中，市民中心运动场地改造提升工程包括篮球场、田径场、足球场、网球场及周边配套修复提升，总建设面积约为62140平方米，投资金额2044.33万元。新建“体育+公园”项目5个，社会足球场2个，社区多功能运动场2个，中心村全民健身广场3个，建设百姓健身房7个，健身步道50千米，形成15分钟健身圈。

年内，累计新增社会体育指导员74人，在册人数1629人，在线激活近800人。

【群体活动组织情况】 年内，组织开展各级各类群体活动：普净寺爬坡赛、浙江省足球超级联赛、区男子篮球超级联赛、区足球超级联赛、区第二届体育舞蹈大赛、区“宇安消防”杯乒乓球双打比赛等赛事。“木兰绽放展英姿健康向上迎亚运——体育让生活更美好”、“广义健康杯”2022年上虞区木兰拳协会第十一个集中展示活动、上虞区第26个全民健身节启动仪式暨2022曹娥江荧光健步走活动、上虞民间体育吉尼斯创评活动、“体育进农村文化礼堂”等一系列活动。

【高危体育项目】 累计审批高危体育项目6家，其中1个为全区首家攀岩项目高危许可。对全区所有的高危场所进行近300次不定期、不定时的循环、跟踪专项检查。全年无安全责任事故。

【体医融合全省领先】 对全区总人口千分之五的居民进行体质测试，通过乡镇各站点体质测试，节假日体质测试主题活动及体质测试进企业进校园会等不同形式的活动，有针对性地对群众体质状况进行分析，为市民健身提供科学指导。2022年，完成体质监测4200例，合格率达到94.1%。运动医学康复俱乐部项目（绍兴市体卫融合健康科技有限公司）进入试运营阶段。 （沈渭清）

## 竞技体育

【概况】 2022年，上虞区在市锦标赛中获275金179银150铜，位于各县市区前列。另有20人次获“国家二级运动员”称号。16位学生通过单招单考被武汉体育学院等高校录取。

深化“一校一品”“一校多品”体育特色创建活动，年内，新增1所全国足球特色学校，2所省级足球特色学校。上虞足球队晋级中国足球乙级职业联赛。

【“国字号”扎根上虞】 上虞具有多次承接高水平运动队集训和承办国家级赛事的经验，吸引世界纪录拥有者杨家玉所在的国家竞走队、功勋教练朱志根带领的浙江省游泳队以及浙江省田径队等众多高水平竞技队伍来虞集训。2022 全国游泳冠军赛暨亚运选拔赛、2022年全国接力锦标赛和2022年全国拳击锦标赛等国家级赛事在上虞举办。承办全国优秀旅游城市围棋赛、全国围棋甲级联赛、浙江省足球超级联赛等高规格体育赛事12场次。

【竞技体育发展新路径】 上虞区“推动体教融合”项目作为浙江省“揭榜挂帅”深化社会力量办体育改革重点项目，借助单项协会组织、社会办学团体、民间体育俱乐部等外界力量支持，依托社会力量合作开展青少年高尔夫、攀岩等竞技项目，推广青少年棒垒球进校园，先后承办浙江省首届幼儿街舞表演大赛、浙江省幼儿街舞教师培训班、绍兴市首届街舞运动员选拔赛、绍兴市青少年街舞锦标赛等系列赛事活动。

【竞技水平提高】 完成上虞区体育特招生、特长生测试录取工作，补齐和引进体育后备人才力量，做好运动员梯队建设，完成两次浙江省运动员注册工作，注册人数达600余人。专题研究制定并下达绍兴市十运会各校金牌指标任务。招聘省队退役运动员7名，壮大教练队伍。 （沈渭清）

## 体育产业

【概况】 2022年，继续实施《上虞区人民政府关于加快发展体育产业促进体育消费的实施意见》和《上虞区体育产业发展专项引导资金使用管理暂行办法》，大力扶持品牌赛事、群体活动、体育产业。省级“体卫融合”试点项目——区运动康复指导中心投入运营。全年争取省市体育产业引导资金近600万元，累计发放区体育产业引导资金近150万元。开展体育消费券的宣传发动，全区累计参与商家近百家，累计购买金额超1000万元。体育彩票销售突破2.2亿元。上虞区创成浙江省首批体育现代化区。

【重点赛事】 2022年，全国健身气功八段锦网络视频大赛、2022全国优秀旅游城市围棋赛、中国围棋甲级联赛、浙江足球超级联赛等举行；举办第七届曹娥江半程马拉松、第二届千名博士和青年人才马拉松、第二届长三角木球争霸赛、第十三届长三角龙舟邀请赛、丰惠祝家庄山地单车速降赛等重点赛事。

【体育设施建设】 实现人均体育场地面积 3.08 平方米，居全市领先。全年举办各级各类群体赛事、阳光赛事 200 余场次，参与人员达 15 万余人次。新建“体育+公园”项目 5 个，新建社会足球场、社区运动场、百姓健身房、全民健身广场等 14 个，新建健身步道 50 千米，形成 15 分钟健身圈。

【资金助力产业发展】 为大康体育、舜康体育、博润体育等多家体育制造业、体育服务业公司争取到省市体育产业引导资金 600 余万元。为区体育产业相关单位发放区级体育产业引导资金近 150 万元。

（沈渭清）

# 社会事务

## 民政事务

**【概况】** 截至2022年，全区共有注册登记的社会组织864家，其中社会团体267家，民办非企业591家，基金会6家；有备案社区社会组织3685家，其中农村社区社会组织2692家，城市社区993家。2022年共新登记注册社会组织35家，其中民办非企业20家，社会团体10家，基金会5家；注销社会组织11家，其中民办非企业4家，社会团体7家；另有71家社会组织办理变更手续，其中民非26家，社会团体45家。2022年新备案社区社会组织92家，其中农村社区社会组织79家，城市社区13家。

2022年，上虞区婚姻登记处共办理结婚登记4337对，比2021年增加1108对，同比增长34.31%。其中初婚7224人，比2021年增加2231人，同比增长44.68%；再婚1102人，比2021增加99人，同比增长9.87%；复婚348人，比2021年减少86人，同比下降24.68%。办理离婚登记884对，比2021年增加78对，同比增长9.68%。补发婚姻证7754件，比2021年减少5716件，同比减少42.4%；出具（无）婚姻登记记录证明1份，与2021年持平。

2022年，共救助服务流浪乞讨人员357人次，救助金额325.62万元。收治精神性障碍人员42人（包括今年新进5人），其中护送交接10人，家属接回14人，落户安置15人；进中心寻求救助58人，其中提供乘车凭证自行回家的有30人，提供现金返乡12人。全年无流浪乞讨人员因救助不到位而发生意外死亡事故，无重大安全生产事故。（张　波　阮　波　张　进）

**【地名管理】** 2022年，乡镇（街道）申报道路名31个。加强对地名标识标牌的管理，新设、更换路名牌264块，住宅楼幢牌276块。编制门牌号码1161个，室户号3890个，出具地名证明294个。（王维诺）

**【上虞区永仁路等28条道路命名方案获批复】** 11月29日，上虞区永仁路等28条道路命名方案获市级批复。

表13　　2022年上虞区永仁路等28条道路命名方案

| 序号 | 区域 | 所属片区 | 标准名称 | 起点 | 止点 | 长度（米） | 宽度（米） | 道路走向 | 道路等级 |
|---|---|---|---|---|---|---|---|---|---|
| 1 | 曹娥街道 | 杭州湾经济开发区 | 永仁路 | 裕丰路 | 江西北路 | 3200 | 30 | 南北 | 次干路 |
| 2 | 曹娥街道 | 杭州湾经济开发区 | 化龙路 | 永仁路 | 悦江路 | 1660.85 | 30 | 南北 | 次干路 |
| 3 | 曹娥街道 | 杭州湾经济开发区 | 裕丰路 | 人民大道西段 | 复兴西路 | 1829.56 | 30 | 南北 | 次干路 |
| 4 | 曹娥街道 | 杭州湾经济开发区 | 悦江路 | 规划永宁路 | 化龙路 | 2978.37 | 30 | 东西 | 次干路 |
| 5 | 曹娥街道 | 杭州湾经济开发区 | 长兴路 | 裕丰路 | 悦江路 | 3118.89 | 18 | 南北 | 支路 |

续表

| 序号 | 区域 | 所属片区 | 标准名称 | 起点 | 止点 | 长度（米） | 宽度（米） | 道路走向 | 道路等级 |
|---|---|---|---|---|---|---|---|---|---|
| 6 | 曹娥街道 | 杭州湾经济开发区 | 云起路 | 永丰路 | 福应路 | 727.40 | 12 | 东西 | 支路 |
| 7 | 曹娥街道 | 杭州湾经济开发区 | 云中路 | 永丰路 | 长兴路 | 929.09 | 16 | 东西 | 支路 |
| 8 | 曹娥街道 | 杭州湾经济开发区 | 云彩路 | 永丰路 | 永盛路 | 605.56 | 12 | 东西 | 支路 |
| 9 | 曹娥街道 | 杭州湾经济开发区 | 云峰路 | 永仁路 | 长兴路 | 658 | 16 | 东西 | 支路 |
| 10 | 曹娥街道 | 杭州湾经济开发区 | 智兴路 | 虞中大道 | 曹娥江故道 | 1172.93 | 18 | 东西 | 支路 |
| 11 | 曹娥街道 | 杭州湾经济开发区 | 智汇路 | 虞中大道 | 长兴路 | 630.29 | 16 | 东西 | 支路 |
| 12 | 曹娥街道 | 杭州湾经济开发区 | 智行路 | 虞中大道 | 永盛路 | 448.41 | 12 | 东西 | 支路 |
| 13 | 曹娥街道 | 杭州湾经济开发区 | 智享路 | 规划永宁路 | 虞中大道 | 1312.91 | 18 | 东西 | 支路 |
| 14 | 曹娥街道 | 杭州湾经济开发区 | 永明路 | 云峰路 | 复兴西路 | 192.05 | 12 | 南北 | 支路 |
| 15 | 曹娥街道 | 杭州湾经济开发区 | 永盛路 | 智兴路 | 悦江路 | 1777.65 | 16 | 南北 | 支路 |
| 16 | 曹娥街道 | 杭州湾经济开发区 | 联云路 | 五星西路 | 复兴西路 | 1348.45 | 18 | 南北 | 支路 |
| 17 | 曹娥街道 | 杭州湾经济开发区 | 创想路 | 人民大道西段 | 智享路 | 479.64 | 18 | 南北 | 支路 |
| 18 | 曹娥街道 | 杭州湾经济开发区 | 创立路 | 化龙路 | 裕丰路 | 367.14 | 18 | 东西 | 支路 |
| 19 | 曹娥街道 | 杭州湾经济开发区 | 创远路 | 五星西路 | 裕丰路 | 583.64 | 18 | 东西 | 支路 |
| 20 | 曹娥街道 | 杭州湾经济开发区 | 福应路 | 云中路 | 悦江路 | 133.62 | 12 | 南北 | 支路 |
| 21 | 曹娥街道 | 杭州湾经济开发区 | 创绩路 | 长兴路 | 曹娥江故道 | 379.91 | 16 | 南北 | 支路 |
| 22 | 曹娥街道 | 孝德文化小镇 | 孝丰路 | 孝女路 | 渡江路 | 1075.93 | 20 | 东西 | 支路 |
| 23 | 曹娥街道 | 孝德文化小镇 | 孝诚路 | 孝女路 | 孝闻路 | 545.98 | 16 | 东西 | 支路 |
| 24 | 曹娥街道 | 孝德文化小镇 | 孝感路 | 孝女路 | 腾飞南路 | 284.67 | 16 | 东西 | 支路 |
| 25 | 曹娥街道 | 孝德文化小镇 | 孝闻路 | 孝丰路 | 渡江路 | 262.75 | 20 | 南北 | 支路 |
| 26 | 曹娥街道 | 孝德文化小镇 | 孝治路 | 孝感路 | 渡江路 | 220.01 | 12 | 南北 | 支路 |
| 27 | 曹娥街道 | 孝德文化小镇 | 腾飞南路 | 城南大桥北侧匝道 | 渡江路 | 720 | 20 | 南北 | 支路 |
| 28 | 丰惠镇 |  | 丰永路 | 永和镇余梁叉口 | 百悬线丰惠镇东门村叉口 | 11000 | 40 | 东西 | 支路 |

（徐卓维）

【殡葬管理】 完成公益性公墓扩建项目审批 4 个，下拨公墓建设补助资金 374.12 万元。开展公益性公墓规划修订工作，涉及乡镇 13 个，点位 41 个，其中选址新增 7 个，原址激活 15 个，规划扩容 7 个，取消规划 12 个，合计减少规划用地 577.99 亩，减少墓穴数量 72179 个，增加格位 3000 个。完成镇级公墓核价 3 家，村级公墓价格备案 3 家。开展省级节地生态安葬点申报和建设工作，丰惠镇祝家庄大青山生态陵园成功创建为省级节地生态安葬示范点。（顾文华）

【社会组织品牌建设】 参加省市品牌社会组织、品牌项目、领军人物申报工作，2022 年共获评省级品牌社会组织 1 家（区慈善总会），获评市级品牌社会组织 1 家、品牌项目 1 个、领军人物 4 名。开展区级品牌社会组织和领军人物遴选工作，评选出区级品牌社会组织 10 家、领军人物 7 名。（张　波）

【社会组织整治】 2022 年，共完成 16 家社会组织的处置工作，其中 7 家完成注销，7 家完成整改，2 家完成撤销。规范协会商会收费，除去 7 家运行异常的行业协会商会，共有 45 家行业协会商会报送收费情况自查表，有 4 家收取会费不规范。对于未按规定程序制定或修改会费标准的，一律退还。通过会费标准降低、减免等共减轻企业负担 46 万元，缓缴收费减轻企业负担金额 11 万元。（张　波）

## 民族·宗教

【概况】 2022 年，上虞有宗教活动场所 52 家，其中佛教 35 家，天主教 1 家，基督教 16 家。现有登记备案的民间信仰活动场所 219 家。上虞区国宁禅寺被命名为“省级宗教普法示范点”。

上虞区有少数民族 36139 人（民族成分 47 个），其中流动人口 31250 人，常住人口 4889 人。设有上虞区民族团结进步促进会，会长 1 人，副会长 4 人，促进会会员 65 人。

【民族团结进步创建】 2022 年，龙山学校、崧厦街道潘韩村获第五批省级民族团结进步创建重点培育单位称号。

【宗教活动审批】 2022 年，共办理行政许可 4 件，行政确认 3 件。

【区少数民族联谊会第三次会员大会召开】 7 月 29 日，绍兴市上虞区少数民族联谊会第三次会员大会在上虞区党外人士之家召开。会议听取并通过第二届理事会工作报告和财务报告，审议和通过《关于上虞区少数民族联谊会更名的说明》和《上虞区民族团结进步促进会章程（修正案）》，上虞区少数民族联谊会更名为上虞区民族团结进步促进会。

【陈振华到上虞调研】 9 月 19 日，浙江省民族宗教事务委员会副主任、一级巡视员、党组成员陈振华一行赴绍兴市上虞区般若寺、道墟基督教堂调研宗教中国化场所建设工作。

【举行助学基金捐赠仪式】 9 月 30 日，由绍兴市上虞区委统战部（民宗局）指导的“献礼二十大·助学向未来”助学基金捐赠仪式在上虞区党外人士之家举行，上虞区指津寺、国宁禅寺等联合向“炉峰慈联·天天向上”奖学基金定向捐赠 11 万元善款，绍兴市佛教协会会长、炉峰禅寺慈善联合会净芳会长等参加仪式。

【佛教界开展书画邀请展】 10 月 10 日，“喜迎二十大 奋进新征程”上虞佛教界书画邀请展开幕式在上虞区党外人士之家举行。

【政协民宗界别委员活动】 11 月 8 日，上虞区政协召开“用中华优秀传统文化浸润宗教、坚持佛教中国化方向”专题协商会，上虞区佛教界政协委员参加。上虞区政协副主席章颖芳应邀参加并讲话。

【“之江问道”讲经交流会】 11 月 6 日，绍兴市上虞区佛教协会学习贯彻中共二十大精神暨“之江问道”讲经交流会在上虞区指津寺举行。全区各佛教场所负责人和信众代表近 70 人参加此次讲经交流会。交流会上，11 位法师围绕宗教中国化、中华优秀传统文化、爱国爱教爱社会主义、崇俭戒奢等主题依次登台进行讲经交流发言。此次讲经交流会共评选出一等奖 1 名、二等奖 2 名、三等奖 3 名及参与奖 5 名。

【基督教中国化讲经交流会】 12月12日，绍兴市上虞区基督教“两会”举办“之江问道·和美上虞”基督教中国化专文交流会。10名牧师围绕坚持我国宗教中国化方向，积极引导宗教与社会主义社会相适应，结合学习中共二十大精神体会进行发言交流。（赵一波）

## 老龄工作

【概况】 2022年，全区共有绍兴市上虞区百官街道社会养老服务中心、绍兴上虞海阳养老服务有限公司曹娥养护院、绍兴上虞百信医院、绍兴市上虞区社会福利中心、绍兴上虞海阳养老服务有限公司（小越街道养老院）5家医养结合机构，总床位数1033张，其中医疗床位130张，养老床位903张。医养结合机构中从事医疗卫生服务人员49人，养老服务人员129人。全年养老区域在院老人数447人，新入住老年人119人，出院老人135人（包括死亡人数36人），医疗机构为养老区域老年人提供服务853人次。

【医养结合工作】 持续开展医养结合机构服务质量提升、医养结合监测工作，开展社区医养结合能力提升行动。 实施老年人健康管理与医养结合服务项目，为65岁以上老年人提供血压、血糖、膳食营养等6大类医养结合服务，全区65岁及以上老年人医养结合服务人数达到43532人，服务率达28.29%。加快推进安宁疗护病区（床位）建设，上虞区丰惠中心卫生院建立安宁疗护病区。绍兴市上虞人民医院、绍兴市上虞中医医院、绍兴市上虞第二人民医院均建立老年学科。

【老年友好环境建设】 绍兴市上虞第二人民医院被评为浙江省老年友善医疗机构，道墟街道社区卫生服务中心、曹娥街道社区卫生服务中心、章镇中心卫生院、盖北镇卫生院、谢塘镇卫生院、驿亭镇卫生院、永和镇卫生院、上浦镇卫生院、汤浦镇卫生院、丁宅乡卫生院、陈溪乡卫生院、岭南乡卫生院等12家基层医疗机构获2022年上虞区老年友善医疗机构。

【“六个老有”建设】 开展全区第十二届“孝亲敬老月”、第十个全国“老人节”和省老年文化艺术周庆祝活动以及省、区老年健康宣传周活动。发展老年电大工作，完成2022年春秋季老年电大教学工作，共招收学员68212名，发放教材14.4万本。

【卫健系统打击整治养老诈骗专项行动】 严厉依法查处养老机构内设的无资质医疗机构、无行医资质人员擅自为老年人诊疗等违法行为。共悬挂宣传标语横幅90余条；制作防养老诈骗专题宣传片持续在全区364个点位播放；累计出动执法人员528人次，与民政等部门联合执法1次；累计排查176家次医养结合机构、养老机构；累计发现养老机构内涉医违法行为案件一件，处罚金额3000元。（张鑫培）

## 卫生与计划生育

【概况】 2022年度全区出生人口为2985人，较上年减少652人，人口出生率4.18‰。出生人口中男孩1544人，女孩1441人，出生人口性别比107.15。其中一孩出生2058人，较上年减少344人，一孩占总出生人口的68.94%，一孩中男孩1058人，女孩1000人；二孩出生879人，较上年减少288人，二孩占总出生人口的29.45%，二孩中男孩出生462人，女孩出生417人；三孩出生45人，较上年减少20人，三孩占总出生人口的1.51%，其三孩中男孩24人，女孩21人；多孩出生3人，多孩占总出生人口的0.01‰。育龄妇女15.2718万人，女性初婚2764人。加强宣传引导，把握正确舆论导向，做好三孩政策衔接工作。同步调整相关工作，部分重点问题予以妥善处理。持续稳妥地实施生育政策，关爱妇幼健康，开展母婴设施标准化建设提升，为群众提供三优服务。

【计生奖励扶助金】 全区新增奖扶对象18390人，退出1510人。奖扶金全年发放对象共计42459人，其中“农村双女户”对象13258人，发放金额4076.064万元。

【计生特扶金】 全区特扶对象新增98人、退出21人，特扶总扶助对象1324人，发放特扶金1503.36万元。

**【落实生育关怀系列保险】** 705 名失独对象享受 12.69 万元保险补贴，理赔 103 人次，理赔金额 13.51 万元。

**【两性安康保险】** 为 19829 名育龄群众参加了两性安康保险，总保额 230.35 万元，理赔金额 205.8 万元。

**【加强计生困难对象救助】** 救助计生困难对象 247 名，发放公益金 74.76 万元。（张鑫培）

## 新居民管理

**【概况】** 2022 年，全区登记在册新居民 25.48 万人，居住出租房屋 4.53 万间，累计发放电子“浙江省居住证”14643 本，累计办理省内居住证互认 5564 人，实现省域内人口流动便利化。电子证件在劳动就业、社会保险、义务教育、卫生计生、文化体育、住房保障、公共交通、社会事务、法律服务、社会救助、证照办理、户口登记等 12 个场景得到应用，方便办事新居民。

**【新居民工作座谈会】** 8 月 5 日，区新居民服务中心组织召开新居民服务管理工作座谈会，区人社局、教体局、住建局、建管中心等部门业务科室负责人参加会议。

**【新居民专管员业务培训会】** 12 月 1 日，区新居民服务中心组织召开全区新居民专管员业务知识培训会，来自全区 20 个乡镇（街道）、杭州湾综管办新居民专管员共计 96 人参加培训。（谭红燕）

## 关心下一代工作

**【概况】** 2022 年，新建基层关工委 50 家，全区基层关工委组织达 577 家，覆盖率超 95%。资助 600 多名当年考上大学和在校读大学、在虞三所大学求学的家境困难学生，金额总计 240 万元。表彰褒奖 37 名少年英才和 35 名道德模范。

**【绍兴市上虞区关心下一代工作委员会机关设立】** 5 月 23 日，区委编委发文明确设立绍兴市上虞区关心下一代工作委员会机关，与区委老干部局合署办公。原在区教育服务中心挂牌的“区关心下一代工作服务中心”予以撤销。

**【区家风家教宣讲团成立】** 联合教体局、妇联，选拔 15 名优秀讲师，成立区家风家教宣讲团。结合家庭教育、家风建设、思想道德教育、心理健康指导等内容，推出系列精品课程，进学校、社区、农村开展宣讲活动，力争进一步树立“重家教、守家训、正家风”的价值导向。（王菊芳）

## 慈善事业

**【概况】** 截至 2022 年末，全区共有各类慈善组织 9 家，其中 2022 年新增慈善组织 6 家，具体为绍兴市上虞区莲花慈善社，绍兴市上虞区乡贤文化发展基金会，绍兴市上虞区见义勇为基金会，绍兴市上虞区百官街道社区发展基金会，绍兴市上虞区曹娥街道孝德社区发展基金会，绍兴市上虞区天香华庭强社惠民社区发展基金会。

2022 年，慈善总会共计募得善款 4810.83 万元，其中慈善冠名基金 2785 万元，“慈善一日捐”278.8 万元，各类定向捐赠 749.9 万元；精准发放慈善资金 3529.77 万元，受益群众超过 30 万人次，助力基础设施建设和促进集体经济增收乡村上百个，有力推进共同富裕示范区建设。2022 年区慈善总会被浙江省民政厅评为浙江省品牌社会组织，同时通过 AAAAA 级社会组织复评。

**【东西部协作捐赠】** 根据对口协作地区金口河区的需求，共捐赠各类款物逾 583.2 万余元，其中捐款 450.1 万元，捐物折价 133.1 万元。

**【疫情期间社会捐赠】** 2021 年 12 月 16 日，上虞区民政局、上虞区红十字会、上虞区慈善总会联合发布“关于做好防控新冠肺炎疫情接受社会捐赠工作的公告”，接受社会各界捐款捐物，支援疫情防控，至 2022 年 1 月 18 日正式结束，累计接受社会捐赠 28301479.98 元。其中：绍兴市上虞区红十字会累计接受社会捐赠款物 8218358.42 元，其中捐赠资金 236 笔，合计 4666051.42

元；由上虞区红十字会直接接受的捐赠物资 15 笔，价值 3552307 元；绍兴市上虞区慈善总会“上虞区新冠肺炎疫情防控专项项目”累计接受捐赠款物共计 20083121.56元，其中捐赠资金4133笔，合计17507758.56元，物资 18 笔，价值合计 2575363 元。 （张 波）

## 红十字会

**【概况】** 2022 年，上虞区募集资金近 274 万元，接受疫情防控捐赠款物 821 万元。全年出动应急救灾 21 次，参与志愿救助活动 591 次，公益时间 68680 小时。全年完成造血干细胞采样入库 103 人份，实现捐献 1 例；器官（遗体、组织）捐献登记 560 份，实现器官捐献1例。全年累计开展应急救护普及性培训 142场，培训群众 30282 人次，开展心肺复苏、AED 使用为主的救护员培训 103 期，新增救护员 4933 人。

**【人道救助】** 开展“博爱送万家”，实施“教育红十字博爱基金”、君安博爱基金等救助项目，对接省市红十字会做好“炉峰慈联大病救助”“护苗行动”“母婴平安”“小桔灯”等公益项目，对因病致贫、外来务工孕产妇，器官捐献家属子女等易受损群体进行救助，拨付各类救助资金 122.9 万元，救助群众 3338 名。

**【红十字应急救护二级师资培训班】** 7 月 15 日，为期 5 天的上虞区红十字应急救护二级师资培训班结束，35 名学员取得“救护师资格证书”。

**【村（社）红十字组织实现全覆盖】** 至 2022 年年末全区有部门红十字会 3 家，企业红十字会 17 家，乡镇街道红十字会 20 家，村社红十字会 355 家，学校红十字会 81 家，红十字基层组织日益健全。

**【群众身边的红十字会建设】** 全区按“五有”标准新建博爱家园 13 个，总数达 25 个，乡镇街道覆盖率达到 100%，累计下拨资金 40 余万元，为博爱家园配备急救箱、急救包和轮椅、担架等共享救护器材。

**【青少年游泳救援】** 向全区易落水河流、湖泊等新投放游泳圈、救生绳 500 套，连续 8 年持续在全区水域投放游泳救生设施 3300 余套，并开展常态化巡查工作。全年发放家庭急救包 1000 余只、应急救护宣传手册 5000 余份，举办红十字青少年夏令营，通过模拟救援普及防溺水、应急救护知识，帮助青少年克服对水的恐惧。

**【公共场所 AED 投放】** 2022 年，上虞区新增自动体外除颤器（AED）42 台，5 年累计投放 AED 108 台，基本达到户籍人口每万人 1.5 台的指标要求。（金莉莉）

## 残疾人事务

**【概况】** 2022 年，全区有乡镇（街道）残联 20 个、残疾人专门协会 6 个，残疾人专职委员 20 名，持证残疾人 16006 名，其中:肢体残疾 8275 人、听力残疾 2197 人、视力残疾 1683 人、智力残疾 1557 人、精神残疾 2116 人，言语残疾 132 人，多重残疾 46 人。

年内，发放残疾人灵活就业社保医保补助 1965 人，共计 11233108 元。指导和监督农村残疾人就业基地建设，共计发放补助资金 9.1 万元。发放残疾人大学生及贫困残疾人大学生子女助学补助 47 人、403065 元。发放 2021 学年智障学生家长陪读补助 188 人次、29.04 万元。年内残疾人临时救济 220 人，补助金额 20 万元。

举办残疾人专场招聘会，组织 13 家企业参与招聘，设立残疾人专职岗位 68 个，全区参加招聘活动的有 80 多位残疾人，达成初步意向 17 人。重视应届毕业残疾人大学生的就业工作，通过推荐岗位、职业培训以及公务员考试培训，最终除 1 人专升本继续深造学习以外，其余学生均实现 100%就业。完成事业单位残疾人专岗招聘工作，招聘事业编制员工 1 人。2022 年有 209 名残疾人实现就业。组织残疾人参加电商（抖音）直播、残疾人数字经济背景下创业技能提升、面点制作、青瓷、茶艺、书法等方面的培训，帮助残疾人开辟新就业途径，鼓励残疾人就业创业，年内共培训残疾人 328 人。

年内开展对全区机关、企事业单位开展按比例安排残疾人就业情况申报认证工作，共认证 714 家企事业单位，安置 1657 名残疾人就业，征收残疾人就业保障金 9439.84 万元。奖励超比安置残疾人就业企业 8 家，共奖励企业 126270 元。

年内，百官爱德、驿亭宏盛、章镇3家“残疾人之家”年内提升建设升星成功。仍在运行的残疾人之家中有四星级“残疾人之家”3家，三星级“残疾人之家”14家，“残疾人之家”共有庇护人员221人，全年共计为“残疾人之家”发放补助251.70万元。

完成中残联精准康复服务系统数据采集，有需求的残疾人服务16252人次，基本康复服务率100%，辅具适配率100%，确保全区残疾人“小康路上，一个也不能少”目标的实现。开展残疾儿童康复训练补助工作，对残疾儿童在定点康复机构进行康复训练的，最高补助3万元，为62名符合条件的儿童发放补助128.3万元，完成任务数的124%。将残疾人康复工作整体融入“健康浙江·健康绍兴·健康上虞”战略，为369人次适配463件基本型辅具器具，其中大额辅具248人次、256件；小额辅具164人次、207件。总费用27万元，完成任务数的189%。认真做好重性精神病住院补助工作。重性精神病人住院在报销后自负部分的医药费用，凭有关凭证申请补助，有437人次享受补助，补助金额397.88万元（其中安康医院25人次90.34万元）。推进困难残疾人家庭无障碍改造，为全区20个乡镇113户残疾人家庭进行无障碍设施改造和辅具配发。深入开展无障碍社区创建和重要公共服务场所无障碍改造工作。百官街道南丰社区创建为省级无障碍社区，对便民中心、中华孝德园、人民医院等10个公共服务场所进行标准化的无障碍改造。

**【第32次“全国助残日”活动】** 5月15日是第三十二次全国助残日，围绕“关心帮助残疾人，实现美好中国梦”主题，上虞区开展助残日系列活动。开展“因爱相融汇聚温暖，与你同行共享芬芳”文化助残“六个一”活动，全年共开展4场青年残疾人读书会，开展4场绘本故事会，组织10场游园活动，组织残疾人观看无障碍电影12场，组织残疾人参加文创活动1场。

**【第30个“国际残疾人日”活动】** 上虞区开展助残主题微心愿活动，在前期征集筛选的基础上，根据100户贫困残疾人家庭的微心愿向他们捐赠心愿礼物，每份礼物价值300元左右。在百观新闻App以线上小程序的模式，开展扶残助残知识竞赛，呼吁全社会消除歧视偏见。

**【“乐虞助残”应用被列为全省残联系统“一地创新，全省共享”提炼提升项目】** 5月，“乐虞助残”应用被列为全省残联系统“一地创新，全省共享”提炼提升项目，在“乐虞助残”应用基础上谋划开发省级“连心e站”应用，涵盖精准画像、入户访视、需求管理、社会助残4大场景应用，对残疾人进行精准画像，实现“一人一策”精准服务，在上虞区开展相关试点，并在全省复制推广。上虞区作为试点地区，从9月开始将开展困难残疾人入户访视作为残联组织和残疾人工作者履行工作职责和开展上门服务的常态化工作方式，重点关注困难残疾人家庭，并根据困难情况建立帮扶等级清单，实时采集残疾人个性化多样化需求，形成残疾人信息“四张清单”，对服务进展实时跟踪、结果及时反馈、工作成效实时晾晒，形成工作闭环，提升入户访视的精准化水平，使“连心e站”应用成为数智践行“三个第一者”的重要载体。

**【加强残疾人工作促进共同富裕】** 8月17日，根据全市残疾人事业发展大会暨助残促富推进会精神，上虞区拟定《关于绍兴市上虞区进一步加强残疾人工作促进共同富裕的十大行动》。8月27日，在上虞区高质量发展推动共同富裕现场推进会上，就进一步加强残疾人工作促进共同富裕的十大行动向新闻媒体进行发布。“十大行动”55项助残共富具体任务聚焦残疾人从出生到死亡的全生命周期，涵盖从政府到企业、从个人到全社会的方方面面，能更大程度帮助残疾人在就业、康复、教育等方面解决实际困难，改善残疾人参与社会生活的环境和条件，切实维护残疾人的合法权益。

**【上虞区残疾人联合会第二届代表大会】** 12月17日，上虞区残疾人联合会第二届代表大会召开。大会听取并审议通过区残联第一届主席团工作报告，选举产生区残联第二届主席团委员和出席绍兴市残疾人联合会第八次代表大会代表，聘请主席团名誉主席，选举主席团主席、副主席，推举执行理事会理事长等。陈坚、赵文中、许建超受聘为区残联第二届主席团名誉主席，孙伟琴当选为区残联第二届主席团主席，戴秀兰当选为区残联第二届执行理事会理事长。 （邵汉楚）

## 社会保险

**【参保概况】** 2022年，共完成参保扩面5342人，完成率102.73%；缴费基数夯实率71.79%，完成率102.56%；当年企业职工基本养老保险费收入337773万元，完成率96.33%。截至年末上虞区基本养老保险参保单位16233家，共计参保43.22万人，比上年底增加1.56万人。城乡居保共计参保15.94万人，比上年底减少0.34万人。机关事业参保单位433家，参保人数2.45万人，比上年底增加426人。参加工伤保险的单位共19076家，共计参保28.91万人，比上年底减少1.04万人。参加失业保险的单位共16393家，共计参保21.74万人，比上年底增加0.24万人。

截至年末，办理上虞“延五”补缴1928名。

**【财政资金补助情况】** 2022年区财政拨入统筹外资金1.94亿元；各级财政及时足额拨入统筹内补助资金8.2亿元。

**【阶段性缓缴社保费政策】** 2022年4—12月，共有69家企业享受缓缴政策，其中企业职工养老保险缓缴2298万元，工伤保险缓缴83万元，失业保险缓缴120万元。

**【社保降率减费工作落实】** 根据《人力资源社会保障部办公厅财政部办公厅国家税务总局办公厅关于2021年社会保险缴费有关问题的通知》，2021年继续执行阶段性降低失业保险、工伤保险费率政策，延续实施一年至2022年4月30日。2022年度，工伤保险费率下调涉及14534家为企业减免2544万元。根据省人社厅《关于做好失业保险稳岗位提技能防失业工作的通知》，延续实施阶段性降低失业保险费率政策1年，执行期限至2023年4月30日。2022年度，失业保险费率下调涉及15361家单位，为企业减免12324万元。

**【招工奖励政策兑现】** 根据全力促复工复产稳经济发展若干意见等实施细则，对在2022年3月31日前招用首次来虞产业工人，签订一年以上劳动合同并依法参加社会保险3个月以上的，同时签订1年以上劳动合同的企业给予招工奖励。最终经企业申报并经过审核，共126家单位1128人符合享受条件，合计兑现28.2万元。

**【非编人员机关养老保险和职业年金清算】** 2022年，完成1165名非编人员机关养老和职业年金清算工作。完成核三系统职业年金签约接口改造工作，截至年底已有34家单位与银行签约代扣协议，涉及参保人员86人，银行已代扣职业年金60余万元。

**【落实社保扶贫长效机制】** 2022年，为减轻困难群体参加城乡居民养老保险缴费负担，做好低保对象、特困人员、残疾人、低保边缘户等困难群体的财政代缴工作。截至2022年末，共为符合条件的3631名低保对象、特困人员等困难群体代缴保险费36.31万元，实现困难群体参保代缴全覆盖。

**【基本养老保险转移接续工作】** 2022年，充分发挥国家社会保险公共服务平台作用，跨省流动就业养老保险跨省转移接续，实现网上办理，保障参保人员社会保险权益。截至12月31日，全年办理跨省转入1479人次，转出2959人次。

**【退役士兵社会保险接续工作】** 继续做好退役军人养老保险关系转移接续清理落实工作，截至年末，已累计完成接续175人。

**【“七张问题清单”少征工程项目工伤保险费整改】** 对126个未参加工伤保险项目全部完成整改，由施工单位补缴工伤保险费548.57万元。对2022年开工建设中的15个项目通过专项检查补办工伤保险参保手续，补缴工伤保险费92.39万元。

**【2022年退休人员基本养老金调整】** 按照省人社厅《关于2022年调整退休人员基本养老金的通知》文件精神，为全区机关事业退休人员、企业职工养老退休人员调整基本养老金，实现退休人员养老金“18连涨”，惠及上虞区13.6万名退休人员，补发1—7月增资养老金1.08亿元。

**【灵活就业人员社保】** 落实放开灵活就业人员在上

虞区参加企业职工基本养老保险的户籍限制政策，截至年末为11家快递企业合计198人参加新业态工伤保险，累计办理外地户籍在虞灵活就业参加企业职工基本养老保险1042人。

【慰问金发放】 年初完成全区12.85万余名企业职工养老退休人员每人500元的春节慰问金发放工作，发放春节慰问金约6425万元；10月，为全区13.7万余名企业养老退休人员发放每人400元的重阳节慰问金，发放金额约5481.4万元。

【工伤保险】 稳步处置各类涉及工伤待遇信访、诉讼工作，完成工伤保险行政诉讼案胜诉1起，完成上级专项审计检查2次，办理工伤保险待遇核准支付3931人次，支付工伤医疗费用、一次性伤残补助金、一次性医疗补助金、一次性工亡补助金等工伤待遇合计1.14亿元，完成年度伤残津贴增资、生活护理费增资、供养亲属抚恤金调整等工作。

【追缴违规发放的基金】 核查处理“浙江数字人社工作台”“部稽核考核系统”“浙江智慧基金监管”等系统中的疑点数据和上级下发的疑点数据。区人社局加强与公安、民政、司法等部门的数据对接，对违规参保、重复领待、死亡冒领、“假人”骗领、服刑人员违规领取养老金等重点问题开展常态化检查。2022年度追缴回基金102.93万元。（黄 埜）

## 社会救助与社会福利

【概况】 2022年，上虞区共有低保户5152户6519人，其中城镇低保户842户1017人，发放资金999.33万元，农村低保户4310户5502人，发放资金5743.79万元。年内，共发放低保资金6743.13万元，低保人均补差923元，占低保标准88%，此外，全区共有低保边缘户599户1310人。2022年，共新增低保户253户346人，退出低保户717人。

【支出型贫困及重病、重残单独施保政策】 全年共审批支出型贫困家庭7户20人，审批残疾单列户51户51人，审批重病单列户6户6人。

【困难群众临时救助】 截至年末，共救助122户280人，发放资金102.7万元。

【特困供养】 截至年末，在册特困供养人员276人，其中城镇“三无”对象58人，农村“五保”对象218人。局级发放救助资金合计596.11万元。

【水库移民扶持政策】 除去沥海镇水库移民人口1767人（其中直补移民人口1567人，项目扶持人口200人），2022年复核核定，上虞区水库移民人口9991人，其中直补移民人口7696人，项目扶持人口2295人。根据上级要求，实行“一卡通”发放直补资金，一次性发放直补资金461.76万元。2022年度共开展移民扶持项目13个，总投资1024万元，移民资金820万元。截至2022年12月底，已完工项目6个，支付项目资金190.6415万元，其他项目正在有序进行中。完成历年移民扶持项目6个，拨付移民资金259.5967万元。年初报送非全面监测县4个移民村，15户每村的资料。通过浙江省移民后期扶持监测评估和绩效评价管理平台，每季度填写移民后期扶持项目实施与管理、资金使用与管理等内容并上报，填写移民扶持实施情况监测评估数据。每月报送信访信息。年中开展2021年度后扶资金绩效评价工作，上虞区水库移民后期扶持中央资金项目绩效自评为95.69分，中央和省级资金项目绩效自评为97.09分，年度绩效评价结果为优秀。（张 进）

# 开发区建设

## 杭州湾上虞经济技术开发区

【概况】 杭州湾上虞经济技术开发区成立于 1998 年 12 月，2013 年升级为国家级经济技术开发区。上虞经济技术开发区成立于 1992 年 10 月，1993 年批准为省级开发区。2019 年 1 月 23 日，国家级杭州湾上虞经济技术开发区和省级上虞经济开发区全面整合，杭州湾上虞经济技术开发区（浙江省上虞经济开发区）挂牌成立。2022 年 2 月，改名为杭州湾上虞经济技术开发区。

2022 年，杭州湾上虞经济技术开发区实现经济总量 2150 亿元，其中规上工业产值和增加值分别达到 1654 亿元和 399.6 亿元，同比分别增长 16.33%和 14.53%；高新技术产业产值和投资分别达到 1163 亿元和 60.21 亿元，同比分别增长 19.73%和 59.6%。

【园区荣誉】 2022 年，杭州湾上虞经济技术开发区创建国家生态文明建设示范区（生态工业园区），成为全国第二个获此荣誉的涉化类国家级经开区；晋级中国化工园区前十强；氟精细化工成功入选国家中小企业特色产业集群；获省制造业高质量发展“五星示范园区”、省高质量发展示范园区、第一批省级“新星”产业群、第二批省现代服务业创新发展区、省级标杆工业园区“污水零直排区”等荣誉称号。

【招商引智】 2022 年，杭州湾上虞经济技术开发区累计完成签约项目 28 个，总投资超 470 亿元，其中 10 亿元以上项目 13 个，百亿元级项目时光新能源意向落地；申报入选国家级“引才计划”20 名，“鲲鹏计划”人才引进取得新突破。

【项目建设】 2022 年，杭州湾上虞经济技术开发区累计总投资 1555 亿元的 182 个产业项目、38 个政府投资项目实现应开尽开，每半月实施挂图作战、晾晒比拼；全年新入库项目 58 个，6 个“市县长工程”项目、11 个省“4+1”重大项目、8 个集中开工项目提前实现 100%入库；60 个项目投产，新增释放产能 115.7 亿元；新增市场主体 958 家，其中工业企业 115 家。

【文化赋能】 2022 年，杭州湾上虞经济技术开发区深化“凤凰领航、蓝海红湾”党建品牌和“白浪清沙”清廉品牌建设，挖深挖细杭州湾经开区“围涂精神”，实施“清廉发展助推工程”“清廉队伍建设工程”“清廉强企培育工程”“清廉文化润心工程”四大工程；将围涂纪念平台、党建研习馆、大企业大集团连点成线打造“红湾大学堂”本土化教育示范线路，扎实推进清廉园区建设，加速构建清廉自觉的文化体系和亲清和谐的政商环境。

【科技创新】 2022 年，杭州湾上虞经济技术开发区全面融入曹娥江科创大走廊建设，产业协同创新中心、中科院新材料创新基地、天津大学研究院及实训中心等一批重大功能平台项目逐步建成投用，“产、学、研、用”一体化的创新体系日趋完善。龙盛集团获得国家级单项冠军企业称号，连续五年蝉联中国精细化工百强榜首；晶盛机电获批国家技术创新示范企业，获省科技进步一等奖；卧龙电驱家用电机未来工厂列入省“未来工厂”名单；中化蓝天三氟乙酸系列产品获评国家级单项冠军产品，获省技术发明奖三等奖；新和成获省技术发明奖一等奖；利星化工获省技术发明奖二等奖；12 家企业获评国家级专精特新“小巨人”企业，3 家企业获评省级专精特新中小企业。

【产业链协同】 2022 年，杭州湾上虞经济技术开发区锚定主导产业发展方向，全面做强新材料、高端装备、生物医药和半导体装备及材料、新能源汽车及零部件“3+2”产业链群，通过集成创新链、资本链、人才链、供应链、服务链，奋力推进产业基础高级化和产业链现代化；围绕“创新+产业”，全面梳理产业链鱼骨图，高标准谋划建设“五园十区块”；编制经开区产业链供需关系手册，拓宽“区内循环”供需途径。

**【重大活动与会议】** 2月12日，杭州湾上虞经开区召开经济工作会议。区委书记陶关锋出席会议并讲话，区委常委、杭州湾经开区党工委书记孙海明作工作报告，区人大常委会副主任方静、副区长胡宝荣、区政协副主席孙云苗参加。

2月18日，绍兴举行最后一批市区化工产业跨区域集聚提升项目开工仪式。市委书记盛阅春宣布市区化工产业跨区域集聚提升9个项目开工。市委副书记、代市长施惠芳讲话。市领导谭志桂、魏伟、邵全卯在主会场参加。仪式以视频形式举行，主会场设在市行政中心，分会场设在杭州湾上虞经开区管委会。区领导陶关锋、金进富、陈坚、顾世明、赵文中、孙海明、阮程华在分会场参加。

2月25日，杭州湾上虞经开区召开第一届议政会，区人大常委会主任陈坚，区委常委、经开区党工委书记孙海明，区人大常委会副主任胡宝荣出席会议。

5月4日，杭州湾上虞经开区召开“强化担当大抓落实”四大行动暨迎亚运百日攻坚动员大会。杭州湾上虞经开区管委会、综管办、经控集团全体机关干部、基层站所负责人、派驻纪检组等参加会议。

6月24日，杭州湾上虞经开区召开半年度经济形势分析会暨园区整治工作会议。区委常委、杭州湾经开区党工委书记孙海明，杭州湾经开区管委会、杭州湾综管办、经控集团班子成员、派驻杭州湾纪检监察组，曹娥街道主要领导及相关分管领导参加会议。

7月4日，杭州湾上虞经开区在浙大邵逸夫医院绍兴院区项目工地组织开展在建工程突发事故应急演练。杭州湾经开区安委会相关领导、各成员单位代表、安委办成员、在建工程项目部人员及配合单位参加该次演练活动。

7月9日，区委、区政府专题召开杭州湾上虞经开区重大产业项目督查解难会。区领导陶关锋、金进富、金山中、孙海明、魏国剑、阮程华参加会议。

8月20日，杭州湾上虞经开区召开经济稳进提质攻坚行动推进会。区委常委、杭州湾经开区党工委书记孙海明，杭州湾经开区管委会、综管办、经控集团、派驻经开区纪检监察组主要负责人，曹娥街道主要领导及分管负责人，杭州湾经开区100余家企业负责人和相关单位负责人参加会议。

11月18日，2022年曹娥江绿色医药创新论坛在上虞区成功举办。来自全国制药和工艺化学领域的近五十位专家学者、领军人物和企业家，以及杭州湾上虞经开区35家企业通过线上线下方式参加该次活动，以“面向变革性的绿色制药技术”为主题，共同探索医药和制药工艺中的新方向、新趋势和新挑战，共话生物医药产业的机遇和未来。

11月19日，第十届中国生态文明论坛在江西省南昌市召开。论坛现场，生态环境部、商务部、科学技术部三部委联合授予杭州湾上虞经济技术开发区等8家园区“生态文明建设示范区（生态工业园区）”荣誉称号。

12月1日，上虞区举行“青春之城”高质量发展项目谋划擂台赛，杭州湾上虞经开区产业“园中园”项目获金奖。

12月30日，“白浪清沙·廉德润心”清廉书画摄影展在杭州湾经开区党建研习馆展出。（单雯瑶）

## 浙江上虞曹娥江经济开发区

**【概况】** 浙江上虞曹娥江经济开发区2021年12月由省政府批复成立，2022年2月正式运行，规划面积为32.14平方千米，分为江西区块、江东区块和虞东区块3个片区。发展形成风机、伞业、环保设备、仪器仪表、智能家居5个特色产业，拥有规上工业企业469家，2022年规上工业产值为484.85亿元，占全区比重22.33%。曹娥江经开区围绕打造“杭州湾南翼高端智造产业基地、长三角新材料应用产业基地、全省开发区产业转型升级示范区”这一战略定位，重点聚焦装备制造、都市产业和新材料应用三大产业，主攻上市公司产业配套、专精特新企业培育、生产性服务业发展三大方向，紧扣“青春之城”建设大力发展数字经济、平台经济、都市经济，着力打造“智创青春谷”和智能装备生态园工业有机更新样板，全力推动多个未来工业社区建设，持续推进“腾笼换鸟、凤凰涅槃”行动。

**【规划政策】** 发布曹娥江经开区产业发展规划，着力打造以装备制造、都市产业和新材料应用为主导的“3+1”现代产业体系和“一核、一区、两谷”的产业空间新格局。细化制定《经开区发展三年行动方案（2022—2024）》，进一步明确“双招双引”目标任务及发力方向。会同区经信局起草并发布《上虞区开发区(园区)工业全域治理实施细则》《关于推进工业全域治理规范存量工业用地有机更新项目管理的实施意见》2 个文件。系统制定招商机制和专项政策，通过统一规划布局、统一资源配置统筹招商项目，初步实现 12 个镇街的招商统筹，依靠平台支撑、精准招商和工作保障三大方面、13 条细则为招商引智提供有力保障。

**【工业有机更新】** 依托全域治理“一码管地 双码治企”平台，扎实推进新一轮制造业“腾笼换鸟、凤凰涅槃”攻坚行动，2022 年完成工业全域治理企业 2217 家，其中亩均 5 万元以下 288 家，其他问题企业 1929 家；完成治理面积 15048.29 亩。谋深谋实重点区块建设，以百官、道墟地块作为突破口，制定分阶段推进方案，启动开展核心区块配套基础设施专项规划的编制制定，确定上述区域发展建设方案、产业主攻方向、产城融合方向，力争成为全市工业全域治理样板区、工业有机更新示范区。

**【招商引智】** 2022 年，曹娥江经开区累计签约项目 17 个，计划总投资 20.1 亿元，用地 216 亩，实到外资 3312.3 万美元。开展可供项目落地的地块信息摸排，累计摸排闲置及批而未供土地 22 宗 462 亩（不含化工退出地块），开展“三区三线”重大项目补报工作，为项目招引储备资源要素。以工业和信息化部公布的 9279 家专精特新“小巨人”企业名单为基础，按主导产业进行分类整理，针对性开展信息收集，逐步完善专精特新企业库。第二届中国·绍兴“万亩千亿”新产业平台人才全球创业大赛装备制造系列赛专场暨“海创人才”国际创新创业大赛举办，加速打造人才和创新项目集聚的“强磁场”。共储备人才项目 13 个，洽谈对接团队约 150 人次。深化“C4I”数控农业智能制造创新示范平台合作，整合资源，凝聚发展动力。通过培育壮大主导产业、招引高质量项目入园，激发新动能创投产业园、万里科创产业园和中鑫产业园高质量发展新动能。（陆钰露）

# 特色小镇

## e游小镇

**【概况】** 上虞e游小镇于2016年1月被列入浙江省级特色小镇创建名单，2019年9月被正式命名为省级特色小镇（第三批），主要培育以游戏、动漫、影视为主的数字经济产业。自创建以来，已完成有效投资65.09亿元，引进数字经济企业809家，聚集创客11000余名，培育高新技术企业18家、科技型中小企业42家。曾连续三年荣获特色小镇考核优秀等次；连续两年获省级特色小镇"亩均效益"领跑者称号。近年来，以"打造长三角数字文化创意产业中心"为目标，正加速推进"文漫影游"产业集聚。

2022年，e游小镇立足产业定位，谋划确立做强数字文创主导产业、聚集信息技术产业的"1+1"产业定位，确立"数字美术、游戏发行、影视产能"三大产业赛道。加强招商引资，先后举办"2022中国游戏产业创新发展论坛"、2022 游茶对接会上海站等活动，全年新增数创产业链优势企业51家，储备优质项目15个，入驻盛世青春、弋戈美趣等百人团队5家。2022年小镇实现税收6.48亿元；实现数字经济总产出125亿元；规上服务业营业收入42.7亿元，获评浙江省特色小镇考核"优秀"等次，入围第二批省级广播电视和网络视听产业基地（园区）培育名单。

2022年，e游小镇举办"发现价值"投融资对接会、"文化赋能促共富揭榜挂帅"等活动，积极搭建平台赋能企业；探索产教融合实践，承接全国高校数字艺术大赛浙江赛区比赛、举办"CG大赛"、开展毕业季进校招聘，产业人才输送转化链正在不断优化。完成功能配套，大通e享城正式运营、江西路实现连通、青春公寓将正式投用。惠普文创园入选"绍兴市服务小微企业成长优秀平台"，e游数字小微园入选2021年度市级特色产业园、2022年浙江省数字化示范小微园。

2022年，e游小镇企业作品量积蓄增长，游戏版块正式上线运营游戏作品5款，获得版号3款；影视领域共有9部作品上线，秀合传媒在上虞全程取景拍摄《灵魂医师》；动漫领域共推出作品24部，未蓝文化《桃花猫与东海鱼》摘获"玉猴奖·年度十佳新锐动漫IP奖"；信息技术领域舜云互联获2022"直通乌镇"全球互联网大赛一等奖。（金　杉）

**【推进创客之家项目建设】** 创客之家（青春公寓）建设项目于2019年9月25日开工，工期30个月。2022年1月26日完工并投入使用，2022年完成2200万元，累计完成投资约3.9亿元。（邵奇峰）

**【e游park数创产业园（一期）项目建设】** e游park数创产业园（一期）项目为专项债，包括e游世界展馆改造、青春公寓7#楼公共实训平台建设、土方外运、三通一平、园区道路、e游小镇智慧园区建设、产业园配套提升工程、e游park创意产业园（一期）场外工程、青年SOHO、数创产业园（一）、数创产业园（二）（数字影视制作基地）等子项。项目于2022年8月18日立项，工期50个月（2023.3—2027.5），其中青春公寓7#楼公共实训平台建设项目于2022年11月30日开工建设，计划2023年5月31日完工。至2022年末，青春公寓7#楼公共实训平台建设项目进行强弱电管线、空调内机等施工，完成总工程量的40%，项目累计完成投资70万元。（邵奇峰）

**【宇石网络总部大楼项目建设】** 宇石网络总部大楼项目主体结构已完成，幕墙玻璃已基本完成，钢结构主龙骨已完成施工，准备进行场外市政工程施工。至2022年年末累计完成投资4.318亿元，2022年当年完成投资0.418亿元，预计到2023年12月竣工投用。（邵奇峰）

**【青春公寓周边配套工程建设】** 青春公寓周边配套工程建设总投资1113.36万元，建设内容主要包括道路、停车位、绿化、排水、监控、路灯、车辆识别系统等，项目于2021年完成建设用地规划许可，总工期8个月，于2022年4月29日开工，2022年10月28日竣工投入使用。（邵奇峰）

**【e游小镇提升配套工程建设】** e游小镇提升配套工程总投资500万元，主要建设内容包含道路绿化景观、集装箱街区、河道等提升项目，总面积9649平方米，总工期5个月，项目于2022年8月11日开工，至2022年末已累计完成总工程量90%，约450万元，项目计划于2023年2月15日之前竣工投入使用。（邵奇峰）

**【文化赋能 e 富行动——e 游小镇合伙人走进上虞乡镇】** 2022年3月24日，由区委宣传部、区文创办指导，e游小镇管委会主办的“文化赋能 e富行动”——e游小镇合伙人走进上虞乡镇活动顺利举行。3月29日，围绕“文化赋能 e富行动”主题，e游小镇合伙人走进上虞乡镇系列活动第二场顺利开展。此次系列活动旨在为小镇影视动漫企业家们搭建一个以文化为纽带的交流、互动平台，让企业家们领略上虞文化的魅力，开展上虞全域外景拍摄基地规划考察，探寻文化赋能、影旅融合发展新路径。作为上虞数字经济类产业优质平台，e游小镇一直致力于盘活现有资源，搭建沟通合作平台，将企业活水引入上虞本土优质文旅产业。（陈婕妤）

**【“发现价值”投融资对接会举办】** 5月28日下午，“发现价值——e游小镇投融资对接会”在杭州湾先进智造全球路演中心举行。为进一步发挥金融服务数字经济的作用，搭建企业与投融资机构间互通的桥梁，当天，e游小镇为项目与资本“牵线搭桥”。秀合传媒、欢娱网络、弋戈美趣等8家企业的项目团队均进行路演推介。（陈婕妤）

**【2022年度中国游戏产业创新发展论坛承办】** 7月21—22日，2022年度中国游戏产业创新发展论坛举行。该活动由中国音像与数字出版协会主办，中国音像与数字出版协会游戏出版工作委员会、中国音像与数字出版协会电子竞技工作委员会、绍兴市上虞区e游小镇共同承办。论坛的主题是“构筑数字经济新引擎 探索行业发展新路径”。中国音像与数字出版协会第一副理事长、游戏工委主任委员张毅君出席会议并致辞，并发布《2022年1—6月中国游戏产业报告》。（陈婕妤）

**【e游小镇合伙人行动·助力全域共同富裕活动举办】** 7月29日，“e游助力 文创共富”e游小镇合伙人行动·助力全域共同富裕活动举办。该活动旨在全面推出e游小镇产业画像，展示小镇文创企业成功案例，参与文化赋能、助力共同富裕，做深做实“文创+”文章，核心是根据各乡镇（街道）、部门的需求，通过IP的挖掘，构建在线、在物、在场、在地“四方面”转化场景。（陈婕妤）

**【数字美术产教融合基地合作研讨会召开】** 12月9日，e游小镇召开以“三维e体，四方联动”为主题的数字美术产教融合基地合作研讨会，会同杭州电子科技大学、浙江工业大学之江学院、浙江纺织服装职业技术学院、绍兴职业技术学院、浙江工业职业技术学院等高校代表及小镇企业代表，就如何推进数美产教融合基地的建设与落地，进行全面且深入的交流和探讨。会议认为，应加快构建以政府为导向、高校为核心、企业为载体的“三维一体”数美基地产教融合体系，搭建“产、学、研、用”合作交流的桥梁和纽带，将企业与学校紧密联系起来，共同探索校企共同发展的长效机制，助力e游小镇动漫美术产业健康、有序、快速发展。（陈婕妤）

## 瓷源文化小镇

**【概况】** 瓷源文化小镇位于上虞区上浦镇大善小坞村，规划面积3.2平方千米，交通便利，高铁、国道、运河、高速公路一应俱全，驾车约2小时便可达上海、杭州、宁波等地。小镇自然环境极佳，区域内水系网络连通，众多水库散布，有大片山林、农田、茶田、苗圃等，提供了优良的生态基底。同时，拥有凤凰山窑址群、禁山窑址群等重要的历史遗迹、传统村落以及现代工业遗址，具备多样化的人文资源。小镇主要建设项目包括艺术引领区、青瓷研学营地、瓷源艺术引领区综合提升工程、凤凰山考古遗址公园，计划总投资11亿元，致力于打造“文化朝圣地、研学目的地”。目前古越轩收藏馆、顾少波工作室、越青堂总部、溯源青瓷文化发展有限公司以及景德镇陶瓷大学上虞陶瓷高等研究院已入驻小镇，开展课题研究、艺术创作，形成了一定的学术、艺术引领能力。11月，瓷源文化小镇创建成为省级研学基地。2022全年累计接待各类研学团队327个，共计约2.8万人次。（俞霁雯）

**【瓷源文化小镇工程建设情况】** 瓷源文化小镇7000千伏安供电项目完工并正式通电；大东山清风馆改造完毕开馆；美术馆、白明大师工作室土建完工，美术馆开始内部精装修及布展；越青堂总部建成开放；艺创集盒完工；陶瓷高等研究院完成90%；7#艺术家工坊主体结构完成90%；南入口接待楼基础完工；东大门门楼完工；瓷源大道完成50%。（相　播）

## 孝德文化小镇

**【概况】** 孝德文化小镇位于曹娥老区运河街区两侧，东至曹娥江，南至朱山头村，西至舜江西路，北至萧甬铁路，总规划面积约1.2平方千米，区块内现有中华孝德园（AAAA级景区）、曹娥庙（国家文保单位）、浙东运河（世界文化遗产）等景区和文化历史景点。小镇围绕“文旅融合示范区、夜间经济集聚区”目标，主要建设内容包括：曹娥庙历史文化街区建设、浙东运河（曹娥段）综合整治、萧绍海塘（曹娥段）及里直街有机更新、孝德文化小镇基础设施建设、孝德文化小镇逸园路及周边配套建设工程、商住楼征迁等项目，同时结合净地工作推进相应商住地块出让。（俞霁雯）

**【孝德文化小镇建设情况】** 孝德文化小镇基础设施建设工程完成渡江路改造、腾飞南路工程建设，完成纵二路、渡江路沿线提升改造工程公开招标；江西路（原化纤厂段）新建工程、汽车西站地块周边配套建设工程完成公开招标；完成出让孝德文化小镇〔2019〕6号地块。曹娥街道历史文化街区修复改造建设工程完成全过程代建开发招标。浙东运河（曹娥段）综合整治工程一标段完成工程建设，二标段和三标段完成工程公开招标。（金晓彬）

# 乡镇·街道

## 百官街道

【概况】 百官街道地处区中心，是全区的政治、经济、文化、教育、商贸流通中心，区域面积40平方千米，辖36个行政村（居）委会、33个社区。常住人口230680人。百官街道办事处是区政府的派出机构。2022年，百官街道实现财政总收入17.08亿元，其中一般公共预算收入13.08亿元，同比增长13.29%；完成工业总产值137亿元，其中规模以上工业总产值42.6亿元，同比增长20.6%；社会消费品零售总额132.44亿元，同比增长5.38%，其中商贸服务业销售总额101.23亿元，同比增长22.95%。

2022年，百官街道规上新兴工业增加值达3.03亿元，增速高达26.5%，远超11%的考核指标，数字经济核心产值增长22.3%，新兴产业发展迅速，市场潜力充分释放；辖区范围内净增高新技术企业11家、新增省科技型中小企业26家，均超过原定目标，主要科技创新指标稳步提升，产业发展跑入“智造”赛道。完成工业全域治理摸排，已完成整改43家。同时叶家埭工业区永利小微园已开始申报省级小微企业园，规上工业增加值能耗下降率为2.6%，腾出用能空间550吨标准煤。

全年引进技改类项目4个，落地推进项目2个，意向签约项目1个，在谈项目3个，总投资额37.6亿元。其中，投资10亿元及以上项目1个，5亿元以上项目4个，1亿元以上项目1个。实现外资引进“零”的突破，通过精准引资成功对接一家上市企业，全年实到外资超过500万美元。排摸上报“国千”“省千”人才各3人，摸排绍兴“名士之乡英才计划”2人，引进博士4人，博士后1人。高标准完成城区双创产业园整治提升，关停淘汰低小散、落后产能企业6家，新增“个转企”48家，工业企业“小升规”7家，商贸企业“下升上”14家；新增省级高新技术企业11家、省科技型企业26家。

按照预期计划推进懿境商业广场、联合大厦、舜杰广场、上虞书城等商贸项目建设工程；完成江环路贯通征迁改造项目的9家企业签约、老旧小区和美丽小区改造、高标准农田建设等民生实事工程。投入1000余万元推进农村人居环境整治。投入2000余万元实施农村基础设施提升工程。扎实推进2条美丽乡村公路建设，加快4个“污水零直排”工程建设，完成3个农村河道整治工程。稳步推进南湖片物业联建项目，进一步走好乡村振兴共富路。

投入1000万元实施文化、金渔湾、大通3个省一流社区建设，完成11个社区21个小区的公共楼道门窗更换，有序推进老旧小区消防安全提档升级，实施社区办公用房改造提升。大通社区、上源闸2个社区申报创建省级文明社区，西横河、文化等5个社区申报创建绍兴市级文明社区。全年共发放计生、低保、优抚、残疾补助等资金1500余万元。对8743名60周岁以上农民免费进行健康体检。完成农村私人建房联审联批16户，审批公租房76户，不断改善群众居住条件。投入2000万元用于教育教学基础设施改造提升，城南春天幼儿园9月开园。完成外严、四甲、后村3个村（居）文化礼堂建设，巩固发展52家“农家书屋”。

首创高速卡口流调前置机制，做好场所码推广使用工作，申领各类场所码7629个。全年街道未发生一例阳性病例，省级疫情防控执行力指数连续数月评价优秀。先后开展 9 轮安全生产大排查大整治，处置风险隐患 1.7 万个，风险隐患化解率高达 99.3%。健全完善街道安全生产长效运行机制，完善安全生产“1+X”责任体系，全年未发生一起亡人安全生产事故。完成 34 个小区的高层消防隐患整治工作，共涉及 13 个社区，总投资约 6000 万元。

推进数字化改革和“四个平台”综合指挥室建设，街道便民中心进驻办理事项 100 项，增设水电气等公共服务事项办理，完善网上自助查询服务，累计办件 8372 件。办理议政会意见建议 7 条，满意率 100%。

表 14　　2022 年百官街道各村（居）基本情况表

| 村　名 | 村民小组（个） | 户　数（户） | 人　口（人） | 农用地总面积（亩） | 总收入（万元） | 其中<br>经营性收入（万元） | 12 月底货币资金（万元） |
|---|---|---|---|---|---|---|---|
| 合计 | 178 | 20299 | 53833 | 13583 | 6810.52 | 4171.22 | 45625.87 |
| 一村 | 5 | 358 | 959 | 0 | 308.54 | 283.03 | 907.29 |
| 外严村 | 4 | 220 | 683 | 1517 | 116.28 | 53.32 | 577.34 |
| 金家岙村 | 4 | 330 | 931 | 956 | 87.45 | 46.12 | 20.19 |
| 联新村 | 16 | 1070 | 3240 | 1893 | 307.66 | 68.2 | 23.28 |
| 南一村 | 15 | 853 | 2274 | 1636 | 213.36 | 69.5 | 168.72 |
| 南二村 | 20 | 991 | 2899 | 1907 | 486.50 | 66.51 | 23.06 |
| 南三村 | 23 | 1057 | 3353 | 2064 | 230.74 | 68.93 | 111.16 |
| 路东村 | 11 | 565 | 1640 | 809 | 386.31 | 230.04 | 623.31 |
| 新叶家埭村 | 16 | 1007 | 2864 | 595 | 405.10 | 84.96 | 1999.64 |
| 梁家山 | 0 | 575 | 1067 | 0 | 213.56 | 209.97 | 1391.63 |
| 新建 | 4 | 340 | 898 | 0 | 212.67 | 202.57 | 1048.24 |
| 丰一 | 0 | 722 | 1854 | 0 | 277.89 | 256.94 | 2851.05 |
| 丰二 | 0 | 435 | 1071 | 0 | 145.41 | 138.96 | 1368.29 |
| 岭光 | 6 | 421 | 876 | 2206 | 355.84 | 349.77 | 4829.30 |
| 大坝 | 7 | 540 | 1790 | 0 | 122.31 | 117 | 473.50 |
| 赵家 | 0 | 853 | 2514 | 0 | 288.91 | 288.61 | 1785.97 |
| 二村 | 3 | 303 | 847 | 0 | 262.93 | 238.94 | 1654.12 |
| 三村 | 3 | 421 | 1249 | 0 | 167.58 | 150.87 | 1195.39 |
| 四村 | 3 | 355 | 1165 | 0 | 198.05 | 178.18 | 777.67 |
| 五村 | 4 | 669 | 1680 | 0 | 257.02 | 230.18 | 3093.17 |
| 星二 | 0 | 417 | 1094 | 0 | 93.70 | 40.15 | 697.48 |
| 星三 | 0 | 440 | 1086 | 0 | 104.31 | 42.51 | 1965.22 |
| 星四 | 0 | 220 | 467 | 0 | 46.98 | 46.91 | 175.81 |

续表

| 村　名 | 村民小组（个） | 户　数（户） | 人　口（人） | 农用地总面积（亩） | 总收入（万元） | 其中经营性收入（万元） | 12 月底货币资金（万元） |
|---|---|---|---|---|---|---|---|
| 星五 | 0 | 491 | 1186 | 0 | 149.06 | 129.79 | 822.77 |
| 杜家 | 0 | 550 | 1354 | 0 | 80.37 | 0.47 | 1191.51 |
| 中利 | 0 | 1222 | 2732 | 0 | 286.97 | 113.69 | 2711.95 |
| 后村 | 5 | 418 | 1167 | 0 | 290.45 | 193 | 4190.81 |
| 头甲 | 8 | 669 | 1455 | 0 | 110.22 | 71.71 | 1458.23 |
| 二甲 | 9 | 654 | 1605 | 0 | 120.87 | 42.98 | 2075.91 |
| 四甲 | 12 | 746 | 1990 | 0 | 235.64 | 20 | 2886.58 |
| 前一 | 0 | 612 | 1511 | 0 | 2.85 | 2.55 | 372.09 |
| 前二 | 0 | 608 | 1408 | 0 | 9.26 | 8.96 | 342.96 |
| 前三 | 0 | 356 | 875 | 0 | 11.16 | 1.5 | 784.60 |
| 前四 | 0 | 324 | 750 | 0 | 73.05 | 0 | 468.05 |
| 横江里 | 0 | 235 | 593 | 0 | 82.75 | 58.54 | 324.07 |
| 路工 | 0 | 252 | 706 | 0 | 68.77 | 65.86 | 235.51 |

表 15　　2022 年百官街道各社区情况表

| 社区名称 | 社区主任/负责人 | 实住户数（户） | 实住人口（人） |
|---|---|---|---|
| 上棉社区 | 屠　刚 | 310 | 733 |
| 城南社区 | 成明华 | 4066 | 9055 |
| 上源闸社区 | 梁瑞玲 | 2255 | 6650 |
| 龙山社区 | 沈丽娟 | 1390 | 2327 |
| 平阳山社区 | 蒋桂军 | 2202 | 5515 |
| 胜利路社区 | 詹爱莲 | 2082 | 6157 |
| 文化社区 | 董群英 | 4134 | 7640 |
| 九浸畈社区 | 丁欢喜 | 1389 | 3702 |
| 阳光社区 | 张筱华 | 1346 | 3526 |
| 三棚桥社区 | 林　芳 | 1372 | 4259 |
| 卧龙山庄社区 | 王爱珠 | 924 | 2519 |
| 半山社区 | 王　瑾 | 1796 | 3206 |
| 金渔湾社区 | 陈可可 | 2242 | 5957 |
| 恒利社区 | 杜丽君 | 2336 | 6223 |
| 万和社区 | 邵晓芳 | 1767 | 5080 |

续表

| 社区名称 | 社区主任/负责人 | 实住户数（户） | 实住人口（人） |
|---|---|---|---|
| 西横河社区 | 李妙峰 | 2015 | 6085 |
| 绿城社区 | 陈亚利 | 3605 | 9539 |
| 星光社区 | 周菁苔 | 3714 | 8633 |
| 高丰社区 | 梁文莉 | 3205 | 8878 |
| 大通社区 | 宋惠清 | 5464 | 15122 |
| 悬沙社区 | 张艳珍 | 4123 | 10175 |
| 前江社区 | 厉宇虹 | 448 | 1325 |
| 高铁新城社区 | 赵列军 | 2465 | 5305 |
| 南丰社区 | 糜　娜 | 4552 | 9925 |
| 头甲社区 | 蒋燕妮 | 1520 | 3655 |
| 二甲社区 | 叶洪其 | 1170 | 2485 |
| 四甲社区 | 厉利青 | 1475 | 3541 |
| 岭光社区 | 俞朝阳 | 843 | 2165 |
| 星宇社区 | 陈立江 | 1440 | 3094 |
| 盛丰社区 | 潘国军 | 1682 | 4462 |
| 星丰社区 | 蒋伯荣 | 2232 | 5411 |
| 梁江社区 | 王密菊 | 1298 | 2379 |
| 后郭社区 | 陈伯华 | 933 | 2119 |
| 合　　计 | | 71795 | 176847 |

**【破解融合型大社区大单元治理难题】** 延伸基层组织触角。率先划小作战单元，划分网格 272 个。按照“1+3+N”配备要求选优配强网格力量，全年招聘社区工作者两批次 65 名。推行街道干部包社联小区，社区干部包片联楼栋制度，推动执法大综合一体化改革，不断强化包联下沉力量。推进强街优社改革。14 个小区试点开展“红色业委会”换届选举，完成 9 个社区换届任务。完成全部社区单独建账，启动社区资产清查。完成大通社区分设，新成立悬沙、前江 2 个社区，启动凤山、平阳山社区合并。南丰社区通过未来社区验收，成为上虞首个“邻聚里”社区中心综合体的范本。稳步推进城市之星小区创建全省一流的示范点。深化智治场景应用。健全激励保障机制，依托“浙里兴村治社共富”应用场景，建立网格智治评价标准和网格长、网格员、微网格长差异化奖补制度。

**【共绘商圈党建联盟同心圆】** 7 月 7 日，街道举行“党建统领 网格智治”启动暨商圈网格党建联盟成立仪式。仪式上，城南商业、第一百货、舜汇大通、上百万和、国大商贸、时代经贸、财富大通、万达高铁、石狮商都 9 个百官街道商圈专属网格名单公布，“舜汇大通”商圈党建联盟成立。　　（董国光）

## 曹娥街道

**【概况】** 曹娥街道地域面积 59.5 平方千米，辖 16 个建制村、14 个居民社区、19 个拆迁村（居）。

全年实现规上工业产值 450 亿元，增加值 120 亿元，规上工业产值、增加值增速、限上批发业同比增长率等指标均为全区前列，实现规上工业总产值增长22.43%，外贸出口总额增长24.64%，外资到位2056万美元，民间投资11.40亿元，制造业投资7.45亿元。引进亿元以上项目2个，其中5亿元以上项目1个。总投资150亿元的31只重点产业项目实现应开尽开，外资到位2020万美元，完成全年目标101%。企业创新势能强劲，共有21家企业申报高新技术企业，39家企业申报省科技型中小企业。

抓住“窗口期”全力争要素，使用专项债资金1.26亿元，完成“四未一低”土地消化利用57.95亩，盘活闲置厂房8万平方米，全年累计控违拆违5000余平方米。签约滞留户（企业）4户，完成679亩做地任务，完成12宗地块537亩出让工作，做好项目落地的土地要素保障。

深入开展融入高水平网络大城市建设，完成曹新路、杭绍甬城际风情线环境整治提升、省2号绿道段等交通网络建设，投入3.64亿元实施污水零直排、老旧小区提质改造、美丽乡村建设等67个政府投资项目。高标准开展中央生态环境保护督查问题整改，从严实施东山下矿、联合矿及上沙凤凰山矿生态修复提升工程。打造最洁美主城区，高质量通过全国文明城市创建省级复评。对河湖林田草进行一体化保护，投资约3000万元开展美丽乡村建设，三季度人居环境检查中绍兴市排名全市第二。大气“污染指数”明显下降，秋冬季国控站“一点一策”管控专项行动中上虞中学点位名列前茅。

街道有省一级重点中学1所，省级示范初级中学1所，九年一贯制学校1所，小学3所，省一级幼儿园1所，其他幼儿园6所，高校2所，成人文化技术学校1所。其中：区属高级中学48个教学班，在校学生1982人；初级中学教学班58个，学生2359人；小学在校学生6568人；入园幼儿2823名；成校年培训人数占常住人口的25%；街道现有社区卫生服务中心1个，社区卫生服务站9个,村卫生室5个，医护人员118名；2022年完成农民健康体检任务数13759人，完成60岁以上老年人体检12024人，家庭医生签约数42808人；城乡居民基本医疗保险参保率99.77%；城乡居民社会养老保险参保率99%以上；实现失土农民应保尽保。

在博文、鸿雁、聚英3个社区全面探索推进融合型大社区大单元党建，深化党建联建工作机制，聚焦“全龄幸福”“一老一小”等特色场景，投资约660万元改造提升博文、德济苑社区党群服务中心，建设共治、共富、颐养、善育、有礼“五大家园”，形成党建统领现代社区建设示范高地。

聚焦“一老一小”服务，新建孝德老年食堂、区首家智慧养老院等民生工程，社区卫生服务中心创建为省级推荐标准单位，成立街道社工站和救助联合体，改造建设认知障碍照护专区“幸福忆家”，关心关爱各群体。投资6500余万元高质量实施校（园）政府投资项目。完成蒿坝小学撤并、阳光小学民转公、博文小学扩建等教育工作。

表16　2022年曹娥街道各村（居）基本情况表

| 村（居）委会名称 | 党务负责人 | 户数（户） | 人口（人） | 耕地（亩） | 园地（亩） | 林地（亩） | 养殖水面（亩） | 村集体常年性经营收入（万元） |
|---|---|---|---|---|---|---|---|---|
| 联丰经合社 | 卢国庆 | 595 | 1438 | 0 | 0 | 0 | 0 | 157.68 |
| 娥一经合社 | 杨　龙 | 403 | 981 | 0 | 0 | 0 | 0 | 67.66 |
| 娥二经合社 | 田　毅 | 431 | 1150 | 0 | 0 | 0 | 0 | 144 |
| 下沙经合社 | 朱东梁 | 594 | 1022 | 0 | 0 | 0 | 0 | 190 |
| 三角站经合社 | 范革生 | 701 | 1955 | 149 | 0 | 35 | 0 | 294 |
| 孝女庙经合社 | 丁贤晖 | 301 | 753 | 0 | 0 | 362 | 15 | 40.8 |
| 上沙经合社 | 任振方 | 294 | 760 | 0 | 0 | 487 | 0 | 35.99 |

续表

| 村（居）委会名称 | 党务负责人 | 户数（户） | 人口（人） | 耕地（亩） | 园地（亩） | 林地（亩） | 养殖水面（亩） | 村集体常年性经营收入（万元） |
|---|---|---|---|---|---|---|---|---|
| 新建庄村 | 郦寿荣 | 760 | 2093 | 150 | 0 | 0 | 0 | 143.38 |
| 高田头村 | 周国桥 | 178 | 520 | 50 | 0 | 0 | 0 | 160.43 |
| 红星村 | 黄建东 | 353 | 1032 | 75 | 0 | 0 | 0 | 84.09 |
| 前村村 | 郦忠海 | 559 | 1494 | 787 | 0 | 30 | 200 | 104.7 |
| 茅家村 | 赵关坤 | 464 | 1411 | 495 | 0 | 0 | 0 | 103.14 |
| 国庆村 | 景国森 | 382 | 1218 | 310 | 0 | 0 | 50 | 103.61 |
| 沥泗村 | 任中华 | 656 | 1982 | 420 | 0 | 17 | 40 | 118.11 |
| 白米堰居委 | 孟新余 | 422 | 1393 | 110 | 0 | 0 | 0 | 218.86 |
| 狮子居委 | 宋兴富 | 585 | 1667 | 94 | 0 | 0 | 0 | 202.28 |
| 新沙居委 | 徐朝阳 | 712 | 2137 | 60 | — | — | — | 241.8 |
| 梁巷居委（年内撤销） | 梁根云 | 400 | 1390 | 100 | 0 | 30 | 70 | 88.97 |
| 越爱经合社 | 陈　峰 | 300 | 812 | 78 | 0 | 0 | 0 | 111.37 |
| 里睦桥居委 | 钱　林 | 316 | 1099 | 47 | 0 | 115 | 0 | 134.55 |
| 徐家塘居委（年内撤销） | 徐水茂 | 419 | 1150 | 0 | 0 | 0 | 0 | 92.71 |
| 新楼下居委（年内撤销） | 徐建方 | 388 | 983 | 0 | 0 | 0 | 0 | 83.65 |
| 光明经合社 | 徐金昌 | 1102 | 3303 | 0 | 0 | 0 | 0 | 774.24 |
| 外五甲村 | 倪佰芳 | 240 | 770 | 0 | 0 | 0 | 0 | 88.33 |
| 西湖经合社 | 吴吉明 | 180 | 542 | 0 | 0 | 0 | 0 | 219.62 |
| 贺盘经合社 | 任　美 | 301 | 802 | 0 | 0 | 0 | 0 | 131.04 |
| 蒿坝村 | 冯志康 | 460 | 1165 | 626 | 85 | 1594 | 35 | 102.63 |
| 朱山头村 | 殷岳新 | 890 | 2501 | 2100 | 0 | 3100 | 350 | 104.74 |
| 漳汀村 | 王永芳 | 279 | 914 | 476 | 0 | 2900 | 0 | 144.9 |
| 蒿东村 | 陈其龙 | 1095 | 2943 | 1027 | 120 | 3922 | 0 | 126.31 |
| 丽樟村 | 沈永刚 | 684 | 1982 | 950 | 0 | 0 | 0 | 81.6 |
| 金村村 | 金立锋 | 540 | 1427 | 568 | 0 | 78 | 0 | 88.54 |
| 董村村 | 姜国娟 | 514 | 1312 | 845 | 20.34 | 65 | 183 | 104.67 |

表 17　　2022 年曹娥街道各社区基本情况表

| 社区民称 | 社区主任/负责人 | 户数（户） | 人口（人） |
|---|---|---|---|
| 民丰社区 | 吴雪良 | 828 | 1778 |
| 博文社区 | 杭炜良 | 2527 | 2879 |

续表

| 社区民称 | 社区主任/负责人 | 户数（户） | 人口（人） |
|---|---|---|---|
| 曹娥社区 | 刘国军 | 1571 | 2836 |
| 和城社区 | 陆　美 | 2504 | 3386 |
| 银河社区 | 沈利琴 | 1813 | 4703 |
| 振兴社区 | 陈月娟 | 2111 | 4858 |
| 德济苑社区 | 金阿仙 | 1479 | 3576 |
| 鸿雁社区 | 朱坚盛 | 4074 | 11738 |
| 金桂苑社区 | 祝祖英 | 1985 | 1902 |
| 舜杰社区 | 章伟芹 | 2395 | 6876 |
| 聚英社区 | 包春兰 | 2944 | 5148 |
| 大三角社区 | 徐小文 | 3324 | 6686 |
| 万祥社区 | 魏燕华 | 3169 | 4491 |
| 兴业社区 | 叶玲玲 | 2555 | 3515 |

**【党建统领打造基层治理样板】** 坚持“党建统领、网格智治”，深化街道“大工委”社区“大党委”制，率先建立小区“红心”网格驿站，深入推进网格党支部“五个有”建设，探索网格工作“五全五步法”，在全省社区工作会议上得到时任省委书记袁家军的表扬。承接绍兴“浙里兴村治社”专班驻点，14 个社区推广应用“浙里治社”上虞试点场景，自主研发“红引未来”数智社区项目，找准社区及居民的需求点，切实做到管用好用实用。积极探索楼宇党建、两新党建工作，在余坤打造“红领驿站”，形成楼宇内组织共建、资源共享、发展共赢的格局。在圆速公司打造“红色快递”，引领快递行业向党、为群众，在区内外已初显影响力。

**【创新驱动赋能企业迸发活力】** 通过政策倾斜、服务上门、融资保障等方式不断赋能企业创新发展，打造“强企矩阵”，晶盛机电获“浙江省制造业重点行业亩均效益领跑者”，卧龙集团“电机产业大脑”和“未来工厂”收获全省制造业高质量发展两项荣誉。国家部委人才计划入选 11 人，位列全区第一。卧龙集团外籍专家前谷达男获“中国政府友谊奖”。

**【曹娥街道社会服务】** 深度挖掘“明德尚贤、创变笃行”新时代“上虞精神”“今在上虞、遇见未来”城市品牌中的曹娥元素，传承创新新时代曹娥孝德文化，成立全区首家孝德老年食堂，充分运用共同缔造理念，积极探索多方助力机制，为老人们提供暖心暖胃服务，将“孝德食堂”打造成老年人的“幸福食堂”，不断增强老年人的获得感、幸福感、满意度。在全区率先完成 2022 年城乡居民医保 99%和“越惠保”参保率 75%的目标，金桂苑社区被评为浙江省无障碍社区。

（陈锦波）

## 东关街道

**【概况】** 东关街道位于上虞区西部，距区政府所在地 7 公里，是上虞的西大门，也是三区融合发展的“桥头堡”，2001 年撤镇设街，全境地域总面积 2735 公顷，常住人口 4.1 万人，其中新居民 1.1 万余人。下辖 14 个行政村，2 个社区。集镇建城区面积 2.3 平方千米。2022 年，东关街道创建为省级美丽城镇达标街道。东鑫花园、金南苑被评为浙江省高标准生活垃圾分类示范小区。

全年街道规上产值 38.71 亿元，财政总收入 2.24

亿元，比上年下降37.14%，一般公共预算收入1.2亿元，比上年下降37.09%；村集体经济总收入和经营性收入分别达3349万元和2554万元，分别下降16.69%和1.2%，居民、农民人均可支配收入分别比上年增长9.1%和7%。

2022年末，耕地面积1120公顷，其中设施农业27公顷，有效灌溉面积879公顷，农作物播种面积1781公顷，粮食作物播种面积1093公顷。农民合作社18个，农民合作社成员269户，耕地流转面积813.12公顷，种粮大户40户，畜禽养殖大户5户。工业企业总数263家，其中规模以上工业企业42家，建筑企业1家，农贸市场3个，50平方米以上商店或超市25个，食宿餐馆企业10个。普通高中1所，初级中学1所，小学2所，幼儿园3所。在校小学生1491人，入学率100%。医疗卫生机构12所，床位50床，执业（助理）医师42人。投入400余万元实施中小学校园提升工程，创建省级社区医院和省现代化学校。城乡居民基本养老保险参保7037人，城乡居民基本医疗保险参保19495人，城乡居民最低生活保障人数211人。自来水用户20808户，金融机构网点数12个，公园及休闲健身广场39个。

完成低效用地再开发利用87.92亩，推动盛财塑胶、莱邦新材料等3家企业土地有机更新，整治“高耗低效”企业15家，淘汰落后产能2家，提升招引质效，落地建设项目4个。新增市场主体592家，完成工业企业“小升规”企业4家、服务业“下升上”4家；新认定省科技型中小企业8家、高新技术企业6家；完成股改企业3家。女儿红、海螺水泥继续位列全区企业百强，上茗茶厂继续位列农业企业二十强。荣企医疗、中建路桥、电力电容器、创新激光、福特机械5家企业入围2022年度省级专精特新中小企业，中建路桥大跨度桥梁架设装备被认定为浙江省首台（套）装备。

完善基层治理体系。深入开展工矿企业、沿街商铺、出租房屋、老旧房屋等重点领域专项整治行动，实行安全生产检查周计划，全年未发生重大安全生产事故，火灾数量较去年同期下降15%。排查城乡自建房1.8万余处，分类实施危旧房整治改造。加快推进“平安共同体”建设，刑事治安警情下降9.8%，电信网络诈骗案得到有效控制。街道司法所创建为省级“枫桥式”司法所，越泉社区、联星村获评绍兴市“民主法治村（社区）”，担山村民法馆作为绍兴市首个村级民法馆投入使用。马家桥村文化礼堂主体结顶，保驾山、东风、联星等村文化礼堂投入使用。担山村体育公园建成使用。

2022年，完成104国道改建工程上虞段包括104国道改建、329国道衔接线建设征迁。该工程途径东关街道担山、保驾山、大西庄、凌江、金鸡山、东风、马山等7个村，红线总用地面积1529亩，其中东关街道1181余亩；项目红线内房屋征迁8.572万平方米，其中东关街道沿线涉及国有土地17家企业单位3.2万平方米，保驾山、大西庄、凌江、金鸡山等村约150户农房以及担山农庄等集体土地房屋征收约4.0万平方米。

**表18　　2022年东关街道各村（社区）基本情况表**

| 村（社区）名称 | 书记（主任） | 户籍户数（户） | 户籍人口（人） | 面积（平方千米） | 村级集体经济收入（万元） |
|---|---|---|---|---|---|
| 东塘村 | 邵国新 | 1032 | 2567 | 1.72 | 150.31 |
| 马家桥村 | 朱宝元 | 327 | 704 | 0.87 | 396.2 |
| 彭家堰村 | 李卫星 | 285 | 789 | 0.38 | 91.89 |
| 联星村 | 项立新 | 772 | 2114 | 2.17 | 158.38 |
| 高泾村 | 王张明 | 736 | 2108 | 1.89 | 362.00 |
| 大西庄村 | 滕兴标 | 516 | 1494 | 1.46 | 108.7 |
| 凌江村 | 屠志光 | 711 | 2053 | 1.72 | 195.74 |
| 金鸡山村 | 范建荣 | 651 | 1944 | 2.81 | 256.15 |

续表

| 村（社区）名称 | 书记（主任） | 户籍户数（户） | 户籍人口（人） | 面积（平方千米） | 村级集体经济收入（万元） |
| --- | --- | --- | --- | --- | --- |
| 三丰村 | 钱忠海 | 481 | 1425 | 2.04 | 138.33 |
| 保驾山村 | 徐建平 | 597 | 1644 | 1.49 | 704.17 |
| 担山村 | 周文苗 | 418 | 1299 | 1.65 | 154.77 |
| 新丰村 | 丁建华 | 373 | 1041 | 1.95 | 176.25 |
| 东风村 | 林其良 | 944 | 2761 | 2.86 | 211.12 |
| 马山村 | 胡建刚 | 1071 | 2872 | 3.28 | 245.05 |
| 南阳社区 | 郑徐旗 | 1086 | 2192 | — | — |
| 越泉社区 | 张红萍 | 851 | 1738 | — | — |

**【东关街道乡村振兴战略】** 投入1500万元实施新时代美丽乡村建设，担山村建成高端数字大棚40亩，初步形成集农业观光、运动休闲、文化体验于一体的综合性基地。凌江村创建AAA景区村，三丰村通过“五星达标”村验收，街道实现五星达标全域覆盖。东塘村成功创建区美丽庭院精品示范村。深化“美丽河湖”建设，完成总投资850万元的马山、高泾等5个村河道整治工程。提升农村人居环境，投入1700万元用于农村环境卫生综合整治，马山垃圾分类中转站投入运转，14个村的智能垃圾分类站点完成建设。

**【竺可桢故居获评国家级“科学家精神教育基地”】** 5月30日，中国科协、教育部、科技部、国务院国资委、中国科学院、中国工程院、国防科工局命名140个单位为2022年度科学家精神教育基地，竺可桢故居获评国家级“科学家精神教育基地”。

2022年5月，竺可桢故居（东关街道 提供）

**【村级集体经济增收】** 保驾山、高泾、马家桥3个村囊括全区2022年度村级集体经营性收入前三名，村均收入达182.41万元。

（钱虹初）

## 小越街道

**【概况】** 小越街道位于上虞区东北部，南靠上虞区驿亭镇，北接上虞区谢塘镇，西连上虞主城区，东与宁波余姚相邻，是绍兴市的东大门。地理位置优越，公铁水交通便捷，沪杭甬高速、329国道横贯辖区，距杭州、宁波机场分别65千米和70千米，距铁路客运专线高铁绍兴东站15分钟车程，距嘉绍跨江大桥15千米，杭州湾跨海大桥40千米。

辖区总面积29.6平方千米。辖14个行政村、1个社区，2022年末共有城乡居民9934户，总人口为27610人。其中男性居民13670人，女性居民13940人，城镇人口12430人，乡村人口15180人，当年出生100人，死亡263人，另有新居民14676人。

街道有工业企业700余家，其中规模以上企业78家、亿元以上企业17家、区综合百强企业5家；限上服务业企业28家。2022年实现财政总收入4.25亿元，一般公共预算收入2.48亿元，完成规上工业产值86亿元，限上零售29.13亿元。招引5亿元以上和亿元以上项目各1个，实到外资500万美元，出让工业用地73亩，盘活低效用地近80亩，制造业投资2.2亿元，高新技术投资1.6亿元，均实现较大幅度增长，入选国家级引才计划4人，入选绍兴“名士之乡”英才计划1人，凯信光电获重才爱才金梧桐奖，金盾压力容器获国家级专精特新“小巨人”、省“尖兵”重大科研攻关项目，佑谦新材获成长型企业创新能力十强。

越美乡村持续推进，总投资450万元的倪梁村、横山徐村乡村振兴先行村培育村项目完成建设；创建为市级“四好农村路”示范街道；“五水共治”投资940万元完成河道整治工程3个，创成区级美丽河湖2条，市级考核断面水质持续达到Ⅲ类以上标准。2022年度实现村级集体经营性收入1512.9万元，同比增长20.8%，实现100万元以上村达5个，全面消除年经营性收入80万元以下村。基层创新治理不断深化，启用街道便民服务中心、矛调中心，完成“示范型”社区服务中心建设3个，创新打造“法治+平安”普法共同体，创建民主法治示范村国家级1个、省级2个、市级2个；基层治理与“标准化+”相结合，乡村文明家庭信用管理省级基层社会治理标准化试点得到中央、省级权威媒体报道。十方面民生实事项目，投资总额约为5000万元。

街道有中小学校（幼儿园）9所、成人文化技术学校1所，其中，区属高级中学1所，24个教学班，在校学生917人；初级中学1所，学生582人；小学1所，学生1429人；公立（民办）幼儿园6所，入园幼儿882名；成校年培训人数占常住人口的23.9%；街道有社区卫生服务中心1个，社区卫生服务站4个，医护人员71名，核定病床50张；完成农民健康体检任务数7886人，完成60岁以上老年人体检6704人，家庭医生签约数18541人；城乡居民基本医疗保险参保率99.2%；城乡居民社会养老保险参保率99.6%；实现失土农民应保尽保。

表19　　2022年小越街道各村（社区）基本情况表

| 村（社区）名称 | 党务负责人 | 村（社区）委会负责人 | 户数（户） | 人口（人） | 区域总面积（平方千米） | 耕地面积（公顷） | 山林（公顷） | 村级集体经济收入（万元） |
|---|---|---|---|---|---|---|---|---|
| 建越村 | 罗武平 | 罗武平 | 659 | 1890 | 1.788 | 53.3 | 7.67 | 189.19 |
| 小越湖村 | 罗荷叶 | 罗荷叶 | 634 | 1780 | 2.603 | 72.67 | 6.6 | 157.4 |
| 小越村 | 顾华军 | 顾华军 | 832 | 2428 | 3.891 | 77.4 | 29.3 | 106 |
| 越北村 | 王建春 | 王建春 | 494 | 1255 | 2.5 | 0.4 | 18 | 80.42 |
| 新宅村 | 陈苗根 | 陈苗根 | 658 | 2101 | 3.198 | 83.33 | 60 | 570 |
| 冯柯山村 | 冯羊牛 | 冯羊牛 | 631 | 1947 | 2.206 | 98.67 | 1.86 | 80 |
| 横山徐村 | 徐伟达 | 徐伟达 | 432 | 1325 | 1.6 | 88.2 | 14 | 143 |
| 胜桥村 | 周善荣 | 周善荣 | 409 | 1192 | 2.5 | 70 | 1.66 | 80.4 |
| 越中村 | 罗建刚 | 罗建刚 | 441 | 1286 | 1.505 | 43 | 5.6 | 82 |
| 罗家村 | 罗龙根 | 罗龙根 | 695 | 2081 | 2.35 | 95.6 | 10 | 182.17 |
| 倪梁村 | 倪建君 | 倪建君 | 402 | 1249 | 1.378 | 48.27 | 7.53 | 230.1 |
| 越东村 | 罗　欣 | 罗　欣 | 580 | 1737 | 2.515 | 113.53 | 17.6 | 190.3 |
| 双堰村 | 陈利华 | 陈利华 | 641 | 1795 | 1.822 | 87.47 | — | 112.45 |
| 田家村 | 田华军 | 田华军 | 988 | 2661 | 2.521 | 98.67 |  | 198.5 |
| 越兴社区 | 袁森媛 | 袁森媛 | 1430 | 2898 | 0.382 | — | — | — |
| 合　计 |  |  | 9926 | 27625 | 32.759 | 1030.51 | 179.82 | 2401.93 |

**【电影党课《烟消云开》拍摄】** 4月29日，"浙东红路"电影党课《烟消云开》在小越新宅村美人弄举行开机仪式。6月30日，在小越街道九州森美国际影院举行庆祝中国共产党成立101周年暨电影党课《烟消云开》首映仪式。

4月29日，"浙东红路"电影党课《烟消云开》在小越新宅村美人弄举行开机仪式（小越街道 提供）

**【乡村文明家庭信用管理省级基层社会治理标准化试点标准体系发布会】** 11月11日，小越街道组织召开乡村文明家庭信用管理省级基层社会治理标准化试点标准体系发布会。小越街道积极构建乡村新型治理体系，探索实施"基层治理+标准化"管理运行新模式，打造家庭信用培育标准化管理平台，2021年被列入浙江省首个乡村文明家庭信用管理标准化试点项目。至2022年末，全街道共建立信用积分档案家庭402户，召开家庭信用积分评议会7次，发动党员干部入户走访623次，开展积分兑换7次，368户家庭参与兑换物资；根据信用积分排名，共评选村级"最美家庭"60户、文明家庭402户，推荐区级以上"最美家庭"7户、文明家庭4户，45户家庭在贷款授信额度、入伍入党上享受优惠、优先。

**【"一村一品"党建联建品牌发布】** 12月21日，小越街道深化党建联建助力共同富裕系列活动启动仪式上，15个"一村一品"党建联建品牌发布。小越街道15个党建联建体打破地域领域限制，以"1+N"的模式开展村、企、站所党建联建，合力实现党建活动相融、人才人力相连、抱团发展共进，以强劲的工业经济夯实共同富裕的"家底"，形成产城融合、以工补农的小越共富模式。（王焕军）

## 道墟街道

**【概况】** 道墟街道位于上虞区西北部，距城区所在地11千米。全境地域总面积43平方千米，辖22个村（居）委员会。年末总户数16035户，总人口42467人。2022年，街道完成工业产值69.34亿元，其中规上工业产值35.36亿元，完成财政总收入3.84亿元，农民人均可支配收入72718元。

全年农作物播种面积4000公顷，粮食总产量1.22万吨。农机总动力0.01万千瓦。公路通车里程130千米，村等级公路通达率100%。全年完成水利建设项目6个，投资1710万元。存栏生猪2487头，出栏生猪4313头；存栏家禽11576羽，出栏家禽26954羽。茶园面积0.7公顷，茶叶产量0.2吨。工业企业总数249家，其中规模以上企业40家。规上工业产品销售收入29.73亿元，产销率84.08%。自营出口16.38亿元。

有初级中学1所，小学4所，幼儿园4所。在校中学生760人，入学率100%；在校小学生1435人，入学率100%；在园幼儿764人。社区卫生服务中心1家，卫生服务站4家。全年出生213人，计划生育率98.72%。初级卫生保健率97.8%。自来水普及率100%。参加城乡居民基本养老保险9557人，参加城乡居民医疗保险41839人。最低生活保障救助人数301人。有社会福利性敬老院1个，年底供养老人14人。农户新建房屋73户，建筑面积16737.33平方米。（朱　芳　马德良）

表 20　　2022 年道墟街道各村（居）委会基本情况表

| 村（居）委会名称 | 党务负责人 | 村（居）委会负责人 | 户数（户） | 人口（人） | 农田（亩） | 旱地（亩） | 村级集体经济收入（万元） |
|---|---|---|---|---|---|---|---|
| 积山村 | 范水龙 | 范水龙 | 837 | 2201 | 1004.40 | 199.69 | 439.93 |
| 长娄村 | 吴五金 | 吴五金 | 458 | 1321 | 1149.31 | 56.19 | 100.74 |
| 云里村 | 宣四祥 | 宣四祥 | 466 | 1338 | 759.03 | 62.95 | 804.73 |
| 新民主 | 韩桂珍 | 韩桂珍 | 588 | 1511 | 357.65 | 76.29 | 781.32 |
| 中联村 | 章关金 | 章关金 | 941 | 2212 | 234.81 | 254.40 | 265.71 |
| 庙桥村 | 王朝晖 | 王朝晖 | 732 | 1876 | 875.19 | 23.51 | 118.45 |
| 杜浦村 | 杜成德 | 杜成德 | 891 | 2516 | 88.28 | 930.50 | 288.76 |
| 称海村 | 谢华鑫 | 谢华鑫 | 971 | 2777 | 752.94 | 836.76 | 319.88 |
| 汇联村 | 阮加夫 | 阮加夫 | 671 | 1904 | 342.57 | 1198.21 | 95.26 |
| 联江村 | 谢伟德 | 谢伟德 | 806 | 2211 | 495.89 | 1328.03 | 110.42 |
| 江协村 | 章灿松 | 章灿松 | 918 | 2549 | 307.16 | 1568.57 | 134.94 |
| 新里港村 | 章水标 | 章水标 | 783 | 2197 | 1127.63 | 241.90 | 350.43 |
| 肖金村 | 张金祥 | 张金祥 | 998 | 2679 | 1888.26 | 231.71 | 114.48 |
| 沽渚村 | 沈新成 | 沈新成 | 535 | 1438 | 704.06 | 157.76 | 134.12 |
| 东桑村 | 马明祥 | 马明祥 | 600 | 1581 | 1116.31 | 52.74 | 234.3 |
| 大湖村 | 张立青 | 张立青 | 554 | 1535 | 1458.47 | 76.06 | 181.53 |
| 联浦村 | 张国强 | 张国强 | 611 | 1606 | 495.89 | 1328.03 | 246.71 |
| 五四村 | 任永海 | 任永海 | 592 | 1670 | 601.64 | 23.47 | 146.39 |
| 韩浜村 | 陆建明 | 陆建明 | 492 | 1373 | 797.20 | 36.27 | 99.14 |
| 新屯南村 | 陈国荣 | 陈国荣 | 979 | 2711 | 1391.81 | 29.67 | 241.85 |
| 钱上村 | 李明亮 | 李明亮 | 455 | 1316 | 735.47 | 57.34 | 495.69 |
| 道墟社区 | 阮琴妹 | 阮琴妹 | 1157 | 1945 | — | — | — |
| 合　计 | | | 16035 | 42467 | 16683.98 | 8770.05 | 5704.78 |

**【道墟街道新屯南村建设】** 道墟街道党工委及时组建驻村工作专班，选调10名机关干部现场办公。编制新屯南村总体规划和水系专项规划，明确发展方向和路径，排定27个民生实事项目，投入资金1.1亿元。坚持问需于民，累计走访群众801户，收集群众诉求252类，完成整改250类。坚持拆建并建，全域整治，分5批共拆除170余处10000余平方米违章搭建，清理垃圾1150余吨，腾退公共空间近5000平方米。坚持强村富民，谋划推进新屯南村、庙桥村物业联建项目，年预计增收集体经济120万元。坚持文化铸魂，建设村情展览馆，改造村级图书室，打造省级精品农家书屋，夯实阵地建设；成立500万元阮兴祥文化发展基金，丰富文化供给。2022年，新屯南村列入乡村振兴先行村创建计划，投资5400万元打造未来乡村项目。

2022年6月，新屯南村俯拍图（道墟街道 提供）

**【道墟街道"红漫水乡"党建联盟成立】** 7月1日，道墟街道在新屯南村举行庆祝中国共产党成立101周年专题活动暨"红漫水乡"党建联盟成立仪式，实现党建统领、协同发展，助推强村富民，在高质量发展中推进共同富裕和现代化。龙盛集团党委、上虞农商银行党委和新屯南村、钱上村、五四村、韩浜村党总支结成"红漫水乡"党建联盟，将通过党建共促、资源共享、产业共赢、基础共建、服务共筹等模式共同打造新时代共同富裕新高地。

**【绍兴文理学院智能制造研究院（上虞）学术委员会成立】** 10月22日，绍兴文理学院智能制造研究院（上虞）学术委员会暨浙江辰鑫机械设备有限公司产学研合作基地/技术研发中心成立仪式在道墟街道举行。来自中国计量大学、浙江长三角研究院、浙江工业大学之江科研部、绍兴文理学院等省内多家高校院所的教授专家出席仪式。

**【全区首个"强村富民"咨询委员会在钱上村成立】** 11月13日，全区首个村级咨询委员会——道墟街道钱上村"强村富民"咨询委员会成立仪式在钱上村文化礼堂举行，标志着道墟街道村级"强村富民"咨询委员会工作迈上实体化、规范化、制度化轨道。委员会由老党员、老干部、企业家、乡贤代表等有着过硬政治素质和丰富工作阅历的10名委员组成。

**【道墟街道庙桥村被授予"绍兴书法村"】** 11月16日，"行走乡村文化润乡"活动暨绍兴市书法村、兰亭书法学堂授牌仪式在道墟街道庙桥村举行，庙桥村被授予"兰亭书法学堂"牌。

**【道墟街道实现农村文化礼堂全覆盖】** 2022年，肖金村、积山村、韩浜村、大湖村、新民主村和汇联村6个村文化礼堂完成，道墟街道21个行政村实现文化礼堂全覆盖。全街道有浙江省五星级文化礼堂7个，绍兴市四星级文化礼堂5个。（马德良）

## 梁湖街道

**【概况】** 梁湖街道位于上虞城区的南大门，东邻驿亭镇，南接丰惠镇，西沿曹娥江与曹娥街道隔江相望。地域面积62.63平方千米，辖区共17个建制村（居）委会和1个社区，为国家级生态镇、全国千强镇、省级3A景区镇、市美丽乡村示范乡镇。2022年末户籍总数9987户，户籍人口30031人。财政总收入2.07亿元，其中一般公共预算收入1.22亿元，民间投资、生态环境和公共设施、水利设施、交通运输等总投资达2.01亿元。全年农作物播种面积1273.11公顷，粮食产量2852吨，公交车通车里程36.63千米，村级等级公路通达率100%。有初级中学1所，学生389人；小学2所，学生1092人；幼儿园4所，在园幼儿450人。有区中医医院1所，社区卫生服务中心1个，村级服务站9个，职业（助理）医师337名，床位605张。全年出生人口171人，参加新型农村合作医疗保险14847人，参保率99.8%，最低生活保障救助181

户，共218人。有金融机构网点3个，自来水用户10714户，管道燃气用户2880户，农户新建住房103户，建筑面积19747平方米。

有规模企业44家，其中销售额超亿元企业8家，规模以上企业工业总产值38亿元，同比增长5.63%，规模以上企业工业增加值同比增长8.50%；限额以上批发业商品销售额2.31亿元，同比增长17.62%；自营出口17.37亿元，同比增长131.36%，完成“小升规”4家，R&D经费占比超3.7%。以工业全域治理和企业亩均效益为重点，盘活存量土地146亩，完成“高耗低效”整治12家、涉VOCs整治14家；优化产业园管委会窗口平台服务模式，协助兑现惠企资金860余万元，有效破解供应链、运输链、资金难等问题200余个。

总投资1.2亿元立项开工30个实事项目，推进省级现代农业园区建设，洪山湖水库、马岙水库等5个省级民生实事项目推进，“五星达标”村全覆盖创建完成，农村人居环境实绩稳居市区前列，获评省3A景区村、省“一村万树”示范村、市人居环境“红旗村”各1个，创成省高标准生活垃圾分类示范小区1个。各村完成经营性收入1533.2万元，同比增长24.86%。

投入700万元完成学校、幼儿园、医疗巡回点等设施改造提升，开展危旧房、城乡自建房安全排查整治，农村困难群众住房救助3户。关爱帮扶困难群体，精准发放各类补助、救助资金78.8万元，城乡居民医保完成率99.96%，越惠保征缴超70%，获评市三星级食安办，街道居家养老中心通过市级五星级创建，村社红十字服务站实现全覆盖。

2022年，梁湖街道全面融入高水平网络大城市建设，开展“城南—梁湖”高质量一体化发展城市设计研究，修编城南—梁湖片区控制性详细规划，三上三下对接城南区域“三区三线”边界调整。

表21　　2022年梁湖街道各村（居）基本情况表

| 村（居）委会名称 | 党务负责人 | 村（居）委会负责人 | 户数（户） | 人口（人） | 耕地面积（亩） | 山林面积（亩） | 村级集体经济经营性收入（万元） |
|---|---|---|---|---|---|---|---|
| 拗花山村 | 孙宝良 | 孙宝良 | 293 | 925 | 531 | 3861 | 80.4 |
| 古里巷村 | 顾泉君 | 顾泉君 | 291 | 901 | 187 | 940 | 81.7 |
| 大库居委 | 潘国芳 | 潘国芳 | 384 | 1197 | 120 | 25 | 43.8 |
| 外梁湖村 | 王雷江 | 王雷江 | 674 | 2111 | 110 | 333 | 110.3 |
| 华山居委 | 唐建忠 | 唐建忠 | 320 | 1089 | 23 | 945 | 39.3 |
| 洪山湖居委 | 陈潮江 | 陈潮江 | 399 | 1267 | 800 | 3110 | 21.1 |
| 华光居委 | 张永江 | 张永江 | 426 | 1275 | 453 | 1545 | 10.5 |
| 华东居委 | 张　军 | 张　军 | 347 | 1000 | 145 | 904 | 34.5 |
| 新花浦村 | 陈国炎 | 陈国炎 | 1009 | 2997 | 2390 | 6269 | 250.5 |
| 南穴村 | 陈建焕 | 陈建焕 | 530 | 1591 | 1144 | 2901 | 105.7 |
| 任庄村 | 葛光辉 | 葛光辉 | 335 | 1038 | 803 | 5048 | 81.4 |
| 玩石梁岙村 | 王永利 | 王永利 | 541 | 1478 | 1168 | 10894 | 84.5 |
| 倪家堡村 | 赵建平 | 赵建平 | 614 | 1908 | 932 | 2339 | 80.6 |
| 禄泽居委 | 项苗荣 | 项苗荣 | 358 | 1151 | 25 | 20 | 204.0 |
| 皂李湖村 | 莫和祥 | 莫和祥 | 1591 | 5063 | 53 | 2864 | 119.7 |
| 潘家陡村 | 陈云娟 | 陈云娟 | 457 | 1506 | 420 | 5069 | 101.0 |
| 西华瑶村 | 徐培其 | 徐培其 | 655 | 1989 | 1265 | 3329 | 84.0 |

【集体土地房屋征收】 全力推进大库、外梁湖、华山三村（居）集体土地房屋征收项目，1294户总签约率超99%，华山率先实现整村清零。完成皂李湖村1600余户签约户腾空，兑付资金约60亿元，拆除房屋45万方，新签约滞留户21户，皂李湖村征收项目获评市“拆改示范项目”。

【梁湖街道招商引智】 2022年，梁湖街道签约落地亿元以上项目1个、5000万元以上项目1个，引进外资100万美元，新增国家级专精特新“小巨人”企业1家、省“隐形冠军”企业1家；完成国家级、省级“海外引才”计划申报各3名，引进青年博士2名，新增就业大学生近300人。

【强社惠民试点】 开展天香华庭社区“强社惠民”集成改革省级试点，通过“业主乡贤筹集、政府单位支助、共建联建募集”模式，成立社区发展基金会，整合网格阵地、健身锻炼、“一老一小”等服务功能，建设天香华庭小区邻里中心，织细织密红网微格，围绕做强“N”队伍力量，嵌入三师三员、网格警员、法律顾问等人员104名，最大化凝聚治理合力。

【梁湖街道疫情防控常态化】 落实“常态化+”机制，组建42支村居网格暖心小分队，发放爱心防疫包9533份，“五包一”联系定期开展随访。（周 菁）

# 崧厦街道

【概况】 崧厦街道位于杭州湾南翼、曹娥江东畔，紧邻绍兴滨海新城、杭州湾上虞经济技术开发区，是上虞“青春之城”拓展未来的活力地、产城融合的核心区。区域总面积84.8平方千米，辖37个建制村、4个社区（4000人以上的村7个，6000人以上的村2个），户籍人口10.3万人，占全区的1/7，常住人口12万人，共有基层党组织82个，党员4680名。

2022年，实现财政总收入2.53亿元，规上企业产值50亿元，共有16个制造业项目入库，全年实到外资350万美元，引进亿元项目1个。全年完成基础设施建设工程10项，大力推进校园基建，抓好学在崧厦品牌建设，完成5个村卫生室改造工程，统筹抓好疫情防控与卫生健康工作。2022年，上虞伞业质量管理体系认证提升项目入选国家级试点，伞艺小镇AAA景区通过国家级AAA旅游景区认定，伞艺小镇获浙江省创建特色小镇考核良好，美丽城镇建设获得省级样板乡镇，获评浙江省美丽乡村示范乡镇、浙江省电商镇。

表22　　2022年崧厦街道各村（居）委会基本情况表

| 村（居）委会名称 | 党务负责人 | 村（居）委会负责人 | 户数（户） | 人口（人） | 村域面积（平方千米） | 村集体常年性经营收入（万元） |
|---|---|---|---|---|---|---|
| 蔡林村 | 朱尧龙 | 高苗夫 | 1895 | 5283 | 2.75 | 114.65 |
| 丁泽村 | 丁江辉 | 陆百江 | 836 | 2520 | 1.80 | 84.45 |
| 东上湖村 | 连永尧 | 朱信照 | 705 | 2288 | 0.81 | 80 |
| 港联村 | 夏金英 | 王建军 | 447 | 1156 | 0.67 | 80.06 |
| 杭郭村 | 杭金兔 | 郭佳峰 | 821 | 2168 | 0.79 | 105.31 |
| 联胜村 | 张军桥 | 朱小忠 | 804 | 2574 | 0.48 | 85.17 |
| 联塘村 | 陆军钢 | 富　达 | 784 | 2187 | 1.50 | 80.17 |
| 陆家村 | 陆文军 | 陆小标 | 1121 | 3061 | 2.70 | 80.02 |
| 吕家埠村 | 吕灿良 | 吕信龙 | 2285 | 6174 | 2.85 | 297.87 |
| 庙川村 | 钟月良 | 潘永林 | 879 | 2467 | 1.80 | 113.73 |
| 内五甲村 | 何立江 | 祝月琴 | 308 | 915 | 3.20 | 80.05 |

续表

| 村（居）委会名称 | 党务负责人 | 村（居）委会负责人 | 户数（户） | 人口（人） | 村域面积（平方千米） | 村集体常年性经营收入（万元） |
|---|---|---|---|---|---|---|
| 潘韩村 | 韩红标 | 潘雨峰 | 1107 | 3600 | 1.50 | 207.34 |
| 前庄村 | 陈交良 | 姜江军 | 1031 | 3015 | 2.20 | 108.25 |
| 雀嘴村 | 王狄军 | 王娟芬 | 1917 | 5129 | 0.83 | 137.74 |
| 三友村 | 严伟东 | 邵炎军 | 924 | 2543 | 2.00 | 131.15 |
| 舜源村 | 黄君根 | 黄建明 | 675 | 2131 | 1.8 | 233.41 |
| 寺前村 | 郑建江 | 王正钢 | 950 | 2565 | 1 | 80.01 |
| 新光村 | 潘建中 | 成　华 | 1267 | 3522 | 2.58 | 309.16 |
| 新下湖村 | 胡九英 | 郭建龙 | 1454 | 4535 | 2.27 | 99.22 |
| 严巷头村 | 严松桥 | 李卫刚 | 1690 | 5673 | 2.5 | 103.75 |
| 祝温村 | 胡树君 | 许亚萍 | 540 | 1588 | 1.7 | 104.64 |
| 东凌湖村 | 李火灿 | 杨国庆 | 616 | 1752 | 1.01 | 82.87 |
| 时华村 | 章建农 | 顾慧萍 | 1118 | 3335 | 1.68 | 85.72 |
| 万湖村 | 俞永胜 | 黎惠娣 | 466 | 1545 | 1.5 | 80.01 |
| 勤联村 | 王明江 | 朱小萍 | 694 | 2017 | 0.68 | 80.06 |
| 黄家堰村 | 夏高军 | 陈　君 | 521 | 1415 | 1.8 | 80 |
| 章黎村 | 王春雷 | 连成亮 | 531 | 1449 | 0.46 | 80.09 |
| 金中村 | 金建平 | 金春峰 | 687 | 2000 | 2.1 | 88.41 |
| 章家村 | 顾建忠 | 章松海 | 2360 | 7011 | 3.5 | 105.2 |
| 西华村 | 顾绍民 | 万晓东 | 1751 | 4925 | 1.8 | 80.04 |
| 联海村 | 潘金尧 | 林　芬 | 756 | 2262 | 0.42 | 80.04 |
| 共何村 | 费　炜 | 何柏锋 | 1632 | 4193 | 1.01 | 326.28 |
| 杨凌湖村 | 严建方 | 丁安青 | 388 | 1018 | 1 | 80.04 |
| 福海村 | 沈　展 | 章柏军 | 397 | 1109 | 1.1 | 80.07 |
| 任谢村 | 王　江 | 任彩君 | 632 | 1803 | 1.5 | 80.02 |
| 三华村 | 桑炳才 | 赵海苗 | 883 | 2550 | 0.55 | 93.91 |
| 双埠村 | 何明辉 | 潘　火 | 793 | 2300 | 1.8 | 85.76 |
| 顾家弄社区 | 俞新华 | — | 861 | 2023 | 1 | — |
| 祝家街社区 | 余　瑛 | — | 1217 | 3243 | 1 | — |
| 跃进桥社区 | 潘顺表 | — | 1724 | 4928 | 0.2 | — |

**【"红雨伞强基共富"竞跑争先行动启动仪式】** 4月29日，崧厦街道围绕强基共富、全域奔富、产业创富三大场景举行"红雨伞强基共富"竞跑争先行动启动仪式，全面吹响党建统领、大抓落实、争先创优的奋进号角，全力打造最有辨识度的特色名片。

**【崧厦街道举办红色影视配音大赛】** 5月4日，崧厦街道团委组织青年干部开展"初心不改·经典留声"红色影视配音大赛，在五四青年节来临之际，引导崧厦青年坚定跟党走的理想信念，激发奋斗热情，更好地服务迎接中共二十大胜利召开。青年们通过现场配音的方式，对《觉醒年代》《决胜时刻》《建国大业》《辛亥革命》《芳华》《伪装者》等经典影视作品进行生动演绎，重温党的光辉历程，感悟伟大的革命精神。

5月4日，崧厦街道组织开展"初心不改·经典留声"红色影视配音大赛（崧厦街道 提供）

## 章镇镇

**【概况】** 章镇镇地处上虞南部山区，东毗余姚四明山，南邻嵊州三界镇，104国道、上三高速穿境而过，交通区位优越。全镇地域面积140平方千米，总人口38383人，下辖27个建制村、2个社区，耕地3873.3公顷，是上虞"北工、中城、南闲"总体规划中南闲组团的核心，也是首批省级中心镇、省级生态镇、省级园林镇、省级健康镇、国家级卫生镇。2022年农村常住居民人均可支配收入45308元，同比增长8%。

全年农作物播种面积3873.3公顷，种粮面积187.33公顷。水果种植面积1164.47公顷，总产量20124吨，其中葡萄种植面积220.5公顷，总产量5582吨；猕猴桃种植面积691.27公顷，总产量10273吨；茶园面积629.13公顷，总产量755吨；桃园面积105公顷，桃子总产量1415吨。

全镇有各类企业292家，其中有上市企业3家（亚厦、皇马、金盾），规上企业23家，基本形成装备制造和建筑装饰两大产业。规划面积超300公顷的工业功能区，为上虞区重点工业功能区之一。2022年度，章镇镇实现工业总产值39.14亿元，其中规上企业产值27.4亿元，同比增长10.7%。

全年签约招商项目3个，其中亿元以上2个，5000万元以上1个；完成工业投资1.59亿元、高新投资1.55亿元、交通投资8870万元；实到外资505万美元，完成年度目标的126%；总投资10亿元的荣文、天行健等项目竣工投产；总投资约5亿元的金盾风机、虞申防火等项目加速推进。

有初级中学1所，在校初中学生359人，入学率100%；小学2所，在校小学生803人，入学率100%；幼儿园2所，在园幼儿399人。上虞中医院章镇分院1家，社区卫生服务站6家，村级卫生室16家。全年出生人口162人，自然增长率-0.56%。初级卫生保健普及率100%。自来水普及率100%。参加城乡居民基本医疗保险36416人，参保率为99.99%；参加城乡居民养老保险34396人，参保率99.78%。最低生活保障救助459户573人。有公建民营养护院1个，年底供养老人24人。农村新建房屋189户，建筑面积39173.52平方米。

公共服务优化。投资5000万元的章镇幼儿园新建工程有序推进。完成大勤小学、龙浦小学撤并。王充小学、章镇镇成人文化技术学校创建成为省现代化学校，王充清廉文化园被列为绍兴市清廉、文化教育基地。新区村等4个村为绍兴市文明村。镇红十字会被评为2022年浙江省红十字基层组织建设与志愿服务工作成绩突出集体。

高质量完成民生实事。新增老年食堂2家、宴会中心2家、完成高山移民18户、危房腾空28户、60岁以上群体疫苗接种率达95%，创建为绍兴市健康乡镇。越惠保参保率达71.74%，低保对象应保尽保，全年共发放低保金606万元。

投资2亿元滚动推进城市有机更新，完成新区村1号、2号地块及104国道改造提升工程区房屋征收，签约率达100%，征收建筑面积48.62万平方米；投资

19 亿元新章镇大桥及连线建设已完成工可编制；投资1.2 亿元的三界高铁连接线项目加速推进；常台高速道口、104 国道沿线形象改造提升工程速度加快，扩大小城市辐射范围和发展空间。

表 23　　2022 年章镇镇各村（居）委会基本情况表

| 村（居）委员会 | 党务负责人兼主任 | 户数（户） | 人口（人） | 耕地（亩） | 林地面积（亩） | 村级总收入（万元） |
|---|---|---|---|---|---|---|
| 笕桥村 | 王利松 | 494 | 1485 | 1706.7 | 0 | 119.43 |
| 花坎村 | 叶文华 | 283 | 777 | 1201.95 | 200 | 106.27 |
| 龙马村 | 叶志军 | 731 | 2176 | 2486 | 753 | 186.20 |
| 中兴村 | 谭华夫 | 374 | 1166 | 1348.35 | 80 | 112.45 |
| 新区村 | 景吉标 | 232 | 750 | 609 | 160 | 134.61 |
| 镇南村 | 龚水根 | 410 | 1213 | 2153.85 | 1569 | 134.66 |
| 章家埠村 | 丁林军 | 476 | 1455 | 1727.1 | 0 | 258.23 |
| 新江村 | 张明尧 | 535 | 1482 | 1732.2 | 0 | 508.35 |
| 灵运村 | 谢达仁 | 606 | 1423 | 2092.95 | 50 | 200.14 |
| 新南村 | 张海洪 | 661 | 1712 | 3674.55 | 300 | 182.88 |
| 泰山村 | 黎国良 | 820 | 2282 | 4448.55 | 2210 | 229.81 |
| 河浮村 | 金孟飞 | 319 | 909 | 1407.75 | 70 | 110.47 |
| 龙浦村 | 张　继 | 376 | 1063 | 2046 | 0 | 124.85 |
| 龙江村 | 董立均 | 542 | 1518 | 2849.85 | 2860 | 123.77 |
| 大钱村 | 童其炎 | 355 | 1078 | 2328.75 | 0 | 111.01 |
| 湾头村 | 景少军 | 299 | 827 | 1754.4 | 0 | 98.8 |
| 新三联村 | 陈国永 | 370 | 1025 | 1475.7 | 39 | 114.36 |
| 清潭村 | 方和军 | 321 | 844 | 716.55 | 0 | 114.39 |
| 秀峰村 | 王玲尧 | 429 | 1127 | 2082.6 | 2749 | 162.96 |
| 新魏家庄村 | 魏燕春 | 464 | 1318 | 2129.7 | 1455 | 137.36 |
| 大勤村 | 王伟强 | 456 | 1118 | 1911.3 | 150 | 142.31 |
| 任叶村 | 沈富官 | 368 | 926 | 1215 | 970 | 256.88 |
| 陈墩村 | 陈军强 | 636 | 1611 | 3269.7 | 359 | 168.05 |
| 张村村 | 陈振华 | 986 | 2573 | 4176.9 | 345 | 245.49 |
| 建设村 | 丁永宜 | 588 | 1587 | 2787.3 | 1200 | 119.39 |
| 越星村 | 陈　斌 | 439 | 1194 | 2759.4 | 0 | 132.43 |
| 陈埠村 | 王泗宝 | 328 | 936 | 2007.45 | 0 | 108.20 |
| 章镇社区 | 徐军标 | 927 | 1686 | — | — | — |
| 滨笕社区 | 郑秀文 | 481 | 1122 | — | — | — |
| 合　　计 | | 14306 | 38383 | 58099.55 | 15519 | 4443.75 |

【万亩猕猴桃开启共富密码】 章镇镇是华东地区最大的猕猴桃产销基地，享有“浙江猕猴桃之乡”的美誉。2001 年从四川引种以来，经过 20 多年的发展，“舜阳”牌红心猕猴桃已成为上虞“四季仙果之旅”的主打水果品牌，也入选“中华名果”。2022 年，章镇镇探索推广“党建+合作社”新型管理模式，通过文旅融合促进产业发展，猕猴桃种植面积已突破 1 万亩，注册合作社 180 余家，拥有“四季仙果采摘基地”22 家，年产量达 1.7 万吨，年产值超 3 亿元。猕猴桃成为农民的致富果，相关做法获得央视新闻频道《新闻直播间》报道。

【网格智化平台建设】 优化设置网格 87 个，微网格 285 个，配齐网格力量，开展矛盾纠纷排查起底化解，化解矛盾纠纷 108 件，推进信访积案攻坚，化解国家级信访积案 2 件，新江村获浙江省 2022 年度民主法治村，任叶村等 13 个村获绍兴市级民主法治村。

【镇村镇貌优化】 章镇镇推行生活垃圾分类，完成 8 个生活垃圾分类投放点建设，完成 22 座农村生活污水终端改造提标和新建 1 处农污处理设施。实施“碧水行动”，断面水质达标率 100%。加强秸秆焚烧、道路扬尘管控，$PM_{2.5}$平均浓度为 21.23 微克/立方米。人居环境管理实行制度化运维，常态化开展人居环境整治，大钱村获省级美丽宜居村合格村庄。

【文旅产业建设】 镇内占地 3000 余亩的花坎养生谷一期民宿项目已对外营业，二期项目继续推进。占地 600 多亩的张村樱花谷在第六届樱花节期间游客超过百万人次，坐落于张村的心池民宿成为网红之地，年租金 20 万余元，并带动村民就业。樱花谷 AAA 景区配套设施，樱花机车项目、恐龙园项目开工建设。舜阳红心猕猴桃文化旅游节为果农打开销路增加收入。新建文化礼堂，创建浙里文化圈 5 个，完成太廉堂修建，徐三庚故居纳入区第三批文保点名单，推出王充清廉文化、观杰红色文化等文旅精品线路。

【国防教育】 重视国防教育工作，加强退役军人服务保障、为退役军人建档立卡办理优待证，获绍兴市国防后备力量先进单位。5 月，绍兴市国防教育训练中心在章镇镇成立。

（丁　洪）

## 丰惠镇

【概况】 丰惠镇位于绍兴市上虞区东南部，距上虞中心城区 14 千米。地域面积 118 平方千米，辖 26 个行政村、1 个居委和 2 个社区，年末总户数 17575 户，总人口 47529 人。2022 年，实现工业总产值 78.24 亿元，同比增长 12.85%；全年财政总收入 1.38 亿元。

全镇耕地面积 2978.5 公顷，农业机械化率 90%以上。年末存栏生猪 12100 头，年内出栏生猪 20879 头；年末存栏家禽 67970 只，年内出栏家禽 328565 只。果园面积 521.9 公顷，水果总产量 9156 吨。茶园面积 59.3 公顷，茶叶总产量 33 吨。工业企业总数 1056 家，其中规模以上企业 33 家。规模以上企业工业总产值 43.03 亿元，同比增长 9.65%。实现全社会固定资产投资 3.01 亿元，一般公共预算收入 1.09 亿元。全年完成民间投资 2.2 亿元，制造业投资 1.59 亿元，高新技术投资 1.14 亿元。新签约落户 5000 万元以上项目 2 只，总投资 1.6 亿元；实到外资 195 万美元。完成“低小散”企业整治 14 家，淘汰落后产能 2 家，新增市场主体 701 个。村等级公路通达率 100%，自来水普及率 100%，农村生活垃圾分类实现全覆盖，农家书屋全覆盖。完成生活垃圾分类“定时定点”投放清运小区 16 个，实现辖区内“定时定点”投放清运小区全覆盖。29 个村社全面完成 2.0 版村级便民服务中心建设，建设完成文化礼堂 3 家、智慧礼堂 5 家。有初级中学 1 所、小学 4 所、幼儿园 5 所。在校初中生 706 人，在校小学生 1377 人，入学率均为 100%。有综合医院 1 家，社区卫生服务站 7 个，村卫生室 8 家。全年出生 170 人。初级卫生保健率 100%。数字电视用户 13391 户。年度信访积案化解率 100%。参加城乡居民基本医疗保险 24200 人，参保率 99%以上。有养老服务中心 1 个，城镇低保 22 户 20 人，农村低保 488 户 596 人，低保底边 58 户 118 人，特困户 37 人（其中集中供养 34 人，分散供养 3 人）。发放各类救助金、慰问款共 106.85 万元。农户新建翻建房屋 111 户，占地面积 10408 平方米，建筑面积 26422 平方米。

表 24　　2022 年丰惠镇各村（居）委会基本情况表

| 村（居）委会名称 | 党务、村（居）委会负责人 | 户数（户） | 人口（人） | 村常年性经营收入（万元） |
| --- | --- | --- | --- | --- |
| 渔门村 | 王松江 | 579 | 1537 | 78.1 |
| 祝家庄村 | 倪相伟 | 891 | 2549 | 133.4 |
| 南源村 | 倪国民 | 559 | 1689 | 66.1 |
| 西湖村 | 周焕梁 | 984 | 3024 | 93.5 |
| 东光村 | 曹培建 | 391 | 1201 | 45.8 |
| 后山村 | 许士祥 | 771 | 2029 | 116.5 |
| 西南门村 | 陈小奇 | 449 | 1373 | 58.7 |
| 南门村 | 周　翔 | 540 | 1493 | 97.5 |
| 通明村 | 陈汉军 | 626 | 1569 | 54.1 |
| 凤鸣村 | 叶炬耀 | 401 | 1255 | 68.8 |
| 丰南村 | 龚国治 | 435 | 1367 | 53.6 |
| 东门村 | 车谷雨 | 797 | 2060 | 37.7 |
| 五云村 | 张冬山 | 639 | 1701 | 46.4 |
| 谢桥村 | 叶泽军 | 806 | 2061 | 72.4 |
| 虞光村 | 贺坚兵 | 870 | 2200 | 52.2 |
| 夹塘村 | 姚伟明 | 939 | 2389 | 51.9 |
| 虞东村 | 陈　斌 | 477 | 1213 | 83.3 |
| 陈夏谢村 | 夏历史 | 465 | 1239 | 47.4 |
| 盛茂村 | 何炎华 | 374 | 1158 | 60.3 |
| 夏王村 | 贾永强 | 644 | 1757 | 52.3 |
| 孟尝村 | 董健华 | 373 | 1087 | 49.2 |
| 双溪村 | 赵　军 | 416 | 1213 | 49.7 |
| 三溪村 | 徐银山 | 682 | 2005 | 53.0 |
| 西溪湖村 | 宋力锋 | 630 | 1810 | 56.4 |
| 西郊村 | 吴建海 | 310 | 1006 | 54.4 |
| 永庆村 | 戴　国 | 482 | 1404 | 74.6 |
| 北门居委 | 谢乐安 | 204 | 480 | 54.2 |
| 庙弄社区 | 车菊敏 | 1031 | 2064 | — |
| 启文门社区 | 王伟平 | 810 | 1596 | — |

【全区首个土地承包经营权整村流转行政村】 4 月16 日，丰惠镇祝家庄村举行土地承包经营权整村流转签约仪式，村股份经济合作社完成祝家庄村、渔门村两村 1224 亩土地的流转工作，与上虞区供销合作总社（大通集团公司）下属绍兴大通现代农业有限公司签约，成为上虞区首个土地承包经营权“整村流转”项目，祝家庄村千亩农业示范区正式启动。其中，1166 亩土地权属人为祝家庄村、渔门村农户，58 亩为祝家庄村村集体土地，先由祝家庄村股份经济合作社与农户签订委托流转协议，再由村股份经济合作社出面集中连片流转给绍兴大通现代农业有限公司。

【全国优秀旅游城市围棋赛举办】 7 月 2—4 日，丰惠镇举办“诗画曹娥江”全国优秀旅游城市围棋赛，比赛分精英组（业务 6 段及以上）、文旅组（文化、旅游行业从业人员）、名仕组（企业高管、知名人士）和嘉宾组（特邀），来自全国 24 个旅游城市 23 支代表队的 71 名棋手参加比赛，角逐团体赛和个人赛多项奖项。7 月 3 日，全体参赛人员集体参观祝府、丰惠文史馆、北撤会议旧址和胡愈之故居等丰惠古镇景点。

【2 家省级乡村博物馆创建】 8 月，丰惠文史馆和上虞革命史迹陈列馆创建为浙江省第二批乡村博物馆。丰惠文史馆所在地原为丰惠镇人民政府办公用房二号楼，2013 年规划布展，2014 年 1 月对外免费开放，建筑面积 1600 平方米，布展面积 1800 平方米，以“城、风、人、新”为主题，以溯源浙东古运河文化为主线，全方位集中展示千年古县城的历史和文化。上虞革命史迹陈列馆位于丰惠镇普发南路 3 号，为浙江省文物保护单位，建筑面积 426 平方米，布展面积 200 平方米，分四个时期全面展示新民主主义革命时期上虞党组织创建及开展活动的重要事迹。

2022 年 4 月，丰惠文史馆（陈雪芬 摄）

【上虞复县建城（丰惠）1200 周年纪念活动举办】 12 月 3—4 日，丰惠镇举办上虞复县建城（丰惠）1200 周年纪念活动暨第三届乡贤大会。纪念活动主要由孔庙（学宫）项目奠基仪式、礼乐文化旅游节、《丰惠古桥》首发仪式、胡愈之故居重新布展提升、吴觉农纪念室建成开放、“千年古县城 丰惠正青春”摄影大赛和“义丰杯”绍兴市第八届暨上虞区第四届寒兰展等内容组成。来自全国 200 余位乡贤代表、区级相关部门负责人、孔子后人代表、丰惠镇相关代表等出席孔庙（学宫）项目奠基仪式。

【丰惠街河和十八里河入选省级美丽河湖】 12 月，丰惠街河和十八里河入选浙江省 2022 年美丽河湖名单。丰惠街河全长 6.6 千米，“五水共治”以来，丰惠镇对街河集中清淤 3 次，2018 年和 2022 年分别开展 2 次整治提升工程，清理河底杂物，修建河坎挡墙护脚，维修河岸和沿河节制闸，完善景观绿化和便民设施，保护古迹，提高河道行洪排涝能力，提升滨水环境面貌，全段达到防洪标准，防汛道路全部贯通。十八里河全长 6.3 千米，古时作为重要航运水道，现以农业灌溉为主，兼顾放洪排涝。2018 年开始，丰惠镇投资 2000 万元对十八里河实施水环境综合治理，包括河道清淤、河岸砌坎、绿化配套、综合整治、生态修复等。2022 年，丰惠投资 300 万元开展十八里河整治工程，在原有基础上，增设河道护岸、配套绿化景观、亲水便道、便民安全设施等，平整河道，改善水质，提高灌溉行洪能力，全段达到十年一遇排涝标准，防汛道路全部贯通。

（陈雪芬）

## 上浦镇

【概况】 上浦镇位于绍兴市上虞区西南部，距离主城区约 15 千米车程。全镇地域面积 86.6 平方千米，居全区第三，辖 13 个行政村，总人口 2.5 万人。为浙江省文旅特色型美丽城镇省级样板，小城镇环境综合整治省级样板镇，也是省 AAAA 级景区镇、省级生态镇、省级美丽乡村示范镇、省级文明镇、省级卫生乡镇。2022 年，全镇实现财政总收入 9604.71 万元，一般公共预算收入 1153 万元，同比增长 85%；完成固定资产投资 2 亿元，其中民间投资 1.157 亿元，完成区定目标的136.2%，规上工业产值21.02亿元，增长17.52%。全年累计获得全省“五水共治”考核先进、全市城镇建设、乡村振兴突出贡献集体等19项省市先进荣誉。

率先完成杭绍台高铁保畅通工作，有力保障省重点项目上浦船闸及航道工程完工启用。专班推进瓷源文化小镇、东山景区政策处理，两大区块完成项目投资3.7亿元。投资4000万元整体异地新建的镇卫生院新院建成启用。

投资5亿元的东山大观度假酒店试营业期间创营收逾千万元，带动村民就业250余人。承办全市“文化和自然遗产日”主场城市系列活动，“匠心研学精品游线”和“东山励志精品线路”被评为省级精品旅游线路，累计接待研学人流量4.6万余人次。大善小坞村列入全市共同富裕示范场景“揭榜挂帅”第二批创建名单。

总投资10亿元的全域土地综合整治项目列入省级乡村全域土地综合整治与生态修复“11350”工程。“四未一低”土地消化利用2009—2018年批而未供完成率185%，用而未尽完成率257%，低效用地完成率132%。

基层基础巩固提升，在全市率先完成信访积案“百日攻坚”行动任务，全面化解省市积案6件。调整优化村社智治网格体系，挂牌成立上浦社区，有效破解集镇、工业园区融合治理难题。

表25　　2022年上浦镇各村（居）委会基本情况表

| 村名 | 党务负责人、村（居）委会负责人 | 户数（户） | 人数（人） | 耕地（亩） | 山林（亩） | 村级自主经营性收入（万元） |
|---|---|---|---|---|---|---|
| 渔家渡村 | 董森锋 | 517 | 1501 | 1298 | 6989 | 84.77 |
| 舜江村 | 胡立表 | 783 | 2316 | 2271 | 4363 | 110.41 |
| 王湖村 | 王维芳 | 436 | 1225 | 1203 | 3800 | 88.31 |
| 四峰村 | 罗水昌 | 755 | 2227 | 1826 | 2009 | 119.39 |
| 大善小坞村 | 虞建森 | 643 | 2043 | 1671 | 4704 | 144.29 |
| 昆岙村 | 傅　炎 | 400 | 1055 | 780 | 2968 | 82.37 |
| 梅坞村 | 倪国鑫 | 344 | 997 | 745 | 4273 | 88.27 |
| 上浦村 | 林伟荣 | 353 | 994 | 278 | 406 | 83.91 |
| 东山村 | 应新林 | 1025 | 2889 | 3194 | 13000 | 240.47 |
| 九连村 | 夏志良 | 587 | 1621 | 1688 | 4900 | 109.17 |
| 戚山村 | 胡玉忠 | 619 | 1780 | 2650 | 2245 | 95.45 |
| 冯浦村 | 冯卫明 | 691 | 1875 | 2406 | 14060 | 99.73 |
| 夏家埠村 | 夏钦森 | 461 | 1421 | 1667 | 4916 | 80.31 |
| 上浦社区 | 陈东祥 | 366 | 493 | — | — | — |
| 合　计 | | 7980 | 22437 | 21677 | 68633 | 1426.85 |

**【第五届“瓷源·莲”文化节】**　7月9日，上浦镇举办2022年第五届“瓷源·莲”文化节暨浙江省百名摄影名家走进省摄影之乡活动，该活动由绍兴市上虞区休闲旅游工作领导小组和浙江省摄影家协会联合主办，浙江省上虞曹娥江旅游度假区管理委员会、绍兴市摄影家协会和绍兴市上虞区上浦镇党委、政府承办。现场推出文旅融合强村共富党建联盟成立、全域旅游智慧地图发布暨精品游线推介、招商引资项目签约、东山大观酒店启幕、省摄影之乡授牌等项目。

7月9日，上浦镇举办2022年第五届“瓷源·莲”文化节暨浙江省百名摄影名家走进省摄影之乡活动（上浦镇 提供）

**【上浦社区成立揭牌仪式】** 9月29日，上浦镇举行上浦社区成立揭牌仪式。上浦社区的成立标志着社区建设工作迈上新的台阶，对于社区范围优化资源配置、强化队伍建设、提升治理效能、增强居民归属感具有重大意义。

**【“文化和自然遗产日”主场城市（上虞）系列活动】** 6月11日，2022年绍兴市“文化和自然遗产日”主场城市（上虞）系列活动在上虞区上浦镇东山村启幕。该主场城市（上虞）活动主题为“扬孝德之风 放迷人光彩”，通过线上、线下相结合的方式，策划开展越享非遗——网红直播带货、非遗征文及演讲大赛、省级传统戏剧类非遗哑目连专场展演等一系列广大群众喜闻乐见的非遗宣传展示体验活动。

**【上浦镇卫生院新院启用】** 9月6日，上浦镇卫生院异地新建新院启用。上浦镇卫生院异地新建项目总投资4000余万元，规划用地9827平方米，建筑面积7300余平方米，主要分为门急诊楼、公共卫生及住院综合楼。设有全科门诊、医技科、口腔科、中医馆、公共卫生服务中心、住院部等科室，是上虞区基层医疗服务机构中唯一一家整体异地新建卫生院。（伍祎鑫）

## 汤浦镇

**【概况】** 汤浦镇位于上虞西南边界，与柯桥、嵊州、越城三地交界，总地域面积有61.38平方千米，下辖8个村和1个社区，现有户籍人口1.39万人，外来人口0.5万人，2022年，实现财政总收入3.17亿元，同比增长38.63%，实现规上工业总产值61.96亿元，同比增长3.64%。

全年农作物播种面积0.9万亩，粮食总产量0.33万吨，年末存栏生猪483头，出栏肉猪32头；年末存栏家禽7641只，出栏家禽312只。水果种植面积170亩，水果总产量261吨。工业企业374家，其中规模以上工业企业52家。有初级中学1所，在校学生135人，入学率100%；小学1所，在校学生722人，入学率100%；幼儿园2所，在园幼儿469人。有社区卫生服务中心0家，村级卫生服务站3个。全年出生人数62人，计划生育率98.44%。城乡居民基本养老保险参保人数4365人，参保率98%。城乡居民基本医疗保险人数8501人，参保率99.99%。城乡居民最低生活保障人数150人，供养老人4人。

6月24日，“舜源红”服务链党建联盟成立，是全区首个以服务链为主题的党建联盟。

表26　　2022年汤浦镇各村（社区）委会基本情况表

| 村（社）名 | 党务负责人/村（社）负责人 | 户数（户） | 人口（人） | 耕地（亩） | 村级集体经济收入（万元） |
|---|---|---|---|---|---|
| 汤浦村 | 郑敏军 | 780 | 2078 | 363 | 160.51 |
| 舜岸村 | 刘生军 | 324 | 975 | 880 | 153.93 |
| 霞里村 | 徐伟庆 | 441 | 1227 | 647 | 134.39 |
| 蒋村村 | 胡裕根 | 293 | 843 | 685 | 178.72 |
| 长山新村村 | 池苗新 | 338 | 1318 | 473 | 137.13 |
| 鹤湖村 | 吴晓祥 | 573 | 1781 | 821 | 132.60 |
| 霞越村 | 陈新利 | 769 | 2235 | 1100 | 114.32 |
| 达郭村 | 毛伟鑫 | 989 | 2790 | 1400 | 217.27 |
| 舜水社区 | 宋元兴 | 644 | 1106 | — | — |

**【汤浦镇第十九届人民代表大会第一次会议】** 1月25—26日，汤浦镇第十九届人民代表大会第一次会议召开。全镇各行各业、各条战线的新一届人大代表出席大会。大会听取并审议镇人民政府工作报告、镇人大主席团工作报告；审议2021年度镇政府财政预算执行情况及2022年财政预算（草案）的报告、2021年度镇环境状况和环境目标完成情况的报告；选举产生新一届镇人大、政府班子；票决产生镇政府2022年民生实事项目。

**【汤浦童装南非展馆开馆仪式暨童装洽谈会举办】** 5月13日，通过视频连线方式，汤浦童装南非展馆开馆仪式暨童装洽谈会在汤浦镇综合文化站、“中非桥”跨境贸易服务平台杭州总部和南非约翰内斯堡汤浦童装馆同步举行。活动就项目推进、展馆建设、商务细节等展开深入交流，共同推动汤浦童装开拓南非市场“新蓝海”。

**【徐光宪纪念馆中国民主同盟传统教育基地揭牌仪式举行】** 6月2日，全国人大常委会副委员长、民盟中央主席丁仲礼率队赴汤浦镇参加徐光宪纪念馆中国民主同盟传统教育基地揭牌仪式。副省长、民盟浙江省委会主委成岳冲，民盟中央宣传部副部长温华军，民盟浙江省委会专职副主委毛伟民，市委常委、统战部长叶卫红，市委常委、常务副市长、上虞区委书记陶关锋，市政协副主席、民盟绍兴市委会主委凌芳等陪同参加活动。丁仲礼、成岳冲、叶卫红、凌芳共同为传统教育基地揭牌。

6月2日，徐光宪纪念馆中国民主同盟传统教育基地揭牌仪式现场（汤浦镇 提供）

**【童装产业纾困政策宣讲暨产品质量提升培训会】** 为加快纾困政策落地，促进童装产业提档升级，9月16日上午，汤浦镇联合区市场监管局、区童装协会举行童装产业纾困政策解读暨产品质量提升培训会。会议布置童装块状产业提振工作，就童装产业集中纾困进行动员，为童装企业解读区电商政策、汤浦镇经济发展奖励政策、童装产业检测费用减免纾困政策等，并现场组织童装企业将产品送检。

**【上虞区镇街片区垃圾分类工作交流会在汤浦镇召开】** 9月23日，区分类办联合曹娥街道、东关街道、道墟街道、章镇镇、上浦镇、汤浦镇、长塘镇7个镇（街道），在汤浦镇召开镇街片区垃圾分类现场会。交流团先后到汤浦镇蒋村村、鹤湖村参观生活垃圾分类工作开展情况，学习垃圾分类基础设施配备、“定时定点”分类投放和收运、实行积分奖励制度、宣传督导等优秀的工作经验和做法。

**【上虞区“亲清直通车”汤浦站启用仪式暨首场政企交流会举行】** 为深入推进亲清政商关系示范乡镇建设，进一步畅通政企沟通渠道，10月15日上午，上虞区“亲清直通车”汤浦站启用仪式暨首场政企交流会举行。镇主要领导及分管领导与企业、监督员代表进行面对面沟通，实打实地回应企业诉求。会上通报第一次全员联企收集到的需求问题及办理机制。

**【汤浦镇举行第九届上虞区童装文化艺术节暨第三届汤浦镇电商直播大赛】** 11月5日，第九届上虞区童装文化艺术节暨第三届汤浦镇电商直播大赛在汤浦童装城举办。活动主题是：直播正当时，“童”行共富路。共有34个代表队参加电商直播比赛。汤浦镇人民政府分别和浙江理工大学科艺学院、绍兴市职业技术学院、上虞职业中等专业学校签约。绍兴上虞汤浦童装城开发有限公司分别和湖州织里抖音直播基地、湖州男生女生品牌管理有限公司、湖州七秒实业有限公司、上虞小一峰服饰有限公司、汤浦鑫妍屋童装厂签约。

（徐文洋）

# 永和镇

【概况】 永和镇依四明山、傍四明湖，秉四明之灵秀、得运河之滋润，稻谷丰稔，仙果飘香，素有“古市商埠”“红色古镇”“虞东粮仓”的美誉。杭甬高速余姚西收费站的开通，更是为永和打通了经济发展的“快速路”，接轨宁波交通圈。立足“联甬桥头堡、生态宜居地”的发展定位。全镇区域面积31.3平方千米，总人口1.6万人，山林面积1.5万亩，耕地1.6万亩（粮食功能区约9000亩）。

全年实现财政收入3044.83万元，一般公共预算收入2082.46万元。实现规上工业产值16.21亿元，同比增长5.99%；规上工业增加值4.01亿元，同比增长11.65%；限上批发额9758千元，同比增长41.1%；限上零售额4434万元，同比增长25.05%。全年共引进工业项目9个，其中5000万元以上项目3个，总投资4.2亿元，引进外资200万美元。新增省科技型中小企业5家，申报高新技术企业2家，完成小升规3家，5G建设8家，整治高耗低效企业9家。超额完成全年度各类投资。累计消化利用“四未一低”土地51.03亩，其中批而未供39.2亩，完成区定任务178%；用而未尽5.29亩，完成区定任务132%。完成早稻种植面积1.18万亩，晚稻种植面积1.21万亩。实施新时代美丽公路改造提升工程1个，乡村公路大中修工程2个，高标准农田改造项目2个，河道整治项目3个，完成余梁线整治工程，启动实施梁朱线、青冯线提升工程，亮化提升农村道路11.5千米。全镇政府投资项目近3亿元。全镇八村成功创成“无疫村”，推进新冠疫苗接种应接尽接，第一针、第二针、加强针接种率分别达96.5%、95.7%、94.5%。完成家庭医生签约8855人次、各类重点病例筛查3937人次，普高上线率较往年提升18%。成功创成绍兴市水美乡镇、绍兴市“四好农村路”示范乡镇，朱巷河被评为省级美丽河湖。

表27　　2022年永和镇各村委会基本情况表

| 村委会名 | 党务（村委会）负责人 | 户数（户） | 人口（人） | 水田（亩） | 旱地（亩） | 山林（亩） | 村级集体经济收入（万元） |
|---|---|---|---|---|---|---|---|
| 项家桥村 | 项灿森 | 701 | 2077 | 1625 | 258.5 | 3463 | 81.77 |
| 永和村 | 陈立军 | 860 | 2207 | 2364 | 428.7 | 1414 | 105.6 |
| 三桥村 | 戚树军 | 516 | 1008 | 1464 | 97.53 | 221 | 80.33 |
| 安家渡村 | 徐立新 | 886 | 2423 | 3168 | 153.8 | 2354 | 100.22 |
| 青峰村 | 叶建明 | 850 | 2310 | 1887 | 335.4 | 3463 | 106.71 |
| 新岙村 | 王鉴森 | 318 | 1024 | 1374 | 95.8 | 1926 | 81.1 |
| 朱巷村 | 朱大江 | 863 | 2525 | 2966 | 208 | 2081 | 172.77 |
| 大墩村 | 朱炳强 | 322 | 723 | 1217 | 53 | 453 | 80.61 |
| 合　　计 | | 5316 | 14297 | 16065 | 1630.73 | 15375 | 809.11 |

【永和镇成立镇村两级消防队、永安治安防范共同体志愿队】 4月2日，永和镇举行镇村两级消防队、永安治安防范共同体志愿队成立暨森林消防队员荣退仪式。新成立的镇村两级消防队共63人，其中镇专职消防队员15人，在原森林防火救援队和镇专职消防队基础上进行整合；村级消防队每村6人，由各村志愿者组成。

【永和镇启动村级集体经济全域增收共富项目】 4月24日，永和镇村级集体经济全域增收共富项目启动。项目总投资估算为3500万元，项目建成后，预计年出租收入可达350万元，投资收益率在10%左右，可实现全镇每村每年增加村集体经营性收入约26万元。仪式上，永和镇人民政府与区国投公司、上虞农商银行签订三方合作协议；上虞区永安物业经营管理有限公司与永和镇八个村经联社签订合作协议。（王浙权）

## 驿亭镇

【概况】 驿亭镇位于上虞区东大门，东临余姚市牟山镇，西接上虞城区，因驻杭州至宁波古驿道的中心，曾设驿站而得名。全镇地域面积51.3平方千米，下辖14个建制村，户籍人口2.1万人，新居民2760人，耕地1.7万亩，山林3.9万亩，水域5千余亩，镇南部多山，已连片种植杨梅达2.5万亩，其中可采摘的在1.8万亩左右。建有五夫工业园区1个，总面积5平方千米，落户企业130余家。

全年实现财政总收入8382.24万元，一般公共预算收入5229.55万元；实现工业总产值42.3亿元，其中规上工业总产值36.75亿元，同比增长2.35%。

全年完成民间项目投资8433万元，同比增长625.1%；工业投资7762万元，同比增长590.71%，高新技术投资4203万元，同比增长523.4%。批发、零售两项指标，同比分别增长102.3%和53.6%，增幅均居全区第一名。新增规上工业企业3家，规上企业总数达到35家，培育服务业企业1家。新增亿元以上企业1家，亿元以上企业总数达8家。截至2022年底，共组织开展线上线下招商活动19次，引进亿元项目2个，5000万元以上项目3个，已落地3个。实到外资25万美元，实现近十年以来实际外资引进零的突破。完成投资113万元的工业园区提升改造项目，申报高新技术企业3家，省科技型中小企业4家，实现规上企业研发经费1.1亿元，浙江宏盛通讯技术有限公司获2022年区长质量奖候选受奖组织。进一步强化要素保障，完成批而未供65.3亩，用而未尽利用16.15亩，低效用地再开发41.64亩，分别完成目标任务的187%，404%和208%。

举办“诗画曹娥江、梅好驿里行”2022年上虞二都杨梅文化旅游系列活动暨四季仙果盛夏发布会，二都杨梅再上央视大获褒奖。拍摄“驿里行”，举办“梅好驿起嗨”“花海音乐节”等农文旅融合活动，不断提振市场信心，助推杨梅销售额达1.4亿元，网上销售1000万元，比上年增长30%。驿亭镇以“白马春晖”国家AAA级旅游景区创建为契机，以名人故居带、白马湖、古运河景观带、特色农家乐、杨梅生态园等为主要节点，依托百年名校春晖中学和二都杨梅生态园辐射带动功能，努力打造集观光、采摘、旅游、研学等于一体的现代乡村文旅综合体，喊响“周末郊游去哪里 白马春晖欢迎你”口号，杨二都林花园已成为区内外市民休闲打卡的网红地。加快旅游产业迭代升级，通过白马春晖国家AAA级景区创建验收，创建白马春晖市级研学营地。

驿亭镇有中小学校（幼儿园）3所，其中：初级中学1所，学生121人；小学1所，学生470人，公立幼儿园1所，入园幼儿137名，镇现有社区卫生服务中心1个，医护人员20名，核定病床0张；完成农民健康体检任务数5407人，完成60岁以上老年人体检5046人，家庭医生签约数12981人；城乡居民基本医疗保险参保率99.6%。

表28　　2022年驿亭镇各村委会基本情况表

| 村名 | 党务负责人村务负责人 | 户数（户） | 人口（人） | 耕地（公顷） | 园地（公顷） | 林地（公顷） | 村级集体经济收入（万元） |
|---|---|---|---|---|---|---|---|
| 新驿亭村 | 李明康 | 642 | 1709 | 57.67 | 3 | 29.6 | 126.47 |
| 联桥村 | 施高祥 | 328 | 874 | 19.67 | — | 46.67 | 103.63 |
| 五夫村 | 周叠华 | 511 | 1452 | 30.93 | 1.87 | 81.13 | 155.05 |
| 西陡门村 | 徐建江 | 382 | 1120 | 57.8 | 1.2 | 44.47 | 112.39 |
| 春晖村 | 王建龙 | 640 | 2262 | 67.4 | — | 125.8 | 115.99 |
| 鲁溪闸村 | 黄冬海 | 537 | 1626 | 87.73 | 10.6 | 9.53 | 148.41 |

续表

| 村 名 | 党务负责人村务负责人 | 户数（户） | 人口（人） | 耕地（公顷） | 园地（公顷） | 林地（公顷） | 村级集体经济收入（万元） |
|---|---|---|---|---|---|---|---|
| 贾家村 | 杭信土 | 644 | 1977 | 118.33 | 110.53 | 4.13 | 267.60 |
| 五洲村 | 俞凤珍 | 418 | 1152 | 63.73 | 7 | 50.13 | 97.67 |
| 新横塘村 | 李水祥 | 556 | 1640 | 93.87 | 33.07 | 112 | 99.96 |
| 二都村 | 宋斌均 | 332 | 993 | 65.33 | 3 | 331.13 | 86.31 |
| 白马湖村 | 李国园 | 624 | 1920 | 106.67 | — | 326.67 | 102.77 |
| 杨溪村 | 陆澎彪 | 362 | 1090 | 54.73 | 8 | 170 | 90.68 |
| 五好村 | 马建明 | 517 | 2263 | 74.13 | 4 | 60.93 | 122.22 |
| 新杨梅村 | 张军铤 | 520 | 1584 | 92.67 | 73.8 | — | 89.68 |

**【2022 上虞二都杨梅文化旅游系列活动举办】** 6月18日上午，2022 上虞二都杨梅文化旅游系列活动暨四季仙果盛夏发布会在驿亭镇二都村杨梅生态广场举行。现场举行“共富梅园党建联盟”授牌仪式，“杨梅红”红心网格驿站授旗仪式，杨二都林田园综合体项目、“白马春晖”美丽乡村运营等全域旅游项目签约仪式，中国农业银行上虞支行、上虞农商银行 3 家银行各授信 20 亿元签约仪式，公布 2022 年度“杨梅王”评选活动并颁奖，“梅”好推荐官授牌仪式等。

**【驿亭镇拍摄电影微党课《无畏者》】** 电影微党课《无畏者》于 6 月 29 日举行开机仪式，10 月 14 日上线。该剧由区委组织部、驿亭镇联袂推出，情景化再现中共上虞县工作委员会成立前后，陈树谷、诸觉、徐涤生、何畏（杜其昌）等人以兰阜小学为掩护，参与和领导上虞抗日运动、向青年群众传播共产主义的一个党史片段。

10 月 14 日，电影微党课《无畏者》上线，图为剧情截图（驿亭镇 提供）

**【驿亭镇携手绍兴文理学院合力打造白马春晖产业文化 IP】** 9 月 17 日，绍兴文理学院白马春晖研究院成立仪式暨“共富驿亭”研讨会在白马湖畔举行。成立仪式上，绍兴文理学院驿亭博士工作站、中外青年学生社会实践基地、白马春晖文化研究中心、杨梅深加工技术研究所等揭牌。

**【白马春晖创建国家 AAA 级旅游景区接受验收】** 2022 年 12 月 16 日上午，绍兴市文广旅游局组织专家组对白马春晖景区创建国家 AAA 级旅游景区进行验收。（郭泽航）

## 谢塘镇

**【概况】** 谢塘镇位于绍兴市上虞区东北部，地域面积 24.4 平方千米，辖 14 个建制村和 1 个社区，年末总户数 8262 户，总人口 23126 人。年末有外来务工人员 13189 人。规模以上工业企业产值 24.3 亿元，完成工业投资 1.2 亿元，一般公共预算收入 6042 万元，实现财政总收入 1.02 亿元，农村常住居民人均可支配收入增长 18%。全年民生支出 9687 万元，占一般公共预算支出的 79%，落实总投资 6000 万元的 6 个民生实事项目。

参加城乡居民社会养老保险 8204 人，参加城乡居民基本医疗保险 12535 人，最低生活保障救助 307 户，366 人。社会福利性敬老院 1 个，年底供养五保老人 16 人，农户新建房屋 39 户，建筑面积 8868 平方米。社区卫生服务中心 1 家，村级卫生服务站（村级卫生室）5 个。全年出生人口 60 人。成立“太阳”老年食堂助餐公益基金，实行老年食堂送餐服务，累计送餐5000余人次；提供20个3周岁以下幼儿托位。

全年农作物播种面积1705.29公顷，粮食总产量1.72万吨，农机总动力1.99万千瓦，公路通车里程48千米，村等级公路通达率100%。水利工程建设项目4个，投资3500余万元，存栏生猪5704头，出栏肉猪9987头，存栏家禽2.12万羽，出栏家禽10.84万羽。水产品养殖面积133.2公顷，水产品产量35.5吨。绿化造林6.82公顷。水果种植面积323公顷，水果产量9976吨。

有工业企业185家，其中规模以上工业企业21家，规上企业工业产品销售收入23.18亿元，产销率92%，自营出口13.93亿元。实行产业项目全生命周期管理，引进亿元项目2个、5000万元项目1个，3个项目均实现当年动工当年完工。加快特色产业培育，统筹推进户外产业科创园区规划建设，总投资1.2亿元的户外产业科创园区动工建设，新增省级科技型企业4家、高新技术企业3家，培育"小升规"6家、"下升上"2家，新增大学生就业250人，新增市场主体395家，引进年销售额亿元贸易企业1家、外资企业1家。

有初级中学1所，在校中学生301人，入学率100%；小学4所，在校学生873人，入学率100%；幼儿园1所，在园幼儿406人。投资4500万元的镇中心幼儿园异地新建工程全面竣工、新增幼儿学位180个、计划2023年春季学期开学启用，完成各中小学暑期维修项目，创成省现代化社区学校，"和美学堂"获评市级"终身学习品牌项目"，"谢晋故里·晋生星片场"创建为市区两级研学实践教育基地。

完成"四未一低"土地消化41.47亩，整治土地违法15宗，拆除违章建筑1.56万平方米。镇便民中心搬迁启用，J1商住地块出让开发，J2商业地块成片开发方案获批。平稳有序推进全区首个乡镇老旧小区改造项目，实施21部电梯加装，新增集镇停车位157个。启用晋润社区服务中心，2个小区业委会成立运转，完成"无物业小区"清零。

乡村建设扎实推进，投资3000万元的盖谢河集镇段整治项目快速建设，总投资2430万元的平原河道整治、农污终端提标改造、乡村公路提升和农村公路夜间隐患整治工程完工。推进景村融合，完成投资6000万元的美丽乡村建设项目，推出"谢晋故里·晋生星片场"公共品牌，创建为省AAAA级景区镇，晋生村以全区唯一优秀等次获评第二批省未来乡村和市级乡村振兴先行村。

落实最严格的耕地保护制度，全年粮食播种面积3.3万亩，创建省级超高产示范方2个，区级超高产示范方1个，打响"虞北粮仓"金字招牌。发展现代观光休闲农业，发挥农业产业数字化集群效应，哈工慧农智慧渔农项目一期投产，千寻位置无人驾驶农机试验基地落户谢塘，创建省级农村产业融合发展示范园、数字农业工厂和美丽牧场。

全年共投入1700万元用于农村人居环境整治、城乡生活污水实施改造、完成61家企业"污水零直排"巩固提升建设、9家涂装企业腾退整治。晋生村、新戴家村创成全省第二批低（零）碳村。全年回收利用秸秆2000吨，全年$PM_{2.5}$平均浓度23微克/立方米，同比下降5%。投入500万元开展河道清理整治，镇内河道水质监控断面常年保持在Ⅲ类水以上。开展9个居民小区"四定四分"垃圾分类管理，全年易腐垃圾收集比例全区排名第三，新戴家村创成农村生活垃圾分类省级示范村、丰园村创成市级示范村。

表29　　2022年谢塘镇各村（社）委会基本情况表

| 村（社）委会名 | 党务负责人 | 村（社）委会负责人 | 户数（户） | 人口（人） | 耕地（亩） | 村级集体经济收入（万元） |
|---|---|---|---|---|---|---|
| 东升村 | 陆　春 | 陆　春 | 455 | 1311 | 1259.33 | 80.46 |
| 星明村 | 顾七二 | 顾七二 | 446 | 1420 | 1350.99 | 80.07 |
| 新章村 | 梁剑钟 | 梁剑钟 | 711 | 1946 | 1935.05 | 83.32 |
| 东闸村 | 郦　炯 | 郦　炯 | 645 | 1822 | 1838.77 | 120.25 |
| 东联村 | 王夏春 | 王夏春 | 436 | 1273 | 451.71 | 128.32 |
| 晋生村 | 章溢锋 | 章溢锋 | 808 | 2171 | 1589 | 130.78 |

续表

| 村（社）委会名 | 党务负责人 | 村（社）委会负责人 | 户数（户） | 人口（人） | 耕地（亩） | 村级集体经济收入（万元） |
|---|---|---|---|---|---|---|
| 建塘村 | 罗建成 | 罗建成 | 394 | 1123 | 1331.75 | 87.44 |
| 岑仓村 | 沈叶君 | 沈叶君 | 523 | 1495 | 1506.68 | 80.01 |
| 谢家塘村 | 周建青 | 周建青 | 528 | 1506 | 1130.25 | 169.2 |
| 禹峰村 | 戴永高 | 戴永高 | 368 | 1149 | 1111.64 | 80.05 |
| 丰园村 | 任八九 | 任八九 | 527 | 1545 | 1426.81 | 88 |
| 联民村 | 冯建良 | 冯建良 | 527 | 1581 | 946 | 101.43 |
| 新戴家村 | 陈月文 | 陈月文 | 498 | 1493 | 1069.06 | 100.67 |
| 铲还湖村 | 郑小尧 | 郑小尧 | 585 | 1827 | 1748.04 | 80.05 |
| 晋润社区 | 王建钟 | 王建钟 | 811 | 1464 | — | — |
| 合　　计 | | | 8262 | 23126 | 18695.05 | 1320.05 |

**【晋生星片场开园】** 12 月 28 日，谢塘镇“谢晋故里·晋生星片场”开园，展陈面积超过 2200 平方米，原来是一个建于 20 世纪 80 年代的虞北中心老粮库。整个园区由和美学堂（良仓客厅）、谢晋电影艺术馆、谢晋片场、1923 摄影棚、电影研学馆、晋生书屋、电影游艺馆、人间食粮、粮食活态馆等 12 栋馆舍组成。

**【谢塘镇晋润社区党群服务中心启用】** 4 月 26 日，谢塘镇晋润社区党群服务中心举行揭牌仪式。晋润社区党群服务中心于 2021 年 7 月动工建设，占地面积约 400 平方米，建筑面积约 600 平方米，2021 年 12 月竣工，2022 年 4 月完成装修，共有三层，一楼为服务大厅，二楼为办公协商区域，三楼为党群活动区域。（连安平　陆建明）

## 盖北镇

**【概况】** 盖北镇地处上虞区东北部，东接余姚市，北濒杭州湾上虞新区，享有“江南吐鲁番”的美誉，是集生产、科研、观光旅游于一体的鲜食兼酿造葡萄生产基地。镇辖区总面积 22.4 平方千米，耕地面积 1.5 万亩，辖 10 个建制村，户籍人口 2.6 万人，在册新居民人口 2.8 万人。辖 10 个建制村、1 个社区，户籍人口 2.4 万人，在册新居民人口 2.8 万人。2022 年，盖北镇获评“省级园林城镇”称号。

有工业企业 30 余家，其中规模以上企业 9 家、亿元以上企业 5 家、限上服务业企业 8 家。2022 年实现财政总收入 3.61 亿元，同比增长 21.12%，一般公共预算收入 1.34 亿元，限上批发业销售额 19377 万元，限上零售业销售额 6461 万元，规上工业增加值 7.5 亿元，自营出口 4.4 亿元，民间投资 12905 万元，高新技术投资 6725 万元，招引亿元以上和 8000 万元以上项目各 1 个，出让商业用地 3.92 亩，盘活闲置厂房 1.4 万平方米，整治“低散乱”企业 4 家，“个转企”8 家，获评国家级专精特新“小巨人”企业 1 家、省级专精特新中小企业 1 家；博澳新材料创建省级博士后工作站，获评 2022 年度区长质量奖；孚诺林新材料实现锂电池技术难题突破。

加大城乡基础设施建设，投入 1370 万元提升 4 条乡村公路，完成集镇基础设施配套工程、野藤广场升级项目建设、镇文体中心、品质小区嘉御景园交房，边沥线东侧国土绿化造林 25 亩，创建省级美丽城镇；投入 366 万元强化集镇“五位一体”管理，盖北社区入选省第六批“未来社区”创建名单；投入 1483 万元改造农村环境配套设施，实现行政村智能化垃圾分类全覆盖，创成省级垃圾分类示范村 2 个；投入 500 万元对 21 处污水井提升改造，投入 1200 万元实施中心河、陈昌丘河、小丘河水利整治，创成区美丽河湖 1

条，东进排涝河盖北段全年保持Ⅲ类水水质。

持续推进乡村振兴产业提质增效，建设投用上虞区现代农业综合服务中心，成立“葡天盖地”共富工坊，订单收购葡萄80万斤，销售额超400万元；对6家合作社授权野藤葡萄国家农产品地理标志，创建省级绿色食品认证基地，连续33年举办野藤葡萄文化旅游节，2022年，盖北镇入选浙江省AAAA级景区镇（乡、街道），获评省新时代乡村集成改革工作成绩突出集体。投资1842万元开展4个村的物业用房、文化礼堂、闲置农房提升改造。2022年全年村集体经营性收入突破1097万元，成为上虞区首个“村村超百万”乡镇，获浙江省消除集体经济薄弱村工作成绩突出集体称号。提升改造村级农贸市场4个，整治全面重塑网格治理体系，调整优化网格28个，选优配强“1+3+N”网格力量1553人，创成省级引领型农村社区2个。发放各类经济补助资金273.38万元，创建星级城乡社区居家养老服务中心7家。

至2022年年末，有中小学校（幼儿园）6所，其中：初级中学1所，学生425人；小学2所，学生1553人；公立（民办）幼儿园3所，入园幼儿478名；盖北镇中心小学列入2022年浙江省现代化学校名单。完成农民健康体检任务数5470人；城乡居民基本医疗保险参保率99.9%，实现失土农民应保尽保。

表30　　2022年盖北镇各村（社区）基本情况表

| 村（社区）名称 | 党务负责人 | 村（社区）委会负责人 | 户数（户） | 人口（人） | 区域总面积（平方千米） | 耕地面积（亩） | 葡萄种植面积（亩） | 村级集体经济收入（万元） |
|---|---|---|---|---|---|---|---|---|
| 镇东村 | 严永三 | 严永三 | 754 | 2293 | 2.3 | 1739 | 130 | 105.00 |
| 镇海村 | 宋金华 | 宋金华 | 569 | 1658 | 1.65 | 1107 | 300 | 106.00 |
| 丰棉村 | 杨建锋 | 杨建锋 | 879 | 2615 | 2.41 | 2056 | 1020 | 100.77 |
| 丰富村 | 沈德和 | 沈德和 | 876 | 2436 | 2.44 | 2000 | 170 | 101.00 |
| 珠海村 | 马海江 | 马海江 | 467 | 1451 | 1.56 | 936 | 300 | 134.00 |
| 联合村 | 邵水良 | 邵水良 | 863 | 2548 | 2.20 | 950 | 305 | 126.00 |
| 新河村 | 王宗尧 | 王宗尧 | 602 | 1844 | 1.93 | 768 | 468.75 | 114.90 |
| 兴海村 | 任苗根 | 任苗根 | 1045 | 2747 | 2.6 | 1650 | 1650 | 105.20 |
| 世海村 | 严柏青 | 严柏青 | 1090 | 3221 | 2.7 | 2144 | 685.863 | 108.60 |
| 夏盖山村 | 陈培钢 | 陈培钢 | 920 | 2540 | 2.61 | 1965 | 1020 | 100.12 |
| 盖北社区 | 童澎飞 | 童澎飞 | 272 | 3695 | — | — | — | — |
| 合　　计 | | | 8109 | 23625 | 22.4 | 15315 | 6049.613 | 1101.59 |

**【盖北镇成为上虞区首个村集体经营性收入全域超百万元的乡镇】**　11月19日，“乡约盖北·共富先行”党建联建启动仪式举行，当日进行“村村超百万”发布仪式。仪式上盖北镇宣布，所有行政村的村集体经营性收入均超过百万元，成为上虞区首个“村村超百万”的乡镇。

**【盖北镇珠海村与长塘镇广陵村飞地联建物业项目建成投用】**　盖北镇珠海村与长塘镇广陵村飞地联建物业项目于2021年10月立项，为上虞区首个“山海协作”物业联建项目，占地面积8125平方米。项目建设地点位于盖北镇珠海村原村委办公地块，建筑体量为一幢五层新居民公寓，建筑面积共4041平方米：一层为珠海村文化礼堂、家宴中心，二至五层为新居民公寓，设可租赁居室91间。该项目2022年5月3日开工建设，于10月9日完成竣工验收。该项目总投资880万余，其中区级补助300万元，剩余部分由联建双方共同出资，其中珠海村投资比例为70%，广陵村投资比例为30%。经公开招投标方式招租，由园区央企中化蓝天整幢租赁用于职工宿舍，每年产生收益约90万元，年投资收益率为10.2%。根据投资比例分配，珠海村每年可产生经营性收入63万元，广陵村可产生经营性收入27万元。

**【“葡”天盖地 “萄”气今夏——2022盖北野藤葡萄文化旅游节举行】** 7月18日，2022年盖北野藤葡萄文化旅游节开幕暨跨区域党建联盟成立仪式在上虞现代农业综合服务中心举行。现场，上虞区现代农业综合服务中心宣布开馆。盖北镇和新疆阿依巴格镇、四川永胜乡举行“云签约”仪式，成立东西部共富党建联盟。

**【盖北镇“党建统领 网格智治”启动暨“幸福里”商圈党建联盟成立】** 5月20日，上虞区盖北镇“党建统领 网格智治”启动暨“幸福里”商圈党建联盟成立仪式在盖北社区举行。“幸福里”商圈网格与盖北派出所、卫生院区综合行政执法大队盖北中队等10个站所单位组建商圈党建联盟，各联盟成员单位签订“幸福里”商圈党建联盟“五联五共”章程，领办“网格巡查除险安保”“科学防疫健康护航”“金融服务助力创业”“助残共富与爱同行”四大行动。为上虞区首个商圈党建联盟。

**【盖北社区作为全区首个乡镇未来社区入选省级创建名单】** 盖北社区入选浙江省第六批未来社区创建名单。该社区申报类型为新建类，地址位于绍兴市上虞区盖北镇，北至现状农田，南至致远大道，东至拓东路，西至进港公路。创建面积约25.38公顷，受益人数3695人。重点打造未来邻里、未来健康、未来治理以及“一老一小”场景。（孟刘义）

## 长塘镇

**【概况】** 长塘镇是上虞的西南大门，东接曹娥、北连东关、南起汤浦、西邻富盛，既面向上虞城区又服务三区融合，是市第九次党代会提出“国家级乡村旅游示范区、越乡原生态风貌展示区、区域联动新平台、边界融合示范区”中的重要节点。享有“生态之乡”“状元之乡”“竹笋之乡”等美誉。全域行政面积39.7平方公里，有山林35000亩，耕地面积8461亩，淡水养殖面积920亩，呈“五山一水四分田”格局。下辖8个行政村，总人数12844人，常住人口9981人。

2022年，完成一般公共预算收入1121万元，同口径增长16.4%；规上工业产值增速39.9%，全区第一；规上工业增加值增速27.2%，全区第一；累计完成民间投资2454万元，完成率163.6%；完成交通投资2004万元，完成率100.2%；完成制造业投资1324万元，完成率264.8%。

投资5000万元盘活38亩闲置厂房打造“浙里·新起点投创产业园”，引进2个教授级团队，入驻高新技术企业6家，常驻博士生6名。科学引导2家企业完成“零土地”技改、5家企业全面转型升级，腾退高耗能高污染低产出企业3家，盘活利用闲置土地约140亩，亩均税收增加10万元以上。入选第四批省级农村产业融合发展示范园创建名单，筹备和开展重大绿色经济项目17个。

高质高效推进乡村振兴。扎实推动民富、业兴、村美、人和一体协同，积极开展人居环境整治提升、农村三产有机融合等乡村振兴实践，全域实现村经营性收入超80万元。有序推进会篁村“空心村”整治项目、何家溇村党群服务中心建设项目；湖田村、罗村村成为全省第二批低（零）碳村（社）试点；湖田村创建成为绍兴市美丽乡村特色精品村；桃园村创成绍兴市乡村振兴先行村，正积极申报省级未来乡村。大力推动马一浮故居征迁工作拔钉攻坚和项目建设，推动竹影菩提居、桃园餐饮综合体等项目实质性动工建设，顺利创成省级美丽城镇建设基本达标城镇。

全力攻坚新冠疫苗接种，第一针、第二针、加强针接种完成率分别为99.02%、100.62%、88.36%。全镇80周岁以上老年人首针接种率达到98.67%，接种率排全区第一。做好转段服务，加强宣传引导，发放防疫爱心包4596份。持续抓好104国道改建工程（长塘段）及农村道路提升工程、水库除险加固建设和小流域整治提升工作，加速建设高铁隔声窗安装、杭绍台铁路小三改工程，启动专业化农贸市场和卫生院异地新建规划，全面构建现代化基础设施体系。全方位落实社会救助政策，发放各项救助金 220 万元，开展结直肠癌、两癌等各项免费筛查和健康体检活动，惠及村民达 3000 余人次。组建社工站、助联体，开展公益性墓地布局规划调整，提档升级镇级残疾人之家、居家养老中心，分别通过市三星级和五星级评定。

建立完善农产品交易体系，线下实体采买和线上电商营销同步发力，促进农产品集约化生产与标准化贸易。开展企业分片指导帮扶活动，走访企业 158 家次，问题化解率达 100%。为企业争取上级奖励资金 20 万元，镇本级兑现奖补资金 16 万元。

表 31　　2022 年长塘镇各村委会基本情况表

| 行政村 | 户数（户） | 人口数（人） | 农村劳动力（人） | 耕地面积（亩） | 山林面积（亩） | 水域面积（亩） |
|---|---|---|---|---|---|---|
| 广陵村 | 383 | 979 | 580 | 749 | 7495 | 250 |
| 会篁村 | 516 | 1438 | 945 | 1020 | 7251 | 300 |
| 罗村村 | 353 | 961 | 662 | 595 | 3700 | 45 |
| 长塘村 | 1162 | 3243 | 550 | 2066 | 7105 | 75 |
| 桃园村 | 518 | 1294 | 898 | 700 | 4000 | 90 |
| 何家溇村 | 636 | 1725 | 995 | 1347 | 2196 | 20 |
| 谢憩村 | 619 | 1785 | 1381 | 1554 | 3350 | 260 |
| 湖田村 | 480 | 1275 | 850 | 976 | 80 | 500 |

**【长塘镇开启高铁时代】**　2022 年 1 月 8 日，上虞南站通车，标志着长塘正式开启高铁时代。上虞南站地处上虞区东关街道和长塘镇交接处，站场规模为 2 台 6 线，2 座岛式站台均 450 米 × 11.5 米 × 1.25 米，站房建筑面积为 9999 平方米，建筑底层设置架空层，地上 2 层，建筑高度为 23.65 米，雨棚总建筑面积为 10128 平方米。结合当地特点以“虞山舜水，瓷风雅韵”为设计理念，将充分借鉴国内外景区型高铁站发展模式，集交通旅游综合集散、生态原乡体验等功能于一体，打造成为浙东地区最具特色、最能体现当代发展理念与未来发展需求的山水人文景区型高铁站区，拟引进大型综合体、乐园、民宿、康养度假类文旅项目。

**【长塘入驻项目获冠军】**　2022 年 11 月 7 日，由华北电力大学教授、博士生导师、上虞乡贤顾煜炯领衔的高压电极锅炉耦合储热和螺杆膨胀发电机组高效清洁供热系统产业化项目夺得大赛冠军。该项目通过对高压电极锅炉储能和螺杆膨胀机余热余压回收利用系统的研发、试验和设备生产工作，在石化、电力、钢铁、水泥、石油和地热等领域有广泛需求，具有广阔的市场前景。该项目落户长塘镇浙里·新起点创投产业园。

（林佳辉　梁　军）

## 岭南乡

**【概况】**　岭南乡位于上虞区最南端，地处上虞、嵊州、余姚三市（区）交界处，距离主城区约 50 千米车程。全乡区域面积 57.4 平方千米，辖 8 个建制村（29 个自然村），在册户籍人口 9990 人。全乡山林面积 6.1 万亩，森林覆盖率达 71.4%，全区最高峰（海拔 861.3 米）覆卮山坐落于境内，曹娥江重要支流隐潭溪穿乡而过，曾先后获评第二批全国乡村旅游重点乡镇、国家级生态乡镇、中国生态魅力乡、浙江省美丽乡村示范乡镇。2022 年累计接待职工团队百余批次、游客约 62.7 万人次，带动旅游经济 2500 余万元。

2022 年全年农作物播种面积 1720 公顷，粮食总产量 5065 吨。有林地面积 3154.73 公顷，其中茶园面积 164 公顷，出产茶叶 107.6 吨。存栏生猪 56 头，出栏生猪 38 头；存栏山羊 463 只，出栏山羊 123 只；存栏家禽 7635 羽，出栏家禽 3890 羽。公路通车里程 36.048 千米，等级公路通车率 100%。有中心学校一所，在校学生 33 人，入学率 100%。幼儿园 1 所，在园幼儿 10 人，入园率 100%。有乡级卫生服务中心 1 个，村级卫生服务站 4 个。全年出生 50 人。初级卫生保健普及率 100%。自来水普及率 100%。参加农村新型合作医疗保险 5991 人，最低生活保障救助 252 人，低收入边缘帮扶 71 人。农村新建住房 46 户，占地面积 3435.99 平方米。

为企业主体减负纾困，兑现增值税留抵退税资金 293 万元、各级奖补政策资金 48 万元。全年新增市场主体 89 家、完成个转企 2 家，新增限上批发业企业 1 家，实现零的突破。

全年新开工项目 50 只，新增投资超 1.6 亿元，其中覆卮山景区一期工程建设形象初显。东澄山庄二期、半山伴山乡村综合体等民间投资项目建设加快，檀香山庄二期地块完成出让前各项准备。

新增国家级、省级荣誉 26 项，创成第二批全国乡村旅游重点乡镇，许岙战斗展陈馆获评省首批乡村博物馆、省青少年红色基因传承基地，梯田农业系统入选省首批重要农业文化遗产资源名单。深入挖掘第四纪冰川遗迹石浪、红色许岙等资源，投入 1500 万元提升许岙国防教育基地，举办“诗画曹娥江 · 覆卮石上行”攀浪节。谋划高山茶制销、景区特色农产品经营等村级农旅融合项目，争取共富资金 100 万元。大力培育露营夜游、自然教育、电商直播等新业态，新增七坊三中心、石浪博物馆等网红打卡点，持续发挥岭南旅游产业人才聚集效应。

重点推进 8 个民生实事项目建设，投入 1065 万元，完成 5 个山塘水库、2 条小流域整治提升；投入 720 万元，完成 6 个台风水毁修复工程；投入 2100 万元，建成廉士下—章镇越光、蒋前线（岭南段）等 2 条道路；新增农村公路亮化 5.3 千米。做好困难群体兜底保障工作，累计走访慰问 1696 人次，发放各类补助资金 292.6 万元、冬夏慰问品 622 份。聚焦“一老一小”提升民生温度，打造“乐享岭里”服务品牌，高分通过国家卫生乡镇复评，居家养老中心顺利通过五星级验收，乡中心小学创成市现代化学校。

表 32　　2022 年岭南乡各村委会基本情况表

| 村委会名 | 党务负责人 | 村委会负责人 | 户数（户） | 人数（人） | 耕地（亩） | 林地（亩） | 村级经营性经济收入（万元） |
|---|---|---|---|---|---|---|---|
| 龙山村 | 章柏会 | 章柏会 | 435 | 1097 | 1559 | 3212 | 80.07 |
| 立功村 | 王万中 | 王万中 | 700 | 1782 | 1723.7 | 3782 | 80.17 |
| 丰树坪村 | 许连校 | 许连校 | 482 | 1250 | 975.7 | 4061 | 80.05 |
| 泰岳村 | 朱堃太 | 朱堃太 | 557 | 1402 | 1254.4 | 980 | 80.12 |
| 许岙村 | 王金表 | 王金表 | 690 | 1735 | 1740 | 11645 | 83.42 |
| 青山村 | 叶炳荣 | 叶炳荣 | 300 | 841 | 640.9 | 5556 | 80.12 |
| 覆卮村 | 许汉城 | 许汉城 | 364 | 972 | 824.8 | 11059 | 80.06 |
| 东澄村 | 王柏军 | 王柏军 | 374 | 911 | 1900 | 7025.5 | 241.35 |

**【“诗画曹娥江 · 覆卮石上行”攀浪节】** 11 月 13 日上午，以“诗画曹娥江 · 覆卮石上行”为主题的 2022 中国 · 上虞第十六届攀浪节在浙江省绍兴市上虞区岭南乡覆卮山景区举办。区内外的 68 名运动员（分男女组）参加比赛。

**【覆卮山景区一期工程建设】** 2022 年，岭南乡高质量推进共同富裕“山区范例”建设，投入近 5000 万元开展覆卮山景区一期工程建设，主要建设内容为覆卮山景区青山村至东澄村沿线景观项目提升，涵盖景区入口、醉仙台、抖音基地、灵运广场、东澄村沿路绿化提升、丁山村道路提升、虞舜古道提升和梯田内部游步道提升其他基础配套设施建设，以新面貌新气象持续放大全国乡村旅游重点乡的国家级名片效应，不断提升岭南旅游辨识度、美誉度。

4月，覆卮山景区一期工程建设俯瞰图（岭南乡 提供）

【岭南乡获全国乡村旅游重点镇(乡)】 10月27日，文化和旅游部发布第二批全国乡村旅游重点镇（乡）名单，岭南乡创建第二批全国乡村旅游重点镇（乡）。岭南乡坐落于连绵的覆卮山麓，区域面积57.4平方千米，森林覆盖率达71.4%，素有“天然氧吧”之美誉，曾先后获评国家级生态乡镇、中国生态魅力乡、中国最美山水生态旅游名镇等多项“国字号”荣誉称号。近年来，全乡投入1亿余元，建成游客服务中心、景观节点、游步道、停车场等一大批公共服务设施。

【许岙战斗展陈馆获评多项荣誉】 许岙战斗展陈馆位于浙江省绍兴市上虞区岭南乡，展厅内以“讨田战役”为主体，以“时间”为轴，通过场景、实物、文献资料重新组合和建构，真实、立体地还原了当年许岙战斗中军民同仇敌忾、团结一致、英勇杀敌的壮烈场景。2022年，获评浙江省青少年红色基因传承基地、浙江省首批乡村博物馆、绍兴市党史教育基地。

2022年8月，许岙战斗展陈馆全景（岭南乡 提供）

【自建房安全专项整治】 排查自建房8190处，整治安全隐患房屋11户。推进党建统领网格智治，优化村级网格体系，划定12个村级网格和1个景区专属网格，认领重点场所449家。建成“共富联盟”平安共同体，开展夏季夜间综治巡护，完成乡警务室改造提升。化解信访积案3件、化解率100%。

【东澄村创成省级首批未来乡村】 2022年，东澄村被选为全省第一批未来乡村建设试点村。5月，东澄村入选首批36个未来乡村，并在8月23日的全省共同富裕现代化基本单元建设工作现场会上正式授牌。（魏 阳）

## 陈溪乡

【概况】 陈溪乡位于绍兴市上虞区南部，距上虞城区37千米。地域面积40.2平方千米，辖8个行政村。年末总户数3064户，总人数7916人。其中女性人口3791人，同比减少0.1%。流动人口51人，同比增长15.9%。财政总收入达到414.7万元，同比增长-6.8%，其中一般公共预算收入达到250.4万元，同比增长4.17%。工业企业9家，工业总产值达到9450万元，同比增长2.3%。农作物种植面积1120公顷，农业总产值2350万元。有商业网点422个，其中民宿8家。全年到乡旅游50万人次。第三产业年产值4500万元。全年固定资产投资与第三产业项目投资完成额6552万元。

2022年有水田342.2公顷，农作物播种面积1120公顷，粮食总产量65吨。有林地面积2335.93公顷，出产茶叶18.3吨、毛竹6170吨、毛笋1027吨、青梅401吨、板栗269吨、樱桃1.85吨。存栏生猪370头，出栏生猪615头；存栏山羊182只，出栏山羊280只；存栏家禽6720羽，出栏家禽12990羽。

有小学1所，在校学生34人，入学率100%；幼儿园1所，在园幼儿22人，入园率100%。有乡级卫生服务中心1个，村级卫生服务中心8个，初级卫生保健普及率100%。全年出生36人，计划生育完成率100%。参加农村新型合作医疗保险4995人，最低生活保障救助200人，入住丰惠敬老院年底供养老人8人。

自来水普及率100%，公路通车总里程48千米。农村新建住房8户，建筑面积1870平方米。

投入1500万元提升景区智慧导览网络及景观照

明等基础设施的品位，成功创建浙江省智慧景区、绍兴市无废景区。提升驿站的服务功能，景点获得省二级旅游驿站。发挥浙东新四军后勤基地的红色文化优势，有序推进“红动四明”综合研学营地建设，获批绍兴市中小学生研学实践教育基地。有效激活全域旅游，全年吸引游客超 50 万人次。

构建“一村一产业”布局，争创“共富工坊”3个，“千村万元”林下经济先进村 1 个。

表 33　　2022 年陈溪乡各村委会基本情况表

| 村委会名 | 党务负责人 | 村委会负责人 | 户数（户） | 人数（人） | 水田（公顷） | 山林（公顷） | 村级集体经济收入（万元） |
|---|---|---|---|---|---|---|---|
| 陈溪村 | 陈华灿 | 陈华灿 | 721 | 1919 | 67.66 | 266.87 | 90.00 |
| 虹溪村 | 王利珍 | 王利珍 | 365 | 975 | 44.2 | 412.2 | 64.43 |
| 干溪村 | 王少强 | 王少强 | 408 | 1077 | 57.07 | 199.8 | 81.79 |
| 塔溪村 | 王庆高 | 王庆高 | 423 | 1076 | 67.41 | 543.07 | 80.36 |
| 小陈岙村 | 王建中 | 王建中 | 376 | 894 | 12 | 219 | 81.54 |
| 夏家岙村 | 陈江芬 | 陈江芬 | 282 | 771 | 17.33 | 345.52 | 80.30 |
| 陈家岙村 | 胡建忠 | 胡建忠 | 225 | 580 | 39 | 67.4 | 84.07 |
| 太平山村 | 张文军 | 张文军 | 264 | 624 | 37.53 | 282.07 | 96.52 |

**【美丽城镇建设】** 发挥太平山村的自然环境和历史文化优势，投资 1950 万元实施太平山村美丽乡村建设，同时引进上海一家公司助力，种植特色产品——黄精，催生经济新形态，打造乡村振兴先行村。以点扩面，投资 1000 万元实施集镇风貌提升和智慧城镇建设工程，建成投用“云上陈溪”智慧管理平台；打造绿色乡村，创成省级“森林城镇”；紧抓环境卫生长效机制，全域覆盖垃圾分类智慧云数据管理平台，创成省级五星级资源化站点，获评省级卫生村 5 个，夏家岙村建成市级垃圾分类示范村。

**【溪流水库整治】** 投资 1300 万元实施地质灾害风险防范区治理和“梅花”台风水毁溪流抢修，全面推进下管溪陈溪段水环境治理。投资 1905 万元完成徐林水库和白水湾山塘的除险加固。徐林水库具有灌溉、供水和发电等功能，因多年淤泥堆积，加之因山体滑坡致使启闭设备受损严重，为加强水库的抗滑稳定性，对水库放空管进水口进行改造。白水湾山塘治理后获市级美丽山塘称号。

**【旅游业态发展】** 立足“红色陈溪”“阳明龙溪”“休闲干溪”三大片区联动推进，引进丹山民宿等业态项目 5 个，建成“乡村博物馆”2 个，加快“懿境·竹隐居”精品酒店内部装修，推动“墨隐居”二期“山有野”露营项目实施，精心打造“南十里·乡村企业会客厅”和“太平山·乡情艺术共享空间”平台，提升旅游业态发展硬实力。

**【交通基础投资】** 拓宽提升“陈黑线”至浪撞—旭峰、“陈黑线”至珍坑公路建设，完工“陈黑线”至百悬线公路防灾减灾工程，优化农村路网 2.5 千米，创建市“四好农村路”示范乡镇，太平山至雪花潭“断头路”建设工程入选全市防火巡护道与农村公路共同建设项目唯一试点。

**【闲置农房升级改造】** 开展对空关房、空倒房、缓拆附房的处置，加快闲置农房升级改造，盘活存量空间，消化批而未供土地 3.29 亩，盘活闲置农房、物业用房 2.5 万平方米，流转土地 7051.76 亩，为发展乡村经济创造条件，获评绍兴市闲置农房激活示范乡镇。

**【陈溪乡山海协作“6510”专项行动】** 落实区内山海协作“6510”专项行动，“文旅研学营地”集体经济增收项目 4 月开标，6 月进场，年底完成工程进度的 50%，塔溪村与盖北世海村联建物业项目 9 月底前完成，全面实现村级集体经济经营性收入增长 10%以上。（陈岳来）

# 下管镇

【概况】 下管镇位于上虞区东南隅，四明山麓，与余姚市相邻，距离区中心28千米，百悬公路自南向北贯穿全镇。境域面积48.5平方千米，下辖9个建制村和1个社区，总人口1.1万人，常住人口4800人。2022年，全镇实现财政总收入1739万元，同比增长55%，一般公共预算收入1153万元，同比增长85%；完成固定资产投资6109万元，规上工业产值7556.262万元，可比价增加值增速14.32%。

引进1亿元以上项目2个、2000万元以上项目6个，完成下管金仓智慧农业等"一村一项目"招商项目签约；推动下管首块商住用地–派出所东侧地块出让；制造业投资、交通投资等政府投资项目均超额完成区定目标；新增市场主体113家，累计620家，新增个转企3家。集体经济发展壮大。

实施"凤还巢"增收计划，激活闲置农房1.7万平方米；推动区内"山海协作"，全镇9个建制村分别与杭州湾10家上市企业签订结对协议，借助企业平台销售农产品带动村民增收50余万元，实现村企合作"双赢"，2022年村级集体自主经营性收入达720余万元。

有镇中心小学1所，在校学生79人，入学率100%；镇中心幼儿园1所，在园儿童52人；投入55万元用于镇小设施提升、幼儿园维修和奖教奖学等教育支出。有中心卫生院1所，下属东里社区卫生服务站1家，芦山村、兴南村、洙凤村3家村级卫生室，前溪岙村、新庄村设有2个驻村工作室，全年完成门急诊诊疗4.01万人次。投入113万元，建成120急救下管分站，平均每天出勤1.3次，为急难病人节省30公里就医路程，急救效率大幅度提升。出生46人，生育率4.2‰，自然增长率–3‰；城乡居民合作医疗参保率99.59%，基本养老保险参保率99.19%；年度救助低保等弱势群众147人次，合计13.36万元；发放居家养老服务券3.15万元；完成3个农村公益性公墓建设。

集镇设下管邮政支局，下设9个村级代邮点，9个村均已安装邮政智能快递柜，实现全镇全覆盖。辖区内工业、农业、居民生活用电属下管供电所维护，有一座35千伏变电站（下管变）；专变23台，总容量4025千瓦；公变54台，总容量14220千瓦。10千伏高压配电线路4条，总长度32.83千米，380伏低压线路合计60.9千米。

举行"耕读下管共富先行"乡创传统文化节，"耕读管溪奇妙夜""管溪青山耕读营"等特色节会活动，承办"党建统领·助跑共富"抓党建促乡村振兴推进会、"壁画共富·虞你同行"活动，耕读古镇景区逐渐成为区内外游客文娱休闲目的地。

表34　　2022年下管镇各村（居）委会基本情况表

| 村　名 | 党务负责人、村（居）委会负责人 | 户数（户） | 人数（人） | 耕地（亩） | 山林（亩） | 村级自主经营性收入（万元） |
|---|---|---|---|---|---|---|
| 东里村 | 郭伯丁 | 347 | 978 | 645 | 13054 | 80.05 |
| 联新桥村 | 徐永昊 | 342 | 815 | 488.4 | 786 | 80.07 |
| 新民村 | 徐建园 | 537 | 1447 | 796 | 5879 | 80.03 |
| 振新村 | 娄杏芬 | 540 | 1246 | 859 | 3665 | 80.97 |
| 兴南村 | 王永田 | 457 | 1275 | 1043 | 6870 | 80.04 |
| 前溪岙村 | 桑明华 | 500 | 1301 | 831 | 11139 | 80.02 |
| 新庄村 | 徐建东 | 347 | 878 | 829 | 7590 | 80.02 |
| 洙凤村 | 董建强 | 537 | 1447 | 1067 | 10743 | 80.05 |
| 芦山村 | 张建军 | 356 | 928 | 721 | 8715 | 80.09 |
| 檀燕山社区 | 张吉权 | 402 | 575 | 0 | 0 | 0 |
| 合　计 | | 4365 | 10890 | 7279.4 | 68441 | 721.34 |

**【“管溪上”乡创文化节】** 5月22日，下管镇举行2022“管溪上”乡创文化节活动开幕式，该活动以“耕读下管·共富先行”为主题。乡创文化节主要分为“乡味、乡游、乡恋、乡兴”四个板块。开幕式还举行“浙江省中小学生劳动教育实践基地”授牌仪式，发布“耕读少年田野追梦行”特色研学线路。

**【“党建统领·助跑共富”抓党建促乡村振兴推进会】** 7月14日，“党建统领·助跑共富”——上虞区抓党建促乡村振兴推进会暨耕读管溪奇妙夜开营仪式活动在下管镇联新桥村举行。活动由中共绍兴市上虞区委、绍兴市上虞区人民政府主办，中共下管镇委员会、下管镇人民政府承办。现场发布“抓党建促乡村振兴助跑共富十大先行项目”，“红漫娥江”共富共治全域党建联盟地图，签订“虞金共富”东西协作帮扶项目，签约先行村业态项目，开展抓党建促乡村振兴助跑共富主题交流访谈。

**【管溪青山耕读营】** 12月10日，乡村振兴先行村联新桥村——管溪青山耕读营开营。青山耕读营是基于下管本地区位优势及丰富的山水人文和农产品特色，全新打造布局的产业化业态。整体业态布局以“耕”“读”两大主题为主，突出下管特色，在营地内除了以“文学”为主的四书五经、围棋、国画等室内研习课程，还设有“青山射艺圃”“青山蹴鞠场”等多个以“武修”为主的室外传统体育活动场地。此外，还有以下管特色农产品为主的山货集市、以青山碧水为庐的山水间露营地，以及文房小铺、文创茶歇、溪畔小叙……并辅以状元巡游、成人礼、戏曲等体验性的演绎。

**【全国宅改落地落实】** 下管镇联新桥村西桥“空心村”综合整治项目是全国农村宅基地制度改革试点项目，总投资8000万元，2022—2023年计划投资3500万元，已发行政府专项债3500万元。该项目于2022年2月17日完成可研批复，6月完成镇级政策确定并启动房屋处置签约工作。截至2022年末，已完成土地面花处理4000平方米，完成39户农户及1个厂房的房屋处置补偿签约工作，签约率达52%，样板区签约率达100%。 （吴甜田）

6月27日，下管镇联新桥村全国宅改试点宅基地整合利用项目工作领导小组会议召开（俞心岚 摄）

## 丁宅乡

**【概况】** 丁宅乡地处上虞东南部，属四明山边缘，距城区23千米，地域面积42.51平方千米，辖7个行政村，2022年年末总户数3617户，总人口9924人，当年出生47人（其中二胎12人），人口自然增长率为0，计划生育率100%。全年实现财政总收入1797.75万元，同比增长17.23%，规上工业产值1.96亿元，一般公共预算收入1140.34万元，限上零售业销售额6328.2万元，同比增长34.04%。

全年农作物种植面积514公顷，粮食总产量427吨，水果种植面积464公顷。有中心学校（小学）1所，专任教师14人，小学生88人，入学率100%；中心幼儿园1所，入园儿童69人，入园率100%。有社区服务中心1家，村级卫生服务站2家，初级卫生保健普及率100%。自来水普及率100%。参加城乡居民医保5565人，参加农村养老保险3978人，最低生活保障救助116户、170人。有公共运营车站1个，行政村公路通车率100%。农村新建住房农户40户，建筑面积9615.94平方米。 （陈国林 史瑞丰）

表 35　　2022 年丁宅乡各村委会基本情况表

| 村委会名 | 党务负责人 | 村委会负责人 | 户数（户） | 人口（人） | 耕地（亩） | 山林（亩） | 村级集体经济收入（万元） |
|---|---|---|---|---|---|---|---|
| 丁宅村 | 徐振海 | 徐振海 | 655 | 1808 | 1741 | 2823 | 245.85 |
| 上宅村 | 丁孝章 | 丁孝章 | 576 | 1550 | 1391 | 5185 | 123.84 |
| 下宅村 | 丁梓山 | 丁梓山 | 451 | 1157 | 1325 | 1338 | 119.94 |
| 新任溪村 | 任建立 | 任建立 | 736 | 2168 | 2220 | 6274 | 122.80 |
| 双桥村 | 王学忠 | 王学忠 | 417 | 1190 | 1034 | 7482 | 102.00 |
| 缸岙村 | 赵志坚 | 赵志坚 | 283 | 779 | 813 | 6842 | 111.74 |
| 华湾村 | 丁淑君 | 丁淑君 | 499 | 1272 | 1700 | 9700 | 125.07 |

**【三星级农贸市场建成】** 12 月 28 日，丁宅三星级农贸市场建筑工程竣工。投资 3200 万元的丁宅三星级农贸市场，占地面积 1500 平方米，建筑面积 4575 平方米（市场附设商铺 1 个）。新建成的丁宅农贸市场全部按照三星级市场的标准创建，管理用房、检测用房、停车库、停车场、货梯及卫生间等设施一应俱全，1400 多平方米的市场营业房，设有肉类、海水产、淡水产、蔬菜、水果、熟食、豆制品、禽蛋、干货、自产自销等摊位 52 个，满足丁宅及其周边乡村居民市场交易需求。

**【虞南农事服务中心竣工运行】** 5 月 17 日，投资 1.53 亿元的虞南农事服务中心竣工并运行。该中心位于虞南百悬线与丰章线交会处，占地面积 17002 平方米，建筑面积 24795 平方米，设立小镇客厅（游客接待中心、乡村驿站）、数字农业管理中心、三位一体服务中心、智能冷库储藏平台等四大功能区。

5 月 17 日，虞南农事服务中心（丁建国 摄）

**【国家 AAA 级旅游景区创建配套工程通过验收】** 12 月，投资 6000 万元的丁宅“夏溪畔”国家 3A 级旅游景区创建配套工程通过验收。

**【上虞碑帖馆开放】** 3 月 19 日，投资 478 万元的上虞碑帖馆落成，建在柔山玉水的夏溪畔，面积 500 平方米。上虞碑帖馆共收集散落于虞舜大地间的各类碑帖 100 多件，内容包括名人记事、墓志碑记、庙堂题记、告示禁示牌坊等，字体有篆、隶、行、楷、草，时间跨度晋、唐、宋、元、明、清至民国，展品以原碑陈列，仿制碑刻、拓片展示等多种形式，馆内附设“书法工作室”和“文创体验馆”。

**【“丁赞”民生服务 2.0 版经验在全区推广】** 10 月 24 日，上虞区打造“娥江晚情”颐养幸福图景助力“浙里康养”推进会暨“丁赞”民生服务中心启用现场会在丁宅乡召开，会上，丁宅乡“丁赞”民生服务 2.0 版工作做法，被列为试点并向全区推广。11 月 9 日，中央电视台报道“丁赞”民生服务 2.0 版的工作经验。

**【上虞舜康国际赛车公园开放】** 6 月，上虞舜康国际赛车公园建成开放。投资 3500 万元的国际赛车公园，建设内容称“一体、两中心、三基地”，一体：卡丁车特色文体旅生态综合体；两中心：赛事运动竞技中心、汽车主题文创中心；三基地：汽车文化科普交流基地、滨水休闲娱乐基地、汽车人才创新发展基地。由上虞区教体集团与丁宅乡政府联合投资建设，活动场地总面积 36579 平方米，建筑占地面积 1701 平方米，建筑面积 2558 平方米，卡丁车赛场完全符合国际赛道标准（长 1.268 千米，设有 18 个弯道，路段标准宽度 10 米，弯道段宽度 12 米，并设有下穿赛道），可举办国际和国家级别卡丁车赛事，同时可承办国家级别摩托车和省、市级汽车系列赛。

**【大齐岙水库全面维修】** 2022 年，投资 150 万元，对虞南重点水库——丁宅大齐岙水库实施全面维修工程，历时 6 个月，按上级水利部门要求保质完工：迁移改造启闭机 2 只，新修建上坝道路 150 米，更换大坝顶路面（由透水砖路面改成沥青路面）200 米，溢洪道砌石护坡 302 立方米，对溢洪道加固维修 90 米。是大齐岙水库从 1958 年兴建以来的第三次全面维修。

（陈国林 史瑞丰）

# 人物和荣誉

## 先进集体

表 36　　2022 年度省级及以上先进集体一览表

| 集体名称 | 奖　项 | 颁奖单位 | 表彰文号/表彰时间 |
|---|---|---|---|
| 国网浙江省电力有限公司绍兴市上虞区供电公司电力调度控制分中心 | 全国工人先锋号 | 中华全国总工会 | 总工发〔2022〕6 号 |
| 涉网犯罪侦查大队 | 全国公安机关疫情防控工作成绩突出集体 | 中华人民共和国公安部 | 公政治〔2022〕536 号 |
| 执法办案管理中心 | 全国公安机关建设应用成效突出执法办案管理中心 | 中华人民共和国公安部 | 公法制〔2022〕2129 号 |
| 杭州湾上虞经济技术开发区 | 国家第一批清洁生产审核创新试点项目 | 中华人民共和国生态环境部、发改委 | 环办科财函〔2022〕476 号 |
| 杭州湾上虞经济技术开发区 | 国家生态文明建设示范区（生态工业园区） | 中华人民共和国生态环境部、商务部、科学技术部三部委 | 环科财〔2022〕72 号 |
| 杭州湾上虞经济技术开发区 | 2022 年高质量发展化工园区前十强 | 中石化联园委发 | 〔2022〕9 号 |
| e 游良仓众创空间 | 国家众创空间 | 中华人民共和国科技部火炬中心 | 2022 年 5 月 18 日 |
| 上虞区农业农村局 | 全国农村集体产权制度改革工作先进集体 | 农业农村部（农政改发〔2022〕2 号） | 2022 年 12 月 21 日 |
| 岭南乡 | 第二批全国乡村旅游重点镇（乡） | 中华人民共和国文化和旅游部 | 文旅资源发〔2022〕113 号 |
| 绍兴市上虞区工商业联合会 | 2022 年调查点工作先进基层单位 | 中华全国工商业联合会 | 2022 年 12 月 |
| 上虞区 | 2022 年度“四好农村路”全国示范县创建单位 | 交通运输部、农业农村部、国家邮政局、国家乡村振兴局 | 2022 年 12 月 9 日 |
| 上虞区 | 浙江省科技创新鼎 | 中共浙江省委、浙江省人民政府 | 2022 年 6 月 16 日 |
| 上虞区 | 2021 年度制造业高质量发展示范县（市、区）创建财政专项激励考核评价优秀 | 浙江省经济和信息化厅、浙江省财政厅 | 浙经信投资〔2022〕142 号 |
| 上虞区 | 浙江省夜间经济特色城市 | 浙江省商务厅等 7 部门 | 2023 年 1 月 |
| 上虞区 | 建筑工业化优秀县市区 | 浙江省住房和城乡建设厅、浙江省财政厅 | 浙建设〔2023〕17 号 |

续表

| 集体名称 | 奖　项 | 颁奖单位 | 表彰文号/表彰时间 |
|---|---|---|---|
| 岭南乡 | 省级革命老区乡镇（街道） | 浙江省民政厅 | 2022 年 3 月 17 日 |
| 绍兴市上虞区司法局东关司法所 | 浙江省“枫桥式”司法所 | 浙江省司法厅浙司〔2023〕1 号 | 2023 年 1 月 10 日 |
| 曹娥江上浦船闸及航道工程第 2 标段项目部 | 浙江省工人先锋号 | | 2022 年 |
| 邵逸夫医院绍兴院区建设工程指挥部 | 忠实践行“八八战略” 奋力打造“重要窗口”立功竞赛先进集体 | | 2022 年 |
| 浙江龙盛集团股份有限公司 H 酸丁班 | 全国安康杯优胜班组 | | 2022 年 |

表 37　　绍兴市劳模集体名单

| | |
|---|---|
| 绍兴市劳模集体 | 上虞中医医院 |
| 绍兴市劳模集体 | 上虞环境卫生管理集团有限公司 |

## 先进个人

表 38　　2022 年度省级及以上先进个人一览表

| 姓名 | 工作单位/居住地点 | 奖　项 | 表彰单位 | 表彰文号/表彰时间 |
|---|---|---|---|---|
| 宣鼎烨 | 上虞区信访局 | 全国信访系统优秀投诉办理员 | 国家信访局 | 2022 年 5 月 |
| 杜银灿 | 绍兴市上虞区发展和改革局 | 2020—2021 年度全国价格监测工作先进个人 | 国家发展和改革委员会，发改价监中心〔2022〕7 号 | 2022 年 2 月 |
| 王　旖 | 绍兴市上虞区人民检察院 | 2022 年度全国检察宣传先进个人 | 检察日报社 | 2022 年 11 月 |
| 顾刚均 | 百官派出所 | 全国优秀人民警察 | 中华人民共和国公安部 | 2022 年 |
| 陈　瑛 | 警务督察大队 | 全国公安机关爱民模范 | 中华人民共和国公安部 | 2022 年 |
| 马一鸣 | 行动侦察大队 | 全国公安机关成绩突出青年民警 | 中华人民共和国公安部 | 2022 年 |
| 胡江水 | 禁毒大队 | 全省优秀人民警察 | 浙江省公安厅 | 2022 年 |
| 马一鸣 | 行动侦察大队 | 全省优秀人民警察 | 浙江省公安厅 | 2022 年 |
| 王　俊 | 上虞区中医医院 | 浙江省医坛新秀 | 浙江省卫生健康委、浙江省财政厅 | 浙卫办〔2022〕32 号 |

表 39　　2022 年度区级及以上劳动模范及工匠名单

| 序号 | 荣誉类别 | 获奖个人 | 备　　注 |
|---|---|---|---|
| 1 | 绍兴市劳动模范 | 谢惠珍 | 浙江舜江建设集团有限公司 |
| 2 | 绍兴市劳动模范 | 经建美 | 上虞区实验小学 |
| 3 | 绍兴市劳动模范 | 宋惠清 | 上虞区百官街道大通社区 |
| 4 | 绍兴市劳动模范 | 赵惠珍 | 上虞区驿亭镇白马湖村 |
| 5 | 绍兴市劳动模范 | 黎国良 | 上虞区章镇镇泰山村 |
| 6 | 绍兴市劳动模范 | 柴立丰 | 卧龙电气驱动集团有限公司 |
| 7 | 绍兴市劳动模范 | 刘秋红 | 浙江龙盛染料化工有限公司 |
| 8 | 绍兴市劳动模范 | 阮静波 | 浙江闰土股份有限公司 |
| 9 | 绍兴市劳动模范 | 陈坚锋 | 上虞人民医院 |
| 10 | 绍兴市劳动模范 | 张武超 | 浙江新和成药业有限公司车间主任 |
| 11 | 绍兴市劳动模范 | 王园园 | 上虞区下管镇春蕾粮食专业合作社 |
| 12 | 绍兴市劳动模范 | 任永夫 | 小越派出所 |
| 13 | 浙江工匠 | 吴家雄 | 浙江世纪华通有限公司 |
| 14 | 浙江工匠 | 潘晓峰 | 绍兴市上虞区技工学校 |
| 15 | 浙江工匠 | 陈素娟 | 浙江闰土股份有限公司 |
| 16 | 浙江工匠 | 黄学忠 | 中化蓝天氟材料有限公司 |
| 17 | 浙江工匠 | 杭美丽 | 浙江素茗茶文化发展有限公司 |
| 18 | 浙江工匠 | 顾洪波 | 浙江龙盛染料化工有限公司 |
| 19 | 绍兴工匠 | 王沛军 | 卧龙采埃孚汽车电机有限公司 |
| 20 | 绍兴工匠 | 冯一康 | 绍兴市上虞区百官优绍食品厂 |
| 21 | 绍兴工匠 | 冯善波 | 上虞区水处理发展有限责任公司 |
| 22 | 绍兴工匠 | 朱素玉 | 绍兴尚荣堂文化创意有限公司 |
| 23 | 绍兴工匠 | 任　良 | 绍兴市上虞区职业教育中心 |
| 24 | 绍兴工匠 | 陈立峰 | 上虞区立峰餐饮管理有限公司 |

续表

| 序号 | 荣誉类别 | 获奖个人 | 备　　注 |
|---|---|---|---|
| 25 | 绍兴工匠 | 罗叶枫 | 浙江晶盛机电股份有限公司 |
| 26 | 绍兴工匠 | 金明光 | 绍兴市上虞区公共用车服务有限公司 |
| 27 | 绍兴工匠 | 郭　杰 | 浙江金科日化原料有限公司 |
| 28 | 绍兴工匠 | 谢惠民 | 绍兴外婆烧餐饮发展有限公司 |
| 29 | 绍兴工匠 | 王　力 | 浙江灏宇科技有限公司 |
| 30 | 绍兴工匠 | 翟梅菊 | 中化蓝天氟材料有限公司 |
| 31 | 绍兴劳模创新工作室 | 陈永祥 | 国网浙江省电力有限公司绍兴市上虞区供电公司 |
| 32 | 绍兴劳模创新工作室 | 黄学忠 | 中化蓝天氟材材料有限公司 |
| 33 | 绍兴劳模创新工作室 | 吴家雄 | 浙江世纪华通车业有限公司 |
| 34 | 上虞工匠 | 欧阳卿 | 绍兴市上虞区百官街道涵妍美容美发店 |
| 35 | 上虞工匠 | 潘全梅 | 绍兴上虞鸿发知识产权代理有限公司 |
| 36 | 上虞工匠 | 严　涛 | 浙江华孚色纺有限公司 |
| 37 | 上虞工匠 | 阮佳丽 | 浙江运发实业有限公司 |
| 38 | 上虞工匠 | 任　焕 | 绍兴女儿红酿酒有限公司 |
| 39 | 上虞工匠 | 金斐斐 | 绍兴东寸文化艺术有限公司 |
| 40 | 上虞工匠 | 罗洪良 | 浙江越青堂青瓷文化有限公司 |
| 41 | 上虞工匠 | 杨名普 | 绍兴市上虞区小一峰服饰有限公司 |
| 42 | 上虞工匠 | 陈国均 | 浙江天行健水务有限公司 |
| 43 | 上虞工匠 | 陈　坤 | 绍兴市上虞区丰惠靓厨坊菜馆 |
| 44 | 上虞工匠 | 陈利华 | 绍兴市白马湖食品有限公司 |
| 45 | 上虞工匠 | 胡立富 | 上虞金昌宝顺汽车销售服务有限公司 |
| 46 | 上虞工匠 | 陈利锋 | 浙江正鼎汽车零部件有限公司 |
| 47 | 上虞工匠 | 陈钢锋 | 绍兴市上虞舜东橡塑制品有限公司 |
| 48 | 上虞工匠 | 夏金晶 | 浙江俏尔婷婷服饰有限公司 |
| 49 | 上虞工匠 | 高其军 | 绍兴市合兴包装印刷有限公司 |
| 50 | 上虞工匠 | 郑　军 | 浙江灏宇科技有限公司 |

续表

| 序号 | 荣誉类别 | 获奖个人 | 备　　注 |
| --- | --- | --- | --- |
| 51 | 上虞工匠 | 邵柏江 | 上虞新和成生物化工有限公司 |
| 52 | 上虞工匠 | 陈彩娥 | 浙江金科日化原料有限公司 |
| 53 | 上虞工匠 | 王文雅 | 浙江鸿盛化工有限公司 |
| 54 | 上虞工匠 | 程建欢 | 浙江特富滨特热能科技有限公司 |
| 55 | 上虞工匠 | 史松伟 | 绍兴上虞杭协热电有限公司 |
| 56 | 上虞工匠 | 张金波 | 浙江舜江建设集团有限公司 |
| 57 | 上虞工匠 | 蒋珂璘 | 绍兴未蓝文化传媒有限公司 |
| 58 | 上虞工匠 | 倪亮节 | 绍兴市上虞区职业教育中心（上虞区技工学校） |
| 59 | 上虞工匠 | 范铁炯 | 绍兴市上虞区职业中等专业学校 |
| 60 | 上虞工匠 | 吴佰新 | 绍兴市上虞区供水有限公司 |
| 61 | 上虞工匠 | 董杭杰 | 绍兴上虞杭杰汽车销售服务有限公司 |
| 62 | 上虞工匠 | 金月明 | 绍兴市上虞区陶瓷高等研究院 |
| 63 | 上虞工匠 | 章浩男 | 浙江泰富无缝钢管有限公司 |
| 64 | 上虞工匠 | 马飞飞 | 绍兴上虞禾美文化传播有限公司 |
| 65 | 上虞工匠 | 陈　鑫 | 哈工大机器人集团（杭州湾）国际创新研究院 |
| 66 | 上虞工匠 | 王嘉巍 | 绍兴市虞舜茶业有限公司 |
| 67 | 上虞工匠 | 季海洋 | 绍兴市上虞区百官优绍食品厂 |
| 68 | 上虞工匠 | 胡志刚 | 上虞宾馆有限公司 |
| 69 | 上虞工匠 | 蒋安杰 | 绍兴市上虞区舜兴电力有限公司 |

## 百岁老人

**【概况】** 截至 2022 年 12 月 31 日，全区共有年满 100 周岁的老人 47 人，其中男性 12 人，女性 35 人。百岁老人分布为百官街道 8 人，曹娥街道 2 人，崧厦街道 14 人，小越街道 1 人，道墟街道 1 人，丰惠镇 2 人，章镇镇 2 人，盖北镇 4 人，谢塘镇 4 人，驿亭镇 1 人，丁宅乡 1 人，下管镇 1 人，上浦镇 3 人，汤浦镇 2 人，长塘镇 1 人。年龄最大的为崧厦街道的王秀纯老人，女，出生日期为 1916 年 2 月 19 日。（张鑫培）

表 40　　2022 年年满一百周岁老人统计表

| 序号 | 姓名 | 出生日期 | 性别 | 户籍详址 |
|---|---|---|---|---|
| 1 | 章信其 | 1921-09-07 | 男 | 百官街道盛丰新村 |
| 2 | 罗月妙 | 1920-07-08 | 女 | 百官街道南三村 |
| 3 | 俞匡章 | 1918-08-28 | 女 | 百官街道金渔湾新村 |
| 4 | 杜汉臣 | 1920-02-21 | 男 | 百官街道高丰社区 |
| 5 | 金阿琴 | 1919-11-26 | 女 | 百官街道高丰社区 |
| 6 | 沈阿美 | 1922-03-24 | 女 | 百官街道解放街金家道地 35 号 |
| 7 | 郑庆顺 | 1921-12-25 | 男 | 百官街道大坝路南 6 幢 306 室 |
| 8 | 赵小月 | 1922-11-16 | 女 | 百官街道凤山路丁界寺弄北区 2 幢 103 室 |
| 9 | 顾彩照 | 1921-05-09 | 女 | 曹娥街道红星村 |
| 10 | 娄文炎 | 1922-12-12 | 男 | 曹娥街道光明村 |
| 11 | 杨玉英 | 1921-08-27 | 女 | 道墟街道联浦村 |
| 12 | 张亚仙 | 1921-08-31 | 女 | 崧厦街道雀嘴村 |
| 13 | 王秀纯 | 1916-02-19 | 女 | 崧厦街道跃进社区 |
| 14 | 夏连福 | 1920-07-10 | 女 | 崧厦街道蔡林村 |
| 15 | 陆炳奎 | 1920-09-22 | 男 | 崧厦街道陆家村 |
| 16 | 顾巧珍 | 1919-08-12 | 女 | 崧厦街道吕家埠村 |
| 17 | 朱阿芝 | 1922-06-11 | 女 | 崧厦街道杭郭村 |
| 18 | 陈月珍 | 1922-08-19 | 女 | 崧厦街道东上湖村 |
| 19 | 蒋爱茶 | 1921-12-24 | 女 | 崧厦街道崧陵路 31 号 |
| 20 | 沈月娥 | 1921-11-17 | 女 | 崧厦街道前庄村 |
| 21 | 严阿珍 | 1922-03-19 | 女 | 崧厦街道港联村 |
| 22 | 王世潮 | 1922-08-27 | 男 | 崧厦街道勤联村 |
| 23 | 李茂炎 | 1922-09-18 | 男 | 崧厦街道镇中路 70 号 |

续表

| 序号 | 姓名 | 出生日期 | 性别 | 户籍详址 |
| --- | --- | --- | --- | --- |
| 24 | 俞菊娥 | 1922-11-15 | 女 | 崧厦街道新下湖村 |
| 25 | 何亚琴 | 1922-12-28 | 女 | 崧厦街道前庄村 |
| 26 | 罗雅仙 | 1921-08-27 | 女 | 小越街道冯柯山村 |
| 27 | 钱凤娟 | 1922-02-12 | 女 | 丰惠镇夏王村 |
| 28 | 陶阿花 | 1922-02-11 | 女 | 丰惠镇东小街丁字桥下公房 27 号 103 室 |
| 29 | 章兰花 | 1921-10-26 | 女 | 章镇镇泰山村 |
| 30 | 周松坤 | 1920-08-27 | 男 | 章镇镇新明路 16 号 |
| 31 | 陈新桥 | 1921-08-21 | 男 | 盖北镇夏盖山村 |
| 32 | 马春姑 | 1920-02-16 | 女 | 盖北镇珠海村 |
| 33 | 严荷花 | 1921-12-09 | 女 | 盖北镇世海村 |
| 34 | 陈阿二 | 1922-10-15 | 女 | 盖北镇世海村 |
| 35 | 戴月香 | 1922-02-01 | 女 | 谢塘镇星明村 |
| 36 | 杨阿二 | 1921-12-24 | 女 | 谢塘镇星明村 |
| 37 | 郑杏芝 | 1922-01-22 | 女 | 谢塘镇禹峰村 |
| 38 | 顾彩琴 | 1922-08-19 | 女 | 谢塘镇铲坏湖村 |
| 39 | 马桂香 | 1922-11-02 | 女 | 驿亭镇鲁溪闸村 |
| 40 | 谢玉英 | 1921-11-19 | 女 | 丁宅乡下宅村 |
| 41 | 沈调雅 | 1922-04-16 | 女 | 下管镇联新桥村 |
| 42 | 钟根木 | 1921-08-04 | 男 | 上浦镇渔家渡村 |
| 43 | 韩爱金 | 1920-08-26 | 女 | 上浦镇舜江村 |
| 44 | 周梅英 | 1920-01-08 | 女 | 上浦镇九连村 |
| 45 | 黄月培 | 1921-12-08 | 男 | 汤浦镇塔山村 |
| 46 | 钟杏花 | 1922-09-26 | 女 | 汤浦镇达郭村 |
| 47 | 罗荣林 | 1921-11-24 | 男 | 长塘镇长塘村 |

## 逝世人物

**【崔煜忠】** 男，1970年3月—2022年1月1日，上虞人，中共党员。曾任绍兴市上虞区委全面深化改革委员会办公室常务副主任、四级调研员。2022年1月1日上午，崔煜忠被发现倒在工作岗位上，救治无效，不幸去世，年仅51岁。

2022年1月3日，崔煜忠被上虞区委追授为优秀共产党员、“担当作为好干部”称号。2022年，绍兴市委追授崔煜忠“绍兴市优秀共产党员”称号，绍兴市政府为崔煜忠追记二等功。

2022年2月，入选2022年2月“浙江好人榜”名单。2022年5月，经中央文明办评选入选2022年第一季度“中国好人榜”，获“敬业奉献类”中国好人称号。

**【罗新璋】** 男，1936年—2022年2月22日，上虞人。1957年毕业于北京大学西方语言文学系法语专业，法语翻译家。1963年起，先后在外文局《中国文学》杂志社、中国社会科学院外国文学研究所工作，译审。1986年加入中国作家协会。著有论文《我国自成体系的翻译理论》《中外翻译观之“似”与“等”》《钱锺书的译艺谈》《释“译作”》《译艺发端》，校读《傅雷译文集》十五卷，译著《列那狐的故事》《特利斯当与伊瑟》《红与黑》《栗树下的晚餐》等，编辑《翻译论集》。

**【周勤之】** 男，1927年11月23日—2022年6月7日，上虞人。机械制造工艺与设备专家，是中国静压轴承开创人之一，东华大学教授、博士生导师，上海机床厂高级工程师、副总工程师，上海市机械工程学会名誉理事长。1995年当选为中国工程院院士。是中国静压轴承开创人之一，所开发的动静压轴承在高精度外圆磨床用卡盘夹磨工作圆度小于0.08微米，为当代国际最高水平。吸收国外技术试验开发镜面磨削外圆磨床，开创中国镜面磨削先河。直接参与并组织指导研究开发的精密分度技术、接长丝杆技术、双薄膜反馈双边随动阀、磁分度技术、电子全闭环磨齿机、平面智能研磨等技术，分别达世界先进水平和领先地位，为精密机床的开发打下基础。 （沈瑶圆）

# 附　录

## 组织机构及领导人名录

### 上虞区党政机构及有关部门主要负责人名单

（2022 年 1 月至 2022 年 12 月）

**中共绍兴市上虞区委员会**

书　记　陶关锋（2021.12—2022. 7）
　　　　鲁霞光（2022.7—　　　）
副书记　金进富（2020.6—　　　）
　　　　许建超（2021.11—　　　）
常务委员　陶关锋（2021.12—2022.7）
　　　　鲁霞光（2022.7—　　　）
　　　　金进富（2020.6—　　　）
　　　　许建超（2016.11—　　　）
　　　　金山中（2016.12—　　　）
　　　　项延玳（2017.12—　　　）
　　　　夏永江（2019.12—　　　）
　　　　胡玲萍（女，2021.11—　　　）
　　　　周晓国（2022.1—　　　）
　　　　蔡建红（女，2022.1—　　　）
　　　　朱江桥（2022.1—　　　）
　　　　孙海明（2022.1—　　　）

**绍兴市上虞区人大常务委员会**

主　任　陈　坚（2017.2—　　　）
副主任　潘立峰（2022.2—　　　）
　　　　徐志华（2022.2—　　　）
　　　　方　静（女，2017.2—　　　）
　　　　徐　耘（2017.2—2022.2）
　　　　吴光裕（2017.2—2022.2）
　　　　黄梅龙（2017.2—　　　）
　　　　胡宝荣（2022.2—　　　）
　　　　王文松（2022.2—　　　）
党组书记　陈　坚（2016.12—　　　）
党组副书记　潘立峰（2022.1—　　　）
成　员　徐志华（2022.1—　　　）
　　　　徐　耘（2017.2—2022.2）
　　　　吴光裕（2017.3—2022.2）
　　　　黄梅龙（2017.3—　　　）
　　　　胡宝荣（2022.1—　　　）
　　　　王文松（2022.1—　　　）
　　　　范文卫（2017.3—　　　）

**绍兴市上虞区人民政府**

区　长　金进富（2021.1—　　　）
副区长　金山中（2019.12—　　　）
　　　　朱江桥（2022.2—　　　）
　　　　章颖芳（女，2017.2—2022.2）
　　　　胡宝荣（2017.2—2022.2）
　　　　魏国剑（2019.2—　　　）
　　　　黄俊毅（2021.9—　　　）
　　　　周晓国（2020.5—2022.2）
　　　　阮程华（2022.1—　　　）
　　　　王成毅（2022.1—　　　）
　　　　孙伟琴（女，2022.2—　　　）
　　　　张瑜凤（女，挂职，2022.6—　　　）
党组书记　金进富（2020.6—　　　）
副书记　金山中（2019.12—　　　）
成　员　朱江桥（2022.1—　　　）
　　　　胡宝荣（2016.12—2022.2）
　　　　魏国剑（2019.1—　　　）

黄俊毅（2021.8— ）
周晓国（2020.5—2022.2）
阮程华（2022.1— ）
王成毅（2022.1— ）
郑　龑（挂职，2022.1— ）
陶海强（2020.6— ）

**政协绍兴市上虞区委员会**

主　席　顾世明（2017.2—2022.2）
赵文中（2022.2— ）
副主席　王永表（2022.2— ）
徐光华（2017.2—2022.2）
章颖芳（女，2022.2— ）
王柏明（兼，2017.2— ）
孙云苗（2020.1— ）
范国海（2021.1— ）
党组书记　顾世明（2016.11—2022.1）
赵文中（2022.1— ）
副书记　王永表（2020.7— ）
蔡建红（女，兼，2022.2— ）
郑建庆（2016.12—2022.1）
成　员　范国海（2020.12— ）

**上虞区纪律检查委员会**

书　记　胡玲萍（女，2021.11— ）
副书记　陶劲松（2019.1— ）
王　亮（2020.6— ）

**上虞区监察委员会**

主　任　许建超（2017.2—2022.1）
胡玲萍（女，2022.1— ）
副主任　陶劲松（2019.2— ）
王　亮（2020.8— ）

## 上虞区委工作机构及直属部门

**（2022年1月至2022年12月）**

**上虞区委办公室（党史研究室、社会治理中心）**

主　任　孙海明（2019.1—2022.2）
罗黎明（2022.2— ）
区委党史研究室主任　朱迪江（2021.5— ）
区社会治理中心主任　孟　勇（2022.11— ）

**上虞区委台湾工作办公室（区政府台湾事务办公室）**

主　任　孙海明（2019.1—2022.2）
罗黎明（2022.2— ）

**上虞区委组织部（新经济与新社会组织工作委员会、区委直属机关工作委员会）**

部　长　夏永江（2019.12— ）
新经济与新社会组织工作委员会书记
单樵兴（2018.2— ）
区委直属机关工作委员会书记
夏永江（2019.12— ）

**上虞区委宣传部**

部　长　潘立峰（2016.12—2022.1）
周晓国（2022.1— ）

**上虞区委统战部（区政府侨务办公室）**

部　长　王永表（2019.1—2022.1）
蔡建红（女，2022.1— ）
侨务办公室主任　任中华（2017.3—2022.2）
竺春燕（女，2022.6— ）

**上虞区委政法委员会**

书　记　赵文中（2019.9—2022.1）
许建超（2022.1— ）

**上虞区委全面深化改革委员会办公室**

常务副主任　崔煜忠（2019.1—2022.1）
李银丰（2022.2— ）

**上虞区委机构编制委员会办公室**

主　任　崔苗军（2019.1—2022.2）
王忠良（2022.2— ）

**上虞区委巡察工作领导小组办公室**

主　任　姚勇坚（2019.4—2022.2）
茅月洲（2022.2— ）

### 上虞区委区政府信访局

局　长　金利刚（2019.4—2022.2）
徐建刚（2022.2—　　）

### 上虞区委老干部局

局　长　曹红心（2021.2—　　）

### 上虞区委党校

校　长　夏永江（兼，2019.12—　　）
党委书记　祝子龙（2017.8—2022.2）
宋世洋（女，2022.2—2022.8）

## 上虞区人民政府工作机构及直属企事业单位

（2022 年 1 月至 2022 年 12 月）

### 上虞区人民政府办公室（外事办公室）

党组书记、主　任　陶海强（2020.6—　　）

### 上虞区发展和改革局

党组书记、局　长　朱江桥（2018.2—2022.2）
卢梁勇（2022.2—　　）

### 上虞区经济和信息化局

党委书记、局　长　卢梁勇（2019.1—2022.2）
胡关炎（2022.2—　　）

### 上虞区教育体育局

党委书记、局　长　蔡建红（女，2017.3—2022.2）
房永军（2022.2—　　）

### 上虞区科学技术局

党组书记、局　长　章兆钧（2017.3—2022.2）
徐建锋（2022.2—　　）

### 绍兴市公安局上虞区分局

党委书记、局　长　周晓国（2020.5—2022.1）
王成毅（2022.1—　　）

### 上虞区民政局

党组书记、局　长　闻桂珍（女，2017.3—2022.2）
丁福军（2022.2—　　）

### 上虞区司法局

党组书记　吴自强（2021.2—　　）
局　长　吴自强（2021.3—　　）

### 上虞区财政局

党委书记、局　长　杜永刚（2018.5—　　）

### 上虞区人力资源和社会保障局

党委书记、局　长　陈荣荣（2017.3—2022.2）
张春育（2022.2—　　）

### 上虞区住房和城乡建设局（人防办）

党委书记、局长、主任　祝荣法（2017.3—2022.11）
党委书记、局　长　金小军（2022.11—　　）

### 上虞区建筑业管理服务中心

党委书记、主　任　徐沛生（2019.6—2022.2）

### 上虞区交通运输局

党委书记　俞林忠（2021.2—　　）
局　长　俞林忠（2021.3—　　）

### 上虞区水利局

党委书记　夏明尧（2021.2—　　）
局　长　夏明尧（2021.3—　　）

### 上虞区农业农村局

党委书记　冯　柱（2021.2—2022.2）
任中华（2022.2—　　）
局　长　冯　柱（2021.3—2022.3）
任中华（2022.3—　　）

### 上虞区商务局

党组书记、局　长　胡关炎（2021.2—2022.2）
冯世凯（2022.2—　　）

### 上虞区文化广电旅游局

党委书记、局　长　王忠良（2019.1—2022.2）
王银苗（2022.2—　　）

**上虞区融媒体中心（上虞传媒集团）**

党委书记、主任　孙卫国（2021.2—　）
总编辑　贾彩萍（女，2021.2—　）
董事长、总经理　孙卫国（2021.3—　）

**上虞区卫生健康局**

党组书记　崔苗军（2021.12—　）
局　长　崔苗军（2022.1—　）

**上虞区退役军人事务局**

党组书记　景春良（2021.2—　）
局　长　景春良（2021.3—　）

**上虞区应急管理局**

党委书记、局　长　陈　坚（2021.5—　）

**上虞区审计局**

党组书记、局　长　陈鑫森（2021.5—　）

**上虞区市场监督管理局**

党委书记、局　长　张春育（2017.3—2022.2）
王飞军（2022.2—　）

**上虞区人民政府金融工作办公室**

党组书记　蒋　峰（2018.2—　）
主　任　蒋　峰（2017.5—　）

**上虞区统计局**

党组书记　王银苗（2019.8—2022.2）
陈泽华（2022.2—　）
局　长　孙伟琴（女，2017.3—2022.3）
陈泽华（2022.3—　）

**上虞区综合行政执法局**

党委书记、局　长　王飞军（2019.8—2022.2）
叶　涛（2022.2—　）

**绍兴市自然资源和规划局上虞分局**

党委书记、局　长　罗黎明（2019.1—2022.2）
陈　凯（2022.2—　）

**绍兴市医疗保障局上虞分局**

党组书记　石洪元（2021.2—　）
局　长　石洪元（2021.3—　）

**绍兴市生态环境局上虞分局**

党组书记、局　长　胡四海（2021.2—　）

**上虞区机关事务服务中心**

党组书记　胡永华（2022.2—　）
主　任　沈娟芬（女，2020.7—　）

**上虞区便民服务中心（招标投标监督办公室）**

党委书记　金山中（2019.12—　）
主　任　房永军（2021.3—2022.2）
许国华（2022.2—　）

**上虞区投资促进中心**

党组书记　阮建东（2018.2—2022.2）
金利锋（2022.2—　）
主　任　阮建东（2017.8—2022.3）
陆俊蔚（2022.3—　）

**上虞区大数据发展管理中心**

党组书记　张国富（2019.1—　）
主　任　张国富（2021.3—　）

**杭州湾上虞经济技术开发区（上虞经济开发区）**

党工委书记　谢　晋（2020.5—2022.1）
孙海明（2022.1—　）
主　任　蒋金祥（2019.1—　）

**杭州湾综合管理办公室**

党工委书记　赵伟平（2021.2—　）
主　任　赵伟平（2021.3—　）

**上虞曹娥江旅游度假区**

党工委书记　徐志华（2019.1—2022.1）
朱江桥（2022.1—　）
主　任　张铭军（2020.9—2022.9）
徐桦表（2022.11—　）

上虞区e游小镇
党工委书记 阮建东（2021.9— ）
主　　任 阮建东（2021.10— ）

上虞区档案馆
党组书记、馆　长 朱宝生（2019.1— ）

上虞区供销合作总社
党委书记、主　任 胡　升（2020.7— ）

上虞区大通集团有限公司
董事长 胡　升（2020.7— ）
总经理 何　伟（2018.9— ）

上虞区水务集团有限公司
党委书记、董事长 许潮江（2021.5— ）
总经理 张锡峰（2021.6— ）

上虞区交通集团有限公司
党委书记、董事长 张华尧（2021.9—2022.3）
茅建波（2022.3— ）
总经理 茅建波（2017.8—2022.3）
陈天麟（2022.3— ）

上虞区国有资本投资运营有限公司
董事长、总经理 倪红娣（女，2019.8— ）

绍兴市上虞城市建设集团有限公司
董事长 龚建伟（2019.8— ）
总经理 周立勇（2022.3— ）

绍兴市上虞杭州湾经开区控股集团有限公司
董事长 吴晓燕（女，2021.6— ）
总经理 罗鹏达（2021.6— ）

绍兴住房公积金管理中心上虞分中心
党组书记、主任 戴建明（2019.8— ）

# 上虞区群众团体

（2022年1月至2022年12月）

上虞区工商业联合会（总商会）
党组书记、主席、会长 孙国军（2021.2— ）

上虞区总工会
主　　席 范国海（兼，2022.6— ）
党组书记 徐　彪（2020.1—2022.2）
祝子龙（2022.2— ）

共青团绍兴市上虞区委员会
书　　记 王炜吉（2022.2— ）

上虞区妇女联合会
党组书记、主　席 许君意（女，2012.3— ）

上虞区科学技术协会
党组书记 杜秀丽（女，2017.3—2022.2）
孙卫梁（2022.2— ）
主　　席 孙云苗（2016.6—2022.2）
周　圣（2022.4—2022.11）

上虞区文学艺术界联合会
党组书记、主　席 丁志强（2017.3—2022.2）
徐伟军（2022.2— ）

上虞区残疾人联合会
党组书记 赵明刚（2020.9—2022.6）
金雄健（2022.6— ）
理事长 戴秀兰（女，2020.7— ）

上虞区红十字会
党组书记 宋世洋（女，2017.11—2022.6）
余　权（2022.6— ）
会　　长 章颖芳（女，2017.11—2022.2）
黄俊毅（2022.2— ）
执委会主任 宋世洋（女，2015.10—2022.6）
余　权（2022.6— ）

# 上虞区各乡镇、街道党政正职名单

（2022 年 1 月至 2022 年 12 月）

**百官街道**

党工委书记　范国海（兼，2021.12—2022.2）
　　　　　　朱春兰（女，2022.2—　　）
办事处主任　朱柏治（2019.8—　　）

**曹娥街道**

党工委书记　魏国剑（兼，2021.12—2022.2）
　　　　　　张华尧（2022.2—　　）
办事处主任　张华尧（2021.12—2022.3）
　　　　　　任　峰（2022.3—　　）

**东关街道**

党工委书记　王文松（2021.12—2022.11）
办事处主任　单建权（2021.3—　　）

**道墟街道**

党工委书记　戴忠伟（2021.2—　　）
办事处主任　陈　波（2021.3—　　）

**小越街道**

党工委书记　谢文权（2019.1—2022.6）
　　　　　　张军宇（2022.6—　　）
办事处主任　魏雪刚（2019.8—2022.3）
　　　　　　朱真辉（2022.3—　　）

**梁湖街道**

党工委书记　陈　凯（2018.2—2022.2）
　　　　　　魏雪刚（2022.2—　　）
办事处主任　冯永奇（2020.10—　　）

**崧厦街道**

党工委书记　陈圆圆（女，2021.9—　　）
办事处主任　王　敬（2020.7—2022.11）
　　　　　　赵建军（2022.11—　　）

**章镇镇**

党委书记　金小军（2019.8—2022.11）
　　　　　王　敬（2022.11—　　）
人民政府镇长　夏炎军（2022.1—　　）

**丰惠镇**

党委书记　徐松杰（2021.9—　　）
人民政府镇长　徐桦表（2020.1—2022.11）
行政负责人　徐　钱（2020.1—　　）

**上浦镇**

党委书记　傅飞军（2021.2—　　）
人民政府镇长　骆晶晶（女，2020.7—　　）

**汤浦镇**

党委书记　朱春起（2021.2—　　）
人民政府镇长　潘书丽（女，2021.9—　　）

**永和镇**

党委书记　金　琳（女，2021.2—　　）
人民政府镇长　倪诚成（2021.9—　　）

**驿亭镇**

党委书记　马百根（2021.9—　　）
人民政府镇长　徐　钱（2019.7—2022.11）
行政负责人　郑　镔（2022.11—　　）

**谢塘镇**

党委书记　倪水乔（2021.9—　　）
人民政府镇长　谢潜程（2021.9　　）

**盖北镇**

党委书记　吕　彭（2021.9—　　）
人民政府镇长　陈立林（2020.8—　　）

**长塘镇**

党委书记　沈　璐（女，2021.9—　　）
人民政府镇长　张　橹（2021.7—　　）

**岭南乡**

党委书记　王　凯（2021.2—　　）
人民政府乡长　朱嗣杰（2021.9—　　）

陈溪乡

党委书记　郑哲军（2021.2—　）
人民政府乡长　蔡　明（2021.7—　）

下管镇

党委书记　潘建青（2021.9—　）
人民政府镇长　郑伟钦（2021.2—　）

丁宅乡

党委书记　陈才华（2020.9—　）
人民政府乡长　胡银洲（2020.8—　）

# 上虞区政法机关

（2022年1月至2022年12月）

绍兴市公安局上虞区分局

党委书记、局　长　周晓国（2020.5—2022.1）
王成毅（2022. 1—　）

上虞区司法局

党组书记　吴焕九（2017. 3—2021. 2）
吴自强（2021. 2—　）
局　长　吴焕九（2017. 3—2021. 3）
吴自强（2021. 3—　）

上虞区人民法院

院　长　朱淼蛟（2022. 1—　）
常务副院长　章天天（2022. 6—　）
副院长　章天天（2018. 5—2022. 6）
薛荣辉（2018. 5—　）
陈亚君（女，2018. 5—2022. 7）
李运福（2022. 7—　）
党组书记　朱淼蛟（2021.11—　）

上虞区人民检察院

检察长　何　红（女，2022. 2—　）
副检察长　周高军（2018. 5—　）
沈　波（2018. 5—2022. 7）
钱　国（挂职，2020. 4—2022. 6）
钱　国（2022. 6—　）
李雪明（女，2018. 7—　）
党组书记　何　红（女，2021.11—　）

# 重要文件目录

## 区委（区委办）文件目录

**【区委文件目录】**

| | |
|---|---|
| 区委〔2022〕1号 | 关于向崔煜忠同志学习的决定 |
| 区委〔2022〕2号 | 关于表彰绍兴市上虞区优秀共产党员和先进基层党组织的决定 |
| 区委〔2022〕5号 | 关于召开中国共产党绍兴市上虞区第二次代表大会的通知 |
| 区委〔2022〕7号 | 关于印发陶关锋同志在中国共产党绍兴市上虞区第二次代表大会上的报告的通知 |
| 区委〔2022〕10号 | 关于对2021年度先进集体、先进个人进行表彰奖励、通报表扬的决定 |
| 区委〔2022〕15号 | 关于区委常委分工的通知 |
| 区委〔2022〕16号 | 关于开展“项目攻坚突破年”活动的实施意见 |
| 区委〔2022〕17号 | 关于开展“共同富裕提质年”活动的实施意见 |
| 区委〔2022〕18号 | 关于开展“基层党建跃升年”活动的实施意见 |
| 区委〔2022〕20号 | 关于印发《上虞区推进“大综合一体化”行政执法改革工作方案》的通知 |
| 区委〔2022〕21号 | 关于印发《关于开展数字化改革“一号工程”的实施意见》的通知 |
| 区委〔2022〕22号 | 关于批转《绍兴市上虞区人大常委会2022年工作要点》的通知 |
| 区委〔2022〕23号 | 关于批转《政协绍兴市上虞区委员会2022年工作要点》的通知 |
| 区委〔2022〕28号 | 关于印发锻造“五张高质量发展金名片”三年行动方案的通知 |
| 区委〔2022〕29号 | 关于强化党建统领网格智治推进基层治理体系和治理能力现代化的施意见 |
| 区委〔2022〕30号 | 关于废止、宣布失效涉及计划生育党的规范性文件的决定 |
| 区委〔2022〕31号 | 关于表彰奖励2021年度优秀公务员和先进工作者的决定 |
| 区委〔2022〕32号 | 关于印发2022年度乡镇街道、区直部门（单位）、“三区一镇”工作目标责任制考核办法的通知 |
| 区委〔2022〕33号 | 关于组建绍兴市上虞曹娥江经济开发区建设发展有限公司的若干意见 |
| 区委〔2022〕36号 | 关于聘任区委法律顾问的通知 |
| 区委〔2022〕38号 | 关于忠实践行“八八战略” 坚决做到“两个维护”勇当推进“两个先行”奋进“五个率先”排头兵的决议 |
| 区委〔2022〕42号 | 关于印发《关于省委巡视组反馈意见整改进展情况的通报》的通知 |
| 区委〔2022〕43号 | 关于辞退温雅堃的决定 |
| 区委〔2022〕47号 | 关于全区旅游工作体制调整的若干意见 |

## 【区委办文件目录】

| | |
|---|---|
| 区委办〔2022〕2 号 | 关于印发《上虞区防灾减灾能力提升“五十百”工程实施方案（2021—2025 年）》的通知 |
| 区委办〔2022〕4 号 | 关于印发《浙江上虞曹娥江经济开发区管理委员会职能配置、内设机构和人员编制规定》的通知 |
| 区委办〔2022〕6 号 | 关于促进共同富裕“188”专项行动的实施方案 |
| 区委办〔2022〕8 号 | 关于进一步促进民营经济高质量发展的若干意见等十个政策的通知 |
| 区委办〔2022〕9 号 | 关于印发《2022 年度区委区政府重点工作清单》的通知 |
| 区委办〔2022〕12 号 | 印发《关于进一步强化安全生产责任落实坚决防范化解重大安全风险的实施意见》的通知 |
| 区委办〔2022〕13 号 | 关于印发《绍兴市上虞区驻社党建工作指导员管理办法》的通知 |
| 区委办〔2022〕14 号 | 关于加快推进“一江两岸”总部楼宇扩容提质建设的实施方案 |
| 区委办〔2022〕15 号 | 印发《关于进一步加强招商引智工作的实施办法》的通知 |
| 区委办〔2022〕16 号 | 关于成立区委落实省委巡视反馈问题整改工作推进小组的通知 |
| 区委办〔2022〕17 号 | 关于进一步支持杭州湾上虞经济技术开发区高质量发展实施意见 |
| 区委办〔2022〕18 号 | 关于进一步支持曹娥江旅游度假区高质量发展的实施意见 |
| 区委办〔2022〕19 号 | 关于公布 2022 年度区级领导“八个一”联系点名单的通知 |
| 区委办〔2022〕22 号 | 关于印发《上虞区城市专职社区工作者管理办法》《绍兴市上虞区农村社区专职工作者管理办法》的通知 |
| 区委办〔2022〕24 号 | 印发《关于进一步加强统计基层基础建设的意见》的通知 |
| 区委办〔2022〕26 号 | 印发《关于促进“一江两岸”总部楼宇招商引资的若干政策》的通知 |
| 区委办〔2022〕27 号 | 关于全面推行田长制落实最严格的耕地保护制度的实施方案 |
| 区委办〔2022〕31 号 | 关于印发《绍兴市上虞区稳进提质十大攻坚行动实施方案》的通知 |
| 区委办〔2022〕33 号 | 印发《关于浙江上虞曹娥江经济开发区管理运行体制机制的若干意见》的通知 |
| 区委办〔2022〕35 号 | 关于印发《绍兴市上虞区青年发展型县域试点实施方案》的通知 |
| 区委办〔2022〕37 号 | 关于印发加快推进上虞区融媒体中心（上虞传媒集团）深度融合发展若干意见（试行）的通知 |
| 区委办〔2022〕38 号 | 关于组建绍兴市上虞传媒集团有限公司的若干意见 |
| 区委办〔2022〕39 号 | 关于成立区生态文明示范创建工作领导小组的通知 |
| 区委办〔2022〕40 号 | 中共绍兴市上虞区委办公室关于印发鲁霞光同志在区委二届二次全体（扩大）会议上的报告的通知 |
| 区委办〔2022〕42 号 | 关于印发《绍兴市上虞区社会治理中心主要职责、内设机构和人员编制规定》的通知 |
| 区委办〔2022〕44 号 | 关于开展“六比六争先、勇当排头兵”作风建设深化提升专项行动的实施方案 |
| 区委办〔2022〕45 号 | 中共绍兴市上虞区委办公室印发《关于争创全省“红色根脉”强基示范区的实施方案》的通知 |
| 区委办〔2022〕46 号 | 中共绍兴市上虞区委办公室关于印发《〈中国共产党上虞历史〉第三卷（1978.12—2012.10）编纂方案》的通知 |
| 区委办〔2022〕47 号 | 关于印发《关于深化乡镇（街道）管理体制改革助力基层智治系统建设的意见》的通知 |
| 区委办〔2022〕49 号 | 关于印发《中共绍兴市上虞区委党的建设工作领导小组 2022 年工作要点》的通知 |

| | |
|---|---|
| 区委办〔2022〕50 号 | 关于印发《绍兴市上虞区乡镇街道和区直部门单位中层干部选拔任用工作实施办法》的通知 |
| 区委办〔2022〕58 号 | 关于进一步加强新时代党外代表人士队伍建设的实施意见 |
| 区委办〔2022〕59 号 | 关于调整公布上虞区级爱国主义教育基地的通知 |
| 区委办〔2022〕61 号 | 印发《关于深化党建联建机制全面助力共同富裕的实施意见》的通知 |
| 区委办〔2022〕62 号 | 关于印发《上虞区传承弘扬广泛践行新时代上虞精神和传播运营城市品牌口号、IP 形象的实施意见》的通知 |
| 区委办〔2022〕63 号 | 关于贯彻落实绍兴市 2023 年“抢开局、稳增长”十二项举措实施方案 |

（朱倩男）

# 区政府（区府办）文件目录

**【区政府文件目录】**

| | |
|---|---|
| 虞政发〔2022〕1 号 | 绍兴市上虞区人民政府关于命名表彰 2021 年上虞区区长质量奖获奖企业的通知 |
| 虞政发〔2022〕2 号 | 绍兴市上虞区人民政府关于公布绍兴市上虞区新增综合行政执法事项统一目录的通告 |
| 虞政发〔2022〕3 号 | 绍兴市上虞区人民政府关于明确区政府领导工作分工的通知 |
| 虞政发〔2022〕4 号 | 绍兴市上虞区人民政府关于为茹海岚同志记三等功并授予绍兴市上虞区见义勇为勇士的决定 |
| 虞政发〔2022〕5 号 | 绍兴市上虞区人民政府关于印发《绍兴市上虞区生态环境保护“十四五”规划》的通知 |
| 虞政发〔2022〕6 号 | 绍兴市上虞区人民政府关于印发《上虞区综合交通运输发展“十四五”规划》的通知 |
| 虞政发〔2022〕7 号 | 绍兴市上虞区人民政府关于印发《上虞区妇女发展“十四五”规划和上虞区儿童发展“十四五”规划》的通知 |
| 虞政发〔2022〕8 号 | 绍兴市上虞区人民政府关于同意百官街道办事处部分社区规模调整的批复 |
| 虞政发〔2022〕9 号 | 绍兴市上虞区人民政府关于将部分区级部门行政处罚权交由东关街道办事处等 19 个乡镇（街道）行使的公告 |
| 虞政发〔2022〕10 号 | 绍兴市上虞区人民政府关于公布绍兴市上虞区综合行政执法事项扩展目录（一）的通告 |
| 虞政发〔2022〕12 号 | 绍兴市上虞区人民政府关于印发上虞区新一轮制造业“腾笼换鸟、凤凰涅槃”攻坚行动方案的通知 |
| 虞政发〔2022〕13 号 | 绍兴市上虞区人民政府关于实施科技强农机械强农行动大力提升农业生产效率的实施意见 |
| 虞政发〔2022〕14 号 | 绍兴市上虞区人民政府关于印发金进富同志在上虞区第二届人民代表大会第一次会议上的报告的通知 |
| 虞政发〔2022〕15 号 | 绍兴市上虞区人民政府关于同意调整上虞区“十四五”期间加油站规划布点的批复 |
| 虞政发〔2022〕16 号 | 绍兴市上虞区人民政府关于为陈宝石同志记三等功并授予绍兴市上虞区见义勇为勇士的决定 |
| 虞政发〔2022〕17 号 | 绍兴市上虞区人民政府关于同意调整曹娥街道部分居民委员会设置的批复 |
| 虞政发〔2022〕18 号 | 绍兴市上虞区人民政府关于同意调整东关街道部分行政村设置的批复 |

虞政发〔2022〕19 号　绍兴市上虞区人民政府关于同意崧厦街道部分社区规模调整的批复
虞政发〔2022〕20 号　绍兴市上虞区人民政府关于印发绍兴市上虞区全面落实稳住经济一揽子政策措施实施方案的通知
虞政发〔2022〕21 号　绍兴市上虞区人民政府关于同意盖北镇社区规模调整的批复
虞政发〔2022〕22 号　绍兴市上虞区人民政府关于印发《上虞区加快推进水产养殖绿色发展实施方案》的通知
虞政发〔2022〕23 号　绍兴市上虞区人民政府关于《绍兴市上虞区卫生健康事业发展“十四五”规划》的批复
虞政发〔2022〕24 号　绍兴市上虞区人民政府关于印发《绍兴市上虞区卫生健康事业发展“十四五”规划》的通知
虞政发〔2022〕25 号　绍兴市上虞区人民政府关于同意百官街道办事处部分社区规模调整的批复
虞政发〔2022〕26 号　绍兴市上虞区人民政府关于同意渔家渡石牌坊申报浙江省第八批文物保护单位的批复
虞政发〔2022〕27 号　绍兴市上虞区人民政府关于给予孙少军等 11 名同志嘉奖的决定
虞政发〔2022〕28 号　绍兴市上虞区人民政府关于调整乡镇街道和“三区一镇”财政体制的通知
虞政发〔2022〕29 号　绍兴市上虞区人民政府关于公布《绍兴市上虞区新增综合行政执法事项统一目录(346 项)》和《绍兴市上虞区综合行政执法建设领域调整事项目录》的通告
虞政发〔2022〕30 号　绍兴市上虞区人民政府关于进一步完善安全生产和消防行政执法委托工作的通知
虞政发〔2022〕31 号　绍兴市上虞区人民政府关于公布第七批上虞区非物质文化遗产代表性项目名录的通知
虞政发〔2022〕32 号　绍兴市上虞区人民政府关于禁止销售和燃放烟花爆竹的通告
虞政发〔2022〕33 号　绍兴市上虞区人民政府关于贯彻落实全市打造先进制造业强市“4151”计划的实施意见

**【区府办文件目录】**

虞政办发〔2022〕1 号　绍兴市上虞区人民政府办公室关于印发《上虞区农村公路养护与管理办法》的通知
虞政办发〔2022〕2 号　绍兴市上虞区人民政府办公室关于同意公开出让上虞区小越街道[2011]G2-3 号工业地块国有建设用地使用权的批复
虞政办发〔2022〕3 号　绍兴市上虞区人民政府办公室关于同意公开出让上虞区小越街道[2020]G6 号工业地块国有建设用地使用权的批复
虞政办发〔2022〕4 号　绍兴市上虞区人民政府办公室关于同意公开出让上虞区道墟街道[2021]G1 号工业地块国有建设用地使用权的批复
虞政办发〔2022〕5 号　绍兴市上虞区人民政府办公室关于印发《绍兴市上虞区水安全保障“十四五”规划》的通知
虞政办发〔2022〕6 号　绍兴市上虞区人民政府办公室关于印发《上虞区打通“断头路”建设工程实施方案》的通知
虞政办发〔2022〕7 号　绍兴市上虞区人民政府办公室关于同意公开出让上虞经济开发区[2021]G15 号工业地块国有建设用地使用权的批复
虞政办发〔2022〕8 号　绍兴市上虞区人民政府办公室关于同意公开出让杭州湾上虞经济技术开发区[2021]G25 号工业地块国有建设用地使用权的批复

| | |
|---|---|
| 虞政办发〔2022〕9 号 | 绍兴市上虞区人民政府办公室关于同意公开出让上虞经济开发区[2020]G3 号工业地块国有建设用地使用权的批复 |
| 虞政办发〔2022〕10 号 | 绍兴市上虞区人民政府办公室关于同意公开出让杭州湾上虞经济技术开发区[2021]G21-1 号工业地块国有建设用地使用权的批复 |
| 虞政办发〔2022〕11 号 | 绍兴市上虞区人民政府办公室关于同意公开出让杭州湾上虞经济技术开发区[2021]G33 号工业地块国有建设用地使用权的批复 |
| 虞政办发〔2022〕12 号 | 绍兴市上虞区人民政府办公室关于同意公开出让杭州湾上虞经济技术开发区[2021]G7-2 号工业地块国有建设用地使用权的批复 |
| 虞政办发〔2022〕13 号 | 绍兴市上虞区人民政府办公室关于同意公开出让杭州湾上虞经济技术开发区[2021]G9-1 号工业地块国有建设用地使用权的批复 |
| 虞政办发〔2022〕14 号 | 绍兴市上虞区人民政府办公室关于同意公开出让杭州湾上虞经济技术开发区[2021]G14-1 号工业地块国有建设用地使用权的批复 |
| 虞政办发〔2022〕15 号 | 绍兴市上虞区人民政府办公室关于印发杭州湾上虞经济技术开发区中心河、东进河等流域突发水污染事件环境应急基础信息清单和“一河一策一图”环境应急响应方案的通知 |
| 虞政办发〔2022〕16 号 | 绍兴市上虞区人民政府办公室关于印发绍兴市上虞区省级产业转型类低碳试点县创建专项行动方案（2021—2023 年）的通知 |
| 虞政办发〔2022〕17 号 | 绍兴市上虞区人民政府办公室关于同意公开出让杭州湾上虞经济技术开发区[2021]G2-1 号工业地块国有建设用地使用权的批复 |
| 虞政办发〔2022〕18 号 | 绍兴市上虞区人民政府办公室关于实施全区供排水设施融投建管一体化工作的若干意见 |
| 虞政办发〔2022〕19 号 | 绍兴市上虞区人民政府办公室关于印发《上虞区山洪灾害防御应急预案》的通知 |
| 虞政办发〔2022〕20 号 | 绍兴市上虞区人民政府办公室关于同意公开出让杭州湾上虞经济技术开发区[2019]G11 号工业地块国有建设用地使用权的批复 |
| 虞政办发〔2022〕21 号 | 绍兴市上虞区人民政府办公室关于进一步加强国家调查工作的通知 |
| 虞政办发〔2022〕22 号 | 绍兴市上虞区人民政府办公室关于同意公开出让杭州湾上虞经济技术开发区[2020]G18-2 号工业地块国有建设用地使用权的批复 |
| 虞政办发〔2022〕23 号 | 绍兴市上虞区人民政府办公室关于进一步加强应急预案管理和应急演练工作的通知 |
| 虞政办发〔2022〕24 号 | 绍兴市上虞区人民政府办公室关于同意公开出让杭州湾上虞经济技术开发区[2019]G14 号工业地块国有建设用地使用权的批复 |
| 虞政办发〔2022〕25 号 | 绍兴市上虞区人民政府办公室关于同意公开出让杭州湾上虞经济技术开发区[2022]G1 号工业地块国有建设用地使用权的批复 |
| 虞政办发〔2022〕26 号 | 绍兴市上虞区人民政府办公室关于印发上虞区区级储备粮管理实施细则（试行）的通知 |
| 虞政办发〔2022〕27 号 | 绍兴市上虞区人民政府办公室关于印发上虞区区级救灾物资储备管理实施细则（试行）的通知 |
| 虞政办发〔2022〕28 号 | 绍兴市上虞区人民政府办公室转发绍兴市人民政府办公室关于金融支持激发市场主体活力意见的通知 |
| 虞政办发〔2022〕29 号 | 绍兴市上虞区人民政府办公室关于公布《2022 年区政府重大行政决策事项目录》的通知 |

| | |
|---|---|
| 虞政办发〔2022〕30号 | 绍兴市上虞区人民政府办公室关于同意公开出让杭州湾上虞经济技术开发区[2022]J1号(K-16-01)地块国有建设用地使用权的批复 |
| 虞政办发〔2022〕31号 | 绍兴市上虞区人民政府办公室关于同意公开出让杭州湾上虞经济技术开发区[2022]G2号工业地块国有建设用地使用权的批复 |
| 虞政办发〔2022〕32号 | 绍兴市上虞区人民政府办公室关于同意公开出让上虞区城东 78 号(城东 G-06-A、G-07-A、G-08-A、G-10、G-11)地块国有建设用地使用权的批复 |
| 虞政办发〔2022〕33号 | 绍兴市上虞区人民政府办公室关于同意公开出让上虞区盖北镇 B-03-1 号地块国有建设用地使用权的批复 |
| 虞政办发〔2022〕34号 | 绍兴市上虞区人民政府办公室关于同意公开出让上虞区陈溪乡[2019]J1 号地块国有建设用地使用权的批复 |
| 虞政办发〔2022〕35号 | 绍兴市上虞区人民政府办公室关于建立基本医疗保险人身意外伤害长效管理工作机制的通知 |
| 虞政办发〔2022〕36号 | 绍兴市上虞区人民政府办公室关于扩大有效投资的若干意见 |
| 虞政办发〔2022〕37号 | 绍兴市上虞区人民政府办公室关于印发《上虞区2022年地质灾害防治方案》的通知 |
| 虞政办发〔2022〕38号 | 绍兴市上虞区人民政府办公室关于印发《上虞区极端天气“村安工程”实施方案》的通知 |
| 虞政办发〔2022〕39号 | 绍兴市上虞区人民政府办公室关于同意公开出让杭州湾上虞经济技术开发区[2021]G11号工业地块国有建设用地使用权的批复 |
| 虞政办发〔2022〕40号 | 绍兴市上虞区人民政府办公室关于同意公开出让上虞区章镇镇中心区 D3-1-A 地块国有建设用地使用权的批复 |
| 虞政办发〔2022〕41号 | 绍兴市上虞区人民政府办公室关于同意公开出让上虞区谢塘镇 A-4-1 地块国有建设用地使用权的批复 |
| 虞政办发〔2022〕42号 | 绍兴市上虞区人民政府办公室关于同意公开出让上虞区孝德文化小镇[2019]6 号（ZX13-2-A-08）地块国有建设用地使用权的批复 |
| 虞政办发〔2022〕43号 | 绍兴市上虞区人民政府办公室关于同意公开出让杭州湾上虞经济技术开发区[2021]C34号工业地块国有建设用地使用权的批复 |
| 虞政办发〔2022〕44号 | 绍兴市上虞区人民政府办公室关于深入开展国有企业重大实体化项目攻坚突破年活动的实施意见 |
| 虞政办发〔2022〕45号 | 绍兴市上虞区人民政府办公室关于公布罗岭青瓷窑址保护范围和建设控制地带的通知 |
| 虞政办发〔2022〕46号 | 绍兴市上虞区政府办公室关于调整和规范机关事业单位编外用工收入待遇的通知 |
| 虞政办发〔2022〕47号 | 绍兴市上虞区人民政府办公室关于加快发展保障性租赁住房的实施意见 |
| 虞政办发〔2022〕48号 | 绍兴市上虞区人民政府办公室印发《关于推进上虞区乡镇（街道）综合行政执法工作实施方案》的通知 |
| 虞政办发〔2022〕49号 | 绍兴市上虞区人民政府办公室关于印发《绍兴市上虞区全民健身实施计划（2021—2025年）》的通知 |
| 虞政办发〔2022〕50号 | 绍兴市上虞区人民政府办公室关于同意公开出让上虞区梁湖街道[2021]J9号（曹村地块 01-03）地块国有建设用地使用权的批复 |
| 虞政办发〔2022〕51号 | 绍兴市上虞区人民政府办公室关于印发《上虞区高层民用建筑消防安全隐患专项整治实施方案》的通知 |

| | |
|---|---|
| 虞政办发〔2022〕52 号 | 绍兴市上虞区人民政府办公室关于同意公开出让上虞经济开发区[2014]G9-5 号地块国有建设用地使用权的批复 |
| 虞政办发〔2022〕53 号 | 绍兴市上虞区人民政府办公室关于同意公开出让杭州湾上虞经济技术开发区[2021]G10-1 号工业地块国有建设用地使用权的批复 |
| 虞政办发〔2022〕54 号 | 绍兴市上虞区人民政府办公室关于同意公开出让杭州湾上虞经济技术开发区[2021]G5-1-2 号工业地块国有建设用地使用权的批复 |
| 虞政办发〔2022〕55 号 | 绍兴市上虞区人民政府办公室关于公布第四次区政府及区政府办公室行政规范性文件清理结果的通知 |
| 虞政办发〔2022〕56 号 | 绍兴市上虞区人民政府办公室关于同意公开出让上虞区滨江新城 28-1 号地块国有建设用地使用权的批复 |
| 虞政办发〔2022〕57 号 | 绍兴市上虞区人民政府办公室关于同意公开出让上虞区城北 54 号（ZX04-06-04、ZX04-06-08）地块国有建设用地使用权的批复 |
| 虞政办发〔2022〕58 号 | 绍兴市上虞区人民政府办公室关于同意公开出让上虞区东关街道[2022]G1 号工业地块国有建设用地使用权的批复 |
| 虞政办发〔2022〕59 号 | 绍兴市上虞区人民政府办公室关于印发《上虞区全面推进人防工程产权制度综合改革实施方案》的通知 |
| 虞政办发〔2022〕60 号 | 绍兴市上虞区人民政府办公室关于印发《104 国道绍兴东湖至蒿坝段改建工程（上虞段）政策处理实施意见》的通知 |
| 虞政办发〔2022〕61 号 | 绍兴市上虞区人民政府办公室关于同意公开出让上虞经济开发区[2022]G3-1 号工业地块国有建设用地使用权的批复 |
| 虞政办发〔2022〕62 号 | 绍兴市上虞区人民政府办公室关于同意公开出让上虞区滨江新城 23-2B-A（ZX09-03-12）号等 6 宗地块国有建设用地使用权的批复 |
| 虞政办发〔2022〕63 号 | 绍兴市上虞区人民政府办公室关于明确上虞区“十四五”排污权有偿使用费标准的通知 |
| 虞政办发〔2022〕64 号 | 绍兴市上虞区人民政府办公室关于印发绍兴市上虞区危险化学品生产安全事故应急预案的通知 |
| 虞政办发〔2022〕65 号 | 绍兴市上虞区人民政府办公室关于印发绍兴市上虞区政策性粮食收购实施细则的通知 |
| 虞政办发〔2022〕66 号 | 绍兴市上虞区人民政府办公室关于印发《绍兴市上虞区深化基层卫生健康综合改革实施方案》的通知 |
| 虞政办发〔2022〕67 号 | 绍兴市上虞区人民政府办公室关于印发《绍兴市上虞区村级医疗卫生服务体系优化提升三年行动计划》的通知 |
| 虞政办发〔2022〕68 号 | 绍兴市上虞区人民政府办公室关于印发《上虞区基层中医师承培养工作实施方案》的通知 |
| 虞政办发〔2022〕69 号 | 绍兴市上虞区人民政府办公室关于同意公开出让上虞区崧厦街道[2021]G2 号工业地块国有建设用地使用权的批复 |
| 虞政办发〔2022〕70 号 | 绍兴市上虞区人民政府办公室关于同意公开出让上虞区丰惠镇后山村 E-1-A 地块国有建设用地使用权的批复 |
| 虞政办发〔2022〕71 号 | 绍兴市上虞区人民政府办公室关于印发 2022 年上虞区生活垃圾治理攻坚战行动方案的通知 |

虞政办发〔2022〕72 号　绍兴市上虞区人民政府办公室关于同意公开出让上虞区丰惠镇 FHCX-02-06-01 号地块国有建设用地使用权的批复

虞政办发〔2022〕73 号　绍兴市上虞区人民政府办公室关于同意公开出让上虞区下管镇 01-03-A、01-08 号地块国有建设用地使用权的批复

虞政办发〔2022〕74 号　绍兴市上虞区人民政府办公室关于进一步规范城市基础设施配套费征收的有关意见

虞政办发〔2022〕75 号　绍兴市上虞区人民政府办公室关于进一步规范项目保证金缴存退付管理的通知

虞政办发〔2022〕76 号　绍兴市上虞区人民政府办公室关于同意公开出让杭州湾上虞经济技术开发区[2021]G20 号工业地块国有建设用地使用权的批复

虞政办发〔2022〕77 号　绍兴市上虞区人民政府办公室关于同意公开出让杭州湾上虞经济技术开发区[2021]G8-1 号工业地块国有建设用地使用权的批复

虞政办发〔2022〕78 号　绍兴市上虞区人民政府办公室关于同意公开出让杭州湾上虞经济技术开发区[2021]G17-1 号工业地块国有建设用地使用权的批复

虞政办发〔2022〕79 号　绍兴市上虞区人民政府办公室关于同意公开出让杭州湾上虞经济技术开发区[2021]G16-1 号工业地块国有建设用地使用权的批复

虞政办发〔2022〕80 号　绍兴市上虞区人民政府办公室文成县人民政府办公室关于建立上虞区-文成县山海协作“产业飞地”工作联席会议制度的通知

虞政办发〔2022〕81 号　绍兴市上虞区人民政府办公室关于同意公开出让杭州湾上虞经济技术开发区[2022]G10 号工业地块国有建设用地使用权的批复

虞政办发〔2022〕82 号　绍兴市上虞区人民政府办公室关于同意公开出让杭州湾上虞经济技术开发区[2022]G9 号工业地块国有建设用地使用权的批复

虞政办发〔2022〕83 号　绍兴市上虞区人民政府办公室关于印发《上虞区全民科学素质行动规划纲要实施方案（2022—2025 年）》的通知

虞政办发〔2022〕84 号　绍兴市上虞区人民政府办公室关于同意公开出让上虞区滨江新城 23-2A 号（ZX09-03-09）等 4 宗地块国有建设用地使用权的批复

虞政办发〔2022〕85 号　绍兴市上虞区人民政府办公室关于同意公开出让上虞经济开发区[2021]G12 号工业地块国有建设用地使用权的批复

虞政办发〔2022〕86 号　绍兴市上虞区人民政府办公室关于同意公开出让杭州湾上虞经济技术开发区[2021]G33-1 号工业地块国有建设用地使用权的批复

虞政办发〔2022〕87 号　绍兴市上虞区人民政府办公室关于同意公开出让上虞区高铁新城 J7 号（ZX06-A-23）地块国有建设用地使用权的批复

虞政办发〔2022〕88 号　绍兴市上虞区人民政府办公室关于印发上虞区政府投资（国有建设）项目监督管理办法（试行）的通知

虞政办发〔2022〕89 号　绍兴市上虞区人民政府办公室关于印发第 12 号台风“梅花”防御应对复盘整改任务清单的通知

虞政办发〔2022〕90 号　绍兴市上虞区人民政府办公室关于同意公开出让上虞区崧厦街道 B-1-05、B-2-02 地块国有建设用地使用权的批复

虞政办发〔2022〕91 号　绍兴市上虞区人民政府办公室印发《关于推进区域性股权市场创新试点的实施方案》的通知

虞政办发〔2022〕92 号　绍兴市上虞区人民政府办公室关于印发上虞区招商引资项目跨区域利益共享办法（试行）的通知

| | |
|---|---|
| 虞政办发〔2022〕93 号 | 绍兴市上虞区人民政府办公室关于同意公开出让上虞经济开发区[2022]G2-1 号工业地块国有建设用地使用权的批复 |
| 虞政办发〔2022〕94 号 | 绍兴市上虞区人民政府办公室关于同意公开出让杭州湾上虞经济技术开发区[2021]G22 号工业地块国有建设用地使用权的批复 |
| 虞政办发〔2022〕95 号 | 绍兴市上虞区人民政府办公室关于同意公开出让杭州湾上虞经济技术开发区[2021]G24 号工业地块国有建设用地使用权的批复 |
| 虞政办发〔2022〕96 号 | 绍兴市上虞区人民政府办公室关于印发《上虞区全域排水设施一体化长效运维管理实施意见》的通知 |
| 虞政办发〔2022〕97 号 | 绍兴市上虞区人民政府办公室关于进一步加强全区工业用地分割管理的实施意见 |
| 虞政办发〔2022〕98 号 | 绍兴市上虞区人民政府办公室关于同意公开出让上虞区小越街道[2020]G3、G4 号工业地块国有建设用地使用权的批复 |
| 虞政办发〔2022〕99 号 | 绍兴市上虞区人民政府办公室关于同意公开出让上虞区东关街道[2022]G3 号工业地块国有建设用地使用权的批复 |
| 虞政办发〔2022〕100 号 | 绍兴市上虞区人民政府办公室关于印发《上虞区社会救助审批权下放乡镇（街道）的实施方案》的通知 |
| 虞政办发〔2022〕101 号 | 绍兴市上虞区人民政府办公室关于印发绍兴市上虞区原发性高血压、Ⅱ型糖尿病患者门诊免费项目实施方案（试行）的通知 |
| 虞政办发〔2022〕102 号 | 绍兴市上虞区人民政府办公室关于同意公开出让杭州湾上虞经济技术开发区[2022]G21 号工业地块国有建设用地使用权的批复 |
| 虞政办发〔2022〕104 号 | 绍兴市上虞区人民政府办公室关于推进人工影响天气工作高质量发展的通知 |
| 虞政办发〔2022〕105 号 | 绍兴市上虞区人民政府办公室关于同意公开出让上虞经济开发区[2019]G23 号工业地块国有建设用地使用权的批复 |
| 虞政办发〔2022〕106 号 | 绍兴市上虞区人民政府办公室关于同意公开出让上虞区章镇镇[2022]G1 号工业地块国有建设用地使用权的批复 |
| 虞政办发〔2022〕107 号 | 绍兴市上虞区人民政府办公室关于同意公开出让上虞区东关街道[2022]G2 号工业地块国有建设用地使用权的批复 |
| 虞政办发〔2022〕108 号 | 绍兴市上虞区人民政府办公室关于印发《上虞区市容环境卫生责任区制度实施办法》的通知 |
| 虞政办发〔2022〕110 号 | 绍兴市上虞区人民政府办公室关于同意公开出让杭州湾上虞经济技术开发区[2021]G43 号工业地块国有建设用地使用权的批复 |
| 虞政办发〔2022〕111 号 | 绍兴市上虞区人民政府办公室关于同意公开出让杭州湾上虞经济技术开发区[2022]G12 号工业地块国有建设用地使用权的批复 |
| 虞政办发〔2022〕112 号 | 绍兴市上虞区人民政府办公室关于进一步加强区属国有企业内部控制体系建设的实施意见 |
| 虞政办发〔2022〕113 号 | 绍兴市上虞区人民政府办公室关于印发上虞区产业基金管理办法的通知 |
| 虞政办发〔2022〕114 号 | 绍兴市上虞区人民政府办公室关于同意公开出让杭州湾上虞经济技术开发区[2022]G4-1 号工业地块国有建设用地使用权的批复 |
| 虞政办发〔2022〕115 号 | 绍兴市上虞区人民政府办公室关于同意公开出让杭州湾上虞经济技术开发区[2022]G19 号工业地块国有建设用地使用权的批复 |

| | |
|---|---|
| 虞政办发〔2022〕116号 | 绍兴市上虞区人民政府办公室关于同意公开出让杭州湾上虞经济技术开发区[2021]G12号工业地块国有建设用地使用权的批复 |
| 虞政办发〔2022〕117号 | 绍兴市上虞区人民政府办公室关于印发全面融入高水平网络大城市建设加快打造高水平交通强区标志性成果实施方案的通知 |
| 虞政办发〔2022〕118号 | 绍兴市上虞区人民政府办公室关于印发《上虞区全域“无废城市”建设实施方案（2022—2025年）》的通知 |
| 虞政办发〔2022〕119号 | 绍兴市上虞区人民政府办公室关于印发上虞区盘活存量资产扩大有效投资实施方案的通知 |

（叶　飞）

# 统计资料

## 2022 年绍兴市上虞区国民经济和社会发展统计公报

2022 年是党的二十大召开之年，是实施“十四五”规划、全面建设社会主义现代化国家的重要一年。面对“两大变量”叠加“三重压力”的超预期变化，全区上下坚持以习近平新时代中国特色社会主义思想为指导，认真贯彻党的二十大精神，坚决落实中央和省市决策部署，高效统筹疫情防控和经济社会发展，坚持稳字当头、稳中求进，勇当推进“两个先行”奋进“五个率先”排头兵，“青春之城”韧性持续显现。

表 41　　上虞区经济社会发展主要指标统计表

| 指标名称 | 单位 | 2022年 | 增幅（%） |
|---|---|---|---|
| 年末户籍人口 | 万人 | 71.42 | –0.4 |
| 地区生产总值（GDP） | 亿元 | 1241.76 | 4.7 |
| 规模以上工业总产值 | 亿元 | 2171.63 | 12.0 |
| 社会消费品零售总额 | 亿元 | 416.03 | 3.5 |
| 自营出口 | 亿元 | 409.57 | 35.6 |
| 实际利用外资 | 万美元 | 19697 | 1.0 |
| 财政总收入 | 亿元 | 140.95 | –17.3 |
| 其中：一般公共预算收入（同口径增幅） | 亿元 | 91.01 | 1.2 |
| 金融机构本外币存款余额（本外币） | 亿元 | 2135.78 | 18.6 |
| 金融机构本外币贷款余额（本外币） | 亿元 | 1868.20 | 18.0 |
| 全社会用电量 | 亿千瓦时 | 81.72 | 10.7 |
| 其中：工业用电量 | 亿千瓦时 | 60.54 | 8.0 |
| 城镇常住居民人均可支配收入 | 元 | 77890 | 4.4 |
| 农村常住居民人均可支配收入 | 元 | 44946 | 7.1 |

## 一、综 合

**综合实力稳步攀升**。综合实力跃居全国百强区第33位，比上年提升两位。据初步核算，2022年我区实现地区生产总值1241.76亿元，按可比价计算增长4.7%。按户籍人口计算，人均生产总值173525元，增长5.2%，按年平均汇率（6.7261）计算，人均生产总值达25799美元。从三大产业看：第一产业实现增加值56.33亿元，增长3.4%；第二产业实现增加值647.71亿元，增长6.9%，其中工业增加值549.69亿元，增长6.9%；第三产业实现增加值537.72亿元，增长2.6%。三次产业占地区生产总值的比重由上年的4.7：50.2：45.2演变为4.5：52.2：43.3。

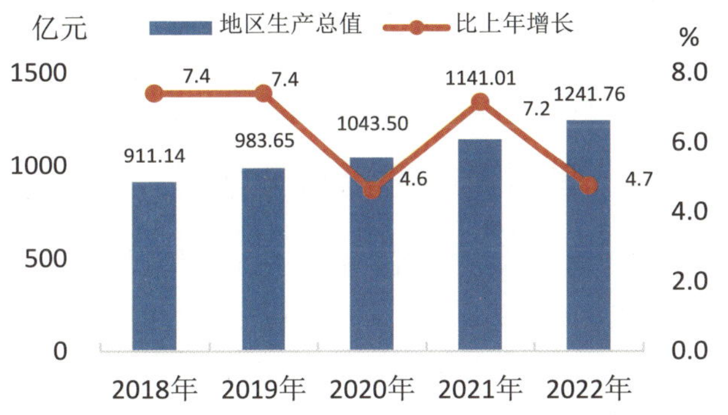

图1 2018—2022年地区生产总值及增长速度

## 二、农 业

**农业经济稳中向好**。2022年我区实现农林牧渔业总产值78.21亿元，按可比价计算增长3.7%，与绍兴平均持平居首位。其中农业产值56.42亿元，增长2.0%；林业产值5.19亿元，增长9.3%；牧业产值4.19亿元，增长14.8%；渔业产值10.91亿元，增长6.6%；农林牧渔服务业产值1.50亿元，增长10.3%。年内生猪出栏10.06万头，增长16.4%；牛出栏156头，增长6.1%；羊出栏1.79万头，增长7.3%；猪肉总产量0.85万吨，增长8.0%；禽肉总产量0.14万吨，下降26.2%；水产品产量2.37万吨，下降11.6%；园林水果产量11.03万吨，增长0.4%；茶叶产量1652吨，下降21.6%。

**现代农业高效发展**。荣获浙江省产粮大县、全省高标准农田建设工作成绩突出集体。在全市率先完成3.17万亩粮功区“非粮化”整治任务，高质量建成高标准农田5000亩、省级绿色农田试点3000亩。全力推进丁宅国家农业产业强镇和章镇省级现代农业园区创建验收，梁湖、杭州湾省级现代农业园区扎实推进，培育省级农业龙头企业2家。农业“双强”赋能增效，全区水稻耕种收综合机械化率达90.09%，杂交稻精量机插秧及全程机械化技术集成研究与应用项目列入2022年全省农业“双强”重点突破试点项目，完成雾耕农业科技示范园项目建设，农创智谷产业园投入运行。新建省级水稻千亩高产创建示范区6个、区级百亩高产创建示范区8个，总面积达7678亩。

**乡村振兴活力彰显**。全区财政对农林水事务投入10.92亿元。荣获全国农村集体产权制度改革工作先进集体、省实施乡村振兴战略实绩考核优秀单位、再获全省深化“千万工程”建设新时代美丽乡村工作优胜县，东澄村成功创建省第一批未来乡村建设试点村。创成省美丽乡村示范乡镇14个，建成乡村振兴先行村8个。强村富民全面发力，深入实施区内“山海协作”，共富驿站实现村村全覆盖，全面消除年经营性收入80万元以下行政村，村均经营性收入达104.66万元，增长29.2%；激活闲置农房面积35.80万平方米，新培育农创客402人，开展农民培训1.78万人次。

**绿色转型稳步推进**。配方肥替代平衡肥行动全面推进，创成省级肥药两制综合改革试点县和省级渔业健康养殖示范县、省综合性农业“机器换人”高质量发展先行县。品牌建设持续打响，“三品一标”占比率达59.2%，农产品质量安全抽检合格率在98%以上。推进“四季仙果”数字化产业发展示范项目建设，创新开发“一部手机管果园”等应用场景，成功列入省级茶产业大脑重大应用第一批“先行先试”单位。

## 三、工业和建筑业

**工业经济砥柱中流**。创成全省制造业高质量发展示范区，列入全省新一轮制造业“腾笼换鸟、凤凰涅槃”攻坚行动考评激励名单，有望夺取省首批“浙江制造天工鼎”。实现规模以上工业产值2171.63亿元，增长12.0%，产销率为95.2%。从轻重工业看，规模以上轻工业实现产值442.30亿元，增长7.9%，规模以上重工业实现产值1729.33亿元，增长13.1%。分行业看，规模以上机械装备业实现产值530.50亿元，增长21.7%；医药化工业实现产值725.40亿元，增长11.8%；轻工纺织业实现产值193.88亿元，增长6.9%；照明电器业实现产值39.61亿元，下降10.4%。实现规模以上工业增加值527.21亿元，增长11.3%，总量和增速均居绍兴市首位。全年工业用电量60.54亿千瓦时，增长8.0%。

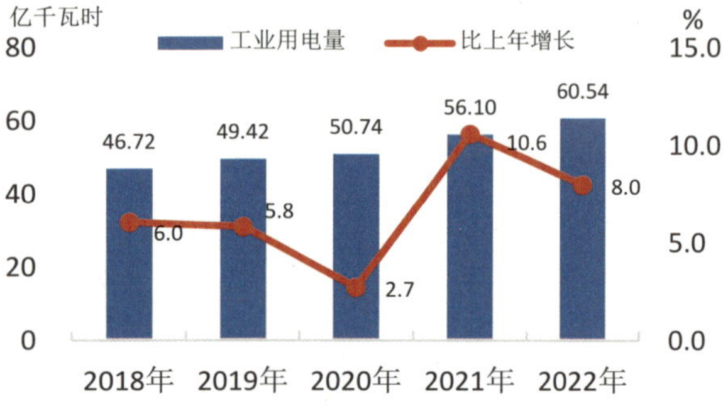


图2 2018—2022年工业用电量及增长速度

**新旧动能转换提速。**全年实现规模以上新产品产值1033.90亿元，增长22.7%，新产品产值率为47.6%，同比提高4.1个百分点。规模以上高新技术产业、战略性新兴产业、数字经济核心产业制造业等行业增加值分别为378.18亿元、202.12亿元、70.48亿元，增长12.0%、24.0%、21.6%，总量均居全市首位、增幅前二。环保、健康、高技术行业增加值分别增长18.5%、17.1%、35.8%，均高于规上工业。数字经济荣誉频添，电机产业大脑入选数字经济系统优秀细分行业产业大脑名单；"电机产业大脑+未来工厂"获省共同富裕示范区最佳实践；成功列入全省第二批中小企业数字化改造试点县（市、区）创新培育名单；新增省级未来工厂试点1家。

**企业效益持续好转。**规模以上工业企业实现营业收入1954.87亿元，增长10.6%，比绍兴平均高4.8个百分点居首位；利税总额240.21亿元，增长15.0%；利润总额194.56亿元，增长18.0%。营业收入利润率为10.0%，同比提高0.7个百分点；每百元营业收入中的成本费用总额为91.4元，同比降低0.9元。

**大型企业引领发展。**全区共有规模以上工业企业836家，其中年营业收入50亿～100亿元企业3家，10亿～50亿元企业36家，5亿～10亿元企业45家，1亿～5亿元企业199家。营业收入亿元以上企业实现产值1855.16亿元，增长16.1%，营业收入1729.81亿元，增长16.6%，利润总额190.36亿元，增长22.5%，占规模以上工业企业的比重分别达85.4%、88.5%、97.8%。96家大中型企业领跑全区，产值、营业收入、利润总额分别占全区规模以上工业的51.8%、48.0%和70.0%。

**节能降碳稳扎稳打。**深入实施"节能问诊"和"一企一策"服务机制，促进节能降耗与经济发展协调共进。全年规模以上工业企业综合能耗188.04万吨标准煤，增长7.4%；万元产值能耗0.0866吨标准煤/万元，下降4.1%；规模以上单位工业增加值能耗下降4.2%。

**建筑产业优化升级。**全区共有建筑业企业573家，其中特级7家，一级45家，实现建筑业总产值1254.08亿元，增长2.1%；建筑业税收14.9亿元，增长12.8%；建筑工业化生产基地做大做强，完成PC构件产量27.7万立方米、装配式装修部件43万平方米、轻钢构件产量4010吨。"两装"项目深入实施，全区新开工装配式建筑103.9万平方米，中心城区新建民用建筑100%实施装配式建造。创优夺杯成果丰硕，获全国性奖项29项、省市级奖项55项，其中获鲁班奖7项、国优工程奖5项、全国优秀建筑工程装饰奖17项等。

## 四、固定资产投资和房地产

**投资运行稳中有进。**全年完成固定资产投资301.81亿元，增长13.1%。分结构看，民间项目投资，交通运输投资，生态环保、城市更新和水利设施投资，高新技术产业投资，制造业投资等五大投资分别增长26.8%、5.9%、−5.8%、57.0%和36.1%；房地产投资增长10.6%；制造业投资和民间项目投资占比分别为29.4%和32.4%。引进10亿元以上项目13个，其中50亿元以上项目4个、100亿元以上项目1个。

**房产销售回归常态。**全年实现商品房销售面积94.41万平方米，下降32.7%；商品房销售额127.02亿元，下降22.9%；房屋施工面积652.33万平方米，增长7.8%，其中新开工73.80万平方米；年末待售面积27.97万平方米，下降17.2%。

## 五、城市建设

**城市建设扩容提质。**"一江两岸"新出让总部楼宇项目全面开建，南丰社区入选省第二批未来社区，曹娥江"一江两岸"特色产业风貌区入选省首批城乡风貌样板区。住房保障不断完善，排查房屋数量超37万幢，摸排出18处危房，对115个住宅小区开展消防安全大检查。民生实事全面推进，完成老旧小区改造42万平方米、房屋征收180万平方米，新增停车泊位

1620个，加装电梯55台，创成省级高标准垃圾分类示范小区20个，无物业小区全面清零。

## 六、国内外贸易

**消费市场复苏向好。**全年实现社会消费品零售总额416.03亿元，增长3.5%，其中限上社会消费品零售总额114.25亿元，增长14.8%，比绍兴平均高7.8个百分点居首位。限额以上批、零、住、餐销售额（营业额）分别增长32.4%、21.3%、19.0%、22.1%。全力促进消费提升，发动区内商家积极参与绍兴5亿消费券活动，核销1.8亿元，拉动消费5.7亿元；"以旧换新"活动累计销售车辆1388辆，拉动消费3.2亿元。加快推进电商发展，新增（跨境）电商主体88家，全年实现网络零售额84.48亿元。商品市场繁荣活跃，投入5000万元标准化改造提升31家农贸市场、56家商场超市，创成省放心市场、星级市场19家。数字文娱、新材料科技服务业入选省级现代服务业创新发展区。

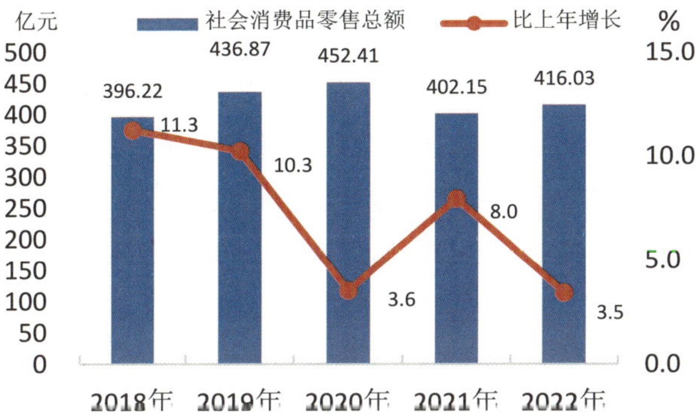


图3 2018—2022年社会消费品零售总额及增长速度

**利用外资形势良好。**新办外商投资企业23家，新批外商增资项目11个。全年实现合同利用外资5.83亿美元，实际利用外资1.97亿美元，实际利用外资完成率居绍兴第二。新引进总投资亿美元以上项目数2个。

**对外贸易稳步增长。**全区实现进出口总额462.91亿元，增长30.7%，其中进口总额53.34亿元，增长2.5%；出口总额409.57亿元，增长35.6%，出口总额占全国比重为17.09‱，同比提高3.19个万分点，出口总额增速位列全省第一方阵。全区有贸易往来国家（地区）达191个，其中出口超亿元的国家（地区）49个，出口总量居前五位的国家（地区）依次为美国、巴西、印度、泰国、韩国；对"一带一路"沿线国家出口144.64亿元，增长61.2%；出口超亿元的企业97家。从出口方式看，一般贸易出口352.62亿元，增长23.5%；加工贸易出口12.85亿元，增长61.2%。从出口产品结构看，机电产品出口126.62亿元，增长22.3%；化工产品出口125.68亿元，增长21.8%；纺织服装类产品出口38.49亿元，增长29.9%。高新技术产品出口35.37亿元，增长54.3%。积极培育外贸新业态，市场采购贸易方式出口累计结关货值6.54亿美元，卧龙集团越南海外仓已成功获评第七批省级公共海外仓。

**外经合作有序推进。**3家企业列入全省本土跨国经营榜单企业。全年新批境外投资项目14个，实现境外投资额8159.6万美元，增长540.5%；实现境外工程营业额6006万美元。全区累计拥有境外企业166家，总投资额27.28亿美元，其中中方投资额24.46亿美元。

## 七、交通和旅游

**交通事业高速发展。**出行保障有力强化，创成"四好农村路"全国示范县，南北中心大道（人民西路至五甲渡大桥段）、舜江大桥拼宽工程顺利通车，曹娥江上浦船闸建成通航，杭绍甬智慧高速上虞段加快推进。新增（更新）公交车辆46辆，其中新能源车辆比重达到91.2%，新增（更新）清洁能源出租车20辆；新增特色公交1条、普通公交线路4条。新建（改建）公交候车亭41个，建成公共自行车第六期，新增212个租还车点，新投放4000辆公共自行车。农村公路全面提档，全年完成新（改）建农村公路8.1公里，养护72公里，亮化70公里。资金保障全力落实，全年新增融资28.74亿元，转贷63.78亿元。

**旅游品质持续提升。**曹娥江旅游度假区列入国家级旅游度假区意向名单，岭南乡成功创建全国乡村旅游重点镇，丰惠、盖北、下管镇被命名为省AAAA级景区镇，同时获评省级乡村旅游重点乡镇；岭南东澄村入选全省首批金AAA级景区村培育名单；长塘桃园村、上浦东山村获评省级乡村旅游重点村。旅游业"微改造、精提升"深入开展，今年入库"微改造"省系统项目137个，累计完成投资4.71亿元。全年全区接待旅游总人次411.32万人次，实现旅游总收入58.52亿元。全区共有五星级饭店1家，旅行社19家，其中四星级2家、三星级2家。

## 八、财政和金融

**财政收支平稳增长。**全年实现财政总收入 140.95 亿元，下降 17.3%，一般公共预算收入 91.01 亿元，同口径增长 1.2%（剔除留抵退税因素），自然口径下降 9.1%。在一般公共预算收入中，税收收入 72.61 亿元，同口径下降 3.1%，自然口径下降 15.3%，其中增值税下降 52.7%，企业所得税下降 7.5%，个人所得税增长 34.2%，契税和耕占税增长 28.5%。税收收入占一般公共预算收入的比重按同口径计算为 82.3%，自然口径为 79.8%，居全市第二位。民生支出全力保障，全年完成一般公共预算支出 137.29 亿元，增长 5.9%，其中民生领域支出 104.64 亿元，增长 9.3%，占一般公共预算支出的 76.2%。稳进提质落实有力，“第一时间+直达快享”兑现惠企资金 22.98 亿元，留抵退税 25.63 亿元。

图 4　2018—2022 年一般公共预算收入及增长速度

**金融市场稳健运行。**年末金融机构本外币存贷款余额 4003.98 亿元，增长 18.3%，本年新增 620.49 亿元。存款余额 2135.78 亿元，增长 18.6%，本年新增 335 亿元，其中住户存款 1123.80 亿元，增长 21.8%；本外币贷款余额 1868.20 亿元，增长 18.0%，本年新增 285.50 亿元。其中短期贷款 733.09 亿元，增长 16.3%，中长期贷款 1021.63 亿元，增长 14.7%。全区银行不良贷款率降至 0.41%，比上年降低 0.07 个百分点。

**资本市场做优做强。**蓄势赋能“凤凰行动 2.0”，成功入选首批资本市场普惠服务试点县（市、区）。上市公司累计达 19 家，总市值达 2434.10 亿元，占全市的 35.8%。新增上市报会和报辅导企业 6 家次，完成企业股改 44 家，重点拟上市企业达 36 家。资本运作持续活跃，全年完成直接融资 224.52 亿元，其中上市公司及其控股股东实现直接融资 80.32 亿元。基金投资项目产业园建设持续推进，新增长塘镇浙里新起点创投产业园 1 个，累计达 3 个。数字人民币试点扎实推进，全年对公钱包完成 1.41 万个，个人钱包 44.77 万个，交易笔数 77.67 万笔。金融业态不断丰富，2022 年新引进兴业、嘉兴、稠州 3 家银行业金融机构；杭州银行顺利升格综合支行。全区累计银行业金融机构 26 家、证券省级分公司 1 家，证券期货营业部 11 家、保险公司 29 家、小额贷款公司 4 家、民融中心 1 家、担保公司 3 家、典当行 5 家。

## 九、科学技术和教育

**科技引擎赋能发展。**连续两年获评省党政领导科技进步目标责任制考核优秀单位，勇夺省“科技创新鼎”。创新驱动势能增强，挂牌运营曹娥江实验室，新增国家技术创新示范企业 2 家，新认定国家高新技术企业 83 家，省科技型中小企业 181 家；新申报省级以上研发机构 13 家，市级研发中心 19 家；新增省“尖兵”“领雁”项目 8 个；列入省级新产品试制计划 297 项。创新资源加速集聚，累计引进 3 所应用型大学、12 家大学研究院、42 家院士专家工作站；新获批省级众创空间 3 家，国家级众创空间 2 家，累计达到 27 家。人才引育激活动能，获中国政府友谊奖 1 名，入选国家级、省级以上领军人才 6 名，新增市级以上海外工程师 12 名；新申报省外国专家工作站 1 家。科技成果加快转换，获得浙江省科学技术奖 4 项，登记科技成果 295 项，完成技术交易额 31 亿元。全年专利授权数 7410 件，其中发明专利 730 件。

**教育发展质效并进。**全国义务教育优质均衡发展区创建完成省级评估。全区共有小学 43 所，在校学生 40172 人；普通中学 33 所，在校学生 28502 人；中等职业学校 2 所，在校学生 6795 人，九年制义务教育对象入学率 100%。接收义务教育阶段新居民子女入学 16854 人，入学率达 100%，占全区义教段学生总数的 29.4%。“学在上虞”持续打响，123 位学生上浙大分数线，83 位学生被 C9 联盟学校录取。“强师工程”结出硕果，4 位教师获评省特级教师，2 位教师荣获省“春蚕奖”，新增省、市级“名师工作室”11 个。教育供给持续优化，新建、改（扩）建 11 所中小学（幼儿园），新增优质学位 4345 个。新增区内教共体结对学校 28 对，教共体结对帮扶学校达 100%。新组建教育集团

4 个，扩容教育集团 3 个，实现优质教育资源合理配置。学前教育释放活力，全年新增 2040 个优质公办学位。改革试点区域领先，跻身省深化新时代教育评价改革综合试点区，成为全国首批“央馆虚拟实验”教学规模化应用唯一试点区，入选省“人工智能+教育”试点区、省“义务教育阶段作业改革实验区”和省“体卫融合”试点区。社会培训持续扩面，全年完成各类社会培训 3.7 万人次。

## 十、文化、卫生和体育

**文化事业开创新局。**上虞青现代国际陶艺中心入选第一批省级公共文化国际交流基地；“曹娥庙历史文化街区修复改造建设工程”入选全省首批文化基因解码成果转化利用示范项目；“非遗有戏”成功列入省级应用试点。文化惠民深入落实，总投资 2.2 亿元的上虞博物馆建成投用，成为上虞新的文化地标；建成 97 个“十五分钟品质文化生活圈”、4 家城市书房、5 家天香书吧、1 家文化驿站；全年完成演出下乡活动 360 场，送电影下乡 4500 场，文化走亲 11 场，送展览讲座到乡镇 184 场。原创越剧现代戏《祝家庄里的年轻人》入选第五届中国越剧艺术节展演节目，获浙江省第十五届越剧节兰花奖・新剧目大奖。全区现有国家级非遗项目 2 个、省级非遗项目 13 个、市级非遗项目 45 个、区级非遗项目 181 个。全区公共图书馆总藏量 133.35 万册，年末数字电视用户达 18.5 万户。

**卫健事业筑实屏障。**科学规范落实常态化管控，首创重点行业人员核酸检测预警系统、“无疫村社”建设和“场所码”扫码抽奖等系列做法，高效处置 48 起 55 例输入性疫情，常态化核酸日检测达到 13.58 万人次。推动邵逸夫医院绍兴院区办院主体转换，总投资 5.2 亿元的城南医用综合中心二期、疾控中心实验大楼、妇幼保健院改造提升等项目启动建设。推进县域医共体建设，县域内就诊率、基层就诊率分别达 90.1%、67.1%。规范化建设改造村卫生室（站）17 家，选派 49 人到浙江中医药大学委培。实施基层卫生健康综合改革及“名医名科名院”工程，上虞妇幼保健院通过省三级乙等妇幼保健院复审，新建名医/专家工作室（站）4 个，下沉各类专家 8638 人次，获“健康浙江”考核优秀四连冠。建立电子健康档案 66.2 万人，建档率 84.2%。65 岁老年人体检 11.8 万人，农民健康体检 14.1 万人。

**体育事业大放光彩。**荣膺浙江省首批体育现代区，荣获 2018—2021 年全省竞技体育突出贡献奖。2022 全国拳击锦标赛、全国优秀旅游城市围棋赛等 4 项国家级赛事相继落户上虞；全省首个围棋人才基地“落子”上虞；全国田径冠军赛暨奥运会选拔赛等 5 项体育赛事成功入围绍兴市体育品牌赛事名单；举办浙江省足球超级联赛等特色赛事 7 项；新增 1 所全国足球特色学校，2 所省级足球特色学校，6 所学校成为首批绍兴市棒球进校园定点学校。体育设施建设惠民，实现人均体育场地面积 3.08 平方米，新建“体育+公园”项目 5 个，社会足球场 2 个，社区多功能运动场 2 个，中心村全民健身广场 3 个，建设百姓健身房 7 个，健身步道 50 公里，形成 15 分钟健身圈。

## 十一、生态环境

**生态建设进展顺利。**连续两年美丽浙江建设考核优秀，全域“无废城市”建设达到三星标准，荣获首批“清源杯”，被列入省级“绿水青山就是金山银山”实践创新基地创建储备库，创新开发建设减污降碳协同增效平台，杭州湾上虞经济技术开发区成功创建为生态文明建设示范区（生态工业园区）。

**环境质量聚力提升。**今年 $PM_{2.5}$ 浓度为 26.28 微克/立方米，AQI 优良天数比例为 83.5%，22 个县控以上断面Ⅰ—Ⅲ类水比例和达标率为 100%。20 家重点涉气企业完成“科学治气”行动，80 家工业涂装企业基本完成废气专项治理，60 家纳入 LDAR 检测平台管理企业完成监督性检测全覆盖。城市区域环境平均噪声 55.1 分贝，符合功能区要求。

## 十二、人口、居民生活和社会保障

**人口规模保持稳定。**据公安局人口年报统计，2022 年全区总户数 26.66 万户，户籍人口 71.42 万人，其中男性人口 35.11 万人，女性人口 36.31 万人，分别占总人口的 49.2%和 50.8%。全年出生 3243 人，人口出生率为 4.53‰；死亡 5788 人，人口死亡率为 8.09‰，人口自然增长率为-3.56‰。2022 年全区半年以上流动人口 16.7 万人。

**居民生活稳步向好。**全年居民人均可支配收入 63461 元，增长 5.6%。分城乡看，城镇常住居民人均可支配收入 77890 元，增长 4.4%；人均生活消费支出 44965 元，增长 7.6%；城镇恩格尔系数为 29.61%，比上年下降 0.04 个百分点；城镇居民人均住房建筑面积 53 平方米。农村常住居民人均可支配收入 44946 元，增长 7.1%；人均生活消费支出 29179 元，增长 8.2%；农村恩格尔系数为 31.50%，比上年下降 0.11 个百分点；农村居民人均住房建筑面积 61 平方米。随着收入分配结构的改善，城乡收入差距进一步缩小，全年城乡居民人均收入比为 1.73，比上年收窄 0.05。

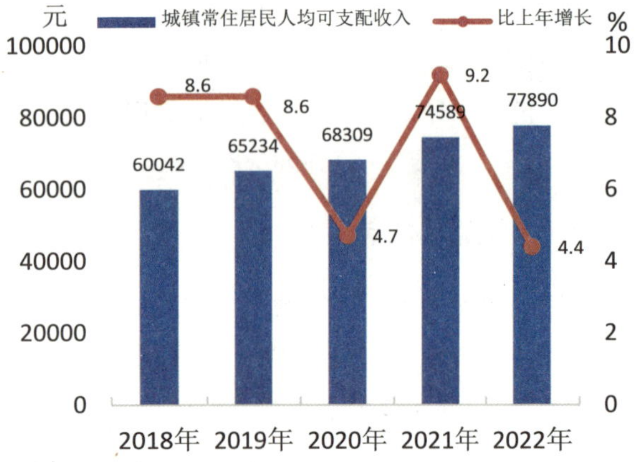


图 5 2018—2022 年城镇常住居民人均可支配收入及增长速度

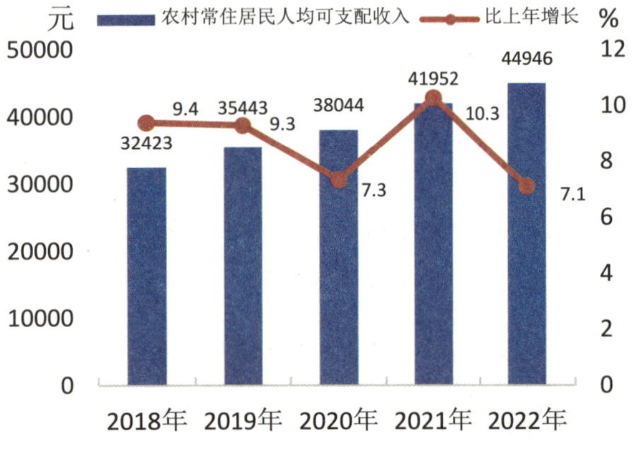


图 6 2018—2022 年农村常住居民人均可支配收入及增长速度

**就业局势总体稳定。**全区新增就业 3.51 万人，实现下岗失业人员就业 0.67 万人，其中就业困难人员 0.29 万人，城镇登记失业率为 1.88%。发放稳岗补贴、一次性留工培训补助、一次性扩岗补助共 0.96 亿元，惠及单位 1.72 万家、职工 23.35 万人。招才引智大力推进，新增就业大学生 22613 人，其中博士 96 名，硕士 742 名。全年兑现各类人才补贴 2.93 亿元，补贴力度省市领先。申报入选国家“引才计划”人才 24 名，居全省县（市、区）第 3。新增人力资源服务机构 12 家，培育区级创业孵化示范基地 4 家，市级创业孵化示范基地 1 家。开展职业技能培训 2.55 万人，新增技能人才 7229 人，新增高技能人才 5200 人。

**社会保障共富共享。**扎实构建共富型社保体系，进一步提高社会保险参保覆盖面。至年末全区职工基本养老保险参保 43.22 万人，城乡居民社会养老保险参保 15.94 万人，实现退休人员基本养老金“18 连涨”；职工基本医疗保险参保 36.06 万人，城乡居民基本医疗保险参保 38.72 万人；工伤保险参保 28.91 万人；失业保险参保 21.74 万人。大力优化人群服务，引导区内新业态从业人员、外地户籍人员按灵活就业参保企业职工基本养老保险。为 11 家快递企业合计 198 人参加新业态工伤保险，累计办理外地户籍在虞灵活就业参加企业职工基本养老保险 1042 人。

**民政事业蓬勃发展。**至年末全区共有最低生活保障家庭 5152 户 6519 人，其中城镇 842 户 1017 人，农村 4310 户 5502 人。全年最低生活保障资金支出 7245.3 万元，其中城镇 1076.6 万元，农村 6168.7 万元，低保标准提升至 1050 元/人·月，低边准入标准从低保标准的 1.5 倍扩大至 2 倍；累计发放各类救助资金 1.01 亿元。养老服务提质扩面，新建一家智慧养老院，实现镇街级居家养老服务中心无感智能服务全覆盖，每万名老年人持证护理员人数达 35 人，新建 7 家老年食堂。慈善公益继续推动，新增 6 家慈善组织，全年发放各类慈善资金累计 3188.75 万元，销售各类福利彩票 1.35 亿元。

**说明：**

1.本公报所列各项数据为年度初步统计数据。

2.全区生产总值、各产业增加值绝对数是按当年价格计算，增长速度按可比价计算。三次产业划分执行国家统计局2012年制定的《三次产业划分规定》。

第一产业是指农、林、牧、渔业（不含农、林、牧、渔专业及辅助性活动）；

第二产业是指采矿业（不含开采专业及辅助性活动），制造业（不含金属制品、机械和设备修理业），电力、热力、燃气及水生产和供应业，建筑业；

第三产业即服务业，是指除第一产业、第二产业以外的其他行业。

3.规模以上工业企业指年主营业务收入在2000万元及以上的工业企业。限额以上批零住餐企业指批发业年主营业务收入2000万元以上、零售业年主营业务收入500万元以上、住宿业年主营业务收入200万元以上、餐饮业年主营业务收入200万元以上的法人单位及个体户。

4.图表中地区生产总值和社会消费品零售总额历年数已按第四次经济普查结果修订。

5.部分数据因四舍五入的原因，存在与分项合计不等的情况。

# 统计图

## 2022年三次产业比重

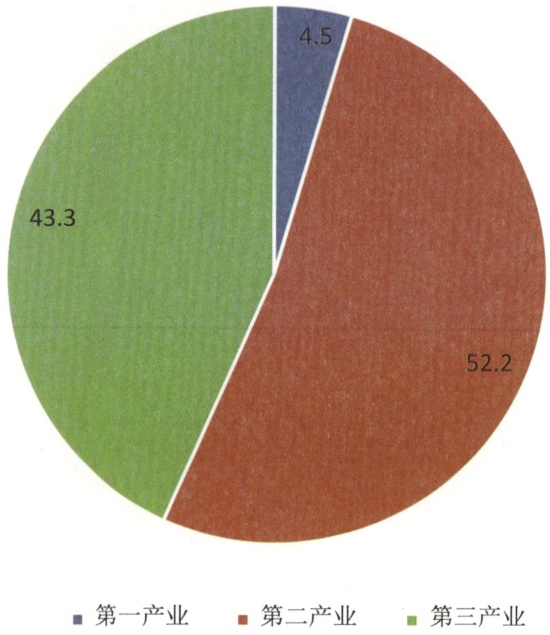

# 地区生产总值

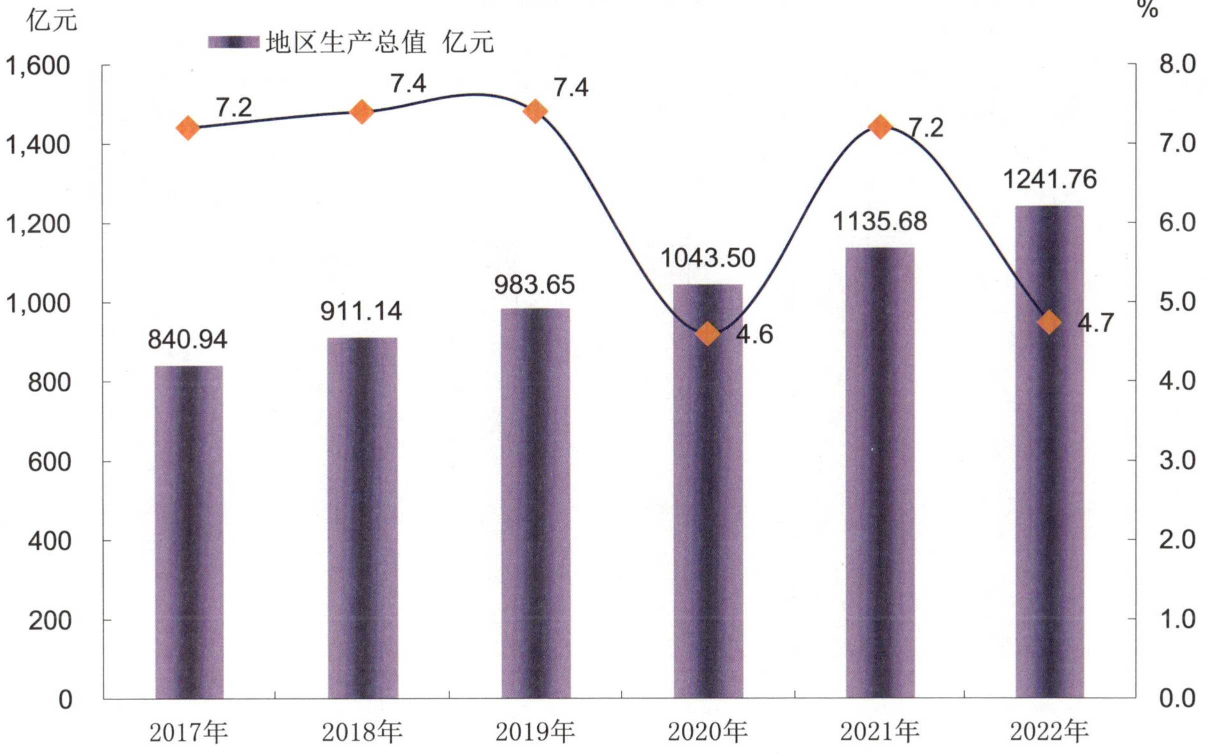


# 农林牧渔业总产值

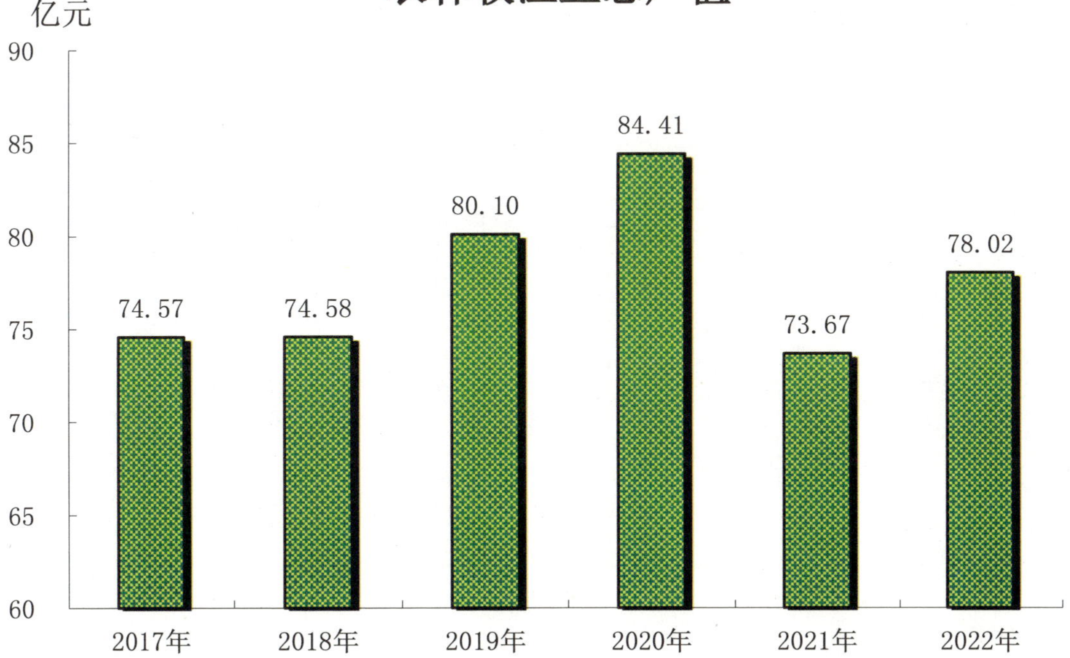

## 规模以上工业总产值

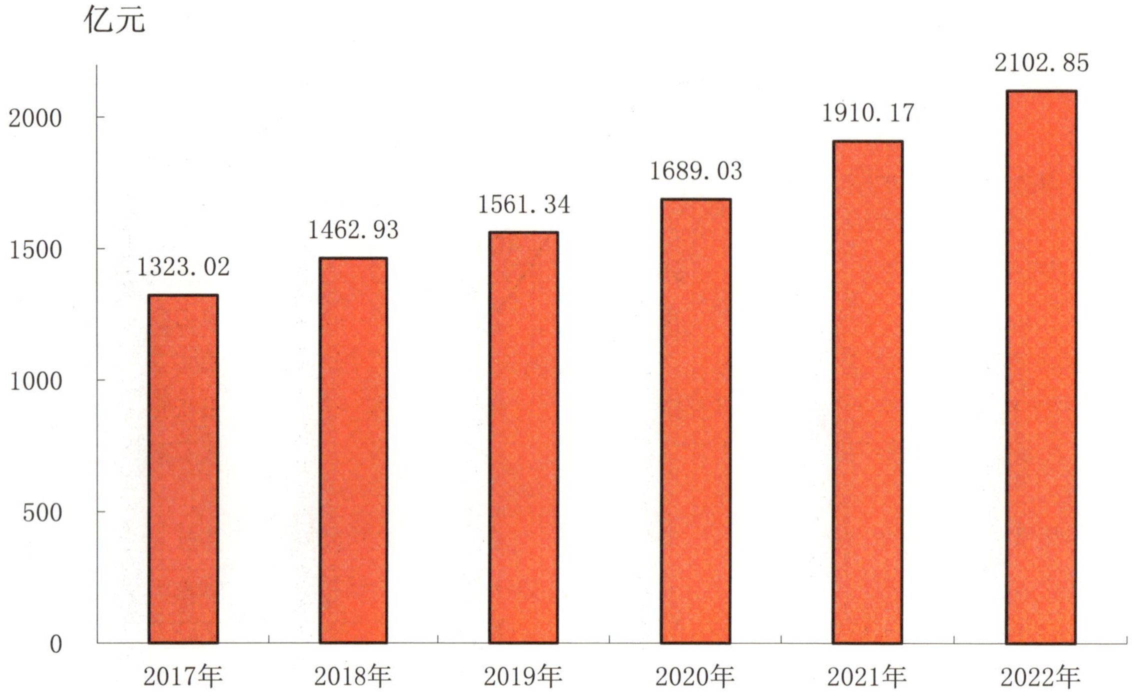


## 全社会、工业用电量

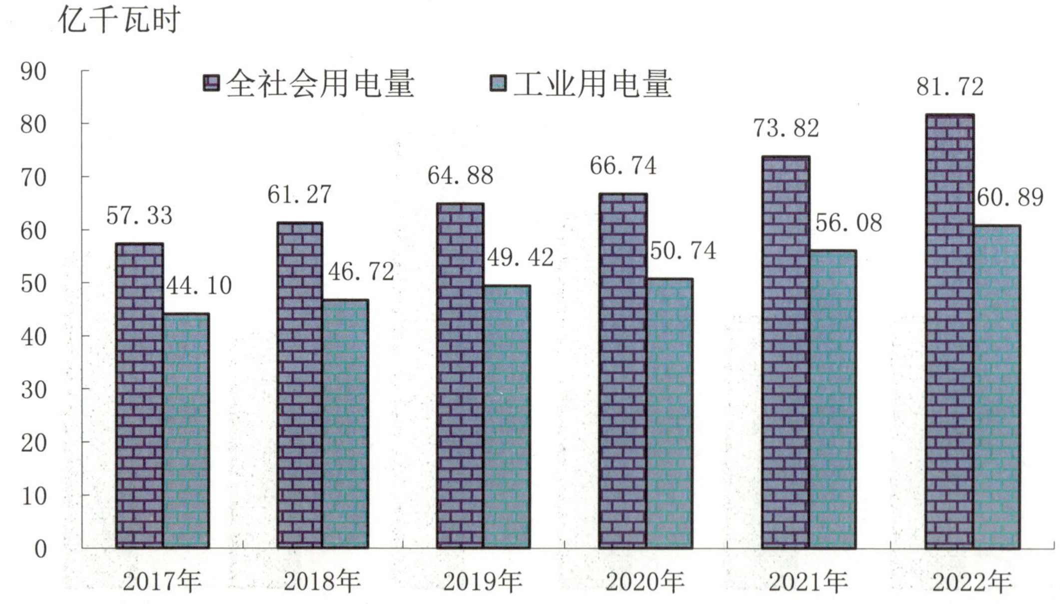

## 社会消费品零售总额

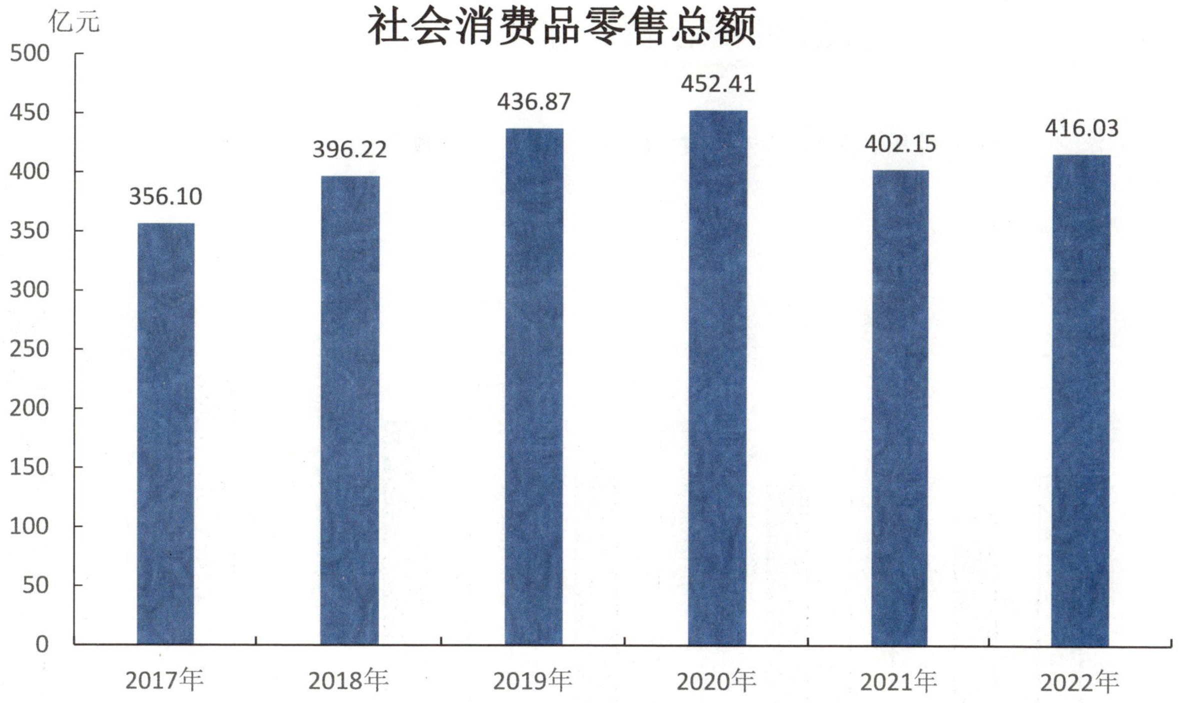


## 财政收入情况

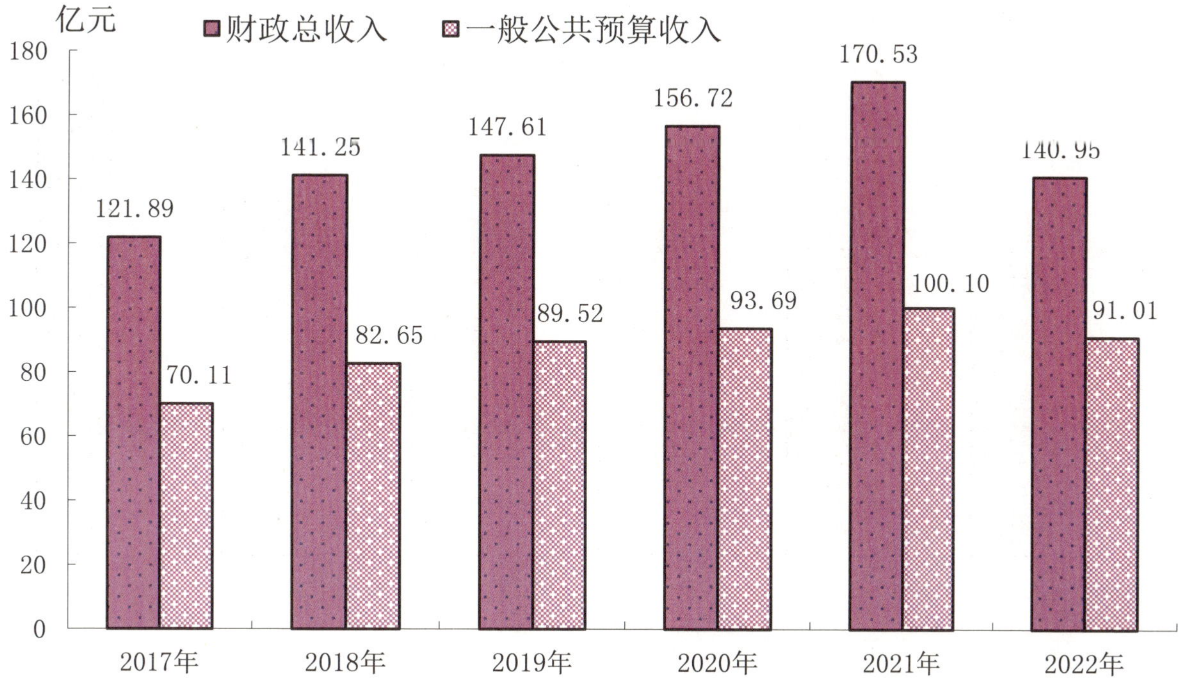

## 金融机构存贷款余额（人民币口径）

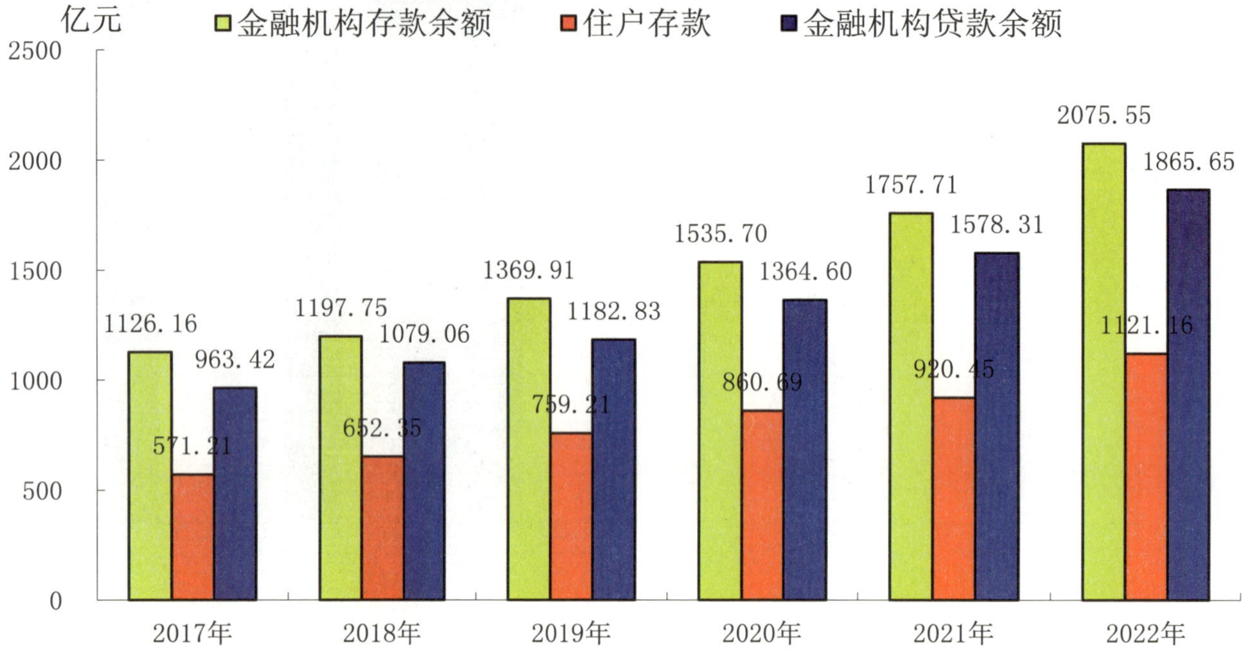


## 自营出口额

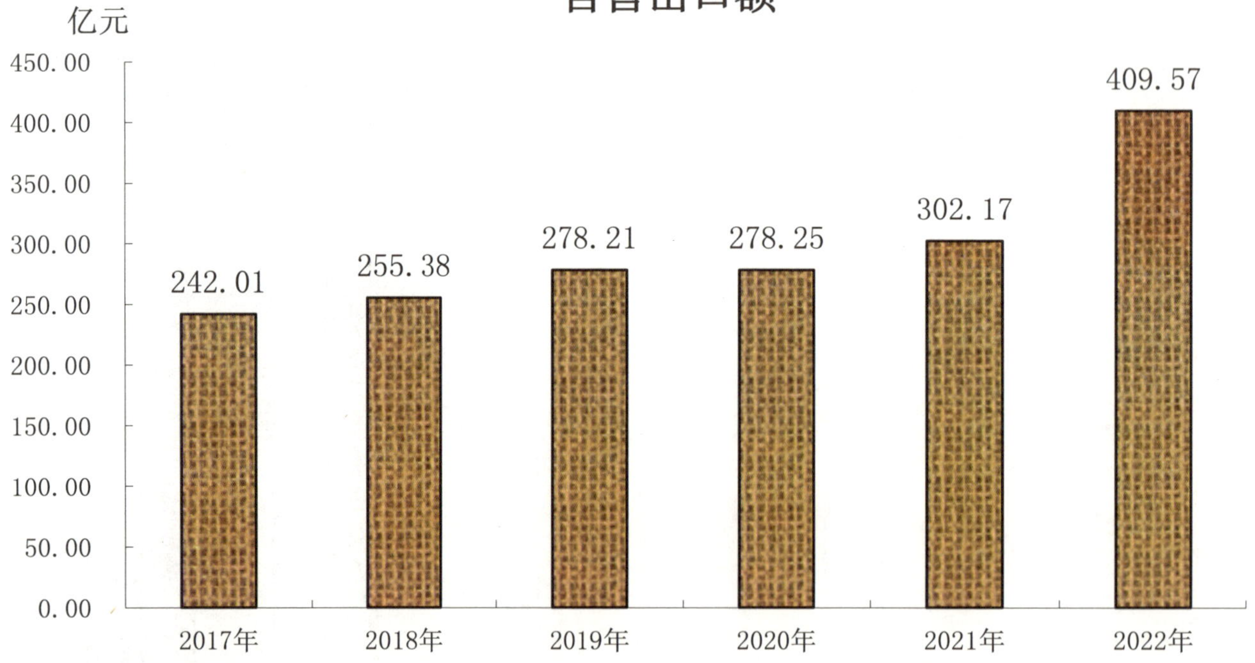

## 实际利用外资额

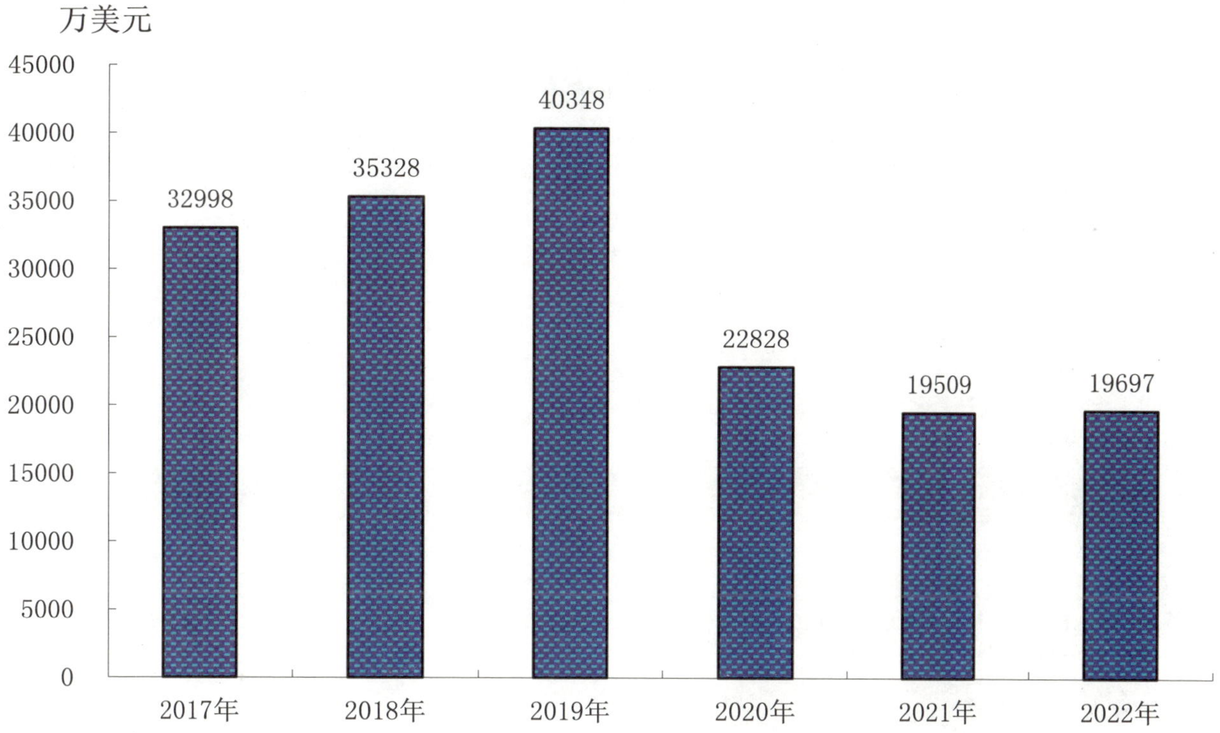


## 城乡居民收入

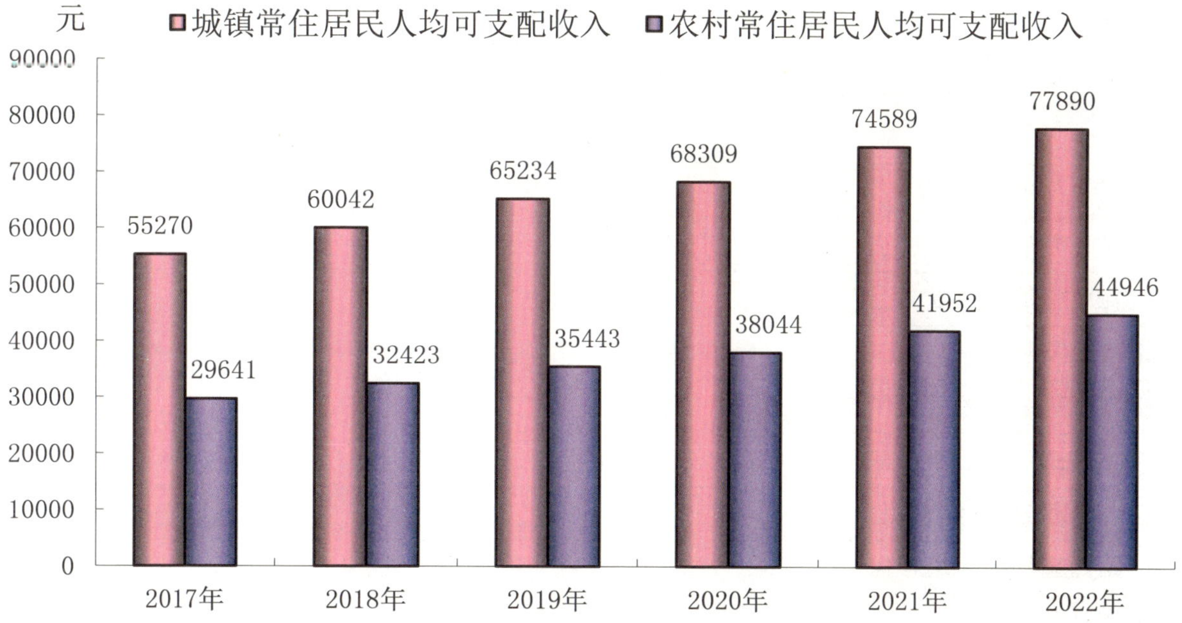


（朱佳玲）

# 统计表

表 42

## 2022 年上虞基本情况表

| | 计量单位 | 2021 年 | 2022 年 | 增幅（%） |
|---|---|---|---|---|
| 一、行政区划面积 | 平方公里 | 1362 | 1362 | 0.0 |
| 二、行政组织 | | | | |
| 镇人民政府 | 个 | 10 | 10 | 0.0 |
| 乡人民政府 | 个 | 3 | 3 | 0.0 |
| 街道办事处 | 个 | 7 | 7 | 0.0 |
| 居民委员会（社区） | 个 | 82 | 84 | 2.4 |
| 村民委员会 | 个 | 281 | 279 | –0.7 |
| 三、人口 | | | | |
| 年末总户数 | 万户 | 26.62 | 26.66 | 0.1 |
| 年末总人口（户籍） | 万人 | 71.71 | 71.42 | –0.4 |
| 其中：男性 | 万人 | 35.27 | 35.11 | –0.5 |
| 女性 | 万人 | 36.43 | 36.31 | –0.3 |
| 暂住人口（半年以上） | 万人 | 16.3 | 16.7 | 2.5 |
| 全年出生人口 | 人 | 3830 | 3243 | –15.3 |
| 出生率 | ‰ | 5.33 | 4.53 | –0.8 |
| 全年死亡人口 | 人 | 5479 | 5788 | 5.6 |
| 死亡率 | ‰ | 7.62 | 8.09 | 0.47 |
| 自然增长人口 | 人 | –1649 | –2545 | — |
| 自然增长率（公安） | ‰ | –2.29 | –3.56 | –1.27 |
| 年末城镇登记失业人员数 | 人 | 4332 | 4152 | –4.2 |
| 城镇登记失业率 | % | 1.78 | 1.88 | 0.1 |
| 城镇职工基本养老保险参保人数 | 万人 | 41.66 | 43.22 | 3.7 |
| 城乡居民社会养老保险参保人数 | 万人 | 16.28 | 15.94 | -2.1 |
| 职工基本医疗保险参保人数 | 万人 | 34.56 | 36.06 | 4.3 |
| 城乡居民基本医疗保险参保人数 | 万人 | 40.44 | 38.72 | -4.3 |
| 失业保险参保人数 | 万人 | 21.50 | 21.74 | 1.1 |
| 工伤保险参保人数 | 万人 | 29.95 | 28.91 | -3.5 |

表 43

## 经济发展主要指标

| 指标名称 | 单位 | 2021 年 | 2022 年 | 增幅（%） |
|---|---|---|---|---|
| 地区生产总值（现价） | 亿元 | 1141.01 | 1241.76 | 4.7 |
| 其中：第一产业 | 亿元 | 53.16 | 56.33 | 3.4 |
| 第二产业 | 亿元 | 572.33 | 647.71 | 6.9 |
| 其中：工业 | 亿元 | 481.59 | 549.69 | 6.9 |
| 第三产业 | 亿元 | 515.52 | 537.72 | 2.6 |
| 人均地区生产总值（常住人口） | 元 | 143073 | 155902 | 4.9 |
| 农林牧渔业总产值 | 亿元 | 73.67 | 78.02 | 2.8 |
| 规模以上工业总产值 | 亿元 | 1910.17 | 2102.85 | 10.1 |
| 社会消费品零售总额 | 亿元 | 402.15 | 416.03 | 3.5 |
| 全社会用电量 | 亿千瓦时 | 73.82 | 81.72 | 10.7 |
| 其中：工业用电量 | 亿千瓦时 | 56.08 | 60.89 | 8.6 |
| 出口总额 | 亿元 | 302.17 | 409.57 | 35.6 |
| 实际利用外资 | 万美元 | 19509 | 19697 | 1.0 |
| 旅游总收入 | 亿元 | 66.81 | 65.98 | –1.2 |
| 财政总收入 | 亿元 | 170.53 | 140.95 | –17.3 |
| 其中：一般公共预算收入 | 亿元 | 100.10 | 91.01 | –9.1 |
| 一般公共预算支出 | 亿元 | 129.68 | 137.29 | 5.9 |
| 金融系统年末存款余额（本外币） | 亿元 | 1800.78 | 2135.78 | 18.6 |
| 其中：住户存款 | 亿元 | 922.93 | 1123.80 | 21.8 |
| 金融系统年末贷款余额（本外币） | 亿元 | 1582.71 | 1868.20 | 18.0 |
| 邮电业务收入 | 亿元 | 10.55 | 11.61 | 10.0 |
| 年末公路通车里程 | 公里 | 1482 | 1483 | 0.1 |
| 城镇常住居民人均可支配收入 | 元 | 74589 | 77890 | 4.4 |
| 农村常住居民人均可支配收入 | 元 | 41952 | 44946 | 7.1 |

注：地区生产总值及分项增幅按可比价计算。

表 44 农业基本情况

| 指标 | 单位 | 2021 年 | 2022 年 | 增幅（%） |
| --- | --- | --- | --- | --- |
| 农林牧渔业总产值 | 亿元 | 73.67 | 78.02 | 2.8 |
| 其中：农业产值 | 亿元 | 53.12 | 56.07 | 0.9 |
| 林业产值 | 亿元 | 4.71 | 5.19 | 9.4 |
| 牧业产值 | 亿元 | 4.23 | 4.36 | 11.7 |
| 渔业产值 | 亿元 | 10.28 | 10.90 | 5.3 |
| 农林牧渔服务业产值 | 亿元 | 1.33 | 1.50 | 10.3 |
| 农作物总播种面积 | 公顷 | 56173 | 51778 | –7.8 |
| 其中：粮食作物 | 公顷 | 36756 | 32546 | –11.5 |
| 油料 | 公顷 | 3300 | 3258 | –1.3 |
| 蔬菜 | 公顷 | 13697 | 13819 | 0.9 |
| 果用瓜 | 公顷 | 1705 | 1702 | –0.2 |
| 粮食作物总产量 | 万吨 | 22.29 | 19.51 | –12.5 |
| 油料总产量 | 万吨 | 0.80 | 0.79 | –1.3 |
| 蔬菜总产量 | 万吨 | 53.00 | 54.25 | 2.4 |
| 水果总产量 | 万吨 | 15.68 | 16.14 | 3.0 |
| 年内生猪出栏数 | 万头 | 8.41 | 9.91 | 17.8 |
| 年内牛出栏数 | 头 | 147 | 145 | –1.4 |
| 年内羊出栏数 | 万只 | 1.67 | 1.56 | –6.6 |
| 肉类产量 | 万吨 | 0.94 | 0.98 | 4.3 |
| 水产品总产量 | 万吨 | 2.68 | 2.37 | –11.6 |
| 其中：淡水产品 | 万吨 | 2.67 | 2.37 | –11.2 |

注：农业总产值及分项增幅按可比价计算。

表 45　　规模以上工业企业主要经济指标

| 指标 | 单位 | 2021 年 | 2022 年 | 增幅（%） |
|---|---|---|---|---|
| 企业单位数 | 个 | 825 | 866 | 5.0 |
| 规上工业总产值 | 亿元 | 1910.17 | 2102.85 | 10.1 |
| 其中：新产品产值 | 亿元 | 838.77 | 1022.36 | 21.9 |
| 营业收入 | 亿元 | 1777.50 | 2022.41 | 13.8 |
| 利税总额 | 亿元 | 222.62 | 246.00 | 10.5 |
| 利润总额 | 亿元 | 174.65 | 197.68 | 13.2 |
| 应收账款 | 亿元 | 337.38 | 348.97 | 3.4 |
| 存货 | 亿元 | 353.55 | 438.65 | 24.1 |
| 应付职工薪酬 | 亿元 | 115.24 | 132.35 | 14.8 |
| 固定资产原价 | 亿元 | 745.73 | 809.23 | 8.5 |
| 资产总额 | 亿元 | 2547.94 | 3028.15 | 18.8 |
| 负债总额 | 亿元 | 1320.99 | 1680.15 | 27.2 |
| 所有者权益 | 亿元 | 1211.57 | 1348.00 | 11.3 |
| 资产负债率 | % | 51.85 | 55.48 | 3.63 |
| 成本费用利润率 | % | 10.76 | 10.68 | –0.08 |
| 每百元固定资产原值实现利税 | 元 | 29.85 | 30.4 | 1.8 |
| 每百元营业收入实现利税 | 元 | 12.52 | 12.16 | –2.9 |
| 流动比率 | % | 127 | 117 | –10 |
| 速动比率 | % | 97 | 88 | –9 |
| 企业亏损面 | % | 18.55 | 23.21 | 4.66 |
| 亏损率 | % | 3.7 | 7.8 | 4.1 |
| 利润总额占利税比重 | % | 78.45 | 80.36 | 1.91 |
| 产成品存货周转天数 | 天 | 51 | 59.91 | 17.5 |

表 46

## 房地产开发投资主要指标

| 指　　标 | 单位 | 2021 年 | 2022 年 | 增幅（%） |
|---|---|---|---|---|
| 房地产开发投资额 | 万元 | 1155945 | 1278825 | 10.6 |
| 房屋建筑面积 | | | | |
| 施工面积 | 万平方米 | 605.29 | 652.33 | 7.8 |
| 其中：住宅 | 万平方米 | 353.95 | 373.11 | 5.4 |
| 竣工面积 | 万平方米 | 79.85 | 69.82 | -12.6 |
| 其中：住宅 | 万平方米 | 48.38 | 40.24 | -16.8 |
| 商品房销售面积 | 万平方米 | 140.29 | 94.41 | -32.7 |
| 商品房待售面积 | 万平方米 | 33.77 | 27.97 | -17.2 |
| 商品房销售额 | 万元 | 1646892 | 1270197 | -22.9 |

表 47

## 国内贸易

| 指标名称 | 单位 | 2021 年 | 2022 年 | 增幅（%） |
|---|---|---|---|---|
| 社会消费品零售总额 | 亿元 | 402.15 | 416.03 | 3.5 |
| 限额以上消费品零售总额 | 亿元 | 100.42 | 114.25 | 14.8 |
| 限额以上批发业销售额 | 亿元 | 404.80 | 535.78 | 32.4 |
| 限额以上零售业销售额 | 亿元 | 89.69 | 108.78 | 21.3 |
| 限额以上住宿业营业额 | 亿元 | 6.07 | 7.22 | 19.0 |
| 限额以上餐饮业营业额 | 亿元 | 5.99 | 7.31 | 22.1 |

表 48　　对外经济

| 指标名称 | 单位 | 2021 年 | 2022 年 | 增幅（%） |
|---|---|---|---|---|
| 对外贸易 | | | | |
| 进出口总额 | 亿元 | 353.85 | 462.91 | 30.7 |
| 其中：进口总额 | 亿元 | — | 53.34 | 2.5 |
| 出口总额 | 亿元 | 302.17 | 409.57 | 35.6 |
| 其中：一般贸易出口 | 亿元 | 285.52 | 352.62 | 23.5 |
| 加工贸易出口 | 亿元 | 11.53 | 12.85 | 11.5 |
| 利用外资 | | | | |
| 本年新签外资企业数 | 个 | 20 | 23 | 15.0 |
| 增资企业数 | 个 | 20 | 11 | –45.0 |
| 总投资 | 万美元 | 23087 | 36508 | 58.1 |
| 注册资本 | 万美元 | 22806 | 37429 | 64.1 |
| 合同利用外资 | 万美元 | 79752 | 58254 | –27.0 |
| 实际利用外资 | 万美元 | 19509 | 19697 | 1.0 |

表 49　　交通主要经济指标

| 指标 | 单 位 | 2021 年 | 2022 年 | 增幅（%） |
|---|---|---|---|---|
| 一、公路通车里程 | 公里 | 1482 | 1483 | 0.1 |
| 1. 干线公路 | 公里 | 141 | 141 | 0.0 |
| 国　道 | 公里 | 138 | 138 | 0.0 |
| 省　道 | 公里 | 4 | 4 | 0.0 |
| 2. 农村公路 | 公里 | 1341 | 1342 | 0.1 |
| 县　道 | 公里 | 370 | 370 | 0.0 |
| 乡　道 | 公里 | 104 | 104 | 0.0 |
| 村　道 | 公里 | 866 | 867 | 0.1 |
| 境内高速公路里程 | 公里 | 83 | 83 | 0.0 |
| 二、客运量 | 万人 | 140 | 56 | –60.0 |
| 客运周转量 | 万人公里 | 17777 | 2665 | –85.0 |
| 公路：客运量 | 万人 | 140 | 56 | –60.0 |
| 客运周转量 | 万人公里 | 17777 | 2665 | –85.0 |
| 三、货运量 | 万吨 | 4117 | 5671 | 37.7 |
| 货运周转量 | 万吨公里 | 433045 | 629374 | 45.3 |
| 公路：货运量 | 万吨 | 3554 | 5080 | 42.9 |
| 货运周转量 | 万吨公里 | 275479 | 449392 | 63.1 |
| 水路：货运量 | 万吨 | 563 | 591 | 5.0 |
| 货运周转量 | 万吨公里 | 157566 | 179982 | 14.2 |

表 50　　邮政电信基本情况

| 指标 | 单位 | 2021 年 | 2022 年 | 增幅（%） |
|---|---|---|---|---|
| 邮电业务收入 | 万元 | 105485 | 116076 | 10.0 |
| 函件 | 万件 | 23.77 | 17.01 | –28.4 |
| 国内普通包裹 | 万件 | 0.98 | 1.02 | 4.1 |
| 快递包裹 | 万件 | 1489.84 | 1962.28 | 31.7 |
| 汇票 | 万张 | 0.46 | 0.41 | –10.9 |
| 特快专递 | 万件 | 1.55 | 3.04 | 96.1 |
| 订销报纸累计数 | 万份 | 2482.49 | 2296.34 | –7.5 |
| 订销杂志累计数 | 万份 | 39.81 | 38.55 | –3.2 |
| 集邮业务 | 万枚 | 17.02 | 16.01 | –5.9 |
| 邮路总长度 | 公里 | 460 | 470 | 2.2 |
| 农村投递路线长度 | 公里 | 4305 | 4484 | 4.2 |
| 互联网用户数（包括移动互联网用户） | 万户 | 118.14 | 119.24 | 0.9 |

表 51　　全社会用电量

| 项　目 | 单位 | 2021 年 | 2022 年 | 增幅（%） |
|---|---|---|---|---|
| **全社会用电量总计** | 万千瓦时 | 738156 | 817220 | 10.7 |
| **一、全行业用电量** | 万千瓦时 | 659939 | 718062 | 8.8 |
| 农林牧渔业 | 万千瓦时 | 6279 | 7484 | 19.2 |
| 工业 | 万千瓦时 | 560809 | 608920 | 8.6 |
| 建 筑 业 | 万千瓦时 | 8960 | 8878 | –0.9 |
| 交通运输、仓储、邮政业 | 万千瓦时 | 13602 | 12889 | –5.2 |
| 信息传输、计算机服务和软件业 | 万千瓦时 | 4936 | 5443 | 10.3 |
| 批发和零售业 | 万千瓦时 | 20925 | 24194 | 15.6 |
| 住宿和餐饮业 | 万千瓦时 | 5976 | 6257 | 4.7 |
| 金融业 | 万千瓦时 | 1153 | 1253 | 8.7 |
| 房地产业 | 万千瓦时 | 10368 | 11699 | 12.8 |
| 租赁和商务服务业 | 万千瓦时 | 1650 | 1882 | 14.1 |
| 公共服务及管理组织 | 万千瓦时 | 25280 | 29164 | 15.4 |
| **二、城乡居民生活用电量** | 万千瓦时 | 78217 | 99158 | 26.8 |
| #城镇居民 | 万千瓦时 | 38276 | 41686 | 8.9 |
| 乡村居民 | 万千瓦时 | 39941 | 57472 | 43.9 |

表 52

## 财政预算收入

| 收 入 项 目 | 单位 | 2021 年 | 2022 年 | 增幅（%） |
|---|---|---|---|---|
| **财政总收入** | 万元 | **1705282** | **1409458** | **-17.3** |
| 一、中央收入 | 万元 | 704236 | 499356 | -29.1 |
| 其中：中央“两税” | 万元 | 395012 | 188499 | -52.3 |
| 企业所得税 | 万元 | 249585 | 230850 | -7.5 |
| 个人所得税 | 万元 | 59639 | 80007 | 34.2 |
| 1. 一般公共预算收入 | 万元 | 1001046 | 910102 | -9.1 |
| （一）工商税收 | 万元 | 771544 | 616452 | -20.1 |
| 其中：增值税 | 万元 | 391131 | 185022 | -52.7 |
| 个人所得税 | 万元 | 39759 | 53338 | 34.2 |
| 企业所得税 | 万元 | 166390 | 153900 | -7.5 |
| 地方小税种 | 万元 | 174264 | 224192 | 28.7 |
| （二）契税和耕占税 | 万元 | 85324 | 109648 | 28.5 |
| 其中：耕占税 | 万元 | 14181 | 11355 | -19.9 |
| 契税 | 万元 | 71143 | 98293 | 38.2 |
| （三）国有企业计划亏损补贴 | 万元 | 0 | 0 | — |
| （四）专项收入 | 万元 | 82545 | 156803 | 90.0 |
| （五）罚没、行政事业性收费收入 | 万元 | 33278 | 8550 | -74.3 |
| 其中：罚没收入 | 万元 | 22423 | 2656 | -88.2 |
| 行政事业性收入 | 万元 | 10855 | 5894 | -45.7 |
| （六）国有资源（资产）有偿使用收入 | 万元 | 25113 | 16990 | -32.3 |
| （七）政府住房基金收入 | 万元 | 3242 | 1636 | -49.5 |
| （八）其他收入 | 万元 | 0 | 23 | — |

表 53 财政预算支出

| 支出项目 | 单位 | 2021 年 | 2022 年 | 增幅（%） |
|---|---|---|---|---|
| 一般公共服务支出 | 万元 | 146992 | 133087 | –9.5 |
| 国防支出 | 万元 | 607 | 825 | 35.9 |
| 公共安全支出 | 万元 | 78052 | 80623 | 3.3 |
| 教育支出 | 万元 | 218521 | 258322 | 18.2 |
| 科学技术支出 | 万元 | 72734 | 83696 | 15.1 |
| 文化体育与传媒支出 | 万元 | 20868 | 23044 | 10.4 |
| 社会保障和就业支出 | 万元 | 187106 | 219612 | 17.4 |
| 卫生健康支出 | 万元 | 149815 | 152587 | 1.9 |
| 节能环保支出 | 万元 | 29970 | 22266 | –25.7 |
| 城乡社区支出 | 万元 | 77282 | 97008 | 25.5 |
| 农林水支出 | 万元 | 122962 | 109231 | –11.2 |
| 交通运输支出 | 万元 | 29109 | 52029 | 78.7 |
| 资源勘探信息等事务支出 | 万元 | 71569 | 47505 | –33.6 |
| 商业服务业等事务支出 | 万元 | 12386 | 16751 | 35.2 |
| 金融支出 | 万元 | 14049 | 9965 | –29.1 |
| 援助其他地区支出 | 万元 | 3229 | 3873 | 19.9 |
| 自然资源海洋气象等支出 | 万元 | 20108 | 23128 | 15.0 |
| 住房保障支出 | 万元 | 10651 | 6835 | –35.8 |
| 粮油物资储备支出 | 万元 | 5780 | 8204 | 41.9 |
| 灾害防治及应急管理支出 | 万元 | 10195 | 9183 | –9.9 |
| 债务付息等支出 | 万元 | 14774 | 15104 | 2.2 |
| **支出合计** | 万元 | **1296759** | **1372878** | **5.9** |

表 54 金融系统年末本外币存贷款余额

| 指　标 | 单位 | 2021 年 | 2022 年 | 增幅（%） |
|---|---|---|---|---|
| 金融系统年末存款余额 | 亿元 | 1800.78 | 2135.78 | 18.6 |
| #住户存款 | 亿元 | 922.93 | 1123.80 | 21.8 |
| 企事业单位存款 | 亿元 | 828.18 | 957.23 | 15.6 |
| 金融系统年末贷款余额 | 亿元 | 1582.71 | 1868.20 | 18.0 |
| 其中：短期贷款 | 亿元 | 630.10 | 733.09 | 16.3 |
| 中长期贷款 | 亿元 | 890.31 | 1021.63 | 14.7 |
| 票据融资 | 亿元 | 53.29 | 113.17 | 112.4 |
| 存贷比率（%） | 亿元 | 87.89 | 87.47 | -0.42 |

表 55 城乡居民生活

| 指标名称 | 单位 | 2021 年 | 2022 年 | 增幅 (%) |
|---|---|---|---|---|
| **农村居民生活** | | | | |
| 农村常住居民人均可支配收入 | 元 | 41952 | 44946 | 7.1 |
| 其中：工资性收入 | 元 | 29116 | 31212 | 7.2 |
| 经营净收入 | 元 | 8725 | 9300 | 6.6 |
| 农村常住居民人均生活消费支出 | 元 | 26958 | 29179 | 8.2 |
| 其中：食品烟酒支出 | 元 | 8520 | 9190 | 7.9 |
| 恩格尔系数 | % | 31.61 | 31.50 | -0.11 |
| 人均居住住房面积 | 平方米 | 61.3 | 60.7 | -1.0 |
| **城镇居民生活** | | | | |
| 城镇常住居民人均可支配收入 | 元 | 74589 | 77890 | 4.4 |
| 其中：工资性收入 | 元 | 50177 | 52480 | 4.6 |
| 经营净收入 | 元 | 10785 | 11162 | 3.5 |
| 城镇常住居民人均生活消费支出 | 元 | 41803 | 44965 | 7.6 |
| 其中：食品烟酒支出 | 元 | 12396 | 13313 | 7.4 |
| 恩格尔系数 | % | 29.65 | 29.61 | -0.04 |
| 人均居住使用面积 | 平方米 | 53 | 53.9 | 1.7 |

表 56　　科学、教育、文化、卫生基本情况

| 指　标 | 单位 | 2021 年 | 2022 年 | 增幅（%） |
|---|---|---|---|---|
| 一、科学技术 | | | | |
| R&D 活动人员数 | 人年 | 12239 | 12628 | 3.2 |
| R&D 经费内部支出 | 万元 | 325891 | 365503 | 12.2 |
| 专利授权数 | 项 | 7957 | 7431 | –6.6 |
| 其中：发明 | 项 | 650 | 735 | 13.1 |
| 二、教育事业 | | | | |
| 各类学校数（含幼儿园） | 个 | 178 | 168 | –5.6 |
| 其中：普通中学 | 个 | 32 | 33 | 3.1 |
| 小学 | 个 | 47 | 43 | –8.5 |
| 在校学生数 | 人 | 95703 | 95650 | –0.1 |
| 其中：普通中学 | 人 | 29002 | 28502 | –1.7 |
| 小学 | 人 | 38890 | 40172 | 3.3 |
| 专任教师数 | 人 | 7582 | 7633 | 0.7 |
| 其中：普通中学 | 人 | 2986 | 3103 | 3.9 |
| 小学 | 人 | 2550 | 2413 | –5.4 |
| 小学毕业生升学率 | % | 100 | 100 | 0.0 |
| 初中毕业生升学率 | % | 100 | 100 | 0.0 |
| 三、文化事业 | | | | |
| 艺术表演团体 | 个 | 2 | 2 | 0.0 |
| 演出场次 | 场次 | 92 | 103 | 12.0 |
| 艺术表演场所 | 个 | 1 | 1 | 0.0 |
| 公共图书馆 | 个 | 1 | 1 | 0.0 |
| 总藏书量 | 万册 | 125.06 | 133.35 | 6.6 |
| 电影院 | 个 | 10 | 10 | 0.0 |
| 电影放映场次 | 万场次 | 9.91 | 11.33 | 14.3 |
| 电影观众人次 | 万人次 | 91.01 | 55.68 | –38.8 |
| 文化馆 | 个 | 1 | 1 | 0.0 |
| 四、卫生事业 | | | | |
| 卫生机构数 | 个 | 46 | 46 | 0.0 |
| 卫生机构床位数 | 张 | 4068 | 4308 | 5.9 |
| 其中：医院床位 | 张 | 3404 | 3619 | 6.3 |
| 卫生技术人员数 | 人 | 5584 | 5808 | 4.0 |
| 其中：医生数 | 人 | 2332 | 2473 | 6.0 |
| 注册护士数 | 人 | 2263 | 2359 | 4.2 |

注：学校不含大学、电大进修和少体校。

表 57 旅游经济

| 指标名称 | 单位 | 2021 年 | 2022 年 | 增幅（%） |
|---|---|---|---|---|
| 旅行社数 | 个 | 20 | 19 | –5.0 |
| 星级饭店总数 | 个 | 2 | 1 | –50.0 |
| 星级饭店客房总数 | 间 | 503 | 195 | –61.2 |
| 国内外旅游人数 | 万人次 | 478.5 | 414 | –13.5 |
| 其中：国内旅游人数 | 万人次 | 478.5 | 414 | –13.5 |
| 入境旅游人数 | 人次 | 114 | 74 | –35.1 |
| 旅游总收入 | 亿元 | 66.81 | 65.98 | –1.2 |
| 其中：国内旅游收入 | 亿元 | 66.81 | 65.98 | –1.2 |
| 旅游外汇收入 | 万美元 | 3 | 3 | 0.0 |

（朱佳玲）

# 媒体报道选刊

## 浙江上虞创新发展地域特色文化 锻造文化赋能金名片

原载于3月28日《人民日报》

浙江省绍兴市上虞区历史悠久，人文底蕴深厚。近年来，上虞守正创新发展地域特色文化，锻造独具上虞韵味的文化赋能金名片，形成了积厚成势、蓄力跃升的良好态势，走出了一条人文为基、生态塑韵的高质量发展之路。

### 打造新时代孝德文化传承地

上虞是东汉孝女曹娥的故乡。近年来，上虞以孝德文化传承生态保护区、“文化基因解码工程”两大省级试点项目为抓手，聚力打造新时代孝德文化传承地，进一步挖掘弘扬孝德文化，拓展时代内涵与价值。

上虞深入实施孝德教育传承工程，发展孝德文化研学游，凝练孝德主题城市口号，创作孝德文化之歌，打造孝德城市雕塑，成立孝德文化研究院，建设孝德文化小镇和孝德未来社区，举办孝文化节、曹娥庙会等节会活动，通过一系列全民化的孝德践行系统，把孝德基因植入每个行业、每个领域、每个家庭，打造具有全国影响力、全民参与度的城市文化品牌。

### 擦亮“瓷之源”名片

上虞烧制越窑青瓷历史悠久，曹娥江两岸现存各类古窑址近400处，其中禁山窑址入选2014年度全国十大考古新发现。

当前，作为重塑上虞“瓷之源”形象重要平台的省级特色小镇瓷源文化小镇，正积极谋划培育国家级研学旅游营地，启动实施越窑青瓷窑址申遗，筹划举办全国越窑青瓷研发大赛和瓷源·上虞“不虚瓷行”九秋大集等“1+N”系列节会活动，积极引进培育国家级、省级工艺美术大师等高层次人才，进一步擦亮“瓷之源”名片，重振青瓷文化产业。

### 打响“浙东唐诗之路发祥地”品牌

上虞曹娥江两岸的灵秀山水曾吸引400余位唐代诗人驻足，留下诗词1500余首。

近年来，上虞围绕“浙东唐诗之路发祥地”品牌打造，以争创国家级旅游度假区和全域旅游示范区为统领，深入实施文旅融合深化行动，加快推进曹娥江文创走廊和大东山景区开发建设，建设新博物馆和曹娥江文化艺术中心，培育精品民宿，推出系列化、精品化、特色化的旅游产品、线路，持续打造“诗画曹娥江”“诗源东山”文旅品牌。

### 创新建设春晖文化带

坐落于白马湖畔的春晖中学于1919年创办，至今已逾百年。近年来，上虞大力实施春晖文化核心区域建设，将春晖文化与教育事业、经济社会发展深度融合，拓展提升春晖文化馆、白马湖图书馆服务能力，建设沿湖景观带、绿色春晖大道、春晖文化古道，精心打造文化修学旅游风景线，弘扬“教育图强、革故鼎新”的春晖风尚，加大优秀教师的引进和培养力度，开设集教育和文化创新于一体的春晖大讲堂，描绘“文人雅聚、名人荟萃”的动人画卷。

### 中国乡贤文化之乡

人杰地灵的上虞，走出一大批优秀人才，在自然科学、尖端科学、现代医学等多个专业领域有所建树。

近年来，上虞将乡贤文化建设与基层治理、乡村振兴相结合，建立乡贤文化研究会，建设乡贤文化广场，挖掘整理乡贤文化资料50余部，结合乡贤诞辰或纪念日，举办专题学术研讨活动100余场次，每年开展新乡贤培育“青蓝工程”，有力推动共同富裕示范区和乡风文明建设。

如今，古老而又青春的上虞以更加自信的豪气、勇气、底气，拥抱更加蔚蓝广阔的未来，为奋力谱写现代化共同富裕美好社会新篇章提供精神动力和文化支撑。

## 再访上虞：实业重镇疫后跑出“加速度”

原载于 1 月 26 日《新华每日电讯》

记者 方问禹、殷晓圣

高速上大货车来往穿梭，企业车间设备全力运转，政企联动鼓励员工就地过年……春节前夕，记者再次走访浙江省绍兴市上虞区，看到这座实业重镇又恢复了往日繁忙的景象。

去年 12 月份，一场聚集性疫情在上虞发生，给企业生产带来较大影响。这里是年产值超千亿元的工业重镇，精细化工、机械装备、医药等产业集聚发展，有规上企业 765 家，其中不乏行业龙头企业。

位于杭州湾上虞经济技术开发区的浙江龙盛集团股份有限公司是一家染料生产企业，占据全球近 21% 的市场份额，关联的下游企业有数万家。去年疫情期间，企业原本超过 2 万吨染料的月产能紧急变成零。

疫情中断物流，原料进不来，库存出不去。龙盛集团党委委员叶炜昌坦言，年底是产销旺季，疫情期间的每一天都在煎熬。在省、市、区三级政府支持下，这家企业上年 12 月底全面复工复产，旗下 10 余家生产主体的近 5000 名员工基本全部到岗，物流、产能和订单也全部恢复到疫情前水平。

来自四川南江的吴小芬是龙盛集团员工，今年春节她响应倡议不回乡。留虞过年，除了享受政府发放的 1000 元红包，她还能拿到公司派发的过年奖励和补助约 2000 元。为了抢时间，把之前的订单缺口补上，上虞政企联动倡导员工就地过年。站在员工利益角度，他们既派发红包、新春礼包等福利，还营造浓厚的过年氛围。

浙江闰土股份有限公司是生产染料和染料中间体的行业龙头企业之一，目前在上虞有员工 5000 多人，其中包括 3000 多名外省员工。经摸排，约 60%的外省员工愿意留企过年。公司副总经理徐军表示，会在春节之后安排留虞过年的外地员工错峰休假，鼓励家属来虞团聚，补贴往返交通费用。

记者了解到，上年 12 月以来，上虞出台多项文件，支持企业有序复工、人力资源留虞稳岗、扩大外贸出口等。比如，当地正开展四套班子领导调研走访、百名局长挂联百强企业、千名驻企干部专项服务等活动，助力企业“开门红”；对参加企业职业技能等级培训的员工给予每人 1000—2000 元的培训补助等。

恒安集团是国内生活用纸的龙头企业，产品远销海内外。去年 12 月受疫情影响，企业有 1 亿元订单没能及时出运，出口欧洲的海外订单也一度因疫情搁置。目前企业完全恢复生产，正全力冲刺春节销售旺季：2022 年一季度争取完成全年销售额的 28%，收入同比预计增长 38%。

恒安（浙江）家庭生活用品有限公司总经理吴文权介绍，公司采取系列举措鼓励员工就地过年。除了政府奖励的千元红包，企业再追加 2000 元红包，算上加班 3 倍工资，每名留守员工在春节假期可增加 5000 元收入。

“为了让员工安心过年，我们还鼓励外地员工把家属接来过年，食宿路费全包。”吴文权说，公司多数员工来自云南、贵州、河南等省份，企业还安排员工在春节后带薪休假探亲，避开人流密集的春节，降低疫情传播风险。

## “板扎”主任的光热人生

——追记绍兴市上虞区委改革办常务副主任崔煜忠

原载于 1 月 9 日《浙江日报》

记者 沈吟 施力维 朱银燕　通讯员 袁伟江

1 月 1 日早上约 8 时，绍兴市上虞区委改革办常务副主任崔煜忠被发现倒在工作岗位上。

自上年 12 月上虞新冠肺炎疫情发生以来，他已在办公室度过了 20 多个夜晚。但这一次，51 岁的他再也没有从那张简易躺椅上醒来。

崔煜忠因为突发疾病不幸逝世的消息传来，众人悲痛万分。就在前几日，大家还并肩奋战在抗疫一线。

参加工作 33 年来，无论是在乡镇街道，还是在区级机关，崔煜忠始终干一行、爱一行、专一行。“板扎”——绍兴话常用这个词来形容人和事物扎实、可靠，这也是大家对崔煜忠的共同评价。在人们的点滴思念与回忆中，我们看到了这个平凡的基层干部深深印刻在故乡大地和人民心间的足迹。

**他像冬天里的一把火，散发光热**

崔煜忠走了。他的微信朋友圈还停留在上虞解封的喜悦中——去年12月31日上午，他接连转发了3条微信朋友圈庆祝解封，连续奋战多日，终于松了一口气。

在旁人眼中，崔煜忠总是干劲满满，和他名字一样，如同一把火散发着光热。

得知崔煜忠离世的消息，梁湖街道党工委书记陈凯不愿相信。“街道工作人员人手有限，崔主任就像我们的‘眼睛’，主动帮我们巡查补短板。”

梁湖街道是区委改革办的挂联单位。疫情发生后，崔煜忠蹲点这里，每天一早不打招呼，自己开车，一个个自然村、一个个核酸检测点、一个个卡口巡查。

“皂李湖村沿湖隔离仅用警戒线拦起来不够。”“潘家陡村和西华瑶村只有一个核酸检测点，人员密集，建议加设。”……那段时间，陈凯接到崔煜忠多个电话建议。陈凯说，作为挂联单位，街道每次遇到像抗台等突发事件时，崔煜忠都不会缺席。

抗疫期间，崔煜忠连续作战，辗转梁湖街道、小越街道、区指挥部等多地。2021年12月21日15时，小越街道由管控区转为封控区。崔煜忠紧急受命，被派往胜桥村任疫情防控专班组组长。

“崔主任那天下午一来，就和我们商议核酸检测上门采样方案。晚饭喊了他6次，饭菜都冷了。”虽然只有几天的接触，但胜桥村党总支书记周善荣对崔煜忠印象深刻。

“崔主任基层工作经验丰富，工作很细致。”周善荣还记得，保供物资按户发放，但每家人数不一，他会想办法调剂；绕整个村子徒步巡查，他看见有独居老人走出门且衣着单薄，会及时让人劝阻……

21日当天，崔煜忠和大家在村里忙到22时30分才回办公室，接着又盘点白天防疫短板漏洞，研究改进措施。第二天清晨5时多，那个忙碌的身影又出现在了胜桥村，继续奋战第八轮全员核酸检测。

疫情平稳后，要从一系列实践中吸取经验教训，提升常态化疫情防控能力和水平——崔煜忠承担起了这项复杂又繁琐的工作。

崔煜忠马不停蹄转战区指挥部，那几天，他和同事们夜以继日连轴转。

崔煜忠的手稿和密密麻麻的修改图，还留在改革协调科科长顾臻处：“崔主任带领团队在短时间里起草了疫情防控‘三区’最小单元管控机制工作指引、‘快编组’工作指引、‘三责联动’快响激活机制等相关机制文件。”

熟悉他的人都说，崔主任心里装的事太多了——疫情防控复盘不能等、数字化改革要再加把劲……这一次，他用尽力气。

**他是改革“急先锋”，攻坚克难**

在崔煜忠的办公桌上，一本《全省数字化改革重大应用“一本账S1”三张清单》已被翻得卷起了毛边。

上虞区委改革办负责上虞数字化改革的统筹。面对全新的改革任务，崔煜忠常在办公室研究文件到深夜。其他部门的负责人，也会在夜里接到“催改革”的电话。

“崔改革，催改革。”这是上虞不少部门的干部与崔煜忠打招呼时的玩笑话。自2019年1月起，崔煜忠担任区委改革办常务副主任，主要负责统筹全面深化改革工作。

对改革，崔煜忠有种“等不起”“慢不得”“坐不住”的紧迫感和责任感。

2021年12月27日，全省数字化改革推进会召开，上虞上线的电机产业大脑+未来工厂成为全省 7 个重大典型应用之一。这是崔煜忠和相关部门、企业共同努力结出的硕果。

上虞区委改革办副主任章立强说，为了电机产业大脑，崔煜忠跑大型电机企业、联系产业链上下游的小企业，还到经信部门、大数据局听建议需求，做好跨业务跨部门的协调；一趟趟跑省级部门，吃透政策、做好修正。

上虞电机产业大脑有一份6分钟的演示文稿，崔煜忠一字一句改了5稿。他曾说：“这是要拿到全省展示、复制推广的改革典型，出不得岔子。”

锐意进取，精益求精，崔煜忠身上有股把“改革进行到底”的劲。一路走来，他是上虞改革成果的见证者，更是急先锋。

**他走遍了故乡村庄，心贴百姓**

“要是年轻10岁多好。”最近几年，崔煜忠曾不止一次对妻子这样说，他觉得“时间不够用”。

送别崔煜忠，亲友来了、同事来了，他工作过的乡镇街道的群众也来了，大家自发赶往殡仪馆，为他送行。但因为疫情防控的需要，很多人都被劝了回去。

下管镇兴南村党总支书记、村委会主任王永田赶来，送这位“老”书记最后一程。在王永田印象中，崔煜忠不是一个坐得住办公室的人。2013 年至 2017 年崔煜忠任下管镇党委书记时，经常跑田间地头，和村干部一起谋划乡村发展。

时隔多年，下管镇芦山村村民还清楚记得那位修路的崔书记。村子盛产高山樱桃，但山路狭窄仅有一条村道进出，一到樱桃成熟季就堵车。

崔煜忠带着镇、村干部徒步走了近 5 公里山路探路。在区国土局、隔壁乡的通力协作下，下管芦山—岭南泰岳的道路于 2016 年下半年顺利通车，方便樱桃销售，促进村民增收，也将两个乡镇的文化旅游串了起来。

在乡镇街道工作时，崔煜忠走遍辖区内各行政村，每天步行万步以上。2017 年 3 月，他调任区农办，上任初就定下年内把 320 多个行政村跑遍的目标。

“以为他只是嘴上说说。”令区农办基层建设科科长夏钦没想到的是，崔煜忠当年年底前就实现了这个“小目标”，“花了不少周末时间”。走村入户，不是走马观花，村干部、村民甚至项目施工人员，都是他了解基层情况的对象。

生于斯长于斯，这个出身农家的基层干部，对家乡这片土地倾注了太多的心血和热爱。

崔煜忠是教师出身，对工作精益求精、一丝不苟的同时，对同志宽厚仁爱。区委改革办年轻干部徐堃鹏用“人生导师”来形容他。

目前，上虞区委发出向崔煜忠同志学习的决定，追授他区优秀共产党员、“担当作为好干部”称号。绍兴市委追授崔煜忠为市优秀共产党员、最美绍兴人，追记二等功。

崔煜忠走了，带着对家乡的热爱，但他深深留在大家的心中。

## 祝家庄绽放新颜

原载于 4 月 28 日《人民日报海外版》

记者 龚洁节

梁山伯与祝英台的爱情故事家喻户晓，传说里祝英台就出生于浙江上虞祝家庄村。玉水河从祝家庄前淌过，诉说着动人的梁祝故事，也见证着这座村庄的美丽蝶变。

玉水河畔，一条“梁祝”主题文化走廊矗立其间。同窗三载的深情、十八相送的缠绵、双双化蝶的凄美……这些梁祝经典桥段以图文并茂的形式呈现，给村庄增添了诸多浪漫气息。村党群服务中心旁的蝶园不仅为村民提供了休闲娱乐的场所，也活跃了村庄的文化氛围。充满古典意趣的梁祝化蝶雕塑与周边的江南水乡意境相吻合，使梁祝文化有了具象表达。碧波绿水穿村而过，水域面积 60 亩的南塘湖经过清淤整治，变为碧波荡漾、景色宜人的“小西湖”。

近年来，祝家庄村利用梁祝 IP，围绕“美丽乡村建设”要求和“全域景区化”目标定位，从打通水系经脉、优化道路系统、营造主题片区、创建特色景点四方面着手，进行“3A”重点村、精品村建设，打造家宴聚贤、南塘闲情等多个景观节点。村中还打造了“英台故里·春风蝶语”乡村版度假型未来社区项目，主要开发建设度假酒店、运动基地、小吃汇、康养等业态。距该项目几百米处，数字化现代农业项目已初见成效。2021 年，祝家庄村与区供销合作总社合作，完成全村 2000 余亩土地流转，一改过去土地分散、小打小闹、各自为政的状况，实现土地高效利用和产业化经营。一望无际的土地、轰隆作响的大型机械，让这片沉睡多时的土地缓缓苏醒。

“村民拿到了土地流转款，村里也有了外援可以大搞产业。”谈及整村土地流转的好处，村党总支书记倪相伟笑得合不拢嘴。专业的经营主体不仅提供了农资采购、农机、金融、科技、粮食收储等全方位综合服务，还根据祝家庄村 3A 级景区示范村的特色，拟定在玉水河畔的 300 亩土地上种植花海，引进休闲农业项目，打造集农耕文化传承、农事体验、观光、康养于一体的休闲旅游胜地。

今年 2 月初，芳华·上棉记忆影像馆在春节的热闹氛围中开馆迎客。馆内运用大量历史照片、文字史料、实物展品、影像视频等，向人们呈现当地最大国企浙江上虞棉纺织厂的历史变迁、企业风貌以及一代纺织工人的生产生活情景。1966 年，浙江省把上虞棉纺织厂这个当时的国营大企业落户丰惠镇蔡岙小山村（现为祝家庄村）。如今，芳华·上棉记忆影像馆为祝家庄村保留了一处闪亮的历史遗存。

"我们用美丽'塑形'，以精神'铸魂'，让大家找到心的归属，凝聚众人的力量。"倪相伟说，美丽乡村的"升级版"早已不囿于山水美与农家富，而是既包括"身有所栖"的粉墙黛瓦，也构筑起"心有所寄"的精神家园。

2021年，祝家庄村成立新乡贤联谊会，来自全国各地的70余位乡贤欢聚一堂、畅叙乡情，并成立乡贤基金，用于救助村中困难群众、慰问老人等。浓浓桑梓情，拳拳赤子心，在新乡贤联谊会的推动下，越来越多有实力、有知识、有道德、有情怀的新乡贤积极投身家乡建设，激活了乡村振兴的"基因"。

画里乡村成现实，梦里乡愁得慰藉。有颜值、有活力的祝家庄村正闪耀着光华。

## 浙江上虞：筑强"最小单元"夯实基层治理

原载于9月19日《新华每日电讯》

记者 方问禹、殷晓圣

网格作为深嵌村社一线的"最小单元"，关系到基层治理的效能与温度。近年来，浙江省绍兴市上虞区聚焦网格治理质效，多措并举提升覆盖面、专业度、传导力，持续探索城乡现代社区治理样板。

### "纵横交贯"织密基层网格

曹娥街道位于上虞中心城区，村（居）、城市社区、拆迁村等并存，常住人口14.2万、商铺流动人口3.5万、各类企业1.1万家，人口密度大、人员结构复杂、治理维度多元。

为选优配强网格员队伍，曹娥街道14个社区党组织书记全部担任网格长，803个楼道长被聘为微网格长。此外通过"街道干部包社联小区、社区干部包片联楼栋、社区党员包亲联住户"制度，47名街道干部、77名社区干部下沉到小区网格、楼道微网格。

基层网格化治理，容易出现"网大格少、广而不精、管理不到底"现象。上虞区委组织部介绍，横向"到边到角"，纵向"到根到底"，上虞推进网格规模精细化调整，将网格设到自然村、小区，微网格设到自然村落片区、楼栋、出租店面，在商圈楼宇、园区等单独设置专属网格，并吸纳第三方物业、管理主体单位人员担任兼职网格员队伍。

记者了解到，目前上虞全区已重新调整划分网格1010个，数量是原先的2.5倍，其中专属网格57个，平均每个网格管理服务对象降至840人左右。

融合型大社区大单元是城市治理新形态，人户分离占比高、人员流动性强、治理难度大。今年以来，上虞在5个大社区展开试点探索，把组织体系延伸到小区、网格、楼道，建立240个小区网格、2818个楼道微网格、16个专属网格，并推行"全覆盖走访、全要素采集、全天候办理、全环节反馈、全维度评价"网格工作"五步法"。

### "各司其职"提升治理质效

过去，上虞区道墟街道原积山村专职网格员徐岳的手机上，与日常工作相关的App有十几个，微信工作群则有20多个，每天查看消息、填报各类数据就占用不少时间。

人员名册"密密麻麻"，遇到实战则作用有限，基层治理网格员存在"专职不专、兼职难兼"现象。记者了解到，原先上虞区多数专职网格员由村社干部担任，镇村自聘率不到20%，其既要承担村社管理事项，又要完成网格指标性任务，治理质效难以保障。

按照"专职要加强、兼职要规范、包联要到位"要求，上虞在多个社区试点基础上，推行"1+3+N"网格治理团队配备模式，分类制定网格长、专职网格员、兼职网格员、网格指导员、微网格长等五类人员28项职责清单，支撑其各司其职、有序协同。

### "一体融合"促进力量协同

基层治理实践中，一些职能部门、条线存在"多头管理、各自为战"现象，网格对多元力量的整合统筹能力也偏弱，在应对复杂状况时响应不够迅捷，影响执行力、组织力的传导。

针对这种现象，上虞区依托"浙里兴村（治社）共富"应用场景，打通"基层治理四平台"等13个业务系统，强化扁平化管理，及时取消街道和社区之间的区域大党委设置，将公安、综合执法等多张治理网整合到一个网格体系，"一体融合"提升基层治理水平。

上虞区委常委、组织部长夏永江表示，上虞聚焦基层网格，多方位筑强社会治理的"最小单元"，持续探索城乡现代社区治理样板，党建统领网格智治新体系正在加快形成。

## 文旅一融合乡村变了样

原载于 8 月 17 日《光明日报》

讲述人：浙江省绍兴市上虞区岭南乡党委书记王凯

记者 韩业庭 采访整理

浙江省绍兴市上虞区岭南乡有独特的“一山一水一石一田”的自然资源禀赋和深厚的历史文化底蕴。新四军浙东游击队曾在这里打响了“讨田战役”中著名的许岙攻坚战。近年来，我们坚持“红色引领、绿色发展”，在守好“红色根脉”的同时，走出了一条文旅融合赋能乡村振兴的新路子。

我们以联盟引领、连片发展来破题，成立覆卮山先行片共富党建联盟，通过议事平台共商、富民产业共建、信息动态共融，推动地域相连、产业相近、资源相融的三个村率先抱团发展，乡村旅游已经从过去的一个点、一个村，扩展为一个片区、一条特色旅游带。

2021 年起，我们按照“一村一主题”，从乡级层面对三个村的项目、业态、活动进行统一规划，累计争取基础设施、产业配套等项目资金近 2 亿元，从单一的观光游延伸出了户外体验、自然教育等精品旅游线路，游客有了，人气有了，老百姓也就增收了。

为应对疫情影响，我们通过盘活闲置农房资源，打造了一个集合沐格山居、覆卮山·那园等 50 余家品质民宿的集聚区，去年还引进了月亮谷营地、红色国防教育基地等农耕研学业态，开发出乡村酒吧、咖啡馆等时尚社交业态，串起了一条涵盖 15 个节点的特色旅游线路。

我们还围绕岭南美食，创新研发出“谢公宴”十大碗；围绕在地文化，推出梯田大米、灵运烧、红茶等特色文创产品；围绕文化展演，推出手工榨油、编织、酿酒、磨豆腐等非遗技艺体验项目；每年还举办“诗画曹娥江”、攀浪节等文化旅游活动，吸引了大量游客。

今年以来，我们大力推进省级未来乡村建设，打造“乐享、乐治、乐游”智慧服务体系，谋划“夜梯田”等古村夜游经济，努力实现产业布局、活动体验与建成环境的联动。我们将持续把“红色根脉”转化为谱写文旅奋进新篇章的强大动力，努力留住乡愁、记下历史、传承根脉，走出一条高品质的文旅融合助力乡村振兴之路。

## 浙江省绍兴市上虞区：让人才“来了有房住，留下有住房”

原载于 8 月 19 日《经济日报》

“这样的价格配上这么好地段的住房，我们真是赶上了好时代!”近日，在浙江省绍兴市上虞区 2022 年第一期人才住房配售现场，来上虞工作 2 年的小刘终于选到了心仪的人才房。定下房子后，开心不已的他当即致电家人分享了这个好消息。

近年来，浙江省绍兴市上虞区着眼解决人才住房问题，在人才新政 4.0 版中，对高层次人才给予了相应的安家、房票和租房补贴政策。其中，高端人才享受最高 500 万元房票补贴。同时，不断拓展人才住房房源建设和筹集，在位于主城区重要地段的“求是家园”小区推出人才专购房源 201 套，面向持有有效期内上虞人才房票并被确定具有参加认购资格的人才。

参与此次选房的人才，年龄在 35 周岁以下的占八成左右，人才队伍年轻化趋势明显。上虞区历来重视人才引进培育工作，这次在安家、房票和租房补贴的基础上，推出人才专购房源就是为了更好让人才来了有房住，留下有住房。随着选房工作的顺利实施，给来上虞人才吃下“定心丸”，也打响了上虞人才政策的知名度。第二期人才住房配售工作将于今年年底启动。

上虞区为更好地服务在上虞创新创业人才，聚焦人才“发展大事”“关键小事”“同城难事”，推动实施了人才服务“10 件实事”，在人才住房保障、创业融资贷款、政策资金兑现、医疗卫生保健等方面破解一批人才“急难愁盼”问题，并在上虞区“一江两岸”核心地段建设人才公园和一批青春社区、青年驿站，着力全要素打造宜创宜居的“尚才之地”。

## 绍兴上虞：共富路上加强“一老一小”服务保障

原载于 12 月 14 日《新华每日电讯》

记者 方问禹

“王奶奶，您今天感觉怎么样？”前不久的一个中午，志愿者王钦滢手提冒热气的饭盒，敲开了社区老人王爱茶的家门。81 岁的王爱茶腿脚不便，这两天又有点感冒，王钦滢不放心，每天送饭之余都要问几句。

王钦滢是浙江绍兴市上虞区谢塘镇志愿服务队“红色跑小二”中的一员。每周一到周六，“红色跑小二”的志愿者们都要为镇上67位失能半失能、高龄老人提供送餐上门服务。

高龄、失能老人是社会服务关注的重点群体。为解决这一群体生活的后顾之忧，2021年起，上虞区政府主导、第三方公司运营的老年食堂应运而生。“三块钱一顿午饭，两荤一素，夏天还有一汤。”谢塘镇人大副主席许苗君说，镇里采取“财政补贴一点、乡贤捐一点、老人掏一点”的办法，让老人们直接享受共同富裕发展成果。

除了老人，残疾人群体和困境儿童也是重点关注和帮扶对象。上虞区汤浦镇“残疾人之家”是由企业和政府共建的“共富工坊”，这里有18位残疾人从事裁剪衣物线头的工作，每月基本工资2070元，并享有代缴养老和医疗保险等保障。

对农村留守儿童、困境儿童等，上虞区实行“一人一档”，督导员会定时开展信息排查。“全区事实无人抚养儿童就医，享受100%全额报销政策，符合条件的残疾儿童纳入‘明天计划’康复治疗范围。”上虞区民政局有关负责人表示，参照孤儿教育保障政策，上虞将其纳入国家资助和教育帮扶体系，落实助学金、开展高中阶段结对帮扶和慈善救助等。

政府综合统筹，社会多方出力，专业组织参与，在共同富裕建设路上，上虞区加强“一老一小”服务保障，提供“兜底式”救助帮扶，并因地制宜谋划产业融合项目，打造联建共享服务平台，进一步做大共富蛋糕。

数智共融的扶老助老项目、政企共建的“共富工坊”、区内山海协作引领下的产业联建、促进农民增收的立体农业种植……上虞区产业、消费、就业、资源和救助多管齐下，创新强村富民、帮扶救助方式，缩小城乡发展差距，加速推动区内高质量发展，迈向共同富裕。

今年前三季度，上虞区GDP同比增长4.3%，农村居民人均可支配收入同比增长6.8%。“我们还要因地制宜，聚焦民生需求，绘就具有上虞辨识度的先富先行画卷，让老百姓都能真切享受到共同富裕建设带来的幸福感、获得感。”上虞区发改局相关负责人表示。

## 浙江上虞建立全域化立体式宣讲体系 “虞声嘹亮”有滋有味

原载于12月26日《光明日报》

记者 陆健　通讯员 袁伟江 冯洁娜

“欢唱党的二十大，胜利召开影响大！”当身穿长衫的吴宝炎挥动手中的三敲板与纸扇，如雷鸣的掌声便从台下响起。这段时间，这位上虞老百姓心目中的“民星”正忙着用绍兴莲花落宣讲党的二十大精神。听完朗朗上口的唱词，不少观众也跟着哼了起来。

在绍兴市上虞区，“虞声嘹亮”宣讲团正通过线上线下多渠道、多形式开展宣讲活动。莲花落、小锣书、快板……农家名嘴、民间艺人等“草根”宣讲员们“十八般武艺”全上场，党的二十大精神变成接地气的“地方话”，在“聊家常”中说群众关心的事、讲群众愿听的理。一大批80后、90后、00后青年宣讲员也不甘落后，以宣讲小分队的形式走进红色基地、社科基地、风情街夜市等开展互动宣讲。90后非遗传承人钟王泽还在他的“泽头勿错”直播间里，唱起了党的二十大精神的“小锣书”。

近年来，上虞区以“虞声嘹亮”品牌打造为重点，不断健全全域化立体式宣讲体系。广大宣讲员纷纷用充满新鲜味的宣讲方式和接地气、立体化的传播形式，把“讲道理”和“讲故事”、“讲政策”与“演文艺”结合起来，精彩讲述党的十八大以来的伟大成就、伟大变革、伟大精神，讲述好党的二十大提出的新观点、新论断、新思想，讲述好上虞高质量发展和争当“两个先行”“五个率先”排头兵的成就经验。

在上虞区南部山区，下管镇90后村干部袁津芬用自己的返乡经历向大家讲述共同富裕中的青春力量。袁津芬曾是区文化馆的主持人，两年前回到老家做起农村工作者。在每天繁忙琐碎的日常工作之后，她又为自己增加了一份“兼职”——义务宣传员。新时代的乡村故事，她从村里讲到了区里、市里，甚至一路登上了全省微党课的大舞台。

“党的二十大报告提到‘加强灵活就业和新就业形态劳动者权益保障’，让我的心里涌过一股暖流，劳动者通过双手创造美好生活，未来的日子肯定会越来越好。”已在上虞扎根14年的冯弟勇是上虞美团外卖第一单的配送骑手，他每天利用早班会时间带领同事学习党的二十大精神。

不只是外卖小哥，上虞在快递员、互联网从业人员等新就业群体中纷纷开展"'新'心向党"党的二十大精神学习宣传主题活动，引导新业态从业人员争做有担当的奋斗者、有情怀的奉献者、有理想的追梦者。

在浙江理工大学科艺学院，退役军人大学生吴安妮向同学们讲述着她应征入伍成为海军并登上长春舰的故事。"两年的军旅生涯已经打造了一个全新的我，我立志做一名有理想、敢担当、能吃苦、肯奋斗的新时代好青年！"她娇小的身体里迸发出的强军梦想让同学们热血沸腾，也激发起大家"强国有我"的磅礴力量。

如今上虞各行各业的优秀人才正被吸纳到宣讲队伍中，形成了"专家宣讲团""红色宣讲团""思政教师宣讲团"等宣讲团队，各乡镇街道、企事业单位也纷纷结合实际建立富有地方特色和行业特色的宣讲团队。各式各样的理论宣讲搬到群众生产生活现场，在博物馆、纪念馆等场所以及各类宣传阵地建立宣讲点。利用"理论宣讲数智平台"，上虞还开展了一系列云直播、云课堂、云讲坛等"云宣讲"，并组织制作微党课、微视频、微动漫等新媒体理论传播产品，培育了一批受欢迎的宣讲网红达人，不断提升响亮指数。

## 让城市对青年更友好让青年在城市更有为 上虞打造创新型"青春之城"

原载于10月7日《浙江日报》

记者 孙良　共享联盟·上虞 冯洁娜

一辆26英寸的自行车仅重5公斤，用两根手指就能轻易提起。日前，在位于杭州湾上虞经济开发区的浙江中科恒泰新材料科技有限公司，研发总监李克迪向记者展示了公司研发新材料的独特之处，"PMI泡沫复合材料的重量只有钢材的七分之一。"今年35岁的李克迪带领一支85后年轻技术团队，在国内率先对轻质耐高温PMI结构泡沫材料项目进行技术攻关，并取得成功。

作为全国青年发展型县域试点，绍兴市上虞区正加快建设创新型"青春之城"，出台《上虞区"十四五"时期青年发展规划》，推动"青春产业""青春社会""青春文化""青春建设""青春人才"和"青春党建"的发展，在青年创业创新、人才培养、基层治理等领域先行探索，不断提升青年发展服务水平，让城市对青年更友好、让青年在城市更有为。

"'青春产业'，不是简单的指青年人比重大的产业，而是要着力打造对青年友好的高附加值、高成长性、高技术、高品质消费的'四高'产业。"上虞区经信局相关负责人介绍，当前，上虞正加快构建以新材料、高端装备制造、现代医药为主导的"青春产业"，聚力打造以曹娥江科创走廊为支撑，以曹娥江新材料实验室、在虞高校及大学研究院等为主干，以杭州湾产业协同创新中心、高层次人才创业园等重大科研基础设施为支点的高能级创新平台体系。今年上半年，杭州湾上虞经开区新材料产值达610.2亿元，较上年同期增长54.65%。"青春产业"的集聚与发展，正反映了上虞"青春之城"的强支撑力。

"青春"不仅是年龄上的体现，更是精气神的反映，是一种蓬勃向上的状态。上虞以"青春文化"建设为载体，重视包括青年群体在内的多元文化需求，推动传统文化与新兴产业有机融合，让青年玩在上虞、乐在上虞，让城市焕发活力。

"咿呀咿呀游"艺术市集在上虞年轻人中很有影响力，每周都会举办飞盘、自行车骑行、陆冲等不同社群集会。艺术市集所在的上虞e游小镇已成为青年投资兴业、创新创业的大平台。"我们以打造本土夜经济与数字文创相结合的商业艺术空间为目标，突出数字文创产业特点，努力建设上虞青春社群活动的新地标。"e游小镇相关负责人表示。

上虞还着力构建更加有利于青年定居和发展的社会服务、社会保障、社会治理三位一体的"青春社会"建设体系，进一步壮大青年群体、激发青春力量、鼓励青年建功、提升城市活力。随着青年"尚志、尚贤、尚创、尚乐、尚居、尚治"六大工程的全面推进，上虞正以更开放的思想、更高的标准、更实的举措，营造一座近悦远来、充满活力的"青春之城"。

# 索 引

## 说 明

1. 索引分正文索引和正文图表索引。按标引词首字汉语拼写（同声字按声调）顺序排列，首字相同按照第二字排列，以下依此类推。

2. 正文索引仅限具体分目、条目，条目中的“概况”“综述”不作索引。

3. 标引词后的阿拉伯数字仅表现页码。

4. 特载、大事记、附录类目及彩页未编索引。

## 正文索引

### 0—9



### A

B



C

## D

## E



## F

## G

## H

## J

## K

L

## M



## N

## R



## S

## T

W

## X

## Y

## Z

## 正文表索引